西南联大文学课

朱自清 等／著

天地出版社 | TIANDI PRESS

国立西南联合大学纪念碑文

中华民国三十四季九月九日，我国家受日本之降于南京。上距二十六年七月七日卢沟桥之变，为时八季；再上距二十年九月十八日沈阳之变，为时十四年；再上距清甲午之役，为时五十一年。举凡五十年间，日本所鲸吞蚕食于我国家者，至是悉备图籍献还。全胜之局，秦汉以来所未有也。国立北京大学、国立清华大学原设北平；私立南开大学原设天津。自沈阳之变，我国家之威权逐渐南移，惟以文化力量与日本争持于平津，此三校实为其中坚。二十六年平津失守，三校奉命迁于湖南，合组为国立长沙临时大学，以三校校长蒋梦麟、梅贻琦、张伯苓为常务委员，主持校务。设法、理、工学院于长沙，文学院于南岳，于十一月一日开始上课。迨京沪失守，武汉震动，临时大学又奉命迁云南。师生徒步经贵州，于二十七年四月二十六日抵昆明。旋奉命改名为国立西南联合大学，设理、工学院于昆明，文、法学院于蒙自，于五月四日开始上课。一学期后，文、法学院亦迁昆明。二十七年，增设师范学院。二十九季，设分校于四川叙永，一学年后，并于本校。昆明本为后方名城，自日军入安南、陷缅甸，乃成后方重镇。联合大学支持其间，先后毕业学生二千余人，从军旅者八百余人。河山既复，日月重光，联合大学之战时使命既成，奉命于三十五年五月四日结束。原有三校即将返故居，复旧业。缅维八季支持之苦辛，与夫三校合作之协和，可纪念者，盖有四焉。我国家以世界之古国，居东亚之天府，本应绍汉唐之遗烈，作并世之先进。将来建国完成，必于世界历史居独特之地位。盖并世列强，虽新而不古；希腊、罗马，有古而无今。惟我国家，亘古亘今，亦新亦旧，斯所谓『周虽旧邦，其命维新』者也。旷代之伟业，八年之抗战，已开其规模，立其基础。今日之胜利，于我国家有旋乾转坤之功，而联合大学之使命与抗战相终始。此其可纪念者一也。文人相轻，自古而然，昔人所言，今有同慨。三校有不同之历史、各异之学风，八年之久，合作无间，同无妨异，异不害同，五色交辉，相得益彰；八音合奏，终和且平。此其可纪念者二也。万物并育而不相害，道并行而不相悖，小德川流，大德敦化，此天地之所以为大。斯虽先民之恒言，实为民主之真谛。联合大学以其兼容并包之精神，转移社会一时之风气，内树学术自由之规模，外来『民主堡垒』之称号，违千夫之诺诺，作一士之谔谔，此其可纪念者三也。稽之往史，我民族若不能立足于中原，偏安江表，称曰『南渡』。南渡之人，未有能北返者：晋人南渡，其例一也；宋人南渡，其例二也；明人南渡，其例三也。『风景不殊』，晋人之深悲；『还我河山』，宋人之虚愿。吾人为第四次之南渡，乃能于不十季间，收恢复之全功。庾信不哀江南，杜甫喜收蓟北。此其可纪念者四也。联合大学初定校歌。其辞始叹南迁流离之苦辛，中颂师生不屈之壮志，终寄最后胜利之期望。校以今日之成功，历历不爽，若合符契。联合大学之终始，岂非一代之盛事，旷百世而难遇者哉！爰就歌辞，勒为碑铭，铭曰：

痛南渡，辞宫阙。驻衡湘，又离别。更长征，经峣嵲。望中原，遍洒血。抵绝徼，继讲说。诗书丧，犹有舌。尽笳吹，情弥切。千秋耻，终已雪。见仇寇，如烟灭。起朔北，迄南越。视金瓯，已无缺。大一统，无倾折。中兴业，继往烈。维三校，兄弟列。为一体，如胶结。同艰难，共欢悦。联合竟，使命彻，神京复，还燕碣。以此石，象坚节，纪嘉庆，告来哲。

冯友兰　撰文

西南联大中国文学系全体师生合影

西南联大文学系部分教授合影

（左起：朱自清、罗庸、罗常培、闻一多、王力）

朱自清

游国恩

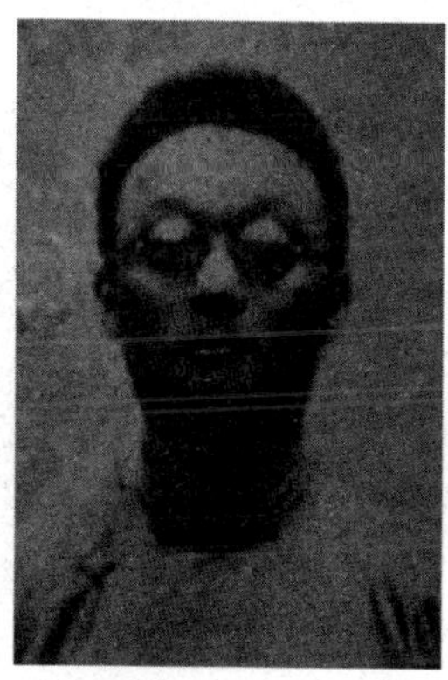

罗　庸

萧涤非

闻一多

浦江清

西南联大临时校舍

编者的话

西南联大只存在了八年时间，却培育了两位诺贝尔奖得主、五位中国国家最高科技奖得主、八位“两弹一星”功勋奖章得主、一百七十多位中国科学院院士和中国工程院院士。这是教育史上的传奇。传奇的缔造并非偶然，而是源于强大的师资力量和自由的教学风气。

西南联大成立之时，虽然物资短缺，没有教室、宿舍、办公楼，但是有大师云集。闻一多、朱自清、陈寅恪、张荫麟、冯友兰等大师用他们富足的精神、自由的灵魂、独特的人格魅力以及深厚的学识修养，为富有求知欲、好奇心的莘莘学子奉上了凝聚着自己心血的课程。

闻一多的唐诗课、陈寅恪的历史课、冯友兰的哲学课……无一不在民族危难的关头闪耀着智慧的光芒，照亮了求知学子前行的道路，为文化的继承保存下了一颗颗小小的种子，也为民族的复兴带来了希望。

时代远去，我们无能为力；大师远去，我们却可以把他们留下的精神和文化财富以文字的形式永久留存。这既是大师们留下的宝贵财富，也是我们应该一直继承下去的文化宝藏。

为此，编者特别策划这套丛书，从“文学课”“哲学课”“国史课”三个方面来展现西南联大的教育精神和大师风貌，以及中华民族的文化与思想特点。

本书讲“文学课”。所选的各篇文章，在内容的侧重和表述方式上有很大的不同，这是各位先生在教学和写作风格上各有千秋的结果。这一点，不仅体现了先生们各自的写作特点，更体现了西南联大学术上的“自由”，以及教学上的“百花齐放”。

在整理文章时，编者秉持既忠实于西南联大课堂，又不拘泥于课堂的原则。有课堂讲义留存的，悉心收录；未留存有在西南联大任教时的讲义，而先生们在某一方面的研究卓有成就的亦予以收录；还有一部分文章是先生们在西南联大教授过的课程，只是内容不一定为在西南联大期间所写，如“浦江清讲宋元文学”一章，是由浦江清先生在北京大学任教时的讲义整理而来的，因先生在西南联大时也教授过宋、元时期的文学，故予以收录。又如本书第一、二章游国恩先生与萧涤非先生的文章，整理自1963年人民文学出版社出版、由两位先生参与编写的《中国文学史》。两位先生在西南联大任教期间，游国恩先生教授“中国文学史”一课，萧涤非先生教授“乐府”等课，因未有讲稿留存，故本书收录上述《中国文学史》中两位先生编写并与他们在西南联大期间所讲内容相符的篇目。

按照上述选篇原则，编者在任教于西南联大的诸位先生中，选择了朱自清、游国恩、罗庸、萧涤非、闻一多、浦江清等六位先生，以他们现存作品中较为完整的全集类作品或较为权威的单本作品作为底本。这些底本不但能保证本书的权威性，也能将先生们的作品风貌原汁原味地呈现出来。同时按照先生们所授课程涉及的年代从古至今进行排序，以便读者了解中国文学的发展与变化，对每个朝代的文学都能有所思、有所得。

因时代不同，某些字词的使用与现今有所不同。同时，每个人的写作习惯以及每篇文章的体例、格式等亦有不同，为保证内容的可读性、连续性以及文字使用的规范性，我们在尊重并保持原著风格与面貌的基础上，进行了仔细编校，纠正讹误，编者已尽可能编校、纠正一些细节、出处、笔误等问题，但能力有限，如有遗漏，还请理解。此外，编者还对原文进行了统一体例的处理，仅保留少数异体字。具体如下：

1. 原文中作者自注均统一为随文注，以小字号进行区分；文中脚注均为编者所加注释，并以“编者注”加以区分。

2. 因篇幅限制，部分文章只能节选，对这些节选的内容，编者皆在标题下以“（节选）”加以说明。

3. 为便于读者理解，编者对部分原文标题进行重拟标题的处理，以起到确切表达、简明提示每一章节内容的作用。如本书第一章第二小节原文标题为“《左传》《国语》”，编者加“新型历史著作”以起到确切表达“《左传》《国语》”史书类型、简明提示“《左传》《国语》”历史地位的作用。

4. 文中表示时间的数字皆改为阿拉伯数字。为保持全书体例一致，编者将朱自清先生原文正文中表示公元纪年的名称“西元”皆统一为“公元”。同时，编者对随文注中表示公元纪年的方法也进行了统一处理，皆以“公元×××年”表示，正文则保留作者原文原貌。此外，为与文中表示时间段的数字保持一致，编者将文中唯一一处“献帝以前（约公元140—190）”改为“献帝以前（约140—190）”。

5. 西南联大文学课中，有部分文章原文存在“昭八年”“襄二十五年”等表述方式，鉴于《左传》为编年体史书，以鲁国十二公为次序，因此均统一为现今通行表述，如“昭八年”统一为“昭公八年”。此外，对于文章中“《吕氏春秋·侈乐篇》”“《吕氏春秋·古乐》篇”等篇名形式不统一现象，为保持原文风貌，编者未做统一处理。

6. 因时代语言习惯不同造成的差异，编者对引文外的文字做了统一，如浦江清先生著作中多用“惟”字，编者均改为现今通用的“唯”字，“想像”“影象”“叫做”“人材”等词皆改为现今通用的“想象”“影像”“叫作”“人才”等词。另外，编者按现今语法规范，修订了“的”“地”“得”的用法。

7. 为保障现代读者的阅读体验，本系列丛书根据2012年开始实施的《标点符号用法》，对部分原文标点符号略作改动，以统一体例，如“《左传》、《国语》”，改为“《左传》《国语》”。

8. 原文中难以辨认之处以“□”表示。

希望本书有助于读者们了解中国文学和几位先生在文学领域的学术风采；同时，更希望本书能够唤起读者对西南联大的兴趣，更多地去了解这所在民族危亡之际仍然坚守教育、传播优秀文化思想的大学，将西南联大对中国传统文化的坚持与希望传承下去。

目 录

/ 第一章 /

朱自清、游国恩讲先秦两汉文学

/ 第二章 /

罗庸、萧涤非讲魏晋南北朝文学

/ 第三章 /

罗庸、闻一多讲隋唐五代文学

/ 第四章 /

浦江清讲宋元文学

/ 第五章 /

浦江清讲明清文学

第一章

朱自清、游国恩讲先秦两汉文学

中国古代诗歌的开端——《诗经》

/ 朱 自 清 /

诗的源头是歌谣。上古时候，没有文字，只有唱的歌谣，没有写的诗。一个人高兴的时候或悲哀的时候，常愿意将自己的心情诉说出来，给别人或自己听。日常的言语不够劲儿，便用歌唱，一唱三叹得叫别人回肠荡气。唱叹再不够的话，便手也舞起来了，脚也蹈起来了，反正要将劲儿使到了家。碰到节日，大家聚在一起酬神作乐，唱歌的机会更多。或一唱众和，或彼此竞胜。传说葛天氏的乐八章，三个人唱，拿着牛尾，踏着脚（《吕氏春秋·古乐》篇），似乎就是描写这种光景的。歌谣越唱越多，虽没有书，却存在人的记忆里。有了现成的歌儿，就可借他人酒杯，浇自己块垒；随时拣一支合式的唱唱，也足可消愁解闷。若没有完全合式的，尽可删一些、改一些，到称意为止。流行的歌谣中往往不同的词句并行不悖，就是为此。可也有经过众人修饰，成为定本的。歌谣真可说是“一人的机锋，多人的智慧”

了（英美吉特生《英国民歌论说》[1]。译文据周作人《自己的园地·歌谣》章）。

歌谣可分为徒歌和乐歌。徒歌是随口唱，乐歌是随着乐器唱。徒歌也有节奏，手舞脚蹈便是帮助节奏的；可是乐歌的节奏更规律化些。乐器在中国似乎早就有了，《礼记》里说的土鼓、土槌儿、芦管儿（“土鼓”“蕢桴”见《礼运》和《明堂位》，“苇签”见《明堂位》），也许是我们乐器的老祖宗。到了《诗经》时代，有了琴瑟钟鼓，已是洋洋大观了。歌谣的节奏，最主要的靠重叠或叫复沓；本来歌谣以表情为主，只要翻来覆去将情表到了家就成，用不着费话。重叠可以说原是歌谣的生命，节奏也便建立在这上头。字数的均齐，韵脚的调协，似乎是后来发展出来的。有了这些，重叠才在诗歌里失去主要的地位。

有了文字以后，才有人将那些歌谣记录下来，便是最初的写的诗了。但记录的人似乎并不是因为欣赏的缘故，更不是因为研究的缘故。他们大概是些乐工，乐工的职务是奏乐和唱歌；唱歌得有词儿，一面是口头传授，一面也就有了唱本儿。歌谣便是这么写下来的。我们知道春秋时的乐工就和后世阔人家的戏班子一样，老板叫作太师。那时各国都养着一班乐工，各国使臣来往，宴会时都得奏乐唱歌。太师们不但得搜集本国乐歌，还得搜集别国乐歌；不但搜集乐词，还得搜集乐谱。那时的社会有贵族与平民两级。太师们是伺候贵族的，所搜集的歌儿自然得合贵族们的口味，平民的作品是不会入选的。他

[1] 应为英国吉特生（Frank Kidson）《英国民歌论》（*English Polk-Song*）。——编者注

们搜得的歌谣，有些是乐歌，有些是徒歌。徒歌得合乐才好用。合乐的时候，往往得增加重叠的字句或章节，便不能保存歌词的原来样子。除了这种搜集的歌谣以外，太师们所保存的还有贵族们为了特种事情，如祭祖、宴客、房屋落成、出兵、打猎等等作的诗。这些可以说是典礼的诗。又有讽谏、颂美等等的献诗，献诗是臣下作了献给君上，准备让乐工唱给君上听的，可以说是政治的诗。太师们保存下这些唱本儿，带着乐谱；唱词儿共有三百多篇，当时通称作“诗三百”。到了战国时代，贵族渐渐衰落，平民渐渐抬头，新乐代替了古乐，职业的乐工纷纷散走。乐谱就此亡失，但是还有三百来篇唱词儿流传下来，便是后来的《诗经》了（今《诗经》共三百十一篇，其中六篇有目无诗，实存三百零五篇）。

“诗言志”是一句古话，“诗”（䛈）这个字就是“言”“志”两个字合成的。但古代所谓“言志”和现在所谓“抒情”并不一样，那“志”总是关联着政治或教化的。春秋时通行赋诗。在外交的宴会里，各国使臣往往得点一篇诗或几篇诗叫乐工唱。这很像现在的请客点戏，不同处是所点的诗句必加上政治的意味。这可以表示这国对那国或这人对那人的愿望、感谢、责难等等，都从诗篇里断章取义。断章取义是不管上下文的意义，只将一章中一两句拉出来，就当前的环境，作政治的暗示。如《左传》襄公二十七年，郑伯宴晋使赵孟于垂陇，赵孟请大家赋诗，他想看看大家的“志”。子太叔赋的是《野有蔓草》。原诗首章云：“野有蔓草，零露漙兮。有美一人，清扬婉兮。邂逅相遇，适我愿兮。”子太叔只取末两句，借以表示郑国欢迎赵孟的意思；上文他就不管。全诗原是男女私情之作，他更不管了。

可是这样办正是“诗言志”，在那回宴会里，赵孟就和子太叔说了“诗以言志”这句话。

到了孔子时代，赋诗的事已经不行了，孔子却采取了断章取义的办法，用诗来讨论做学问、做人的道理。“如切如磋，如琢如磨”（《卫风·淇澳》的句子），本来说的是治玉，他却将玉比人，用来教训学生做学问的工夫（《论语·学而》）。“巧笑倩兮，美目盼兮，素以为绚兮”（“巧笑倩兮，美目盼兮。”《卫风·硕人》的句子；“素以为绚兮”一句今已佚），本来说的是美人，所谓天生丽质。他却拉出末句来比方作画，说先有白底子，才会有画，是一步步进展的；作画还是比方，他说的是文化，人先是朴野的，后来才进展了文化——文化必须修养而得，并不是与生俱来的（《论语·八佾》）。他如此解诗，所以说“思无邪”一句话可以包括“诗三百”的道理（“思无邪”，《鲁颂·駉》的句子；“思”是语词，无义）；又说诗可以鼓舞人，联合人，增加阅历，发泄牢骚，事父事君的道理都在里面（《论语·阳货》）。孔子以后，“诗三百”成为儒家的“六经”之一，《庄子》和《荀子》里都说到“诗言志”，那个“志”便指教化而言。

但春秋时列国的赋诗只是用诗，并非解诗；那时诗的主要作用还在乐歌，因乐歌而加以借用，不过是一种方便罢了。至于诗篇本来的意义，那时原很明白，用不着讨论。到了孔子时代，诗已经不常歌唱了，诗篇本来的意义，经过了多年的借用，也渐渐含糊了。他就按着借用的办法，根据他教授学生的需要，断章取义地来解释那些诗篇。后来解释《诗经》的儒生都跟着他的脚步走。最有权威的毛氏《诗传》和郑玄《诗笺》，差不多全是断章取义，甚至断句取义——

断句取义是在一句两句里拉出一个两个字来发挥，比起断章取义，真是变本加厉了。

毛氏有两个人：一个毛亨，汉时鲁国人，人称为大毛公；一个毛苌，赵国人，人称为小毛公。是大毛公创始《诗经》的注解，传给小毛公，在小毛公手里完成的。郑玄是东汉人，他是专给《毛传》作《笺》的，有时也采取别家的解说；不过别家的解说在原则上也还和毛氏一鼻孔出气，他们都是以史证诗。他们接受了孔子"无邪"的见解，又摘取了孟子的"知人论世"（见《孟子·万章》）的见解，以为用孔子的诗的哲学，别裁古代的史说，拿来证明那些诗篇是什么时代作的，为什么事作的，便是孟子所谓"以意逆志"（见《孟子·万章》）。其实孟子所谓"以意逆志"倒是说要看全篇大意，不可拘泥在字句上，与他们不同。他们这样猜出来的作诗人的志，自然不会与作诗人相合，但那种志倒是关联着政治教化而与"诗言志"一语相合的。这样的以史证诗的思想，最先具体地表现在《诗序》里。

《诗序》有《大序》《小序》。《大序》好像总论，托名子夏，说不定是谁作的。《小序》每篇一条，大约是大、小毛公作的。以史证诗，似乎是《小序》的专门任务；传里虽也偶然提及，却总以训诂为主，不过所选取的字义，意在助成序说，无形中有个一定方向罢了。可是《小序》也还是泛说的多，确指的少。到了郑玄，才更详密地发展了这个条理。他按着《诗经》中的国别和篇次，系统地附和史料，编成了《诗谱》，差不多给每篇诗确定了时代；《笺》中也更多地发挥了作为各篇诗的背景的历史。以史证诗，在他手里算是集大成了。

《大序》说明诗的教化作用，这种作用似乎建立在风、雅、颂、赋、比、兴所谓“六义”上。《大序》只解释了风、雅、颂。说风是风化（感化）、讽刺的意思，雅是正的意思，颂是形容盛德的意思。这都是按着教化作用解释的。照近人的研究，这三个字大概都从音乐得名。风是各地方的乐调，《国风》便是各国土乐的意思。雅就是“乌”字，似乎描写这种乐的呜呜之音。雅也就是“夏”字，古代乐章叫作“夏”的很多，也许原是地名或族名。雅又分《大雅》《小雅》，大约也是乐调不同的缘故。颂就是“容”字，容就是“样子”；这种乐连歌带舞，舞就有种种样子了。风、雅、颂之外，其实还该有个“南”。南是南音或南调，《诗经》中《周南》《召南》的诗，原是相当于现在河南、湖北一带地方的歌谣。《国风》旧有十五，分出二南，还剩十三；而其中邶、鄘两国的诗，现经考定，都是卫诗，那么只有十一《国风》（卫、王、郑、齐、魏、唐、秦、陈、桧、曹、豳）了。颂有《周颂》《鲁颂》《商颂》，《商颂》经考定实是《宋颂》。至于搜集的歌谣，大概是在二南、《国风》和《小雅》里。

赋、比、兴的意义，说法最多。大约这三个名字原都含有政治和教化的意味。赋本是唱诗给人听，但在《大序》里，也许是“直铺陈今之政教善恶”（《周礼·大师》郑玄注）的意思。比、兴都是《大序》所谓“主文而谲谏”，不直陈而用譬喻叫“主文”，委婉讽刺叫“谲谏”。说的人无罪，听的人却可警诫自己。《诗经》里许多譬喻就在比、兴的看法下，断章断句地硬派作政教的意义了。

比、兴都是政教的譬喻，但在诗篇发端的叫作兴。《毛传》只在有兴的地方标出，不标赋、比；想来赋义是易见的，比、兴虽都是曲折成义，但兴在发端，往往关系全诗，比较更重要些，所以便特别标出了。《毛传》标出的兴诗，共一百十六篇，《国风》中最多，《小雅》第二；按现在说，这两部分搜集的歌谣多，所以譬喻的句子也便多了。

新型历史著作《左传》《国语》

/ 游 国 恩 /

周平王东迁以后，至于春秋战国之际，社会急遽变化，阶级斗争复杂激烈，奴隶主贵族日趋没落，地主阶级逐渐兴起。为了维护各自的利益，他们都必须汲取历史的经验教训，国有大事，互相赴告；会盟朝聘，史不绝书；褒善贬恶，直笔不隐。因此各国史官便自觉地积累了大量的档案资料，以备编纂之用。这时候，从前专门记载王朝、诸侯的诰命和大事记如《尚书》《春秋》之类，已不能满足新时代的需要，于是产生了以记载各国卿大夫和新兴阶级的士的言论以及诸侯各国的政治、外交和军事活动为主要内容的历史，这就是《左传》《国语》《战国策》等新型历史著作。

《左传》是《春秋左氏传》的简称，又名《左氏春秋》，是配合《春秋》的编年史，记事至鲁哀公二十七年，比《春秋》多十三年。《春秋》仅仅是最简括的历史大事记，《左传》则详载其本末及有关佚闻琐事。如隐公元年《春秋》书“郑伯克段于鄢”，只用六个字，《左传》则叙述郑庄公家庭间的矛盾、群臣的警告以及颍考叔调和庄公母子关系，极其委曲详尽。前人多说《左传》不传《春秋》，《左传》固然和《公羊》《穀梁》不同，但其中往往发凡起例，解释《春秋》书法，不能说同《春秋》完全无关。

《左传》的作者，从来说法分歧。司马迁、班固都说是左丘明，班固并说左丘明为鲁太史。唐以后学者多有异议。《左传》记事到智伯灭亡为止，它的作者显然是战国初年或稍后的人。至于这位作者是否鲁国太史，别无可考。但必然是一个充分掌握春秋时代诸侯各国史料的学者则毫无疑问。

《左传》一书，丰富多彩。其主要内容不外春秋列国的政治、外交、军事各方面的活动及有关言论。其次则天道、鬼神、灾祥、卜筮、占梦之事，作者认为可资劝诫者，无不记载。由于春秋战国间社会变革的影响，《左传》通过人物言行所表现的进步思想是很显著的。首先是民本思想，例如卫人逐其君，晋侯以为太甚。师旷说：“或者其君实甚。……夫君，神之主也，民之望也。若困民之主，匮神乏祀，百姓绝望，社稷无主，将安用之？弗去何为？”又说：“天之爱民甚矣！岂其使一人肆于民上，以从（纵）其淫，而弃天地之性？必不然矣。”（襄公十四年）师旷这番议论，在从前是不可想象的。他表面上似乎没有摆脱天道鬼神的观念，但实际上却是根据人民利害来发表他的政见的。这正如他论石言一样（昭公八年），都是借题发挥，给统治者敲了一下警钟。然明对子产问为政说：“视民如子，见不仁者诛之，如鹰鹯之逐鸟雀也。”（襄公二十五年）逢滑对陈怀公说："臣闻国之兴也，视民如伤，是其福也。其亡也，以民为土芥，是其祸也。"（哀公元年）这一系列的民本思想是怎样发展起来的呢？大概从殷末到周厉王时，奴隶暴动经常发生。春秋以来，阶级斗争尤为剧烈。在统治阶级里，逐渐有人在实际斗争中接受经验教训，认识到人民力量的强大。如果想要维持自己的统治，就必须争取人民。这就是民本思想产生的主要原因。其次是爱国思想。弦高遇秦兵侵郑，机智地以犒师为名，因而保全了郑国（僖公三十三年）。吴师入郢，昭王奔随。申包胥如秦乞师，七日夜哭不绝声，勺饮不入口。秦竟出兵，败吴而复楚（定公四年）。作者记载这些动人的历史事件，就是有意表扬他们崇高的爱国精神。因此，作者还通过羊斟的"残民以逞"加以严厉的谴责："君之谓羊斟非人也！以其私憾，败国殄民。"（宣公二年）其次是揭露统治者的残暴和荒淫无耻。例如宣公二年载晋灵公不君，"宰夫胹熊蹯不熟，杀之，寘诸畚，使妇人载以过朝"。宣公九年载，"陈灵公与孔宁、仪行父通于夏姬，皆衷其衵服以戏于朝"。十年，又载陈灵公与孔宁、仪行父饮于夏氏。公谓行父曰："征舒似女。"对曰："亦似君。"如此之类，《左传》记载不少。体现了历史家"不隐恶"的思想原则。其次是反对用人祭祀和殉葬的暴行。例如宋襄公用鄫子于次睢之社。司马子鱼说："祭祀以为人也。民，神之主也。用人，其谁飨之？……得死为幸！"（僖公十九年）秦穆公以子车氏之三子为殉。作者即借"君子"之言来批评他"死而弃民"，"难以在上"（文公六年）。可见作者对野蛮残忍、灭绝人道的行为是深恶痛绝的。这些在当时也是对人民极为有益的言论。但我们还应该看到另一面，那就是书中对于宗法伦理思想、正统等级观念以及宗教迷信的宣扬，都是《左传》严重的缺点。

《左传》虽是历史著作，从文学角度看，是有显著的特点的：

第一是叙事富于故事性、戏剧性，有紧张动人的情节。它总是抓住故事的重要环节或有典型意义的部分来着重地叙述或描写，而不是毫无选择、平铺直叙。特别是一些内容复杂的事件，好像广厦千间，各成片段，而又四通八达，互有关联。例如僖公二十三、二十四年写晋公子重耳出亡及返国的经过，时间既长，故事情节又非常复杂，而选材布局均极恰当。其中别隗、过卫、醉遣、窥浴等段，无不富于戏剧意味，寺人披告密和竖头须请见的穿插，又使人感到离奇变幻，突然紧张。作者从正面侧面，或明或暗地描绘了许多人物形象，特别是故事中的主角重耳的形象，从一个不谙世事、只图享乐的贵介公子，逐渐锻炼得成为有志气、有胆识、有机智、有度量的英雄人物。这个人物性格的前后不同是显然可见的。他如从亡诸臣，曹伯、楚子、寺人披、头须、介之推以及七个女性，无论正面反面等人物的形象，通过对话和行动一一生动地表现出来，最后又一一收束进去，成为一篇首尾完整、结构严密、条理井然、脉络贯通的叙记文。又如写晋灵公与赵盾的斗争，其中钼麑行刺、提弥搏獒两个片断都异常紧张，变化莫测（宣公二年）。类似这种戏剧性的故事描写《左传》中是很多的。

第二是善于写战事，特别是几次大规模的战事写得最出色。它们的特点首先是对战争的看法有一定的思想原则。因此写战争并不单写军事行动，常常着眼政治问题，把军事和政治结合起来。例如长勺之战（庄公十年），鲁弱齐强，曹刿一开口就问凭什么去同齐国作战。直到听见庄公察狱以情的话，才说“可以一战”。城濮之战（僖公二十七、二十八年），事先着重叙述晋侯种种教育人民的措施；邲之战（宣公十二年），也是先从晋人眼中看出楚国“德立刑行，政成事时，典从礼顺”，不可与敌。这些问题作者认为是战胜敌人的关键，所以书中几乎每一次大战，总是一开篇就暗示出双方胜败的结果，表现作者进步的见解和敏锐的观察力。春秋时的大战，常常有许多小国参加，构成交战国两大阵营。其中关系复杂，变化莫测。能否正确运用外交策略争取与国帮助，是双方胜负的又一关键。城濮之战，晋国就是利用破曹伐卫、激怒齐秦的办法来孤立楚国，取得决定性的胜利。此外《左传》还注意到战争的性质，即抵抗的与侵略的，如“师直为壮，曲为老”之类。通过这些叙述，可见作者对战争的胜负并不看作是单纯的军事问题。其次是在叙述战斗的过程中，情节曲折细致，生动逼真。例如鞌之战（成公二年）一段：

齐高固入晋师，桀石以投人，禽之而乘其车，系桑本焉，以徇齐垒。曰：“欲勇者，贾余余勇！”……齐侯曰：“余姑翦灭此而朝食！”不介马而驰之。郤克伤于矢，血流及屦，未绝鼓音，曰：“余病矣！”张侯曰：“自始合，而矢贯余手及肘，余折以御，左轮朱殷。岂敢言病？吾子忍之！”（郑丘）缓曰：“自始合，苟有险，余必下推车，子岂识之？然子病矣！”张侯曰：“师之耳目，在吾旗鼓，进退从之，此车一人殿之，可以集事；若之何其以病败君之大事也？擐甲执兵，固即使也；病未及死，吾子勉之！”左并辔，右援枹而鼓。马逸不能止，师从之，齐师败绩。

这写齐军以骄狂轻敌致败，晋军以沉着顽强获胜，是一段有声有色的文章。原来郤克使齐，为妇女所笑，发誓说：“所不报此，无能涉河！”他是抱着愤激报复的心情来作战的。所以血流到脚跟还不肯停止鼓声，显得那么坚强。但他身受重伤，实在支持不住了。当此一发千钧之际，由于张侯、郑丘缓的鼓励，特别是张侯的勇敢顽强，并辔助鼓，终于冲入敌阵，打败了齐军。一场惊心动魄、令人兴奋紧张的战斗到此告一段落，以下便是齐军败退、晋军追击、逢丑父被俘几个片段，中间穿插齐侯如何脱险逃走，韩厥故意放走齐侯等情节，都是细大不捐、曲折生动地描绘出来。《左传》中大小战役不计其数，这样动人的描写还是很多的。

第三是行人辞令之美。辞令之美就是语言之美。不过辞令虽靠语言来表现，而更重要的是有充分的理由，出使专对才有说服力。例如烛之武对秦伯说：“越国以鄙远，君知其难也。焉用亡郑以陪邻？邻之厚，君之薄也。”（僖公三十年）用事势必然之理来耸动秦伯，秦兵就非撤退不可。又如郑子家以书告赵宣子说：“传曰：‘鹿死不择音。’小国之事大国也，德则其人也；不德则其鹿也。铤而走险，急何能择？”（文公十七年）也是真情至理，委婉中含有巨大威力，使晋人不得不屈服。他如屈完对齐侯（僖公四年），知罃对楚子（成公三年），都有异曲同工之妙。前人说，这是当时国史成文，作者不过编次而已，这种情况可能会有，但未必尽然，而且加工剪裁更是必然的。至于寻常记言叙事，如叔时谏县陈（宣公十一年），子罕辞玉（襄公十五年），以及“邢迁如归，卫国忘亡”（闵公二年）、“室如悬磬，野无青草”（僖公二十六年）、“师人多寒，王巡三军，拊而勉之。三军之士皆如挟纩”（宣公十二年）、“中军下军争舟，舟中之指可掬”（同上）、“鲍庄子之智不如葵，葵犹能卫其足”（成公十七年）等语，无不简而精，曲而达，婉而有致，罕譬而喻，富于形象性。这在全书中更是随处可见。

《国语》是一种国别史，分别记载周王朝及诸侯各国之事，而主要在记言，故名为《国语》。起于周穆王，终于鲁悼公（前1000—前440）。司马迁说：“左丘失明，厥有《国语》。”从此一般都认为《国语》乃左丘明所作。后人以《左传》《国语》既同一作者，而《左传》是传《春秋》的书，故又称《国语》为“春秋外传”。其实《国语》记事虽亦终于智伯，而所起则远自周初，显然各自为书，与《春秋》不是一个系统，号为“春秋外传”很不恰当。而且书中所记，多与《左传》重复、抵触，又彼此之间往往详略互异，这都说明《国语》和《左传》的编纂并非出于一手。但它的作者和《左传》一样，也是战国初期一个熟悉历史掌故的人则无问题。

《国语》所反映的进步思想虽不如《左传》鲜明，然如祭公谏穆王征犬戎说：“先王耀德不观兵。”又说：“无勤民于远。”邵公谏厉王弭谤说：“防民之口，甚于防川。川壅而溃，伤人必多，民亦如之。是故为川者决之使导，为民者宣之使言。”都是很有意义的文章。从文学上的成就说，《国语》远不如《左传》。这从长勺之战可以看出。两书所记，意同而辞不同，一则简练而姿态有神，一则平庸而枯槁乏味。试一比较，优劣自见。但《国语》记言之文亦有风趣绝佳者，如《晋语》记姜氏与子犯谋醉重耳一段，重耳和子犯二人对话，幽默生动，当时情景如在目前；而《左传》于此过于求简，反觉有所不足。此外《晋语》八记叔向谏晋平公事，滑稽讽刺有似《晏子春秋》；《越语》下载越王勾践与范蠡的问答多用韵语，也各具特色。

先秦诸子

/ 朱　自　清 /

春秋末年，封建制度开始崩坏，贵族的统治权，渐渐维持不住。社会上的阶级，有了紊乱的现象。到了战国，更看见农奴解放，商人抬头。这时候一切政治的、社会的、经济的制度，都起了根本的变化。大家平等自由，形成了一个大解放的时代。在这个大变动当中，一些才智之士，对于当前的情势，有种种的看法，有种种的主张；他们都想收拾那动乱的局面，让它稳定下来。有些倾向于守旧的，便起来拥护旧文化、旧制度，向当世的君主和一般人申述他们拥护的理由，给旧文化、旧制度找出理论上的根据。也有些人起来批评或反对旧文化、旧制度；又有些人要修正那些。还有人要建立新文化、新制度来代替旧的；还有人压根儿反对一切文化和制度。这些人也都根据他们自己的见解各说各的，都“持之有故，言之成理”。这便是诸子之学，大部分可以称为哲学。这是一个思想解放的时代，也是一个思想发达的时代，在中国学术史里是稀有的。

诸子都出于职业的“士”。“士”本是封建制度里贵族的末一级，但到了春秋、战国之际，“士”成了有才能的人的通称。在贵族政治未崩坏的时候，所有的知识、礼、乐等等，都在贵族手里，平民是没份的。那时有知识技能的专家，都由贵族专养专用，都是在官的。到了贵族政治崩坏以后，贵族有的失了势，穷了，养不起自用的专家。这些专家失了业，流落到民间，便卖他们的知识技能为生。凡有权有钱的都可以临时雇用他们，他们起初还是伺候贵族的时候多，不过不限于一家贵族罢了。这样发展了一些自由职业，靠这些自由职业为生的，渐渐形成了一个特殊阶级，便是“士农工商”的“士”。这些“士”，这些专家，后来居然开门授徒起来。徒弟多了，声势就大了，地位也高了。他们除掉执行自己的职业之外，不免根据他们专门的知识技能，研究起当时的文化和制度来了。这就有了种种看法和主张，各“思以其道易天下”（语见章学诚《文史通义·言公》上）。诸子百家便是这样兴起的。

第一个开门授徒发扬光大那非农、非工、非商、非官的“士”的阶级的，是孔子。孔子名丘，他家原是宋国的贵族，贫寒失势，才流落到鲁国去。他自己做了一个儒士，儒士是以教书和相礼为职业的，他却只是一个“老教书匠”。他的教书有一个特别的地方，就是“有教无类”（《论语·卫灵公》）。他大招学生，不问身家，只要缴相当的学费就收，收来的学生，一律教他们读《诗》《书》等名贵的古籍，并教他们《礼》《乐》等功课。这些从前是只有贵族才能够享受的，孔子是第一个将学术民众化的人。他又带着学生，周游列国，说当世的君主，这也是从前没有的。他一个人开了讲学和游说的风气，是“士”阶级的老祖宗。他是旧文化、旧制度的辩护人，以这种姿态创始了所谓儒家。所谓旧文化、旧制度，主要的是西周的文化和制度，孔子相信是文王、周公创造的。继续文王、周公的事业，便是他给他自己的使命。他自己说，“述而不作，信而好古”（《论语·述而》）；所述的，所信所好的，都是周代的文化和制度。《诗》《书》《礼》《乐》等是周文化的代表，所以他拿来作学生的必修科目。这些原是共同的遗产，但后来各家都讲自己的新学说，不讲这些，讲这些的始终只有“述而不作”的儒家。因此《诗》《书》《礼》《乐》等便成为儒家的专有品了。

孔子是个博学多能的人，他的讲学是多方面的。他讲学的目的在于养成“人”，养成为国家服务的人，并不在于养成某一家的学者。他教学生读各种书，学各种功课之外，更注重人格的修养。他说为人要有真性情，要有同情心，能够推己及人，这所谓“直”“仁”“忠”“恕”；一面还得合乎礼，就是遵守社会的规范。凡事只问该做不该做，不必问有用无用；只重义，不计利。这样人才配去干政治，为国家服务。孔子的政治学说，是“正名主义”。他想着当时制度的崩坏，阶级的紊乱，都是名不正的缘故。君没有君道，臣没有臣道，父没有父道，子没有子道，实和名不能符合起来，天下自然乱了。救时之道，便是“君君，臣臣，父父，子子”（《论语·颜渊》）；正名定分，社会的秩序，封建的阶级便会恢复的，他是给封建制度找了一个理论的根据。这个正名主义，又是从《春秋》和古史官的种种书法归纳得来的。他所谓“述而不作”，其实是以述为作，就是理论化旧文化、旧制度，要将那些维持下去。他对于中国文化的贡献，便在这里。

孔子以后，儒家还出了两位大师，孟子和荀子。孟子名轲，邹人；荀子名况，赵人。这两位大师代表儒家的两派。他们也都拥护周代的文化和制度，但更进一步地加以理论化和理想化。孟子说人性是善的。人都有恻隐心、羞恶心、辞让心、是非心，这便是仁、义、礼、智等善端，只要能够加以扩充，便成善人。这些善端，又总称为“不忍人之心”。圣王本于“不忍人之心”，发为“不忍人之政”（《孟子·公孙丑》），便是“仁政”“王政”。一切政治的、经济的制度都是为民设的，君也是为民设的——这却已经不是封建制度的精神了。和王政相对的是霸政。霸主的种种制作设施，有时也似乎为民，其实不过是达到好名、好利、好尊荣的手段罢了。荀子说人性是恶的。性是生之本然，里面不但没有善端，还有争夺放纵等恶端。但是人有相当聪明才力，可以渐渐改善学好；积久了，习惯自然，再加上专一的工夫，可以到圣人的地步。所以善是人为的。孟子反对功利，他却注重它。他论王霸的分别，也从功利着眼。孟子注重圣王的道德，他却注重圣王的威权。他说生民之初，纵欲相争，乱得一团糟，圣王建立社会国家，是为明分、息争的。礼是社会的秩序和规范，作用便在明分；乐是调和情感的，作用便在息争。他这样从功利主义出发，给一切文化和制度找到了理论的根据。

儒士多半是上层社会的失业流民，儒家所拥护的制度，所讲、所行的道德，也是上层社会所讲、所行的。还有原业农工的下层失业流民，却多半成为武士。武士是以帮人打仗为职业的专家。墨翟便出于武士。墨家的创始者墨翟，鲁国人，后来做到宋国的大夫，但出身大概是很微贱的。“墨”原是作苦工的犯人的意思，大概是个浑名；“翟”是名字。墨家本是贱者，也就不辞用那个浑名自称他们的学派。墨家是有团体组织的，他们的首领叫作“巨子”，墨子大约就是第一任“巨子”。他们不但是打仗的专家，并且是制造战争器械的专家。

但墨家和别的武士不同，他们是有主义的。他们虽以帮人打仗为生，却反对侵略的打仗，他们只帮被侵略的弱小国家做防卫的工作。《墨子》里只讲守的器械和方法，攻的方面，特意不讲。这是他们的“非攻”主义。他们说天下大害，在于人的互争；天下人都该视人如己，互相帮助，不但利他，而且利己。这是“兼爱”主义。墨家注重功利，凡与国家人民有利的事物，才认为有价值。国家人民，利在富庶，凡能使人民富庶的事物是有用的，别的都是无益或有害。他们是平民的代言人，所以反对贵族的周代的文化和制度。他们主张“节葬”“短丧”“节用”“非乐”，都和儒家相反。他们说他们是以节俭勤苦的夏禹为法的。他们又相信有上帝和鬼神，能够赏善罚恶，这也是下层社会的旧信仰。儒家和墨家其实都是守旧的，不过一个守原来上层社会的旧，一个守原来下层社会的旧罢了。

压根儿反对一切文化和制度的是道家。道家出于隐士。孔子一生曾遇到好些“避世”之士，他们着实讥评孔子。这些人都是有知识学问的。他们看见时世太乱，难以挽救，便消极起来，对于世事，取一种不闻不问的态度。他们讥评孔子“知其不可而为之”（《论语·宪问》），费力不讨好；他们自己便是知其不可而不为的、独善其身的聪明人。后来有个杨朱，也是这一流人，他却将这种态度理论化了，建立“为我”的学说。他主张“全生保真，不以物累形”（《淮南子·氾论训》）；将天下给他，换他小腿上一根汗毛，他是不干的。天下虽大，是外物；一根毛虽小，却是自己的一部分。所谓“真”，便是自然。杨朱所说的只是教人因生命的自然，不加伤害；“避世”便是“全生保真”的路。不过世事变化无穷，避世未必就能避害，杨朱的教义到这里却穷了。老子、庄子的学说似乎便是从这里出发，加以扩充的。杨朱实在是道家的先锋。

老子，相传姓李名耳，楚国隐士。楚人是南方新兴的民族，受周文化的影响很少，他们往往有极新的思想。孔子遇到那些隐士，也都在楚国，这似乎不是偶然的。庄子名周，宋国人，他的思想却接近楚人。老学以为宇宙间事物的变化，都遵循一定的公律，在天然界如此，在人事界也如此。这叫作“常”。顺应这些公律，便不须避害，自然能避害。所以说，“知常曰明”（《老子》十六章）。事物变化的最大公律是物极则反。处世接物，最好先从反面下手。“将欲翕之，必固张之；将欲弱之，必固强之；将欲废之，必固兴之；将欲夺之，必固与之。”（《老子》三十六章）“大直若屈，大巧若拙，大辩若讷。”（《老子》四十五章）这样以退为进，便不至于有什么冲突了。因为物极则反，所以社会上政治上种种制度，推行起来，结果往往和原来目的相反。“法令滋彰，盗贼多有。”（《老子》五十七章）治天下本求有所作为，但这是费力不讨好的，不如排除一切制度，顺应自然，无为而为，不治而治。那就无不为，无不治了。自然就是“道”，就是天地万物所以生的总原理。物得道而生，是道的具体表现。一物所以生的原理叫作“德”，“德”是“得”的意思。所以宇宙万物都是自然的。这是老学的根本思想，也是庄学的根本思想。但庄学比老学更进一步。他们主张绝对的自由，绝对的平等。天地万物，无时不在变化之中，不齐是自然的。一切但须顺其自然，所有的分别，所有的标准，都是不必要的。社会上、政治上的制度，硬教不齐的齐起来，只徒然伤害人性罢了。所以圣人是要不得的，儒、墨是“不知耻”的（《庄子·在宥》《天运》）。按庄学说，凡天下之物都无不好，凡天下的意见，都无不对；无所谓物我，无所谓是非。甚至死和生也都是自然的变化，都是可喜的。明白这些个，便能与自然打成一片，成为“无入而不自得”的至人了。老、庄两派，汉代总称为道家。

庄学排除是非，是当时“辩者”的影响。“辩者”汉代称为名家，出于讼师。辩者的一个首领郑国邓析，便是春秋末年著名的讼师。另一个首领梁相惠施，也是法律行家。邓析的本事在对于法令能够咬文嚼字的取巧，“以是为非，以非为是”（《吕氏春秋·审应览·离谓》篇）。语言文字往往是多义的；他能够分析语言文字的意义，利用来作种种不同甚至相反的解释。这样发展了辩者的学说。当时的辩者有惠施和公孙龙两派。惠施派说，世间各个体的物，各有许多性质，但这些性质，都因比较而显，所以不是绝对的。各物都有相同之处，也都有相异之处。从同的一方面看，可以说万物无不相同；从异的一方面看，可以说万物无不相异。同异都是相对的，这叫作“合同异”（语见《庄子·秋水》）。

公孙龙，赵人。他这一派不重个体而重根本，他说概念有独立分离的存在。譬如一块坚而白的石头，看的时候只见白，没有坚；摸的时候只觉坚，不见白。所以白性与坚性两者是分离的。况且天下白的东西很多，坚的东西也很多，有白而不坚的，也有坚而不白的。也可见白性与坚性是分离的，白性使物白，坚性使物坚；这些虽然必须因具体的物而见，但实在有着独立的存在，不过是潜存罢了。这叫作"离坚白"（《荀子·非十二子》篇）。这种讨论与一般人感觉和常识相反，所以当时以为"怪说""琦辞"，"辩而无用"（语见《韩非子·孤愤》）。但这种纯理论的兴趣，在哲学上是有它的价值的。至于辩者对于社会政治的主张，却近于墨家。

儒、墨、道各家有一个共通的态度，就是托古立言，他们都假托古圣贤之言以自重。孔子托于文王、周公，墨子托于禹，孟子托于尧、舜，老、庄托于传说中尧、舜以前的人物；一个比一个古，一个压一个。不托古而变古的只有法家。法家出于"法术之士"（《韩非子·定法》），法术之士是以政治为职业的专家。贵族政治崩坏的结果，一方面是平民的解放，一方面是君主的集权。这时候国家的范围，一天一天扩大，社会的组织也一天一天复杂。人治、礼治，都不适用了。法术之士便创一种新的政治方法帮助当时的君主整理国政，做他们的参谋。这就是法治。当时现实政治和各方面的趋势是变古——尊君权、禁私学、重富豪。法术之士便拥护这种趋势，加以理论化。

他们中间有重势、重术、重法三派，而韩非子集其大成。他本是韩国的贵族，学于荀子。他采取荀学、老学和辩者的理论，创立他的一家言；他说势、术、法三者都是"帝王之具"（《韩非子·定法》），缺一不可。势的表现是赏罚，赏罚严，才可以推行法和术。因为人性究竟是恶的。术是君主驾御臣下的技巧。综核名实是一个例。譬如教人做某官，按那官的名位，该能做出某些成绩来；君主就可以照着去考核，看他名实能相副否。又如臣下有所建议，君主便叫他去做，看他能照所说的做到否。名实相副的赏，否则罚。法是规矩准绳，明主制下了法，庸主只要守着，也就可以治了。君主能够兼用法、术、势，就可以一驭万，以静制动，无为而治。诸子都讲政治，但都是非职业的，多偏于理想。只有法家的学说，从实际政治出来，切于实用。中国后来的政治，大部分是受法家的学说支配的。

古代贵族养着礼、乐专家，也养着巫祝、术数专家。礼、乐原来的最大的用处在丧、祭。丧、祭用礼、乐专家，也用巫祝，这两种人是常在一处的同事。巫祝固然是迷信的，礼、乐里原先也是有迷信成分的。礼、乐专家后来沦为儒士；巫祝、术数专家便沦为方士。他们关系极密切，所注意的事有些是相同的。汉代所称的阴阳家便出于方士。古代术数注意于所谓“天人之际”，以为天道人事互相影响。战国末年有些人更将这种思想推行起来，并加以理论化，使它成为一贯的学说。这就是阴阳家。

当时阴阳家的首领是齐人驺衍。他研究“阴阳消息”（《史记·孟子荀卿列传》），创为“五德终始”说（《吕氏春秋·有始览·名类》篇及《文选》左思《魏都赋》李善注引《七略》）。“五德”就是五行之德。五行是古代的信仰。驺衍以为五行是五种天然势力，所谓“德”。每一德，各有盛衰的循环。在它当运的时候，天道人事，都受它支配。等到它运尽而衰，为别一德所胜、所克，别一德就继起当运。木胜土，金胜木，火胜金，水胜火，土胜水，这样“终始”不息。历史上的事变都是这些天然势力的表现。每一朝代，代表一德；朝代是常变的，不是一家一姓可以永保的。阴阳家也讲仁义名分，却是受儒家的影响。那时候儒家也在开始受他们的影响，讲《周易》，作《易传》。到了秦、汉间，儒家更几乎与他们混合为一，西汉今文家的经学大部便建立在阴阳家的基础上。后来“古文经学”虽然扫除了一些“非常”“可怪”之论（何休《春秋公羊经传解诂序》说《春秋》中“多非常异议可怪之论”），但阴阳家的思想已深入人心，牢不可拔了。

战国末期，一般人渐渐感着统一思想的需要，秦相吕不韦便是作这种尝试的第一个人。他教许多门客合撰了一部《吕氏春秋》。现在所传的诸子书，大概都是汉人整理编定的，他们大概是将同一学派的各篇编辑起来，题为某子。所以都不是有系统的著作。《吕氏春秋》却不然，它是第一部完整的书。吕不韦所以编这部书，就是想化零为整，集合众长，统一思想。他的基调却是道家。秦始皇统一天下，李斯为相，实行统一思想。他烧书，禁天下藏“《诗》《书》百家语”（《史记·秦始皇本纪》）。但时机到底还未成熟，而秦不久也就亡了，李斯是失败了。所以汉初诸子学依然很盛。

到了汉武帝的时候，淮南王刘安仿效吕不韦的故智，教门客编了一部《淮南子》，也以道家为基调，也想来统一思想。但成功的不是他，是董仲舒。董仲舒向武帝建议：“‘六经’和孔子的学说以外，各家一概禁止。邪说息了，秩序才可统一，标准才可分明，人民才知道他们应走的路。”（原文见《汉书·董仲舒传》）武帝采纳了他的话。从此，帝王用功名利禄提倡他们所定的儒学，儒学统于一尊，春秋、战国时代言论思想极端自由的空气便消灭了。这时候政治上既开了从来未有的大局面，社会和经济各方面的变动也渐渐凝成了新秩序，思想渐归于统一，也是自然的趋势。在这新秩序里，农民还占着大多数，宗法社会还保留着，旧时的礼教与制度一部分还可适用，不过民众化了罢了。另一方面，要创立政治上、社会上各种新制度，也得参考旧的。这里便非用儒者不可了。儒者通晓以前的典籍，熟悉以前的制度，而又能够加以理想化、理论化，使那些东西秩然有序，粲然可观。别家虽也有政治社会学说，却无具体的办法，就是有，也不完备，赶不上儒家；在这建设时代，自然不能和儒学争胜。儒学的独尊，也是当然的。

屈原和“楚辞”

/ 游　国　恩 /

“楚辞”的名称和来源

“楚辞”是战国时代以屈原为代表的楚国人创作的诗歌，它是《诗经》三百篇以后的一种新诗体。

“楚辞”这一名词不知起于何时。《史记》在张汤的传中已经提到它，可能至晚也是汉初就有的。至汉成帝时，刘向整理古籍，把屈原、宋玉等人的作品编辑成书，定名为《楚辞》，从此以后，“楚辞”就成为一部总集的名称。

汉代一般称“楚辞”为赋，这是不十分恰当的。“楚辞”和汉赋，体裁截然不同，前者是诗歌，后者是押韵的散文，它们的句法形式、结构组织、押韵规律都是两种不同的范畴。再从音乐的关系上看，虽然都是不歌而诵，但汉赋同音乐的距离比“楚辞”更远些。所以司马迁说："屈原既死之后，楚有宋玉、唐勒、景差之徒者，皆好辞而以赋见称。"（《史记·屈原列传》）可见辞与赋本来是有区别的。由于汉赋是直接受"楚辞"的影响发展起来的文体，在习惯上汉代人多以辞赋并称，把屈、宋之辞与枚乘、司马相如的赋等同起来。于是辞与赋的概念混淆了，从此以后，屈原的作品甚至全部楚辞都称为赋了。其实它们是两种不同的文体，不应混为一谈。至于后人以《离骚》代表《楚辞》而称之为"骚"，如《文心》[1]有《辨骚》篇，《文选》有"骚"类等。这和后人称《诗经》为"风"一样，虽然名实不符，都是有意把"楚辞"和汉赋两种文体区别开来。

"楚辞"的产生有其复杂的因素，决不是偶然的。春秋以来，楚国在长期独立的发展过程中，形成了独特的楚国地方文化。宗教、艺术、风俗、习惯等都有自己的特点。与此同时，楚国又与北方各国频繁接触，吸收了中原文化，也发展了它固有的文化。这一南北合流的文化传统就是"楚辞"产生和发展的重要基础。

远在周初，江汉汝水间的民歌如《诗经》中的《汉广》《江有汜》等篇都产生在楚国境内。其他文献也保存了不少的楚国民歌，如《子文歌》《楚人歌》《越人歌》《沧浪歌》（见《说苑》中《至公》《正谏》《善说》三篇）等都是楚国较早的民间文学，有的歌词每隔一句的末尾用一个语助词，如"兮""思"之类。后来便成为《楚辞》的主要形式。更重要的还是楚国民间的巫歌。楚国巫风盛行，民间祭祀之时，必使巫觋"作歌乐鼓舞以乐诸神"，充满了原始的宗教气氛。

[1] 即《文心雕龙》。后文中《文心》皆指《文心雕龙》，不再一一注明。——编者注

《楚辞》中的《九歌》，其前身就是当时楚国各地包括沅湘一带的民间祭神的歌曲，祭坛上女巫装扮诸神，衣服鲜丽，佩饰庄严，配合音乐的节奏载歌载舞，很像戏剧场面。这就是那时巫风的具体表现。这种原始宗教的巫风对屈原的作品有直接影响。《离骚》的巫咸降神，《招魂》的巫阳下招，以及《楚辞》中凡诗人自我形象的塑造和高贵品德的象征，如高冠长佩、荷衣蕙纕，乃至丰富的神话故事的运用等，都是最好的说明。所以《吕氏春秋·侈乐篇》说："楚之衰也，作为巫音。""楚辞"就是这种带有巫音色彩的诗歌。

还有楚国的地方音乐对"楚辞"也有一定的影响。春秋时，乐歌已有"南风""北风"之称。钟仪在晋鼓琴而"操南音"，被誉为"乐操土风，不忘旧也"（师旷曰："吾骤歌北风，又歌南风。南风不竞，多死声，楚必无功。"见《左传》襄公十八年。钟仪事见《左传》成公九年）。从此以后，楚歌、楚声和楚舞一直为楚人所喜爱，见于文献记载者不少。这是很自然的。战国时楚国地方音乐极为发达，其歌曲如《涉江》《采菱》《劳商》《薤露》《阳春》《白雪》等，"楚辞"的作者都已提及。"楚辞"虽非乐章，未必可歌（《九歌》经屈原改写后，是否用原来乐调歌唱，不能知道）。但它的许多诗篇中都有"乱"辞，有的还有"倡"和"少歌"，这些都是乐曲的组成部分。《楚辞》中保存这些乐曲的形式，就说明它同音乐的关系非常接近。当然由于作者是楚人，他们所接受的音乐的影响也多半是属于楚国地方的。同时，与此有关而影响于"楚辞"的那就是楚国的方言。楚国的方言有特殊的意义，也有特殊的音调。《楚辞》中的方言极多，如"扈""汩""凭""羌""侘傺""婵媛"之类，参考古注及其他文献还可以理解。至于当时音调的读法早已失传。汉宣帝时，九江（今安徽寿县，楚最后国都）被公能诵读《楚辞》，至隋代，还有释道骞也善读《楚辞》，“能为楚声，音韵清切”（《汉书·王褒传》及《隋书·经籍志》）。后来唐人还继承他的读法。可见懂得《楚辞》中楚声的人隋唐间还有。不过这对《楚辞》的影响是次要的，主要还是民间文学和地方音乐的关系。

总之，楚国本有自己的文化传统，后来又接受北方文化的影响，二者融合为一，汇为文化的巨流，在长期发展中积累了丰富的文学艺术的素材，为文学创作提供充分的有利条件。就在这个优越的文化基础上孕育了屈原这样伟大的诗人，产生了《楚辞》这样光辉灿烂、千古不朽的诗篇。

屈原的生平及其作品

伟大的爱国诗人屈原（约前340—前277）[1]，名平，是楚国一个没落的贵族。“博闻强记”，熟悉政治情况，善于外交辞令。为楚怀王左徒，对内同楚王商议国事，发布命令；对外接待宾客，应对诸侯。怀王起初很信任他。但那时楚国内外都有尖锐的斗争：在内政上保守派与改革派的斗争，也表现为外交上亲秦与亲齐两派的斗争。前者以怀王稚子子兰等楚国的贵族集团为代表，后者以屈原为代表。怀王使屈原造为宪令，正在起草之际，上官大夫为了探听宪令内容，就想夺过去看，屈原不与，上官大夫反诬蔑屈原泄露机密，恃才矜功。怀王不

[1] 现多认为屈原在世时间为约前340—约前278年。——编者注

察，遂疏屈原。秦惠王见有隙可乘，就派张仪至楚，进行阴谋诡计。张仪许怀王商于之地六百里，使绝齐交。怀王既绝齐，又不得地，大怒，发兵攻秦，先后皆大败，丧师失地。齐既不来救，韩魏复出兵攻楚，怀王不得已，乃使屈原使齐，恢复邦交。局势暂时稳定下来。诗人洞察形势，认为非联齐不能抗秦。在政治上与腐朽的旧贵族集团相对立，坚决同他们作斗争。而怀王昏庸懦怯，为群小所包围，终于走亲秦道路，放逐了屈原。这时楚国内政腐败，外交失策，又连年为秦所战败，怀王遂再度受欺，入秦而不返。顷襄王继立，以弟子兰为令尹，对秦完全采取妥协投降政策。诗人痛恨子兰劝怀王入秦，子兰复谮毁屈原，襄王怒而迁之于江南。诗人在长期流放中忧心国事，没有一刻忘了回去。他写下了许多不朽的诗篇，抒发忧愤的感情，并揭露、指斥群小违法乱纪、壅君误国之罪，乃自投汨罗江而死。

诗人有高贵的品质和干练的才能。他生活在社会变革、阶级斗争复杂激烈的时代，抱有进步的政治思想，十分自负地想为楚王做一个政治上的带路人。他的政治理想是要使祖国独立富强，以至统一长期分裂的中国，达到所谓唐虞三代之治。其具体主张不外举贤授能和修明法度。诗人在他的诗篇中都曾一再郑重地表明，而且称之为"美政"。但这些并不是空话，诗人曾按照自己的理想去做，在任左徒时实践了自己的主张。比如《离骚》说："余既滋兰之九畹兮，又树蕙之百亩。……冀枝叶之峻茂兮，愿俟时乎吾将刈。"可见屈原为了治理国事，确实培养了一批人才，希望将来有用。当他奉命草拟宪令，而反对派的保守贵族就千方百计来破坏它。只这两件事就足以说明诗人所谓"美政"的基本内容和它的中心思想。而这种思想的本质是反对贵族的传统特权，符合历史发展的趋势的，所以在国内必然会引起斗争。

诗人一生为了祖国，为了实现政治理想，不惜奔走先后，企图“及前王之踵武”。当他看见“党人”把祖国引上“幽昧”“险隘”的道路，就大声疾呼地说：“岂余身之殚殃兮？恐皇舆之败绩。”当他一再受到群小的排挤和迫害时，就奋不顾身地同他们斗争到底，九死不悔。诗人一生的历史就是同旧贵族腐朽势力作斗争的历史。他的悲愤的歌唱，一字一句都倾泻了深沉的爱国的思想感情，成为千古传诵的杰作。

屈原的作品，据《汉书·艺文志》是二十五篇，这可能是刘向校定的篇数。它的具体篇目，据王逸《楚辞章句》为《离骚》、《九歌》（十一篇）、《天问》、《九章》（九篇）、《远游》、《卜居》、《渔父》二十五篇。《大招》的作者，王逸疑不能明。《招魂》一篇司马迁认为屈原所作，而王逸却定为宋玉。可见屈原的作品汉代人的看法已不一致。至于后人为了加入《招魂》《大招》等篇，而把《九歌》任意删并，以求合于二十五篇之数，那是极不妥当的。

关于屈原作品中的真伪问题，后人纷纷讨论，各执一说。现在看来，《大招》一篇显然是模仿《招魂》写的，而词采远远不及，可以肯定不是屈原所作。《渔父》一篇司马迁在屈原传中本是作为一个有关屈原的故事来叙述，并不把它看作屈原的作品。所以王逸说：“楚人思念屈原，因叙其辞以相传焉。”这个推测是有道理的。因此《渔父》不应算在屈原作品二十五篇之内也是可以肯定的。至于《远游》《卜居》以及《九章》中的《惜往日》《悲回风》等篇，也有人认为后人所依托，但缺乏充分根据。由于年代久远，后人对于作品的理解不同，看法不同，众说分歧是不足怪的。

离　骚

《离骚》（《离骚》篇名的意义，司马迁引淮南王说：“离骚者，犹离忧也。”班固解为遭忧，王逸解为别愁，二说虽不同，但都可以讲通。）是屈原的代表作品，我国古典文学中最长的抒情诗，也是一篇光耀千古的浪漫主义杰作。

诗人写作《离骚》时已经度过了大半生。他为了实现政治理想，不断遭到腐朽的贵族集团的排挤和打击，这时已经再被放逐，到了救国无路的地步；而楚国也由一个颇有希望的国家，被弄到了濒临危亡的绝境。诗人瞻前顾后，感慨万分，他把坚持奋斗而不能实现爱国理想的沉痛感情，熔成了这篇激动人心的诗歌。

《离骚》对诗人的理想有清楚的完整的表现。在七雄纷争、各国存亡处于紧要关头的战国时代，诗人的理想就是把祖国推上富强的道路，甚至由它来统一中国。他列举历史上兴国的圣君和乱亡的昏君，希望楚王以“遵道得路”的尧舜为榜样，以“捷径窘步”的桀纣为戒鉴，把楚国建设成为强大的国家。不仅如此。处于当时奴隶社会向封建社会转化的大变革时期，诗人为了真正达到这一目的，还突破了贵族阶级的局限，反映了新兴阶级的政治要求，提出了革新政治的主张：“举贤而授能兮，循绳墨而不颇。”所谓“举贤而授能”，即不分贵贱选用贤能来治理国家；所谓“循绳墨而不颇”，即修明法度，严格按法度办事。这是与维护贵族特权的世袭制度和“背法度而心治”的原则针锋相对的。可以说，祖国的富强是诗人理想的目标，进行政治革新则是达到这一目标的手段。他的爱国主义精神是与追求进步政治的精神紧紧结合在一起的。这既说明了诗人思想的进步性，也说明了他的爱国理想的深刻性与人民性。

《离骚》的基本内容就是表现诗人对实现这一崇高理想的热烈追求和不懈的斗争。全诗可分为前后两部分。从篇首到“岂余心之可惩”为前一部分；从“女媭之婵媛兮”到篇末为后一部分。前一部分是诗人对已往历史的回溯。他叙述了家世出身、生辰名字，以及辅助楚王进行政治改革的斗争。诗人从早年起就汲汲自修，锻炼品质和才能，并决心把这一切献给祖国的富强事业。他对楚王说：“不抚壮而弃秽兮，何不改乎此度也？乘骐骥以驰骋兮，来吾导夫先路！”但是诗人这一热爱祖国和人民的愿望，却因为触犯了贵族集团的利益，招来了重重的迫害和打击。贵族群小向他围攻，极尽诬蔑诽谤之能事；楚王听信谗言，不仅不信任他，反而放逐了他；他为实现理想而苦心培植的人才也变质了。当诗人回顾到这些，想到自己的理想遭到破坏，祖国的命运岌岌可危，便抑制不住满腔愤怒的感情，向腐朽反动势力进行了猛烈的抨击。他痛斥贵族群小“竞进以贪婪”，“兴心而嫉妒”，“偭规矩而改错，背绳墨以追曲”。指出他们蝇营狗苟，把祖国引向危亡的绝境：“惟夫党人之偷乐兮，路幽昧以险隘。”他怨恨楚王的昏庸，不辨忠邪：“荃不察余之中情兮，反信谗而齌怒。”他还大胆地指责楚王反复无常：“初既与余成言兮，后悔遁而有他。余既不难夫离别兮，伤灵修之数化。”对人才的变质，诗人也表示了深深的惋叹；“虽萎绝其亦何伤兮，哀众芳之芜秽！”但是诗人并没有被这种沉重的感情压倒，也决不向反动势力屈服，他宁肯承担迫害，也不变志从俗：“宁溘死以流亡兮，余不忍为此态也！”他深信自己的正确，要永远坚持自己的道路，忠于理想：“民生各有所乐兮，余独好脩以为常。虽体解吾犹未变兮，岂余心之可惩？”

《离骚》后一部分是描写诗人对未来道路的探索：“路曼曼其修远兮，吾将上下而求索。”诗人被腐朽的贵族集团排斥在现实的政治生活之外，他苦闷彷徨地面对着未来，究竟选择什么样的道路呢？首先，女媭劝他不要“博謇好修”，应该明哲保身。但诗人通过向重华陈辞，分析了往古兴亡的历史，证明了自己态度的正确，否定了这种消极逃避的道路。于是，追求实现理想的强烈愿望，使他升腾到了天上。他去叩帝阍，阍者却闭门不理；他又下求佚女以通天帝，也终无所遇。这天上实际是人间的象征，说明再度争取楚王的信任也是不可能的。接着诗人去找灵氛占卜，巫咸降神，请他们指示出路。灵氛劝他去国远游，另寻施展抱负的处所，巫咸则劝他暂留楚国，等待时机。诗人感到时不待人，留在黑暗的楚国也不会有什么希望，于是决心出走。但是这一行动又与他的爱国感情产生了尖锐的矛盾，正当他升腾远逝的时候，却看见了祖国的大地：“陟升皇之赫戏兮，忽临睨夫旧乡。仆夫悲余马怀兮，蜷局顾而不行”，他终于留下来了。诗人通过这一系列虚构的境界，否定了他与爱国感情和实现理想的愿望背道而驰的各种道路，最后决心一死以殉自己的理想：“既莫足与为美政兮，吾将从彭咸之所居。”这是诗人当时所可能选择的一条道路，以死来坚持理想、反抗黑暗的政治现实的道路。

《离骚》通过诗人一生不懈的斗争和身殉理想的坚贞行动，表现了诗人为崇高理想而献身祖国的战斗精神；表现了与祖国同休戚、共存亡的深挚的爱国主义感情；也表现了他的热爱进步、憎恶黑暗的光辉峻洁的人格。同时通过诗人战斗的历程和悲剧的结局，反映了楚国政治舞台上进步与反动两种势力的尖锐斗争，暴露了楚国政治的黑暗腐朽和反动势力的嚣张跋扈。它虽是一首抒情诗，却反映了丰富的社会现实内容；它虽是一首浪漫主义作品，却具有深刻的现实性。不愧为我国文学史上伟大的诗篇。

《离骚》在艺术上也有极高的造诣和独特的风格。

《离骚》是一篇具有深刻现实性的积极浪漫主义作品。它发展了我国古代人民口头创作——神话的浪漫主义，成为我国文学浪漫主义的直接源头。《离骚》塑造了一个纯洁高大的抒情主人公的形象，由于理想的崇高，人格的峻洁，感情的强烈，这个形象就远远地超出于流俗和现实之上。《离骚》又自始至终贯穿着诗人以理想改造现实的顽强斗争精神，当残酷的现实终于使理想破灭时，他更表示了以身殉理想的坚决意志。这些都表现了《离骚》这首长诗的浪漫主义的精神实质。同时，《离骚》又大量地采用了浪漫主义的表现手法。这突出地表现在诗人驰骋想象，糅合神话传说、历史人物和自然现象编织幻想的境界。如关于神游一段的描写，诗人朝发苍梧，夕至县圃，他以望舒、飞廉、鸾皇、凤鸟、飘风、云霓为侍从仪仗，上叩天阍，下求佚女，想象丰富奇特，境界仿佛迷离，场面宏伟壮丽，有力地表现了诗人追求理想的精神。此外，诗人也常常用夸张的手法突出事物的特征。如关于诗人品格的描写："掔木根以结茝兮，贯薜荔之落蕊。矫菌桂以纫蕙兮，索胡绳之纚纚。""高余冠之岌岌兮，长余佩之陆离。芳与泽其杂糅兮，惟昭质其犹未亏。"诗人以花草冠佩象征品德，已富有优美的想象，而这种集中的夸张的描写，就把诗人的品格刻画得异常的崇高，具有了浪漫主义的特质。

《离骚》的另一艺术特色是比兴手法的广泛运用。它“依诗取兴，引类比喻”（王逸《楚辞章句·离骚序》），继承了《诗经》的比兴传统，而又进一步发展了它。《诗经》的比兴大都比较单纯，用以起兴和比喻的事物还是独立存在的客体；《离骚》的比兴却与所表现的内容合而为一，具有象征的性质。如上述以香草象征诗人的高洁便是。其次，《诗经》中的比兴往往只是一首诗中的片断，《离骚》则在长篇巨制中以系统的一个接一个的比兴表现了它的内容。如诗人自比为女子，由此出发，他以男女关系比君臣关系；以众女妒美比群小嫉贤；以求媒比求通楚王的人；以婚约比君臣遇合。其他方面亦多用比喻，如以驾车马比治理国家，以规矩绳墨比国家法度等。比兴手法的运用，使全诗显得生动形象，丰富多彩。

抒情诗一般篇幅短小，没有故事情节。《离骚》不只篇幅宏伟，而且由于前一部分是在诗人大半生历史发展的广阔背景上展开抒情，后一部分又编造了女嬃劝告、陈辞重华、灵氛占卜、巫咸降神、神游天上等一系列幻境，便使它具有了故事情节的成分。这种内容和结构上的特点，就是波澜起伏，百转千回，看看似乎到了山穷水尽的地步，转眼却又出现一个新的境界。这样就把诗人长期的斗争经历和复杂的思想感情表现得淋漓尽致。

《离骚》的形式来自民间，但在诗人手中有了很大发展。他一面采用民歌的形式，一面又汲取了散文的笔法，把诗句加长，构成巨篇，既有利于包纳丰富的内容，又有力地表现了奔腾澎湃的感情。

《离骚》基本上是四句为一章，字数不等，亦多偶句，形成了错落中见整齐，整齐中又富有变化的特点。《离骚》的语言十分精练，并大量地吸收了楚国的方言，虚字也运用得十分灵活，又常以状词冠于句首，造句也颇有特点。此外，《离骚》除了诗人内心独白外，还设为主客问答，又有大段的铺张描写，绘声绘色，对后来辞赋有很大影响。所有这些也都表现了《离骚》的艺术特点与成就。

司马迁与《史记》

（节选）

/ 朱 自 清 /

《史记》，汉司马迁著。司马迁，字子长，左冯翊夏阳（今陕西韩城）人。景帝中元五年（公元前145年）生，卒年不详。他是太史令司马谈的儿子。小时候在本乡只帮人家耕耕田、放放牛玩儿。司马谈做了太史令，才将他带到京师（今西安）读书。他十岁的时候，便认识"古文"的书了。二十岁以后，到处游历，真是足迹遍天下。他东边到过现在的河北、山东及江、浙沿海，南边到过湖南、江西、云南、贵州，西边到过陕、甘、西康等处，北边到过长城等处；当时的"大汉帝国"，除了朝鲜、河西（今宁夏一带）、岭南几个新开郡外，他都走到了。他的出游，相传是父亲命他搜求史料去的，但也有些处是因公去的。他搜得了多少写的史料，没有明文，不能知道。可是他却看到了好些古代的遗迹，听到了好些古代的轶闻，这些都是活史料，他用来印证并补充他所读的书。他作《史记》，叙述和描写往往特别亲切有味，便是为此。他的游历不但增扩了他的见闻，也增扩了他的胸襟；他能够综括三千多年的事，写成一部大书，而行文又极其抑扬变化之致，可见出他的胸襟是如何的阔大。

他二十几岁的时候，应试得高第，做了郎中。武帝元封元年（公元前110年），大行封禅典礼，步骑十八万，旌旗千余里。司马谈是史官，本该从行，但是病得很重，留在洛阳不能去。司马迁却跟去了。回来见父亲，父亲已经快死了，拉着他的手呜咽着道："我们先人从虞、夏以来，世代做史官；周末弃职他去，从此我家便衰微了。我虽然恢复了世传的职务，可是不成；你看这回封禅大典，我竟不能从行，真是命该如此！再说孔子因为眼见王道缺、礼乐衰，才整理文献，论《诗》《书》，作《春秋》，他的功绩是不朽的。孔子到现在又四百多年了，各国只管争战，史籍都散失了，这得搜求整理；汉朝一统天下，明主、贤君、忠臣、死义之士，也得记载表彰。我做了太史令，却没能尽职，无所论著，真是惶恐万分。你若能继承先业，再做太史令，成就我的未竟之志，扬名于后世，那就是大孝了。你想着我的话罢。"（原文见《史记·自序》）司马迁听了父亲这番遗命，低头流泪答道："儿子虽然不肖，定当将你老人家所搜集的材料，小心整理起来，不敢有所遗失。"（原文见《史记·自序》）司马谈便在这年死了；司马迁这年三十六岁。父亲的遗命指示了他一条伟大的路。

父亲死的第三年，司马迁果然做了太史令。他有机会看到许多史籍和别的藏书，便开始做整理的工夫。那时史料都集中在太史令手里，特别是汉代各地方行政报告，他那里都有。他一面整理史料，一面却忙着改历的工作；直到太初元年（公元前104年），太初历完成，才动手著他的书。天汉二年（公元前99年），李陵奉了贰师将军李广利的命，领了五千兵，出塞打匈奴。匈奴八万人围着他们，他们杀伤了匈奴一万多，可是自己的人也死了一大半。箭完了，又没吃的，耗了八天，等贰师将军派救兵。救兵竟没有影子。匈奴却派人来招降。李陵想着回去也没有脸，就降了。武帝听了这个消息，又急又气。朝廷里纷纷说李陵的坏话。武帝问司马迁，李陵到底是个怎样的人。李陵也做过郎中，和司马迁同过事，司马迁是知道他的。

他说李陵这个人秉性忠义，常想牺牲自己，报效国家。这回以少敌众，兵尽路穷，但还杀伤那么些人，功劳其实也不算小。他决不是怕死的人，他的降大概是假意的，也许在等机会给汉朝出力呢。武帝听了他的话，想着贰师将军是自己派的元帅，司马迁却将功劳归在投降的李陵身上，真是大不敬；便教将他抓起来，下在狱里。第二年，武帝杀了李陵全家，处司马迁宫刑。宫刑是个大辱，污及先人，见笑亲友，他灰心失望已极，只能发愤努力，在狱中专心致志写他的书，希图留个后世名。过了两年，武帝改元太始，大赦天下。他出了狱，不久却又做了宦者做的官——中书令，重被宠信。但他还继续写他的书。直到征和二年（公元前91年），全书才得完成，共一百三十篇，五十二万六千五百字。他死后，这部书部分地流传；到宣帝时，他的外孙杨恽才将全书献上朝廷去，并传写公行于世。汉人称为《太史公书》《太史公》《太史公记》《太史记》。魏晋间才简称为《史记》，《史记》便成了定名。这部书流传时颇有缺佚，经后人补续改窜了不少；只有元帝、成帝间褚少孙补的有主名，其余都不容易考了。

司马迁是窃比孔子的。孔子是在周末官守散失时代第一个保存文献的人；司马迁是秦火以后第一个保存文献的人。他们保存的方法不同，但是用心一样。《史记·自序》里记着司马迁和上大夫壶遂讨论作史的一番话。司马迁引述他的父亲称扬孔子整理“六经”的丰功伟业，而特别着重《春秋》的著作。他们父子都是相信孔子作《春秋》的。他又引董仲舒所述孔子的话：“我有种种觉民救世的理想，凭空发议论，恐怕人不理会；不如借历史上现成的事实来表现，可以深切著明些。”（原文见《史记·自序》）这便是孔子作《春秋》的趣旨：他是要明王道，辨人事，分明是非、善恶、贤不肖，存亡继绝，补敝起废，作后世君臣龟鉴。《春秋》实在是礼义的大宗，司马迁相信礼治是胜于法治的。他相信《春秋》包罗万象，采善贬恶，并非以刺讥为主。像他父亲遗命所说的，汉兴以来，人主明圣盛德，和功臣、世家、贤大夫之业，是他父子职守所在，正该记载表彰。他的书记汉事较详，固然是史料多，也是他意主尊汉的缘故。他排斥暴秦，要将汉远承三代。这正和今文家说的《春秋》尊鲁一样，他的书实在是窃比《春秋》的。他虽自称只是“厥协‘六经’异传，整齐百家杂语”（原文见《史记·自序》），述而不作，不敢与《春秋》比，那不过是谦词罢了。

他在《报任安书》里说他的书“欲以究天人之际，通古今之变，成一家之言”。《史记·自序》里说：“罔（网）罗天下放佚旧闻，王迹所兴，原始察终，见盛观衰，论考之行事。”“王迹所兴”，始终盛衰，便是“古今之变”，也便是“天人之际”。“天人之际”只是天道对于人事的影响，这和所谓“始终盛衰”都是阴阳家言。阴阳家倡“五德终始说”，以为金、木、水、火、土五行之德，互相克胜，终始运行，循环不息。当运者盛，王迹所兴；运去则衰。西汉此说大行，与“今文经学”合而为一。司马迁是请教过董仲舒的，董就是今文派的大师，他也许受了董的影响。“五德终始说”原是一种历史哲学，实际的教训只是让人君顺时修德。

《史记》虽然窃比《春秋》，却并不用那咬文嚼字的书法，只据事实录，使善恶自见。书里也有议论，那不过是著者牢骚之辞，与大体是无关的。原来司马迁自遭李陵之祸，更加努力著书。他觉得自己已经身废名裂，要发抒意中的郁结，只有这一条通路。他在《报任安书》和《史记·自序》里引了文王以下到韩非诸贤圣，都是发愤才著书的。他自己也是个发愤著书的人。天道的无常，世变的无常，引起了他的慨叹，他悲天悯人，发为牢骚抑扬之辞。这增加了他的书的情韵。后世论文的人推尊《史记》，一个原因便在这里。

班彪论前史得失，却说他“论议浅而不笃。其论述学，则崇黄、老而薄‘五经’；序货殖，则轻仁义而羞贫穷；道游侠，则贱守节而贵俗功”，以为“大敝伤道”（《后汉书·班彪传》）。班固也说他“是非颇谬于圣人”（《汉书·司马迁传赞》）。其实推崇道家的是司马谈；司马迁时，儒学已成独尊之势，他也成了一个推崇的人了。至于《游侠》《货殖》两传，确有他的身世之感。那时候有钱可以赎罪，他遭了李陵之祸，刑重家贫，不能自赎，所以才有“羞贫穷”的话；他在穷窘之中，交游竟没有一个抱不平来救他的，所以才有称扬游侠的话。这和《伯夷传》里天道无常的疑问，都只是偶一借题发挥，无关全书大旨。东汉王允死看“发愤”著书一语，加上咬文嚼字的成见，便说《史记》是“佞臣”的“谤书”（《后汉书·蔡邕传》），那不但误解了《史记》，也太小看了司马迁了。

《史记》体例有五：十二本纪，记帝王政迹，是编年的；十表，以分年略记世代为主；八书，记典章制度的沿革；三十世家，记侯国世代存亡；七十列传，类记各方面人物。史家称为“纪传体”，因为“纪传”是最重要的部分。古史不是断片的杂记，便是顺案年月的纂录；自出机杼，创立规模，以驾驭去取各种史料的，从《史记》起始。司马迁的确能够贯穿经传，整齐百家杂语，成一家言。他明白“整齐”的必要，并知道怎样去“整齐”，这实在是创作，是以述为作。他这样将自有文化以来三千年间君臣士庶的行事，“合一炉而冶之”，却反映着秦汉大一统的局势。《春秋左氏传》虽也可算通史，但是规模完具的通史，还得推《史记》为第一部书。班固根据他父亲班彪的意见，说司马迁“善叙事理，辩而不华，质而不俚；其文直，其事核，不虚美，不隐恶，故谓之实录”（《汉书·司马迁传赞》）。“直”是“简省”的意思，简省而能明确，便见本领。《史记》共一百三十篇，列传占了全书的过半数，司马迁的史观是以人物为中心的。他最长于描写；靠了他的笔，古代许多重要人物的面形，至今还活现在纸上。

西汉后期的散文和辞赋

/ 游 国 恩 /

西汉后期的散文，首先值得一提的，是桓宽的《盐铁论》。这是一种政论文。公元前81年，汉昭帝召集全国文学、贤良六十余人与御史大夫桑弘羊、丞相田千秋讨论盐铁国营和酒类专卖等问题。桓宽根据这一次会议的文献进行了加工和概括，成《盐铁论》六十篇。它保存了许多西汉中叶的经济思想史料，也反映了当时一定的社会面貌。在形式上它是散文的新发展，以“文学”“贤良”为一方，以“丞相”“御史”为另一方，进行辩论。在论辩过程中，双方互相诘难，使论点不断深化。他们有时是从容不迫地说理，如《取下》篇作者连用了十几个“不知”把统治者和广大阶层人民的生活作了鲜明对比，行文整齐而有变化，疏朗中又见细密，具有一定的表现力量。有时则是紧紧抓住对方论证的弱点，或以尖锐精密的语言猛击对方，或用生动的比喻以突出对方论证的鄙陋，都给人以较深刻的印象。《盐铁论》是西汉后期政论文的代表作品，它从现实问题出发，针砭时弊，颇中要害，并保持了前期政论文浑朴质实的特点。

宣帝好辞赋，他仿效汉武帝故事，召致了不少辞赋家，有王褒、张子侨、刘向、华龙等。他们的作品大都为歌颂帝王的田猎、游乐和宫馆而作的，现在大都失传。这时，除歌功颂德的大赋外，一种“辩丽可喜”，“虞说（娱悦）耳目”的咏物小赋大量出现，作品现亦大都不存，《文选》中保存的王褒《洞箫赋》，可见一斑。

和王褒、张子侨等一起向宣帝献赋的刘向也是西汉后期著名的散文家和今文派经学家。向字子政（初名更生），汉高祖同父少弟楚元王交的玄孙。他在元帝时代，眼见外戚宦官弄权，皇室衰微，国政日非。因此，他曾数次以今文派的“经术”，解释灾异和当时现实政治的关系，上书皇帝弹劾外戚宦官，曾两次入狱，被废多年。成帝即位，又被起用，并受诏校五经秘书、诸子诗赋。“每一书已，向辄条其篇目，撮其指意，录而奏之”（《汉书·艺文志》）。刘向散文保存下来的主要就是这些奏疏和校书的叙录。他的散文用意深切，但辞浅理畅，平易近人，在舒缓的叙述中流露了作者匡救时弊的热情。

刘向编著的《新序》《说苑》，引用了大量先秦的经传子史中以及流行于民间的故事、传说和寓言，基本上是旧文，有些经过了加工剪裁。其目的是为了利用这些进行封建伦理的说教，但其中有不少意味深长的寓言故事，如《新序》中载的叶公好龙：

> 叶公子高好龙，钩以写龙，凿以写龙，屋室雕文以写龙。于是天龙闻而下之，窥头于牖，施尾于堂。叶公见之，弃而还走，失其魂魄，五色无主。是叶公非好龙也，好夫似而非龙

者也。

这个故事生动地刻画了喜尚空谈，不务实际的封建地主阶级士大夫的虚伪面貌。毛主席在《湖南农民运动考察报告》中引了这个故事，用以比喻反动派口谈革命，实际上则是畏惧革命、反对革命。这个比喻是亲切的，有说服力的。此外如孙叔敖、丑女无盐（见《新序》）等故事也都耐人寻味，是魏晋小说的先声。

扬雄（前53—18），是西汉末年最著名的辞赋家。雄字子云，蜀郡成都人。他年轻时极好司马相如的赋，“每作赋，常拟之以为式”。后有人称颂雄文似司马相如，被成帝召入宫廷。他侍从成帝祭祀游猎，作了《甘泉赋》《羽猎赋》《长杨赋》《河东赋》。四赋都歌颂汉朝的声威和皇帝的功德，又处处仿效司马相如，使辞赋创作走上了模拟因袭的道路。但他的赋还是有自己的特点的，如《羽猎赋》《长杨赋》都还写得比较流畅，有气魄。扬马并称，说明了在辞赋发展中扬雄还有一定地位。他无心仕进，在成、哀、平三世始终是一个黄门郎，生活比较穷苦。但他不慕荣利，自甘淡泊，埋头著述，仿《周易》作《太玄》，仿《论语》作《法言》。又作《解嘲》一文，指出统治者用刑罚、诗书礼乐、举士制度来束缚士人，而士人只图仕进，依然“雷动云合，鱼鳞杂袭，咸营于八方”。结果是庸夫充斥，奇异之士不见容，“言奇者见疑，行殊者得辞：是以欲谈者卷舌而同步，欲步者拟足而投迹”。因此他采取了“默默者存”“自守者身全”的处世态度。《解嘲》纵横驰说，善为排比，辩锋颇锐利，虽受东方朔《答客难》的影响，但在思想和艺术上仍有自己的特点。

扬雄晚年认为辞赋是“童子雕虫篆刻”，无补于规谏，又“非法度所存”，这正是从自己的切身体会中指出汉赋的根本弱点，并由此提出“诗人之赋丽以则，辞人之赋丽以淫”（《法言·吾子》）的看法。他看到了诗赋“丽”的特点，但他反对“极丽靡之辞，闳侈巨衍”（《汉书·扬雄传》），失去讽谕的作用，而要求辞赋合于讽谕的正道，即所谓“则”。这样的文学观点在当时是较有进步意义的。

班固与《汉书》

（节选）

/ 朱　自　清 /

《汉书》，汉班固著。班固，字孟坚，扶风安陵（今陕西咸阳）人，光武帝建武八年（公元32年）生，和帝永元四年（公元92年）卒。他家和司马氏一样，也是个世家；《汉书》是子继父业，也和司马迁差不多。但班固的凭借，比司马迁好多了。他曾祖班斿，博学有才气，成帝时，和刘向同校皇家藏书。成帝赐了他全套藏书的副本，《史记》也在其中。当时书籍流传很少，得来不易；班家得了这批赐书，真像大图书馆似的。他家又有钱，能够招待客人。后来有好些学者，老远地跑到他家来看书，扬雄便是一个。班斿的次孙班彪，既有书看，又得接触许多学者，于是尽心儒术，成了一个史学家。《史记》以后，续作很多，但不是偏私，就是鄙俗；班彪加以整理补充，著了六十五篇《后传》。他详论《史记》的得失，大体确当不移。他的书似乎只有本纪和列传，世家是并在列传里。这部书没有流传下来，但他的儿子班固的《汉书》是用它做底本的。

班固生在河西，那时班彪避乱在那里。班固有弟班超，妹班昭，后来都有功于《汉书》。他五岁时随父亲到那时的京师洛阳。九岁时能作文章，读诗赋。大概是十六岁罢，他入了洛阳的大学，博览群书。他治学不专守一家，只重大义，不沾沾在章句上。又善作辞赋。为人宽和容众，不以才能骄人。在大学里读了七年书，二十三岁上，父亲死了，他回到安陵去。明帝永平元年（公元58年），他二十八岁，开始改撰父亲的书。他觉得《后传》不够详明，自己专心精究，想完成一部大书。过了三年，有人上书给明帝，告他私自改作旧史。当时天下新定，常有人假造预言，摇惑民心；私改旧史，更有机会造谣，罪名可以很大。

明帝当即诏令扶风郡逮捕班固，解到洛阳狱中，并调看他的稿子。他兄弟班超怕闹出大乱子，永平五年（公元62年），带了全家赶到洛阳；他上书给明帝，陈明原委，请求召见。明帝果然召见。他陈明班固不敢私改旧史，只是续父所作。那时扶风郡也已将班固稿子送呈。明帝却很赏识那稿子，便命班固做校书郎，兰台令史，跟别的几个人同修世祖（光武帝）本纪。班家这时候很穷。班超也做了一名书记，帮助哥哥养家。后来班固等又述诸功臣的事迹，作列传载记二十八篇奏上。这些后来都成了刘珍等所撰的《东观汉记》的一部分，与《汉书》是无关的。

明帝这时候才命班固续完前稿。永平七年（公元64年），班固三十三岁，在兰台重行写他的大著。兰台是皇家藏书之处，他取精用弘，比家中自然更好。次年，班超也做了兰台令史。虽然在官不久，就从军去了，但一定给班固帮助很多。章帝即位，好辞赋，更赏识班固了。他因此得常到宫中读书，往往连日带夜地读下去。大概在建初七年（公元82年），他的书才大致完成。那年他是五十一岁了。和帝永元元年（公元89年），车骑将军窦宪出征匈奴，用他做中护军，参议军机大事。这一回匈奴大败，逃得不知去向。窦宪在出塞三千多里外的燕然山上刻石纪功，教班固作铭。这是著名的大手笔。

次年他回到京师，就做窦宪的秘书。当时窦宪威势极盛；班固倒没有仗窦家的势欺压人，但他的儿子和奴仆却都无法无天的。这就得罪了许多地面上的官儿，他们都敢怒而不敢言。有一回他的奴子喝醉了，在街上骂了洛阳令种兢，种兢气恨极了，但也只能记在心里。永元四年（公元92年），窦宪阴谋弑和帝，事败，自杀。他的党羽，或诛死，或免官。班固先只免了官，种兢却饶不过他，逮捕了他，下在狱里。他已经六十一岁了，受不得那种苦，便在狱里死了。和帝得知，很觉可惜，特地下诏申斥种兢，命他将主办的官员抵罪。班固死后，《汉书》的稿子很散乱。他的妹子班昭也是高才博学，嫁给曹世叔，世叔早死，她的节行并为人所重，当时称为曹大家。这时候她奉诏整理哥哥的书，并有高才郎官十人，从她研究这部书——经学大师扶风马融，就在这十人里。书中的八表和天文志那时还未完成，她和马融的哥哥马续参考皇家藏书，将这些篇写定，这也是奉诏办的。

《汉书》的名称从《尚书》来，是班固定的。他说唐、虞、三代当时都有记载，颂述功德；汉朝却到了第六代才有司马迁的《史记》。而《史记》是通史，将汉朝皇帝的本纪放在尽后头，并且将尧的后裔的汉和秦、项放在相等的地位，这实在不足以推尊本朝。况

《史记》只到武帝而止，也没有成段落似的。他所以断代述史，起于高祖，终于平帝时王莽之诛，共十二世，二百三十年，作纪、表、志、传凡百篇，称为《汉书》（《汉书·叙传》）。班固著《汉书》，虽然根据父亲的评论，修正了《史记》的缺失，但断代的主张，却是他的创见。他这样一面保存了文献，一面贯彻了发扬本朝功德的趣旨。所以后来的正史都以他的书为范本，名称也多叫作“书”。他这个创见，影响是极大的。他的书所包举的，比《史记》更为广大：天地、鬼神、人事、政治、道德、艺术、文章，尽在其中。

书里没有世家一体，本于班彪《后传》。汉代封建制度，实际上已不存在；无所谓侯国，也就无所谓世家。这一体的并入列传，也是自然之势。至于改“书”为“志”，只是避免与《汉书》的“书”字相重，无关得失。但增加了《艺文志》，叙述古代学术源流，记载皇家藏书目录，所关却就大了。《艺文志》的底本是刘歆的《七略》。刘向、刘歆父子都曾奉诏校读皇家藏书，他们开始分别源流，编订目录（刘向著有《别录》），使那些“中秘书”渐得流传于世，功劳是很大的。他们的原著都已不存，但《艺文志》还保留着刘歆《七略》的大部分。这是后来目录学家的宝典。原来秦火之后，直到成帝时，书籍才渐渐出现；成帝诏求遗书于天下，这些书便多聚在皇家。刘氏父子所以能有那样大的贡献，班固所以想到在《汉书》里增立《艺文志》，都是时代使然。司马迁便没有这样好运气。

《史记》成于一人之手，《汉书》成于四人之手。表、志由曹大家和马续补成；纪、传从昭帝至平帝有班彪的《后传》做底本。而从高祖至武帝，更多用《史记》的文字。这样一看，班固自己作的似乎太少。因此有人说他的书是“剽窃”而成（《通志总序》），算不得著作。但那时的著作权的观念还不甚分明，不以抄袭为嫌；而史书也不能凭虚别构。班固删润旧文，正是所谓“述而不作”。他删润的地方，却颇有别裁，绝非率尔下笔。史书叙汉事，有阙略的，有隐晦的，经他润色，便变得详明，这是他的独到处。汉代“明主、贤君、忠臣、死义之士”，他实在表彰得更为到家。书中收载别人整篇的文章甚多，有人因此说他是“浮华”之士（《通志总序》）。这些文章大抵关系政治学术，多是经世有用之作。那时还没有文集，史书加以搜罗，不失保存文献之旨。至于收录辞赋，却是当时的风气和他个人的嗜好；不过从现在看来，这些也正是文学史料，不能抹杀的。

东汉文人的五言诗

/ 游 国 恩 /

现存有主名的东汉文人五言诗，数量虽然不多，但大体上可以看出文人五言诗的形成和发展的过程。从文献记载看，东汉时代的早期作家班固写的一首《咏史》诗，内容是咏缇萦救父，汉文帝除肉刑的事，可能是他被逮洛阳狱中所作。虽“有感叹之词”，但“质木无文”，缺乏形象性。这说明文人初学五言新体诗，技巧还很不熟练。其后张衡作《同声歌》，用新婚女子自述语气，可能有所寄托。这首诗感情真挚，词采绮丽，表达技巧已有一定的进步。如“思为莞蒻席，在下蔽匡床；愿为罗衾帱，在上卫风霜”数句，颇有乐府民歌情调，后来陶渊明《闲情赋》中“愿在衣而为领”一段，便是受了它的启发。东汉末，桓、灵之际，五言诗作者有秦嘉、蔡邕、郦炎、赵壹、辛延年、宋子侯等。秦嘉既作《述昏》等四言诗，又作《留郡赠妇诗》三首五言诗，说明诗人已不满于四言的旧形式，而在试探五言新体诗的创作。《赠妇诗》叙述作者奉役离家，不得与其妻面别的惆怅情绪，如云："长夜不能眠，伏枕独辗转。忧来如寻环，匪席不可卷。"又云："河广无舟梁，道近隔丘陆。临路怀惆怅，中驾正踯躅。浮云起高山，悲风激深谷。良马不回鞍，轻车不转毂。"以整齐排偶的语言，写真挚深厚的感情，朴素自然中表明了文人学习五言诗的技巧已渐趋熟练。蔡邕的《翠鸟》以鸟自比，反映了作者遭遇迫害，幸脱世网的心情。郦炎的《见志诗》二首（郦诗第二首《艺文类聚》题作《兰诗》，玩其词意，恐非）表示作者不信宿命的思想、超迈绝尘的雄心壮志和贤才被抑不用的感慨。特别是赵壹的《刺世疾邪赋》篇末二诗，揭露东汉末年政治社会的黑暗，充满愤激情绪，其第一首有云："文籍虽满腹，不如一囊钱"，使人联想到李白的诗句："万言不值一杯水！"正是封建文人生不逢时的共同命运。

东汉的文人五言诗之所以日趋成熟，是和学习乐府民歌分不开的。上述几首诗，无论语言风格、比兴手法等方面，都可以看出乐府民歌的影响。但其影响最显著、艺术成就最出色的则为辛延年的《羽林郎》和宋子侯的《董娇饶》二篇。前者写胡姬的抗拒豪强，后者假设桃李和采桑女子互相问答，感叹盛年一去，即遭捐弃的不幸命运。风格逼近乐府民歌。不但表现技巧纯熟，而且深得乐府民歌的精神。现录《羽林郎》一篇如下：

昔有霍家奴，姓冯名子都。依倚将军势，调笑酒家胡。胡姬年十五，春日独当垆。长裾连理带，广袖合欢襦。头上蓝田玉，耳后大秦珠。两鬟何窈窕，一世良所无！一鬟五百万，两鬟千万余。不意金吾子，娉婷过我庐。银鞍何煜爚，翠盖空踟蹰。就我求清酒，丝绳提玉壶；就我求珍肴，金盘脍鲤鱼。贻我青铜镜，结我红罗裾。不惜红罗裂，何论轻贱躯？男儿爱后妇，女子重前夫。人生有新故，贵贱不相渝。多谢金吾子，私爱徒区区。

辛延年、宋子侯，生平不可考，可能是熟悉乐府民歌的下层文人。《羽林郎》是乐府中的“杂曲歌辞”。它反映汉末官僚贵族、豪强恶霸对人民横加欺压的不法行为，故事情节颇与《陌上桑》相似。诗中极力描写胡姬服饰的豪华，有模拟《陌上桑》迹象。胡姬拒绝金吾子的调戏和引诱，显示了她的坚贞不屈的品格，这也和罗敷一样，都是民间女性中的光辉形象。诗中的故事、对话、结构和夸张的描写方法都具有乐府民歌的特色。

此外，东汉末年还有数量不少的无名氏“古诗”，其中一部分代表了那时文人五言诗的最高艺术成就，也标志着东汉文人五言诗成熟的新阶段。

《古诗十九首》及其他

/ 游 国 恩 /

前面提到的无名氏“古诗”，可以《古诗十九首》为代表。《古诗十九首》载于《文选》，因为作者姓名失传，时代不能确定，故《文选》的编者题为“古诗”。关于《古诗十九首》的作者和时代，历来有许多推测，或谓枚乘、傅毅，固不可靠；即曹植、王粲也是揣度之辞（《文心雕龙·明诗》：“古诗佳丽，或称枚叔，其‘孤竹’一篇，则傅毅之辞。”《诗品》：“‘去昔日以疏’四十五首，旧疑是建安中曹、王所制。”）。因为从诗歌发展上看，不但枚乘，即与班固同时，才名又相伯仲的傅毅也不可能对五言诗取得这样的成就。至汉末建安中，洛阳被董卓焚毁，早已化为灰烬。曹植《送应氏》诗就描写过它的萧条景象。而《十九首》的诗人眼中的洛阳还是两宫双阙、王侯第宅尚巍然无恙，冠带往来游宴如故。何况洛阳未遭破坏之前，王粲尚幼，曹植并未出世。后人又有据《明月皎夜光》的“玉衡指孟冬”一句断定这首诗为汉武帝太初改历以前的作品［《文选》李善注谓，太初以前，仍用秦历，以建亥月（夏历十月，即孟冬）为岁首，故诗写秋景而仍说孟冬］。其实这是误解。这里的孟冬不是指季节月份，而是斗星所指的时刻，不能作为西汉时已有五言诗之证。据我们看，这些古诗虽不是一人所作，但风格内容大体相同。其产生的时代，先后距离必不甚远。再从文人五言诗的兴起和发展以及有关历史事实综合考察，估计《古诗十九首》的时代大概不出于东汉后期数十年之间，即至早当在顺帝末年，至晚亦在献帝以前（约140—190）。

《古诗十九首》的作者既非一人，所以它们反映的思想内容是很复杂的。大体说来，其中有写热中仕宦的，如《今日良宴会》《西北有高楼》《回车驾言迈》三首。有写游子思归的，如《去者日以疏》《明月何皎皎》及《行行重行行》《青青河畔草》《冉冉孤生竹》《凛凛岁云暮》《孟冬寒气至》《客从远方来》八首。有写人生无常，及时行乐的，如《青青陵上柏》《东城高且长》《驱车上东门》《生年不满百》四首。有写朋友交情的凉薄的，如《明月皎夜光》一首。此外还有主题不明确的，如《涉江采芙蓉》和《庭中有奇树》二首，可能是指夫妇，也可能是指朋友。《冉冉孤生竹》一首，表面上是思妇之词，也可能别有寄托。《迢迢牵牛星》一首，表面上是咏物的诗，实际上也是借牛女双星比男女离别之情。《古诗十九首》的思想感情虽然复杂，但有一个共同的特征，就是对人生易逝、节序如流的感伤，大有汲汲皇皇如恐不及的忧虑。如《今日良宴会》云："人生寄一世，奄忽若飚尘；何不策高足，先据要路津？"《回车驾言迈》云："人生非金石，岂能长寿考？奄忽随物化，荣名以为宝。”《青青陵上柏》云：“人生天地间，忽如远行客。斗酒相娱乐，聊厚不为薄。”《生年不满百》云：“昼短苦夜长，何不秉烛游？为乐当及时，何能待来兹？”所有这些，都是失意士人正当社会大动乱的前夕，对于现实生活和内心要求的矛盾、苦闷的反映。

《古诗十九首》的作者通过闺人怨别、游子怀乡、游宦无成、追求享乐等等内容的描写，表现了浓厚的感伤情绪。他们和乐府民歌的作者不同，大都是属于中小地主阶级的文人，为了寻求出路，不得不远离乡里，奔走权门，或游京师，或谒州郡，以博一官半职。这些人就是诗中所谓“游子”和“荡子”。他们长期出外，家属不能同往，彼此之间就不能没有伤离怨别的情绪。这对思妇来说，就会有“浮云蔽白日，游子不顾反”“荡子行不归，空床难独守”的叹息；对游子自己来说，就会发生“思还故里闾，欲归道无因”和“客行虽云乐，不如早旋归”的感慨。前面提到秦嘉的《留郡赠妇诗》，正好说明这种情况。徐干《中论·谴交》篇叙述汉末游宦风气之盛以及公卿大夫、州牧郡守，下及小司，莫不以接待宾客为务，“冠盖填门，儒服塞道，饥不暇餐，倦不获已”，“送往迎来，亭传常满”。于是士人“乃离其父兄，去其邑里”，“窃选举，盗荣宠者，不可胜数”，“桓灵之世，其甚者也”。最后他对这一社会病态提出批评道：“且夫交游者出也，或身殁于他邦，或长幼而不归，父母怀茕独之思，思人抱东山之哀，亲戚隔绝，闺门分离。无罪无辜，而亡命是效。……非仁人之情也。”由此可见，那时候为什么“游子”“荡子”会这样多；《古诗十九首》中所流露的游子思妇的感伤，正是东汉末年政治社会的真实的反映；其中浓厚的消极情绪更是封建统治阶级走向没落时期的反映。至于那些“游子”和“荡子”或出身于太学，或起家于征辟，大都是有较好的文学素养之士。他们的遭际是不同的，其中有遇时得意的，有不遇时不得意的，失意的人羡慕得意的人。当他们游宦四方，想着策高足，据要津，却得不到帮助时，就不免愤愤不平地慨叹：“昔我同门友，高举振六翮，不念携手好，弃我如遗迹。南箕北有斗，牵牛不负轭，良无盘石固，虚名复何益！”失意者的牢骚就是这样来的。试看那时陈重、雷义互相推荐的友谊被人称为比胶漆还坚固，就可以了解诗人的心情了。他们既然落拓失意，自然容易感到寂寞、苦闷，所以一当听到动人的“慷慨有余哀”的清商曲调随风传出楼外时，不禁触物兴感，自然而然地沉吟：“不惜歌者苦，但伤知音稀。”而由此出发的消极情绪也会油然而生，于是“人生非金石”“人生忽如寄”“人生天地间，忽如远行客”等等想法都来了。加以东汉末年已是大乱将临的时候，到处农民起义，严重地威胁着剥削阶级的每一个人。在此危机四伏、朝不保夕的环境中，那些感到人生短促、没有出路的游子，眼前看到京洛等地的繁华，又不禁发生一连串的纵情享乐思想：“荡涤放情志，何为自结束”“不如饮美酒，被服纨与素”，甚至秉烛夜游的想法也都一齐来了。这就是《古诗十九首》的全部思想内容，也就是东汉末年现实生活的一个侧面镜头。它们的思想价值虽不高，却也有一定的历史认识意义。

《古诗十九首》的艺术成就是很突出的，在我国早期的五言抒情诗中，这样优秀的作品也是比较少见的。因此，自魏晋以来一直受到作家们的重视（拟《古诗十九首》者虽始于陆机，但魏文帝曹丕的《杂诗》似乎已经有模仿《十九首》迹象），历来批评家对它的评价都极高，甚至有过誉为“惊心动魄”“一字千金”的。《古诗十九首》所以能取得这样卓越的艺术成就，主要是作者从学习乐府民歌的基础上汲取营养的结果。由于作者都是中下层文人，没有能够接受民歌的战斗精神，只在艺术方面接受了它的影响。他们有着较高的文化素养，在某些表现方法上，同时也接受了《诗经》《楚辞》的优良传统，因而造成一种独特的艺术风格，成为我国文学史上早期抒情诗的典范。

《古诗十九首》的主要艺术特色是长于抒情，其抒情方法往往是用事物来烘托，融情入景，寓景于情，二者密切结合，达到天衣无缝、水乳交融的境界。例如《迢迢牵牛星》一首：

> 迢迢牵牛星，皎皎河汉女。纤纤擢素手，札札弄机杼。终日不成章，泣涕零如雨。河汉清且浅，相去复几许。盈盈一水间，脉脉不得语。

作者通过假想的牛女形象的描绘，抒写男女离别之情，通篇全是写景，而情在其中。这关键就在“终日不成章，泣涕零如雨”及“盈盈一水间，脉脉不得语”等句。因为这几句仍然是扣紧织女的形象和现实的景物来描写的，所以读者只觉得是泛泛写景，而织女的离愁却轻轻地点了出来。这首诗虽从《诗经·大东》化出，而写天上无情的双星，居然像人间绸缪的夫妇，情景相生，真有化工之妙。又如《明月何皎皎》一首：

明月何皎皎，照我罗床帏。忧愁不能寐，揽衣起徘徊。客行虽云乐，不如早旋归。出户独彷徨，愁思当告谁？引领还入房，泪下沾裳衣。

这首诗写一个久客思家不能成寐的游子，对着照射罗帏的皎皎月光，愈加触动了乡愁。自然愁思是压不下去的，只得揽衣而起，徘徊空房之中，不觉自言自语：“客行虽云乐，不如早旋归。”这时明月满地，夜凉如水。索性打开门来走出去望一望千里相共的明月吧。他踌躇四顾一下，除了一片茫茫的月光什么也看不到，满怀愁绪，向谁去倾诉呢？不得已回到房中，不觉落下泪来。通篇只起头二句是写景，以下全是写情，而月明如昼的景色悉在其中，那个“忧愁不能寐”的主人公的全部形象都被浸在月光之中照得格外鲜明。

《古诗十九首》的另一显著的艺术特点是善于通过某种生活情节抒写作者的内心活动，抒情中带有叙事意味，使诗中主人公的形象更鲜明突出。例如《西北有高楼》一首写一个追求名利的失意者的心情，并不抽象地写他如何怀才不遇、失路彷徨，却通过高楼听曲这一具体事件的描绘，无意中流露了对那位歌者的同情：“不惜歌者苦，但伤知音稀”，从而表明了主人公对那个闻声而未见面的人是一个旷世知音；也表明了自己生不逢时的侘傺无聊；最后希望化为双鸿鹄同她一起奋翅高飞，更表明了主人公是个如何奋发有为，而又四顾无侣的形象。又如《凛凛岁云暮》一首描写一个思妇怀念良人，梦醒后惆怅感伤的情绪。这是一个蝼蛄悲鸣、凉风凄厉的冬夜，诗中的女主人思念着她的丈夫睡不着觉。她想到天气已寒，而游子还没有寒衣，想到寄锦衾，路途又是如此遥远。想来想去，忽然笃念旧好的良人枉驾来迎，她喜出望外地想，从此携手同归，长相亲爱，这是多么快乐呀！谁料那良人“既来不须臾，又不处重闱”，竟自无情地走了。心里十分懊恼，原来却是一梦。她当时恨不得飞到良人那边。引领遥望，好像良人还走得不远。此时这位女主人似梦非梦，似醒非醒，只觉得凉风拂面，蝼蛄满耳，潮水般的眼泪直涌出来，沾湿了双扉。写到这里，一个孤独无聊的思妇形象就如在目前。这样抒情叙事双管齐下的写法还很多，《孟冬寒气至》《客从远方来》等篇都是如此。

《古诗十九首》还有一个特点，就是善于运用比兴手法，衬映烘托，着墨不多，而言近旨远，语短情长，含蓄蕴藉，余味无穷。例如“胡马依北风，越鸟巢南枝”，“浮云蔽白日，游子不顾反”（《行行重行行》），“南箕北有斗，牵牛不负轭”（《明月皎夜光》）等句都是。尤其温丽清新、自然贴切，富于“风”“骚”意味的莫过于《涉江采芙蓉》《冉冉孤生竹》《庭中有奇树》等首。《冉冉孤生竹》既以孤竹结根于泰山起兴，又以兔丝附于女萝为比，下面“伤彼蕙兰花，含英扬光辉；过时而不采，将随秋草萎”四句，则是比中之比，层出不穷，既有新婚少妇光华艳丽的形象，又有草木零落、美人迟暮的感慨，深沉含蓄，而不尽之情自在言外。

《古诗十九首》的语言不假雕琢，浅近自然，但又异常精练，含义丰富，十分耐人寻味：这也是一个特点。例如说：“相去日已远，衣带日已缓”（《行行重行行》），“同心而离居，忧伤以终老”（《涉江采芙蓉》），“置书怀袖中，三岁字不灭。一心抱区区，惧君不识察”（《孟冬寒气至》），一种真挚深厚的感情可以想见。“洛中何郁郁，冠带自相索”（《青青陵上柏》），官僚们钻营驰逐的情况可以想见。“不念携手好，弃我如遗迹”（《明月皎夜光》），失望的心情可以想见。写景如“四顾何茫茫，东风摇百草”（《回车驾言迈》），“回风动地起，秋草萋已绿”（《东城高且长》），叠字如“青青河畔草”和“迢迢牵牛星”，双关如《客从远方来》的“著以长相思，缘以结不解”，都是语言方面的特点。

《古诗十九首》的高度艺术成就是五言诗已经达到成熟阶段的标志。

《古诗十九首》以外的无名氏“古诗”散见于《文选》《玉台新咏》等书的还不少。《兰若生春阳》《新树兰蕙葩》《步出城东门》等首是游子思妇之词；《悲与亲友别》一首则是送别亲友之作；《橘柚垂华实》一首借咏物以寓人才被弃之感。以上诸诗的思想内容和艺术风格基本上与《古诗十九首》一致，而《新树兰蕙葩》的韵调尤其相似，可以认定都是同时代的作品。

还有《文选》中题为苏武、李陵的五言诗共七首，一般称为“苏李诗”。这几首诗不是苏武、李陵所作，前人早有定论。但有人认为出于齐梁时代，未免估计太晚。因为颜延之的《庭诰》早已谈到李陵诗的真伪问题（见《太平御览》五八六），裴子野《雕虫论》也有“五言为家，则苏李自出”之语。我们根据诗的内容、风格和词句来考察，大致可以肯定它们的时代与《古诗十九首》接近。

这批古诗的主题都是为送行赠别而作，有送朋友远游的，有送丈夫从军的，诗中或称“征夫”，或称“游子”，或称“行人”。大抵缠绵悱恻，表现了亲友深厚的感情，特别是《结发为夫妻》一首有云：“征夫怀往路，起视夜何其。参辰皆已没，去去从此辞。行役在战场。相见未有期。握手一长叹，泪为生别滋。”又云：“努力爱春华，莫忘欢乐时。生当复来归，死当长相思。”写夫妻离别之情非常令人感动。

刘勰曾说“古诗”是“五言之冠冕”，这话并不过分。就“古诗”所达到的成就及其在诗歌创作上所产生的影响来说，它在我国文学发展过程中，占有相当重要的地位。

/第二章/

罗庸、萧涤非讲魏晋南北朝文学

曹氏父子的“一家辞赋”

/ 罗 庸 /

东汉末以及三国时代之文风，并不能以曹氏父子为代表，其时隐逸者如管宁，他如吴蜀皆有文士，不必以曹氏父子概括尽之，所以然者，以《文选》之选文上溯建安故，而七子三曹之名特著焉（关于建安时代之文风，可参考《文心雕龙·时序篇》）。

魏武之为人，后世对之毁誉参半，按三国时足称人杰者凡三人：魏武帝、诸葛亮、司马懿。而裴松之注《三国志》时，曾多方毁谤魏武。其实魏武为人，乃东汉末一般士人之态度，时天下大乱，诸侯拥兵自雄，各以兴复汉室为口号，而成败各有不同。魏武以政治眼光招纳贤士，有三令可供参考：（1）求贤令；（2）敕有司取士勿废偏短令；（3）取贤勿拘品行令。其中“唯才是举”乃其取才之标准。又云：“凡负污辱之名，见笑之行，不仁不孝而负治国用兵之术者……”一反东汉士风之所趋。《魏志·丁谧传》注引《魏略》丁斐事，载斐不敦品，常盗取公物，如官牛、官印等，人告于武帝，帝笑而为之婉解，可见其所招致人才之方法，及其人才称盛之理由。

曹氏之搜罗人才，虽父子间亦有竞争，即当时各州牧亦好罗致人才，此事可见《魏志》廿一《邯郸淳传》注引《魏略》：淳原为刘表之门客，建安十三年，荆州内附，淳入魏，文帝求为门客，子建亦求之。武帝乃令淳见植，植初不与言，既歌且舞，又谈天地玄黄及其文学诸技，淳出而大赞之。后文帝嗣位，淳不得已而来归门下，作《投壶赋》献之，由是可知曹氏父子之所以讲究文学，在借此以招致文学之士。今读其父子之诗文，斐然可观，盖其用心苦矣。

武帝遗令之文而外，犹工五言乐府。其时五言乐府为新体诗，武帝竟敢尝试之，且每诗皆可播之管弦。迨乎子建之作，已成文人五言诗矣。魏文亦颇工诗，又思成一家之言，与《论衡》《中论》并驾，因成《典论》之制。有学者癖，犹是东汉风气，唯子建最重文学，为文尚藻饰，雕琢之言十占六七，足与七子比肩。又魏以前以文为游戏者甚少（如王褒《僮约》），至魏而命题作文之风起，如魏文伤阮瑀寡妻，召七子之徒作《寡妻赋》，又有《宫中槐树赋》，有竞赛意味，使文人用心更深，而远违个性，由此至唐弗衰。

所谓建安七子

/ 罗 庸 /

七子实不通之名词，源于《典论·论文》，列孔融等七人为一串，而子建《与杨德祖书》亦遍论当时文人而不及孔融，所见甚是。《文心雕龙·时序篇》之论七子，本自《典论》与子建之书。夫七子者，并非同时相友之人，且当时能文者亦不止七子，故谓之不通。由魏文《与吴季重》[1]二书及吴之《报魏太子书》观之，皆以七子为侍从之臣，论七子者不可不知。

七子中孔融不能入流，盖融长魏武二岁，以行辈论，当为文帝世伯，其文尤为文帝所好。建安十三年六月，融被杀时，王粲尚在荆州，二人并未谋面。后魏文下令求融遗文，强列入七子之中，实有不妥之处。说到孔融之文，可知东汉末及三国文学之转变。桓灵以上，

[1] 即《与吴质书》。——编者注

文人以经学为主。汉末两大作家，一为蔡邕（伯喈），一为孔融[1]，而文学史家每将此同时代之二作者分为两期人物，以蔡归之汉代，诚以其所着重在经学故也，逮至文举而辞赋之气加重，蔡犹有党锢诸贤清流之风，文举则为狷狂纵诞之士。自曹操由兖州牧兴起，朝廷中能评议时政者，唯文举一人而已，深为曹操所畏忌。后曹次第平袁绍、平陶谦，将伐荆州，过许昌，因借故诛杀之。

阮瑀为嗣宗之父，字元瑜，影响其子甚大。陈留阮氏在东汉时为旧族，瑀在家时颇有文名，魏武起自兖州，招纳贤士，而陈留适在其势力范围，世传瑀初不出，魏武以焚其村舍相挟，故不得已而出焉（此史实尚不能十分可靠）。瑀尝作《首阳山赋》（王粲及嗣宗皆有此作），作于建安十七年（荀彧死年，为反对魏武篡汉而自杀者），此作就其所作之年月观之，实有深意。瑀之死，亦在是年，而文帝所称“书记翩翩，自足乐也”，盖赞其在征刘表前后所作，而咏怀之制，当推《首阳》一赋，有不得已事魏之隐痛在焉。

刘桢，字公幹，东平人，为七子中最平凡者，亦魏武门下最不得意之人，除文集外，尚有《毛诗义问》，可知其在家时仍以治经为主。因平视甄后为武帝所怒，罚令磨石，终身不复重用，后死于时疫。文帝称其“五言诗之善者，妙绝时人”。七子中最善徐幹，盖同乡故也。

陈琳，字孔璋，广陵人，七子中生年较久，生年不可考，死时当在六十岁左右，初为何进记室，后为袁绍作讨曹之檄。建安八年为

[1] 孔融字文举，后文多用“文举”二字。——编者注

操所执，惧甚，然曹氏竟不问前情，故终身顺服，为真正文学侍从之臣，无甚怀抱可言，遗文颇多，亦死于建安二十二年时疫。

应玚，字德琏，与其弟璩（休琏）为曹氏门下最委屈之人。黄巾乱时，曹嵩位于三公，后迁于琅邪，及操为兖州牧，令应劭为保护之责，后嵩为徐州牧陶谦部下所杀。操怒，乃讨伐徐州，屠城廿五万人，劭惧，乃携二侄投北海袁绍，著《汉官仪》以试操，操不咎既往。劭未及出，于成书之次年卒。二侄居冀州，及绍死，二子争锋，为曹所破，二应俱为所得，故居门下，不敢有所作为，盖身世使之然也。

徐幹，字伟长，北海人，魏文最称其《中论》，以为“议论典雅，足传于后”。实不应列入七子，而应入于仲长统等子家者流。幹如不为曹操所强征出仕，当如管幼安、庞士元、司马德操之以隐士终。所作《中论》，乃汉末士人对时局对症下药之作，无名氏《中论序》，表彰其建安十三年后，居邺下不食魏禄，茅檐衣结，生活极苦，不与曹氏合作，建安二十三年三月卒。

王粲，字仲宣，山阳人，祖四世为三公，为七子中最光彩之人物，故陈寿特为立传，实际仍为魏文士传，粲其尤著而已。十二三岁时入长安，见知于蔡邕。建安之乱，南窜荆州（十五岁前）居十二年而赋《登楼》，第十三年劝刘琮降操，最为魏武所重，位列军谋祭酒，每有征伐，必参佐戎署，未尝以困顿终其身。建安十七年、二十年伐吴皆从，卒于建安二十二年。地位在徐、陈、应、刘之前，而书记之作，不若陈、阮之多，可想见其致力多在政治方面，只《首阳山赋》一首为同赋，仍有东汉末之文风，抱兴复汉室之志，非乘时窃位之徒也。

七子外，值得提及者尚有下列数人。

杨修，字德祖，为子建唯一畏友，文学之气味也极相投。今存与子建来往之书简若干首，后为武帝所杀。

丁仪、丁廙，亦子建至友，子建尝自谦以为弗如。

吴质，字季重，盖善于自处者也。始终不为内官，常外宦以避祸。风格近于七子。

诸人文学风格，《文心》评之为“慷慨而多气”，虽辞赋气重，而不至于冗弱者，以诸子不徒为文士，盖各有其怀抱故也。

王充《论衡》尝分人之才为若干类，但未以某人工某体文为评论，至魏文著《典论·论文》及《与吴质书》，皆各于其所长之文体而称道之，如仲宣娴于辞，阮、陈长于书，伟长长于论，德琏著《文质论》，但无甚发挥。刘桢，魏文称其五言，但今所传者，罔见佳构。自此，“文非一体，鲜能备善”一语，成空论矣。

左思、刘琨、郭璞

/ 萧 涤 非 /

在形式主义诗风盛行的太康时期，能继承和发扬“建安风骨”的传统，写出了有充实内容的作品的作家，是杰出的诗人左思。思字太冲，齐国临淄（今山东临淄附近）人。大约生于魏废帝时代，卒于西晋末年。左思出身寒微，晋武帝时，妹棻以才名被选入宫，全家迁居京师。思官秘书郎，以《三都赋》显名当时。惠帝时，预贾谧二十四友之列，并曾为贾谧讲《汉书》。永康元年，谧被诛，乃退居宜春里。后齐王冏命为记室，辞不就。太安中，张方纵暴京师，遂全家去冀州，数岁而死。

左思现存诗十四首。《文心雕龙》说他“尽锐于《三都》，拔萃于《咏史》”。《咏史》八首是他的代表作。这些诗并非一时写的，它反映了诗人由积极而消极的过程。

晋自武帝即位以来，东南吴国和西北羌胡不断犯扰边境，《咏史》第一首说："铅刀贵一割，梦想骋良图。左眄澄江湘，右盼定羌胡"，表现他要为国立功的雄伟抱负。在第三首中，诗人歌颂段干木、鲁仲连"遭难能解纷，功成耻受赏"，实际也是表现他"功成不受爵，长揖归田庐"的高尚品格。

左思在《杂诗》中写道："高志局四海，块然守空堂。壮齿不恒居，岁暮常慨慷。"左思妹棻为贵嫔，他一生仍不得志，这主要由于出身寒微而得不到门阀社会的重视。正是这样，诗人把笔锋转向了对门阀制度的揭露和抨击。如《咏史》第二首：

> 郁郁涧底松，离离山上苗，以彼径寸茎，荫此百尺条。世胄蹑高位，英俊沉下僚。地势使之然，由来非一朝。金张藉旧业，七叶珥汉貂。冯公岂不伟，白首不见招。

全诗前半以贴切而形象的比喻揭露了门阀社会的不合理。后半更指出这种现象的根深蒂固，连古人的牢骚都给发了。这就扩大了诗歌包含的内容，加强了诗的思想感染力量。

诗人不只揭露了门阀制度的腐朽，而且对门阀士族表现了强烈的反抗精神。第五首写道：

> 皓天舒白日，灵景耀神州。列宅紫宫里，飞宇若云浮。峨峨高门内，蔼蔼皆王侯。自非攀龙客，何为欻来游？被褐出阊阖，高步追许由；振衣千仞岗，濯足万里流。

表现了他对这个腐朽的门阀社会的决裂态度。在第六首里，他对那些豪门右族表现了极端的轻蔑："高眄邈四海，豪右何足陈。贵者虽自贵，视之若埃尘；贱者虽自贱，重之若千钧。"第四首则通过对扬雄的歌颂，为寂寞的寒士张目吐气："悠悠百世后，英名擅八区。"

从东汉班固以来的《咏史》诗大抵是“檃栝本传，不加藻饰”，一诗咏一事，在史事的客观复述中略见作者的意旨。左思的咏史“或先述己意，而以史事证之。或先述史事，而以己意断之。或止述己意，而史事暗合。或止述史事，而己意默寓”（张玉谷《古诗赏析》），又往往错综史实，连类引喻，名为咏史，实是咏怀。这是对咏史诗的创造性的发展，对后代产生了良好的影响。

左思志高才雄，胸怀旷迈，富有反抗精神，所以他的咏史诗笔力矫健，情调高亢，气势充沛，具有积极浪漫主义的特色。《诗品》称之为“左思风力”，这显然是“建安风骨”的继承与发扬。《诗品》又说他“文典以怨”，很清楚也是指咏史诗而言。这些诗里多引史事，所以“典”；他用史事发泄对现实的不满，所以“怨”。从他的诗里还可以看到建安以来文学技巧的发展。诗中使用对偶，也讲求词藻，但由于剪裁得当，严格地为表现内容服务，使得风力内充，一点没有冗沓平弱的毛病。他的诗不只丰富了五言诗的风格，艺术表现也更为圆熟了。

此外，他的《娇女诗》以现实主义的描写手法，使用俚语，生动地描绘了两个小女孩的天真情态，后来陶渊明的《责子》诗，杜甫《北征》中的片断，李商隐的《骄儿诗》都显然受了它的影响。他的《三都赋》虽是精心覃思之作，并曾名动一时，但基本上是走汉代大赋的老路，只是更求实一些，文学价值不大。

刘琨（270—317）[1]是略后于左思的有成就的作家。琨字越石，中山魏昌（今河北东南部）人。他是贵公子，早年生活浮华放荡，西晋末年，在尖锐的民族矛盾中成为爱国志士。他和祖逖闻鸡起舞的故事更经常为后来一些富有事业心的学者、诗人所称道。关于他前后思想的转变，他在《答卢谌书》中自叙得很清楚："昔在少壮，未尝检括。远慕老庄之齐物，近嘉阮生之放旷。……自顷辀张，困于逆乱，国破家亡，亲友凋残。负杖行吟，则百忧俱至；块然独坐，则哀愤两集。……然后知聃周之为虚诞，嗣宗之为妄作也。"他在外族入侵的情况下，历任刺史、大将军等职，在北方辗转抗敌，后因军事失利，投幽州刺史段匹磾，竟为段所害。

刘琨现存诗歌虽只有三首，但都是后期保卫中原的战斗生活的产物，有丰富的现实内容和深厚的爱国感情。永嘉元年九月，诗人赴并州刺史任，这时北方"胡寇塞路"，他"以少击众，冒险而进，顿伏艰危，辛苦备尝"，写下了有名的《扶风歌》：

朝发广莫门，暮宿丹水山。左手弯繁弱，右手挥龙渊。顾瞻望宫阙，俯仰御飞轩。据鞍长太息，泪下如流泉。系马长松下，发鞍高岳头。烈烈悲风起，泠泠涧水流。挥手长相谢，哽咽不能言。浮云为我结，归鸟为我旋。去家日已远，安知存与亡。慷慨穷林中，抱膝独摧藏。麋鹿游我前，猿猴戏我侧。资粮既乏尽，薇蕨安可食？揽辔命徒侣，吟啸绝岩中。君子道微矣，夫子固有穷。惟昔李骞期，寄在匈奴庭。忠信反获罪，

[1] 刘琨在世时间应为公元271—318年。——编者注

汉武不见明。我欲竟此曲，此曲悲且长。弃置勿重陈，重陈令心伤。

诗的前半表现了对故国的深沉眷恋。接着描写赴任途中的困苦情况，从不畏艰难的前进中披露了诗人爱国的至诚。篇末用李陵的典故揭露了抗敌斗争中来自统治阶级内部的困难，透露了晋政权的腐朽。刘琨于并州失利，投奔段匹磾，与段相约共辅王室，不料因儿子刘群得罪段匹磾，遂陷缧绁。这时又写了《重赠卢谌》一诗。诗的前半列举史事，一方面表现自己扶助晋室的怀抱，表示如果段能为王室出力，可以不计较私怨，“苟能隆二伯，安问党与仇？”是大义感人的诗句；另一方面激励卢谌为国立功，并援救自己。诗的后半则表现了“英雄失路，万绪悲凉”的感慨：“功业未及建，夕阳忽西流。时哉不我与，去乎若云浮。朱实陨劲风，繁英落素秋。狭路倾华盖，骇驷摧双辀。何意百炼钢，化为绕指柔！”

刘琨的诗清刚悲壮。《诗品》说它“善为凄戾之词，自有清拔之气”，《文心雕龙》说它“雅壮而多风”，都很能说明刘诗的特色。

刘琨的爱国行为和爱国诗歌给后世留下了深刻的印象。宋代爱国诗人陆游在《夜归偶怀故人独孤景略》中说：“刘琨死后无奇士，独听荒鸡泪满衣。”可以看到诗人对他的赞扬。元好问《论诗绝句》说：“曹刘坐啸虎生风，四海无人角两雄。可惜并州刘越石，不教横槊建安中。”把刘琨与曹操相比，感叹他未能实现雄心壮志。

魏正始时玄学兴起，阮籍、嵇康的作品已有浓厚的老庄思想。西晋时期，玄学有了进一步的发展，至西晋末年遂兴起了玄言诗。《诗品》说："永嘉时，贵黄老，稍尚虚谈，于时篇什，理过其辞，淡乎寡味。"在这种文学风气里，能够"变创其体"，而获得一定成就的，是诗人郭璞。

郭璞（276—324），字景纯，河东闻喜（今山西绛县附近）人。他好经术，博学有高才，通古文奇字，又善五行天文卜筮之术，因反对王敦谋反而被害。

郭璞的《答贾九州愁诗》说："顾瞻中宇，一朝分崩。天纲既紊，浮鲵横腾。"对西晋灭亡，中原沦于外族表示了深沉的感慨。又说："运首北眷，邈哉华恒。虽欲凌翥，矫翮靡登。……庶晞（希）河清，混焉未澄"，表现出恢复中原和澄清时局的愿望。这些说明了他有自己的理想和爱国的感情。但他处于政治黑暗的乱世，也有惧祸避世的消极思想，所以诗末说："无贵香明，终自濊渴。未若遗荣，阂情丘壑。逍遥永年，抽簪收发。"

郭璞的代表作是《游仙诗》十四首。游仙诗的来源很早，秦博士有《仙真人诗》，汉乐府中也有这类作品，建安、正始时期更不断有人继作。游仙诗中明显地有两种倾向，一种是所谓正格的游仙诗，它们"滓秽尘网，锱铢缨绂，餐霞倒景，饵玉玄都"（《文选》李善注）；一种是借游仙以表示对现实的不满与反抗，如曹植、阮籍的某些作品。郭璞显然是继承了后一种传统。他的游仙诗借游仙以咏怀，有一定的现实内容。如第一首说："京华游侠窟，山林隐遁栖。朱门何足荣，未若托蓬莱"，表示了对朱门的轻蔑与否定。第五首说：

“清源无增澜，安得运吞舟。珪璋虽特达，明月难暗投”，表现了才志之士生不逢时的感慨。第四首则表现了求仙的渺茫和伤时叹逝的感情。郭璞游仙诗的另一特色是富于形象性，和一般游仙诗往往写得过于抽象不同。如第三首说：“翡翠戏兰苕，容色更相鲜，绿萝结高林，蒙笼盖一山。……赤松临上游，驾鸿乘紫烟，左挹浮丘袖，右拍洪崖肩”，写想象中的神仙居处的生活情态，形象鲜明而生动。《诗品》说他的诗“彪炳可玩”，正是指出了这种特色。不过《游仙诗》的主旨毕竟在歌咏高蹈遗世，不是积极的人生态度。

陶渊明及其作品

（节选）

/ 萧 涤 非 /

东晋时期，士族清谈玄理的风气更盛，对文学的影响也更大，出现了孙绰、许询等一系列作家，他们“诗必柱下之旨归，赋乃漆园之义疏”，玄言文学占了文坛的统治地位。这种文学在内容上是“世极迍邅而辞意夷泰”，严重地脱离现实。在艺术上则“理过其辞，淡乎寡味”，失去了艺术的形象性和生动性。直到东晋末的陶渊明，才给文坛带来了富于现实内容、具有独特风格的创作。

陶渊明的时代与生平

陶渊明（365—427）[1]，一名潜，字元亮，浔阳柴桑（今江西九江西南）人。曾祖陶侃曾官至大司马，祖父和父亲也做过太守、县令一类

[1] 陶渊明生年除公元365年，尚有公元372年、公元376年两种说法。——编者注

的官，不过到了他，家境已经没落。

陶渊明少年时代由于家庭和儒经的影响，对统治阶级抱着幻想，有“大济苍生”的壮志。但他的家世出身和所处的时代却是对他十分不利的。这时，腐朽的门阀制度发展到了顶点，门阀士族垄断了高官要职，出身于庶族寒门的人则遭到无理的压抑。陶渊明的曾祖陶侃虽以军功取得晋朝的高官，但本身并非门阀士族，在当时就已被讥骂为“小人”和“溪狗”，到了陶渊明时代，连这样的家世也没落了，他自然得不到社会的重视。这时东晋政治又极端腐败，统治阶级内部矛盾十分尖锐。以陶渊明生活的主要时期来说，便经历了司马道子、元显的专权，王国宝的乱政，王恭、殷仲堪的起兵，桓玄的夺位，以及后来终于夺取了晋政权的刘裕势力的兴起。左右政局的士族和军阀所热衷的是争权夺利，他们既不想整顿政治，也无意收复失地。在这样的政治局面下，想实现进步的政治理想是不可能的。这种客观现实对陶渊明的生活道路以及思想变化有着深刻的影响。

陶渊明直到二十九岁才出仕，以后十多年里，他几次做官，都不过是祭酒、参军等职，不仅济世的抱负无由施展，而且必须降志辱身和一些官场人物周旋。这一切只使他感到“志意多所耻”和“违己交病”。在老庄思想和隐逸风气盛行的影响下，陶渊明早年便有爱慕自然、企羡隐逸的思想，所谓“闲居三十载，遂与尘事冥。诗书敦夙好，园林无世情”。当他仕途不得志时，就更怀恋这种生活，“静念园林好，人间良可辞”。所以，这十多年里他一直“一心处两端”，行动上也是仕隐无常。三十九岁时，他的思想有了更大的变化，他说：“先师有遗训，忧道不忧贫。瞻望邈难逮，转欲志长勤。”就是说本应该是忧道的，可是道不可行，那就只好躬耕自给了。就在这一年他亲自参加了劳动。此后，他又做过镇军、建威参军，因为“耕植不足以自给”，又一度为彭泽令，在官八十余日，逢郡督邮来县，属吏告诉他应束带接见，他叹道：“我不能为五斗米折腰向乡里小儿。”即日解职而归。从此，他结束了仕隐不定的生活，坚决走上了归田的道路。

在陶渊明归田以后的二十多年中，以镇压孙恩起义和桓玄叛乱而起家的刘裕独揽了东晋的军政大权，又在北伐南燕后秦中壮大了声势，终于代晋称帝。但是门阀世族的势力依然存在，黑暗腐败的社会并未改变。看惯了战乱、篡夺、阴谋、危机的陶渊明，为了避祸，就决心不再出仕。晋末征他为著作佐郎，辞不就。宋元嘉时，他“偃卧瘠馁有日”，江州刺史檀道济劝他出仕，他也拒绝了。道济赠给他粱肉，他“麾而去之”，表现了他与统治阶级决裂的坚定态度。

“世与我而相违，复驾言兮焉求？”陶渊明的归田，是在对污浊的现实完全绝望之后，采取的一条洁身守志的道路。这时儒家的“独善其身”的思想占了主导的地位。从他放弃了实现济苍生的理想来说，具有一定的消极性，但从他坚持高尚的志趣，决不和统治阶级同流合污来说，仍有一定的进步意义。正因为他把壮志埋藏在心里，所以一直没有忘却现实，常常流露对腐朽的现实的不满和壮志不得施展的焦灼和悲愤。同时，道家思想对他也有很大的影响。他吸收了道家思想中的朴素唯物论成分，认为万物都是按照自然规律而生灭变化，否定道教的长生永视之说和佛教的神不灭的思想，这是他进步的方面。但他由此出发而采取的“委运乘化”的人生态度，却是具有消极作用的。“聊乘化以归尽，乐夫天命复奚疑”，说明他处在极端不合理的现实中，想用这种态度消除思想矛盾，完全超脱于现实之外。

陶渊明的后期最值得重视的是他亲自参加了劳动。这就当时文人说是一件了不起的大事。封建社会和儒家思想本是鄙视劳动的，两晋南北朝士族尤甚。颜之推《颜氏家训》说：“多见士大夫耻涉农务。”《南史·到溉传》载：到溉先祖曾担粪自给，别人骂他“尚有余臭”。陶渊明却冲破了这种剥削阶级的意识，坚决地走上了躬耕自给的道路。这样他的思想就引起了一系列的变化。他改变了剥削阶级鄙视劳动的态度，在一定程度上认识了劳动的价值；也在与农民共同劳动、平等交往的生活中，对农民产生了亲切的感情，培植了倾向于平等的思想。他本来认为劳动可以自养，所谓“力耕不吾欺”的，但是他的生活，却和一般农民一样，不断地走着下坡路，经常受到饥寒的威胁，有时甚至不得不出去乞食，这也促使他不能不从别的方面去寻求贫困的原因了。上述这些思想的发展，推动诗人提出了没有剥削和压迫的桃花源的社会理想，对不合理的封建社会表示了抗议。

陶渊明作品的思想内容与艺术特色

陶渊明的作品，现存诗一百二十多首，散文六篇，辞赋三篇，还有《读史述九章》和《扇上画赞》两篇接近四言诗的韵文。

诗歌是诗人成就最突出的方面，一百多首诗，具有丰富的内容。

诗人生活在极端黑暗的社会里，却坚持高远的理想和志趣，一部分作品表现出守志不阿的耿介品格。《和郭主簿》诗说：“芳菊开林耀，青松冠岩列；怀此贞秀姿，卓为霜下杰。”《饮酒》第八首说：“青松在东园，众草没其姿；凝霜殄异类，卓然见高枝。”霜威下盛开的菊花和不凋的青松，正是诗人挺立不屈的性格的象征。诗人在《咏贫士七首》和《扇上画赞》中还歌颂了不少固穷守志的人物。

正是由于有着这样的品格，诗人一方面对腐朽的统治阶级表现了一种孤高的态度。《咏贫士》第一首说：“万族各有托，孤云独无依；暧暧空中灭，何时见余辉？”这朵晴空飘浮的孤云，象征诗人的处境和命运，它孤独无依，会无声无息地消灭，但也表现了诗人的态度，它要远去尘埃，永远保持自由和高洁。另一方面，也对污浊的现实表现了强烈的不满。在《饮酒》二十首里，他借着“醉人”的语言，或是指责社会上是非颠倒，毁誉雷同（第六首），或是揭露政治的陷阱危机（第十七首），或是鄙弃世俗的虚伪和欺诈（第十二、十九首），在最末一首里，他说：“如何绝世下，六籍无一亲！终日驰车走，不见所问津？”虽然是美化了孔子，但他更主要的是对驰逐名利的颓败士风感到无比的愤激和沉痛。

陶渊明的志趣与性格，终于使他同统治阶级上层社会完全决裂，回到田园中来。他写下了大量的田园诗。他的田园诗充满对污浊的社会的憎恶和对纯洁的田园的热爱。如《归园田居》第一首：

> 少无适俗韵，性本爱丘山。误落尘网中，一去三十年。羁鸟恋旧林，池鱼思故渊。开荒南野际，守拙归园田。方宅十余亩，草屋八九间。榆柳荫后檐，桃李罗堂前。暧暧远人村，依依墟里烟。狗吠深巷中，鸡鸣桑树颠。户庭无尘杂，虚室有余闲。久在樊笼里，复得返自然。

诗人把统治阶级的上层社会斥为“尘网”，把投身其中看成是做了“羁鸟”“池鱼”，把退处田园说成是冲出“樊笼”、重返“自然”，表现了他对丑恶的社会的鄙视。诗人着重地细致地描写了纯洁、幽美的田园风光，字里行间流露了作者由衷的喜爱。在这里，淳朴、宁静的田园生活与虚伪、欺诈、互相倾轧的上层社会形成了鲜明的对比，具有格外吸引人的力量。

当诗人尚未离开宦途时，总有一种“暂为人所羁”的感觉，心情无法平静下来，他“望云惭高鸟，临水愧游鱼。”但当他远离了污浊的现实，回到田园中来，却感到获得了归宿。《饮酒》第五首：

结庐在人境，而无车马喧。问君何能尔？心远地自偏。采菊东篱下，悠然见南山；山气日夕佳，飞鸟相与还。此中有真意，欲辨已忘言。

诗人避开了达官贵人的车马的喧扰，在悠然自得的生活中，获得了自由而恬静的心境。

诗人的田园生活虽然是远离统治阶级，却更接近了下层文人和农民。这里有志同道合的朋友谈心赏文：“邻曲时时来，抗言谈在昔；奇文共欣赏，疑义相与析”；有朴实的农民共话桑麻：“时复墟曲中，披草共来往；相见无杂言，但道桑麻长”；有邻里的相与宴饮：“漉我新熟酒，只鸡邀近局”；也有天伦之乐：“亲戚共一处，子孙还相保”。所以，他的田园诗是有着丰富的现实生活内容的，这也是他的田园诗动人的原因之一。

尤其可贵的是他的田园诗还反映了劳动生活的内容。如《归园田居》第三首：

种豆南山下，草盛豆苗稀。晨兴理荒秽，带月荷锄归。道狭草木长，夕露沾我衣。衣沾不足惜，但使愿无违。

我们可以清楚地看到一个带着月色，从草木丛生的小径上荷锄归来的劳动者的形象。《怀古田舍》诗说："平畴交远风，良苗亦怀新；虽未量岁功，即事多所欣。"在田野风景和农事活动的描写中洋溢着一种喜悦之情。由于诗人亲自参加了农业劳动，并由衷地喜爱它，劳动，第一次在文人创作中得到充分的歌颂。他的一些田园诗还表现了只有一个劳动者才可能体会的思想感情。如《归园田居》第二首说："桑麻日已长，我土日以广。常恐霜霰至，零落同草莽。"表现了他对农作物收成的密切关怀。《于西田获早稻》诗说："人生归有道，衣食固其端。孰是都不营，而以求自安？开春理常业，岁功聊可观。晨出肆微勤，日入负耒还。山中饶霜露，风气亦先寒。田家岂不苦，弗获辞此难。"不仅表现了与剥削阶级寄生观点鲜明对立的依靠劳动生活的思想，而且表现了不辞辛苦、坚持躬耕的顽强态度。这些都超出了一般士大夫的思想意识，使他的田园诗闪烁着进步的思想光辉。

陶渊明还有一些田园诗描写了他的田园生活的贫困状况。《示庞主簿邓治中》说："夏日长抱饥，寒夜无被眠；造夕思鸡鸣，及晨愿乌迁。"《有会而作》说："弱年逢家乏，老至更长饥；菽麦实所羡，孰敢慕甘肥！"这些诗虽然只是描述他自己晚年每逢天灾不免屡受饥寒的境遇，但是我们也可以从中想见当时农民们的更加悲惨的生活情景。

陶渊明在田园生活中的思想感情是极其复杂的。《读史述·屈贾》中说："进修德业，将以及时；如彼稷契，孰不愿之！"他也是希望能做稷、契一类的人物的。当他壮志不得伸展而转托田园之后，虽然努力使自己满足于田园生活的乐趣，有时甚至企图以醉酒忘世，"泛此忘忧物，远我遗世情"，或者用道家顺应自然的态度对待人生，"纵浪大化中，不喜亦不惧"，但这些都不能完全消除他壮志未遂的苦闷。《杂诗》第二首说："气变悟时易，不眠知夕永。欲言无予和，挥杯劝孤影。日月掷人去，有志不获骋；念此怀悲凄，终晓不能静。"可以看到诗人在光阴虚掷中极度矛盾不安的心境。诗人也一直没有丢掉疾恶与除暴之心。在《读山海经》第十一首中，诗人大呼"明明上天鉴，为恶不可履"，用《山海经》中所记载的神话传说指出"肆威暴"的人，必然会遭到悲惨的结局。在《咏荆轲》一诗中，诗人热情地歌颂不惜牺牲生命而勇于除暴的壮士荆轲说："其人虽已没，千载有余情"。《读山海经》第十首还歌颂了精卫和刑天虽死不屈的精神：

精卫衔微木，将以填沧海。刑天舞干戚，猛志故常在。同物既无虑，化去不复悔。徒设在昔心，良辰讵可待！

这无疑是诗人不屈的意志的表现。"猛志故常在"，说明诗人心中永远燃烧着一股不熄的火。上述这"金刚怒目式"（鲁迅《"题未定"草六》）的一面是诗人性格和创作不可分割的一个重要部分。除此以外，从《拟古》的"少时壮且厉，抚剑独行游。谁云行游近？张掖至幽州"和他听见关中收复以后在《赠羊长史》诗中写的"九域甫已一，逝将理舟舆"等诗句，我们还可以看到他关怀收复中原的爱国热情。

诗人较晚时期所写的《桃花源记并诗》标志了诗人思想发展的高度。诗人在这里提出了“桃花源”的社会思想。这是怎样的一个社会呢？这里的生活是富裕、和乐而安宁的：“土地平旷，屋舍俨然，有良田美池桑竹之属；阡陌交通，鸡犬相闻……黄发垂髫，并怡然自乐。”这里人人参加劳动：“相命肆农耕，日入从所憩。”劳动所得也全归自己所有，没有封建的剥削：“春蚕收长丝，秋熟靡王税。”诗人指出这是一个“与外人间隔”的“绝境”，是桃花源中人们的先世为逃避嬴秦暴政而开辟起来的一个新世界。他们“不知有汉”，更“无论魏晋”，这实际表明是一个与秦汉魏晋等封建主义社会相对立的理想世界。

陶渊明不满黑暗的现实，很早就追求理想的社会。但由于生活经历的限制，那时他还只能从传说中的古代寻求理想社会的图案，他在诗中流露“黄唐莫逮”的慨叹。这样，他的社会理想不能不是朦胧抽象而又具有浓厚的复古主义倾向。可是经过田园生活实践之后所提出的桃花源理想便大大不同了。随着他的思想的发展，对劳动认识的提高，对封建社会认识的加深，提出了上述一些具体的生活原则。这是诗人田园生活中理想因素的集中和概括，是代表小私有生产者对造成战乱和贫困的封建社会所提出的抗议，它反映了广大农民希望用自己的劳动创造和平幸福生活的强烈的愿望。它虽然仍是一个不可能实现的幻想，却启发人们认识封建社会的黑暗，鼓舞人们反抗不合理现实的斗争。

陶渊明的消极思想在他的诗歌中也不时流露。“穷通靡所虑，憔悴由化迁”，表现了他的委运乘化、乐天知命的消极的人生观。

“今我不为乐，知有来岁不？”“人生似幻化，终当归空无”，显然是一种及时行乐和虚无幻灭的思想。“何以称我情，浊酒且自陶。千载非所知，聊以永今朝”，也流露了颓唐情绪。

陶渊明的诗在艺术上具有独特的风格和极高的造诣。他的诗给人的突出印象是平淡自然。这是和他的诗歌内容以及表现上的特点分不开的。他的诗的主要内容是平淡的田园风光，农村的日常生活，以及处于这种生活中的恬静心境；而又是通过朴素的语言，白描的手法，真率自然地抒写出来，使人感到真好像是从“胸中自然流出”，没有一点斧凿痕迹。如《读山海经》第一首：

> 孟夏草木长，绕屋树扶疏。众鸟欣有托，吾亦爱吾庐。既耕亦已种，时还读我书。穷巷隔深辙，颇回故人车。欢言酌春酒，摘我园中蔬。微雨从东来，好风与之俱。泛览周王传，流观山海图。俯仰终宇宙，不乐复何如？

完全是白描的手法，语言十分平淡，使人读来毫不吃力，只觉得接触到一片生活情景，而这些情景、生活，以及诗人的志趣和心情，无一不是诗人真实的感受，所以写来十分亲切。

陶渊明的诗歌虽然平淡，却不浅薄，相反只使人感到淳厚有味。他的诗歌语言虽然只是极普通的“田家语”，却是经过高度艺术提炼的。而在这十分精粹的语言中又都含有丰富的形象，这些形象无论是自然风光，或是社会生活，都有着深厚的现实生活基础。如“蔼蔼堂前林，中夏贮清荫”，这是写诗人的生活环境。“贮”字虽只是一个平常的字眼，但用到这里却很形象很新鲜，中夏清幽凉爽的林荫好像是可以贮存、可以掬取的一瓮清泉。“有风自南，翼彼新苗”，一个普通的“翼”字，同样使我们清晰地看到那和煦的南风温存抚爱着欣欣向荣的禾苗的景象，生意盎然。这是只有经过亲身体验与深切感受之后才能写出的诗句。又如“春秋多佳日，登高赋新诗；过门更相呼，有酒斟酌之。农务各自归，闲暇则相思；相思则披衣，言笑无厌时”，平常无奇的八句诗却写出一片生动的田园生活气氛。苏轼说陶诗“似癯实腴”[1]，正好说明了这个特点。

陶渊明的一些诗歌还富有意境。这在他的田园诗中表现得最为突出。他的田园诗和谢灵运的山水诗很不相同。谢诗往往只给人一幅幅客观的山水画面，陶诗却在使人接触到田园生活画面的同时，而引入到一种境界中去。如前引的《归园田居》第一首，我们不只看到榆柳桃李中的几间草房、村落中的几缕炊烟，听见深巷的犬吠、树头的鸡啼：所有这一切还构成一种境界，它宁静安谧、淳朴自然。这种特点的形成与诗人的创作方法密切相关。诗人写作田园诗，目的并不在于客观地描摹田园生活，而是要强调和表现这种生活中的情趣。因此，他在创作时并不是随意摄取田园生活的影像，而是把那些最能引起自己思想感情共鸣的东西摄取到诗中来，在平凡的生活素材中含有极不平凡的思想意境，它潜移默化，使人们感到亲切，又感到崇高。苏轼说：“观陶彭泽诗，初若散缓不收；反复不已，乃识其奇趣。”所谓“奇趣”正是从意境中产生的。由于他的诗有意境，因而也就全篇浑然一体。这在艺术上又与汉魏诗的“气象混沌，难以句摘”不谋而合。

---

[1] 应为“癯而实腴”。——编者注

陶渊明的诗歌由于内容不同，风格也不完全一样。比如他的田园诗多半萧散冲澹，而《咏荆轲》等诗却豪放有力。但后者虽然豪放，却又“豪放得来不觉”（朱熹语），和他的田园诗的平淡自然仍有相通之处。

他的诗歌虽然在晋宋之间自成一格，自然流露，不假雕饰，但是细心的读者，仍然可以看出古诗、曹植、阮籍、左思对他的潜在影响。像《拟古》的“日暮天无云”等“风华绮靡”的诗中，显然融合了曹植的辞采。“语时事则指而可想”的《饮酒》诗，精神面目和阮籍《咏怀》非常接近，而他的《咏贫士》《咏荆轲》等诗，又显然是受了左思《咏史》的启发。钟嵘《诗品》说他的诗“又协左思风力”，是十分正确的。

陶渊明的辞赋和散文，虽然篇数不多，但也都写得很好。他的散文都是用朴素简洁的文笔描写真实的思想感情，真切而且传神。《五柳先生传》是诗人自撰的小传。在不到二百字的篇幅中，以精粹的笔墨描写他的爱好、生活态度以及思想性情等各个方面，把诗人的性格形象地勾画了出来。《桃花源记》也不过三百多字，却生动地展现了理想社会的生活图景，令人悠然神往。此外，《与子俨等疏》追叙生平的思想与经历，笔端饱含感情；《自祭文》对自己一生的大事，毫无悔恨之意，表现了诗人的骨气；《祭程氏妹文》也写得凄恻感人。

陶渊明的辞赋继承了抒情小赋的传统，但能洗净铅华，与他的诗、散文在风格上有其一致之处。《归去来兮辞》是历来为人称颂的名篇。这是诗人归田时的作品。文中有力描写了他由迷途折回的喜悦以及对田园生活的热爱，从中表现了他的高洁志趣。篇中如“舟遥遥以轻飏，风飘飘而吹衣，问征夫以前路，恨晨光之熹微。乃瞻衡宇，载欣载奔”一段，那诗人从远道归来时的愉快心情，好像让我们亲眼看到了一般。又如“云无心以出岫，鸟倦飞而知还”，“木欣欣以向荣，泉涓涓而始流；善万物之得时，感吾生之行休”，托意深远，表现又极自然。他的《感士不遇赋》抒发了诗人对士不遇的感慨，也揭露了士不遇的原因。赋中说：“宁固穷以济意，不委曲而累己。”表现了他的耿介不阿的品格。他的《闲情赋》则用铺排的写法表现了男女之间深挚的感情，从序文来看，它也是有寄托的。

山水文学之肇始

/ 罗 庸 /

此题主旨在说明谢灵运诗风格之来源，盖其影响隋唐文学至大。试读《诗经》，北方文士对客观风景之描写使独立成一单元者实不多见，乃附于事中杂言之，故《诗经》终不能发展成赋。而“楚辞”则重大量描写，此是南方文学之特点，因变而为汉赋，形成字典式的赋体，而客观描写又绝。唯地志书记山川，迄西晋而无正式山川文学产生，即此之故。

在谢灵运以前完全写山川之诗极少，文章更少，欲求此类材料，东晋之前唯二路可循，其一观记述山川之书，其二观描写山川之文体。《隋书·经籍志》记地理之书凡百三十余种，可分为十类：（1）记山水虽加入故事，然少描写风景，如《水经注》。（2）记都邑，如陆机《洛阳记》、盛洪《荆州记》[1]。（3）述行，为后

[1] 另有古籍中称《荆州记》作者为盛弘之、盛宏之。今以盛弘之为作者。——编者注

世游记之始，如戴延之《西征记》。（4）记风土，如周处《风土记》。（5）记域外，如法显《佛国记》。（6）神异记，如《十洲记》（托为东方朔撰）。（7）总集，如陆澄《地理书》，乃集他人关于地理之记载而成之抄本。（8）记寺塔，如杨衒之《洛阳伽蓝记》。（9）图经，如无名氏《周地图记》。（10）记物产，如许善心《方物志》。由以上十类可得一结论，即其著书目的在于实用而不在欣赏景物，近于历史者多。再自三国迄西晋之末，观其文人单篇之山川描写多用赋体，用散文描写者绝少，唯用赋之弊在观察不深，喜叠用前人旧句，其欣赏风物之程度实甚肤浅。至东晋而散文之记以出，如王羲之《游四郡记》、慧远《庐山记》，但仍自地理书蜕化而来。再有一种不是单独成篇，而是在诗序中夹入描写，将诗可能之情韵移入文章，而终未能独立，如王羲之《兰亭集序》是也。

南方山川远胜朔方，故自晋室南迁，北人乍见此景，不知不觉自口头加以描写，后移入文字，然用韵文良多拘束，不足以容其新创之词汇，故有散文记之产生。至谢灵运乃回头将山川之描写入于韵文，故能卓然成家，然犹时见其笨重处。迄惠连、玄晖而日有进步，工而弥巧矣。其后有鲍照《芜城赋》、江淹《江上之山赋》《哀千里赋》，又将山川情趣移之于赋，然已非西晋之旧格。其始山川之散文描写多夹入当时文人之书简中，始鲍照《登大雷岸与妹书》、吴均《与朱元思书》，至齐梁而山川之描写文大备，《文心雕龙》有《物色篇》，即论此问题者。唯极盛之后，终以衰落，盖文人专事物色之描写，徒托空言，毫无情韵，深为简文帝所嗟叹。故就发展大势而观，有情有韵、文质相称者，唯灵运一人而已，其势迨唐世而不衰。

钟嵘《诗品》及萧统《文选》

/ 萧 涤 非 /

钟嵘《诗品》是在刘勰《文心雕龙》以后出现的一部品评诗歌的文学批评名著。这两部著作相继出现在齐梁时代不是偶然的，因为它们都是在反对齐梁形式主义文风的斗争中的产物。

钟嵘，字仲伟，颍川长社（今河南长葛）人，生卒年不详。他在齐梁时代曾做过参军、记室等小官。他的《诗品》是梁武帝天监十二年（公元513年）以后写成的。

钟嵘的时代，诗风的衰落已经相当严重。据《诗品序》描写，当时士族社会已经形成一种以写诗为时髦的风气，甚至那些“才能胜衣，甫就小学”的士族子弟也都在忙着写诗，因而造成了“庸音杂体，人各为容”的诗坛混乱情况。王公搢绅之士谈论诗歌，更是“随其嗜欲，商榷不同。淄渑并泛，朱紫相夺。喧议并起，准的无依”。所以钟嵘就仿汉代“九品论人，七略裁士”的著作先例写成这部品评诗人的著作，想借此纠正当时诗坛的混乱局面。

《诗品》所论的范围主要是五言诗。全书共品评了两汉至梁代的诗人一百二十二人，计上品十一人，中品三十九人，下品七十二人。在《诗品序》里，他谈到自己对诗的一般看法：“故诗有三义焉，一曰兴，二曰比，三曰赋。文已尽而意有余，兴也；因物喻志，比也；直书其事，寓言写物，赋也。宏斯三义，酌而用之，干之以风力，润之以丹采，使味之者无极，闻之者动心，是诗之至也。若专用比兴，患在意深，意深则词踬。若但用赋体，患在意浮，意浮则文散，嬉成流移，文无止泊，有芜漫之累矣。”从这一段话来看，他对诗的看法一是强调赋和比兴的相济为用，一是强调内在的风力与外在的丹采应同等重视。这和刘勰的看法大体接近，仅仅在对比兴的解释和重视程度上略有不同。

钟嵘论诗还坚决反对用典。他在序里说：“若乃经国文符，应资博古；撰德驳奏，宜穷往烈。至乎吟咏情性，亦何贵于用事？”并举出许多诗歌的名句说明“古今胜语，多非补假，皆由直寻”。他并尖锐地斥责了宋末诗坛受颜延年、谢庄影响而形成的“文章殆同书抄”的风气。刘勰并不一般地反对用典，在《事类篇》中他只是主张创作应该以“才为盟主，学为辅佐”，典故要用得准确扼要。不过钟嵘是论诗，刘勰是兼论文笔，包括钟嵘所说的“经国文符”“撰德驳奏”各种文体，因此很难说刘、钟两人在用典上看法有很大的出入。

钟嵘论诗还坚决反对沈约等人四声八病的主张。他说：“余谓文制，本须讽读。不可蹇碍。但令清浊通流，口吻调利，斯为足矣。至平上去入，余病未能；蜂腰鹤膝，闾里已具。”沈约等提出的四声八病的诗律，人为的限制过于严格，连他们自己也无法遵守，钟嵘批评他们“襞积细微，专相陵架。故使文多拘忌，伤其真美”。这是完全正确的。但是，钟嵘看到这种过分拘忌声病的害处就笼统地反对讲四声、讲格律，就未免有点“因噎废食”了。刘勰在《声律篇》里是积极主张文章要讲究声律的，他并且对应用声律的一些基本原则和难易的关键作了扼要的分析。

钟嵘论诗有一个重大特色，这就是他善于概括诗人独特的艺术风格。他概括诗歌风格主要是从以下几方面着眼：一是论赋比兴，例如说阮籍的诗“言在耳目之内，情寄八荒之表”；说左思诗“得讽谕之致”；说张华诗“兴托不奇”，都是着眼于比兴寄托的。二是论风骨和词采，例如说曹植诗“骨气奇高，词采华茂”；说刘桢诗“真骨凌霜，高风跨俗，但气过其文，雕润恨少”；说张协诗“雄于潘岳，靡于太冲”“词采葱倩，音韵铿锵”；都是风骨和词采相提并论。三是重视诗味，在序里他已经说五言诗“是众作之有滋味者也”，又说诗应该使人“味之者无极，闻之者动心”，反对东晋玄言诗的“淡乎寡味”。论诗人的时候，他又说张协诗“使人味之亹亹不倦”；应璩诗“华靡可味”。四是注意摘引和称道诗中佳句，在序里他曾经摘引“思君如流水”“高台多悲风”等名句，称为“胜语”；论谢灵运诗，称其“名章迥句，处处间起”；论谢朓诗，称其“奇章秀句，往往警遒”；论曹操诗也说他“甚有悲凉之句”：都是注意奇警秀拔的诗句的例子。除以上四点以外，他还善于运用形容比喻的词语来描绘诗歌的风格特征，例如评范云、丘迟诗说：“范诗清便宛转，如流风回雪；丘诗点缀映媚，如落花依草。”用语非常新鲜贴切。

钟嵘论诗也有一定的历史观念。他的序里对五言诗的产生和发展也有概括的论述，这也可以说是他心目中的诗史的提纲，不过他着重叙述各代诗人的阵容，与刘勰《明诗篇》着重论述各代诗歌的共同风貌及时代背景有所不同。钟嵘论每个诗人风格，总是指出其“源出”某人，虽然有认流为源的原则错误，但前人的影响也不容否认。在这方面，他提出了一些很值得注意的论点。例如他认为陆机、谢灵运“其源出于陈思”，颜延年“其源出于陆机”；认为左思诗出于刘桢，陶潜诗“又协左思风力”等等，不仅抓住了这些诗人在风格上继承前人的某些比较重要的特点，而且也在一定程度上启示了我们划分诗歌流派的线索。但是，诗人在风格上继承前代作家，关系是比较错综复杂的。钟嵘却常常把这个问题简单化。他说曹植诗出于国风，阮籍诗出于小雅，就是很显明的例子。他说王粲、曹丕诗出于李陵，嵇康诗出于曹丕，陶潜诗出于应璩，我们几乎看不出有什么根据。至于说“仗清刚之气”的刘琨的诗出于“文秀而质羸”的王粲，更显然有些自相矛盾。他论诗抹杀两汉南北朝乐府民歌，更是存在明显的偏见。他对建安诗人所继承的传统缺乏正确判断，正和这一点有密切关系。

钟嵘论诗一方面是反对某些形式主义的现象，另一方面也受到南朝形式主义风气的影响。他品评诗人，往往把词采放在第一位，很少涉及他们作品的思想成就。所以，他就把“才高词赡，举体华美”的陆机称为“太康之英”，放在左思之上；把“才高词盛，富艳难踪”的谢灵运称为“元嘉之雄”，放在陶潜、鲍照之上。在划分等级的时候，甚至把开建安诗风的曹操列为下品，把陶潜、鲍照列为中品。这些地方，显然和他序中所说的风力与丹采并重的观点并不符合。他摘句论诗的批评方式，虽然反映了当时创作上“争价一句之奇”的倾向，也开了后代摘句批评的风气。

钟嵘《诗品》是第一部论诗的著作，对后代诗歌的批评有很大的影响。唐司空图，宋严羽、敖陶孙，明胡应麟，清王士祯、袁枚、洪亮吉等人论诗都在观点上、方法上、或词句形式上受到他不同程度的启发和影响。

魏晋以后，由于文学创作的发展，文人们也开始注意文章总集的编选，这些选家往往通过文体源流和作家作品的论述，通过文章的去取体现他们的文学观点，因此这些总集同样具有文学批评著作的价值。现在已经佚失的西晋挚虞的《文章流别集》和东晋初李充的《翰林论》就是魏晋南北朝时期著名的总集。

现存的文章总集，以萧统的《文选》为最早。这部总集是梁昭明太子萧统（501—531）在东宫时延集文人们共同编订的。萧统在文学上主张文质并重，认为文章应该“丽而不浮，典而不野”（《答湘东王求文集及诗苑英华书》）。他曾经为陶渊明作传和编集，可见他的观点和萧纲等人的形式主义观点并不一致。他在《文选序》里谈到他选文的标准，认为经史诸子等都以立意纪事为本，不属于词章之作；只有符合“事出于沈思，义归乎翰藻”的标准的文章，才能入选，这也就是说只有善用典故成辞，善用形容比喻，辞采精巧华丽的文章，才合乎他的标准。可见他编《文选》正是企图用南朝文笔之辨的理论来划分文学与非文学的界限。尽管他立的标准并不符合我们的关于文学的科学概念，但也可以说是一个很有积极意义的尝试。《文选》中选录了自先秦到齐梁时期的许多诗文作品，所包括的时代虽然很长，但是由于他选文的标准着重辞采，所以选录的文章仍然是略古详近，很重视南朝作品的。可见萧统虽然也主张文质并重，但他对文质观念的理解以及对文章的实际看法，和刘勰不满南朝文风浮诡、讹滥的观点是颇有差别的。此外，我们也应该看到，萧统所选的文章如孔安国《尚书序》、杜预《春秋左氏传序》及范晔《后汉书》中的一些序论等，也不尽符合他自订的体例。他分析文体过于烦琐，也有形式主义的倾向。

萧统选文时，选入了《饮马长城窟行》等汉代乐府民歌，是值得肯定的，但是所选的篇章毕竟太少，南北朝乐府民歌更一首也没有选。有一些优秀的文人作品也有所遗漏，如陶渊明的诗只选录了八首，这不能不说是缺憾。但是，他选入的多数作品仍然是经过精挑细拣的佳作，因此，他这部书不失为一部代表当时文学观点的好文学选本。

此书自唐初李善加以注释后，就得到广泛的流传，唐以后的文人们往往把它当作学习文学的教科书。杜甫教育他的儿子要“熟精文选理”（《宗武生日》）；宋人谚语也说：“文选烂，秀才半”（陆游《老学庵笔记》），可以看出它在后代的广泛影响。后代文人研究《文选》及李善等人的注释，形成“选学”，也不是偶然的。

徐陵在梁朝编成的《玉台新咏》，是一部现存的较早的诗歌总集。虽然所收的诗只限于“艳歌”，有明显的局限性，但其中保存了《古诗为焦仲卿妻作》（即《孔雀东南飞》）及其他的一些民歌，还是值得我们重视的。

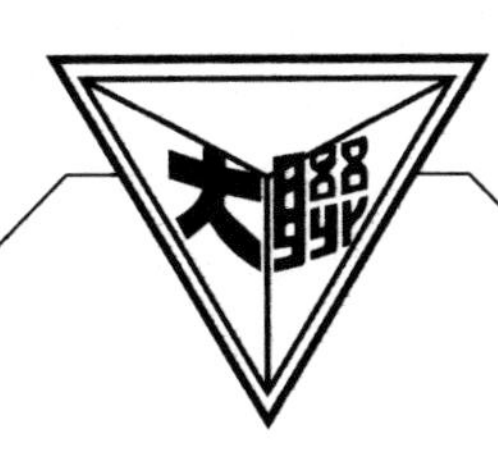

/第三章/

罗庸、闻一多讲隋唐五代文学

隋唐统一与文学之变古

/ 罗 庸 /

南北朝文学之回溯

欲明隋唐文学之来源，及其与前代不同处，则南北朝大势不可不知。吾人可自三方面着眼：（1）中国史上地理之变迁。国史上地理有两天然之界线，一以潼关为中心分为东西，一以长江为中心分为南北。周代即东西对峙局面，迄秦统一皆以西方统治东方；楚之兴也，文化逐渐发展，又与汉成南北对峙之局面。东西对峙，皆在北方，故文化无多差别，而南北则迥然不同矣。三国时，历史上纵横对立皆有之，晋统一东西界限破灭，而南北文化对立生极大之差别。北方为五胡所蹂躏，文化丧零殆尽。南朝文化承东吴东晋不断之风气，无须重新整理，故蔚为大观，论文学史者亦多着眼于南朝。自东晋以来，南北交通隔绝，政治上截然两道，迄梁及齐周时代，始渐有往来，然此交通对文化滋长仍无多效用，北方皆生吞活剥以吸收南方文化者。迄隋唐统一，始见融化，故言隋唐文学实六朝文学之末段，下逮南宋，又与东晋、北朝形势同。（2）文人出身不同，于文风亦极有关。汉代文人出身多系平民，盖由郡守举察而出者也。故两汉文人参政、读书、得名之机会，犹甚平等。三国之乱，政治沦于武人之手，文人非投武人幕府不足以成名。西晋亦贵族政治，故东晋过江名士皆名门也，以致下品无士族，上品无寒门，政治文化咸为贵族（门阀）所包办，直维持至梁代而不衰。由此文学来源日减，技巧日细，下笔风云月露而已。齐梁初，有平民文人之产生，梁中世以后，世家多所没落，而平民文人出身机会遂多，不能不产生科举制以应付之，此为新的变化。而北方华夷杂处，文化何由保存？魏未分时，有在野遗民为之撑持局面，齐周之际，既无士族，则文人多重师承，迄唐初弗绝。科举制兴，此师承制又告破坏，于是士子多以主考官为师，而避免说及其原有师承，故韩愈有《师说》，柳宗元有论师道之文，皆因时而发者也。（3）欣赏文学与应用文学为两不同之道路，在隋唐为一大变。骈文实六朝所养成，声律辞藻，均极考究，此风北朝接受甚晚，追庾王北渡，乃传播之。夫骈文之成立，原偏于欣赏方面，自建安已开其端；晋世少衰，宋齐又重其风，作为大规模之应用文字，故北朝承受此种文体，亦但用于应用方面而已（如书札、奏记）。迄唐初四杰为一回旋时期，后此骈文乃专作章奏书札之用，应用范围日狭，遂成定型，此唐四六之所由发生也。再变而为宋四六体。文学方面缺一大片，有待别立文体以为补充，此韩柳古文运动发生必然之势也。复次，唐宋有远谪之风，文人描写范围扩大，此地理之影响文学者。又唐宋文人既多来自民间，故多描写平民生活，较六朝贵族华贵生活之描述，别开生面。又以骈文之衰歇，隐而未现之古文遂成唐宋文学之主流。

《北史·文苑传序》，为整个北朝文学史之叙述。在魏收未成名之前，往往温（子升）邢（劭）并称，温卒，人称大邢小魏云。此三人者为北朝文学之主干，影响后世亦大。《文苑传》称：北朝因牵于战阵，多章奏杂文，无缘情之作。自温子升起，乃有文学新潮出现，然多少仍受南朝之影响，故邢劭尝云："不能作赋者，不能作文人。"又邢魏互讥，邢讥魏窃文于沈约，魏讥邢窃文于彦升，由此可见北人对南朝文风仰慕之盛。而一部分在野之士，仍承东汉余风，主文必出于六经之说。而南朝文士久离此道，读读类书，有典可用足矣。传至朔北，遂有反动风气兴起，苏绰之拟《大诰》是也。至徐陵去齐，庾信、王褒留周，徐庾为六朝文学最末之新体（徐父摛，庾父肩吾，皆六朝宫体诗健将，其子传其风），既入北，遂成非南非北之变质文学，初唐四杰之面目盖由此而出。

而当时南朝人见北朝文，亦具恐慌之感，《魏书·温子升传》《南史·文苑传》有故事云，张皋使北，挈温子升文归，梁武帝见而叹曰："曹植、陆机复生北土，嗟我词人，数穷百六。"可见南方之文胜质，偶见北方有骨气之作，自然惊赞不置，而北人亦慕南风，遂成交流状态。隋文统一，乃以北方政治统治南方，而文风则南方柔化北方矣。唐之统一，仍沿此大势，古文虽代骈文而兴，然唐以诗为主潮，仍是南方文学之余裔也。至于文坛之主持者，则多系北人，南人之入仕者多遭歧视，如贺知章即是明例。

隋唐的科举与士风

就文化史言，科举制实为一大分水岭。自隋唐迄今，莫不如此。虽考试科目不同，然其为目的则一，盖令士人有读书上进之机会也。先秦子家以著书干王侯，末流所趋，成为清客之流。汉文则创孝悌力田以培养礼重士人之风。有此四百年之培养，遂有东汉党锢清流诸公，然其病又在矫情，国势隳败，复成战国局面，文人再度沦为幕客，此建安七子之所由产生也。西晋为贵族政治，文人仍过依附生活，陆机、潘岳等靡不如此。其后一变而为东晋门阀把持之政局，盖魏文创九品中正之制，末流所至，上品无寒门，下品无士族，故此制终告破坏。隋大业二年（公元606年），建明经、进士二科，明经为国子生，进士为外县考生。唐复创制举，即由天子御试而举擢者也。士风因之改变。

隋代考试，不考诗赋杂文，仅考时务策而已（可参考《唐书·杨绾传》[1]）。唐举制较隋为完备，京师有六学，计为国子生三百人、太学生五百人、四门学生一千三百人、律学生五十人、书学生三十人、算学生三十人。国子生多贵族子弟，不愿他去而入太学，在京师号曰国子生。六学之学生通号生徒，除算、书、律三科为专科外，余皆为普通科，可考明经。唐考进士，谓之乡贡郡举。明经考试凡二：（1）帖经（相当于默书），凡五，又帖大经。（2）策论。进士则考时务

[1] 本篇中《唐书》《新唐书》《旧唐书》皆有出现，有些部分无法确切地知道作者所用《唐书》是指《新唐书》还是《旧唐书》，故保留原文面貌，不再加注释。——编者注

策，常人以为唐以诗赋取士而诗特盛，其实不然。高宗之前，考试全袭隋制，不考诗赋，玄宗时立杂文之科，因有诗赋之考科焉。玄宗又立制举，由帝亲试，科目名额皆不限定，且有在礼部范围之内，相当于清代之博学鸿词科，科举制之滥，实肇于此。王应麟《困学纪闻》载，唐代制举科目多至八十六种，每种以四字为科名，如“博通坟典”“洞晓玄经”等，乃学汉代之察举制。玄宗晚年笑话最多，如唐人笔记所载，尝有士人骑马来考“不求闻达”科，何其谐谑。中唐以后，尝一度停考诗赋，又凡来京应考者一例曰进士，及第者曰前进士。

自隋大业二年，迄唐高宗永隆二年（公元681年），科举行已七十余年，流弊盖已丛生。考功员外郎刘思立建言：“明经皆抄义条，进士惟诵旧策，皆无实学，有司以人数充第。乃诏自今明经试帖十粗得六以上，进士试杂文二篇，通文律者，然后策试。”此唐代考试第一次变迁，加试诗赋盖肇于此。高宗、武后两朝，宫廷文学特盛，士人欲进身不能不注重诗赋，此与唐诗发达略有关系。

开元廿四年，请托之风方盛，考功员外郎李昂持正不阿，欲矫此风，试前申令有来请托者，即予除名。有李权者，请昂岳父说情，昂果除其名，权乃纠合徒众大闹礼部，至难解决，以是考试改由礼部侍郎主持，而考生遂又包围礼部矣。代宗宝应二年（公元763年），礼部侍郎杨绾上书曰：“幼能就学，皆诵当代之诗；长而博文，不越诸家之集。递相党与，用致虚声，‘六经’则未尝开卷，‘三史’则几同挂壁……祖习既深，奔竞为务，矜能者曾无愧色，勇进者但欲凌人，以毁讟为常经，以向背为己任。校刺干谒，驱驰于要津；露才扬己，喧胜于当代。”此数语不但写尽玄宗一代考试情形及士风，即有唐一代之科举内幕亦可了然，为唐代文学史之重要材料。由是引起士人怕说师承之风气，韩愈之作《师说》实由此而生之反响也。唐诗之发达殆与此有密切关系。盖士未达时，先以书寄京师亲友，以示己意，既入京，投刺宰相之门，以诗呈上，谓之行卷，久不得报，又复呈之，谓之温卷，如仍不理，乃至于三、四呈诗，退之四上宰相书，实以士风所趋，不得不如是耳。开元天宝年间，行卷者虽不得第，亦可从宰相家领取路费，故士人专精于诗技。中唐以后，行卷之诗一变而为传奇，此又韩柳古文运动之所以促成也。

自科举制兴，六朝门阀气消，而寒门穷酸之气毕露，士人生活乃大改变。杨绾以后，又有贾至上书，将安史之乱全归罪于科举，言甚沉恸，因建议各道多立学校，以救士人之空疏，又设孝廉科，以砥砺士行，惜二事均未能实行。文宗大和七年（公元833年），李德裕为相，主张进士停试杂文，视选学如寇仇（按：前此士人多由选学进身，故老杜令其子精熟《文选》，盖以应试），然牛李党争极烈，及李罢相，复试杂文。文宗开成五年（公元840年）李复相，奏“禁进士期集参谒曲江题名”，情形较为好转，然此后藩镇渐强，文人多往依附，国定考试遂失其重要性，温庭筠数为考场枪手，即其例也。

当时士人无论考取与否均纪以诗，落第有哀愁诗，及第有欢快诗，兹以孟郊为例，《落第》诗云：“晓日难为光，愁人难为肠，谁言春物荣？独见叶上霜。雕鹗失势病，鹪鹩假翼翔。弃置复弃置，情如刀剑伤。”次年又下第云：“一夕九起嗟，短梦不到家。两度长安陌，空将泪溅花。”及第诗则态度语气迥异，如：“昔日龌龊不足嗟，今朝放荡思无涯。春风得意马蹄疾，一日看遍长安花。”如为制举及第，则更得意，如元稹制举及第自述诗云：“延英引对碧衣郎，江砚宣毫各别床。天子下帘亲考试，宫人手里过茶汤。”真可谓露才扬己之作，唐代考试制度于此可见。如久不及第，在初唐时则闹怪事以广声誉，陈子昂捶破百金胡琴即是一例；或献赋于大典礼之间，老杜献《三大礼赋》，即其例也；或跪天子车前献诗，而跻身侍驾之臣，所谓终南捷径是也；再则如温氏父子专作枪手，或落第题诗志哀，希图达官见而顾怜。种种怪事，不一而足，士人廉耻扫地，故宋代遂有理学兴起。（以上一段可考《新唐书·选举志》《唐书·杨绾传》《贾至传》[1]。）

唐初南北文风之残存

唐初文人多为北籍，而文风则南化矣。此与徐庾留北有关。

吾人可从两方面考察隋唐之际诸文人：其一为原生长北方者，其二为原是南人因统一而带来北方者，然后者仅居二十分之一而已。如隋炀帝平陈，携同文人有河东柳䛒、高阳许善心、会稽虞世基，皆有北方文学根底而具南方文风者。唐初十学士中南方仅三人，如虞世南、褚亮等是，然皆不常为文，世南固以书法名家也。

（一）唐初的子家和史家

子书以立言为主，以持论为本。持论在两晋已变为清谈，故不甚发达。若葛洪之撰《抱朴子》，乃超于时代风气之外者也。故终南朝之世，但有文人而无学术，而北朝为草莽时期，末年，颜之推自

[1] 杨绾、贾至在《新唐书》《旧唐书》中皆有传。——编者注

南返北，乃有《颜氏家训》之作，亦可归入子书范围。隋唐之际，子书可称道者唯王通（文中子）之《中说》。此人身世极为模糊，为隐君子，故《隋书》及新、旧两《唐书》皆无传。通尝讲学于龙门，唐初之文人学士，多自认出其门下。通之见于史传，盖附于其孙《王勃传》：“初，祖通，隋末居白牛溪，教授门人甚众。尝起汉魏尽晋，作书百二十篇，以续古《尚书》。后亡其序，有录无书者十篇，勃补完缺逸，定著二十五篇。”此记述并未及文中子或《中说》。至开元天宝间，始有《中说》出世，阮逸为之作注，且为序曰：“《中说》者，子之门人问对之书也。薛收、姚义集而名之……贞观二年，御史大夫杜淹始序《中说》及《文中子世家》，未及进用，为长孙无忌所抑，而淹等寻卒……二十三年，太宗殁，而子之门人尽矣。惟福畤兄弟传授《中说》于仲父凝，始为十篇。”《中说》来历，当以阮序记述为最早。今吾人所见《中说》面目仍是十篇，分上、下卷。上卷有王道、天地、事君、周公、问易五篇，下卷有礼乐、述史、魏相、立命、关朗五篇。由于史籍无记，此书遂为人所疑。近人有《文中子考信录》一书，可以参考。吾人叙此，不在考订此书之真伪，而在说明韩柳古文运动之前身。按六朝时，南方文学自成发展系统，而北方有二力量阻止文学发展，其一为怀念西晋文风之旧，其二为北方文学无系统发展，不得不受南方影响，而另一辈人反对之，乃提倡绝对复古，一字一句，咸模拟之，如苏绰之《大诰》是也。然徐庾北去，北人争效其体，故隋时北方文体已归南化，故有李谔上书请正文体之事（参考《隋书·李谔传》）。此代表北方文人之保守性，既不能新创风格，又不甘同化于南方文学潮流。王通《中说》之作，即此种性格之具体表现，书仿《论语》，自成一家之言，一似扬子云之仿《论语》《易经》而作《法言》《太玄》也。唯此种复古倾向，极为笨拙，迨开元天宝间，乃渐不振，然文人复古心理，仍未尝泯灭，遂有李华、独孤及、韩愈、柳宗元古文运动之勃兴。王通另一著述，按《王勃传》记述推之，当亦模仿《尚书》而成，同是代表北方复古心理之作。

南朝既倡骈文，兹体不宜于传记，故终南朝之世，可传之史书，唯范晔之《后汉书》、沈约之《宋书》与萧子显之《南齐书》耳，余皆亡佚。《晋书》至唐初始告完成。北朝有郦道元之《水经注》及杨衒之《洛阳伽蓝记》，皆以散行文书之，虽非史籍，其为记述则一也。

唐初史家有李百药，字重规，定州安平人，隋内史德林子，撰《北齐书》五十卷。姚思廉，雍州万年人，陈吏部尚书姚察子，撰《梁书》五十六卷、《陈书》三十六卷。令狐德棻，宜州华原人，撰《周书》五十卷。魏徵，字玄成，魏州曲城人，撰《隋书》八十五卷。李延寿，相州人，撰《南史》八十卷、《北史》一百卷。温大雅，字彦弘，太原祁人，撰《大唐创业起居注》三卷。《晋书》号为太宗御撰，盖其中《陆机传》与《王羲之传》太宗尝为题赞故也，此皆北方文人之作。故北朝之复古成绩，子书方面有《文中子》，史书方面有上述诸史籍，二者合流，即北朝文学之所以影响唐代古文运动者也。

（二）初唐四杰

四杰中，唯骆宾王为义乌人（南人），然四人所代表者皆为南方文学系统，为徐、庾北去后北方文风南化所成文体之继起人。《新唐书·文艺传序》："唐有天下三百年，文章无虑三变：高祖太宗，大难始夷，沿江左余风，缔句绘章，揣合低昂，故王、杨为之伯。"四杰连称始见于《唐书·文苑传·杨炯传》："炯与王卢宾王以文词齐名，炯尝谓人曰：'吾愧在卢前，耻居王后。'当时议者，亦以为然。"又曰："此后崔融、李峤、张说俱重四杰之文，崔融曰：'王勃文章弘远，有绝尘之迹，固非常流所及，炯及照邻可以企之，盈川之言信矣。'"又曰："盈川文思若悬河注水，酌之不竭，既优于卢，亦不减王，耻居王后，信然；愧在卢前，谦也。"又《文苑传·王勃传》："初吏部尚书裴行俭有知人之鉴，曰：'士之致远，先器识而后文艺，勃等虽有文才，而浮躁浅露，岂享爵禄之器也？杨子沉静，应至令长，余得令终为幸。'果如其言。"四杰之称，当时已有之，与李杜为后世所合称者不同。裴氏之言亦代表北方风气，后古文家必讲道德以此。

王勃，字子安，绛州龙门人，文中子王通孙，诗人王绩侄孙，据《旧唐书》本传，勃生太宗贞观二十二年戊申（公元648年），卒高宗上元二年乙亥（公元675年），年二十八。《新唐书》称卒年二十九，两书所载不合。近有主张新旧《唐书》皆误，据王勃《春思赋序》考之，咸亨二年勃年二十二，则当生于高宗永徽元年（公元650年），卒于上元二年，毕生年龄当为二十六。勃六岁能文，九岁读《汉书》颜注，著《指瑕》以难之。十七岁上书刘祥道，得荐于朝，应幽素举。十九至长安献颂，居沛王贤府修撰，以草《斗鸡檄》婴高宗怒，贬虢州。杀官奴曹达，事觉当诛，会大赦得免。父坐勃故贬交趾令，上元二年，勃往省父，过九江，成《滕王阁序》名作，溺死去交途中。

杨炯，华阴人。高宗仪凤二年（公元677年）献公卿冕服议，武后天授元年（公元690年）左转梓州司法参军，迁盈川令。吾人假定其生年为高宗显庆元年（公元656年），卒武后天册万岁元年（公元695年），约四十五岁[1]。炯以为官时间较久，故制诰为多，而诗则为四杰之殿。

卢照邻，字升之，范阳人（范阳卢氏原为北朝望族）。《唐书》载其十余岁从曹宪、王义方受《苍》《雅》及经史，曹为选学大家，故卢之文风仍承南朝之旧。尝官蜀之新都尉，以风疾去官。后作《五悲文》自悼，投颍水死。吾人假定卢生于高宗龙朔初年（公元661年），卒武后久视元年（公元700年），年亦四十左右。其文多写个人怀抱，近乎子书，与余三杰不同，盖与陈子昂差近；诗则与王相抗，多五七言长篇。

骆宾王为四杰中唯一之南人，浙江义乌人。两《唐书》载其事甚少，欲知其详，可参考其自作之《畴昔篇》。在四杰中游踪最广。生贞观十年（公元636年）。裴行俭征西域，骆尝掌书奏。既归，又奉使入蜀，为四杰之最后入蜀者，年四十六，将归浙，作《畴昔篇》，至扬州逢徐敬业申讨武氏之役，为作檄文，后亦叹服，七十余日而败。《新唐书》载与敬业同时被杀，传首至洛阳。《旧唐书》载亡命不知所终，因有与宋之问联句之逸事流传，如其然，此时当七十三岁矣。但此事仅可存疑，聊备一说耳。四杰中当以骆才气为最大。

四杰余风，至玄宗朝而衰谢，故老杜有“轻薄为文哂未休”之

[1] 应为三十九岁。底稿如此，姑依之。——编者注

句，可见当时少数人对四杰诗文讥评反感之甚，与前此张说、李峤诸公之推崇语不同，于此可瞻初唐风格之转变。

四杰与当时（武后朝）其余文人作风不同之点在少奉和应制之体。盖自梁末陈初以来，文人被蓄为帝王卿客，陪宴时必有制作承欢，此风至唐初弗坠，沈宋即其代表。由是言之，四杰虽为南朝文风，而做人态度似又为北朝之遗。

唐代文学主潮之萌芽

所谓唐代文学主潮，一为唐诗，一为古文，二者均萌芽于初唐，吾人可举四人代表其开山祖。

（一）沈佺期与宋之问

《旧唐书·文苑传》："沈佺期与宋之问齐名，时人称为沈宋。"

《新唐书·文苑传》[1]："魏自建安以后迄江左，诗律屡变，至沈约、庾信，以音韵相婉附，属对精密。及之问、佺期，又加靡丽，回忌声病，约句准篇，如锦绣成文，学者宗之，号为沈宋。"

沈佺期，字云卿，相州内黄人，约生高宗咸亨二年（公元671年），卒玄宗开元元年（公元713年），约年四十余。

宋之问，字延清，一字少连，汾州人（一云虢州弘农人）。约生

[1] 应为《新唐书·文艺列传》。——编者注

高宗咸亨元年（公元670年），卒睿宗先天元年（公元712年）[1]，约年四十余。

二人者最多奉和应制诗，此沿乎南朝末流之风气。唐重节令，帝王尤喜点缀令节，如上巳必修禊曲江、端阳赐樱桃、九月九日登慈恩寺塔、十月幸华清宫，为一年四大节令，每行必有诗作。沈宋为武后侍从之属，以媚附二张得名，后亦坐是赐死。二人品格一仍陈、隋文人之旧，故作风亦如之。五七律近体诗格，即完成于二人之手。

通常咸以绝句成于律诗之后，故宋人有截句之说，实不尽然。吾人能明乎律诗之来历，则可决定沈宋之地位。五古转变在谢灵运手中为一大关键，东晋之诗与魏晋相去不远，多保留散行风格，至谢一转而为对起对结，往往奇突而起，奇突而绝。至小谢而注意结句，当时诗无一定句数，迄竟陵王子良门下一辈人乃注意音节、平仄矣。沈氏八病四声之说，对律诗完成仅为间接影响，直接影响为徐摛、庾肩吾二人，徐庾宫体诗自此而成，无形中形成十二句体，最多不能超过十六句，最少不过十句，为前古所未有之形式，至沈宋遂完成八句之律诗定体。按十二句为三节四句体所合成，四句体来自《子夜吴歌》，为避免过分板滞，梁陈人往往将两组四句外加二句，成为十句体，为对起单结。十句中易于抽出四句独立体，至四杰已成功矣，是为绝句。后感觉最后二句不称，截而去之，遂成八句，依绝句四句之起承转合，遂成律诗定体。此发展之新体，最初用于宫廷应制诗，以其堂皇靡丽故也。盛唐绝句发达，律诗多变，古诗与唐诗间之桥梁，

---

[1] 先天应为唐玄宗年号。——编者注

自非沈宋莫属也。

（二）陈子昂与张九龄

陈张以前，亦有数人为复古运动者，然非陈张面目。略述于下：

富嘉谟，雍州武功人。吴少微，新安人。《唐书·富嘉谟传》："先是文士撰碑颂，皆以徐庾为宗，气调渐劣，富嘉谟与新安吴少微属词，皆以经典为本，时人钦慕之，文体一变，称吴富体。"此较苏绰之生吞活剥之仿古体已进一步。陈张之起，以个人性灵入文词中，遂开韩柳古文风气之先。

此外，当时尚有所谓燕许大手笔，苏颋、张说是也。颋，字廷硕，苏瓌子，封许国公；说，字道济，洛阳人，封益国公。皆掌制诰，时谓之燕许大手笔，然仍多承先之风气，启后之功，不能不让诸陈张也。

陈子昂，字伯玉，梓州射洪人，入《新唐书·文艺传》。唐有二文人身世特殊，子昂与太白是也，皆蜀人。蜀在三国时文学发展情形极明，自六朝迄唐代则甚模糊，子昂即在此时诞生，为文超然于时代风气之外。据其所撰乃祖父乃父之碑铭记述，其先在梁，为蜀官，世居于蜀，又与其他数姓合成二郡，俨然封建诸侯。其祖好道。子昂年十八尚任侠，不知书，闻人读书声，乃发愤，攻三年，二十一岁乃入朝，而人莫知其名，乃借碎胡琴事噪誉当世。武后闻之，召为从事。其为文章，既不似南朝之靡丽，又不似北朝之特古，盖蜀与南北朝交通阻绝故也。尝一度出征关外，既归，郁郁不得志。家富，为射洪县令段简所诟，诬下狱，以二十万贻之，仍不得出，乃忧愤卒，年四十三。《新唐书》载王适见陈咏怀诗，叹曰："此子必为天下文宗矣。"遂订交。按《感遇诗》出自阮嗣宗《咏怀》，又出自曹子建《杂诗》，皆无题，随兴陆续写成，故内容不专一事，体裁不专一体，不必为一时之作也。学阮诗者，前有士衡、渊明，整个南朝无只字可言，此可证明作者个性之泯灭，此体遂中断若干年。子昂初至长安为人所赏以此，《旧唐书》不载此诗之数，最早见于白乐天《与元九书》中，云是二十首，后人以其他无题诗凑成今见之篇幅，此诗在当代已为人所推崇，昌黎诗云："国初重文章，子昂始高蹈。"《感遇诗》人多以一组目之，实误。愚尝详考其本事，知其诗不虚作，乃作者对时代有个人之看法与批评，此为南朝士大夫所不能仰止也。直抒胸臆，不假雕饰，此唐人五古之创格，故南朝五古不能化作散文，唐五古则稍加增削便成散文，此风自子昂始。子昂诗之做法，个人并无系统之理论，有之，则仅见于《与东方左史虬书》数语耳，另见《修竹篇序》："文章道弊，五百年矣。汉魏风骨，晋宋莫传（中略），仆尝暇时观齐梁间诗，彩丽竞繁，而兴寄都绝，每以永叹。"此数语中提出"风骨"与"兴寄"两重点，信为南朝文士所未尝梦见，而作者之诗确能实践其个人所提倡之理论，故能卓然成家也。

九龄成就在其相业，而不在诗，诗固与子昂同一格调。字子寿，韶州曲江人。十三岁见广州刺史，上书言国政，张说贬岭南，见而大悦，特引荐之，至于拜相。后告归，再出为荆州令。其后以疾卒于家，封伯爵。其《感遇诗》十二首，与子昂诗同为开时代风气者。

此段自高祖开国迄开元之初，凡五十年，为八代余风之所及，盛唐面目盖胎孕于此。

唐诗及盛唐诗人

/ 罗 庸 /

总论唐诗

研究一代文学，凡以作家为主，以文体为范围时有二路可循：（1）叙述作家之来源与成就。（2）不管作家，仅就诗之内容求其表现情绪之主潮。今吾人论唐诗，即用此二种办法。

国人所著文学史，其态度与正史作家无异，均以作家为主，重视其社会背景，此法易流于呆板，本课针对此弊而矫正之，但于某一时代中找其共通性，至于作家之分述，可略则略之，盖某一作家之成功，其本身力量仅占十分之一二也。

文学史范围至广，吾人欲治文学史，必先说明作家之来踪去迹，考其同于前人者若干，异于前人者若干，能如此或可勉成精心之作，诸生其留意焉。凡优良之文学史，不仅为文体变迁史，亦应为作家情感之变迁史，前史所作皆偏于前而略于后，近代学者间亦有重视之者，唯多非客观之归纳，而有偏于主观之嫌，不可不察也。

全唐诗之内容，大别不出于十二大类，前人初、盛、中、晚之分期，亦可与此并行不悖。

（1）宫廷诗——由南朝而来。齐梁以后，文人生活变为帝王卿客，故宫廷诗特盛。唐初诗人犹存此风气。自安史之乱后则此调不复弹矣。其中又可分为四类：① 游宴——自建安开其风，至南朝益盛，初唐高宗、武后、中宗三朝达于极点。② 令节——即帝王于令节时作诗，令群臣和之。③ 同赋——帝王高兴时，令群臣同题赋诗是也，亦发端于建安、梁陈之际，诗歌日益琐碎，玄宗以后，则少作矣。④ 分赋——此与考试有关。唐诗中题为“奉和”之作者必为同赋，题为“应制”者则为分赋，此风亦绝于玄宗以后，盖自天宝以后，文人社会意识发达，南朝以来之卿客作风逐渐绝迹。

（2）赠答诗——始于汉末秦嘉夫妇之赠答诗，至建安时作者日多，两晋以后渐少。大凡应答诗多产时，则必其时书札应用甚少之故。两晋以后，抒情小札发达，可以代诗，故赠答诗极少。唐代由帝王之提倡，兼以版图扩大，人们常因阔别而写诗寄意，故此类题材占全唐诗分量将近二分之一，初唐犹不甚显著，盛、中、晚蔚为大观，至宋又少绝矣。又可分为五类：① 下第——大抵为士子在长安应试落第，同辈对之惜别，相聚吟诗送之，往往汇成一集，以序冠之，为古文中赠序文之来源。② 贬官——南朝地域较小，且多门阀士族，故贬官时惜别之意较少；唐为大帝国，且帝王权重，喜怒无常，大臣一贬数千里外，故送行者情深而多佳句矣。③ 出使——为出使时送别而作。④ 还山——为大臣归隐时同辈送行之作。⑤ 投赠——内容较为复杂。大抵士子来长安进考，欲结交达官先为揄扬，因而以诗投赠；另一情况乃名士借此化缘为生，如太白天宝三年被放以迄于死，全赖投赠而度命。此风下至武宗、文宗时代为最盛，藩镇兴起之后，文人有所投靠，便不复打秋风矣。

（3）园林诗——古代园林发展之情况，汉至三国私家园林极少，西晋以后渐多，石崇即金谷园之主人也。经北朝而不辍。南渡以后，山水方滋，贵族之私园益多，谢安之东山，康乐之西堂皆是也。唐人承接此风，贵族往往于其园林招宴文士，集而赋诗，以为文雅之事。最佳之地，莫若公主之赐第，与夫名宦达士之山庄，如宋之问陆浑山庄、王摩诘辋川别业是也。山庄草莽气多，别业则接近都市，故山庄仅少数朋友集会之地，而别业则为大宴会所也。安史乱后，社会经济一变，此风遂息。其次为僧房佛寺，以其多在名山大川，故诗人喜歌咏之。

（4）行旅诗——此受国家疆域广大影响之所致也。诗人每经一地，有若干名胜可供游览与流连，遂多取为诗材。南朝多行旅赋，盛唐不用赋体而代之以诗，故称极盛。

（5）征戍诗——此与南朝之风大异。南朝征戍诗为文人想象之作，故内容多雷同，唐代疆域辽阔，征戍事繁，文人参加实际军旅生活，故吐属极为精彩，此类诗以盛、中二期最盛。大抵唐初征戍诗题材偏东北，而盛、中二代则偏重于西北。以数量言，此类诗占《全唐诗》十分之一弱，亦为空前绝后之作，此类诗如为乐府体，则系文人想象之作，如用近体或五古，则以写实为多（老杜《三吏》《三别》盖属此类）。

（6）声伎诗——古代咏声伎者多用赋体，傅毅、张衡之《舞赋》是也。至梁陈始渐有以诗咏声伎者。唐代因胡乐、胡舞之输入，而声伎之诗转盛。

（7）杂戏诗——此亦受国外文化影响，而形成以新题材写诗者也。

（8）僧道诗——唐诗人喜与僧道结交，故赠答时诗中必带宗教之意味，诗人不必对其经书有若干研究与了解，此殆与宋人作风不同，然亦前代未有之作。唐代僧道亦甚风雅，又多女道士，轻薄文人多取材焉。

（9）异俗诗——即歌咏外国风俗之作，唐代长安为国际都市，异国风俗杂乎其间，予文人以若干新刺激，遂取为新诗之材料。西市多胡姬酒肆，文人常狭游其间，诗材更有所增益。

（10）书画诗——中国古代艺术，如书、画、音乐、观赏风景等，均与文学有密切关系，其中以音乐为最早。南朝人渡江，见山川之美从而观赏之，自然景物遂与文学关连，而东晋以来，字艺亦渐为世所重。中国画在古代不出故事画范围，此未受外来影响前之情况。北朝受佛教影响，乃有画佛之风。唐人作画，或在壁，或在屏，文人往往因之作诗，唯壁画虽占唐画十分之七，但无题画之作。

（11）田园诗——为唐人诗中最少者。

（12）类书诗——中晚唐以来，诗之内容无多发展，文人乃自类书中搜寻僻典，拼凑成章。

盛唐诗人

除李杜另立专节外，略述重要诗人如下：王维、孟浩然、储光羲、高适、岑参、王昌龄、王之涣、綦毋潜、刘长卿。

凡诗中称大家者必具以下之特点：① 笔调不限于一方面，能变化其笔调而写各种形式与题材；② 大家诗风格有矛盾时，原因有二可能，其一为自身未能融会成纯一风格，其二为自身经验丰富，境遇变迁极多，因而能臻于上乘。

王、孟、储三家通称之为田园诗人，高、岑为边塞诗人，二王为绝句能手，綦毋潜长写寺庙，刘长卿善状行旅。由以上标准评之，唯王维足称大家。

摩诘之诗凡三变：《桃源行》为十九岁之作，属早年作品，与后期《终南别业》诸作大不相类，可见其入手时仍沿四杰余风，又其写长安早朝及大明宫诸诗七律作品，亦与晚唐作异趣，乃时势所趋，可归入一类。尚无独创之特点。第二期用《终南别业》诸作，间及佛理，东坡所谓“诗中有画”者，此类属焉。第三期乃暮年与佛教徒倡和之诗，乃见独特风格。由是可知，凡大家必先学习同时代之各种诗体，然后独立成家。

孟、储为在野之人，故少入世之感，此二家之同点。唯孟诗较为华贵，可上攀高、岑；储诗为纯田舍翁语，可下流为范石湖之风格。孟行旷达，修养无独特表现，笔力较健，唯内容较为单调，方面不多；储诗出于王无功，多写农家生计问题，笔多黏滞，但对农人生活描写较为深刻，其弊在多土气。

高、岑为盛唐笔力之最健者。岑以全力作诗，成就有所偏，七古七律成功较多，尝两度至新疆，故写边塞较为亲切。七古自初唐迄此时代，仍缘南朝之旧，但流美而已，至岑而改为壮美。其弊在偏，优在高俊。高适四十始学为诗，有意走岑一派，故古诗成功较多，亦尝从军，故其边塞诗亦如岑之多亲切感，而流转地区极广，故写行役诗又似孟浩然，为介乎岑、孟间之诗人。盛唐诗人仕宦之达者，盖以此公为最云。

王昌龄擅长音律，故优于绝句，为盛唐绝句冠冕，乐工多所传唱，声极高亢。王之涣为昌龄之嗣响。盛唐诸家绝句均为一代绝唱，后世难以为继。

綦毋潜长于五言，笔调工于收敛，诗量较多，开香山一派，常以一题而用若干做法。刘长卿当时称“五言长城”，行旅诗一似孟浩然，但无孟之阔大而较琐碎，盛唐、中唐分野在此。

李白与杜甫

太白籍贯之为胡为汉，今犹未有定论，人多目之为西域人，故其生活行止多与当代诸家不同。今读其诗，其人如在目前，唯生前同时人于其身世多迷离不清耳。据唐人记载，谓李为陇西人（唐代李氏之郡望），先世以罪谪碎叶，五岁随父潜归，家于蜀之绵竹。十五岁任侠，尝手刃数人，二十与东岩子隐峨眉学道，后入广陵，散家财二十余万，同游者（吴指南）道死，负其尸以归。后入赘安陆许氏家，一住十年。其后以道士吴筠故入长安，为玄宗所知，复以讽贵妃而放还。与杜甫、高适辈游于梁宋，旋入鲁另娶，鲁夫人生男曰明月奴，生女曰玻璃。后适金陵，娶歌妓金陵子，安史之乱中，遇永王璘之变，乱平被放夜郎，抵巫山遇赦放还，至当涂而卒。其一生行迹，多与国人伦理观念不甚一致，故身世极为可疑。前此相类者有陈子昂，二人生活习俗均不受中原传统之束缚，故能任使其气而独步一代。五言诸作多得力于建安之曹、阮二家，笔力才气亦足相匹。当世人作诗多来自四杰，而太白独取原于汉魏，所以独高。又以其流转各地，怀古饮贤，故爱二谢，然大谢之典重、小谢之空灵，又不合其口味，故青出于蓝，戛然独造。复次，太白不受当时试帖之影响，故不精律诗。七古完全脱离初唐作风而出于鲍明远，成熟后再加上汉乐府成分，乃知其诗实根深源长，非仅恃才分而已也。太白不同于少陵者凡二端：① 少陵不作当时流行之古题乐府，而太白专作此类；② 太白善音律，故长绝句，少陵则适相反。以生活态度言，近道而不近儒，故诗中多神仙思想，眼中毫无民众疾苦。天宝之乱，适在南方，未睹北土战乱现象，故诗之内容与民众及时代脱节，成为盛唐之尾声，能承先而不能启后，有以也。

老杜祖父乃诗人杜审言，官于河南，因家于巩，故诗人为纯粹中原文化之产儿。父闲，官于鲁，父死，甫已二十三矣。终其身为衣食奔走，不若太白之悠游闲放，豪情奔注。所受传统文化既深，故诗之内容与时代紧密结合。早年之作，仍沿袭初唐，盖欲因之以求仕进也。晚年仍教儿熟读《文选》，其为传统文化所范囿之迹甚明，用大力始能脱其桎梏，与太白行迹自由者绝异，而思想怀抱一以儒家为宗，故念念不忘君国。在长安十余年即努力作五律，欲因以出人头地，题材之多，方面之广，语言变化，全唐诗人无与伦比。四十岁迄天宝之乱，始放弃原作形式而试作七言诗，全盘失败，然绝不作当时之乐府调。安史之乱后，见民生疾苦甚多，非旧作体裁所能包容，过去亦少范作可资参考，有之则唯汉乐府一体，故此段时期，乃模仿汉乐府以命篇，诗境至此得一开展。后到外移居，暂定居于成都浣花溪上。此段时间生活极苦，工部乃极力练习五古，至成都而大功告成，其间行旅纪事之五古，已与初唐诗异趣，创造出独特风格。居蜀六年间，努力完成其七律及不合乐之五绝，迨夔府而臻成熟，每首各有文法，绝不雷同，又故意避熟就生，遂以登峰造极焉。此后则为强弩之末，无甚可观。晚年病肺，右手不能弹动，故流浪湖南一带，多用左手写作，为打秋风计而多写排律。论杜诗可划分为五时期，以三、四期作品最佳。

孟浩然及其作品

/ 闻 一 多 /

当年孙润夫家所藏王维画的孟浩然像，据《韵语阳秋》的作者葛立方说，是个很不高明的摹本，连所附的王维自己和陆羽、张洎等三篇题识，据他看，也是一手摹出的。葛氏的鉴定大概是对的，但他并没有否认那“俗工”所据的底本——即张洎亲眼见到的孟浩然像，确是王维的真迹。这幅画，据张洎的题识说：

> 虽轴尘缣古，尚可窥览。观右丞笔迹，穷极神妙。襄阳之状颀而长，峭而瘦，衣白袍，靴帽重戴，乘款段马——一童总角，提书笈负琴而从——风仪落落，凛然如生。

这在今天，差不多不用证明，就可以相信是逼真的孟浩然。并不是说我们知道浩然多病，就可以断定他当瘦。实在经验告诉我们，什九人是当如其诗的。你在孟浩然诗中所意识到的诗人那身影，能不是“颀而长，峭而瘦”的吗？连那件白袍，恐怕都是天造地设，丝毫不可移动的成分。白袍靴帽固然是“布衣”孟浩然分内的装束，尤其是诗人孟浩然必然的扮相。编《孟浩然集》的王士源应是和浩然很熟的人，不错，他在序文里用来开始介绍这位诗人的“骨貌淑清，风神散朗”八字，与夫陶翰《送孟六入蜀序》所谓“精朗奇素”，无一不与画像的精神相合，也无一不与孟浩然的诗境一致。总之，诗如其人，或人就是诗，再没有比孟浩然更具体的例证了。

张祜曾有过“襄阳属浩然”之句，我们却要说：浩然也属于襄阳。也许正唯浩然是属于襄阳的，所以襄阳也属于他。大半辈子岁月在这里度过，大多数诗章是在这地方、因这地方、为这地方而写的。没有第二个襄阳人比孟浩然更忠于襄阳、更爱襄阳的。晚年漫游南北，看过多少名胜，到头还是：

山水观形胜，襄阳美会稽。

实在襄阳的人杰地灵，恐怕比它的山水形胜更值得人赞美。从汉阴丈人到庞德公，多少令人神往的风流人物，我们简直不能想象一部《襄阳耆旧传》，对于少年的孟浩然是何等深厚的一个影响。了解了这一层，我们才可以认识孟浩然的人、孟浩然的诗。

隐居本是那时代普遍的倾向，但在旁人仅仅是一个期望，至多也只是点暂时的调剂，或过期的赔偿，在孟浩然却是一个完完整整的事实。在构成这事实的复杂因素中，家乡的历史地理背景，我想，是很重要的一点。

在一个乱世，例如庞德公的时代，对于某种特别性格的人，入山采药，一去不返，本是唯一的出路。但生在“开元全盛日”的孟浩然，有那必要吗？然则为什么三番两次朋友伸过援引的手来，都被拒绝，甚至最后和本州采访使韩朝宗约好了一同入京，到头还是喝得酩酊大醉，让韩公等烦了，一赌气独自先走了呢？正如当时许多有隐士倾向的读书人，孟浩然原来是为隐居而隐居，为着一个浪漫的理想，为着对古人的一个神圣的默契而隐居。在他这回，无疑的那成立默契的对象便是庞德公。孟浩然当然不能为韩朝宗背弃庞公。鹿门山不许他，他自己家园所在，也就是“庞公栖隐处”的鹿门山，决不许他那样做。

> 鹿门月照开烟树，忽到庞公栖隐处。岩扉松径长寂寥，惟有幽人自来去。

这幽人究竟是谁？庞公的精灵，还是诗人自己？恐怕那时他自己也分辨不出，因为心理上他早与那位先贤同体化了。历史的庞德公给了他启示，地理的鹿门山给了他方便，这两项重要条件具备了，隐居的事实便容易完成得多了。实在，鹿门山的家园早已使隐居成为既成事实，只要念头一转，承认自己是庞公的继承人，此身便俨然是《高士传》中的人物了。总之，是襄阳的历史地理环境促成孟浩然一生老于布衣的。孟浩然毕竟是襄阳的孟浩然。

我们似乎为奖励人性中的矛盾，以保证生活的丰富，几千年来一直让儒道两派思想维持着均势，于是读书人便永远在一种心灵的僵局中折磨自己，巢、由与伊、皋，江湖与魏阙，永远矛盾着、冲突着，于是生活便永远不谐调，而文艺也便永远不缺少题材。矛盾是常态，愈矛盾则愈常态。今天是伊、皋，明天是巢、由，后天又是伊、皋，这是行为的矛盾。当巢、由时向往着伊、皋，当了伊、皋，又不能忘怀于巢、由，这是行为与感情间的矛盾。在这双重矛盾的夹缠中打转，是当时一般的现象。反正用诗一发泄，任何矛盾都注销了。诗是唐人排解感情纠葛的特效剂，说不定他们正因有诗作保障，才敢于放心大胆地制造矛盾，因而那时代的矛盾人格才特别多。自然，反过来说，矛盾愈深愈多，诗的产量也愈大了。孟浩然一生没有功名，除在张九龄的荆州幕中当过一度清客外，也没有半个官职，自然不会发生第一项矛盾问题。但这似乎就是他的一贯性的最高限度。因为虽然身在江湖，他的心并没有完全忘记魏阙。下面不过是许多显明例证中之一：

欲济无舟楫，端居耻圣明。坐观垂钓者，徒有羡鱼情。

然而“羡鱼”毕竟是人情所难免的，能始终仅仅“临渊羡鱼”，而并不“退而结网”，实在已经是难得的一贯了。听李白这番热情的赞叹，便知道孟浩然超出他的时代多么远：

吾爱孟夫子，风流天下闻。红颜弃轩冕，白首卧松云。醉月频中圣，迷花不事君。高山安可仰，徒此挹清芬。

可是我们不要忘记矛盾与诗的因果关系，许多诗是为给生活的矛盾求统一、求调和而产生的。孟浩然既免除了一部分矛盾，对于他，诗的需要便当减少了。果然，他的诗是不多，量不多，质也不多。量不多，有他的同时人作见证，杜甫讲过的：“吾怜孟浩然……赋诗虽不多，往往凌鲍谢。”质不多，前人似乎也早已见到。苏轼曾经批评他“韵高而才短，如造内法酒手，而无材料”。这话诚如张戒在《岁寒堂诗话》里所承认的，是说尽了孟浩然，但也要看才字如何解释。才如果是指才情与才学二者而言，那就对了，如果专指才学，还算没有说尽。情当然比学重要得多。说一个人的诗缺少情的深度和厚度，等于说他的诗的质不够高。孟浩然诗中质高的有是有些，数量总是太少。“气蒸云梦泽，波撼岳阳城”式的和“微云淡河汉，疏雨滴梧桐”式的句子，在集中几乎都找不出第二个例子。论前者，质和量当然都不如杜甫，论后者，至少在量上不如王维。甚至“不材明主弃，多病故人疏”，质量都不如刘长卿和十才子。这些都不是真正的孟浩然。真孟浩然不是将诗紧紧地筑在一联或一句里，而是将它冲淡了，平均地分散在全篇中，

> 出谷未停午，到家日已曛。回瞻下山路，但见牛羊群。樵子暗相失，草虫寒不闻。衡门犹未掩，伫立望夫君。

甚至淡到令你疑心到底有诗没有。

> 垂钓坐盘石，水清心亦闲。鱼行潭树下，猿挂岛藤间。游女昔解佩，传闻于此山。求之不可得，沿月棹歌还。

淡到看不见诗了，才是真正孟浩然的诗，不，说是孟浩然的诗，倒不如说是诗的孟浩然，更为准确。在许多旁人，诗是人的精华，在孟浩然，诗纵非人的糟粕，也是人的剩余。在最后这首诗里，孟浩然几曾作过诗？他只是谈话而已。甚至要紧的还不是那些话，而是谈话人的那副“风神散朗”的姿态。读到“求之不可得，沿月棹歌还”，我们得到一如张洎从画像所得到的印象，“风仪落落，凛然如生”。得到了象，便可以忘言，得到了“诗的孟浩然”便可以忘掉“孟浩然的诗”了。

超过了诗也好，够不上诗也好，任凭你从环子的哪一点看起。反正除了孟浩然，古今并没有第二个诗人到过这境界。东坡说他没有才，东坡自己的毛病，就在才太多。

庄子笑曰："周将处乎材与不材之间。材与不材之间，似之而非也，故未免乎累。"

谁能了解庄子的道理，就能了解孟浩然的诗，当然也得承认那点"累"。至于"似之而非"，而又能"免乎累"，那除陶渊明，还有谁呢?

杜甫及其作品

/ 闻 一 多 /

引 言

明吕坤曰“史在天地，如形之景。人皆思其高曾也，皆愿睹其景。至于文儒之士，其思书契以降之古人，尽若是已矣”。数千年来的祖宗，我们听见过他们的名字，他们生平的梗概，我们仿佛也知道一点，但是他们的容貌、声音，他们的性情、思想，他们心灵中的种种隐秘——欢乐和悲哀、神圣的企望、庄严的愤慨，以及可笑亦复可爱的弱点或怪癖……我们全是茫然。我们要追念，追念的对象在哪里？要仰慕，仰慕的目标是什么？要崇拜，向谁施礼？假如我们是肖子肖孙，我们该怎样地悲恸、怎样地心焦！

看不见祖宗的肖像，便将梦魂中迷离恍惚的，捕风捉影，摹拟出来，聊当瞻拜的对象——那也是没有办法的慰情的办法。我给诗人杜甫绘这幅小照，是不自量，是渎亵神圣，我都承认。因此工作开始了，马上又搁下了。一搁搁了三年，依然死不下心去，还要赓续，不为别的，只还是不奈何那一点“思其高曾，愿睹其景”的苦衷罢了。

像我这回掮起的工作，本来应该包括两层步骤，第一是分析，第二是综合。近来某某考证，某某研究、分析的工作做的不少了；关于杜甫，这类的工作，据我知道的却没有十分特出的成绩。我自己在这里偶尔虽有些零星的补充，但是，我承认，也不是什么大发现。我这次简直是跳过了第一步，来径直做第二步；这样做法，是不会有好结果的，自己也明白。好在这只是初稿，只要那“思其高曾，愿睹其景”的心情不变，永远那样地策励我，横竖以后还可以随时搜罗，随时拼补。目下我决不敢说，这是真正的杜甫，我只说是我个人想象中的“诗圣”。

我们的生活如今真是太放纵了、太夸妄了、太杳小了、太龌龊了。因此我不能忘记杜甫；有个时期，华茨华斯[1]也不能忘记弥尔敦[2]，他喊——

> Miltion! thou shouldst be living at this hour:
> England hath need of thee: she is a fen
> Of stagnant waters: alter, sword, and pen,
> Fireside, the heroic wealth of hall and bower,
> Have forfeited their ancient English dower
> Of inward happiness, we are selfish men:

---

[1] 今译作华兹华斯。——编者注

[2] 今译作弥尔顿。——编者注

O raise us up, return to us again;

And give us manners, virtue, freedom, power.

一

当中一个雄壮的女子跳舞。四面围满了人山人海的看客。内中有一个四龄童子，许是骑在爸爸肩上，歪着小脖子，看那舞女的手脚和丈长的彩帛渐渐摇起花来了，看着，看着，他也不觉眉飞目舞，仿佛很能领略其间的妙绪。他是从巩县特地赶到郾城来看跳舞的。这一回经验定给了他很深的印象。下面一段是他几十年后的回忆：

> 㸌如羿射九日落，矫如群帝骖龙翔。来如雷霆收震怒，罢如江海凝清光。

舞女是当代名满天下的公孙大娘。四岁的看客后来便成为中国有史以来第一个大诗人，四千年文化中最庄严、最瑰丽、最永久的一道光彩。四岁时看的东西，过了五十多年，还能留下那样活跃的印象，公孙大娘的艺术之神妙，可以想见，然而小看客的感受力，也就非凡了。

杜甫，字子美；生于唐睿宗先天元年（公元712年）；原籍襄阳，曾祖依艺做河南巩县县令，便在巩县住家了。子美幼时的事迹，我们不大知道。我们知道的，是他母亲死得早，他小时是寄养在姑母家里。他自小就多病。有一天可叫姑母为难了。儿子和侄儿都病着，据女巫说，要病好，病人非睡在东南角的床上不可；但是东南角的床铺只有一张，病人却有两个。老太太居然下了决心，把侄儿安顿在吉利的地方，叫自家的儿子填了侄儿的空子。想不到决心下了，结果就来了。子美长大了，听见老人家讲姑母如何让表兄给他替了死，他一辈子觉得对不起姑母。

早慧不算稀奇，早慧的诗人尤其多着。只怕很少的诗人开笔开得像我们诗人那样有重大的意义。子美第一次破口歌颂的，不是什么凡物。这“七龄思即壮，开口咏凤凰”的小诗人，可以说，咏的便是他自己。禽族里再没有比凤凰善鸣的，诗国里也没有比杜甫更会唱的。凤凰是禽中之王，杜甫是诗中之圣，咏凤凰简直是诗人自占的预言。从此以后，他便常常以凤凰自比（《凤凰台》《赤凤行》便是最明白的表示）；这种比拟，从现今这开明的时代看去，倒有一种特别恰当的地方。因为谈论到这伟大的人格、伟大的天才，谁不感觉寻常文字的无效？不，无效的还不只文字，你只顾呕尽心血来悬拟、揣测，总归是隔膜，那超人的灵府中的秘密，他的心情，他的思路，像宇宙的谜语一样，决不是寻常的脑筋所能猜透的。你只懂得你能懂的东西；因此，谈到杜甫，只好拿不可思议的比不可思议的。凤凰你知道是神话，是子虚，是不可能的。可是杜甫那伟大的人格、伟大的天才，你定神一想，可不是太伟大了，伟大得可疑吗？上下数千年没有第二个杜甫（李白有他的天才，没有他的人格），你敢信杜甫的存在绝对可靠吗？一切的神灵和类似神灵的人物都有人疑过，荷马有人疑过，莎士比亚有人疑过，杜甫失了被疑的资格，只因文献、史迹，种种不容抵赖的铁证，一五一十，都在我们手里。

子美自弱冠以后，直到老死，在四方奔波的时候多，安心求学的机会很少。若不是从小用过一番苦功，这诗人的学力哪得如此的雄厚？生在书香门第，家境即使贫寒，祖藏的书籍总还够他餍饫的。从七八岁到弱冠的期间中，我们想象子美的生活，最主要的，不外作诗、作赋、读书、写擘窠大字……，无论如何，闲游的日子总占少数（从七岁以后，据他自称，四十年中作了一千多首诗文；一千多首作品是要时候作的）。并且多病的身体当不起剧烈的户外生活，读书学文便自然成了唯一的消遣。他的思想成熟得特别早，一半固由于天赋，一半大概也是孤僻的书斋生活酿成的。在书斋里，他自有他的世界。他的世界是时间构成的；沿着时间的航线，上下三四千年，来往的飞翔，他沿路看见的都是圣贤、豪杰、忠臣、孝子、骚人、逸士——都是魁梧奇伟、温馨凄艳的灵魂。久而久之，他定觉得那些庄严灿烂的姓名，和生人一般的实在，而且渐渐活现起来了，于是他看得见古人行动的姿态，听得到古人歌哭的声音。甚至他们还和他揖让周旋，上下议论；他成了他们其间的一员。于是他只觉得自己和寻常的少年不同，他几乎是历史中的人物，他和古人的关系比和今人的关系密切多了。他是在时间里、不是在空间里活着。他为什么不那样想呢？这些古人不是在他心灵里活动、血脉里运行吗？他的身体不是从这些古人的身体分泌出来的吗？是的，那政事、武功、学术震耀一时的儒将杜预便是他的十三世祖；那宣言“吾文章当得屈宋作衙官，吾笔当得王羲之北面”的著名诗人杜审言，便是他的祖父；他的叔父杜升是个为报父仇而杀身的十三岁的孝子；他的外祖母便是张说所称的那为监牢中的父亲“菲屦布衣，往来供馈，徒行悴色，伤动人伦”的孝女；他外祖母的兄弟，崔行芳，曾经要求给二哥代死，没有诏准，就同哥哥一起就刑了，当时称为“死悌”。你看他自己家里，同外家里，事业、文章、孝行、友爱——立德、立功、立言的人物这样多；他翻开近代的史乘，等于翻开自己的家谱。这样读书，对于一个青年的身心，潜移默化的影响，定是不可限量的。难怪一般的少年，他瞧不上眼。他是一个贵族，不但在族望上，便论德行和智慧，他知道，也应该高人一等。所以他的朋友，除了书本里的古人，就是几个有文名的老前辈。要他同一般行辈相等的庸夫俗子混在一起，是办不到的。看看这一段文字，便可想见当时那不可一世的气概：

> 性豪业嗜酒，嫉恶怀刚肠。脱略小时辈，结交皆老苍。饮酣视八极，俗物皆茫茫。

子美所以有这种抱负，不但因为他的血缘足以使他自豪，也不仅仅是他不甘自暴自弃；这些都是片面的、次要的理由。最要紧的，是他对于自己的成功，如今确有把握了。崔尚、魏启心一般的老前辈都比他作班固、扬雄；他自己仿佛也觉得受之无愧。十四五岁的杜二，在翰墨场中，已经是一个角色了。

这时还有一件事也可以增长一个人的兴致。从小摆不脱病魔的纠缠，如今摆脱了。这件事竟许是最足令人开心的。因为毕竟从前那种幽闭的书斋生活不大自然；只因一个人缺欠了健康，身体失了自由，什么都没有办法。如今健康恢复了，有了办法，便尽量地追回以前的积欠，当然是不妨的，简直是应该的。譬如院子里那几棵枣树，长得比什么树都古怪，都有精神，枝子都那样剑拔弩张地挺着，仿佛全身都是劲。一个人如今身体强了，早起在院子里走走，往往也觉得浑身是劲，忽然看见它们那挑衅的样子，恨不得拣一棵抱上去，和它摔一跤，决个雌雄。但是想想那举动又未免太可笑了。最好是等八月来，枣子熟了，弟妹们只顾要枣子吃；枣子诚然好吃，但是当哥哥的，尤其筋强力壮的哥哥，最得意的，不是吃枣子，是在那给弟妹们不断地供应枣子的任务。用竹篙子打枣子还不算本领。哥哥有本领上树，不信他可以试给他们看看。上树要上到最高的枝子，又得不让枣刺扎伤了手，脚得站稳了，还不许踩断了树枝；然后躲在绿叶里，一把把地洒下来；金黄色的、朱砂色的、红黄参半的枣子，花花刺刺地洒将下来，得让孩子们抢都抢不赢。上树的技术练高了，一天可以上十来次，棵棵树都要上到。最有趣的，是在树顶上站直了，往下一望，离天近，离地远，一切都在脚下，呼吸也轻快了，他忍不住大笑一声；那笑里有妙不可言的胜利的庄严和愉快。便是游戏，一个人的地位也要站得超越一点，才不愧是杜甫。

健康既经恢复了，年龄也渐渐大了，一个人不能老在家乡守着。他得看看世界。并且单为自己创作的前途打算，多少通都广邑、名山大川，也不得不瞻仰瞻仰。

二

大约在二十岁左右，诗人便开始了他的飘流的生活。三十五以前，是快意的游览（仍旧用他自己的比喻），便像羽翮初满的雏凤，乘着灵风，踏着彩云，往濛濛的长空飞去，他胁下只觉得一股轻松，到处有竹实、有醴泉，他的世界是清鲜，是自由，是无垠的希望，和薛雷[1]的云雀一般，他是

An unbodied joy whose race is just begun.

三十五岁以后，风渐渐尖峭了，云渐渐恶毒了，铅铁的穹窿在他背上

[1] 今译作雪莱。——编者注

逼压着，太阳也不见了，他在风雨雷电中挣扎，血污的翎羽在空中缤纷地旋舞，他长号，他哀呼，唱得越急切，节奏越神奇，最后声嘶力竭，他卸下了生命，他的挫败是胜利的挫败、神圣的挫败。他死了，他在人类的记忆里永远留下了一道不可逼视的白光；他的音乐，或沉雄，或悲壮，或凄凉，或激越，永远、永远是在时间里颤动着。

子美第一次出游是到晋地的郇瑕（今山西猗氏县[1]），在那边结交的人物，我们知道的，有韦之晋。此后，在三十五岁以前，曾有过两次大举的游历：第一次到吴越，第二次到齐赵。两度的游历，是诗人创作生活上最需要的两种精粹而丰富的滋养。在家乡，一切都是单调、平凡，青的天笼盖着黄的地，每隔几里路，绿杨藏着人家，白杨翳着坟地，分布得驿站似的呆板。土人的生活也和他们的背景一样的单调。我们到过中州的人都知道那是个什么样的去处；大概从唐朝到现在是不会有多少进步的。从那样的环境，一旦踏进山明水秀的江南，风流儒雅的江南，你可以想象他是怎样的惊喜。我们还记得当时和六朝，好比今天和昨日；南朝的金粉，王谢的风流，在那里当然还留着够鲜明的痕迹。江南本是六朝文学总汇的中枢，他读过鲍、谢、江、沈、阴、何的诗，如今竟亲历他们歌哭的场所，他能不感动吗？何况重重叠叠的历史的舞台又在他眼前，剑池、虎丘、姑苏台、长洲苑、太伯的遗庙、阖闾的荒冢，以及钱塘、剡溪、鉴湖、天姥——处处都是陈迹、名胜，处处都足以促醒他的回忆，触发他的诗怀。我们虽没有他当时纪游的作品，但是诗人的得意是可以猜到的。美中不足的只

[1] 1954年，原临晋县、猗氏县合并为临猗县。——编者注

是到了姑苏，船也办好了，都没有浮着海。仿佛命数注定了今番只许他看到自然的秀丽，清新的面相；长洲的荷香，镜湖的凉意，和明眸皓齿的耶溪女……都是他今回的眼福；但是那瑰奇雄健的自然，须得等四五年后游齐赵时，才许他见面。

在叙述子美第二次出游以前，有一件事颇有可纪念的价值，虽则诗人自己并不介意。

唐代取士的方法分三种——生徒、贡举、制举。已经在京师各学馆，或州县各学校成业的诸生，送来尚书省受试的，名曰生徒；不从学校出身，而先在州县受试，及第了，到尚书省应试的，名曰贡举。以上两种是选士的常法。此外，每多少年，天子诏行一次，以举非常之士，便是制举。开元二十三年（公元736年）[1]子美游吴越回来，挟着那“气劘屈贾垒，目短曹刘墙”的气焰应贡举，县试成功了，在京兆尚书省一试，却失败了。结果没有别的，只是在够高的气焰上又加了一层气焰。功名的纸老虎如今被他戳穿了。果然，他想，真正的学问，真正的人才，是功名所不容的。也许这次下第，不但不能损毁，反足以抬高他的身价。可恨的许只是落第落在名职卑微的考功郎手里，未免叫人丧气。当时士林反对考功郎主试的风潮酝酿得一天比一天紧，在子美“忤下考功第”的明年，果然考功郎吃了举人的辱骂，朝廷从此便改用侍郎主试。

子美下第后八九年之间，是他平生最快意的一个时期，游历了许多名胜，结交了许多名流。可惜那期间是他命运中的朝曦，也是夕照，那

[1] 开元二十三年应为公元735年。——编者注

几年的经历是射到他生命上的最始和最末的一道金辉；因为从那以后，世乱一天天地纷纭，诗人的生活一天天地潦倒，直到老死，永远闯不出悲哀、恐怖和绝望的环攻。但是末路的悲剧不忙提起，我们的笔墨不妨先在欢笑的时期多留连一会儿，虽则悲惨的下文早晚是要来的。

开元二十四五年之间，子美的父亲——闲——在兖州司马任上，子美去省亲，乘便游历了兖州、齐州一带的名胜，诗人的眼界于是更加开阔了。这地方和家乡平原既不同，和秀丽的吴越也两样。根据书卷里的知识，他常常想见泰山的伟大和庄严，但是真正的岱岳，那“造化钟灵秀，阴阳割昏晓”的奇观，他没有见过。这边的湍流、峻岭、丰草、长林都另有一种他最能了解、却不曾认识过的气魄。在这里看到的，是自然的最庄严的色相。唯有这边自然的气势和风度最合我们诗人的脾胃，因为所有磅礴郁结在他胸中的，自然已经在这景物中说出了；这里一丘一壑、一株树、一朵云，都能引起诗人的共鸣。他在这里句留了多年，直变成了一个燕赵的健儿；慷慨悲歌、沉郁顿挫的杜甫，如今发现了他的自我。过路的人往往看见一行人马，带着弓箭旗枪，驾着雕鹰，牵着猎狗，望郊野奔去。内中头戴一顶银盔，脑后斗大一颗红缨，全身铠甲，跨在马上的，便是监门胄曹苏预（后来避讳改名源明）。在他左首并辔而行的，装束略微平常，双手横按着长槊，却也是英风爽爽的一个丈夫，便是诗人杜甫。两个少年后来成了极要好的朋友。这回同着打猎的经验，子美永远不能忘记，后来还供给了《壮游》诗一段有声有色的文字：

春歌丛台上，冬猎青丘旁。呼鹰皂枥林，逐兽云雪岗。射飞曾纵鞚，引臂落鹙鸧。苏侯据鞍喜，忽如携葛强。

原来诗人也学得了一手好武艺！

这时的子美，是生命的焦点、正午的日曜，是力，是热，是锋棱，是夺目的光芒。他这时所咏的《房兵曹胡马》和《画鹰》恰好都是自身的写照。我们不能不腾出篇幅，把两首诗的全文录下。

> 胡马大宛名，锋棱瘦骨成。竹批双耳峻，风入四蹄轻。所向无空阔，真堪托死生。骁腾有如此，万里可横行。——（《房兵曹胡马》）
>
> 素练风霜起，苍鹰画作殊。㧐身思狡兔，侧目似愁胡。绦镟光堪摘，轩楹势可呼。何当系凡鸟，毛血洒平芜！——（《画鹰》）

这两首和稍早的一首《望岳》，都是那时期里最重要的代表作品，实在也奠定了诗人全部创作的基础。诗人作风的倾向，似乎是专等这次游历来发现的；齐赵的山水，齐赵的生活，是几天的骄阳接二连三地逼成了诗人天才的成熟。

灵机既经触发了，弦音也已校准了，从此轻拢慢捻，或重挑急抹，信手弹去，都是绝调。艺术一天进步一天，名声也一天大一天。从齐赵回来，在东都（今洛阳）住了两三年，城南首阳山下的一座庄子，排场虽是简陋，门前却常留着达官贵人的车辙马迹。最有趣的是，那一天门前一阵车马的喧声，顿时老苍头跑进来报道贵人来了。子美倒屣出迎；一位道貌盎然的斑白老人向他深深一揖，自道是北海太守李邕久慕诗人的大名，特地来登门求见。北海太守登门求见，与诗人相干吗？世俗的眼光看来，一个乡贡落第的穷书生家里来了这样一位阔客人，确乎是荣誉，是发迹的吉兆。但是诗人的眼光不同。他知道的李邕，是为追谥韦巨源事、两次驳议太常博士李处，和声援宋璟、弹劾谋反的张昌宗弟兄的名御史李邕——是碑版文字散满天下，并且为要压倒燕国公的“大手笔”，几乎牺牲了性命的李邕——是重义轻财、卑躬下士的李邕。这样一位客人来登门求见，当然是诗人的荣誉；所以“李邕求识面”可以说是他生平最得意的一句诗。结识李邕在诗人生活中确乎要算一件有关系的事。李邕的交游极广，声名又大，说不定子美后来的许多朋友，例如李白、高适诸人，许是由李邕介绍的。

三

写到这里，我们该当品三通画角，发三通擂鼓，然后提起笔来蘸饱了金墨，大书而特书。因为我们四千年的历史里，除了孔子见老子（假如他们是见过面的），没有比这两人的会面，更重大、更神圣、更可纪念的。我们再逼紧我们的想象，譬如说，青天里太阳和月亮走碰了头，那么，尘世上不知要焚起多少香案，不知有多少人要望天遥拜，说是皇天的祥瑞。如今李白和杜甫——诗中的两曜，劈面走来了，我们看去，不比那天空的异瑞一样的神奇、一样的有重大的意义吗？所以假如我们有法子追究，我们定要把两人行踪的线索，如何拐弯抹角、时合时离，如何越走越近，终于两条路线会合交叉了——统统都记录下来。假如关于这件事，我们能发现到一些翔实的材料，那该是文学史里多么浪漫的一段掌故！可惜关于李、杜初次的邂逅，我们知道的一成，不知道的九成。我们知道天宝三载三月，太白得罪了高力士，放出翰林院之后，到过洛阳一次，当时子美也在洛阳。两位诗人初次见面，至迟是在这个当儿，至于见面时的情形，在什么时候，什么地方，也许是李邕的筵席上，也许是洛阳城内一家酒店里，也许……但这都是可能范围里的猜想，真确的情形，恐怕是永远的秘密。

有一件事我们却拿得稳是可靠的。子美初见太白所得的印象，和当时一般人得的，正相吻合。司马子微一见他，称他“有仙风道骨，可与神游八极之表”；贺知章一见，便呼他作“天上谪仙人”，子美集中第一首《赠李白》诗，满纸都是企羡登真度此的话，假定那是第一次的邂逅，第一次的赠诗，那么，当时子美眼中的李十二，不过一个神采趣味与常人不同、有“仙风道骨”的人，一个可与“相期拾瑶草”的侣伴，诗人的李白没有在他脑中镌上什么印象。到第二次赠诗，说“未就丹砂愧葛洪”，回头就带着讥讽的语气问：

痛饮狂歌空度日，飞扬跋扈为谁雄？

依然没有谈到文字。约莫一年以后，第三次赠诗，文字谈到了，也只轻轻的两句“李侯有佳句，往往似阴铿”，不是什么了不得的恭维，可是学仙的话一概不提了。或许他们初见时，子美本就对于学仙有了兴味，所以一见了“谪仙人”，便引为同调；或许子美的学仙的观念完全是太白的影响。无论如何，子美当时确是做过那一段梦——虽则是很短的一段；说“苦无大药资，山林迹如埽”；说“未就丹砂愧葛洪”，起码是半真半假的心话。东都本是商贾贵族蜂集的大城，廛市的繁华、人心的机巧、种种城市生活的罪恶，我们明明知道，已经叫子美腻烦、厌恨了；再加上当时炼药求仙的风气正盛，诗人自己又正在富于理想的、如火如荼的浪漫的年华中——在这种情势之下，萌生了出世的观念，是必然的结果。只是杜甫和李白的秉性根本不同：李白的出世，是属于天性的，出世的根性深藏在他骨子里，出世的风神披露在他容貌上；杜甫的出世是环境机会造成的念头，是一时的愤慨。两人的性格根本是冲突的。太白笑“尧舜之事不足惊”，子美始终要“致君尧舜上”。因此两人起先虽觉得志同道合，后来子美的热狂冷了，便渐渐觉得不独自己起先的念头可笑，连太白的那种态度也可笑了；临了，念头完全抛弃，从此绝口不提了。到不提学仙的时候，才提到文字，也可见当初太白的诗不是不足以引起子美的倾心，实在是诗人的李白被仙人的李白掩盖了。

东都的生活果然是不能容忍了，天宝四载夏天，诗人便取道如今开封归德一带，来到济南。在这边，他的东道主，便是北海太守李邕。他们常时集会、宴饮、赋诗；集会的地点往往在历下亭和鹊湖边上的新亭。在座的都是本地的或外来的名士；内中我们知道的还有李邕的从孙李之芳员外，和邑人蹇处士。竟许还有高适，有李白。

是年秋天太白确乎是在济南。当初他们两人是否同来的，我们不晓得；我们晓得他们此刻交情确是很亲密了，所谓“醉眠秋共被，携手日同行”便是此时的情况。太白有一个朋友范十，是位隐士，住在城北的一个村子上。门前满是酸枣树，架上吊着碧绿的寒瓜，滃滃的白云镇天在古城上闲卧着——俨然是一个世外的桃源；主人又殷勤；太白常常带子美到这里喝酒谈天。星光隐约的瓜棚底下，他们往往谈到夜深人静，太白忽然对着星空出神，忽然谈起从前陈留采访使李彦如何答应他介绍给北海高天师学道箓，话说过了许久，如今李彦许早忘记了，他可是等得不耐烦了。子美听到那类的话，只是唯唯否否；直等话头转到时事上来，例如贵妃的骄奢、明皇的昏聩，以及朝里朝外的种种险象，他的感慨才潮水般地涌来。两位诗人谈着话，叹着气，主人只顾忙着筛酒，或许他有意见不肯说出来，或许压根儿没有意见。

中唐文学之创新与复古

（节选）

/ 罗 庸 /

中唐的三种新文体

（一）传奇文

“传奇”一名，起于唐人裴铏之小说集。“传”读去声，盖以传记体文字而记述异怪之事者也。在书写工具未发达时，有些材料多凭口传，文字工具既已发达，则可书之竹帛矣。然民间仍有不靠看书而愿听书者，故战国之世常多说书之士，韩非有《说林》，《晏子春秋》保留若干小故事，《庄子》更集寓言之大成，此即古代之“话本”也。后人乐读书矣，则有为看书者而写作之长篇出现。两晋南北朝有一般风气，即看书多而说书少，亦即琐碎材料少而系统材料多，小说文体遂衰，以小说为业之人日减。北宋、南宋产生若干“话本”，为小说文体之复兴，其间回旋即传奇文。然唐之传奇家实为看书人而写作者，后半期乃走向说书方面，与宋代话本相接。

唐末裴铏作《传奇》一书，后人因取其名而用以概括唐代之一切传奇文。《新唐书·艺文志》称子书小说家凡三十九家，中包括笔记、诗话、考据诸项，与今日所指小说范围不类。

吾人所读先秦诸子中，各种小故事多系统传说材料，而游说之士遂取以为说理之例证。东汉以来，佛、道二教兴起，民间遂有神怪之谈，文人多所取材，此与先秦小说有别。六朝小说大抵不出三类：（1）言鬼神者，如干宝《搜神记》，均与佛道有关。（2）博闻之书，如张华《博物志》。（3）逸闻，如临川王刘义庆之《世说新语》。此数书共同点即为当代士绅茶余饭后资谈助者也。唐传奇即脱胎于此，然已由鬼神进到人事，会六朝小说三派潮流为一而以人事为中心，以自成一体，至中唐而极盛。自隋迄天宝百五十年中为第一期，可见之传奇凡三部：① 王度《古镜记》；②《补江总白猿传》；③ 张鷟《游仙窟》为长篇，国内失传已久，清末始得自日本，重新印行之。推其失传原因，一为道学家为维持风纪而有意抑藏之，二为不明白文学史之发展情形。按张文成尝官五花判事于武后朝，另撰《龙筋凤髓判》，最为流行，收入《四库全书》。《游仙窟》所记为刘阮天台一类故事，容诗甚多，且多隐语，盖为唐人行酒令所用者也。此种材料甚少，《全唐诗》末所存《酒令》《谜语》一卷，极为宝贵，《游仙窟》所载，更较全备。第二期自肃宗至代宗大历年间，凡二十年，适王室中衰，无甚名作。第三期自大历至文宗太和中，凡六十年，为唐传奇之极盛期，就其体裁可别为两大类：① 单篇——有李公佐《南柯太守传》《谢小娥传》《冯媪传》，此三篇代表六朝初唐谈神怪之风转为写人事之过渡作品，篇幅较长，文亦较工。另有陈玄祐之《离魂记》，沈既济之《枕中记》《任氏记》，犹为半人半神之故事。其他如白行简之《李娃传》《三梦记》，元稹之《莺莺传》，陈鸿之《长恨传》《东城父老传》，沈亚之之《湘中怨》《异梦录》，李朝威之《柳毅传》，蒋防之《霍小玉传》，许尧佐之《柳氏传》，李景亮之《李章武传》，薛调之《无双传》，无名氏之《冥音录》《灵应传》，杜光庭之《虬髯客传》等，此皆名作，传至今日弗衰者也。总观其特色，在文学技巧上努力想把传记文作好；内容则将主人公人格化、人情化，并包括当时之社会背景，如《冥音录》等则受佛教影响甚明。此后则有总集发生，小说变成笔记，故唐末五代产生若干笔记小说焉。② 总集有牛僧孺之《玄怪录》，李复言之《续玄怪录》，牛肃之《纪闻》，薛用弱之《集异记》，袁郊之《甘泽谣》，裴铏之《传奇》，苏鹗之《杜阳杂编》，高彦休之《唐阙史》，康骈之《剧谈录》，孙棨之《北里志》，范摅之《云溪友议》，段成式之《酉阳杂俎》，温庭筠之《干臊子》等，均为长篇之笔，一部书中包括若干长短篇小说故事。唐小说赖《太平广记》之收辑而传者甚多，惜其将整书打散，按类分编，不易以一目而见全璧耳。又一部分存原本《说郛》中，又存于《顾氏文房小说》《唐人说荟》诸书中。近人汪辟疆编《唐人小说》出版于神州国光社，鲁迅先生亦有《唐宋传奇集》之编印，均可参读。关于叙述考订者有日人盐谷温之《中国文学概论讲话》第六章第三节（开明译本），中多谬误，不及鲁迅先生《中国小说史略》第八—十章之论述精到。

传奇小说与唐乐府关系极密切。明乎此，则元白何以要作《新乐府》，白诗何以为老妪所能了解可以知之矣。盖唐代寺庙讲经，每有七字句长篇唱词，吾人可以想象当时必有以唱词为业之人，元、白特取此体裁而作乐府诗也。民众听惯七字句歌词，故于元、白诗多所了解。又如白氏作《长恨歌》，陈鸿为之作传，元氏有《莺莺传》而并有《会真诗》，即使听书与看书之材料并备，任听众随个人爱好而自由选择之也。沈亚之《湘中怨·序》云："从生韦敖，善撰乐府，故牵而广之，以应其咏。"又作《冯燕传》，司空图因有《冯燕歌》，此发生传奇原因之一。其次原因，为进士以此作行卷工具，宋赵彦卫《云麓漫钞》云："唐世举人，先藉当世显人，以姓名达之主司，然后以所业投献，谓之行卷；逾数日又投，谓之温卷。如《幽怪录》《传奇》等，皆是也。盖此等文备众体，可以见史才、诗笔、议论，至进士则多以诗为贽，今有唐诗数百种行于世者也。"以上为传奇小说发达之主要之两种原因，附带原因又有文人失志，借此以发牢骚，兼之长安地方复杂，材料丰富，足够传奇之取材。

传奇影响最大者第一为戏剧，至今犹活在民间，为宋元以来杂剧、传奇之蓝本。第二为古文家受传奇文之影响，乃产生韩柳大量小篇纪传文，此前世作家所未有者；又骈文不长于作传记，韩柳上取左史，近采传奇，合之而自成新兴文体，古文家与小说家从此不可分矣。近代翻译小说自林琴南始，此文学史背景造成者也。退之好听传奇文，张籍尝驰书相劝，凡二次，韩并有裁答，足征韩文与传奇文关系之深。第三为影响宋以后话本，传奇文之口语化，观韦瓘《周秦行纪》《无双传》，柳珵之《上清传》，往往有近于当时口语之文句，后代白话小说盖自此而扎根。第四为影响小说与戏剧形成不可分之局势。

（二）俗讲及其他俗文学

此为近四十年敦煌材料发现后产生之问题，以湘人向达研究为最精，本人所见，略有异议。

甘肃敦煌县东南三十里三危山下有莫高窟者，旧称千佛寺，光绪二十六年（公元1900年），石窟墙塌，发现抄本若干卷，道士以为可治百病而卖诸乡民，后为匈牙利人斯坦因所发现，知为唐代抄本，乃大量收买而去，今存伦敦博物馆中。后法人伯希和又收买一批，时张之洞为学部大臣，始以政府之力购买余卷，即今存于北平图书馆中之卷帙是也。

在山西、陕西、甘肃边境地区，石壁甚多，人因壁刻佛经以立庙，此印度之风尚也。今考古学家所注意者唯大同石窟寺、洛阳龙门及敦煌莫高窟等寺，实则似此佛寺，北鄙不知若干。清政府所收买号称八千卷，然多为当地人所分裂者，至抗日战争前始完成其目录。日本亦尝收购若干卷。此项文物尚有待全世界学者合作研究，方能得出系统与完整之结论。

各国学者研究卷子目的各有不同，斯坦因注意其中美术部分，伯希和注意其中佛教材料，罗振玉、王国维始注意其他问题，近人郑振铎氏对敦煌学曾极力鼓吹，然论述多粗糙，不足以为定论。向达氏游欧，对此一问题进行专攻，故俗文学至现在为止，以向氏研究为较完备而精审。现存敦煌文卷计有：（1）英人斯坦因1907年购三千至六千卷；1914年，购六百卷。（2）法人伯希和1909年购一千五百卷，数字较为可靠。（3）日人橘瑞超有《敦煌将来目录》卷帙未详；大谷光瑞所藏存旅顺关东厅博物馆，据云有八百至一千二百卷。（4）中国北平图书馆共九千八百七十一卷。此外国内私家所藏以李盛铎（木斋）、罗振玉（叔言）为有名，前者已卖与日人，后者入于伪满，北平图书馆所藏则又沦于香港矣。

写本内容可分为四类：① 80%以上为佛经，多《法华经》与《维摩诘经》；② 杂文占十分之一，俗文学即属此类；写本所标年代最早为北魏道武帝天赐三年（当晋安帝义熙二年，公元406年），正在陶渊明时代，最晚者在宋太宗至道元年（公元995年），前后将近六百年。不仅为写本，又有刻本，此中不仅有宋刻，且有唐咸通五年刻本，据此可打破中国刻本始于五代之说法。

此类写本胡为乎来？吾人推测当是北宋初，西夏元昊时为边患，陕甘边境常遭蹂躏，兵祸最烈者在宋真宗咸平五年（公元1002年），西夏入寇灵州（今灵武），乱兵直捣凉州，疑当时私人或佛院书籍因避乱而封存于此。乱定后，人多流亡，无复知者，遂逾九百年始重见天日（迄今年止发现已四十三年矣），从此国内学术界乃有所谓“敦煌学”之出现。其贡献甚伟，盖可借以校正今日佛经之误，保存残碎之残经，以及其他当时流行之文体，词之发生，亦可于此中窥见消息，前途未可量也（向达译斯坦因《西域考古记》第十三、十四章可供参考——中华版）。

文卷目录最早者有罗福苌（振玉长子）之《伦敦博物馆敦煌书目》（《国学季刊》一卷四号），较晚者有陈垣之《敦煌劫余录》（宣统二年），次有罗振玉之《敦煌零拾》七卷。今所论俗讲，吾名之曰“佛曲”（日人朝鲜史专家羽田亨作《敦煌遗书》第一集），次有刘半农之《敦煌掇琐》（木刻三卷），为专集俗文学材料者，然并不完备。最后有向达之《敦煌丛抄》（《北平图书馆刊》五卷六号、六卷二号），又有许国霖撰《敦煌石室写经题纪》及《敦煌杂录》二册（商务出版），又向达之《唐代俗讲考》（《燕京学报》第十六号），郑振铎编《世界文库》第六册有关部分，《中国文学史》上册第五、六章，向之《唐代俗讲考》又见于《北大文科研究讲演录》。

文卷中与本段文学史有关者凡二种材料：一为俗讲，一为当时小曲。

按印度僧院规矩，寺中有所谓唱赞，传至中国而有“倡导”与“转读”（可参考《高僧传》）。唐在长安及其他大都市之佛寺均有俗讲，乃为一般平民不识字者说法，插入佛教故事，又从而唱之，如今日之宣讲者然，当时谓之俗讲。此等材料，国史中较少，日僧园仁所著《入唐求法巡礼行记》（会昌初年，公元841年）说俗讲情形较详。大抵白日讲经，夜间有番赞，人来听之如今之听戏说书也。按唐人笔记考之，知俗讲极盛于唐文宗时，以此而著名者有文溆。赵璘《因话录》、段安节《乐府杂录》、卢氏《杂说》（《太平广记》卷二〇四引）均如此记载。文溆出名于长庆年间，长安士女倾动一时，每说经万人空巷，其唱调亦极动人。文宗之乐工黄米饭以文溆之唱调谱之为曲，号曰“文溆子”，今词调中犹存之。帝以其招摇，发配甚远，去而复回者三四次，居长安者凡三十余年。其后逐渐演变，俗讲不一定在寺院，主讲者亦不一定为僧徒，为后世说书弹词之起源。

以今日材料考之，知俗讲之来源甚早，开元、天宝时即有之，每篇讲文下面有“变文”字样，此“变”字遂成诉讼。向达以为乃音乐名词，余以为即“地狱变相”之“变”字，胡适有《降魔变文》藏本，其叙有云“伏维我大唐汉朝圣主开元、天宝文神武应道皇帝陛下，化越千古，圣超百王”，据此可断为天宝时之写本，时去文溆讲经尚早七十年也。最晚为《目连救母变文》（杂叙本），尾题“太平兴国二年岁在丁丑，六月五日在显德寺学士郎杨愿受一人恩，微（维）发愿作福，写尽此《目连变文》一卷”。故就题签所记变文年月考之，最早为开元天宝年间，最迟为宋太宗时代，其间相去约三百年。

俗讲常讲者有《维摩诘经》（便于居士听）、《佛本经》、《阿弥陀经》、《目连救母》。开始时，当是找带故事之经而讲之，并加渲染，其后，肃、代以还，则于中国故事中找材料作成变文，最早者为《昭君变文》，以下有《伍子胥变文》《舜子至孝变文》等，以此推之，则文溆所讲当不止于经典，必夹有中国故事于其间。文溆后五十年，俗讲不仅取中国故事说之，且说当时时事，如《张义潮变文》，此变文即歌颂张氏平定灵州之乱之功德也（僖宗时）。由此可知，变文已渐由佛经变成国货，职业说书人亦可赖此以为生，然甚为当世文人所鄙薄。王定保《唐摭言》记诗人张祜与白乐天之对话，张谓白《长恨歌》为近于《目连变》，盖寓有嘲讽之意，亦可据以解释白诗所以盛传民间之根本原因。《太平广记》引此故事均作《目连变》，下无“文”字，又唐张彦远《名画记》记“吴道子善绘地狱变”，故知“变”为神通变化之义，讲神通变化故事之底本即是“变文”。又从而绘画其形，即谓之“变相”。今小说犹称绣像全图，亦自变文、变相而来，再进一步即为连环画矣。吉师老（唐末五代时人）有《看蜀女转昭君变》诗云："妖姬未着石榴裙，自道家连锦水濆。檀口解知千载事，清词堪叹九秋文。翠眉颦处楚边月，画卷开时塞外云。说尽绮罗当日恨，昭君传意向文君。"佛家言变相不止于坏的方面，佛世界亦有变相之画，石室本画卷中复有佛故事画，经向达至伦敦考察结果，知相与文原相附和（吉诗可证），并知唐五代之际变文演变之三阶段：① 由庙寺移至街头；② 叙佛以外故事；③ 画事相应，后世章回小说之附绣像全图即变文之遗也。传奇中赵五娘画公婆相沿路弹唱作为敛资，亦有变文痕迹。向又引明人《游暹罗记》云："有持竹竿，举画幅于街头，按图而说故事。"可见在其余佛国亦有同样风尚。

变文流传既广，有学识较高之僧徒将变文写成卷数，普遍讲诵之用，向达游巴黎见一敦煌抄本为两面写者，一面为变文，另一面为俗讲仪式，附虔斋及讲《维摩诘经》仪式，大致情况如下：说俗讲时先作梵（皆四句偈，有若干种类），次念菩萨两声，再说押座（短文，即说经之源流及提纲），再为唱释经题。念佛一声，说开经（宣布开经），说庄严（形容佛堂盛况），又念佛一声，然后一一说以题字，再说经本义，说十婆罗密，念佛赞，发愿又念佛，回向发愿，取散（以此仪式为说《温室经》用者）。说完后，然后行讲《维摩诘经》仪式：先作梵，次念观音菩萨三两声，说押座，素唱经文，说经题，说开赞庄严，念佛一两声，法师科三分经文，念佛一两声，一一说其经题名字，入经说缘喻，说念佛赞，施主各发愿、回向发愿、取散。后世"三言二拍"之类小说，先说小故事一段引入正文，完全自俗讲仪式中发展而来，元曲"楔子"亦同此例。又俗讲时和尚手执戒尺，于是后世说书人遂有醒木，官厅亦有所谓惊堂木，均承乎俗讲之影响者也。

俗讲之章法，兹以《维摩诘经之押座文》为例说明如下：“顶礼上方香积世，如喜如来化相身……火宅茫茫何日休，五欲终拓死生苦，不似听经求解脱。佛修行，能不能？能者虔恭合掌着，经题名目唱将来。”《押座》一名《缘起》，《缘起》长时则第一日不能讲正经，故末云“今日为君宣此事，明朝早来听真经”，即后章回小说“且听下回分解”之作用也。《维摩诘经》所说《经变文》（《敦煌杂录》本）开始作经云“时摩王波旬……”“是时也”（讲文）所用为骈文、散文交错成篇，说时是否动听则恃说者之文学本领。后有吟唱“摩王仗队离天宫，欲恼圣人来下界……”为廿四句之七言无韵诗，后又有韵句“波旬是日出天来，乐乱清霄碧落排……”有韵而供唱者以管和之，再下又作经文，如此相同，讲完一经。后世章回小说与弹词之格式，盖全脱胎于此。

北宋时，街头说书者多将俗讲分成若干类，孟元老《东京梦华录》卷五记汴梁城东之桑家瓦子云：“且小说名银字儿，如烟粉灵怪，传奇公案，扑刀赶棒，发迹变态（泰）之事，谈古论今，如水之流。”银字儿即高管，唐已有之，必是未说书前吹管以召听众，唐代小说至此遂变为话本矣。“变态”当即指变文而言，另一种名曰“谈经”，即演说佛书，此为俗讲之嫡派。另一种名“说参讲”，讲宾主参禅悟道之事，此与俗讲禅宗有关，为对佛经之问难，由法师解答，由是演变而成者也；再变为“说相声”，内容多笑话，又有“说诨经”者，亦多幽默之谈，由是失其本义，变成流行之小说、弹词，遂自佛家分离而成独立之艺术。

梵赞及其他俗文学，有《开元皇帝赞》（《掇琐》本）、《太子赞》、《董永行孝赞》、《季布骂阵》等。《开元皇帝赞》为说玄宗之御注《孝经》，《太子赞》为说佛为太子时故事，《季布骂阵》为七言赞之始，《好住娘》与《辞娘赞》皆和声赞。又有长短句如《十恩德》为词之一种，又有《五更转》《十二时》，前者南朝梁代即已有之，均七言整齐句，篇幅不长。此外，又有散文卷子《晏子赋》《燕子赋》《开元歌》《茶酒论》等，亦传说于街头者也。

俗讲俗文学对后世文体之影响有：① 俗讲本子至北宋而变为话本，又演成词话（带说带唱）、平话（有说无唱）、弹词（唱多说少）；② 七言赞为元白“新乐府”之来源；③ 和声赞与当时《竹枝》有关；④《五更转》《十二时》演为后世词调俗曲；⑤《茶酒论》演为后世“合生话本”；⑥“老少问答”影响中晚唐诗体裁甚大，如卢仝《萧氏二三子赠答》是民间风格为诗人所借用者，香山亦有《池鹤》八绝句，晚唐皮、陆集中此体益多矣。

（三）曲子词

今说“词”，实不甚通。从其调说为“曲子”，就其本身说为“曲子词”，现分三节述之于下。

1. 关于词的起源诸旧说

词谱南宋以来逐渐亡佚，北宋慢词诸谱宋末元初亦已漫灭，为曲之势力所扫荡，故对词发生之推测颇有异说：① 以为六朝时即有之，杨升庵《词品》主此说，如梁武帝《江南弄》、僧法云《三洲歌》、隋炀帝《朝眠曲》是也。毛西河《词话》亦主此说，谓鲍明远《梅花落》、简文帝《春情》皆可为例。徐釚《词苑丛谈》亦举《江南弄》及沈约《六忆诗》为证。此派推测最靠不住，盖词发源于胡乐之后，而前此诸作与胡乐渺不相涉也。② 以为出自唐人绝句，主此说者有王灼《碧鸡漫志》、朱熹《语类》、胡仔《苕溪渔隐丛话》后集卷三十九、沈括《梦溪笔谈》、方成培《香研居词麈》、徐养源《律吕臆说》、宋翔凤《乐府余编》等。自南宋以来即有人如此主张，盖南宋时唐代大曲蜕变之小令，曲子已亡，故王灼以为可于绝句中求其痕迹，朱子则以为词句长短肇自曲子中之泛声，如南唐中主作《摊破浣溪沙》，于《浣溪沙》本词外在上、下阕各填三字以实泛声云云，此说惜不能以一人概全耳。沈括以为词发生于和声，与朱子说法相近。胡仔与王灼说相同，举《瑞鹧鸪》《渭城曲》为例，其由七言变来甚为明显。③ 近人胡适作《词的起源》（载《清华学报》二期），为近代关于词源问题态度较严整者，以为自白、刘诸作而下，迄温词以前之一段时期，词仅六七调而已，颇近绝句类型，而飞卿新创之调，只十六调传于今，故知中晚唐之间出现各词，实发源于绝句。

2. 关于词的起源的新推测

凡探求一切文学之起源有二原则可循：其一，凡文体发展自音乐出来的，探源时当自音乐入手；其二，凡文体成功一新形式时，颇难观其本来面目，吾人探源时必追寻其未完整时之旧面目而得结论，因知文体之起是多元而非单纯的。今吾人将唐到五代之词整个分析，观其不同而求其源，约可分为四类：① 本身为五七言诗，如《回波乐》《踏歌辞》《舞马辞》皆六言也；《阿那曲》本为仄声七绝，《柳枝》与《清平调》三章全为七绝；《谪仙怨》为六言双叠；

《浪淘沙》《抛球乐》亦皆七言。此一批词时代较早，远至高宗、武后、玄宗之时，晚则不过于元和、长庆年代。此为早期五、六、七言诗之入乐而变为词者也。② 将五、六、七言诗略事破体，如《调笑》《渔父》《章台柳》《忆江南》诸调是也。③ 敦煌抄本有《云谣杂曲子》，分置巴黎、伦敦二处，朱疆村去其重合而得三十首（见《疆村遗书》），持以与温词合读，可发见词调名目增多，又同一调名而字数、格式各有不同，此中自有因缘在焉。④ 疑伪之作，如玄宗《好时光》，李白《桂殿秋》《清平乐》《菩萨蛮》《忆秦娥》，吕岩《水龙吟》《沁园春》，以上数调皆超出中唐到晚唐时代一般形式之外（《好时光》例外，或为玄宗之作）。《桂殿秋》，刘禹锡之后易名为《潇湘神》，不应为太白时所有；《菩萨蛮》则太白时尚未入中国，《忆秦娥》为双叠，其事甚晚，绝不能出于开元、天宝之间，《沁园春》《水龙吟》发生于宋代，吕作当为神仙家所托言。

3. 由近人眼中所见词体的形成

对于词之文体，首先须有音乐之概念。大曲乐谱皆相连成套者也，余外有若干小曲与之平行发展，不全有套数。将唐宋人乐府调统计，知有若干有调无词之曲名。飞卿前流行小曲有廿一调，吾人可泛名之曰杂曲子，后来一部分杂曲子成为大曲之一遍，据材料统计，原为杂曲、后入大曲而有独立性者凡八调，如《抛球乐》《忆江南》等是也；一部分始终未入大曲者如《踏歌词》《花非花》《怨回纥》等是，皆独立发展者也。其雅正者为文人所利用，因得传于后世；非雅正者但流行于教坊，不登大雅之堂，遂随时代以湮没。唐开元、天宝间，大曲正式成立，多采文人已成之绝句配乐，为大曲作词者盖寡；

另一方面则有文人为杂曲子填词，当时人惯作五、六、七言诗，故适于五、六、七之调则为之填词，而不适合者则任其流行于民间，故有曲而无词。后大曲发生摘遍之习气，故一部分词名乃出自大曲之摘遍中，崔令钦《教坊记》记大曲之名三百余，今而仍为词调者凡七十余，故词调之发生若干种类，一面与大曲发生有关，另一面为民间流行之小曲衍而为词者，其数凡七八十云。此转变在元和、长庆间。然白、刘当时何以只填数调而止，盖与文人身份问题有关，不屑为歌伎填词耳。迨飞卿出，始大胆流连教坊，不顾身份，遂有若干新调之增加，实则为大胆利用民间小曲而制新词者也。此一现象之形成，不在词调之转变，而在文人身份之转变。

敦煌材料可供词发源问题之参考者凡三种：①《云谣集杂曲子》；②《舞谱》；③《曲谱》。在《云谣集杂曲子》未出现以前，人读唐五代词有一问题不得解决，即杜牧之《八六子》，钟辐子《卜算子慢》，二人皆晚唐人，形式为长调，内容为记事，似与词之由小令逐渐向长调发展之规律不合。及上书一出，总全书凡十三调，极似杜、钟之作，启示吾人在唐五代时之词体，除小令外实另有一种小曲子自成一格，兹举《云谣集》中《凤归云》为例，词云：“征夫数载，远寄他邦，去便无消息，累换星霜，月下愁听砧杵，拟塞雁成行。张眠鸾帐，枉劳梦魂夜夜飞扬。想君薄幸，更不思量。谁为传书，以表衷肠？倚牖无言，垂血泪，暗祝三光，万般无奈处，一炉香尽，又更添香。”此词不如小令精练，又不如长调之周转，当为长调早期之形式也。十三调中，有与今调相同者，唯形式则有异同，如《倾杯乐》《破阵子》《拜新月》等是，有见于大曲者，有不见于大曲者，其与词调又有异处，如《倾杯乐》柳词凡七种格式，与《云谣集》者又各不同。故温词、柳词之来源背景均可于此无文字之史料中推测得之。此类民间流行曲子，自飞卿出而有第一度之发展，耆卿出而有第二度之发展。

《舞谱》为刘半农所题名，载《敦煌掇琐》第一集，凡六调，即《浣溪沙》《遐方怨》《南方子》《南乡子》《凤归云》《双燕子》是也，一调不止一曲，当为当时舞谱。朱子《语类》云："唐人俗舞，谓之打令。余幼时闻父老言，诸老犹及见其王父辈舞俗，舞有歌词，人误以为瓦窑。"持与《舞谱》对勘，颇能相符。故知小令与杂曲或摘遍无关，唯小令之"令"字今犹不得甚解，疑为小乐器。唐代宴会，例有妓女作乐侑酒，妓从而歌之，以酒令为节奏，酒令中有谐音令，说令者曰起令，应者曰接令，如"远望渔舟不过尺八"接曰"凭栏一吐便已空喉"。尺八即箫，空喉谐为"箜篌"，后渐衍为歌词之令，打令时歌伎必为歌之，不必太长，今日本犹存此风。飞卿诸词皆酒筵间所适用者也，故为小令。五代以来，最初失传者为舞，次为曲子，北宋而小令舞亡，南宋而曲子亡，故朱子时人不得解焉。愚以为舞亡殆与棹椅有关。

《曲谱》为向达自欧洲摄影带回者，存九调二十五谱，即《西江月》《倾杯乐》《伊州》《心事子》《水鼓子》《急胡相问》《长沙女引》《撒金沙》《营富》（瀛府）是也。前三调为唐大曲，后六调不见于晚唐小令，疑晚出于北宋初年，每调有数谱，谱下注有急曲子、慢曲子之字样，皆简谱。唐以前之乐谱皆用五音十二律（朱子所传《风雅十二诗谱》为瑟谱，为中国乐谱之最古者），简谱之制当在唐以后，与胡乐同时传入，姜白石《旁谱》及张玉田《词谱》并记此事，但至今不甚了解，唯王骥德《曲律》一书较姜、张之作略近，尚有头绪可寻。自《敦煌曲谱》之出，计所用凡二十一字，可识者唯七字而已，字为：ス、七、ㄣ、一、⊥、八、V、之、几、乙、彡、十、丨、ヒ、工、ㄐ、フ、ム……[1]，可识者为：ス（六）、彡（上）、レ（句）、几（凡）、フ（工）、ム（合）、一（乙）。“句”为上车间之一音。曲旁又有板眼记号，日本宫内省中有《左舞谱》，用字颇与《曲谱》颇相近，然材料不易得，故仍无法解释。

玄宗时乐工之传习无谱，但靠耳之听习，由南卓《羯鼓录》（唐）记故事可以推知。其一记玄宗好羯鼓，当时名手曰黄幡绰，帝问有谱否，绰画二手以对，意为唯二手可靠，无谱可言。又记渔阳琵琶名手入长安寻长安名手，长安名手令其女以小豆记对方节拍，然后令其女复弹而正其失处，故知曲谱在玄宗时尚未发生。自《曲谱》迄白石《旁谱》、玉田《词源》，此期中音乐殆有大变，《旁谱》之前，《曲谱》之用不限于乐器，而其后则限于琵琶与笛而已，今日本、高丽所传之《曲谱》为篥谱，亦简字也，与琵琶谱有别。燕乐究竟为二十八调或二十五调颇有问题，宋仅用十七宫调，元用十三宫调，明南曲所用更少，今皮簧戏但用一商调，故自唐迄今，音乐变迁自复杂退至简单，可谓达乎极矣。二十八调云者，乃唐琵琶四弦，每弦翻七调者也，然唐又有五弦琵琶，则又有三十五调之可能。故日本久木尚雄以敦煌曲谱为五弦琵琶谱，极为有见。关于词之起源所知材料尽此矣。

[1] 此处不足二十一之数，因底稿如此，姑依旧录之。——编者注

韩愈、柳宗元及其古文

（一）韩柳前文风之演变概况

单就文章来说，《新唐书》所记文风之变凡三期，今而言之，可分四期：① 高祖武德初迄太宗贞观末，凡三十余年，为北朝文风之结束。② 高宗永徽初迄玄宗开元末，凡九十余年，为齐梁派之结束，古文初次抬头，四杰与吴、富均在此时期中，陈子昂、卢藏用之出，可为韩柳之先驱。③ 自天宝初迄元和、长庆间，凡八十年，自萧颖士、李华下迄韩柳，为古文之完成时期。④ 自武宗大和、开成迄唐末，凡八十年，骈文、古文两衰，杂体文及公文四六流行，故五代及北宋初文体大衰，迨欧苏振起，古文又复中兴。

古文运动本身又可分为三段落：① 萧颖士、李华迄柳冕。② 柳冕迄韩愈。③韩愈迄李翱、张籍。今分别论之于后。下先论韩柳前之古文家。

（1）萧颖士：字茂挺，南陵人，开元二十三年进士，天宝后卒，年五十二（《旧唐书》九〇、《新唐书》二〇二本传）。如更上推，当及陈子昂（伯玉），然陈之成就在诗，且无具体理论，故论唐代古文自萧始，萧出于南朝南陵萧氏，为南方人，与李华友善。

（2）李华：字遐叔，赵州赞皇人，开元二十三年进士，肃宗立，贬官，卒于家（《旧唐书》一九〇、《新唐书》二〇三本传）。为萧同年（开元二十三年及第），二人为莫逆交。就造诣言，萧实较高于李。李尝作《吊古战场文》，杂诸古文以示萧。萧谓李如用力，亦可有此作，李大叹服其眼力。

（3）独孤及：字至之，洛阳人，开元十三年（公元725年）生，大历十二年（公元777年）卒，年五十三（《新唐书》一九三本传）。为李华私淑弟子。

以上三人，彼此之间无系统之理论或主张，今但由各人集中披选出之。李华《萧颖士集序》："君谓六经之后，屈原、宋玉文甚雄健而不能经世。厥后贾谊文甚详正，近于理体……近日陈拾遗子昂文体最正……"此谓萧之提倡文体，主张实用，便于政治，古文运动盖自此发轫。独孤及《赵郡李华集序》："志非言亦不行，言非声不彰，三者相为用……自典谟缺，雅颂寝……作者往往先文字，后比兴……其结果……枝叶对比，文不足言，言不足志……公之体本于王道，大抵以五经为泉源。"此遐叔之主张文学当有内容也。梁肃《毗陵集后序》："初公视肃以友，肃仰公犹师，每申话言，必先道德而后文学，且曰后世虽有作者，六籍其不可几矣。"此论较萧、李更进一层，由文学之内容说到作家之修养矣，是为古文运动之萌芽，迄乎元结、柳冕，此风益张，而风靡于当代也。

（4）元结：字次山，河南人，天宝十三年进士（公元754年），生大历七年（公元772年）卒（《新唐书》一四三本传）[1]。此公亦无具体理论，然尝作《舂陵行》，少陵之《三吏》《三别》盖受其启示者也。唐诗之社会描写，此风自次山开之。又尝作《贼退后示官吏》、《五规》（出、处、对、心、时）、《二恶》（圆、曲）。有次山而后有少陵之社会诗，有少陵而后有香山之《新乐府》，次山无师承，无弟子，然

[1] 《新唐书》此处记载有误，已据今人考订成果修改。——编者注

其影响则有不可阻者焉。

（5）梁肃：字敬之，一字宽之，世居陆浑，贞元末卒，年四十一（《新唐书》二二二本传）。崔恭《唐右补阙梁肃文集序》：“大约公之习尚敦古风，阅传记，硁硁然导于人以为常。”古文运动之于“阅传记”极有关系，盖古文家重道德，必读古人传记以为养性之资，是以作传记为古文之长，其能制胜骈文者以此，后世古文家必作传记，其风自肃始。而大放厥词，立古文之主张者，当推柳冕。

（6）柳冕：字敬叔，蒲州河东人，约卒于贞元末（《旧唐书》四〇附《柳登传》、《新唐书》一三二附《柳芳传》）。与友人论文书最多，《与徐给事论文书》：“文章本于教化，形于治乱，系于国风，故在君子之心为志，形君子之言为文，论君子之道为教。”《答荆南裴尚书论文书》：“在心为志，发言为诗谓之文，兼三才而名之曰儒，儒之用文之谓也，言而不能为，君子耻之。夫君子之儒，必有其道，有其道必有其文，道不及文则德胜，文不知道则气衰，文多道寡，斯为艺矣。”其他论述见《与权德舆书》《答杨中丞论文书》《谢杜相公论房杜二相书》《与滑州卢大夫论文书》等篇。文以载道之说盖自冕始。《与滑州卢大夫论文书》：“夫文生于情，情生于哀乐，哀乐生于治乱。故君子感哀乐而为文章，以知治乱之本。屈宋以降，则感哀乐而亡雅正，魏晋以还，则感哀乐而无风教，宋齐以下，则感物色而亡兴致。”此论为较前此诸人进步多矣。退之以前，冕为大家，惜其作不及退之，故为世所忘忽耳，然冕实集前此文论之大成者也。故退之能“文起八代之衰”，诸公开路之功殆不可磨灭也。

（二）韩柳古文之理论与成就

（1）韩愈：生大历三年（公元768年），卒长庆四年（公元824年），年五十七（《旧唐书》一六〇、《新唐书》一七六本传）。其与前辈作家之师承关系，有以下脉络可寻：① 少为萧颖士子存所知；② 尝从独孤及、梁肃之门人游；③ 李华、宗子翰每称道之；④ 李观亦华族子，与愈同举进士，且相友善。

退之古文渊源，实自萧李而出，故立论犹有同乎诸前辈者，如《答李秀才书》："愈之所志于古者，不唯其辞之好，好其道焉耳。"《送孟东野序》："人之为言也亦然，有不得已而后言，其歌也有思，其哭也有怀。"皆是也。其独到之处，在论作家个人修养之言，真是前无古人，后无来者。如《答尉迟生书》："夫所谓文者，必有诸其中，是故君子慎其实。实之美恶，其发也不掩，本深而末茂，实大而声宏，行峻而言厉，心醇而气和，昭晰者无疑，优游者有余，体不备不可以为成人，辞不足不可以为成文。"此数语源于《大学》"诚中形外""君子慎独"之警句，及陆机《文赋》论体性之言，合而铸之，遂成笃论。《答李翊书》："始者非三代两汉之书不敢观，非圣人之志不敢存……如是者亦有年，犹不改，然后识古书之正伪，与虽正而不至焉者，昭昭然黑白分矣。""气，水也；言，浮物也，水大而物之浮者大小皆浮。气之与言犹是也。气盛则言之短长与声之高下者皆宜。"其论文以气为主，与魏文不同。魏文所谓气，乃作者之性灵，《文心雕龙》所谓体性是也；韩之谓气，即孟子所谓"浩然正气"。唐人作文好重言之短长、声之高下，退之欲破此拘束，乃主以气涵之，其源来自《孟子·养气》章。孟子以志、气、体三者并列，称“持其志勿暴其气”。以火车喻之，其全部为列车之体，其车头气也，犹今之言生命力，司机则志也。人能以心指挥其生命力，以作种种活动，故人须守其志，勿使生命力妄动也。此孟子二种修养功夫，不能使气本能地动，故须养其气，使之从志而塞乎天地之间。入手方法在“集义”，义源于是非之心，日行一义，渐减愧怍，至于理直，理直而气壮，气壮则生死利害在所不计，乃能“富贵不能淫，贫贱不能移，威武不能屈”也。能“集义”便能“知言”，此道自孟子而后不得其传，退之有志继之，遂创此“养气为文”之理论。由此而知言，而能辩古文之真伪与虽正而不至焉者，下开宋之理学，故古文家与理学家之相连，退之实开其宗，而后世之论道统者，亦必及之。韩氏若干笔札论议，多用两扇对举之法，此学自孟子者也。《答崔立之书》尤酷似孟子，所作《原道》《原毁》正属于此系统，此韩文之一面。

唐代因科举之故，人多不愿讲师承，韩为古文取法孔孟，故力倡师承，作《师说》以申之，此韩文之又一面。又古文家重视传记，故韩喜为人作墓志，亦偶作游戏文字以为应酬，退之《送穷文》《进学解》诸作，是渊源自两汉者也。此外，随当时求仕之风而有《上宰相书》，因持道统以卫道为己任而有《谏迎佛骨表》，子厚较之，相去远矣。

然韩之立身与文风亦颇为当时士子所非议，兹举其一二诤友之言论以为例。① 裴度《寄李翱书》：“文人之异在气格之高下，思致之浅深，不在磔裂章句、隳废声韵也。……（昌黎韩愈）恃其绝足，往往奔放，不以文立制，而以文为戏，可矣乎？可矣乎？今之作者，不及则已，及之者，当大为防焉耳。”此书可代表当时一般人对韩之评语。② 张籍《上韩昌黎书》：“比见执事多尚驳杂无实之学，使人陈之于前以为观，此有以累于盛德。”“且执事言论文章不谬于古文，今之所为或有不出于世之守常者。此亦未为得。”又《与昌黎第二书》：“君子发言举足，不远于礼，未尝闻以驳杂无实之说为戏也。执事每见其说，亦拊抃呼笑，是挠气害性，不得其正矣。”由以上引文观之，可见当时人士亦有不甚以韩为然者，故退之人格不甚统一，态度较孟子为逊，其性格为多方面而不能调和，故研究之颇为困难。

（2）柳宗元：生大历八年（公元773年），卒元和四年（公元809年）[1]，年四十九（《旧唐书》一六〇、《新唐书》一六八本传）。

性格与行事均与韩愈不同。韩心灵幼稚，意志不坚。柳则反是，故对韩有轻视意。就文学成就言，韩自过之；而就文学功夫言，则又远过于韩，惜滞于萧李阶段而未进耳。《答崔黯秀才书》：“然圣人之言，期以明道，学者务求实道而遗其词。”《报袁君陈秀才避师名书》：“大都文以行为本，在先诚其中，其外者当先读六经，次《论语》，孟轲书皆经言，《左氏》《国语》；庄周、屈原之言，稍采取之，穀梁子、太史公甚峻洁，可以出入，其余书俟文成异日讨也，其归在不出孔子。”其自道写作之言有《答韦中立论师道书》：“故吾尝为文章，未尝敢以轻心掉之，惧其剽而不流也；未尝敢以怠心易之，惧其弛而不严也……此所以羽翼夫道也。”“本之《书》以求其质……此吾所以取道之原也。”“参之《穀梁》以厉其气……此

[1] 此处为“元和十四年”之误。下文“年四十九”亦误，应为“年四十六”。——编者注

吾所以旁推交通而为之文。”此明柳之功夫在外，非若韩之在内也。故柳文与性格可分为二，而韩则合而不可分，曾国藩尝以韩文为阳刚，柳文为阴柔。二人者尝有匹敌之意，势均力敌。韩文高于柳者在读书录与《原道》诸篇，而柳之高于韩者为永州山水诸记。柳用心极深，韩则重感情近于自然，乘兴而动。柳以神经衰弱而终，韩则以好酒血压高而卒。总论二人成就，韩固过于柳也。

（三）略论韩门诸弟子

（1）李翱：字习之，《旧唐书》一六〇、《新唐书》一七七本传。

李氏文学主张，见于《答王载言书》，较韩柳为琐碎，其最大成就，在《复性书》三篇，乃受韩《原道》之启示而作，其友陆参（公佐）极力鼓励之，以发扬韩文《原道》之系统，此北宋理学家之来源。盖李以孟子为主，加上《中庸》而论人之修养，以复其性，遂发展为周濂溪之《太极图说》及二程所倡之道学。

（2）皇甫湜：字持正，睦州新安人，《新唐书》一六〇[1]本传。有关著作有：《答李生第一书》《第二书》《第三书》《谕业》。

韩门中李习之为别派，盖韩之直接影响，在北宋欧、苏、曾、王诸人之古文运动，而习之则影响程朱之理学派矣。故其真正承古文衣钵者为皇甫氏，然较昌黎则远逊之，渠以为韩之作风奇特并非可诟病者（《答李生书》），聊以非奇特不足以惊世骇俗，是以愈奇愈可宝

[1] 应为《新唐书》一七六。——编者注

贵，《喻业》[1]一篇即其整个理论，然仍是昌黎一套法宝，无可珍视之创造。

（3）来择：字无择，为皇甫持正弟子，存文无多。其弟子为孙樵，字可之，著有《与友人论文书》《与贾希逸书》《与王霖秀才书》。韩文四传至孙樵而衰，盖已逮晚唐时期，时代风气已变故也。

（4）处韩柳之师友间者四人——① 李观，字元宾，李华从子，《新唐书》二〇二本传。韩尝为撰墓志，早死，成就小。② 李汉，字南纪，《旧唐书》二七本传，为退之同年进士，以兄子妻之，成就不大。③ 张籍，字文昌，《新唐书》一七〇本传，当时声名极大，然成就在新乐府。④ 沈亚之：字下贤，吴兴人，事见《唐才子传》，文有《送韩静略序》《答学文僧请益书》。与张文昌同隶元白旗帜下，后世多重其传奇之作，当时韩有《圬者王承福传》，柳有《种树郭橐驼传》，香山作《长恨歌》，陈鸿作《长恨传》，介乎其间者，即沈亚之传奇作也。

（5）樊宗师：字绍述，河中宝鼎人，《新唐书》一五九附《樊泽传》。所作有《绛守居园池记》（孙之騄注本），文曰："绛即东雍，为守理所，禀参实沉分，气蓄两河润，有陶唐冀，遗风余思，晋韩魏之相剥剖，世说总其土田土人，令无硗杂扰，宜得地形胜，泻水施法，岂新田又丛猥不可居，州地或自有兴废，人因得附为奢俭，为守政致平理与，益侈心耗物害时与（下略）。"此为极怪之文字，古人罕有能解之者。清人孙之騄为之作注，其文故意不用通行之文法，

[1] 即上文的《谕业》。——编者注

如不标点，句法皆极成问题，而退之为作墓志，极称道之，亦专好险怪之同嗜者也。

（6）权德舆：字载之，为韩门中较守旧者，文颇典重，掌制诰。

（7）李德裕：字文饶，有《穷愁志》中之文章论，为古文家而有理论者之最后一人。其家三世不准置《文选》，可见壁垒之森严，为唐代古文家之殿军。

附：晚唐文作者

（1）令狐楚：字悫士，为走初盛唐制诰之路。

（2）皮日休与陆龟蒙：二人不应称古文家，乃写笔记式的散文，皮著《皮子文薮》（古文末路），陆有《天随子》。

（3）三十六体：温庭筠、李商隐、段成式均排行十六，同工四六文，故名“三十六体”。

（4）陆贽：字敬舆，撰有《宣公奏议》，为骈文不甚华丽，将个人政治主张全入文章之内，为经济之大文字，德宗之平内乱，人多归功于《宣公奏议》。盖其情韵深厚，足以动人，故章学诚氏谓：“有唐可读者凡三部：于典章有《通典》，于史学有《史通》，于文章有《宣公奏议》。”信然。

白居易、元微之及其新乐府

（一）中唐诗风之易辙

盛唐诗自下看为中、晚唐诗之泉源，自上看为南北朝初唐诗之总汇，盛唐诸公各有独到之处，至大历十才子为强弩之末，乃不能不有所变，其变凡三路可循：

1. 复古派：如元结《二风诗》《补乐府》，顾况《上古之什》等。《二风诗》为学《诗经》者，《补乐府》乃学汉乐府风格，工部“三吏”“三别”、《兵车行》即学此派。顾《上古之什》为全学《诗经》者，此风自宋下迄明代一系不断，时有拟作。

2. 险怪派：重要者凡三人，即卢仝（有《月蚀诗》）、李贺、马异是也。三人同学楚辞意境，故意迷离其词，富于辞藻，其中以李才气最大，似《九歌》《九辩》，卢、马则似《天问》，均不肯着实，不写现实生活，各骋其想象以相高。退之即属此派，然不能概其全。

3. 琐细派：有李益、司空曙、夏侯审、孟郊、贾岛诸人。此派愈作而愈琐细，愈不关大体矣。唯昌黎能包三派之长而自成风格，此所以为大家。其《元和圣德诗》（复古派）、《月蚀诗效玉川子》（险怪派）、《游城南诗》十六首（琐细派）为三派作风之突出表现，其独到之造诣，则见于《秋怀诗》《县斋有怀》《寄张籍》诸作。《秋怀诗》效陈子昂而用盛唐笔调，虽工部亦无此风格，影响宋人最大，盖已打破盛唐氛围，有散文之文法与气势，大为王荆公所推重。此派人亦无具体之理论。

（二）白居易与元稹

白居易、元稹、刘禹锡、李绅四人可列为一派，而以李之行辈较晚。四人共同努力于接近民间，而各人道路不同，如元、白找民间材料而以民间流行七言体写之，刘则自湘、桂诸地采“竹枝”而作诗。元、白理论，在白氏《与元九书》中，此为唐代诗歌理论之重要文献。前此虽有诗论，然多琐碎而无系统，其根本理论为：诗歌当有为而作，当为时代而歌唱。自二人同年登第后，即相约共同发扬此目的，至于终身而不懈，具有一贯之主张，此新乐府之所由产生也。似此以理论指导创作实践写作方法，诚前此大家所未有也。白成《新乐府》五十首，元亦以同样题材与形式写之。前此数年，乐天先发表其《长恨歌》，盛行一时，晚年悔之，后二年为拾遗，乃开始《新乐府》写作。此类诗篇为史诗性质，乃按实境描写，少写理想，技巧之进步较《长恨歌》未远，但描写现实则为内容之一大跃进，而唐代当时之社会背景遂因此而得较真实详细之记载。元白诗当时广播四宇，高丽、日本靡不有之。二人作风特点是理论与作风并重，且为有计划之写作也。

张、李亦有意走元白之路，然成就不及元白，殆为素养与天资所限耳。李有白之柔和而力不及，张笔虽刚而不开阔，故可传者少。刘禹锡根本不作新乐府，而自作《竹枝》，白亦尝效之，然卒不及。

此派趋向民间，无异走上复古之路，然绝不取险怪而集琐细派之大成，其成就凡四点：① 长篇诗，如《长恨歌》《连昌宫词》《琵琶行》《江南遇天宝叟》等。初唐七古多抒情作，至盛唐唯工部、嘉州、太白能之，然数量不多，元白可谓极其盛矣，影响后世之弹词。② 新乐府，此对古乐府和唐乐府而言，古乐府不能更动其调名，唐乐府为唐所新创调名，非诗名而为乐名，元白之乐府则由诗中取题，不守乐府规律，其弊在使后世作曲家忘却乐府诗之与音乐有关。③ 成数诗，即同时作若干首，一直连下，前此之成数诗乃陆续作成，集而题之，与元白所作不同，如白之《有乌二十章》，元之

《有酒十章》[1]，开晚唐、北宋极坏风气，以此为消遣斗胜之工具，注重技巧之花样，而内容不复问矣，晚唐诗人皮陆二家，即其代表。④ 小诗，如白之《昼卧》《夜坐》《村居》《晚寒》，元之《桐花》《雉媒》《苦雨》《说剑》，此由琐细派而来，然已有进步，盖琐细派之作意境，对象极小，而元白之作乃加入个人想象，其中即加入画景，为偶然兴到之作，篇幅似词而意境似小品文，离画近而离音乐远矣。

附：元白以后、杜李之前一段时间中之作者

（1）李德裕：为回忆派之代表。

（2）徐凝：自琐细派来，缺乏气象，盛唐诗可爱在此。

（3）施肩吾：在求清新，其弊在欠典重。以上三人均不成家。

（4）姚合：有志于诗，刻意学杜，诗之数量较多，工力亦盛，然诗题材为多方面，失之枯干不润。

此数人诗多，当时亦负盛名，然不能成派。此期间诗人共同毛病在缺乏感兴。唐诗人中重感兴者，唯陈子昂、杜子美、李太白三家。三家不作诗时似空空而无所思，一遇刺激，即援笔直书，不稍等待，故老杜尝称“清新”二字。而此期中之作者作诗，皆为回忆之作，自无清新可言，沉淀后捞回之物，其力固不足也。

[1] 《有乌二十章》为《有鸟二十章》之误。《有鸟二十章》与《有酒十章》皆为元稹之作。——编者注

晚唐五代文学及其文艺论

（节选）

/ 罗 庸 /

晚唐的诗人与词人

（一）杜牧与李商隐

晚唐诗为历史三种潮流之结果：① 盛唐完成之律诗，至晚唐花样业已变尽，无法翻新。而遵循旧套，故晚唐诗人律体极多，运用旧套词彩，摇笔即来，极少古诗，形成滥调，感人不深，律诗之五六一联皆千篇一律。② 词彩极美，此受词之影响者也。晚唐词在文人手中虽较少，而教坊中却极普遍。③ 元白之后，人多喜以俗语入诗，较近自然，而晚唐尤盛，故诗中多用白话土语，成为晚唐诗特色之一。后世戏台之压场词常用晚唐诗，盖取其通俗耳，然为趣味高雅者所不取。诗中大病，厥在缺乏感兴，此风至晚唐而益盛，故可观之作品甚少。能跳出此潮流者，当时便称大家。杜牧、李商隐、温庭筠即鹤立鸡群者也，然亦各有所本。

杜牧为纯白派，而加以张籍；李商隐为杜派，而加以韩愈。牧之与香山不同处在笔力刚健，绝律迥与香山不同，七古如《杜秋娘》《张好好》纯为元白笔调，加上张籍，别成一格。绝律有清刚蕴藉之致，白诗有老年人风流自赏之慨，而小杜之诗则具壮年人之情味。晚唐人诗意态之好，牧之应推独步。义山七律全学工部，晚年之作，变化极多（全唐诗人律诗变化最多者应推工部与义山二人），古诗则师退之，退之每以作文之法为古诗，喜发议论，义山《韩碑》之作即是昌黎面目。综其成就，以律为最工，故应属于杜派。樊川于晚唐无兴会中独具兴会，义山于圆熟之中而避熟就生，故均能卓然自立焉。

（二）温庭筠与韦庄

下举四人，身份与环境各有不同，故成就与作风亦殊异。樊川居微官无多委曲，故诗较清畅；义山居令狐绹门下，不得畅所欲言，乃不能不隐讳其词，作《无题》诗以喻意；飞卿为社会之流浪人，无身世之感慨与特殊之身价，故不得与李诗并论；韦庄则为亡国王孙，心多感喟，相蜀恒郁郁以没世，此与飞卿处境又自不同，故读其词不得以读温作之眼光剖析之。故就身份与作品关系言，杜温为一派，李韦又是一派；然杜李均以诗名，温韦则词名过于诗，此又不同。温诗出于施肩吾，盖师乎元白而加以流利轻巧，无樊川之清刚与蕴藉，轻巧玲珑而已，其词则独步晚唐矣。初，文人与教坊不甚沟通，不肯降低身份为教坊填词，而飞卿肯贸然为之，遂得意外成功，一如鲍明远之采用民间乐歌而卓然成家。从此，晚唐五代词乃投入文人怀抱。韦庄早年抱负极大，不肯降低身份，故早年所作诗词极为少见，其所作《秦妇吟》名噪一时，晚年悔之，不愿流传，禁写幛子，故遭遗佚，迨敦煌写本出现，又复流播人间。此作风格出自元白，然不复铺陈词彩，字字写实，上追老杜之“三吏”“三别”。盖寓蜀以后，王建自立，强藩跋扈，文人不敢声张，故隐讳其词以寓故国之思，而诗词风格遂与众迥异。综观四人中，以格调言之，韦最高，杜次之，义山又次之，飞卿最下，风云月露而已。

（三）其他诗人

皮日休与陆龟蒙为晚唐特殊人物。晚唐人诗文重形式，甚至连生活亦重形式，皮、陆二人其尤者也。元、白二人曾无意开倡和之路，皮、陆有意学之，而根本未能学像。盖元白之心重在生民社会，而皮陆则相约为江湖隐者，倡和之作不仿新乐府，但仿元白成套之小题诗作，故使人读其诗有无可如何之感，成不上不下之局面，二家终身致力于此，收获极少，至为可惜。其他可称者有司空图、杜荀鹤、罗隐、徐夤四家，可以“琐碎”二字概括其作风，无大题目与大感慨。司空图以《诗品》一作为最大成就。杜荀鹤当时影响甚大，作品数量亦多，然皆千篇一律，格式不出五六种，无甚可称。罗隐为江东三罗（虬、邺）之一，笔力甚弱。徐夤诗风格与荀鹤相近，以年高人从之学诗而有名。

研究晚唐诗人可走二新路：① 以五代词之内容与晚唐诗比较；② 晚唐多白话诗，遂为民间艺术所采用，可于北宋及金元话本中求其生命流传之所及。

五代词人

通常称五代词，概念极为笼统，实际言之，应以地理分之。自中唐而后，中央势衰，藩镇崛起，中央文化因而四溢，往往散裂于诸藩之幕府中，文学风格亦随环境而呈不同之面目。五代词以地区言可分为四区，即二蜀、南唐、晋与荆南是也。

（一）二蜀荆南与《花间集》

自隋以来，南北文化即有不同之色彩面目。经唐三百年之陶冶，长江下游以金陵为中心之文艺，仍未因统一而生显著之变化。唐代长安有变乱时，有二路可走，其一西走剑门以入蜀，其二南走荆州，绝不肯东下以至金陵，盖文化不同之故。及黄巢、朱温之乱，乃将整个文化中心打破，因而分存于各地。其一为二蜀，以成都为中心继续发展，其地去长安较近，故直承晚唐文化正统；其次为荆南，其地土风诗势力极大，避难者至此，与地方色彩相结合，形成长江上游之文学风格。至于以金陵为中心之文学面貌，自又与长江上游者异。北宋统一以后，文化承继乃取自金陵，如南唐澄心堂纸之移入开封，即是一例。

以词人之数量言，二蜀作家最多，前蜀八人，后蜀五人。前蜀计有韦庄（端己）、薛昭蕴、牛峤（松卿）、毛文锡、李珣（德润）、牛希济、尹鹗、魏承班。韦词存五十三首，内容可分三类：一为应酬之作，如《喜莺迁》之贺及第是；次为近于飞卿之教坊词；三为以诗之寓意寄托入词，用抒个人怀抱，此为特色，文人之大量填词虽始于飞卿，而境界增高则自韦发端，然韦仍属花间派之词人。薛词存十余阕，此时人填词，内容与词调相合，当为晚唐之一般格式。松卿存词二十七首，格近飞卿，而质较低。希济近薛，初官于蜀，后入仕南唐，并具两地风格。毛词较二牛教坊气少。李先世为波斯人，故当时称波斯胡，存词五十余首，近荆南风格，多写土风。魏、尹二家无甚可称。《花间集》选词以前蜀作家最多，乃代表以成都为中心之文学风格。后蜀词人计有：顾敻，鹿虔扆、欧阳炯、阎选、毛熙震。顾在后蜀为特殊作家，每思推陈出新，改良词体，自小巧处入，故二蜀词人以巧思见称者，当推顾为第一。鹿词存者不多。欧阳为蜀人，存词四十八首，内容甚杂。毛亦尝官于南唐，喜填大曲之摘遍。阎存词六首，无特点可言。

荆南词人足称者唯孙光宪（孟文）一人，晋则仅和凝（成绩）而已。孙为蜀人，官于荆南，北宋初犹在，其词风近刘梦得之诗，盖采土风“竹枝”以入词调，变教坊词为荆南之土风，开词之新境界。和凝，山东人，为五代元老，当仕时人号“曲子相公”，足见其好词之癖，今存词二十四首，专为教坊而作，词格极低，故可传者有限。

（二）冯延巳与南唐二主

冯延巳（音嗣），字正中，广陵人，为南唐太子（中主璟）太傅。南唐迄北宋初之小令，自冯开山。南唐词风不同于花间者，在完全脱离教坊成为文人抒情之工具，使词之重心全变；加之南唐文风极盛，使作者心情不致低落，故能超出晚唐风格。词至正中，遂由写事转到写情，由对外转到向内之局势，晚唐及二蜀词之渣滓，及此尽去，故正中之出，为词划一新的时代：由情浅而转深，内容由浊转清，由力弱转为强健。故云：自二蜀而上，唐也；南唐而下，宋也。正中实为唐宋词分野转捩之人。

南唐二主中，中主天才逊于后主，然工力极深。中主璟，字伯玉，年龄小正中十余岁，君臣相见，好谈文学，故人疑南唐词之风格主要受正中之影响。中主词向情深处发展，境界较为凄婉。有中主、正中之倡导培养，然后乃有后主在词方面之成就，此境遇与天才配合之所致也。后主字重光，其词之发展变迁凡三期，今流传极盛者为晚期作品，特分期论之如次：第一期为自学词迄与大小周后婚爱阶段，现阶段，此后主生活最优裕时期，本期词风，近于二蜀；第二期为宋太祖即位，开始压迫南唐，改帝为主，上表称臣阶段，其八弟重善朝宋被拘留，国势日蹙，后主悲哀自此始，词风深化，然犹未极其深广，造乎绝境；第三期自为囚于宋，至服药酒中毒死止，年四十二岁，今所传诵诸词，即此最后三四年中之作，风格最为成熟，乃完成正中、中主培养之词风，内容则推一己之悲哀及于大我人类，推一代之同情及于千古同情，又因笃信佛教之故，心胸自然开阔，加以亡国之悲运，遂成其造诣绝伦之独特风格。唯其人之风貌与词境不合。

晚唐五代的文艺论

欲以《文赋》或《文心雕龙》为标准求文艺论于唐代，则徒见其支离散落而已。关于诗论，以白氏《与元九书》、元氏《杜少陵先生墓志》（《唐检校工部员外郎杜君墓志铭》）二文为力作，余无足观。至宋乃有大量诗话之产生，代替诗的理论大宗，然均杂乱琐碎，此风实自唐人开之。唐人论诗较有系统者凡二书，一为释皎然之《杼山诗式》。皎然为诗人谢灵运十世孙，秉其家风而发扬之，为宋人诗话之来源，其书内容大致分为二部：一为作诗理论，论诗格、诗调及写作方法；一为批评前人作品，最重要者为以单字形容诗之格调，开司空图《诗品》之先河，后世以意境辩诗自此始。其辩诗体十九字为：高、逸、贞、忠、节、志、气、情、思、德、诫、闲、达、悲、怨、意、力、静、远。为唐诗发展三百年之总结，颇似《文心》之《体性篇》。主张人顺择其近于己意者而进行创作，至司空图乃完成此一理论。其次为《诗品》，此司空图（表圣，虞乡人）受《杼山诗式》影响而撰作者也，其书分二十四品，第一境界以二字标名，每首意境均以相近之笔调阐发之，此影响后人作诗论崇尚意境的风气。

附论一：刘知幾《史通》

刘子玄生高宗、武后之朝，其书成于景隆四年，组织之完整，可谓空前绝后，渊源来自范蔚宗《后汉书·自叙》与刘彦和《文心雕龙》。唐初大量修史之风气极盛，在此环境中，乃培养其终身致力于史论、史法方面的研究，自古文家作史之风起，其先决条件必须懂史法与史体，子玄之作，与有功焉。然此书在当时影响甚少，至北宋欧阳公与宋子京修史，相与论列，颇近《史通》风格，于以觇其对古文家修史之影响。此书前五卷于文章无甚相关，以下数卷则颇有帮助，在《内篇》中，如《言语》《浮词》《叙事》《直书》《曲笔》《模拟》诸篇，对宋以后古文影响极为重要，与韩柳之论异矣。《外篇》中有《占烦》篇，实来自《内篇·烦省》者，故欲看宋以后之文学理论，必自此入手。唐人不敢倡言《史通》者，盖其中有《疑古》《惑经》二篇，此学自《论衡》之《问孔》《非韩》《刺孟》者，其时定儒为一尊，故人不敢和之，亦理之宜；然宋人对古书之抱怀疑态度，似又不能与子玄之书无关也。

附论二：日本空海《文镜秘府论》

此书成于日本，在中国不甚流传，近代日本学者铃木虎雄作《中国文艺论》尝略引之，乃为国人所注意，乃有汉译本之出现。在唐武宗、文宗时代，日本曾派学问僧入唐，唐文化之输入日本，此辈实为功臣。空海卒于文宗大和九年，居唐者凡十余载。密宗盛行后，国人称之为遍照金刚，日本尊之为弘法大师。其对日本功绩凡三：（1）传密教入日本，至今不衰；（2）日本原无假名，读书全为汉文，无文字代表其本国语言，时印度梵文拼音传入中土，空海乃采汉字偏旁，以梵文拼音方法，参照日本方言而创造假名，为日本有文字之始；（3）采唐代种种文艺形式理论，集而成书，凡六卷，即《文镜秘府》是也。凡在历史潮流进行中所选择保存者，必为当时较高之成就，而一般流行于社会间价值不甚高之文物，往往遭受淘汰，而空海书中所收却属于后一类者，即保留了唐代一般通行之文籍，今中土欲知究竟，反不能不借光于东瀛矣。其书分天、地、东、西、南、北六卷，内容大要如次：（1）天卷有调四声谱、调声、用声法式、八种韵、四声论，在唐代流传之琐细文物，于此可见一斑。（2）地卷有《论体势》等，分十七势、十四例、十体、六义、八阶、六志、九章，内容较为琐碎。（3）东卷有《论对》，分二十九种，笔札七种，言例，我国后世声律启蒙书之所从来也。（4）西卷有《论病》，分文二十八种病，文笔十病，得失二部分，由此见出唐律诗及四六完成所受社会流行俗论之影响。（5）南卷有《论文》，意者为今诗韵卷中所列《词林典掖》之类所渊源。（6）北卷有《论对属》（指文章）、《句端》《帝德录》《叙功业》《叙礼乐》《叙政纪恩德》，均应酬文之格式，当是唐代士子应试之《兔园册子》之类。

治文学史须注意二事：（1）注意某时代中文人必读之书本；（2）注意某时代流行之陋书，如梁萧统之《十二锦》，即供案牍运词参考之用者也，连珠体即源于此。又如北魏好刻墓志，往往千篇一律，当时必有俗书墓志格式，人死后文人为之依样画葫芦而写成之耳。

附论三：唐代佛教在文学史上的影响

1. 译经、造论及纪行

中国佛教自东晋迄唐代有两大译经事件，一为姚秦之鸠摩罗什所主持，一为唐初玄奘所领导。就文体言，姚秦以前为另一风格，如《弘明集》诸作，乃尽力使佛经中国化，迁就国情，使国人读之不致刺目。鸠摩罗什来华后，则一反前此态度，力求合乎原义，不复迁就国人，观《高僧传》中记述译经之事，可知其谨严态度。至唐代，玄奘亲入印度者若许年，归而重译佛经，谓之新译，而称前者为旧译。新译经之妙，在一方面不失梵文原意，一方面又能合乎国情，译经至此，遂登峰造极矣。在姚秦李唐时代，均设有译经场，内分为若干组，每组多则七人，少则五人，其中一人为译主，其余各司一职，如证义、证文、笔受、润文等。姚秦时代译主多为外国人，润文者必为汉文名家。玄奘译经时，润文者即太宗十八学士。译经程序为：译主念一句，译术照原文直译（如梵文之动词在后，译时亦放动词于后），笔受直书之，证义乃按汉文调整之，再问译主，译主点头，然后交润文者进行加工。此种经文，按理当能影响中国人之持论谨严茂密，然当时所能接受者唯俗讲而已，能得其精华者亦仅玄奘弟子窥基与圆测二人耳。其未能发生普遍影响者，殆未能与儒家经典打成一片有关。计玄奘译经共七十五部，一千三百三十五卷，一千三百多万言。

中国古代人不多作游记，记行文每用赋体，晋法显入印度始有《佛国记》之作。玄奘西游归来，作《大唐西域记》，记述沿途地理、山川、风物、民情甚详，为中国游记开山之作。故在《徐霞客游记》出现以前，在家人所作游记，罕有超出于和尚者也。

2. 禅宗语录

此种文体，影响晚唐及宋代文学甚大。佛教入国，原走北路，至梁武帝时，菩提达摩乘舟至广州。后入金陵谒帝，为佛教之别派，重顿悟功夫，不甚投机，乃北走嵩山少林寺，面壁九年，后传至慧能而成佛教南宗。其宗风为打破一切束缚，为求传道普遍而用白话说法。记录时亦直书口语，遂成白话语录之新文体。今所见《景德传灯录》《五灯会元》诸书，即当时所流传者也。流播既广，遂影响文人写作，以白话记其理论，宋代理学家师弟问答实因袭此种新文体，而后代之白话小说，盖亦肇源于此。故禅宗对近代中国文学之贡献实有不可磨之功德焉。

3. 诗僧与僧诗

最早为王梵志，以白话说佛理，即偈是也。传至中晚唐而有寒山、拾得之诗，皆近于白话之韵语。晚唐会稽有二清（清江、清昼）者亦以诗名。五代有贯休、齐已，其诗面目与文人之作相等，已不同于佛家之偈。

/第四章/

浦江清讲宋元文学

宋初的诗文革新运动

在中唐时期，韩愈提倡古文，变革南北朝以来讲求声调对偶的近于俳谐的骈文，主张规模古代典籍，读先秦两汉之书，向儒家经典、先秦诸子、贾谊、司马迁、扬雄学习，树立起古文的旗帜。这一方面是复古主义，另一方面是文体的革新运动，所谓“文起八代之衰”。支持韩愈古文主张者，有柳宗元、李翱、张籍等。

骈文需要对偶，出言必双；又要辞藻华丽，援引典故，不易写作。我们并不否认写骈文的也有大作家，但是一般的骈文是庸俗的，有辞藻而无思想，堆砌典故，空洞无物，成为唯美主义的、形式主义的文体。安史之乱之后，中国社会各阶层发生了大波动，贵族门阀阶级渐趋没落，新兴的地主阶级起来。随着隋唐科举制度的推行，新兴的进士阶层出现，当时考中进士的人就有许多出自“寒门”。这些新兴人物，反对骈文，反对“连篇累牍，不出月露之形；积案盈箱，唯是风云之状”的文学，而主张服务于儒家的“道”的古文。散文、骈文的交替，显示了社会发展的变迁。这不单是文体上的变革，乃是文学内容和文学思想的变革。

与韩愈、柳宗元提倡古文的同时，白居易、元稹在诗歌的创作上也提出了主张。他们反对“嘲风月，弄花草”的无聊诗歌，主张作诗应该继承《诗经》三百篇有关于政治教化的传统，他们推崇杜甫诗歌的现实主义精神，那些能够针对社会现实、道出民生疾苦的诗。提出以情（感情）、义（意义）为根本，声（韵律）、言（语言）为枝叶，“为君为臣为民为物为事而作，不为文而作”的诗歌创作主张。韩柳的古文运动与元白的诗歌主张，是中唐时期新兴的文学思潮，同时是中唐社会的产物，是当时尖锐的阶级矛盾所激起的文学改革运动。

这个文学改革运动，在晚唐五代时期，可惜未能继续发展。在晚唐时期，藩镇节度使专权，地方势力大于中央，而五代十国时期，中国分裂成为各个独立的小国。文人多数依附主人，做幕府秘书，不能不学习骈文四六，作制诰、表奏、书启，谈不到有独立的思想，习惯于写骈四俪六的文章。李商隐、段成式、温庭筠辈的诗文，依旧是骈丽的，看重声律对偶的。在五代时期，与中原接壤的、比较安定的、社会经济繁荣的是南唐和西蜀。南唐和西蜀的文风是浮靡的，依旧崇尚骈文、宫体诗、艳体词。北宋初年，朝廷上所用的，好些是由南唐、西蜀转到北方的（随两国之亡，而降顺于新朝廷），如徐铉、张昭等。北方文人如陶谷，作风亦同于南方文人。

代表北宋初年的诗派是宋真宗朝（即11世纪初年）的西昆体。诗人如杨亿、刘筠、钱惟演等都是身居高位的官僚。他们的诗歌境界极其狭窄，彼此唱和一些空洞无物的诗歌，杨亿把他们酬唱的诗汇编成帙，“取玉山策府之名，命之曰《西昆酬唱集》”（《西昆酬唱集·序》）。此集皆近体诗，凡二百五十首（今佚二首），作者十七人，以此三人为首。以对仗工稳、用事新僻为贵，模仿李商隐的风格。题材很狭，以泪、柳絮等为题，各有所作，真是白居易所反对的“嘲风月，弄花草”一路。有辞藻而乏内容，使诗歌走入魔道。时人石介作《怪说》，极力攻击杨亿（杨大年）。石介是一位道学家，其文艺理论是主张恢弘圣人之大道的，谓：“杨亿之穷妍极态，缀风月，弄花草，淫巧侈丽，浮华纂组。其为怪大矣！”

西昆诗人，同时也是骈文作者。

与西昆体不同，用平淡朴素的语言，力求革新绮靡诗风的，最初是王禹偁。王禹偁（954—1001），字元之，济州巨野人，976年进士。出身寒苦，九岁能文。他遇事敢言，以直躬行道为己任，但虽有政治抱负而不得志（《宋史》卷二九三有传）。他有《小畜集》三十卷、《小畜外集》七卷。他的古文，骈散相杂。他主张“远师六经，近师吏部，使句之易道，义之易晓”（《答张扶书》）。他的《待漏院记》《黄岗竹楼记》是有名的文章。前者是骈文，写出他对于朝廷与国家的责任心；后者是古文，写他的流浪生活。他又能诗。《感流亡》写由于关辅旱灾，避地流亡的老翁与病妪，有“尔为流亡客，我为冗散官。左宦无俸禄，奉亲乏甘鲜。因思筮仕来，倏忽过十年。峨冠蠹黔首，旅进长素餐”之句，是感于乞妇的流浪，而自愧为官无助于人民，看出他的正义感与人道主义精神。诗近白居易风格，开宋诗先路。《赠（友）朱严》诗云：“谁怜所好还同我，韩柳文章李杜诗。”《示子》诗云：“本与乐天为后进，敢期子美是前身。”他的诗对以后欧阳修、梅尧臣的诗是有影响的。《宋诗钞·序》说：“元之独开有宋风气，于是欧阳文忠得承流接响。”

与王禹偁同时爱好韩愈文章的是柳开。柳开，字仲涂，大名人，开宝六年（公元973年）进士。追慕韩愈（曾以“肩愈”为名），亦以能开圣道自命，所以名开而字仲涂。有《河东集》十五卷。他与范杲、高锡、梁周锡齐名，一时有“高梁范柳”之目。

王禹偁、柳开，为宋初古文运动的前驱者。稍后于柳开的古文家是范仲淹（989—1052），作风接近王禹偁，其名篇《岳阳楼记》亦骈散夹杂之古文。范仲淹亦有词，虽寥寥数篇，思想性、艺术性皆高。此外还有古文家穆修（979—1032，字伯长，郓州人）、尹洙（1001—1046[1]，字师鲁，河南人）。

当时文学界之斗争阵线是，一面是骈文与温李诗相结合的西昆派，是富贵典丽的台阁体，非现实主义的文学，有颓废倾向的；一面是追慕圣贤、尊重儒学、尊经明道、奉韩柳为正宗的古文派，继承李杜元白现实主义传统的诗歌革新派。一直到宋仁宗时，晚唐五代文风的影响才差不多革洗净尽。这时期领导古文运动的是欧阳修。欧阳修是推进古文运动而完成古文运动的重要作家，以古文家而兼诗家。

欧阳修的朋友，以写诗著名、为欧阳修所极力推崇的是梅尧臣与苏舜钦。

---

[1] 尹洙在世时间应为公元1001—1047年。——编者注

欧阳修及其作品

欧阳修（1007—1072），字永叔，江西庐陵（今吉安）人。父亲是进士出身，做过小官，早卒。修四岁而孤，少年穷苦。母亲郑氏，亲诲之学，家贫至以荻画地为书。后随叔父在隋州，借李姓藏书抄诵。得《昌黎集》残书，读之，大好。敬佩韩愈，仿作古文。二十岁，进京赴考。二十四岁中进士，出为西京（洛阳）推官。与谢绛、尹洙、梅尧臣为友，时同游。

1034年入为秘阁校理。

1036年，年三十，范仲淹忤吕夷简罢出，修致书司谏高若讷，责其不言，骂他出入朝中不知人间有羞耻事。若讷出其书于朝，修被贬为夷陵（今宜昌）令。

1040年，入朝。

1043年，知谏院。

1044年，为龙图阁直学士。

1045年，为人所排挤诬陷，罢职，出为滁州（今属安徽滁州）知州。作《丰乐亭记》及《醉翁亭记》，年四十，即自号醉翁。

1048年，徙知扬州。

1049年，移知颍州，乐西湖之胜，将卜居。

1050年，改知应天府兼南京留守。

1052年，以母忧，归颍州。

1054年，为翰林学士，兼史馆修撰。

1057年，知礼部贡举。其后又入朝，为翰林学士，修纂《唐书》（与宋祁分任主编），知贡举。历官礼部侍郎、枢密副使、参知政事等。

1071年，告老，以太子少师致仕。

明年卒，年六十六。谥文忠。有《欧阳文忠公集》《六一词》。

欧阳修一生宗仰韩愈，又从尹师鲁游，学作古文，造诣极高。欧阳修是文学家，不是政治家。他在政治上近于元老派，很推崇杜衍、范仲淹、富弼、韩琦等有所作为的贤相。早年还比较激进，晚年当王安石执政时，就趋向保守了。

欧阳修的思想是儒家学说的正统思想，主张发扬孔孟之道。苏轼《六一居士集序》说：

> 自汉以来，道术不出于孔氏，而乱天下者多矣。晋以老庄亡，梁以佛亡，莫或正之。五百余年而后得韩愈。学者以愈配孔子，盖庶几焉。愈之后三百有余年而后得欧阳子，其学推韩愈、孟子以达于孔氏。……

> 宋兴七十余年，民不知兵，富而教之，至天圣、景祐极矣。而斯文终有愧于古，士亦因陋守旧，论卑而气弱。自欧阳子出，天下争自濯磨以通经学古为高，以救时行道为贤。

欧阳修要继承、发扬儒家道统，要“通经学古”“救时行道”。他继承韩愈“原道”思想，而作《本论》。韩愈排斥佛老，尊重儒教，以周公、孔子、孟子的道统自命，合道统与文统为一。古文运动不单是文体方面的改革，同时是思想方面的改革，内容和形式是统一的。写文章要根柢六经，发挥孔孟之道，作为巩固中央集权统治的上层建筑。欧阳修的中心思想也是如此，古文要表现的是儒家思想。《本论》之意谓中国不失教化，则夷狄之教无由入，故以固本为首要。固本包括农桑与仁义之教化。因为佛教的势力不如唐代的顽强，所以欧阳修的排佛也不像韩愈那样激切。比较《本论》和《原道》就可以明白。有佛教徒而能诗文的，他也加以奖掖，如对释秘演、释惟俨等，为之作诗文集序。

欧阳修绝不好道求仙，他没有神仙思想、求长生等一套观念。他认为人生飘忽，是短暂的，但是可以不朽于后世。那便是《左传》所提倡的立德、立功、立言，此为三不朽。作于嘉祐元年（公元1056年）的《鸣蝉赋》认为，鸣蝉喧聒一时，“有若争能”，但“忽时变以物改，咸漠然而无声”。而人则不同，“达士所齐，万物一类，人于其间，所以为贵，盖已巧其语言，又能传于文字”，故能“虽共尽于万物，乃长鸣于百世”。不过文章虽工，假定没有内容，那么等于“草木荣华之飘风，鸟兽好音之过耳”（《送徐无党南归序》）。美丽的文章与工巧的语言，不足以不朽。足以不朽的是立德、立功、立言之三不朽，而三者中又应以立德为首要。“自《诗》《书》《史记》所传其人，岂必皆能言之士哉！修于身矣，而不施于事、不见于言，亦可也。”（同上文）此为儒家正统思想，以蓄道德能文章为标准。劝人如此，自勉如此。

因此，欧阳修主张文章要发扬道统。在《答吴充秀才书》中他强调“道胜者文不难而自至”，反对文士自认为“职于文”而“弃百事不关于心”。在《与张秀才第二书》中，他再次发挥了文学必须明道的观念。张秀才请他看古今杂文十数篇，固为为学有志，然而述三皇太古之道，舍近取远，务高言而鲜事实。他认为是不切实的。他说：“君子之于学也，务为道。为道必求知古。知古明道而后履之以身，施之于事，而又见于文章而发之，以信后世。其道周公、孔子、孟轲之徒常履而行之者是也，其文章则六经所载至今而取信者是也。其道易知而可法，其言易明而可行。……今生于孔子之绝后，而反欲求尧舜之已前，世所谓务高言而鲜事实者也。”据此可知他所谓好古，是以恢复光大孔孟之道为职志。欧阳修揭起了正统文学的旗帜。人们也推崇他道德与文章不偏废。自欧阳修以后，道学、功业、文章离开。二程、周、张得道学，王安石得政治，苏轼得文章、文艺。

古文派都以根柢六经为标帜，经术与文学合一，这当然也是科举制度发展的结果。不过比较起来，韩、欧、曾、王是古文与经术合一的。柳、三苏的思想并不纯粹。柳宗元有庄子、屈子的思想，苏洵、苏辙有纵横家的思想，苏轼参以佛老。

欧阳修一生嫉恶如仇，爱贤若渴。在政治上钦佩杜衍、富弼、范仲淹、韩琦几位贤臣。作《朋党论》，认为君子有朋党，以义为结合，是真朋党；小人以利结合，利尽则散，只是伪朋党。国君应该近君子党，斥小人之伪党。“朋党”并非恶名。当时政治斗争激烈，宰相擅权，往往借朋党之名，以排挤君子，故发如此论。欧阳修既景仰先辈，同时又为援引后进，不遗余力。古文家曾巩，笃道君子，出欧门下。王安石为曾巩同乡，欧阳修亦屡热忱予以奖掖。知贡举时，得苏轼卷，大为激赏，举为进士。欧阳修谓“吾当放出一头地”，许为将来文学第一人，在他自己之上。三苏皆与欧公善。北宋古文大家，称欧曾王苏（三苏），而欧阳修实为领袖。

欧阳修是宋初古文运动的领导者。韩愈的古文主张和他首创的古文运动，直到欧阳修的大力提倡，而完成之。此后骈文只是成为通行之公文与应酬文字。欧阳修有深厚的思想感情，而出之以和婉流畅的散文风格。他比之韩愈，又自不同。韩愈深厚雄博，但尚喜用古字，造句奇崛，雄健有余而流畅不足；欧公虽写古文，而选用平易习用的词汇，更明白易懂。苏洵在其《上欧阳内翰第一书》一文作了比较：

> 韩子之文，如长江大河，浑浩流转，鱼鼋蛟龙，万怪惶惑，而抑遏蔽掩，不使自露；而人望见其渊然之光，苍然之色，亦自畏避，不敢迫视。执事[1]之文，纡余委备，往复百折，而条达舒畅，无所间断，气尽语极，急言竭论，而容与闲易，无艰难劳苦之态。

欧阳修的古文运动，经历了两条战线的斗争，一方面反对骈四俪六的浮华的骈文，一方面也反对钩章棘句、艰涩险怪的文章。其知

[1] 即欧阳修。——编者注

贡举时，痛抑钩章棘句派的士子。榜出，嚣薄之士，候修入朝，群聚诋斥之，街司逻卒不能止，至为发文投其家。但自是文风稍变。

欧阳修的山水文章，不单是纯粹的流连景物。有名的《醉翁亭记》，是一篇轻松愉快的抒情散文。全篇用“也”字为节奏，似乎是游戏之作，而非常自然，可代表欧阳修的散文风格。写了滁州山水，同时主要是写太守和人民“醉能同其乐”。《丰乐亭记》同为欧阳修做滁州太守时所作。两文内容并不徒流于风景之美，主题思想在于人民安乐（负者歌于途，行者休于树），能享小康的丰乐，然后刑省政闲，太守得以宴乐而享山水清福。与他主张的贤能政治有关，不失为贤太守的风度。《泷冈阡表》是他晚年在故乡泷冈为表父亲之墓而作的。主要以母亲平时所说他的父亲平素的为人，表扬父德。他的父亲是一位进士，历任州县判官、推官，宽厚有仁德；认真处理公事，决死囚狱，反复考虑，不愿枉死一人，爱护人民。因而有遗泽，使欧阳修得以享高官厚禄。这篇文章，虽是封建正统思想的忠孝观念，而感情真挚，是应该肯定的。

欧阳修的古文，善于布局。虽平易实为经心之作。如《醉翁亭记》《丰乐亭记》《有美堂记》《相州画锦堂记》，艺术性都强。《醉翁亭记》由滁说到山，山到峰，到泉，到亭，由大及小，然后谈山林的晦明变化。谈人，谈到太守宴，太守之乐反映滁州的太平无事。《丰乐亭记》述由乱到治，遗老尽亡，时代推移，归结于王化。《有美堂记》说山水与都会兼胜，唯杭州与金陵，而金陵荒废，独杭兼美。凡此皆宋人理路清楚，短文中有曲折布局，如山水画之美。有艺术性。在开创时代是新鲜的，后人学之便成为“古文笔法”的滥调了。

欧公长于史学。修《唐书》（与宋祁合作），修《五代史》，追慕司马迁，颇得《史记》笔力。他为朋友作墓铭，文集、诗写序、跋甚多，以表扬贤者。又搜集金石、铭刻，作《集古录》开考古金石学之先风。其《集古录目序》及《六一居士传》（仿白乐天《醉吟先生传》）表现其晚年之志趣。

欧阳修除古文外，亦善诗赋。赋不多，有《鸣蝉赋》和《秋声赋》等，深于情，而风格流畅，亦间用散语，已开宋赋作风。诗反西昆体，学韩愈、白居易。其《水谷夜行寄子美圣俞》是一篇代表作。他在秋天，从汴京出发南行，开始十句描写秋日旅途风景，颇似陶谢。下面转到怀念朋友，对苏、梅诗分别致叹赏及评论语。有比喻有议论，清切不肤泛，新鲜，不袭唐人。《啼鸟》诗是他在夷陵所作。贬于僻地，见春鸟乱鸣，感兴而作。描写许多鸟鸣，参差错落，极有风趣。其思想感情近白乐天，而语言不同。《食糟民》反映人民困苦生活，酿酒的人不能饱腹，反用酒糟来充饥。近白居易新乐府。其《赠杜默》诗云："子盍引其吭，发声通下情。上闻天子聪，次使宰相听。"其作诗主张同白居易。

《明妃曲》二首与《庐山高》是欧阳修平生最得意之作。他醉后谓其子云："我诗《庐山高》，今人不能为，惟太白能之。《明妃曲》后篇太白不能，惟子美能之。至其前篇，则子美不能，惟吾能之也。"今观《庐山高》虽造句奇峭，意思不平，不及太白远矣。唯《明妃曲》二首确为佳作。现将《明妃曲》二首与李杜诗作一比较分析：

《明妃曲》和王介甫作

胡人以鞍马为家，射猎为俗。泉甘草美无常处，鸟惊兽骇争驰逐。谁将汉女嫁胡儿，风沙无情貌如玉。身行不遇中国人，马上自作思归曲。推乎为琵却手琶，胡人共听亦咨嗟。玉颜流落死天涯，琵琶却传来汉家。汉宫争按新声谱，遗恨已深声更苦。纤纤女手生洞房，学得琵琶不下堂。不识黄云出塞路，岂知此声能断肠？

再和《明妃曲》

汉宫有佳人，天子初未识。一朝随汉使，远嫁单于国。绝色天下无，一失难再得。虽能杀画工，于事竟何益？耳目所及尚如此，万里安能制夷狄。汉计诚已拙，女色难自夸。明妃去时泪，洒向枝上花。狂风日暮起，飘泊落谁家。红颜胜人多薄命，莫怨春风当自嗟。

第一首叙明妃远嫁，以“风沙无情貌如玉”句致惋惜同情的情感。在西汉时国力强盛，呼韩邪单于来向汉表示归顺之意，故汉元帝以宫女遣嫁，表示和亲政策，联络感情。王昭君有美色，其远嫁匈奴的故事，成为诗歌、小说的题材。汉人与匈奴人生活不同，远离中原，女性是被压迫者、牺牲品，所以博得人民的同情。首先作《昭君曲》或《明妃辞》者有石崇的乐府，此后南北朝、唐代都有乐府辞，述昭君事。唐时有《昭君变》说唱变文。李白有《王昭君》二首，其第一首末云：

燕支长寒雪作花，蛾眉憔悴没胡沙。

生乏黄金枉图画，死留青冢使人嗟。

第二首末云：

今日汉宫人，明朝胡地妾。

杜甫《咏怀古迹五首》（其三）云：

群山万壑赴荆门，生长明妃尚有村。

一去紫台连朔漠，独留青冢向黄昏。

前两句咏昭君故乡。后两句中以“青冢”对“紫台”，与李白诗以“青冢”对“黄金”略同。李杜诗均佳。因昭君既为众人作诗歌的通俗题材，写起来不易出色。而王安石、欧阳修咏昭君之诗，为宋诗中之杰作，均有深刻的说理与议论，为宋诗的特色。

欧阳修《明妃曲》第一首，多转折，愈转愈深。最后四句尤为创见。意思说，一般女子能弹昭君琵琶曲，而不能体会此曲悲哀情调。着重说明艺术是表现生活的，艺术不能脱离生活经验。唯有生活经验丰富，然后能体会艺术，表达出作者的感情来。第二首，初八句尚是泛写。“耳目所及”二句转入议论，议论精辟，亦是创造性见解。议论感慨，有老杜风格。批判汉元帝的糊涂，借以批判一般统治者的昏庸。后面再转入女色之不足恃，而慨叹于红颜薄命，立意均高。

此为和诗，故在此再与荆公原诗进行比较。王安石两首《明妃曲》意格高妙，更有创见：

一

明妃初出汉宫时，泪湿春风鬓脚垂。低回顾影无颜色，尚得君王不自持。归来却怪丹青手，入眼平生几曾有。意态由来画不成，当时枉杀毛延寿。一去心知更不归，可怜着尽汉宫衣。寄声欲问塞南事，只有年年鸿雁飞。家人万里传消息，好在毡城莫相忆。君不见咫尺长门闭阿娇，人生失意无南北。

二

> 明妃初嫁与胡儿，毡车百辆皆胡姬。含情欲语独无处，传与琵琶心自知。黄金捍拨春风手，弹看飞鸿劝胡酒。汉宫侍女暗垂泪，沙上行人却回首。汉恩自浅胡自深，人生乐在相知心。可怜青冢已芜没，尚有哀弦留至今。

“不自持”指禁不住见昭君之美而有所动于心（参看《后汉书·南匈奴传》）。意态画不成，枉杀毛延寿，比写人又深进一层，言女子之美在乎体态，非画工可以画出，毛延寿亦枉杀也。极写昭君之美，非画图可表。意思突出独立。最后君不见长门闭阿娇事，以慰昭君，亦慨叹于女性的一般薄命。女性为帝王所玩弄，即使长在宫中，也不免失宠。第二首中“黄金捍拨春风手，弹看飞鸿劝胡酒”，豪放。最后四句亦是介甫独发之议论，不同众人。谓汉帝既不能知昭君，薄待她，则恩情浅。昭君能见重于单于，则胡恩深。人心贵得知心，何分汉胡，远嫁也没有什么。人谓介甫，不近人情，发此类激烈的言论。这样说，在对祖国的感情上是说不过去的。不过后面“可怜青冢已芜没，尚有哀弦留至今”，以悲哀语作结，论昭君不幸之遭遇，并没有说昭君到匈奴后是得意的。此首大意同前首“人生失意无南北”语。

欧阳修诗近白居易，而开始变革，但不及梅圣俞、苏东坡之成熟。

欧阳修亦多作小词，与二晏并称欧晏。词集名《六一居士词》《醉翁琴趣外篇》。欧词继承花间一派婉丽作风，如《蝶恋花》数首。其中亦入《阳春集》，与冯延巳词混，不易辨明作者。欧词“六曲栏干偎碧树”（《蝶恋花》）、“庭院深深深几许”（《蝶恋花》）、

“独倚危楼风细细”（《蝶恋花》）诸章，皆为名篇，情致缠绵。“衣带渐宽终不悔，为伊消得人憔悴”“泪眼问花花不语，乱红飞过秋千去”皆深情语。

《踏莎行》结构极好。前半写行者，后半写居者。“离愁渐远渐无穷，迢迢不断如春水”“平芜尽处是春山，行人更在春山外”，即景抒情，都达到思想性与艺术性结合的高度。

《六一词》中的《采桑子》若干篇，咏颍州西湖景物。写十二节令、七夕、重阳等景物，为时序小曲体。《渔家傲》咏荷花“年年苦在中心里”有古乐府风味。《浪淘沙》“把酒祝东风”篇，《浣溪沙》“堤上游人逐画船”篇中之“绿杨楼外出秋千”句，皆为名篇名句。“绿杨楼外出秋千”，“出”字见精神。清代徐釚《词苑丛谈》卷四云：“李君实云曹无咎评欧阳永叔《浣溪沙》云，‘绿杨楼外出秋千’，只一出字自是后道不到处。予按王摩诘诗‘秋千竞出垂杨里’，欧阳公词总本此，晁偶忘之耶。”

总之，欧阳词高雅婉丽，出于花间南唐风格。欧晏词为北宋第一时期的词。欧公能自歌小曲，同时他的小词亦传唱于歌伎。

欧词一般写女性的多，较柔媚，似乎与“文以载道”的古文家身份相抵触。后来推崇他的人就辩解说这些词并非欧阳所作。曾慥《乐府雅词·序》云：

> 欧公一代儒宗，风流自命。词章窈眇，世所矜式。乃小人或作艳曲，谬为公词。

又蔡絛《西清诗话》云：

> 欧阳修之浅近者谓是刘煇伪作。

《名臣录》也说：

> 修知贡举，为下第刘煇等所忌，以《醉蓬莱》《望江南》诬之。

这样的辩护是不必的。陶渊明高洁，有些悠然世外，但他写有《闲情赋》。这些不是什么玉瑕珠颣。在欧阳修当时，晏殊以刚峻见称，但词极柔弱纤媚；司马光和寇准那么耿介，他们的词也婉约而澹远。欧阳修写作这样的词自是不足为怪的。

王安石及其作品

王安石（1021—1086），抚州临川（今江西临川）人，字介甫，晚年号半山，又封荆国公，学者称王荆公。政治改革家，亦是文学家。

父王益，在南北各地做州县官，官至都官员外郎。王安石在二十岁以前跟着父亲到过许多地方。

1042年，中进士。

1047年，任鄞县知县。（兴水利，贷谷于农民。）

1051年（？），任舒州通判。

1055—1056年，任群牧司判官。

1057年，任常州知州。（计划开浚一条运河，受阻未成。）

1058年，任江南东路提点刑狱。（建议罢除江南东路的榷茶法，为政府所采纳。）

1060年，任三司度支判官。上仁宗皇帝（赵祯）《万言书》，仁宗并没有十分理会他。以后他在神宗朝的政治措施，主要根据他《万言书》中的主张。宋仁宗朝，阶级矛盾和民族矛盾已经加深。庆历三年（公元1042年）[1]，沂州（山东临沂）军士王伦起事，宋王朝认为是心腹大患。七年（公元1047年）贝州军士王则利用宗教组织起义，和当地农民结合，声势浩大，都反映了阶级矛盾。同时对辽岁纳金帛，对西夏赵元昊常有战争（1034—1044），西夏疲惫，宋的损失更为惨重。王安石的改革政治经济政策是为了缓和这两个矛盾。

1063年，仁宗死。赵曙继位（英宗），受曹后牵制，不能有所作为。1067年宋神宗（赵顼）即位。赵顼还不满二十岁，有志改革，求富国强兵之道。他在东宫时即闻王安石之名，十分景仰。1069年请王安石入京，参知政事。这一年，王安石四十九岁。

1069年，富弼任相，王安石出任参知政事。实行均输法、青苗法。

1070年，王安石、韩绛为相。

1074年，王安石求去，罢相知江宁府。韩绛为相，吕惠卿参知政事。

1075年，王安石复相位，吕惠卿免职。

1076年，王安石免职，吴充、王珪任相。

王安石参政、执政（1069—1076）约计七八年，所行均输、青苗、农田水利、募役、市易、方田均税、保甲等一系列新法是为了解决当时尖锐的阶级矛盾，抑制兼并，抑制大地主、大商人的利益，保护中

[1] 庆历三年应为公元1043年。——编者注

小地主、农民的利益，增加国家收入，增强边防力量。新法虽行，但遭到代表大地主、大官僚利益的保守派元老们的攻击与不合作，而执行上也未尽善，不能达到预期效果，朝野提出非难。反对者有富弼、韩琦、文彦博、司马光等人。帮助执行新政的有吕惠卿、章惇、苏辙等，而吕惠卿暗中又排挤王安石，苏辙亦反复，转向反对党阵营中。

宋神宗任用王安石，但他本人也是代表大地主利益的，他主要关注的是朝廷多收入，与王安石的改革主张也有距离。所以王安石终于不安其位，1076年再次罢相，仍返江宁。

王安石罢居江宁城外，去钟山一半路途中，营建几间屋宇，成为小小家园，取名半山园，作经学著作及《字说》，写诗很多。

王安石罢相后，由王珪、吴充、章惇、蔡确、蒲宗孟、王安礼等人参政执政，继续推行新政，到1085年赵顼死。他的儿子赵煦继位，是为哲宗。赵煦还不满十岁，由母高氏临朝听政，起用反对新政最力的司马光、吕公著、文彦博，于是新政陆续罢却。

王安石在1084年曾得大病，（捐半山园作为寺，搬进江宁城内住）1085年神宗死，大为哀悼。听到司马光入相，担心新政的被罢，以手抚床，高声叹息。此后听到保甲、市易、方田均税法等一一罢免，尚默不作声。1086年春，募役法罢，差役法恢复，王安石十分愤恨，病体更受打击，忧愤而卒。

王安石是古文名家，他也佩服韩愈、欧阳修的文章。早年与曾巩交游甚密。曾巩常与欧阳修谈及，欧阳修深重其人，属为推奖。

王安石的思想是以孔孟为正统的儒家思想，不过并非一个迂儒。他早年及中进士后，常在外方州县，了解社会现实情况。一方面推崇《周礼》《孟子》，一方面结合当时社会经济的情况提出改革主张。王安石的学术著作和散文中都表示了他的儒家思想观念，并且对先秦诸子中的几家有所批评。他的文集里有《荀卿》《杨墨》《老子》《庄周》（上下二篇）诸篇。他批评荀子“载孔子之言，非孔子之言也”，认为荀卿不合圣人之道（与韩愈态度相同）。批评杨墨得圣人之一，而废其百者也。由杨子之道则不义，由墨子之道则不仁。其论老子曰：道有本有末。本者，万物之所以生，出之自然；末者，万物之所以成，涉乎形器，故待人力。老子以涉乎形器者皆不足言、不足为也，故抵去礼、乐、刑、政而唯道之称焉。是不察于理而务高之过矣。其论庄子曰：先王之泽至庄子时竭矣。庄子岂不知圣人哉，惟矫枉过正。

王安石愿做政治家与事业家，不愿做空泛的文学家。欧阳修有诗赠他，曰：“翰林风月三千首，吏部文章二百年。老去自怜心尚在，后来谁与子争先。”以李白、韩愈做终身楷模。而王安石在《奉酬永叔见赠》诗中答云：“欲传道义心犹在，强学文章力已穷。他日若能窥孟子，终身何敢望韩公。”言下似不以韩公为模范。他在《韩子》一诗里说韩愈“力去陈言夸末俗，可怜无补费精神”。对韩愈亦有微词，嫌其作空文太多。盖荆公一生以政治家自命，欲近孟子，不欲托空文以自见也。

王安石的古文，议论峭刻，根柢经术。风格如断岸千尺，绝无浮华。他说，作文有本意，如左右逢源（用孟子语），不必重文辞。“所谓文者，务为有补于世而已矣；所谓辞者，犹器之有刻镂绘画也。诚使巧且华，不必适用；诚使适用，亦不必巧且华。”“然容亦未可已也，勿先之其可也。”（《上人书》）大文章以《上仁宗皇帝言事书》为代表作，洋洋万言，提出了“改易更革”的主张。简短而又议论深刻的文章如《进说》和《材论》。前者攻击当时的科举制度重视诗赋，并不能得到才德之士，指出取士之法度与士之才德之间的矛盾。王安石主张用古道，重士之才德，主张废科举而兴学校教育；后者攻击统治者之不欲求人才，说明天下并非没有人才，在乎人君能求，能试用。文章层层深入，扫尽浮华，议论精到。

王安石的散文抒情意味少，即使如《游褒禅山记》这样的游记，也是借物言志，借物议论和说理，说明一种勇猛精进、百折不回的道理，以自警，同时希望此中道理有补于世也。可以喻学，可以喻政。短篇文如《伤仲永》着重言天才之不足恃，唯教育为重要。《读孟尝君传》评孟尝君不能得人才，只能得鸡鸣狗盗之徒。皆精辟，有独见。《答司马谏议书》，对司马光“侵官、生事、征利、拒谏”的指责，据理以答，说明道不同，所操之术异，故意见不合，短而有力。

王安石以古文的笔调来写诗，格调高古，接近韩愈和欧阳修。荆公亦为不满杨亿、刘筠的西昆体者。多写古诗，用古文笔调，风格甚高。他从韩愈入，亦同欧阳修一派，亦欣赏梅圣俞。集中有哭梅圣俞诗，而叹惜于圣俞之终于穷困。前引荆公《韩子》诗有“力去陈言夸末俗，可怜无补费精神”句，似是对韩有所不满。但“力去陈言”用退之《答李翊书》中语“惟陈言之务去”；“可怜”句即退之《赠崔立之》诗中“可怜无益费精神”一句，唯改“益”为“补”。而荆公之古文及诗，皆受韩愈影响，毋庸讳言。

《登飞来峰》云：“飞来山上千寻塔，闻说鸡鸣见日升。不畏浮云遮望眼，只缘身在最高层。”可见其立身之高，见识之卓，不为他人所蔽。王安石还有直接议论的诗，如《兼并》，以诗申说自己的政治主张，指出阶级矛盾，感之“三代子百姓，公私无异财”，而归结“俗儒不知变，兼并可无摧”。他所主张的新法，即为抑制兼并而设，但因积重难返，还不能采取平均土地的措施。《省兵》一首也是在诗中发议论，而《拟寒山拾得》是在诗中讲佛理。这样的倾向在王安石诗中是较明显的，所以《宋诗钞》的编者说道：“独是议论过多，亦是一病尔。”

王安石的诗有许多爱融改前人成句。如改苏子卿诗“只言花似雪，不悟有香来”（《梅》）为“遥知不是雪，为有暗香来”。改李白“白发三千丈”为“缫成白发三千丈”。改王籍“鸟鸣山更幽”为“一鸟不鸣山更幽”。改王维“轻阴阁小雨，深院昼慵开”（《书事》）为“山中十日雨，雨晴门始开”。改陆龟蒙的“殷勤与解丁香结，从放繁枝散诞香”为“殷勤为解丁香结，放出枝头自在香”等，有的改得好，有的改得差。

王安石喜欢唐诗，曾编选有《唐百家诗选》。他有许多集唐人句的诗。《梦溪笔谈》云：“荆公始为集句诗，多者至百韵，皆集合前人之句，语意对偶，往往亲切过于本诗。”这本来是文字游戏。他作词也集句，如《菩萨蛮》：

数间茅屋闲临水，窄衫短帽垂杨里。花是去年红，吹开一夜风。　娟娟新月偃，午醉醒来晚。何物最关情，黄鹂三两声。

王安石的古风，有名的如《桃源行》《明妃曲》。《桃源行》向往于劳动人民自由的、独立的、不受统治阶级剥削的社会。“虽有父子无君臣”，指出阶级社会为人类痛苦的根源，表现他的理想。王维的《桃源行》是杰作，但只是铺叙《桃花源记》，还杂有求仙思想。荆公此首从阶级矛盾方面着眼，更接触到本质问题。代表他在诗歌方面杰出成就的是《明妃曲》二首，议论独到，诗意不平凡，为大诗家手笔。为与欧阳修和诗作比较，在本章第二节已引用分析，此不赘述。

王安石的律诗，用字工稳。如“紫苋临风怯，青苔挟雨骄”“草长流翠碧，花远没黄鹂”。在五律里常常爱用叠字，如“天质自森森，孤高几百寻”“莽莽昔登临，秋风一散襟”。一般律诗的对偶都是很贴切的。叶梦得《石林诗话》曰：“荆公诗用法甚严，尤精于对偶。”如《九日登东山寄昌叔》中有“落木云连秋水渡，乱山烟入夕阳桥”；《次春节答平甫》中有“长树老阴欺夏日，晚花幽艳敌春阳”。

荆公绝句气韵佳绝。他晚年居金陵十年中，诗的风格趋于闲淡自然，有“舒闲容与之态”，音调自然，内容恬淡。那时他在金陵钟山谢公坡筑室而居，自号半山，写了很多优美的闲适诗。“备众体，精绝句。”（《寒厅诗话》）如《北山》中“细数落花因坐久，缓寻芳草得归迟”表达舒闲容与的心境。《书湖阴先生壁》中“一水护田将绿绕，两山排闼送青来”新奇而自然。《钟山即事》中“一鸟不鸣山更幽”，《梅花》中“墙角数枝梅，凌寒独自开。遥知不是雪，为有暗香来”，《南浦》“南浦随花去，回舟路已迷。暗香无觅处，日落画桥西”，《江上》“江水漾西风，江花脱晚红。离情被横笛，吹过乱山东”皆入唐人意境。所以，黄鲁直说：“荆公之诗，暮年方妙。”“荆公暮年作小诗，雅丽精绝，脱去流俗，每讽味之，便觉沆瀣生牙颊间。”（《后山诗话》）叶梦得说：“王荆公晚年诗律尤精严，造语用字，间不容发，然意与言会，言随意遣，浑然天成，殆不见有牵率排比处。”“晚年始尽深婉不迫之趣。”（《石林诗话》）

王安石也写词，以《桂枝香》最有名，系金陵怀古之作，颇肃练而有气魄。《词林记事》卷四引《古今诗话》：“金陵怀古，诸公寄调《桂枝香》者三十余家，独介甫为绝唱。东坡见之叹曰：此老乃野狐精也。”

王安石的词集叫《临川先生歌曲》，一卷，《补遗》一卷。

王安石有《临川集》一百卷，《宋史》卷三百二十七有传。

词曲的发展和词的概况

提要：

一、宋诗承唐诗而变其风格，用散文笔法，参以说理。但宋代的词，最为发达。以抒情为主，情感热烈。词是文人结合乐府歌曲而产生的，接近于俗文学，加以提高发展，在诗外另辟一个园地。

二、词的定义：配合音乐歌曲的、有一定格律的、用长短句形式的歌辞。

词=辞。曲与辞的名称，古已有之，均为乐曲。唯宋词，或称小词，或称小曲，是唐宋乐府歌曲。

三、小曲源于唐代。崔令钦《教坊记》，小曲已近三百。从中唐起，晚唐五代文人已发展词（小令）。

四、词曲为各地民歌，各民族的乐曲，经乐府机关为教坊收集，配合乐舞而发展的。与伎乐的关系，为侑觞之小曲。文人引为文艺作品。俚曲淘汰，见于敦煌手卷（晚唐至北宋）。

五、词的产生缘于都市繁华，商业化的都市。唐代的长安、洛阳、扬州，多歌伎。宋代的汴京、临安、扬州、成都等商业中心，奢华享乐的生活，太平景象。

六、唯唐代歌伎往往唱诗，如大曲中唱唐代诗人绝句，如《杨柳枝》等小曲也是七言绝句句法。到宋代大曲小曲均用长短句句法。

长短句是五七言的解放，同时词有格律，不但句法一定，平仄也讲究，又是一种束缚。在解放与规律中成为一个诗歌艺术的类型。

七、宋代歌伎的普遍。教坊伎：男乐工、女歌唱者。男伎，女伎。官伎：各州县的官伎。家伎：民间伎女，乐户，酒楼茶馆的卖唱者。俚曲必定很多，词牌亦必定很多。不过现在保存下来的词，都是文人高雅的作品而已。

八、文人为歌伎作小词风气的普遍。举苏轼、欧阳修、晏几道为例。

柳永的流连坊曲，专作词曲，为词曲专家。

九、词的体制。小令，中调，长调。

令，引，近，慢，犯（大曲摘遍，集曲）。

十、词的思想内容。词原来是俚俗小曲，最初抒写共同的感情，以相思、别离、四季景物、及时行乐为题材。后来才扩大它的内容，变成抒写个人感情的词，加入咏怀式的思想内容（主要是苏轼以后）。

十一、北宋文人词的分期与前期词人。

宋代文人在韵文方面，也可以说在诗歌方面，另外开辟了一个园地，就是词。词是以抒情为主的小曲。入乐歌唱的。歌曲是最能抒情的，无论合唱的歌、独唱的歌，强烈地抒发人的感情。合唱的抒发了集体的共同的感情，起共鸣作用。独唱的歌曲，倾诉内心的激动，类乎戏台上的独白。宋人的词，性质同于前代的乐府歌曲，不过体制短小，专以抒情为主，不像前代乐府歌曲有长篇叙事的。（连章应用词来叙事，也须夹杂散文。）

宋人称词为小词，也称小曲，也称曲子。就其文词而言，谓之词；就歌曲整体来称呼，称它为小曲，或曲子。属于乐歌的范围。宋人通称词曲，原无分别。在文学史上硬把金元以后的新生俗曲称曲，而把宋代的曲词称词。那是文学史上的名称。

曲的名称原来就有，例如汉代有相和曲、清商曲等。配合琴的称琴曲，配合琵琶的又有琵琶曲。那是指某一大类的歌曲。个别的歌曲如《襄阳曲》《乌栖曲》《明妃曲》等，或为歌曲或为诗篇的名称。至于词的名称也自古有之，例如配合《陇头歌》的称《陇头歌辞》，配合《折杨柳歌》的称《折杨柳歌辞》。歌咏木兰的，称《木兰辞》。词与辞同义，即歌曲的文辞部分，特称之为辞或词。

词起于唐代。唐明皇时代的教坊乐曲，有许多的小曲。这些小曲的来源是各地方的民歌小曲、各民族的音乐歌曲。音调曲折动听，所用的歌辞主要是长短句体，不是整齐的五七言诗体。文人开始替那些小曲作词，是白居易、刘禹锡、温庭筠、韦庄等。所以说这些小曲大量收罗采集到乐府机关里，是始于盛唐，而文人为这些小曲作词，是始于中晚唐时代。到宋代便普遍流行，成为文学体制的一个大类。

词是乐府歌曲，但是有它特殊的形式。假如我们要给词一个定义，便是词是配合音乐歌唱的、有一定格律的、长短句形式的歌词。歌词随每个乐调的声音曲折而变化其句法，获得一定的语文上的格律。单说词是长短句的诗是不够的，譬如汉乐府、李白的诗往往参差错落，可不是后来的词体，因为没有一定的格律。所谓词，每一调有一个词牌名称，如《菩萨蛮》《蝶恋花》等，都是乐曲的名称，有一定的句法和格律。不但管句法，并且管着平仄，不依它便不入乐，不好歌唱了。五七言诗，句法整齐，到词体发达，采用长短句的格式，并且能够运用新鲜活泼的语言，是一种解放，可是同时每个词牌又有一定的格律。一边是解放，一边又有束缚和规律，艺术性就在这里。本来诗歌是格律化的语言。没有音乐性的回旋曲折，就不成为诗歌了（古典的诗歌原理在此）。

唐代的教坊乐曲，有小曲、大曲。大曲如《甘州》《凉州》《伊州》《水调》《六幺》等。采用五七言绝句入内歌唱。小曲如《菩萨蛮》《调笑令》《抛球乐》等，都用长短句词。小曲也已到三百之数。到了宋代教坊曲，无论大曲小曲都用长短句形式的诗句，这类的歌词总称为词。

唐代文人的诗有采入歌曲的，如王昌龄、高适的绝句，白居易、元稹的诗。然而到了宋代，欧阳修、苏轼、黄山谷的诗都不可以入乐歌唱（部分的可以倚琴而歌）。他们另外写许多小词，同样地可以入乐歌唱。他们写诗是一个态度，写词又是一个态度，例如黄庭坚的诗是高古派，可是他的词却是非常俚俗，尽量用俗言俗语的。

词曲在当时是俗文学，大众化的文艺。上至王公大人下至市井小民，都喜欢作词唱曲。本来民歌杂曲，散在各地，那是人民的文艺。不过那些歌曲，少人注意，没有能收集起来。宋词之所以发达，是都市繁华，伎乐发达所致。伎包括男伎、女伎、乐工和歌唱者。合乐和歌唱的不分男女，不过基本上歌唱的以女性为主，而合乐的是男乐工。歌伎有教坊伎，承应宫廷宴会歌舞的；有家伎，豪门贵族的家伎；有官伎，各州县承应官场酒席宴会的伎女；有民间的伎女，在酒楼、茶馆、勾栏中卖唱的，而部分民间伎女也编入乐户，要承应官差的。所谓小令，多数是歌伎所唱的小调，劝酒的歌曲（所谓侑觞之曲），酒令之一种。喝酒时唱曲劝酒。当时士大夫酒席应酬往往为歌伎作小词。例如苏轼在杭州通判任上，有一次府僚湖亭高会，群伎皆集。独秀兰不来，营将督之再三乃来。府僚皆不悦。其时正值初夏，榴花盛开，秀兰以一枝献座上。东坡为作《贺新凉》一曲，使秀兰歌之，于是府僚大悦。即“乳燕飞华屋”一首名篇也（《古今词话》）。东坡有一习惯，如果遇到知己朋友来访，他接待清谈。假如不很知己的官僚来，往往设宴招待，请些歌伎来唱歌尽欢，敷衍一番，终席不大交谈。再例如欧阳修奉使契丹，回到北京。其时贾文元公守北都，设宴招待，使官伎办词以劝酒，伎唯唯。复使都厅召而嘱之，伎亦唯唯。公叹以为山野。既宴，伎奉觞以为寿，永叔把盏侧听，每为引满。公复怪之，召问所歌，皆欧词也（《后山丛谈》）。可见欧公之词，贾昌朝并未知道，而歌伎却很熟悉，亦可怪也。此虽出于小说，未必可信，但此事可能有的。足证当时士大夫设宴，伎乐普遍，而欧公词亦流传广远耳。又例如晏几道有《小山词》集，他自叙云：往时沈十二廉叔，陈十君龙家有莲鸿、苹云，工以清讴娱客，每得一解，即付之，吾三人听之为一笑乐（《碧鸡漫志》）。士大夫生活无聊，陶情歌曲，因此产生了这类词的文学。至于柳永，他一生沉溺在坊曲声色中，度他的浪漫生活，成为词的专家、填词的能手。坊曲中有新声，即请他填词。柳词普遍流行。西夏归朝官云，有井水处，皆能歌柳耆卿词。在开始时，词基本上是歌伎劝酒之曲。这个风气还是从唐代长安来，到了宋代更盛。

词的体制。词按长短分为小令、中调、长调，又按音乐节奏分为令、引、近、慢、犯，此外还有大曲摘遍、集曲等。

旧说五十八字以内为小令，五十九字至九十字为中调，九十一字以外为长调。（始自《草堂诗余》，分小令、中调、长调，后人因之，约略云尔。）（钱唐毛氏因而如此分划。）其实很牵强，如《七娘子》有五十八字者，亦有六十字者，将为小令乎？抑中调乎？又如《雪狮儿》有八十九字者，有九十二字者，将名之为中调乎？抑长调乎？（《万氏词律》）

至于小令与慢词，则实有区别。晚唐五代词皆为小令，慢词未起，慢词起于北宋年间。慢词有与小令同名，似由小令加拍改为慢曲者，如《浪淘沙》是小令，有《浪淘沙慢》，《江城子》有《江城子慢》。亦有与小令无关者，如《扬州慢》《石州慢》《苏武慢》等。小令有称为令曲者，如《如梦令》《婆罗门令》《六幺令》等，多数不标令字，如《菩萨蛮》《浣溪沙》等。体制短，产生的时代早（称令、称子、称曲等，大概是小令）。

令、引、近、慢、犯。慢、犯皆慢词。引、近介乎令、慢之间（此类曲多数被视为中调）。

引如《清波引》《青门引》《婆罗门引》（唯《云仙引》长至九十八字）。

近如《荔枝香近》《祝英台近》。

犯如《玲珑四犯》《尾犯》（九十四字）。

词的思想内容。词原来是俚俗小曲，它的思想内容局限于相思、离别、欢情。如敦煌卷子里的词，反映商业文明和边疆作战，男女不安定的爱情生活，以女性的生活感情为主。词最能反映封建时代女性的感情。有它的现实性和人民性。不过词句是俚俗的。宋代的词，数量既多，题材也很丰富，大概说来，有相思、离别、欢情、四时节令、四季景物、咏物。在太平时代反映都市繁华，一般人的及时行乐思想；在乱离时代，反映对过去生活的痛苦回忆。实际在苏轼以后，词的内容便已经扩大，有咏怀、怀古、登临山川、朋友赠答等，脱离了情歌的内容，脱离了女性的生活感情，变成文人士大夫的抒情歌曲了。

北宋的词曲，其真正属于民间文艺的俚俗小词，都没有保存下来。保存下来的是名家的作品和名家的词的专集。若干首无名氏或非名人的作品，见于词话所收罗的，数量极少，内容也不特殊。大概是文词可观的作品。

宋代的文人词，可以分为几个时代，就北宋一期说，可分三期：

1. 欧晏时代　小令时代。

2. 柳永时代　慢词渐盛。

3. 周邦彦时代　大制慢词，讲究音律。

宋初出现于词坛的有几位达官贵人，如寇准、韩琦、晏殊、宋祁、范仲淹、欧阳修。其中范仲淹虽则寥寥几首，风格极高，如《苏幕遮》《渔家傲》《御街行》。《渔家傲》的“将军白发征夫泪”，沉郁悲壮，可以与王昌龄、高适、岑参的边塞诗比美。《苏幕遮》的“碧云天，黄叶地”一首，竟已为王实甫《西厢记》送别一折的蓝本。《御街行》的情致也很深。可说是不同凡响。有范仲淹的思想抱负方始可以写出这样的词来。

晏殊（同叔）（991？—1055）江西临川人。仁宗时宰相。诗文接近李商隐、杨亿一派，以典雅华丽见长。《珠玉词》一百二十余首。如《浣溪沙》的“无可奈何花落去，似曾相识燕归来”，如果放在七言律诗里嫌纤巧，放在词里却很大方。诗词的体制和意境各有不同。如《木兰花》（又名《玉楼春》）的“无情不似多情苦，一寸还成千万缕。天涯地角有穷时，只有相思无尽处”，达而深。

欧阳修有《六一词》和《醉翁琴趣外篇》。欧词接近南唐的冯延巳，有些《蝶恋花》和冯延巳的《阳春集》中词，彼此两见，混杂不分。欧词未脱小令时代，承继《花间集》和南唐词的风格。这类写柔情的小词，是为适应伎曲而作的，同时也是抒发某方面的感情的作品。假定是体贴女性的生活感情的，并不是他自己写他的爱情生活。例如“日日花前常病酒，不辞镜里朱颜瘦”，绝非苍颜白发颓乎其中的一个醉翁。常常对镜看花，乃是设想美女的多情。他的词既能体贴女性的柔情，所以入之歌曲也是非常适合的。

晏几道（晏殊之子），字叔原。有《小山词》。他的词多有古乐府意味，颇近《花间集》，温韦遗风。“舞低杨柳楼心月，歌尽桃花扇底风”，《桃花扇》剧本摘取此三字，创造情节。而此《鹧鸪天》一调，后半阕尤佳。老杜诗：“夜来更秉烛，相对如梦寐。”此是诗，并且是夫妇的感情。至如“从别后，忆相逢，几回魂梦与君同。今宵剩把银釭照，犹恐相逢是梦中”，则确乎是词，是小曲中的语言，是恋人的感情，不一定是夫妇了。和杜诗的表现手法，有些相同，也是脱胎换骨。不过这不是文学书本上学习来的，乃是体贴人情的真切。

苏轼的散文

苏轼是古文家。唐宋八大家，三苏占其三。

苏轼的散文和欧阳修不同，前者自然奔放。他说：“吾文如万斛泉源，不择地而出，在平地滔滔汩汩，虽一日千里无难。及其与山石曲折，随物赋形而不可知也。”（《文说》）文笔奔放，思想解放，成为苏轼散文特殊的风格。

苏轼的散文很多，有议论文，有抒情文。议论文有政论和史论。政论如《决壅蔽》，揭露当时政治弊端。史论如《范增论》《留侯论》《贾谊论》《晁错论》《六国论》等。也有评论荀卿、韩非等的文章。小传文字，如记其朋友陈慥的《方山子传》。碑铭文章以《潮州韩文公庙碑》《表忠观碑》为代表。

苏轼散文中艺术价值高、颇有独创意味的是游记、亭台记，如《石钟山记》《超然台记》《放鹤亭记》《宝绘堂记》《灵璧张氏园亭记》《李氏山房藏书记》等。这些杂记，或抒情，或议论，有不同的思想感情、不同的风格。

作为苏轼抒情佳作，最脍炙人口的是著名的《赤壁》二赋。赋介于诗与散文之间，是有诗意的散文，也是散文化的诗篇。苏文是散文化的赋，流动，不呆板用韵，挥洒自如，思想性和艺术性都达到高峰。赤壁山在湖北嘉鱼县东北，周郎破曹兵之地。而东坡所游，实为湖北黄冈县城外之赤鼻矶，俗传亦为赤壁。《赤壁》二赋，东坡在黄州所作。他从御史台狱出来后，贬为黄州团练副使，赋中一无牢骚语，非常达观。《前赤壁赋》开首写月夜游江。二三知己，泛舟于赤壁之下，“诵明月之诗，歌窈窕之章”。借月光水色，发思古之幽情。洞箫客箫声呜咽，如怨、如慕，如泣、如诉，触景生情，忆古思今，感叹人生的飘忽无常，求仙与功业两虚。由长江之永恒，哀人生的短暂、飘忽。比之古诗《青青陵上柏》中所云“人生天地间，忽如远行客”，此情此景，具体感人。面对洞箫客的感叹，苏子以水月取比，见物之无穷。水不断流去，而江水源源不断，月或缺或圆，但月永远存在。说明万物变化不断是其常态，同时又是永恒的、不变的，这是矛盾的统一。人生天地间，与大自然和谐相处，“一毫而莫取”，这样，清风为声，明月成色，就能“取之无禁，用之不竭”矣。《赤壁赋》中苏子与客咏《诗经》、歌《楚辞》，引经据典，从容自然，足见其古典文学造诣之深。其形象的描写，使读者飘飘欲仙，达到一种超然的境界。苏辙谓“子瞻之文皆有奇气，至《赤壁赋》仿佛屈原、宋玉之作，汉唐诸公皆莫及也”，是一种有见地的评价。此篇最为一般人所传诵。“东坡两游赤壁”也成为象牙雕刻、绘画等的题材。

他的自由主义和无可无不可的精神，见于他所作的《灵璧张氏园亭记》：“古之君子，不必仕，不必不仕。必仕则忘其身，必不仕则忘其君。譬之饮食，适于饥饱而已。然士罕能蹈其义赴其节。处者安于故而难出，出者狃于利而忘返。于是有违亲绝俗之讥，怀禄苟安之弊。”士的这一阶层的矛盾，他这样解决，以义为依归，一方面对国家有责任感，一方面也不违己强求。这是在湖州时所作。后来他更其佩服陶渊明的态度，欲仕则仕，欲隐则隐。可是他的时代和渊明时又不同，宦海生涯，欲隐不得。因此他有随遇而安的思想。

他对于人生的看法是人生如寄。尘俗的事务不能不做，要想法摆脱，此外有艺术的世界，是永久的、无尽的，可在其中求解放自由。因此他认为一生乐事，就在乎作文章。“某平生快意事，惟作文章，意之所到，则笔力曲折，无不尽意。”

《日喻》用浅显生动的比喻，说明学以致道的道理，批判士人不深入学习的风尚。“生而眇者不识日，问之有目者。或告之曰：‘日之状如铜盘。’扣盘而得其声。他日闻钟，以为日也。或告之曰：‘日之光如烛。’扪烛而得其形。他日揣龠，以为日也。……道之难见也，甚于日，而人之未达也，无以异于眇。达者告之，虽有巧譬善导，亦无以过于盘与烛也。”扣盘扪烛，成为典故。接着文章论断“道可致而不可求”，“君子学以致其道”。譬如游泳一样，日与水居，七岁而能涉，十岁而能浮，十五而能没矣。所以，人不可不学而求道。

东坡有《东坡志林》五卷，《仇池笔记》二卷，所收笔记、杂感、小品、史论一类文字。其文或长或短，无不意能称物，文能逮意。其《记承天寺夜游》寥寥数十字，而饶有风趣。

他的散文，有政论、奏疏，有史论，有碑记、墓志铭、行状、祭文等，都是认真作的。又有抒情小文，游戏之作，那是最自由解放的，如《超然台记》《赤壁赋》《方山子传》等，以及《志林》。这些作品和通俗文学很接近，开晚明小品文一派。

苏轼散文艺术价值高，广为传诵，成为后人学作文章的典范。陆游在其《老学庵笔记》中说："建炎以来，尚苏氏文章，学者翕然从之，而蜀士尤盛。有语曰：苏文熟，吃羊肉；苏文生，吃菜根。"

苏轼的诗

谈到诗，一般人都推崇唐代，推崇李杜。我们说，唐代之后，李杜之后，也还有诗，有诗人。宋代的诗歌是有它的成就的。北宋的大诗人是苏轼，南宋的大诗人是陆游。

宋初，欧阳修、梅尧臣和王禹偁的诗，已开宋诗的新面貌。诗里有议论，有散文化的倾向，语言比较朴素。他们可以说是宋诗的先驱者。他们的诗和唐诗不同，但在风格上还接近唐代，由韩愈、白居易变来。真正能代表宋诗面貌的是苏轼。苏轼在诗歌方面超过了欧阳修，为北宋的代表性诗人，有特殊的成就。

苏轼的诗，数量多，超过了李白、杜甫，内容丰富，风格多变化，其题材丰富、广阔。有反映社会生活的诗，有描写山水、人物、动植物的诗，有朋友赠答、记述生活琐碎的诗。兼长古诗与律诗，也兼长描写、抒情、说理三方面的技巧。

反映人民生活和社会矛盾的诗，如作于湖州任上的《吴中田妇叹》。湖州本来物产丰富，但人民深受残酷的剥削，生活是很痛苦的。此年多雨，年收不好，“眼枯泪尽雨不尽，忍见黄穗卧青泥”。后来天晴了，能够有些收获，载米入城，而米贱，“汗流肩赪载入市，价贱乞与如糠粞”，不能不“卖牛纳税拆屋炊”，而“官今要钱不要米”。当时西北有战争，“西北万里招羌儿”，而朝廷上多酷吏，“龚黄满朝人更苦”。结句是“不如却作河伯妇”，田妇走投无路，只有投河自尽了。这首诗曲折地写出太湖流域农业生产力最高的地区农民的痛苦生活，和梅尧臣等的诗的作风相同。《戏子由》一诗，很深刻地述说做官之人和人民对立的苦衷，诉说他做官鞭棰小民的自疚。《山村五绝》讽刺盐法与朝廷新法在执行中的为民之害。原有五首，其中三首讽刺时政。第一首说盐法太严，使民铤而走险，结伙伴，贩私盐，持刀械，与官为敌；第二首说官盐太贵，使民吃不起盐；第三首说放青苗钱农民不得实惠，而农民常因事进城，小孩们也常住城中，荒了农事。苏辙为苏轼写的《墓志铭》中说：“见事有不便于民者，不敢言……托事以讽，庶几有补于国。”这类便是“托事以讽”的例证，都有现实意义的。这与白居易的讽喻诗同一作用，但苏轼这类诗歌并不多。

《于潜女》是一首人物描写的诗，写农村妇女之美，非常生动可爱。

苏轼在黄州东坡，曾躬耕其中，垦辟之劳，筋力殆尽。曾作《东坡八首》，又种蜀中元修菜种子于东坡，作《元修菜》诗。在儋耳时有《籴米》诗，“不缘耕樵得，饱食殊少味。再拜诸邦君，愿受一廛地。知非笑昨梦，食力免内愧”。

以上诗均可表现他热爱人民、重视和关怀劳动人民、自己亦爱好劳动的思想感情。

其次，是他的山水诗。苏轼喜欢自然，他热爱祖国各个地方的山川、人物、风俗，随遇而安。描写山川风景，尤为其特长。有许多自然奔放的山水记游诗，如《游金山寺》《游白水山》《百步洪二首》《游径山》《出峡》《巫山》等。苏轼山水诗的特色，是在诗中写人物、发议论，是写山水的动态（王维的山水诗写山水的静境）。他每到一个地方，就爱上这个地方，他爱自己的故乡四川，也爱他到过的杭州、颍州、黄州、惠州、琼州的儋耳。《游金山寺》写长江边的落日与黄昏景物。《望湖楼醉书五绝》写西湖边的风景、物产、“游女”、“吴儿”，极其美好，令人神往。他贬官到儋耳。那里的生活很苦，他还以得见海岛风光为幸。他在赦回渡海时还写诗道：“九死南荒吾不恨，兹游奇绝冠平生。”（《六月二十日夜渡海》）可以看出他的达观的人生观，亦可见出他对自然山川的喜爱。苏轼并非单爱自然景物，且爱乡土人物。在儋耳时亦与黎族百姓来往。有《被酒独行，遍至子云、威、徽、先觉四黎之舍三首》。此外，夜中闻邻家子弟读书声，引起他极大的兴趣，特地去看视，极为欣喜，作诗记之（《迁居之夕闻邻舍儿诵书欣然而作》）。

苏轼对于草木禽兽也是喜好的，还有许多有关饮食的诗（如饮茶诗、豆粥诗等）。足见他对生活强烈的爱。不是消极厌世，而是乐观爱物的。

苏轼笃于友情，尤其对于子由，兄弟之爱最深，他有“我年二十无朋俦，当时四海一子由”之句。和子由在一起时，常常作诗，表示他们的归楫之愿。但因宦游，他们之间是会少离多，以不得早偿归田之约为憾。每见面必流连数日，别后则随时书诗酬答，永无间断。苏轼于与子由诗中最亲切倾诉他的衷怀。此外，苏轼笃于交游，对长辈如欧阳公、张方平始终敬仰。其友好有孙觉、王巩、文同、王晋卿、赵德麟、李常、黄庭坚、秦观等，常酬答作诗，诙谐说理，如谈吐然。

苏轼爱好艺术，他自己工书画，有许多题画诗，如《书王定国所藏〈烟江叠嶂图〉》，是一篇自然奔放的七古名作（此画为苏轼友人王晋卿所作）。又如为名僧惠崇的春江晚景图的题诗《惠崇〈春江晚景〉二首》之一，“竹外桃花三两枝，春江水暖鸭先知。蒌蒿满地芦芽短，正是河豚欲上时”亦是名篇。韩干善画马，文同善画竹，他也有题诗。他精通艺术理论，有许多吟咏吴道子画的诗，对王维、吴道子的画有精辟的评赞。

历来对苏诗评家众多。如沈德潜云：“苏子瞻胸有洪炉，金银铅锡，皆归熔铸；其笔之超旷，等于天马脱羁，飞仙游戏，穷极变幻，而适如意中所欲出，韩文公后，又开辟一境界也。”（《说诗晬语》卷下）

赵翼云：“大概才思横溢，触处生春，胸中书卷繁富，又足以供其左旋右抽，无不如志。其尤不可及者，天生健笔一枝，爽如哀梨，快如并剪，有必达之隐，无难显之情：此所以继李、杜后为一大家也。”（《瓯北诗话》卷五）

结合两家的评论，我们来分析一下苏诗的特点：

一、题材丰富。苏轼博学多能，他是他的时代文学修养极高的文人。于经史子集、释道经典，无所不窥，加以到处宦游，生活经验丰富，所以他的诗也包罗万象，内容丰富。山川名胜、草木鸟兽，都有题咏，为李杜以后的一大家。沈德潜所谓“金银铅锡，皆归熔铸”是也。题材和博物知识只是原料，“熔铸”是艺术的处理。他以诗人的观点、诗人的感受了解和表现世界与人生。

二、能达。苏轼以为文学要“达”。他说：“孔子曰：‘言之不文，行而不远。’又曰：‘辞，达而已矣。’夫言止于达意，即疑若不文，是大不然。求物之妙，如系风捕影；能使是物了然于心者，盖千万人而不能一遇也，而况能使了然于口与手者乎！是之谓辞达。辞至于能达，则文不可胜用矣。”（《答谢民师书》）苏轼诗歌纵横曲折，无不能达。正如赵翼谓：“天生健笔一枝，爽如哀梨，快如并剪，有必达之隐，无难显之情。”就是说他的诗能够爽快达意，达他人所不能达者。苏轼云：“某平生无快意事，唯作文章。意之所到则笔力曲折，无不尽意，自谓世间乐事，无逾此者。”（何薳《春渚记闻》[1]所引）东坡虽然在说他的文，也可以论到他的诗。他的诗也是笔力曲折，无不尽意，大概以散文的风格写诗。用散文的作法写诗，是宋诗的一个特点。这个特点远从韩愈开始，配合古文运动的发展延续下来。所以宋诗多议论、多说理。苏诗以说理、议论畅达见长。不过诗到底和散文不同，散文纯用论辩逻辑达意，而诗之达在“求物之妙，如系风捕影”。并不只是形似，而是要表达出其精神实质，所以

---

[1] 应为何薳《春渚纪闻》。——编者注

他吟咏山水、人物，都能表现出神韵与动态。他以为最善者能体贴物情、畅达物情，如“竹外桃花三两枝，春江水暖鸭先知”，寥寥数字，生动有致，可谓善于体贴物情，是一种达。“三过门间老病死，一弹指顷去来今”，十四字达尽感慨之情，深入浅出。“有如兔走鹰隼落，骏马下注千丈坡”，借用修辞手段写水一泻千里奔放之势，也是一种达。达不只是达意，不但在说理方面。在抒情、描写方面都求达，即是表现力。即以语言作为工具而表现物象、表现情绪、表现思想的意思。

三、多妙悟。苏轼诗多妙悟，含哲理，有理趣。他以诗人的眼光、诗人的感受能力观察世界，了解人生生活，有许多妙悟。例如“横看成岭侧成峰，远近高低各不同。不识庐山真面目，只缘身在此山中”（《题西林壁》），在山景的形象描绘中寄寓着耐人寻味的理趣，实精辟妙悟之言。“人生到处知何似，应似飞鸿踏雪泥。泥上偶然留指爪，鸿飞那复计东西”（《和子由渑池怀旧》），以鸿飞来比人生之际遇，这就并非诉诸感情，而是托于哲理了。苏轼主张自我解放，游于物外。他对于艺术包括诗的见解，不以求形似为满足，而要“得自然之数，不差毫末，出新意于法度之中，寄妙理于豪放之外”。他推崇吴道子，更赞扬“摩诘得之于象外”。得于象外，便能够自由解放。沈氏所谓“等于天马脱羁，飞仙游戏”，即是诗意不受题材拘束，能求得象外的真理，而妙悟也须如此。宋诗使人悟理，唐诗动人感情。我们读苏诗，获得许多智慧。“自言静中阅世俗，有如不饮观酒狂。”“吾虽不善书，晓书莫如我。苟能通其意，常谓不学可。”凡此均似得道言者，其所谓道，即象外、物外，超旷之道，亦即庄子之道。而此道与诗相通，与书画艺术亦相通也。

苏轼观物之妙，求物之妙，于日常现实生活的小事物中，发挥其人生哲学，于诗中往往发出其对事物的妙悟，也就是深微的理解。苏诗亦多议论，并不干枯，而是高超旷达的。他用艺术家的态度，爱好人生，摆脱功名富贵的追求，引导读者爱好自然与艺术。

四、善比喻。苏诗长于比喻，且立意新奇，不落前人窠臼。前述《题西林壁》以观庐山整体设喻，寓发新意。《和子由渑池怀旧》以“雪泥鸿爪”喻人生境遇，已成千古绝唱。苏轼有许多写西湖诗作，如“欲把西湖比西子，淡妆浓抹总相宜”，十分通俗、亲切，千百年来成为吟西湖的定评之作，再如“春风如系马，未动意先骋。西湖忽破碎，鸟落鱼动镜”“微风万顷靴纹细，断霞半空鱼尾赤”“船上看山如走马，倏忽过去数百群”“岭上晴云披絮帽，树头初日挂铜钲”。有静看，有动观，山如马，湖如镜，晴云如絮帽，初日如铜锣，喻义贴切，栩栩如生。再看《百步洪》诗中“长洪斗落生跳坡，轻舟南下如投梭。水师绝叫凫雁起，乱石一线争磋磨。有如兔走鹰隼落，骏马下注千丈坡。断弦离柱箭脱手，飞电过隙珠翻荷”，诗中一连串的生动比喻也令人赞叹不已。

五、诙谐。有人说苏轼“嬉笑怒骂皆成文章”。苏轼的人生观是达观主义的，他襟怀旷达，写起诗来“触处生春”，妙语诙谐。石苍舒喜欢写字，筑醉墨堂，日夕学书，草书颇有成就，请苏轼作诗论书法。苏轼送他诗曰：“人生识字忧患始，姓名粗记可以休。”借项梁告诫项羽书不足学的故事幽默地开了头，诗结尾说“不须临池更苦学，完取绢素充衾裯”。又很风趣地说，不须像张芝那样在绢帛上苦练书法，可以用绢来作被褥。苏轼以花甲之年谪居海南之儋耳，难得肉食，人很清瘦，得知同遭贬谪的弟弟人也很瘦，于是作《闻子由瘦》一诗云："海康别驾复何为？帽宽带落惊童仆。相看会作两臞仙，还乡足可骑黄鹄。"达观坦然，机趣横生。

六、多用典故。苏轼读书极博，作诗"我诗写我口"，譬如说话一样。因其书卷功夫深，谈吐自雅，多用典故，长人知识。苏轼博学多才，历史掌故、博物知识在诗中运用自如，有书卷气，正如赵翼所谓"胸中书卷繁富，又足以供其左旋右抽，无不如志"。

宋人多读书，因此作诗善用典故，而摆脱声色，即宋诗比唐诗朴素，不尚声调铿锵与对偶工整、色彩绚烂的风格，同时却以书史典故充实其间，使不浅俗。苏黄此类作风尤甚。

东坡不能饮酒，所以和李白的醉酒高歌不同，和陶渊明也不一样。同时因为多谈时事怕遭祸，所以他的诗与杜甫的又不同。没有杜甫结合时代大事的忧愤牢骚，也没有李白那样放浪。他的诗在平凡的生活里，触发许多人生的智慧，契合人情，此所以对于后人的影响特大。

苏诗也有缺点：一、说意太尽，缺乏含蓄蕴藉之致（太求达意）；二、议论多，诉诸理智，则感情不足；三、用典太多；四、多步韵诗，连篇累牍，太轻易。有佳句，不能全篇都好。

苏轼的词

词最初只是小曲，写男女爱情，写相思、别离或幽会，写都市的繁华、风景的秀美和民间的习俗，是用于浅斟低唱。苏轼推动了词的发展，扩大了词的范围。他以古文的笔调来写诗，又以写诗的笔调来写词，扩大了词的题材和意境。苏轼的词无所不写，吊古伤时，悼亡送别，说理咏史，山水田园或自伤身世，内容广泛，一扫艳词柔靡之陋。东坡居士词，“横放杰出，自是曲子中缚不住者”（晁无咎语）。当然他的词也可以歌唱，因为他无论写小令、长调都合于音律，不过也可以不必歌唱的。他只是利用长短句法的流动变化的形式来写抒情诗罢了。这又表现了苏轼的自由解放的性格。我们可以说他的词是脱离音乐的解放诗。

当时，柳永的词是当行本色，婉约而纤丽，苏轼写的则是怀古之类的“大江东去”，豪放得使人有“天风海雨逼人”之感（陆放翁语）。《吹剑录》云：

> 东坡在玉堂日，有幕士善歌，因问："我词何如柳七？"对曰："柳郎中词只合十七八女郎，执红牙板，歌'杨柳岸，晓风残月'。学士词须关西大汉，铜琵琶，铁绰板，唱'大江东去'。"东坡为之绝倒。

这里可以看出苏词、柳词的不同之处。苏轼写词"无意不可入，无事不可言"。他的词从思想内容到艺术风格都发生了变革，开创了一个词派，称为豪放派，与婉约派相对。

最能代表苏轼词作的是《水调歌头·明月几时有》和《念奴娇·赤壁怀古》。先看《水调歌头》：

丙辰中秋，欢饮达旦，大醉。作此篇，兼怀子由。

> 明月几时有，把酒问青天，不知天上宫阙，今夕是何年。我欲乘风归去，又恐琼楼玉宇，高处不胜寒。起舞弄清影，何似在人间。
>
> 转朱阁，低绮户，照无眠。不应有恨，何事长向别时圆。人有悲欢离合，月有阴晴圆缺，此事古难全。但愿人长久，千里共婵娟。

写月夜醉后的心情。由月的神话故事，幻想乘风归去，自比如李白之为谪仙人。先是感叹人生苦闷、渴求解放的心怀。此后转到"又恐琼楼玉宇，高处不胜寒"，不若留在人间，表示对于人生的依恋，热爱此生，并不羡慕神仙，脱离现实（亦比《赤壁赋》中的思想）。下半阕咏月，从月的阴晴圆缺，比人生的悲欢离合，而以此事古难全为安慰。通彻于物理人情，然后得到超然的旷达的情怀。最后表示兄弟的永久怀念，互祝健康，“千里共婵娟”。此篇是对月怀人的最佳之作。曲折奔放，说理抒情兼胜。再看下一首《念奴娇·赤壁怀古》：

> 大江东去，浪淘尽、千古风流人物。故垒西边，人道是，三国周郎赤壁。乱石穿空，惊涛拍岸，卷起千堆雪。江山如画，一时多少豪杰！
>
> 遥想公瑾当年，小乔初嫁了，雄姿英发。羽扇纶巾，谈笑间、樯橹灰飞烟灭。故国神游，多情应笑我，早生华发。人间如梦，一尊还酹江月。

《念奴娇》一词，同《赤壁赋》。开头“大江东去，浪淘尽、千古风流人物”，豪放之至（关汉卿《单刀会》曾采用其词句）。“乱石穿空”五句，把长江风景概括写出，气势浩瀚。接着由怀古而思今，思古人而不见，叹今吾之易老。山川地理、历史人物、个人感想都融合在此篇中。吊古豪情逸致，一洗浅斟低唱脂粉气之陋。此类胸襟，非柳耆卿所能作。在这词里突出表现了东坡自己的形象、伟大的诗人的形象。

此二词，均接近于李白的诗。

人民热爱李白那样的诗人，同样也热爱苏轼那样的诗人。积极的浪漫主义是他们共同的特点。苏轼与李白不同的，李白有求仙思想，有建功立业、功成身退的思想；苏轼则不同，在诗词中处处表现其受仕宦的羁绊，而要求在苦闷中求解放耳。《临江仙·夜归临皋》词中云：“长恨此身非我有，何时忘却营营。夜阑风静縠纹平。小舟从此逝，江海寄余生。”期待解脱而获得精神自由是何等迫切。

苏轼词气韵沉雄豪放，突破了“花间派”的表现形式，也突破了它的描写内容。所以，有人说他的词“一洗绮罗香泽之态，摆脱绸缪宛转之度，使人登高望远，举首高歌，而逸怀浩气，超然乎尘垢之外。于是《花间》为皂隶，而耆卿为舆台矣”（胡寅《题酒边词》）。但也因此被目为“别格”，《四库提要》说：

> 词自晚唐五代以来，以清切婉丽为宗，至柳永而一变，如诗家之有白居易；至苏轼而一变，如诗家之有韩愈，遂开南宋辛弃疾等一派。寻源溯流，不能不谓之别格；然谓之不工则不可。

李清照批评苏词为“句读不葺之诗”。连出自苏门的陈师道也谓“子瞻以诗为词，如教坊雷大使子舞，虽极天下之工，要非本色”（《后山诗话》）。此局限于词为音乐小曲的词律派的见解，非笃论也。

但东坡词亦非一味豪放，也有极细腻、婉约的词。如《水龙吟·次韵章质夫杨花词》：

> 似花还似非花，也无人惜从教坠。抛家傍路，思量却是，无情有思。萦损柔肠，困酣娇眼，欲开还闭。梦随风万里，寻郎去处，又还被莺呼起。
>
> 不恨此花飞尽，恨西园、落红难缀。晓来雨过，遗踪何在？一池萍碎。春色三分，二分尘土，一分流水。细看来，不是杨花点点，是离人泪。

前半阕非常工细，后半阙大方、概括，仍细致。“春色三分，二分尘土，一分流水。细看来，不是杨花点点，是离人泪。”声韵谐婉，凄婉动人，比章质夫原作还好。对比之下，原作反显得有“线绣工夫”（《曲洧旧闻》），所以，王国维《人间词话》说：“东坡《水龙吟》咏杨花，和韵而似原唱。章质夫词，原唱而似和韵。才之不可强也如是！”此外，还有《洞仙歌》《贺新郎》。前者据苏轼自序，是他早年闻一老尼诵孟昶与花蕊夫人避暑于摩诃池上所作词二句，因足成之。“绣帘开，一点明月窥人；人未寝，欹枕钗横鬓乱。”亦旖旎风光之至（关于此词，可参考《阳春白雪》《乐府余论》《墨庄后录》《词综》诸书）。《贺新郎》“乳燕飞华屋”写闺情。前半阕写夏景，后半阙咏榴花，借以表达美人迟暮之感，亦细致（《古今诗话》谓此词是苏轼为官伎解围之作，《苕溪渔隐丛话》力驳其非）。此皆词的传统内容，而稍稍提高它的本质，大方浑厚，不伤纤巧。在这些词中也见到他的自然不羁的风格。

苏词除豪放外，又见清新。如《江城子》“天涯流落思无穷”首；《蝶恋花》“花褪残红青杏小”“簌簌无风花自堕”；《卜算子》咏雁，比兴深微，境界很高。

写到农民生活的，有几首《浣溪沙》“麻叶层层檾叶光”“簌簌衣巾落枣花”等，清新优美，情景交融。

怀念欧阳修的，有《醉翁操》（琴曲）；悼念他的妻子的，有《江城子》“十年生死两茫茫”；而寄怀子由的，还有不少首词，都是情感真挚的抒情小曲。

苏轼于词中不用典故。纯粹抒情，比他的诗更能深入浅出，容易理解与欣赏。

苏轼开创了豪放词派，他的词影响了南宋的爱国词人辛弃疾，两人并称为“苏辛”。

苏轼的词集叫《东坡词》，有《宋六十名家词》本一卷；又名《东坡乐府》，有《四印斋所刻词》本二卷及《彊村丛书》本三卷。

杂剧作家的时代分期

元代以前，中国戏剧的发展虽然已有了悠长的历史，但并无专门的剧作家产生，也没有完整的剧本传世。直到元蒙时期，涌现出近百数的戏剧作家。这些作家的作品，根据《录鬼簿》及《太和正音谱》的记录，约近五六百种。其中有些是无名氏的作品。这些只是有名的剧本。尚有民间散乐所制、教坊所编，随时代淘汰不见于目录的，应该还有不少的。所以元蒙八十多年的一个时代，剧本数目当近千数。

元剧的作家

元剧作家极盛。据钟嗣成《录鬼簿》，著录前辈名公才人，方今名公才人已亡者尚存者、相知者不相知者，散曲杂剧作家共计152人，其中有杂剧之作家89人，63人为只有散曲之作家。《太和正音谱》著录69人，作剧535种。《录鬼簿》所著录之杂剧则多约一百余种。此外尚有元人无名氏之作尚近百种，元剧著录共计有六七百种。

杂剧作家社会地位不一，有高有下。如关汉卿为太医院尹，庾吉甫为中书省掾，马致远为江浙行省务官，李文蔚为瑞昌县尹，戴善夫为江浙行省务官，刘唐卿为皮货所提举，此属于县尹省掾阶层的小官吏。又如赵公辅为儒学提举，高文秀为东平府学，郑德辉为儒，补杭州路吏。职位较高者，有李时中，为工部主事（亦不甚高），白仁甫，掌礼仪院太卿（此据《录鬼簿》，另处则云白氏隐居不仕），此类人皆知识分子而文学修养极高，如白仁甫，同时为一词家，然无一进士出身者。使在唐宋时代，即为李白、杜甫、欧阳修、苏轼之类诗文高手。既沉抑下僚，遂作戏曲。在文艺创作中他们获得了市民阶层的进步思想，同时提高了杂剧的文学价值。

《录鬼簿》中未注明职位之剧作家甚多，大概为平民阶层无官职者，或隐居不仕，或为小官吏，钟氏不详其官职而漏举者，或为书会才人。如郑廷玉、王实甫、纪君祥、康进之等。此外有史九散人为武昌万户（似贵族地主），有李直夫（蒲察李五）为女真人。又有赵文殷、张国宝、红字李二、花李郎四人则为倡优（教坊中人，为教坊色长、教坊勾管等）。而《黄粱梦》一剧则第一折马致远作，第二折李时中，第三折花李郎，第四折红字李二，是官吏与倡优合作的剧本。贾仲明《录鬼簿》吊词有“元贞书会李时中”云云，则李时中为元贞书会中的领袖，而红字李二、花李郎均为教坊刘耍和之婿。

元剧作家的分期

从《录鬼簿》著录来看，元贞（1295—1296）、大德（1297—1307）年间为元剧兴盛时期。元剧作家可分为前期、后期。以元贞、大德以前为前期，14世纪作家为后期。

王国维《宋元戏曲史》把元剧作家分为三个时期。他是按照钟嗣成《录鬼簿》而定的。钟氏分“前辈已死名公”“方今已亡名公”，“余相知者”“不相知者”，“方今才人”三类。第一类以关汉卿为首，第二类为宫天挺等，第三类为秦简夫等。王氏遂分为三期。实不妥。其实第二、三类均为方今才人，唯钟氏著书时有已死亡者，有尚存在耳。年辈相差不远，可合并为一期，如此即应分为两期。

1. 前期：《录鬼簿》卷上五十六人，称为前辈名公才人者属第一期，以关汉卿、高文秀、郑廷玉、白仁甫、庾吉甫、马致远、吴昌龄、王实甫、尚仲贤、杨显之、纪君祥、康进之等为代表，人才最盛。活跃在元贞、大德前及元贞大德之时。

2. 后期：卷下自宫天挺、郑光祖以下数十人为第二期。所谓方今才人，已亡者或尚存者，与钟嗣成时代相接，与钟相知或不相知者。以宫天挺、郑光祖、乔梦符、秦简夫、朱凯等为代表，剧作远较前期为少。

前期作家盛，后期作家寥落。前期作家生活在1300年以前，且大都是北方人；后期作家生活在1300年以后，其中有北方人有南方人，而居于南方者居多。前期杂剧活跃于大都，后期盛于杭州。此或钟嗣成居于南方，其相知之人偏于南方，故记录此期详于杭州耳。

元剧的数目

元人杂剧，《录鬼簿》《太和正音谱》著录共有六七百种，其中有无名氏之作品，难分元明之时代。约略言之，元剧有六百种左右。现有元剧的选集及总集：

1. 元刊本《古今杂剧三十种》（有影印本）

2. 明臧晋叔《元曲选》（有通行本）

3.《元明杂剧》（南京图书馆影印，六册）

4.《孤本元明杂剧》（商务排印本）

5.《元人杂剧全集》（卢前编）

合计共保存元剧一百三四十种。除有名姓作家之剧作外，其中还有不少无名氏的作品。

当时戏曲已提高到文学地位，名公才人所编戏为行院所应用，当然也有只作为文学写作，剧本未曾为勾栏中人所采用排演的。

关汉卿与《窦娥冤》

（节选）

关汉卿的生平和剧作

关汉卿是奠定元代剧坛基础的大作家，但他的生平材料却很少。

钟嗣成《录鬼簿》称："关汉卿，大都人，太医院尹，号已斋叟。"未著明年代。已斋，一作已斋。

与钟氏同时，比钟氏约后之杨维桢在其《元宫词》中有云："开国遗音乐府传，白翎飞上十三弦。大金优谏关卿在，伊尹扶汤进剧编。""大金优谏"，则为金末遗老。

陶宗仪《辍耕录》记关氏与王和卿同时，则为元中统（忽必烈年号）时人。

郗经《〈青楼集〉序》称，"我皇元初并海宇，而金之遗民若杜散人、白兰谷、关已斋辈，皆不屑仕进，乃嘲风弄月，留连光景。”亦以关氏为由金入元之人物，时代较早。

明蒋仲舒《尧山堂外纪》卷六十八则云：“（关汉卿）金末为太医院尹，金亡不仕。”未知所据。

按《太和正音谱》以关氏“初为杂剧之始，故卓以前列”。非在关氏前无杂剧，宋金杂剧渊源极古，乃关氏为元杂剧作家之首，即为元杂剧第一个作家。关汉卿当与白仁甫（白朴，号兰谷）约同时或较前，白朴生于1226年（据元王博文《〈天籁集〉序》，仁甫生七岁而遭壬辰之难）。金亡时年九岁。

关汉卿之生年约为1220年左右，金亡时年不过十余岁。其为太医院尹，身份在元代。《尧山堂外纪》所谓金亡不仕，未可信也。《太平乐府》有关汉卿《南吕一枝花》散套，咏杭州景，有：“普天下锦绣乡，寰海内风流地，大元朝新附国，亡宋家旧华夷。水秀山奇，一到处堪游戏”云云，非遗老口吻。汉卿至元朝一统宋亡时，年当在六十左右，南人与汉人在模糊观念下，目之为遗老云。

今定关氏之生卒年为1220？—1300？年为稳妥。

《尧山堂外纪》称关氏著有《鬼董》。又称《西厢记》是实甫撰，至“草桥惊梦”止，此后乃关汉卿足成者。王国维谓“《鬼董》五卷末有元泰定丙寅临安钱孚跋云‘关解元之所传’，后人皆以解元为即汉卿。《尧山堂外纪》遂误以此书为汉卿所作”。王氏谓“所传”非“所作”，亦殊牵强。关氏得解当在金末，至元惟太宗九年，其后废而不举者七十八年，按王氏必以解元为真解元，其说非也。

或谓关氏有《大德歌》散曲（见《阳春白雪》）十支，其末首云

“吹一个，弹一个，唱新行大德歌，快活休张罗”。“大德”为元成宗年号（1297—1307），元贞、大德为元代稳定太平之年时，关氏此曲作于大德时，则关氏大德时尚存，遂谓关氏之卒最早当在1307年左右，因此定关氏之生卒年为1224？—1307？，亦为一种推测的说法（《祖国十二诗人》冯钟芸文《关汉卿》）。而孙楷第则又据明钞说集本《青楼集》朱帘秀传有“胡紫山宣慰尝以《沉醉东风》曲赠，冯海粟亦赠以《鹧鸪天》，关已斋亦有《南吕》数套梓于《阳春白雪》”云云（今通行本《阳春白雪》无之，当存于别本），遂以关氏与胡祗遹、冯子振时代相接，约略同时，不能太早。亦与卢疏斋（挚）同时。结论谓关氏生当在蒙古乃马真后称制元年与海迷失后称制三年之间（1241—1250），其卒当在延祐七年之后，泰定元年以前（1320—1324）。（见《文学遗产》第二期，公元1954年3月。）

王季思考证，关氏生1227年以后，卒1297年以后。谓关汉卿《诈妮子》杂剧第二折〔五煞〕曲“你又不是残花酝酿蜂儿蜜，细雨调和燕子泥”二句见胡紫山《阳春曲》。紫山生于1227年，关氏引用他的曲词，当在胡氏成名之后，因此，他应生在1227年后。又关氏有《大德歌》十首，大德是元成宗1297年所改年号。元贞、大德为元代戏曲最盛的时期，关氏末首说“唱新行大德歌”，可见《大德歌》的得名与《庆元贞》同样。据此，关应卒于1297年以后。（《关汉卿和他的杂剧》，见公元1954年4月号。）

关于关汉卿的籍贯，除《录鬼簿》注大都人外，还有：

祁州人。《祁州志》乾隆二十年新修本卷八，有关汉卿故里条：关氏，祁之任仁村人，作《西厢记》脱稿未定而死。今任仁村有高庵一所，传为汉卿故宅。

解州人。《元史类编》三十六，文翰卷：关汉卿，解州人，工乐府，著北曲六十种。

祁州，今河北安国，旧称蒲阴县，宋属祁州，元中书省所属，即可称大都，解州则今山西解县。大概关氏久居大都，而晚年亦到过杭州。

冯沅君认为关汉卿可能有两个：一个解州人，金末入元，为遗老，如元遗山、杜善夫辈，于曲曾染指；一个是大都人，元时人，为人风流浮浪，能演剧，当生于1240年左右。

关氏少年喜游历，至晚年仍风流自赏，与王和卿、杨显之辈为友，有散套《南吕一枝花·不伏老》云："半生来折柳攀花，一世里眠花卧柳。"（《雍熙乐府》卷十）除作剧外，尚能扮演。臧晋叔《〈元曲选〉序》云："关汉卿辈……至躬践排场，面傅粉墨，以为我家生活偶倡优而不辞。"（票友身份）又贾仲明续《录鬼簿》吊词云："风月情忒惯熟，姓名香四大神州。驱梨园领袖，总编修帅首，捻杂剧班头。"

今诸种考证，尚不能得明确的结论。

我们定关汉卿为1220？—1300？为妥。生于陆游卒后约十年，金亡时仅十余岁（十四岁？）宋亡，元统一，年已六十年，故为元开国遗老也。

钟氏《录鬼簿》首录关汉卿，著录关剧五十八种。贾仲明续《录鬼簿》多五种少一种，为六十二本，两书合共六十三本。《太和正音谱》六十种，少《相如题柱》《玉堂春》二本而多《钱大尹鬼报》一种。故三书合，关氏剧本共约六十四本，现存有十七八种：

《窦娥冤》《救风尘》《切鲙旦》（即《望江亭》）、《鲁斋郎》《玉镜台》《谢天香》《胡蝶梦》《金线池》

——以上《元曲选》本

《诈妮子调风月》《单刀会》《拜月亭》《双赴梦》（《西蜀梦》）

——以上元刊本《杂剧三十种》本

《绯衣梦》

——顾曲斋《古杂剧》本

《裴度还带》（？）、《陈母教子》《五侯宴》《哭存孝》

——以上孤本《元明杂剧》复排本

《西厢记》第五本（？）

其中《鲁斋郎》一剧见《元曲选》，《录鬼簿》不著录，徐调孚疑此种非关作。另《西厢记》第五本无定论。《裴度还带》《五侯宴》二剧徐调孚亦疑之。另有《尉迟恭单鞭夺槊》一本，徐录入而亦致疑词。

关汉卿还有散曲作品。

关氏既为元剧第一个作家，而所作亦最多。由于关氏的伟大创作精神，开创元人杂剧的全盛时期，关氏奠定了剧坛基础。

关汉卿的代表作《窦娥冤》

现存的关汉卿剧本十八种中，《窦娥冤》是他的代表作品。王国维《宋元戏曲史》谓：“其最有悲剧之性质者，则如关汉卿之《窦娥冤》、纪君祥之《赵氏孤儿》。剧中虽有恶人交构其间，而其蹈汤赴火者，仍出于其主人翁之意志，即列之于世界大悲剧中，亦无愧色也。”《窦娥冤》描写一个善良无辜的妇女，受迫害不屈而死，具备悲剧的本质。

《窦娥冤》的题材，无他书可证。此故事不见于笔记、话本，但来历很悠久。此剧当是取民间流传的故事，而关氏加以处理经营者。

窦娥故事的来源最为古远：

（1）《汉书·于定国传》中东海孝妇的故事。因为冤杀了一个孝妇，东海郡枯旱三年。

（2）干宝《搜神记》记东海孝妇周青被冤杀，临刑车载十丈竹竿，上悬五幡，对众誓愿：青若有罪，血当顺下，青若无罪，血当逆流。

（3）《淮南子》："邹衍事燕惠王尽忠，左右谮之王，王系之狱；仰天哭，夏五月，天为之下霜。"（《太平御览》卷十四转引）又，张说《狱箴》："匹夫结愤，六月飞霜。"

凡此，皆冤狱感动天地的故事。由于一个冤狱，天降灾变，使六月飞霜，使血飞上旗，使大旱三年，都出于民间传说。想来，关汉卿并非捏合此数事以创造此剧本的故事，乃是东海孝妇等的故事在民间流传着，渐渐取得窦娥故事的形式，而关汉卿取之以为剧本的题材，而加以剪裁，写成此剧，并非他凭空架构的。

《窦娥冤》的故事有深厚、悠久的民间文学基础。元人杂剧故事都有深厚的民间文学基础。

由周青而变为窦娥，神话式的故事到关汉卿的创作里成为现实主义的作品。《窦娥冤》以一个微小的人物被冤死而感天动地，具有深厚的人民性。

《窦娥冤》未说明它的时代，说窦天章上京赴考“远践洛阳尘”，设想时代在东汉。楚州山阳郡是宋代地名（今江苏淮安县），时代不明。所写的社会情况是宋元社会。《窦娥冤》具体地描写了小市民的生活现实，真实地暴露了当时社会的黑暗。《窦娥冤》所反映的社会现实是宋元时代的社会，不是汉朝、魏晋时代。尽管窦天章赴考是去洛阳，而不去汴都或大都。像窦娥、蔡婆婆、赛卢医、桃杌太守、窦天章、张驴儿等这几个人物是宋元时代的人物。

蔡婆婆所放的高利贷，一年对本对利的。这是元代所通行的“斡脱钱”，又称“羊羔儿息”。高利贷的剥削使得贫者益贫、富者益富，是促使阶级尖锐对立的一个原因。这是迫害平民最厉害的东西。其次，加重人民灾难的是到处横行的贪官污吏。据《元史》载：“成宗大德时，七道奉使宣抚使罢赃官污吏万八千七十三人。顺宗时，苏天爵抚京畿，纠贪吏九百四十九人。”（见钱穆《国史大纲》下）又据史载，元大德七年，就有冤狱五千七百件之多（《文学遗产》增刊一辑，李束丝《关汉卿底〈窦娥冤〉》）。元时差不多无官不贪，包括蒙古人、色目人、汉人、南人的官吏，贪污成为风气。大德在元代还称作是开明兴盛的时期，尚且如此，其他可知。剧本中虽然没有正面攻击高利贷，通过这样一个悲剧性的故事，自然可以看出高利贷剥削是一个罪恶因素。窦天章为了向蔡婆婆借债不能偿还，因此把女儿割舍了，送入死地；蔡婆婆向赛卢医讨债，几乎被勒死；财富和女色引起了不良之徒的觊觎，而最终断送了窦娥的性命。张驴儿父亲被错误地毒死，张驴儿以后被凌迟处死。这几个人的丧失生命直接间接都和高利贷制度有关。至于贪官污吏，在元代更为普遍。在本案里，虽然没有写到桃杌受张驴儿贿赂，可是作者刻画桃杌太守云：“我做官人胜别人，告状来的要金银”，“但来告状的，就是我的衣食父母。”寥寥几句话就知道，他不但是个糊涂官，而且是个贪官。糊涂—贪污—残酷，三位一体。在那个时代，贪官污吏普遍地存在，冤狱不知道有多少，所以窦娥和桃杌等都有其典型的意义。屈打成招是常事，窦娥被打得“肉都飞，血淋漓，腹中冤枉有谁知！……天那，怎么的覆盆不照太阳晖”！呼天抢地，见不到光明，眼面前只有一片黑暗。窦娥愤怒呼喊道：“这都是官吏们无心正法，使百姓有口难言。”“这的是衙门从古向南开，就中无个不冤哉！”这些都是强烈的正面攻击贪官污吏的话。

通过窦娥这样一个善良可爱的女性所受到的种种不幸的遭遇，使我们认识到那个社会的本质。毫无疑问，反抗的矛头是指向统治阶级的。这是《窦娥冤》的现实主义和它的人民性之所在，而且它的现实性和人民性比《西厢记》更高。因此，《窦娥冤》这个剧本一向为中国人民所爱好，直到现在京戏里还有《六月雪》这一个剧本。窦娥成为在封建社会里被压迫而有强烈反抗性的女性的一个典型人物。毫无疑问，《窦娥冤》是为人民服务的一个剧本，不是为统治阶级服务的剧本。剧的末尾，窦娥唱道：“从今后把金牌势剑从头摆，将滥官污吏都杀坏，与天子分忧，万民除害。”又窦天章白：“今日个将文卷重行改正，方显得王家法不使民冤。”这里似乎又有肯定统治阶级的话，我们不能如此看。这个剧本申诉出被压迫的人民的愿望，用坚强无比的斗争精神，促使统治者的反省。在封建社会里有没有清官呢？当然是可能有的，但是少数。剧本借窦娥之口说过“衙门从古向南开，就中无个不冤哉！”冤狱倒是普遍的，窦娥血债得以申雪，靠冤死者鬼魂的控诉，足见人间许多冤案是不能得到昭雪的。所以窦娥得以申冤，借助于天地的力量。由于她的控诉，感动了天神，显出威灵：楚州大旱三年，冥冥之中，正义得申。固然人民受灾害，也影响了统治者的剥削，于是方始有廉访使的查案（东海孝妇的故事便是如此）。冤狱得申，这是偶然的。所以，《窦娥冤》剧本无一歌颂统治阶级的话，非常显然。作者的立场，自在人民这一边。

按照统治阶级的立场，像窦娥那样一个微小的市民算不得什么，冤枉杀死一个小民，有什么关系？古书上说：“邹衍下狱，五月飞霜。”邹衍是一位谋臣，有了不起学问的人。《前汉书平话》说吕后杀了韩信，“其时，天昏地暗，日月无光”。这些都是冤枉所感召的。而窦娥哪能比邹衍、韩信？窦娥这样一个童养媳、寡妇、小市民的身份，竟能够感天动地。这种民间故事以及发挥民间故事的关汉卿的剧本都体现了人类平等、人民要求有人权保障的民主思想（人命关天关地，不管是大人物或是小百姓）。

《窦娥冤》属于公案剧、社会剧，以冤狱为主题。它控诉冤枉，希望能使人心—天道—王法三者合一没有矛盾，主要以合乎人心为衡量的尺度，统一矛盾，求致封建社会的太平天下。用新观点、用阶级分析来看，这个剧本的主题应该是小市民对官僚统治的斗争。围绕这个主题，错综复杂地描写了其他各方面的真实社会风貌，有丰富的现实内容，主要是揭露那个时代的黑暗面，人民的生活普遍的都很苦。

剧中人物除窦娥外，其他都说不上是正面人物。赛卢医、张驴儿是反面人物。张驴儿更为无赖。桃杌太守是反面人物，糊涂官。蔡婆婆是高利贷者，但在此剧中并非纯为反面人物，其人似乎还善良，待窦娥不错，婆媳的感情，同于母女。可是她很软弱，不能反抗张驴儿父子，甚至不止一次地劝窦娥顺从张驴儿，乃是没见识的庸碌之辈，是一城市居民的形象。窦娥对她也有不少讽刺。对于窦天章，关汉卿并没把他作为反面人物写，而是作为正面人物的。这是因为关汉卿是读书人，也属于士这个阶层。知识分子求找出路，为统治阶级服务，结果是自己的女儿受屈而死，这是极惨的，所以寄予同情，可是，也并没有歌颂他。窦天章这个人物，与包公有别，包公是一个清官，体现人民的愿望，窦天章不然，他是个悲剧人物。他热衷于功名富贵，用女儿抵债，等于卖掉，把自己唯一的骨肉抛弃了。第四折中窦娥的冤屈得以昭雪，是由于窦娥的主动，窦天章完全被动，几度把案卷忽略过去，而鬼魂又把此卷弄上来。此景凄惨阴森。他读古书、讲礼教，非常迂腐，自己把女儿送死了，还在教训女儿鬼魂用三从四德一套大道理。关汉卿在剧里让他大讲其三从四德，怕也有讽刺意味。

窦娥是正面人物，她是代表贞孝兼备的封建道德的完美人物，也是封建制度、封建道德下的被压迫者、牺牲者。她是最受压迫的。在封建时代，女性受压迫是普遍的，而她呢，又是幼年丧母，离父，为童养媳；早婚，为寡妇。凡女性的种种不幸集于一身，后来又受强梁的蓄意欺侮与太守的酷刑。但是她的性格，从关汉卿剧中所塑造的，是聪明、勤劳、稳重、仁慈、勇敢、坚贞不屈，有女性的种种美德。她聪明，有见识。如识透张驴儿父子之为人，劝婆婆不应该留着他们，识透毒药出于张驴儿之手。到官对答清楚，分析事理明白。她富于感情，如对于父亲、对婆婆、对已亡的丈夫的感情，都充分表现出来。她坚贞不屈，不肯顺从张驴儿，遭毒打也不肯招。她有反抗性，如责问天道，立下誓愿；变鬼要求昭雪，报复仇人。有这样美德的窦娥而有那样的遭遇，所以怪不得要埋怨天地，认为天地也糊涂了盗跖颜渊，欺软怕硬，顺水推船的了！天地是不是如此呢？一般说来，是如此的，所以古今不平的事真多。而《窦娥冤》这个悲剧有普遍的人民性，这也是一个原因。

有人认为关汉卿在这个剧本里宣扬贞孝观念，不能算是进步的。在市民文艺里，进步的思想表现在好几个方面。反恶霸、反贪官污吏是一种人民立场；反礼教，表现自由婚姻的又是一种进步思想。《窦娥冤》不是爱情戏剧，不以婚姻为主题，并不妨碍它是一个优秀剧本。窦娥被塑造为贞孝性格，乃是一个典型性格，她是封建时代的完人（标准的优良品性，具备真实封建道德者），因而她的被迫害，更能够获得观众、听众的同情心，达到戏剧的效果。这本戏是严肃的，是悲剧型的。关汉卿有《救风尘》《切鲙旦》这样的喜剧，并不以贞为女性道德。《救风尘》中宋引章，既嫁周舍后，又改嫁安秀实。《切鲙旦》中女主角谭记儿是极聪明伶俐的，她原是寡妇，改嫁文人白士中。关汉卿剧中的女性人物，各有不同，不过在《窦娥冤》剧本中要求一个贞孝性格女性而已，并不宣扬贞节思想。即有，在剧本中是次要部分。

窦娥对丈夫有感情是自然的，对张驴儿憎厌也是自然的。

窦娥对蔡婆婆是好的，但说不上怎样孝顺，不失礼教而已。此与她出身有关，她是读书人的女儿。她不忍蔡婆婆挨打而屈招了，乃是对老年人的一片怜悯仁慈之心，所谓恻隐之心，人皆有之。这是一种伟大的自我牺牲精神和人道主义精神所驱使，并不是服从封建礼教中孝道的教条。她想虽一时招了，免去严刑拷打，未必即成定狱。此意在第四折中窦娥鬼魂补说于父亲前，谁知官吏们糊涂无心正法呢？

桃杌既没有受贿，为什么要毒打逼供呢？不认真、糊涂是一个原因。因为人命案件，必须要破案的，有人抵命的。所以，马马虎虎能定罪就好，出于屈打成招的一途，其事如《错斩崔宁》一样。法律重人命案，但不求细心勘案，则草菅人命。

血溅、飞雪、三年之旱，并非追求浪漫。在中世纪人们的思想意识中有天神、鬼的存在。鬼报仇，同《碾玉观音》，而更为凄惨。此因市民力量还薄弱，未形成资产阶级，封建约束力大，所以市民与封建统治阶级的斗争一般的是悲剧性的，只能在天道和鬼神的帮助之下，得到胜利。反封建势力而包含有封建思想，如天道、鬼神、命运、善恶报应思想等，这是当时的实际。鬼魂出现一场是浪漫主义手法，体现人民的愿望，整个剧本仍是悲剧，这种誓愿报应的思想，和希腊悲剧的有些主题是相仿的。

由于窦娥的强烈反抗，责问天道，使天应验其三个誓愿，这是神话式的处理，以及第四折鬼魂出现平反案卷的场面，都带有浪漫主义（理想主义）色彩，也是现实主义精神的继续。第三、四折悲剧气氛非常浓厚，演出效果是很好的。亚里士多德对于希腊人喜欢看悲剧的解释，认为有purification（净化）的效能，这里也可以应用。

到底“天从人愿”，天不主动，天的作为，是人心、人的意志感召的结果，人是主动的。因而，这个剧本还是积极的，并非迷信的、消极的。

结末表示愿金牌势剑把天下滥官污吏都杀尽，为天子分忧，为万民除害，是正旨，是儒家思想。此剧把天心、人意、王法统一起来，并未根本推翻封建制度，只是要去除封建社会中最为人民痛恶的一些痼疾。其进步意义在此，其局限性亦在此。

本剧结构严密，故事情节并无勉强巧合之处，逻辑因果，都合乎当时的社会现实。曲词是通俗的，没有华丽铺张的毛病。词曲到此，已经做到十分接近大众口语，其中最精彩的是第三折。

《窦娥冤》有不朽的生命，一直活到今日的剧坛。唯从《窦娥冤》到《六月雪》，故事有改动，悲剧气氛冲淡了，不如关氏原作之佳。《窦娥冤》一剧到明代传奇中改为《金锁记》，今不存全本。情节不完全知道。据程砚秋最近所排《六月雪》戏，大概即据明代传奇古本的。情节与关剧不同，张驴儿为蔡家女佣工之子，张随窦娥之夫上京赴考，途中陷之，推入河中，蔡郎并未死，而张归即以不幸闻。此后又计谋蔡婆婆，欲毒死她；蔡婆不吃此汤，递与张母吃了，张母死去。张驴儿欲霸占窦娥，窦娥不从，遂鸣官，屈打成招，判死罪。因对天鸣冤设誓，六月飞雪，遂被放回，未斩。其后，海瑞来重审，把事弄明，张驴儿判死刑。窦娥之夫中举回来，团圆结局。此类改本，实无可取。把强烈的斗争性，全给冲淡了。

王实甫和他的《西厢记》

（节选）

《西厢记》作者王实甫

元人杂剧数百种，在元代著名及演出者不少佳作，唯《西厢记》最为一般人所传诵。而北《西厢记》在明代刻本亦最多，是多数读者所喜爱的剧本，也是元剧中长篇巨型的剧本。

以作《西厢记》著名的王实甫，亦属于前期的元剧作家。《录鬼簿》著录王实甫次第第十，在马致远、吴昌龄后。但著“大都人”三字，不名官职及事迹。著录王作杂剧十四种，中有《崔莺莺待月西厢记》一种。相传《西厢记》五本，有关作王续、王作关续之说。谓王作关续者，因《西厢记》传为王实甫的作品，而第五本文笔不类，较差，遂谓关汉卿所作。以为关作王续者，因关汉卿时代较前，故而又移作此说。按《录鬼簿》于关剧六十种左右之剧目内，无《西厢记》一种。所以《西厢记》部分为关作实无所据。《西厢记》应全属于王实甫名下，而王实甫之时代应与关汉卿相接而略后，假定与马致远同时，定为1240？—1320？相差应不远。

天一阁抄本《录鬼簿》（即贾仲明续《录鬼簿》）于王实甫名下除“大都人”外，多“名德信”三字。知王实甫名德信，字实甫，但仍未明官职。著录杂剧十二种，少《破窑记》及《娇红记》二种。

《太和正音谱》谓王实甫之词“如花间美人”，著录杂剧十三种，无《娇红记》。

《录鬼簿》著录《崔莺莺待月西厢记》，未注本数；《太和正音谱》著录《西厢记》亦未注本数。

今北《西厢记》共有五本，此为特例。相传吴昌龄《西游记》有六本。《录鬼簿》及《太和正音谱》吴昌龄下皆有《西天取经》，未注本数。今《西游记》杂剧六本，或考定为杨景贤作（杨为明初人）。

王实甫身世无考。据《录鬼簿》属于前辈名公，亦为元初作家，元杂剧前期作家。王季思考谓其引用白无咎《鹦鹉曲》，大德年间尚存（白氏《鹦鹉曲》作于公元1302年，王氏《丽春堂》第三折有“想天公也有安排我处”及“驾一叶扁舟睡足，抖擞着绿蓑归去”句，皆用白词。公元1302年为大德六年）。又《西厢记》杂剧终场“谢当今盛明唐圣主”，金圣叹批本作“谢当今垂帘双圣主”，陈寅恪谓“双圣主”谓元成宗和布尔罕皇后（成宗多病，布尔罕皇后居中用事），则《西厢记》作于大德年间（1297—1307）。王季思谓王实甫之年代应与白无咎、冯子振不远，比关汉卿、白仁甫为晚。

然“谢当今盛明唐圣主”句弘治本，明刘龙田、张深之三本均如此。金圣叹批本改作“谢当今垂帘双圣主”，不知所据。陈寅恪据以考据，亦非。

孙楷第《元曲家考略》据苏天爵《滋溪文稿》卷二十二，《元故资政大大中书左丞知经筵事王公行状》（王公为王结），知王结之父名德信，因疑此王德信即王实甫。王结为名臣，易州定兴人，徙家中山，武宗时官至辽阳行省、陕西行省参知政事，中书参知政事。文宗时罢政，顺帝时复拜中书左丞知经筵事。至元二年（公元1336年）正月卒，其父王德信则治县有声，擢拜陕西行台监察御史，与台臣议不合，年四十余即弃官不复仕。苏天爵作此王结行状，在至元三年（公元1337年），其时王结父德信及其妻张氏皆尚在，其年至少亦近八十云云。

按：德信之名，极为普通，未必即曲家之王实甫。苏天爵未言此德信之字为实甫也。又时代亦较晚，至1337年尚在，生年当在1260年左右。而《录鬼簿》正、续编作者钟、贾二人于戏剧家知识较多，如王实甫官至陕西行台监察御史，当为注明，何以一无所知，或漏而不举。其为易州定兴人，留家中山（金元时中山府即今定州市，属保定道；定兴县亦在附近，可通称大都人），不能据为定论。

或又以王实甫即王和卿者，绝非。

王作剧目存十四种，今存《西厢记》五本、《丽春堂》一种和《破窑记》一种。《芙蓉亭》《贩茶船》各有一折在《雍熙乐府》中保存。

《西厢记》的思想性与艺术性

《西厢记》是元曲中最通俗流行的一个剧本，从王实甫到现在已经有六百多年。西厢故事是为中国人民所普遍爱好的。不过向来一般人爱读《西厢记》，因为它是写才子佳人的文学作品，故事情节曲折，王实甫的辞章华美而已。贾仲明吊王实甫云："作词章风韵美，士林中等辈伏低。新杂剧，旧传奇，《西厢记》天下夺魁。"金圣叹推王实甫《西厢记》为第六才子书，而切去它的团圆结局，至草桥惊梦为止，对前四本也不少改窜。金圣叹批改《西厢记》，《第六才子书》是通俗流行的，他的批改本是宣传他的唯心论的世界观的，归结成人生如梦、无可奈何的消遣。他把《西厢记》不曾当作淫书，是他的进步，而是把它当作闲书，当作非现实的东西，是文人才子梦境的书！

向来古典文学不少优秀的作品、伟大的创作，是被封建时代的正统派批评家所歪曲了的。例如《诗经·国风》里面充满了健康的爱情诗，或者被看作"后妃之德"，或者被看作淫奔之诗。

《西厢记》在旧社会，或被看作淫书，或被看作闲书。《西厢记》不是一部淫书，因为《西厢记》里面的爱情是真挚的，不是玩弄性的。男女是平等的，一对一的，爱情与婚姻是统一的。《西厢记》不是一部闲书，因为并不单是提供勾栏里面演出娱乐消遣的东西，这里面有血有泪，展示了在封建礼教的压迫下，一对青年男女，如何为了追求自由幸福的生活而斗争，终于达到完全胜利的、符合人民大众愿望的喜剧效果。《西厢记》是古典现实主义和积极的浪漫主义结合的文艺创作。《西厢记》有浪漫主义成分，因为莺莺的美貌多才，张生的才学和热烈追求，红娘这一个丫头角色，以及孙飞虎的包围普救寺，郑恒的触阶自杀等，都是不太寻常的。说它是现实主义的作品，因为人物性格都是真实典型，而情节布局都是入情入理，没有巧合和离奇古怪的部分。

《西厢记》以才子佳人为主角，这是采取了前代相传的传奇故事。元人杂剧的爱情剧，从唐人传奇和话本小说中取材，男女主角以才子佳人为多，一般的平民老百姓的爱情还没有被取为题材（直到明代小说），这是时代的限制。《西厢记》中有“才子佳人信有之”的曲文，但是我们不能把它当作才子佳人剧。因为后世的才子佳人戏剧、小说越来越趋于公式化、概念化，而《西厢记》反映了生活真实，是追求人性解放，不庸俗的。事实上，爱情并非只是才子佳人的特权，这部作品有反封建的普遍性。作者发下一个宏愿：“愿普天下有情的都成了眷属。”张生、莺莺的故事不过树立了一个斗争的典范而已。

反对父母之命、媒妁之言的门当户对的封建婚姻制度，冲破礼教束缚，追求以爱情为基础的自由美好的婚姻是《西厢记》的主题。

《西厢记》的主题是爱情。爱情也是文学中的一个主要题目。欧洲文学从《荷马史诗》开始，十年战争为了男女爱情的争夺。中国《诗经》里面也多情诗。后来中国诗的发展，和民歌距离远，成为士大夫抒情达意的工具，因此在正统派的诗里面，充分反映士大夫的思想意识、士大夫的生活。政治是重要的题材，大诗人杜甫、李白、白居易很少写情诗。散文方面，尤其是古文，文以载道言志，很少写爱情的。古典文学在这方面显得贫乏。主要由于：① 中国封建社会礼教严，男女接触很少，没有社交，没有交际；② 中国古典文学中的士大夫文学，作者没有爱情生活，只有政治生活，没有生活，就写不出东西来。俗文学，也是市民大众文学的戏曲、小说中以爱情为主题的作品，非常之多。所谓言情之作，如《西厢记》《牡丹亭》《红楼梦》，是其中突出的。以爱情为题材的文学来自人民大众，原始社会中就有情歌、舞蹈；《诗经·国风》、汉乐府的情歌都很健康；《楚辞》湘君、湘夫人的情歌，缥缈空灵，爱而不见，情志缠绵的；南朝乐府中的民歌，如《子夜歌》《懊侬曲》等，都以男女欢爱、诀别为内容，是天真的。而此时产生的宫体诗，不免有轻艳。唐宋小曲由妓女歌唱，都是言情之作。元代散曲有许多采自民歌，或由通俗文人所作为妓女歌唱，庸俗的也不少，色情、秽亵的部分也不免。狎客妓女的接触，缺乏精神上的恋爱，因此情歌就流于色情。所谓风流，原本是一个好名词，后来成为偷香窃玉的代名词了。

在中国漫长的封建社会时代，在旧礼教的统治下，青年男女没有公开社交的机会。爱情成为一种禁忌，婚姻不自由，必须服从礼教。或者是买卖式的，或者是掠夺式的婚姻，给女性以压迫和迫害。《西厢记》反对这些。老夫人是代表封建礼教的典型人物，把一个女儿“行监坐守”，提防拘系得紧，只怕她辱没了相府门第。莺莺处在精神牢狱里面。《西厢记》描写了在旧礼教压抑下的女性，如何地想挣脱这精神牢狱的枷锁。孙飞虎是想用暴力欺压女性、企图实行掠夺婚姻的反面人物。豪强掠夺，尤其在金元时代异族统治下，这种现象是普遍的。《西厢记》里的莺莺、张生、惠明是向掠夺、残暴的统治势力斗争的。老夫人在普救寺被围时，无可奈何，说要把莺莺许配给能退贼兵的人，但是孙飞虎退了，她又反悔起来，“先生纵有活我之恩，奈小姐先相国在日，曾许下老身侄儿郑恒。即日有书赴京唤去了，未见来。如若此子至，其事将如之何？莫若多以金帛相酬，先生拣豪门贵宅之女，别为之求，先生台意如何？”这是她的自私自利，不遵守信义，把婚姻当作一件买卖的事。事实上是她看不起张生，只看见他是一个穷秀才。张生和莺莺有了私情之后，经过红娘的说服，她才无可奈何地把婚姻许了，但是要张生上京去赴考，表现了庸俗的功名思想。

在唐人传奇里有著名的爱情故事，如《李娃传》《霍小玉传》《任氏传》等，托之于妓女和妖狐。名门闺秀，礼教森严，不能有爱情的举动，一般文人也是不敢写的。才子与妓女的爱情是不平等的，是男性中心社会的产物。《西厢记》却不同。莺莺不是妓女，不是妖狐，而是相国的女儿。作者更为大胆，更能达到反封建的效果。它揭穿了封建礼教的虚伪与残酷，指出其软弱性，是可以动摇的。

《西厢记》第四本第二折，俗名“拷红”。红娘对老夫人一段话，义正词严，又晓之以利害：“信者人之根本，‘人而无信，不知其可也……’。当日军围普救，夫人所许退军者，以女妻之。张生非慕小姐颜色，岂肯区区建退兵之策？兵退身安，夫人悔却前言，岂得不为失信乎？既然不肯成其事，只合酬之以金帛，令张生舍此而去。却不当留请张生于书院，使怨女旷夫，各相早晚窥视，所以夫人有此一端。目下老夫人若不息其事，一来辱没相国家谱；二来张生日后名重天下，施恩于人，忍令反受其辱哉？使至官司，夫人亦得治家不严之罪。官司若推其详，亦知老夫人背义而忘恩，岂得为贤哉？红娘不敢自专，乞望夫人台鉴：莫若恕其小过，成就大事，掴之以去其污，岂不为长便乎？”这是威胁而带恳求的话。

红娘的机智、勇敢，救了张生、莺莺二人。红娘说服老夫人的话，是代表作者和观众对于这个社会现实的批评，是一种进步的思想。

《西厢记》的反礼教、反宗法社会达到了一定的深度和广度。宋元社会，作为封建统治的上层建筑的是虚伪的儒家思想，即程朱理学思想，还有佛教的宗教势力。《西厢记》蔑视圣经贤传，看轻功名富贵，同儒家思想斗争。同时这个浪漫的男女偷情的行动，在一个佛寺里发生，把一座梵王宫，化作了武陵源，给佛教的统治势力以无情的讽刺。

《西厢记》的艺术性：

（1）故事情节的安排是为主题思想服务的。长至二十一折，均为必需的情节，不枝蔓冗沓，是一部建立纯粹爱情婚姻关系的典型代表作品。如《拜月亭》《牡丹亭》等长本的爱情为主题的剧本，加入别的题材太多，有不必要的杂乱的感情。

（2）人物的刻画，赋予鲜明的形象及其真实性。人物的性格随着故事情节的发展而发展，不是孤立的、静止的、抽象的，而是具体的、有发展的。不追求离奇曲折的悲欢离合情节以吸引人。如《荆钗记》《春灯谜》《风筝误》等离奇变幻，故意造设。《西厢记》非在写事，而是写人，展示人物心理变化，极其成功。

（3）辞章的华美。《西厢记》辞章美丽似“花间美人”。因为戏曲是歌剧，歌曲部分很重要。王实甫的文学修养高，语言有其特殊的风格，俏皮、诙谐、大方、泼辣、有变化，雅俗共赏。《西厢记》题材是美的，而王实甫又把辞章美化、理想化，而文笔又服从内容的要求，不追求辞藻的泛美，《西厢记》的美是天然的美，语言和人物性格是协调的。特别精彩的是《送别》一折。整部《西厢记》是一首长诗。《西厢记》是歌剧，也是诗剧。王实甫是戏曲家，同时也是一位大诗人。他的创作比之唐代诗人元稹的《会真记》高。

《西厢记》有浪漫主义的成分。取材于唐人传奇，以爱情为主题，一见倾心的爱情。莺莺的美貌，张生的痴情，普救寺的环境，孙飞虎抢亲的情节，中状元的团圆结局，整个故事好像一篇抒情诗歌，风格接近李白的风流、浪漫、豪放。是李白型，非杜甫型。王实甫的风格，非关汉卿的风格。当然《西厢记》基本上仍是现实主义的。

第五章

浦江清讲明清文学

《三国演义》

（节选）

罗贯中与《三国志通俗演义》

《三国演义》的作者罗贯中（约1330—1400），抄本贾仲明《续录鬼簿》云："罗贯中，太原人，号湖海散人。与人寡合。乐府、隐语，极为清新。与余为忘年交。遭时多故，天各一方。至正甲辰复会，别来又六十余年，竟不知其所终。"一说罗氏是钱塘人，或谓罗氏曾参加张士诚起义。《续录鬼簿》载罗贯中剧目有《赵太祖龙虎风云会》《三平章死哭蜚（飞）虎子》《忠正（臣）孝子连环谏》三种。

至正甲辰是1364年，离元朝灭亡不过四年。此后六十年为1424年，即永乐二十二年（永乐末年）。知贾仲明卒于永乐以后。贾与罗为忘年交，必罗比贾年长得多。罗当卒在1400年以前，即洪武年间也。又明王圻《稗史汇编》云："文至院本、说书，其变极矣。然非绝世轶材，自不妄作。如宗秀、罗贯中、国初葛可久，皆有志图王者，乃遇真主，而葛寄神医工，罗传神稗史。”可见罗贯中志气不凡。王圻提到《水浒传》，没有提及《三国演义》。《三国演义》也是一部详细分析政治矛盾、战争策略的书，与有志图王的旨趣相合。罗贯中所作的《赵太祖龙虎风云会》（见《元明杂剧》），比较平庸，主题思想是君臣际遇，和《三国演义》的题材也有相同之处。

罗贯中所编通俗小说极多，除《三国演义》外，还有《水浒传》，相传是施、罗两公的作品。还有《隋唐演义》《平妖传》《粉妆楼》等，甚至有他编过《十七史通俗演义》之说。这是因为后来编通俗演义的人，或者是书坊中人，要托名于他，以便流传的缘故。

《三国志通俗演义》有明刊本，前列弘治甲寅（公元1494年）年庸愚子序，称“东原罗贯中以平阳陈寿传，考诸国史，自汉灵帝中平元年，终于晋太康元年之事，留心损益，目之曰《三国志通俗演义》。文不甚深，言不甚俗，事纪其实，亦庶几乎史，盖欲读诵者，人人得而知之。若诗所谓里巷歌谣之义也”。这里说明了明代文人对于通俗史书的看法。此本据版本家考订实为嘉靖（公元1522年）刊本，不过有此弘治甲寅（公元1494年）的序（商务印书馆影印本据此本）。

《三国演义》是把三国时代的战争作为题材的历史小说。我们可以把《三国演义》称为历史小说，它是中国古典的民族形式的历史小说，和世界文学里的所谓历史小说有性质上的差别。欧洲的长篇小说产生在资本主义社会，是个别作家的文艺作品，内中有把某一个历史时期作为背景，用大部分虚构的人物故事来充实描写这个时期的社会生活的，叫作历史小说。我国的历史小说产生在封建时代。有通俗说书业者，约略根据史书，对人民大众讲说历史上的战争故事和英雄人物，讲说某一个朝代的兴亡始末；原来是口头的文艺创作，从他们的累代相传的讲说底本称为“话本”的东西，通过文艺作家的加工编写，产生了大批演义小说。《东周列国志》《三国演义》《隋唐演义》等，都属于这一类。向来被称为演义小说的，按照它们的内容，可以叫作历史小说。它们是民族形式的历史小说，像欧洲中世纪的英雄传说、编年纪、年代纪那类介乎历史与小说之间的东西，同样渊源于人民口头创作，同样是封建时代的文艺作品。《三国演义》的作者罗贯中，生活在元末明初，是一位伟大的通俗文艺作家。三国故事流传到了他的时代已经有五百年的历史。他继承了丰富的民间文学遗产，比照正史，除陈寿《三国志》外，兼采裴松之注、《后汉书》等，取其有趣的故事、可写入小说者，取其有利于他的拥刘反曹的立场的材料，编写成这部历史和文艺融合得恰到好处的天才杰作，在演义小说中是一部典范的、最成功的作品。

晚唐诗人杜牧有一首绝句《赤壁》：

折戟沉沙铁未销，自将磨洗认前朝。

东风不与周郎便，铜雀春深锁二乔。

赤壁之战是历史上有名的一仗，这首短短的绝句也是唐诗中间有名的。“铜雀春深锁二乔”这样一个鲜明的形象，把当时东吴的危机和周郎侥幸成功的这个历史事实着重表现出来。同是晚唐诗人的李商隐在《骄儿诗》里描摹他小孩的淘气情况，有“或谑张飞胡，或笑邓艾吃”两句诗，可见在晚唐时代三国故事已经普遍流行了。《东京梦华录》记载北宋首都汴京（今开封）的“京瓦伎艺”中间有“霍四究说三分，尹常卖五代史”。京瓦是京城的瓦市，热闹的人民市场，活跃着各色各样的大众化的娱乐杂技。霍四究不知是何等样人。“常卖”是京都的俗语，指在街头叫卖小商品的，大概讲五代史的尹先生曾经是这样一个行当出身的。由此推想，霍四究也不会是怎样博雅的人物吧？据记载，北宋的汴都和南宋的都城临安（今杭州），演说史书的名家有孙宽、李孝祥、乔万卷、许贡士、张解元、张小娘子、宋小娘子等。这里贡士、解元等称呼不是真的科举上的身份，乃是社会上对于一般读书人的美称。演史家要按照史书编造故事，其中尽有些有相当学问的读书人，不过这班读书人必定是穷得可以的，在科举上断了念头，不想往统治阶级里爬了，他们转向为人民大众服务，坐在茶馆里说古书了。这样他们把掌握在封建统治阶级手里的历史知识搬运给人民，同时结合人民的道德标准批评了历史人物，结合人民大众的艺术创造能力把历史事件越发故事化了。在说书界中还有和演史家并立的“小说”家，讲说传奇、鬼怪和反映社会现实生活的短篇小说。这派的说书艺人捏合故事的本领更高，不像演史家的一定要依据史书，带点书卷气的。这派的有名艺人中，有故衣毛三、枣儿徐荣等。从他们的称号可以推想他们的阶级出身，大概是卖过旧衣服、开过枣儿铺的。总之无论读书人也好，做小买卖出身的也好，他们现在同属于一个阶层，就是在市场里说书讲故事的技艺人。讲说的是他们，编造话本的也是他们。他们属于小市民阶层，处在社会下层，是被压迫者，是老百姓。他们的口头文艺创作，主要反映市民阶层的思想意识。不过在都城里活跃的说书业者，原是从各个城市里集中来的，说书业普遍于全国，普遍于城市，也深入到农村。说书的是走江湖卖技艺的，他们接近广泛的人民大众，所以他们的文艺创作是合乎人民大众的口味、反映人民大众的愿望的。封建时代有两种文化，一种是封建统治者的文化，另一种是人民大众所创造的文化。说书艺人的口头创作集中表现了人民大众的文艺创作才能，从这里成长出民族形式的小说，为施耐庵、罗贯中、吴承恩、吴敬梓、曹雪芹的文艺天才开辟了广阔的道路。

宋代说三分的话本可惜没有能够流传下来。我们所看到的最古的三国故事的话本是元刊本《三国志平话》。书分三卷，上面是连环图画式的插图，下面是话本的本文。我们可以看到老百姓所创造的三国故事是生动灵活的，可是但具轮廓，缺乏细致的描写。三国故事经过多少人的讲说、若干代的创造，面貌未必相同，这不过是某一时期的某一种本子罢了。那些话本本来是简陋的，留出供说书者铺张增饰的余地。从师傅传徒弟，徒弟再传徒弟，各有巧妙，各有创造，不可能完全记录下来。《三国志平话》可以见到元代说话家所说三国故事的面目。有的说得很野，如司马仲相断狱的一个楔子和刘关张到太行山落草，汉献帝诛十常侍，以首级招安他们等。这是人民口头流传野史的面貌。在元代戏曲文学里，涌现出好些三国故事的剧本，这些剧本帮助增加三国故事的情节和三国人物的性格刻画。罗贯中总结了这笔丰富的文艺遗产，重新创造，重新考订史实，在不违背历史事实的原则下进行文艺创造的工作。三国故事到了他的手里，才成为完整的杰出文艺读物，比之元刊本《三国志平话》大不相同了。

宋人笔记说：“讲史书者，谓讲说《通鉴》、汉、唐历代书史文传兴废战争之事。”“讲史”一称“演史”，各人标榜一部正史，有讲《汉书》的，有讲《三国志》的，尽管讲得很野。“演义”，就是根据正史演说大意，铺叙发挥的意思。讲史家的话本，叫作“平话”或者“演义”（在当时，它们不叫作“小说”，“小说”指短篇故事）。《三国演义》的正名应该是《三国志通俗演义》，或者《三国志演义》。说《三国演义》是简称。嘉靖刊本《三国演义》题书名作《三国志通俗演义》，里面标题“晋平阳侯陈寿史传，后学罗本贯中编次”。陈寿的《三国志》就是二十四史里的正史，其实《三国演义》和陈寿《三国志》根本是两部书，性质完全不同。所以这样标题的原因，一是说明这部小说的史料依据，二是还要抬出正史来希望见重于知识阶级。还有一个重要的原因是罗贯中确实在史书里用过一番功夫，做了史书材料和人民口头创作双方融合统一的重编工作。他把向来话本中间离开历史事实太远的部分删去了，并且根据史实的轮廓添加文艺性的描绘。因此《三国演义》获得了“雅俗共赏”的优点。《三国演义》是讲史家话本小说的优秀代表作品，本来是演史家的书，不应称为小说。不过元末明初，演史与小说两家的分界已经混淆。我们今天称它为历史小说，一半是历史，一半是小说。不离乎史实，又有文艺创造，“文不甚深，言不甚俗”。《三国演义》的雅俗共赏在乎此。

章学诚《丙辰札记》说《三国演义》七分实事、三分虚构。其实，与其说七实三虚，不如说三实七虚。人物是历史上所有的，人物性格与故事大部分是小说家的创造。三实七虚，在不违背历史事实的原则下大量吸取元代平话家的文艺创造。比较《三国志平话》来看，罗贯中删去了司马仲相断狱的有因果报应思想的一段入话，删去了刘关张太行山落草的一段不合史实的故事（纯出于民间传说）。他把“平话”中只有简单情节的故事，用细致的描写作了加工。例如三顾茅庐一段，“平话”只有三顾茅庐与孔明下山两段共不过一千字，到罗本扩充到五六千字，原甚简陋粗糙，今则成为艺术杰构，引人入胜。“平话”中张飞很活跃，而《三国演义》保存之，突出地写了孔明与关羽。罗贯中自己为一知识分子，处在元末乱世，有权谋策略而不曾施展，也是有抱负而不遇明主的人，所以对于诸葛亮的才能与际遇，尤其向往。诸葛亮在《三国演义》中几乎成为最重要的主角，是一般知识分子的理想人物。罗氏喜欢读史，写通俗演义，对于读《春秋》、明大义的关羽这类智勇双全的人物也加以突出的塑造。总之，《三国演义》三实七虚，文艺的部分多于历史；是文艺，不是历史，是通俗小说而非历史教本，小说书与历史书应该区别开来。尤其在今天，必须分开，否则会纠缠到孰为进步的问题。

罗贯中《三国志通俗演义》分二十四卷，每卷十节。到了清初毛宗岗（序始），把罗本《三国演义》加上评赞，改为一百二十回。原来罗本每节用七言一句标目，毛本每回用七言或八言两句对偶诗作为回目。毛本对罗本稍有细节的修改、语义上的润饰，大体均一仍原文。我们通行本所见的《三国演义》是毛宗岗本（一名《第一才子书》，并且假托了金圣叹的一篇序文）。毛本基本上与罗本没有多少出入的。

《三国演义》的艺术性

1. 叙史事从建宁二年（公元169年），至孙皓出降（公元280年）为止，共计111年。比“编年”“史传”“纪事本末”体都有进步。错综复杂的关系，作全面的叙述与分析；人物不孤立，事件不孤立。

年代有前后，按历史事实发生而叙述的。以历史书而论，是很好的体制，通史性质。不过所叙的史实偏重在政治军事，加入人物小故事、医卜杂技之类，此为正史、野史材料所限（当时社会经济情况是不详的）。《三国演义》本是文艺作品，非历史教科书，文学的宣传力强。在信史上，曹操也是一位英雄，有进步性，是说三国故事加深了他的丑恶奸诈方面，作为反面人物。《东坡志林》卷一《涂巷小儿听说三国语》一文云："王彭尝云：涂巷中小儿薄劣，其家所厌苦，辄与钱，令聚坐听说古话。至说三国事，闻刘玄德败，颦蹙有出涕者；闻曹操败，即喜唱快。以是知君子小人之泽，百世不斩。"民间说三国故事，老早就歌颂刘备，反对曹操。罗贯中《三国演义》的文艺感染力量就在于使读者的同情完全寄托在蜀汉方面。不管真实的历史曹、刘二人孰是孰非，文学宣传应该有是非、有爱憎。这就是文学的倾向性。歌颂光明，反对黑暗；歌颂仁义，反对残暴与欺诈。艺术性与思想性是一致的。

2.《三国演义》的写作方法，在历史小说中，也是完美的。作者用虚实相生法。章学诚认为"七实三虚，惑乱观者"，是把《三国演义》作为历史著作来批评，这是不公允的。《三国演义》是文艺创作，妙处正在虚而不在实。但既是历史小说，那绝不能太野，子虚乌有。作者所用是虚实相生法（《东周列国志》较实，《隋唐演义》较虚，这两书还是好的，其余或失之实，或失之虚）。

以赤壁之战一段文章来论，《通鉴》赤壁之战写得已经很精彩，而《三国演义》用了足足八回（第四十三回至五十回）书写赤壁一战，写得如火如荼，非常活跃，是全书中最精彩部分。这本来也是三国鼎足三分的决定性的战争，历史上有名的大战争。民间文艺家的笔法，超过了《通鉴》，超过了《史记》，超过了《左传》。只有希腊史诗《伊利亚特》所写可以比拟。对证历史探究起来，其中三实七虚，并非七实三虚。照我们看来，虚构的部分绝不止三分，就是连真人真事的部分也是经过文艺性改造的。越是虚构的部分，文艺价值越高。诸葛亮说孙权拒曹是实事，见《三国志·诸葛亮传》；“诸议者皆望风畏惧，多劝权迎之”，见于《三国志·吴主传》。可是诸葛亮舌战群儒，完全是渲染的笔墨。鲁肃、周瑜正史上说是决定拒曹的，诸葛亮用智激周瑜是虚，刻画了两人的典型性格。《铜雀台赋》（《登台赋》）是曹植的作品，“揽二乔于东南兮，乐朝夕之与共”，是诸葛亮所捏造，此意从杜牧《赤壁》怀古诗启发而出来的。黄盖献诈降计是实事，苦肉受刑是增设的；阚泽实有其人，密献诈降书是虚。小说需要一个献书的人，于是在正史上找到阚泽这个人；东吴定下火攻计是实，主要出于黄盖的计谋；诸葛亮和周瑜斗智是虚，诸葛亮借箭、借东风更是虚构的，但最为生动，出于人民的创造、人民的智慧。蒋干盗书和庞统献连环计，正史上均无其事。人物都是真的，情节是添设的、虚构的。苏东坡《赤壁赋》说曹孟德“横槊赋诗，固一世之雄也”，这是形象化的语言，概括了曹操的精神面貌，可是赋什么诗、怎样横槊，没有交代。《三国演义》加以渲染，更为形象化了。具体描写曹操正在唱他的得意的“对酒当歌，人生几何”的那篇《短歌行》（诗是真实的），而且一横槊便把个刘馥刺死了。刘馥实有其人，确实死在建安十三年，正是赤壁之战的那一年，可是谁知道他死在曹孟德横槊赋诗的当儿呢？小说家信手拈来，不可相信，但也无法批驳。妙在虚中有实，实中有虚，捏合得情景逼真。是文艺作品的上乘，是历史小说的高度艺术化。

曹操从华容道败走，见《三国志·魏书·武帝纪》建安十三年下引《山阳公载记》："公曰：'刘备，吾俦也，但得计少晚；向使早放火，吾徒无类矣。'备寻亦放火而无所及。"很简单。《三国演义》讲到这一段，听众要问曹操何以能逃脱呢？从哪条路上逃脱呢？足智多谋的诸葛亮何以算不正确，让他逃脱呢？因而添造出第五十回"诸葛亮智算华容，关云长义释曹操"这一回书。使得诸葛亮神机妙算的形象更加完整，而关云长的重义气的性格也得到突出表现。书中说到关云长是个义重如山的人，说云长见众将皆下马，哭拜于地，愈加不忍，又说他见了张辽动故旧之情，长叹而去。内心的矛盾冲突，寥寥几笔，暴露无遗。今天的读者批评关羽立场不稳，事实上，历史上的史实是曹操原不曾在赤壁一战里死亡的，说三国故事的不能不使曹操在华容道上逃脱。那么何以能够逃脱，岂不是诸葛亮没有算定了吗？说书的人说诸葛亮算定曹操必走华容道，而且特地派一员大将关羽去，而是关羽把他放走了。情节服务于人物性格，人物性格服务于情节，都不矛盾，入情入理。这一回书也是很精彩动人的。并且前回书说诸葛亮故意先不用关羽，后来派他守华容道，并且让他立下军令状。读者要问，明知关羽可能要为故旧之情而把曹操放走，为什么不派别将？岂不是诸葛亮算定曹操还命不该绝，算定关羽要把他放走，故意如此做吧？在作者确乎有宿命论的思想因素，这是说话人对于历史的一种普遍的认识论。

第九十五回"马谡拒谏失街亭，武侯弹琴退仲达"也是精彩紧张的。据《三国志·诸葛亮传》裴松之注引“郭冲三事”：“亮屯于阳平，遣魏延诸军并兵东下，亮唯留万人守城。晋宣帝率二十万众拒亮，而与延军错道，径至前，当亮六十里所，侦候白宣帝说亮在城中兵少力弱。亮亦知宣帝垂至，已与相逼，欲前赴延军，相去又远，回迹反追，势不相及，将士失色，莫知其计。亮意气自若，敕军中皆卧旗息鼓，不得妄出庵幔。又令大开四城门，扫地却洒。宣帝常谓亮持重，而猥见势弱，疑其有伏兵，于是引军北趣山。明日食时，亮谓参佐拊手大笑曰：‘司马懿必谓吾怯，将有强伏，循山走矣’候逻还白，如亮所言。宣帝后知，深以为恨。”以上为郭冲三事文，注下有难者曰云云，驳此事之非实，加以论断曰“故知此书，举引皆虚”。又马谡与张郃战于街亭，谡违亮节度，举动失宜，大为郃所破。此文在前注引“郭冲三事”之后。从此可知，《三国演义》第九十五回“马谡拒谏失街亭，武侯弹琴退仲达”这一回，马谡失街亭是实，弹琴退仲达是有所本的，但所本也未为属实，原本为无根之谈。且《三国演义》将此无本之事移至马谡失街亭之后。两事不在一个时间，全出捏合。

虚实相生，虚构故事为刻画典型人物，且描写栩栩如生。

此外，《三国演义》有大结构，中心人物贯穿全书，不比《水浒传》由各人的故事串联。同时全书故事有顶点、有段落，此同《水浒传》。

《三国演义》的文学语言是半文半白、通俗化、大众化的，同于戏剧中的道白。历史小说不能不如此。

《水浒传》

（节选）

北宋末年的腐朽政治和宋江故事的流传

北宋末年宋徽宗统治的时代（即12世纪初，1101—1125）的二十多年，尤其是最后十年，是政治最腐朽、阶级矛盾最尖锐的时期。徽宗赵佶是一个昏庸荒淫的皇帝，正如《宣和遗事》所描绘的，私游倡家李师师。自己又是书画家，他一味只图享乐，过其风流艺术家的生活。建造宫苑花园，搜刮天下奇花异石，奉命者骚扰百姓，无所不至。他不务政治，任用六贼（六贼是陈东所称呼的），搜刮财物。六贼者，蔡京、王黼做宰相，巧立法令，刻剥人命；阉人童贯做上将，虚夸军功，浪费犒赏；阉人梁师成掌代写御笔号令，出卖官爵；阉人李彦掌括公田，任意指民田良田为荒地，充作公田；朱耐掌花石纲，专搜东南（江浙）奇花异石，运往东京。六贼累积大量私有赃物，豪富惊人。人民遭受的痛苦无处申诉。宣和时京西一带饥荒，人相食。李彦不顾饥荒，在京东西照旧括田，发民夫运奇物进贡，民夫多自缢车辕下。朝廷视民命像草芥那样微贱，人民也就对朝廷痛心疾首，像仇雠那样怨恨。

在这样残酷的剥削下，人民纷纷起义。据《中国通史简编》记载："有方腊在睦州，攻陷六州五十二县；张万仙在东京，有众五万；贾进在山东，有众十万；高托天在河北，有众十余万；宋江在淮南，转掠十郡。"

宋江是北宋末年一支农民起义军的领袖。这支军队是流动的武装部队。宋江三十六人的根据地是苏北（最大的可能是由一个贩私盐的集团扩大而成的）。流动打夺山东、河南一带城池（转掠十郡）。宋江和梁山泊没有关系。

梁山泊（泺）在山东济州、郓州一带，乃黄河决口汇而成泊。自后晋开运初（公元944年）至北宋熙宁十年（公元1077年）共130余年，黄河凡三次决口，遂使汴、曹、单、濮、郓、澶、济、徐所灌之水汇而为一，梁山泊面积乃至周围达八百里。其地本渔民所出没。《宋史·任谅传》载，徽宗时，眉山任谅"提点京东刑狱。梁山泺渔者习为盗，荡无名籍"。《宋史·许几传》："郓州梁山泺多盗，皆渔者窟穴也。"李彦掌括公田，任意指民田良田为荒地，充作公田，起初行于京东西，后来推行到山东。《宋史·杨戬传》载，杨戬在政和四年（公元1114年）为侵夺公田，设立"西城所"，也把梁山泊收为"公有"，向来济、郓数州的人民，本是赖蒲鱼之利以为生的，这时要出很高的税额，漏税者以盗处罚。对于沿湖各县的剥削，在经常赋税之外，每县增租年十余万贯，水旱皆不得免。《水浒传》中三阮所谈，乃是当时真实的情况。

梁山泊在宋徽宗时代前后，为渔民聚义的地点，但是否为宋江等三十六人的根据地，史无明文。

北宋后期，全国垦田的六分之五是官田和官僚大地主的田，不负担赋税的。全部田赋的负担落在耕种不到六分之一的垦田的贫苦农民肩上。全国人口的三分之二以上是佃农。各州县“以衙前主官物，以里正、户长、乡书手课督赋税，以耆长、弓手、壮丁逐捕盗贼。……县曹司至押录，州曹司至孔目官，下至杂职虞候、拣掏等人，各以乡户等第定差。”“役之重者，自里正、乡户，为衙前，主典府库，或辇运官物，往往破产。”（《宋史·食货志》）诸县以第一等户为里正，第二等户为户长（有力赔付之故）。如役户逃亡，官府迫使里正、户长赔累，轻则倾家荡产，流配远方，重则丧失性命。这说明《水浒传》中晁盖、宋江之辈如不劫生辰纲、不杀阎婆惜，也只有跟逃亡户一起，参加起义队伍。朱仝、雷横等则为逐捕盗贼的弓手之长。

正史及野史记载宋江材料不多，零碎片断，且有矛盾冲突之点，约略言之。

宋江被称为淮南盗，同时又被称为河北剧贼、京东贼，又有“宋江起河朔”“山东盗”的说法，可知宋江横行在河朔、山东、京东、淮南，地点并不固定，乃是流动性的武装部队，官军对他没有办法。

《宋史·侯蒙传》：“宋江寇京东，蒙上书言江以三十六人，横行齐魏，官军数万，无敢抗者，其才必过人。今清溪盗起，不如赦江，使讨方腊以自赎。”

《宋史·徽宗纪》：宣和三年（公元1121年）二月，“方腊陷处州，淮南盗宋江等犯淮阳军，遣将讨捕，又犯京东、江北，入楚海州界，命知州张叔夜招降之”。

张叔夜招降，是伏兵诱战。宣和三年春夏间，宋江等由沭阳将至海州。海州守张叔夜遣人侦察其所向，见其径趋海滨。“劫巨舟十余，载卤获，于是募死士，得千人，设伏近城，而出轻兵距海诱（一作使）之战。先匿壮卒海旁，伺兵合，举火焚其舟。贼闻之皆无斗志，伏兵乘之，擒其贼副（一作副贼），江乃降。”（《宋史·张叔夜传》）同年十二月十九日，宋徽宗有一道御笔诏书说：“河北群贼自呼赛保义等，昨与大名府界往来作过。”（《宋会要辑稿》兵十二卷二十七页）既称“赛保义”，或与宋江有关，是否宋江余党未全捕获?

睦州方腊起义在宣和二年（公元1120年）。宣和三年四月，被讨平。宋江有没有参与征讨方腊之役，历史家尚未论定。根据《三朝北盟会编》五十二引《中兴姓氏奸邪录》有“以贯为江浙宣抚使，领刘延庆、刘光世、辛企宗、宋江等军二十余万，往讨之”之文；根据《东都事略十一·徽宗纪》，宣和三年四月，童贯以其将辛兴宗，与方腊战于清溪，擒之，五月，宋江就擒。

1939年陕西省府谷县出土了一块折可存的墓志铭（宋故武功大夫河东第二将折公墓志铭，华阳范杰书撰）云：

> 公讳可存……宣和初……方腊之叛，用第四将从军。诸人藉方玄以推公，公遂兼率三将兵，奋然先登，士皆用命。腊贼

就擒（公元1121年4月），迁武节大夫。班师过国门，奉御笔捕草寇宋江，不逾月继获，迁武功大夫。

折可存《宋史》无传。《杨震传》中谓可存问计于震，生得吕师囊等。另据《泊宅编》，吕师囊、陈十四公等略温、台诸县，四年三月，讨平之。

是则可存班师过国门当在宣和四年（公元1122年）之五、六月，其不逾月继获宋江，更应在此以后。此说与《张叔夜传》显相抵牾，莫知所从。

最大的可能性是：宋江为张叔夜诱降后，加入征讨方腊队伍，使立功自赎，而方腊平后，即用阴谋擒杀之。

宋江的史事，因史料缺乏，尚未能下正确之结论。但《水浒传》所写是取材于人民口头所流传的宋江故事，同正史上的宋江又当分别开来看的。

宋江横行齐魏，其才过人。在北宋末期，人民不堪腐朽、黑暗的统治势力，他领导着一支反抗贪官污吏、为老百姓抱不平的武装部队，冲州撞府，官军无可奈何。最后他归降朝廷，并且“立了功”，为童贯所暗害而擒杀。这三十六人的英雄故事，流传于人口。不但故事流传，并且形于像赞。

周密《癸辛杂识续集》记南宋画家兼文学家龚开作《宋江三十六人赞并序》云：“宋江事见于街谈巷语，不足采者。虽有高如、李嵩辈传写，士大夫亦不见黜。余年少时壮其人，欲存之画赞。”传写指临摹，高如、李嵩乃画家。

南宋时期，太行山是汉族人民自卫抗金的游击部队，称为忠义军的一个根据地。《三国志平话》把刘备、关羽、张飞说成曾经到太行山落草，所以宋江等英雄故事在南宋说书人的口头流传下，也有了三十六人出没于太行山、梁山泊两地的这个说法。龚开的“赞”，称卢俊义“风尘太行”、张横“太行好汉”、穆弘“出没太行”，等等。据龚开“画赞”，似英雄活动的地区在太行山。

熊克《中兴小记》[1]说：自靖康以来，中原之民不从金者，于太行山相保聚。初，太原张横者，有众二万，往来岚宪之境，岚宪知州、同知领兵一千五百人入山捕之，为横所败。两同知俱被执。

李心传《建炎以来系年要录》：贼史斌据兴州，僭号称帝。斌本宋江之党，至是作乱。

《三朝北盟会编》引《靖康小雅》：招安巨寇杨志为边锋，首不战，由间道径归。

王象春《齐音》：金人薄济南，有勇将关胜者，善用大刀，屡陷虏阵。及金人賄通刘豫，许以帝齐，豫诳胜出战，遂缚胜于西郊，送虏营，百计说之不降，骂贼见杀，且自啖其睛。

《宣和遗事》抄录若干小说成文，显得很凌乱，说“晁盖等八个劫了生辰纲，同杨志等十二人，共有二十个结为兄弟，前往太行山梁山泊去了”。太行山与梁山泊距离很远，实在是南宋人口头所流传的宋江故事，是多种方式而没有得到整理统一的现象。但是《宣和遗事》的短短记录，显出了水浒故事在南宋时期流传着的一个轮廓。

---

[1] 应为《中兴小纪》。——编者注

后来太行山英雄与梁山泊英雄合流。李玄伯百回本《水浒传序》上说明此事。聂绀弩《水浒是怎样写成的》一论文（《人民文学》公元1953年6月）推演此说。他说把宋江和梁山泊结合怕是元代的事。元陈泰《所安遗集补遗·江南曲序》云：

余童丱时，闻长老言宋江事，未究其详。至治癸亥秋九月十六日，舟过梁山泊，遥见一峰，嵽嵲雄跨。问之篙师，曰，此安山也。昔宋江□事处，绝湖为池，阔九十里，皆蕖荷菱芡。相传以为宋妻所植。宋之为人，勇悍狂狭，其党如宋者三十六人。至今山下有分赃台，置石座三十六所。俗所谓来时三十六，归时十八双，意其自誓之辞也。始予过此，荷花弥望，今无复存者，唯残香相送耳。因记王荆公诗云："三十六陂春水，白首相见江南。"味其词，作《江南曲》以叙游历，且以慰宋妻植荷之意云。

宋江起义本为流动性的武装力量，人民口头传说把他结合到太行山。因为在北宋末年和南宋初年，太行山是抗金武装民兵的根据地。

据《中国通史简编》说：太行山民兵为表示对国家的血诚，面上自刻"赤心报国，誓杀金贼"八字。因此王彦部都号"八字军"（据《三朝北盟会编》，王彦，河内人。部下面刺八字，招集忠义民兵。未提太行山）。

《宋史·岳飞传》："六年，太行忠义军梁兴等百余人慕飞义，率众来归。"

《三国志平话》有刘关张在太行山落草、受招安事。皆受北宋末年、南宋初年忠义军以太行山为根据地的影响，《忠义水浒传》的名称也有受此影响的因素。

《宋史》有忠义军、忠义社、忠义巡社等名称，这是人民武装勤王御侮、民族意识的表现。

但是，宋江的故事原是一个阶级斗争的故事，虽然在某一时期与民族抗争意识结合，而它的本来的阶级斗争的内容仍不可湮没。把淮南、齐鲁、楚海州的流动武装力量硬说成在太行山，于地理亦不合。参《宋史》任谅、杨戬、蔡居厚传，梁山人民有英勇抗争、反抗统治者的严刑峻法。一定有人民口头流传的梁山泊英雄，或系三阮、杜迁、宋万等，与宋江故事又相结合。

《宣和遗事》这部书的写作年代，应该是宋末元初。它是抄录若干种野史与小说成书的。其中所保存的有杨志卖刀，晁盖智取生辰纲，宋江杀死阎婆惜、受玄女天书、收呼延绰、三十六人聚义、受招安、平方腊。这一段书，有些地方叙述较详，有些几句话带过。给我们一个《水浒传》的轮廓，是南宋人街谈巷语宋江传的大略。

《醉翁谈录》载："言石头孙立、戴嗣宗，此乃谓之公案。青面兽，此乃为朴刀局段。言花和尚、武行者，此为杆棒之序头。"《醉翁谈录》所记的公案、朴刀、杆棒中的水浒人物的故事是小说家所说，说明后来的《水浒传》数十万言乃至一百余万言，是由小说家话本的朴刀、杆棒、公案一派演化发展而来，非出讲史。除了南宋人讲说外，北方金人统治下，亦必有之。到了元代，演说水浒故事的话本，应该是存在着的。不过没有保存下来。而元人杂剧中，却有近三十种水浒戏，有关于李逵、宋江、鲁智深、武松、燕青、花荣、杨雄、张顺、王矮虎等人的戏剧情节，尤以李逵戏为多，塑造他的性格尤为突出。今保存有十种（可能有明初人撰作在内），加上周宪王两种，共十二种。这是水浒故事的一大发展（有闹元宵、劫法场等大情节）。

南宋国势很弱，人民口头流传着宋江故事。到了元代，阶级矛盾十分尖锐，人民歌颂梁山泊英雄，说梁山泊英雄的保境安民、替天行道。人民遭受迫害，希望跑到梁山去诉说，有梁山英雄替他们报仇，尤其喜欢李逵那样见义勇为的人物，都有其特殊的原因。

这充分说明水浒故事在宋元社会里得到发展生长的缘由。

《水浒传》的作者问题与繁简各本

综前所述，宋江故事在南宋时代即为人民所乐道，见于街谈巷语。说话人的公案小说、朴刀杆棒小说中讲说了孙立、戴嗣宗、青面兽、花和尚、武行者的零碎片断故事。到宋元之间的《宣和遗事》，有杨志卖刀、晁盖等取生辰纲、宋江杀阎婆惜、三十六人聚义的故事。元剧中有黑旋风、燕青、杨雄、武松、花荣等零碎片断故事。有闹元宵、劫法场、征方腊等大关目。在元代，宋江故事结合了太行山与梁山泊，有“三十六大伙、七十二小伙”的说法。

民间的英雄传说得到文人的加工整理，编成《水浒传》这样一部大书。成书的年代在元末明初，时间距离北宋末年有二百五十年之久。

《水浒传》称“传”，而不称“平话”或“演义”，因为集合小说材料所编，非敷衍正史的。古本的《水浒传》，每回书前，各以妖异语引其首，为致语或入话，也夹杂许多诗词，是小说词话体。是话本，不过采取了长篇形式。

《水浒传》的作者，相传为两人。一为施耐庵，一为罗贯中。

明代所刊一百十五回本《忠义水浒传》，题东原罗贯中编辑（东原在今山东东平、泰安两县地方，贾仲名《续录鬼簿》称罗为太原人，或为东原之误）。

高儒《百川书志》：“《忠义水浒传》一百卷，钱塘施耐庵的本。罗贯中编次。”

胡应麟曾见一小说序云耐庵“尝入市肆细阅故书，于敝楮中得宋张叔夜擒贼招语一通，备悉其一百八人所由起，因润饰成此编”（《笔丛》四十一）。

胡应麟谓罗贯中为施耐庵门人，施为罗之师。

明·郎瑛《七修类稿》二二：“《三国》《宋江》二书，乃杭人罗贯中所编，予意旧必有本，故曰编。《宋江》又曰钱塘施耐庵的本。”

凡此皆明万历年间及万历以后人所说。《水浒传》之有刻本及流传亦在嘉靖、万历年间。

李卓吾（万历年间人）《忠义水浒传序》云：“施、罗二公，身在元，心在宋；虽生元日，实愤宋事。是故愤二帝之北狩，则称大破辽以泄其愤；愤南渡之苟安，则称灭方腊以泄其愤。”

周亮工《书影》：“故老传闻罗氏为《水浒传》一百回”，“又传为元人施耐庵作”。

一百二十回本新镌李氏藏本《忠义水浒传全书》引首下题“施耐庵集撰，罗贯中纂修”。

是施在罗前。

鲁迅先生相信简本在繁本前，作者应为罗贯中，说施“名及事迹，皆不可考，或者实无其人，乃撰作百回本（繁本）所依托”。

施罗二人同为元时人。郑振铎所藏天都外臣序百回本《水浒传》（不曰“忠义”）序文云：“洪武初，越人罗氏，诙诡多智，为此书，共一百回，各以妖异之语，引于其首，以为之艳。嘉靖时，郭武定重刻其书，削去致语，独存本传”云云。则但称罗。

《水浒传》与《三国演义》笔调作风大异，出罗贯中一人手笔未必可信。而施耐庵的为人又隐约难明。

这样伟大的小说，作者是谁，竟不能论定。作家出版社以《三国演义》归罗，而以《水浒传》归施。

明本题施耐庵为钱塘人。民国初年胡瑞亭作《施耐庵世籍考》，说施耐庵是兴化县人。

《文艺报》74期（公元1952年）载有《施耐庵与〈水浒传〉》（刘冬、黄清江作）及《施耐庵生平调查报告》（丁正华、苏从麟作）两文。谓苏北兴化县、大丰县曾有施耐庵的坟墓和祠堂。大丰县白驹镇有施家舍，村上人云是施耐庵的后代。祭祖神主书云：“元辛未进士始祖考耐庵府君之位。”《兴化县续志》载：淮安王道生作施耐庵墓志，谓公讳子安，字耐庵，生于元贞丙申岁，为至顺辛未进士，曾官钱塘二载，以不合当道权贵，弃官归里，闭门著述。殁于明洪武庚戌岁，享年七十有五。公之著作，有《志余》《三国演义》《隋唐志传》《三遂平妖传》《江湖豪客传》（即《水浒传》）。每成一稿，必与门人校对，以正亥鱼，其得力于罗贯中者尤多。

《兴化县续志·文苑》中尚有传，谓耐庵名耳，白驹人。元至顺辛未进士，与张士诚部下卞元亨友善，卞荐之士诚，屡聘不至。士诚造其家，耐庵正在邻为文，作《江湖豪客传》。士诚促驾，施以母老辞。

调查这些材料，但均不能证实。其中颇多矛盾冲突之点。耐庵为元辛未进士，尤属难信。一般的小说话本是书会中人所编，如《水浒传》一百二十回本一百十四回云："看官听说，这回话都是散沙一般。先人书会留传，一个个都要说到，只是难做一时说。"又四十六回，记石秀杀奸僧事，有《临江仙》一调，白云："后来书会们备知了这件事，拿起笔来，又做了这支《临江仙》词。"（此段百二十回无之，见李玄伯百回本，孙楷第引）施、罗两人当为书会中人物。

总结上面所说，宋江以三十六人横行于淮南、山东、京东、河北，领导着一支农民起义军，是北宋末年的史实。12世纪初，在南宋时代，南北两方都有宋江等英雄传说，为小说家所乐道，传诵人口。到了元蒙时期，出现了许多水浒英雄的剧本，可能还有小说话本，不止一种，没有统一成一部大著作。到了元末明初，有施耐庵与罗贯中两位通俗文艺作家，对流传的水浒故事，加以整理、安排，创造性地写成《水浒传》这样一部长篇章回小说。这两人都住在杭州，是同时代人，照旧本所题，施前而罗后。作为施创作于前，罗重编于后较为妥当。

施罗原本今虽不得见，内容可以推测。从误走妖魔起至一百零八人聚义于梁山泊、英雄排座次止为一段。受招安后，征辽、征方腊，至水浒英雄或死亡、或归隐，而宋江为宋朝廷所毒死，以魂聚蓼儿洼作结。施罗原本，每回书前往往有致语（即入话）（以妖异语引其首），中间加入诗词亦多。为小说体而演成长篇者。于是人民口头流传的水浒故事，经过天才的文艺作家的加工创作，给予一个完整的结构与突出的人物描写。我们认为征辽一段是施、罗所加的，根据是李卓吾所作《忠义水浒传序》，也有《水浒传》中内在的证据。施罗增插征辽一段，是提高水浒英雄的地位的，在元代统治下，表现了一定的反抗意识。他们写宋江等为朝廷出力而被谋害，比之《宣和遗事》写宋江封节度使的结局，更合于现实主义的精神。

14世纪的原本《水浒传》没有传下来。我们所说各本均出于16世纪以后。

现存《水浒传》版本共有四类：（1）简本，有一百十五回、一百十回、一百二十四回等各本；（2）繁本一百回本；（3）繁本一百二十回本；（4）繁本七十回本（即金圣叹删节本）。内中繁本一百回本的内容与施罗原本合，语言上有润饰加工。简本一一五回或一二四回等刊本较后，增插征田虎、王庆二段，恐非施罗所原有（乃是据《宣和遗事》的"因此三路之寇悉得平定"一句而敷演者。《宣和遗事》所谓"三路"指上文淮阳、京西、河北三路，皆在宋江指挥之下者）。论到繁简两类《水浒传》，何者为先，很难论定。论增插征二寇则百回本在前，唯简本亦有接近原本处。如一一五回本云董将士将高俅荐于苏学士；繁本则为小苏学士。苏轼为是，苏辙非。如简本只是节录繁本，俗人所作，恐不易作如此的改订。杨定见一二〇回本最后出，亦增田、王，而与简本又不同（一二〇回本刊行于17世纪，简本亦刊于17世纪中）。乃是施罗以后，增加部分多而定为定本的。金圣叹腰斩水浒，只存七十回。其所割部分，别有《征四寇》一书流传。

《水浒传》繁本有百回本与一百二十回本两种。另有七十回删本。

百回本出明嘉靖年间郭勋家。郭为明世宗朝武定侯，号好文多艺。今新安所刻《水浒传》善本，即其家所传云。前有汪道昆（字伯玉，号太函、南溟。万历时徽州人）序，托名天都外臣。有梁山聚义及征辽、征方腊。

李卓吾批本，百回本。已有征辽。唯未移置阎婆惜事，书存日本。王古鲁有照片。“天都外臣序”本已移阎婆惜事。

所谓移置阎婆惜事，李卓吾批本百回本和一百十五回本，刘唐下书别宋江回梁山去后，接着宋江遇见王婆和阎婆子，阎婆子因阎公死了，要宋江施一具棺材。宋江便取五两银子与了阎婆。宋江娶阎婆惜事在刘唐下书以后。郭武定本移置此事，刘唐下书后紧接宋江杀阎婆惜事。宋江娶阎婆惜在刘唐下书前，如此更为合理。因为从宋江周济阎婆，娶阎婆惜，到杀阎婆惜，其间至少有几个月，晁盖的书信不应该常留在招文袋内。施罗原本所以如此，因为一个故事情节完了，接写另一个故事，中间联络尚欠周密之故。

又周亮工《书影》云：“故老传闻，罗氏为《水浒传》一百回，各以妖异语引其首。嘉靖时，郭武定重刻其书，削其致语，独存本传。金坛王氏小品中亦云此书每回前各有楔子，今俱不传。”

可见罗氏原本当为说话人作为底本用处，因而有“入话”。郭氏定本删去此类枝节。其他必当有改动处。

郭勋卒于嘉靖二十八年（公元1549年），而天都外臣序本刊于万历十七年（公元1589年），在郭氏死后四十年。

王古鲁云，他所见日本藏百回本是李卓吾批本之真本，未移阎婆惜事，应为最古之本。此本亦为繁本。而一百十五回本（《英雄谱》本）现未移阎婆惜事，则简本之来源亦古。

巴黎图书馆尚藏有钟伯敬批评《忠义水浒传》一百回本。序文有云：“嘻，世无李逵，令哈赤猖獗辽东，每诵秋风思猛士，为之狂呼叫绝。安得张、韩、岳、刘五六辈，扫清辽蜀妖氛，剪灭此而后朝食也。”此类文章触清人忌讳，故钟本少传于后。李玄伯本应同钟本。阎婆惜事已移置，则亦出郭本（按：钟伯敬死于1624年，未及见李自成、张献忠事，不知辽蜀之蜀，抑何所指，疑钟序亦明末时人所伪托也）。

百回繁本，有此三种不同之刊本。

繁本之一百二十回本，为新刊李氏藏本《忠义水浒传全书》招安后有征辽，征田虎、王庆，征方腊。为《水浒》全本。盖与简本各本内容相同，而文章细腻同百回本，加征田虎、王庆。杨定见所定，托名李贽。杨自称为李氏弟子云。

删本。金圣叹批本（贯华堂本），只楔子加七十回，为七十一回本。有卢俊义噩梦。

《征四寇》本。以金氏所删者单列成书。

简本有以下五种：

（1）《新刊京本全像忠义水浒传》，明万历年间书林余氏（余象斗）双峰堂刊本，增插征田虎、王庆。全书约为二十四卷，一百二十回。巴黎图书馆藏残本。

（2）五湖老人评刻三十卷本，繁简斟酌，合郭本与余本。

（3）一百十五回本，《英雄谱》本，不分回，只分卷，明崇祯年间熊飞作序，与《三国》合刊，又名《汉宋奇书》。

（4）一百十回本，《英雄谱》本，同上。日本有传本。

（5）一百二十回本，光绪坊间重刊。

胡应麟《少室山房笔丛》四十一：“余二十年前所见《水浒传》本，尚极足寻味。十数载来，为闽中坊贾刊落，止录事实；中间游词余韵，神情寄寓处，一概删之，遂几不堪覆瓿。复数十年，无原本印证，此书将永废。”

据胡氏则繁本在简本前。唯鲁迅先生则认为简本应在繁本前。如一百十五回简本，其成当先于繁本，以其用字造句多有差违，倘是删存，无烦改作也。

又鲁迅先生疑《水浒》旧本招安后即接征方腊，同《宣和遗事》。而加入征辽，亦非郭奉所加。又他疑简本近罗贯中原本。

今作家出版社印行两本：

（1）七十一回本。用金本而校回其所改坏者，删噩梦。

（2）百二十回本。用杨定见本，而前百回用天都外臣序本校改。

我们认为施罗二公之原本《水浒传》大致轮廓应为水浒英雄出身经历至梁山泊英雄聚义排座次为顶点，下接受招安，征方腊，遇害为收结。至征辽，征田虎、王庆，有无，则不可知。文章应比今本为简略。唯主题思想、人物性格则均已决定。

《西游记》
（节选）

唐僧取经故事的流传与吴承恩的《西游记》

唐玄奘取经故事，大概在唐代就在人民中间流传。玄奘自己所著的《大唐西域记》是记述他经历西域到印度去求经的旅途见闻，是游记和地理书，也记载了西域各国的风俗以及佛教圣迹和故事。慧立、彦琮所写《慈恩法师传》记述玄奘生平及求法译经始末，中间写到玄奘经历沙漠，在沙漠中见到许多幻影，以及冒许多险难，到高昌国，高昌王信仰佛法，以玄奘为弟，等等。这两部书是记实的书，属于史地类。唐代寺院俗讲，可能已把唐玄奘故事渲染得更加生动。

《慈恩法师传》说，法师在蜀，曾见一病人，身疮臭秽，衣服破污。玄奘施以饮食衣服，病者授以《般若心经》，因常诵习。及玄奘西游，过莫贺延碛，古曰沙河，上无飞鸟，下无走兽，复无水草。

是时顾影唯一心念观音菩萨及《般若心经》。“逢诸恶鬼，奇状异类，绕人前后，虽念观音，不得全去，即诵此经，发声皆散。在危获济，实所凭焉。”至《太平广记》卷九十二，则谓玄奘西游，至罽宾国[1]，道险多虎豹，不可过。玄奘见一老僧，头面疮痍，身体脓血，在房独坐，莫知来由。乃礼拜勤求，僧口授《多心经》一卷，令奘诵之，遂得山川平易，道路开辟，虎豹藏形，魔鬼潜迹，遂至佛国，取经六百余部而归云云。已加装点。又《太平广记》同卷，记玄奘在灵岩寺，手摩松枝，“曰：‘吾西去求佛教，汝可西长，若吾归，即却东回，使吾弟子知之。’及去，其枝年年西指，约长数丈，一年，忽东回。门人弟子曰：‘教主归矣。’乃西迎之，奘果还。至今众谓此松曰摩顶松”。今《西游记》第十九回有浮屠山乌巢禅师授法师《多心经》故事（《摩诃般若波罗蜜多心经》，本为《心经》，小说乃误为《多心经》）。又第一百回长安洪福寺僧见松枝一棵棵头俱向东，知法师东回。罽宾国变成浮屠山，灵岩寺变为洪福寺。这两个故事都是唐代和尚们讲经说佛所流传的。

欧阳修《于役志》记载扬州寿宁寺有南唐壁画。唯经藏院画玄奘取经一壁独在，尤为绝笔。此壁画是画玄奘取经故事的。

小说起于《大唐三藏取经诗话》。《大唐三藏取经诗话》，残卷，南宋临安瓦肆所刊行。今存在日本。分三卷十七段。文中多夹杂诗句，故曰“诗话”。另是一体，颇像变文的嫡派。而唱酬多诗，文白夹杂，文章雅洁，内容新鲜。散文多，韵文少。

[1] 应为罽宾国，西域古国。——编者注

《诗话》中有唐僧、猴行者、深沙神等。猴行者是一白衣秀才，遇到唐僧往西天取经，他说："和尚前生两回到西天取经，中路遭难，此回若去，千死万死。"法师云："你如何得知？"秀才曰："我不是别人，是花果山紫云洞八万四千铜头铁额猕猴王。我今来助和尚取经。"当即改称猴行者。和尚借行者神通，偕入大梵王宫去讲经，梵王赐隐形帽一顶、金环锡杖一条、钵盂一只，三件齐全。猴行者说："此去百万程途，经过三十六国，多有祸难之处。"又有深沙神，原是流沙河边的妖怪，吃过几次取经人的。其后经大蛇岭、九龙池危地，都赖行者法力，安稳行进。王母池边蟠桃，食之可寿至数千岁，法师使猴行者取桃，猴行者到王母池偷桃。蟠桃入池化为小孩形，亦即人参果的故事（今《西游记》中把齐天大圣偷桃和在五庄观镇元仙处偷人参果分化为两个故事）。又有经历树人国、鬼子母国、女人国等种种险难怪异。

这是把玄奘取经这一不寻常的事件神话传说化了，是受了佛经中本来有的印度文学成分影响而产生的中印文化交流的民间文艺作品。

这本《大唐三藏取经诗话》是很可宝贵的，是从变文发展到话本的过渡东西。足见南宋时代有说唐三藏西天取经的故事，也许是和尚们讲的。不过这个本子很简洁，同《碾玉观音》等不同，是可以根据来讲话，而不是说话体的成熟的小说。

元代戏曲中有吴昌龄的《唐三藏西天取经》一个剧本，今佚；但存《纳书楹曲谱》中《回回》一出。明初戏剧家杨景贤作《西游记》杂剧六本，今存。第一本是唐僧出身，乃《西游记》第九回江流儿故事。第二本是唐僧登程求法，木叉送火龙马的情节。第三本是孙行者出身，在花果山紫云洞做通天大圣，摄着火轮金鼎国王女为妻。他偷了西王母的仙衣、银丝长春帽、仙桃百颗，要给王女。天上派李天王和哪吒来拿他，又派二十八宿天神天将包围防守。天王与哪吒不能降伏，结果是观音出场，把他压在花果山下，要待唐僧西天取经，随往西天。此后是唐僧从花果山下经过，揭字放出，观音传与紧箍咒，收伏了他。孙行者又降伏了沙和尚。扫除黄风山妖怪，又遇鬼子母红孩儿的难，观音救了他们。第四本是猪八戒的事。第五本女王逼配。以及到火焰山与铁扇公主战斗事。第六本参佛取经，归东土，唐僧上灵山会朝佛结束。此杂剧仍以唐僧取经为中心故事，孙行者、猪八戒故事已有特写，与唐僧鼎足而三。

杨景贤的《西游记》杂剧六本二十四出，《西游记》故事已见梗概。这个剧本在《纳书楹曲谱》里存有《撇子》《认子》《胖姑》《伏虎》《女还》《借扇》（《续集》二）。又《饯行》《定心》《揭钵》《女国》（《补遗》）。

西游故事在元代逐渐发展，比之《取经诗话》更显得丰富，多幻想。

《也是园藏书目》又有《二郎神锁齐天大圣》一本（今存《孤本元明杂剧》中）。

元代除了戏曲外，已有粗具规模的《西游记》小说。佚文见于《永乐大典》的一三一三九卷，系魏徵梦斩泾河龙的一段。情节与今本《西游记》同，而文章比较朴素。

嘉靖、隆庆、万历三朝是明代文学发展的高潮时期。推翻元朝统治之后，明初减轻赋税，解放手工业的大量奴隶，生产力提高，同时海外贸易也大大发展。在南洋一带，三宝太监郑和下西洋，即为了国外贸易。而欧洲人环行全球，东西交通发展也在明代（哥伦布到美洲，公元1492年；葡人至印度，公元1498年；麦哲伦至腓力宾，公元1521年）。所以，在16世纪中国的商业资本很发达。在此情况下，刻书业也发达。明版书最多的是嘉靖、隆庆、万历刊本。文化出现高潮，古文家王世贞等后七子就活跃在这一时期，此后万历朝公安派、竟陵派抬头，笔记小说也发展起来。

《西游记》这类小说就产生于海外交通发达的时代，外国的珍闻异说，亦有如《天方夜谭》之类。

《西游记》故事的轮廓在元末明初已经完成。明代中叶同时有三种《西游记》小说出现。其一，为杨志和的《西游记传》，四卷四十一回，题齐云杨志和编（在明万历年间。余象斗合刊之《西游记》中之一。其余，《东游记》，写八仙故事，《南游记》即《华光天王南游志传》，《北游记》即《北方真武祖师玄天上帝出身志传》）。前九回写孙行者出身。孙悟空为石猴，寻得水源为猴王，就师得道，闹天宫，玉帝不得已封为齐天大圣。又扰蟠桃会，帝使二郎神与之战，为老君所暗算，遂被擒，如来压之五行山下。次四回，即魏徵斩龙、太宗入冥、刘全进瓜及玄奘受诏西行，十四回以后，玄奘道中收徒及遇难故事，灾难只三十余次。文字草率无味。鲁迅谓吴承恩书出于此简本而扩大的，胡适谓吴书在前，此是坊间删节本。

其二，为朱鼎臣之《唐三藏西游释厄传》十卷，隆万间（16世纪七十年代，1570—1580）福建书商刘莲台所刻。有陈光蕊（即唐僧父）故事，其余同杨志和《西游记传》，但凌乱不及杨书。

其三，为今本《西游记》一百回，则为吴承恩（1500？—1582？）作。吴生于明孝宗弘治年间，卒于明神宗万历初年，书刊于其死后十年，金陵世德堂本，二十卷，每卷五回（刊于公元1592年，万历二十年）。吴、杨《西游记》均无陈光蕊、江流儿事，而清乾隆间刊《新说西游记》一百回，补入此段。据近人考据推测，唐僧出身应为吴原本所有，世德堂刊本因其亵渎圣僧故将此故事删去，此论可信。

唯吴承恩作与朱、杨两作，孰为前后，则很难定，可能是三人都据元代话本改编，可能是吴氏取元话本大加创造，而朱、杨取吴本删节以就刊书之简便者。吴本文笔优美、诙谐，为艺术上的杰作，而朱、杨本为朴素故事，文艺价值不高，自然被淘汰了。

《西游记》是最重要的一部神话小说（鲁迅称之为“神魔小说”），是神话故事的大集合，包括：① 古代神仙传说的成分；② 佛经故事的成分；③ 海外奇谈，间接吸收印度、阿拉伯故事。在人民大众融合铸造中创造了一部伟大的神话寓言小说，带有童话意味的冒险小说。

印度史诗***Ramayana***（《罗摩衍那》）中有哈努曼（Hanuman），是猴子国大将，神通广大，能在空中飞行，一跳可以从印度到锡兰。又善变化，能忽大忽小，有一次魔把他吞入肚中，他把身体变大，那老魔不得已也跟着大，大到顶天立地；他忽然变小，从魔的耳朵里出来了。

在《大唐三藏取经诗话》里，猴行者还没有这些神通。而在《西游记》小说里，孙行者变成齐天大圣，有了不得的神通了。孙行者成为主角。这孙行者的故事，自然有多方的来源：① 神猿，如唐人小说《江总白猿传》；② 唐人传奇无支祁的故事；③ *Ramayana*的哈努曼；④ 其他来源，如谭正璧说二郎神与美猴王斗法一段，颇似《天方夜谭》里《说妒》故事中皇后与魔的战争。

锡兰有女人区域（见《慈恩法师传》），此成为《西游记》女儿国所本。又《慈恩法师传》云，取经回程，风波翻船，经被打湿，此成为《西游记》白鼋负经过河，因唐僧忘了它的嘱托，经沉入水的根据。

总之，西游记故事的轮廓在元末明初已经完成。明代中叶嘉靖年间由杰出小说家编成《西游记》一百回小说，其中创造性部分很多。西游记故事受佛经中故事、印度故事的影响，但主要还是中国人的创造。

吴承恩的生平

小说不登大雅之堂，虽流传民间，作者为谁、生平如何，往往乏人研究。百回本《西游记》与《三国》《水浒》同样为大众所喜爱。在某一时期，文人们把它作为元长春真人邱处机（元初道士）所作。此因邱处机有一《西游记》，为记述他到新疆一带游历而作之误。我们知道小说《西游记》实为明中叶文人吴承恩作，是根据天启《淮安府志》之《人物志》的。

吴承恩（1500？—1582？），字汝忠，号射阳山人，淮安山阳人（射阳，湖名，在今江苏淮安县东南七十里）。

天启《淮安府志》十六《人物志二·近代文苑》云：

> 吴承恩，性敏而多慧，博极群书，为诗文下笔立成。清雅

流丽，有秦少游之风，复善谐剧，所著杂记数种，名震一时。数奇，竟以明经授县贰，未久，耻折腰，遂拂袖而归。放浪诗酒。卒，有文集存于家。丘少司徒汇而刻之。

又《淮安府志》十九《艺文志一·淮贤文目》载：“吴承恩：《射阳集》[1]四册、《春秋列传序》、《西游记》。”

今《射阳存稿》四卷存。万历庚寅陈文烛序，万历己丑吴国荣跋。民国十九年故宫博物院重印排字本。

据同治《山阳县志》、光绪《山阳县志》：吴承恩为嘉靖中岁贡生，官长兴县丞。

吴国荣《射阳先生存稿跋》谓：“屡困场屋，为母屈就长兴倅。又不谐于长官。归田来，益以诗文自娱，十余年以寿终。”（按：吴氏寿至八十余）

所谓《春秋列传序》，实为《射阳集》第二卷之首篇，乃一篇文章，为周某所作书之序文，非一书名。

集中有《花草新编》，乃吴氏所选词集之名称。

又有《禹鼎志序》。《禹鼎志》为吴氏所作仿唐人传奇志怪短篇十余篇之集。惜今不传。天启《淮安府志》所谓“所著杂记几种，名震一时”者也，《序》云：“余幼年即好奇闻，在童子社学时，每偷市野言稗史。惧为父师诃夺，私求隐处读之。……比长，好益甚，闻益奇。”又云：“吾书名为志怪，盖不专明鬼，时记人间变异，亦微有鉴戒寓焉。”此书如存，当可侔《聊斋志异》。

---

[1] 《射阳集》及下文《射阳存稿》皆指《射阳先生存稿》。——编者注

吴氏虽只为岁贡生，但为名流所重。

吴氏与明后七子中的徐中行友善，互相唱和。“平生不肯受人怜，喜笑悲歌气傲然。”（《赠沙星士》）其诗如《金陵客窗对雪》《二郎搜山图歌》《后围棋歌》诸篇，才气纵横，有浓厚的浪漫气氛。

除诗外，尚有词百首左右。

吴氏的生活情况，与清代小说家蒲松龄有点相仿。他和施罗不同。施罗可能为书会中人，且有志图王者。吴氏则为岁贡生，赴考未中举。其做长兴县丞时年近六十，或六十以后矣。吴氏作书以自遣，寄其生活经验。《禹鼎志》应该是文言作品，《西游记》是白话小说。这部书并非创作而是改编。不过扩充到一百回，改编得大为改善，等于创作了。此书大概成于晚年，在1560年以后，即嘉靖、隆庆年间。这时是明代小说创作的高潮，《金瓶梅》也成于此时。

《金瓶梅》

（节选）

展开小说史新页的个人创作——《金瓶梅》

《金瓶梅》的作者，署名兰陵笑笑生。生平不可考。兰陵今属山东峄县。书中亦多山东方言。作者当是山东人。这部书先有抄本，出现在万历年间（1573—1620）。沈德符的《野获编》提到这部书，说袁宏道欣赏这部小说，把它与《水浒传》相提并论。袁宏道有《觞政》，把它配《水浒传》。袁氏《觞政》成于万历三十四年（公元1606年）以前，说是为嘉靖间大名士的手笔。有归于王世贞者，其说不可靠。王世贞是太仓人，不可能写这部书，是因“嘉靖间大名士”而附会的。《野获编》提到，1606年以后不久，苏州就有刊本。今我们所见《金瓶梅词话》，是1617年东吴弄珠客万历丁巳年序的刊本。《金瓶梅词话》的刊行离开作者成书当不甚远，此书当成于16

世纪末、17世纪初年，其初刊本应该在1617年以前五六年。

全书一百回，称词话，是拟话本。中间夹杂着许多词曲。词话是宋元小说的别名。因为演说小说的，除说书外夹上弹唱。《金瓶梅》保存这个体例。它从烟粉灵怪传奇的小说体例中脱胎出来，有长篇巨制的结构。除了诗词、四六骈体的穿插以描写景物及抒情以外，常用当时通行的词曲，全书有六十多支通行小曲。但虽是词话体例，事实上并非说书者的话本，不是从说书艺人的话本改编的，乃是一位小说家的创作。如果不是一人所独成，也只是一二位作家所创制的，不过用词话体例而已（因为书中极淫荡秽亵之处，说书者也无法说。这些秽亵部分，是只能形诸笔墨而不能公开说唱的，而它们是书中有机部分，并非另有人所加）。

现实主义的长篇小说《金瓶梅》

《金瓶梅》的故事，出于《水浒传》。小说从《水浒传》中摘取一段，即西门庆与潘金莲私通。武松为武大报仇，追杀西门庆，误杀另一人，西门庆得以逃脱。武松发配，西门庆偷娶潘金莲为妾。

书名《金瓶梅》，取自书中三个女性的名字：潘金莲、李瓶儿、春梅。

全书着重描写西门庆一家妻妾：妻，吴月娘；妾，孟玉楼、李瓶儿、潘金莲、孙雪娥；婢，春梅。此外有婿，陈经济。

西门庆“原是清河县一个破落户财主，就县门前开着个生药铺。从小儿也是个好浮浪子弟，使得些好拳棒，又会赌博，双陆象棋，抹牌道字，无不通晓。近来发迹有钱，专在县里管些公事，与人把揽说事过钱，交通官吏”。“知县知府都和他往来。近日又与东京杨提督结亲，都是四门亲家，谁人敢惹他。”

西门庆是一个小城市的恶霸，是有钱有势的人物。他原是破落户的浮浪子弟，结识了浮浪子弟九人，结拜为十弟兄。靠着生药铺、高利贷剥削。此后便用玩弄妇女、谋害朋友的手腕发横财。私通了他的结拜朋友花子虚的老婆李瓶儿，把花子虚害死了，谋得了钱财，又娶李瓶儿为妾。再包揽词讼，结识当地官吏。再用他的钱财，结交蔡御史，勾结东京权贵杨戬和蔡京。蔡京提拔他做了提刑副千户。蔡京的生辰到了，他亲自带了厚厚的一份礼，二十担金银缎匹去拜寿，拜蔡京为干爷，便升了正千户提刑官。于是进京引奏谢恩，进一步和朝中执政的官僚们勾结。这样一个小城市的开生药铺的老板由此列入于官绅阶级。小说集中写这个恶霸家庭，同时旁及社会黑暗的各个方面。全书除武松的出现不关重要以外，没有一个正面人物，都是些极丑恶的人物。《金瓶梅》虽假托宋代故事，书中所写实在是明代中叶，即嘉靖、万历年间的中国社会的黑暗面，剥削阶级（官绅、和官绅勾结的不法商人）的荒淫贪酷的全貌。小说大胆地暴露现实，成为照透那个时代那个社会的一面镜子。

除西门庆以外，小说还写了像应伯爵那样的帮闲人物（破落户出身，家财没了，专跟富家子弟帮闲贴食的）。伯爵=白嚼，是跟着西门庆玩弄妇女，专说笑话帮衬的。谢希大，好踢气球，赌博，游手好闲。吴典恩（无点恩），是本县阴阳生被革退的，专一在县前与官吏保债。

《金瓶梅》的书名，取自三个女性，潘金莲、李瓶儿、春梅。潘、李因争宠而互相嫉妒。潘金莲阴狠毒辣，因为李瓶儿生子，设计把李瓶儿之子惊死。李瓶儿也亡故。潘金莲私通陈经济等，是典型的荡妇。春梅是一个丫头，先为西门庆所收用，后来也私通陈经济。在西门庆家的妾中，孙雪娥是被压迫者，孟玉楼无声无臭。吴月娘是一个软弱无用的人，根本管不了家，一任西门庆和小老婆们胡闹，喜欢尼姑出家人奉承，听听说佛书。

西门庆往往用风流手段，甜言蜜语，诱骗女性。骗到手里，便换了魔王一样的面孔，高兴时叫你两声小淫妇，发起脾气来，把女人脱得精光，用皮鞭打得皮破血流。

《金瓶梅》着重写这样一个家庭，声色货利，肉欲与财贿的世界，为最堕落的社会的写照。全书一百回，从这个家庭的兴盛写到衰败。

《金瓶梅》不能被认为是自然主义的作品，而是现实主义的作品。因为作者所写，并非偶然的、琐碎的社会生活，而是典型的、一个真实社会的横剖面。作者通过西门庆、应伯爵、潘金莲等艺术形象的具体表现，使我们认识这社会的无可掩饰的如是种种丑恶，引起人们无比的愤怒与憎恨的情感。

《金瓶梅》虽只写了清河县一个剥削阶级家庭，但从这个家庭中的人物与社会各方面的关系，可以看出那个时代整个社会的面貌。这是它的现实主义的广度和深度。它揭露了当时一般剥削阶级的荒淫堕落（从皇帝到官绅巨商莫不如此）。我们读明代中叶的笔记野史，认识此书所写，确是写实，并不夸大。嘉靖、隆庆、万历间，一般的风俗是淫靡堕落的，士大夫也奔竞成风，廉耻尽丧，商人富户尤其淫靡，当时的社会真实情况如此。《金瓶梅》是一部大胆暴露现实的小说。

《金瓶梅》的艺术成就

1. 是我国第一部有完整结构的长篇小说。在此之前的如《水浒传》《西游记》等，全书可以拆散为零篇故事，《金瓶梅》不然。它写一个家庭的事情，几个人物从头至尾贯穿全书。小说描写家庭琐屑的日常生活，而规模巨大，至一百回之长，结构宏伟。此无先例，具有特创性。

2. 全书以描写人物形象为主，并无多少故事情节。人物占第一位，不重情节，不靠故事，故事的发展是人物个性和行动的自然结果，有必然性，合乎客观事物发展的规律。没有浪漫主义、离奇曲折的情节。描写细腻深刻。

以上两点开《红楼梦》先声。

小说创造了诸如西门庆、潘金莲等典型的反面人物。他们是封建社会末期，堕落腐朽的统治阶级中的典型人物。正如东吴弄珠客在《金瓶梅序》中所说："借西门庆以描画世之大净，应伯爵以描画世之小丑，诸淫妇以描画世之丑婆、净婆，令人读之汗下。"这一群男女是声色货利、各种欲望的奴隶。分别开来说，女性又为男性的奴隶。

3. 口语的运用（文学语言的创造性），达到高度。语言全部是口语，用山东方言。生动泼辣，绘影绘声。纯粹白描，不加修饰。描绘淫鄙妇女的口吻，惟妙惟肖，如潘金莲和人吵嘴等，栩栩欲活，如闻其声。

《金瓶梅》的缺点

1. 结构有松懈处。不免有沉闷的地方，缺乏戏剧性情节、中心故事（此不及《红楼梦》处）。

2. 秽亵篇幅占太多。书中秽亵的部分非常多，西门庆私通的妇女不少，良家妇女、伙计老婆、女仆等，潘金莲私通了她的女婿。性交赤裸裸地无忌惮地描写出来。因此这部书被称为第一等淫书，列为禁书。大概色情小说通行在明代，《金瓶梅》如此，其他短篇小说也都带些色情描写。原因有：（1）在封建时代女子是文盲，不识字，不是读者。男女没有社交。小说专为男人们的读物。于是作者喜欢夹杂秽亵，刺激读者，增加书的市场。（2）堕落的社会真况如此，春药公开可买。

3. 有佛教因果报应思想，冲淡了现实主义精神（作者世界观的局限）。

《金瓶梅》有满文译本、德文译本以及其他各国译本。有《世界文库·中国珍本丛书》的删净本、张竹坡批本的《第一奇书》本。

《金瓶梅》有续书名《玉娇李》，相传为同一作者，今不传。又有《续金瓶梅》六十四回。把《金瓶梅》书中人各复投身人世，以了前世的因果报应，没有什么意义。

清初的诗词与散文

（节选）

顾炎武和归庄

顾炎武不单是热烈的爱国主义者和积极的社会活动家，不单是一个把书本知识联系现实政治的学者，同时还是一位优秀的诗人。

顾炎武很重视诗歌的政治作用。白居易说："文章合为时而著，歌诗合为事而作。"他认为"可谓知立言之旨"（《日知录·作诗识》）。他又说："近代文章之病，全在摹拟，即使逼肖古人，已非极诣，况遗其神理而得其皮毛者乎！"（《日知录·文人模仿之病》）因此，他主张诗应该有思想内容，贵独创，"诗以义为之，音从之"（《日知录·诗有无韵之句》）。这一点，他和公安派不同，公安派只主性灵，最后走向趣味，而顾炎武认为诗的"义"应是"天下兴亡，匹夫有责"。

他作诗的原则就是这样，而他的诗歌是实践了他的原则的。他反对以文辞欺人。其诗受杜甫、陆游影响最深。他的诗的现实性表现在：（1）描写起义和反清的事；（2）反映农村情况；（3）发表他自己的政治和经济的主张，有议论；（4）以诗明志，以示不屈忠贞之节。他的一部分诗歌直接描写了反清的斗争，有名的就是《秋山》二首。这两首诗写的是昆山的战事。战斗很激烈，“秋山复秋山，秋雨连山殷”。接着描绘战士们的抗敌义愤和英勇牺牲，“旌旗埋地中，梯冲舞城端”。虽然失败了，但复仇的种子不会死亡的，“楚人固焚麇，庶几歆旧祀。勾践栖山中，国人能致死。叹息思古人，存亡自今始”。诗中也写了清兵对江南人民的残杀和掠夺，“可怜壮哉县，一旦生荆杞。归元贤大夫，断脰良家子”，“北去三百舸，舸舸好红颜。吴口拥橐驼，鸣笳入燕关”。

顾炎武更多地写自己对故国的怀念和自己对反抗斗争的坚持。如“中年早已伤哀乐，死日方能定是非”。他在山西和傅山相见，在《又酬傅处士次韵》一诗中有“苍龙日暮还行雨，老树春深更著花”的诗句，足见其虽暮年仍壮心不已。他在北方奔走，并不感到疲累和厌倦，更没有悲观绝望，他说：“远路不须愁日暮，老年终自望河清。”

顾炎武的诗雄劲有力，在当时诗界别有风格。沈德潜称其诗“风霜之气，松柏之质，两者兼有”（《明诗别裁》）。其诗以古体最好，魏源学他的诗。

归庄（1613—1673），一名祚明，字玄恭，江苏昆山人，归有光之曾孙，是顾炎武的同里好友，明末“复社”成员。当时归、顾在复社时，人以奇怪目之，故后即称“归奇顾怪”。因其重实践、反空谈，有唯物思想，接近劳动者，且博学，是正派知识分子，所以在当时被视为特殊人物。当时复社文人不免尚空谈，重实践的归、顾被视为奇怪人物是必然的。归庄的诗文留存不多，但都有思想内容，很有气节。他对于大地主、大富翁、帮闲文人、虚伪的道学家都予以揭露和驳斥。汪琬（尧峰）学究气（程朱理学之伪者）很重，归庄文集中有二封《与汪苕文书》，极尖锐地骂他。季沧苇是当时极富之人，为富不仁，归庄在《与季沧苇书》中痛骂之。

清兵南下，归庄曾参加抗清义军。明亡后，与妻子隐居。归庄夫妇晚年居于祖坟旁土屋中，有联云：“妻太聪明夫太怪，人何寥落鬼何多。”他的诗如《卜居》反映了作者亡国之痛，“环顾六合内，踯躅将安归”。另一首《万古愁》极为痛快，甚至骂孔子为万古罪人。但他对于明末的农民起义认识不清，认为明亡于“流寇”，此其缺点。

吴伟业及其他散文家

吴伟业（1609—1671），字骏公，晚号梅村，江苏太仓人。少年时，文章就写得很好，十四岁时，张溥发现他，“因留受业于门”，参加复社。崇祯十年（29岁），充东宫讲读官，十二年（31岁），为南京国子监司业。崇祯死时，他三十六岁，“先生里居，闻信号，恸欲自缢，为家人所觉”（《年谱》），其母责之，谓父母在不宜死。福王立，授官，“先生知事不可为，又与马（士英）、阮（大铖）不合，乃谢归”（《年谱》）。在乡十年，清廷征博学鸿词，以山林隐逸不就。

顺治十年（45岁）九月，“招入都，授秘书院侍讲……寻升国子监祭酒。时先生杜门不通请谒，当时有疑其独高节全名者。会诏举遗佚荐剡交上，有司敦逼。先生控辞再四，二亲流涕办严摄使就道。难伤老人意，乃扶病出山。”郁郁不得志，过一年，托辞继母卒而归家，以后即不出。情绪一直是很苦闷的。梅村孝过其气节。

梅村诗写得很好。长于歌行，色泽鲜艳，又沉雄有力。梅村颇似庾信，他的身世与庾信相似，风格也有类似之处，早年风华，老而老成。他晚年出山后，情绪很苦闷，发而为诗歌，有苍凉之气。在被征期间，他说：“误尽平生是一官，弃家容易变名难。”（《自叹》）他离家北上，和他的弟弟分别，曾写道：“云山两岸伤心里，雨雪孤城泪眼中。病后生涯同落木，乱来身计逐飘蓬。”他对自己的出山，一直是很悔恨的，“世应嘲仆仆，我亦叹栖栖”。他在京城时，告诉他的弟弟说：“万事愁何益，浮名悔已迟。”（《病中别孚令弟》）他叫弟弟告诉家里，以后教儿女们“勤识字”“学躬耕”，不要出来做官，不必管什么虚名，不要学他的样子，“似我真成误”，这都是非常沉痛的。

在他未出来前，侯方域曾写信给他，要他不出来，但他未能如约，后来回想起，感到很惭愧：“死生总负侯嬴诺，欲滴椒浆泪满樽。”（自注：“朝宗，归德人，贻书约终隐不出，余为世所逼，有负夙诺，故及之。”）

这件事一直成为他一生的悔恨，很多事都能触动他，使他悲痛。他读了佛经，也会无端地哭起来，“《楞严经》读罢，无语泪痕深”。

中年以后，他的家庭也接连发生不幸。母亲去世，后来妻子也故去，几个女儿也先后死去。这对于他的打击都是很大的。他的《哭亡女》曰："诀绝频携手，伤心但举头。昨宵还劝我：'不必泪长流。'"情感是痛切抑郁的。

吴梅村写了很多歌行，这些歌行大都写古迹以及明人旧事，多吊古情调。一想起古代汉族历史故事和故明遗事，在在都使他伤怀。《永和宫词》写田贵妃，《后东皋草堂歌》是为明末爱国作家瞿式耜写的，中自叹曰："斜晖有恨家何在，极浦无言水自流。"《鸳湖曲》吊吴昌时，皆感时抒怀之作，有的还可作为有爱国思想的作品。其《琵琶行》写崇祯十七年以来先朝旧事，以至想起唐朝的安史之乱，想起李龟年的流落江南，"龟年哽咽歌长恨，力士凄凉说上皇。前辈风流最堪羡，明时迁客犹嗟怨"。其有名的诗作《圆圆曲》，虽咏叹颇有色彩，但思想模糊。

吴伟业反映现实的诗作，有《捉船行》《马草行》《芦洲行》等。

《王郎曲》《楚两生歌》《听女道士卞玉京弹琴歌》等为写友谊交情之诗。

出仕清朝期间，有些应酬诗极无聊。

在清朝初年，散文中有所谓三大家：侯方域、魏禧、汪琬。

侯方域（1619—1654）[1]，字朝宗，河南商丘人，父为明末忠臣。宏光朝出来，为阮大铖辈所压制。才气纵横，惜中年早卒。其散文代表作有《癸未去金陵日与阮光禄书》《李姬传》《宁南侯传》等。有

[1] 侯方域在世时间应为公元1618—1654年。——编者注

《壮悔堂集》。

魏禧（1624—1680），字冰叔，号裕斋，江西宁都人。与兄弟二人称“宁都三魏”，禧居中。于文主多变化，于变化中有法则。山以不变为法，水以善变为法。文章风格，不能千篇一律。亦写不少野史材料，如《大铁椎传》。有《魏叔子集》。

汪琬（1624—1690），字苕文，号钝庵，江苏长洲（今苏州）人。侯方域、魏禧在当时地位均不及汪琬。汪为统治阶级所捧。有《钝翁类稿》等。

全祖望（1705—1755），字绍衣，号谢山，浙江鄞县人。乾隆进士。在翰林院做过官，不肯趋奉宰相，受排斥，回乡。在浙讲学，又不为地方官所重，遂离乡至蕺山端溪书院讲学。一生穷愁多病，死无以葬。

有《鲒埼亭集》。全氏为史学家，不喜发空论，专写传记，尤重明末贞节之士。从全氏文集中，我们可以得到不少亲切而明确的明清之际的史料。如《亭林先生神道表》《阳曲傅先生事略》等，皆能以简洁短文而概括人一生事迹。他对于钱牧斋、李光地等则深恶痛绝，毫不留情。为人狷介，民族意识最为浓厚。

全祖望虽为历史家，而散文文笔甚佳，亦可谓文学家。

此外，史可法《复多尔衮书》、邵长蘅《阎典史传》，为清初之有名文章。

孔尚任与《桃花扇》

有明一代，传奇不下数百种，能够比得上《琵琶》《拜月》《荆钗》《白兔》者实属寥寥，只有汤显祖的《牡丹亭》可以作为天才的创作。《琵琶》《拜月》等原是从民间文艺的南戏剧本改编的，好比罗贯中的《三国演义》、施耐庵的《水浒传》，来源在民间。汤显祖的《牡丹亭》，确乎是个人创作。到了清初康熙年间，却有两部历史剧本产生，《桃花扇》与《长生殿》，几乎是同时写作成功的，作者孔尚任与洪升有“南洪北孔”之目，二人同为曲家齐名并世。这两部剧本是文人所创制的传奇的高峰，同时也是传奇文学的后劲了。它们产生在昆剧已经发展到顶点，而有往下没落倾向的时代。以思想性而论，《桃花扇》比《长生殿》更高些。这两大剧本，远非李渔的纤巧尖新的喜剧可比。

这两部都是结构宏伟的历史剧，产生在清初康熙年间，不为无因。清贵族入关以后，明末遗老，有气节的如顾炎武、黄宗羲、王夫之等，他们都注意于史学。对于现实社会有所不满，钻向古书，喜欢考古考据，也喜欢谈掌故，发思古之幽情。孔尚任是孔子后代，讲究古礼古乐，也喜欢古董。《桃花扇》一开始，就借老赞礼的话“古董先生谁似我，非玉非铜，满面包浆裹”，自命为一块肉古董，有怎样一肚皮不合时宜的思想。孔尚任真的喜欢古董，曾经用不少钱买了唐代一件称为“小忽雷”的乐器，还特地为小忽雷的掌故而同友人顾彩写了一个传奇剧本名为《小忽雷》。他写《桃花扇》，就是参考了许多关于南明的掌故，才编成这样一部传奇的。洪升的写作《长生殿》也如此，用功于天宝年间的历史掌故书籍很久，取材极博。他们的创作态度，都很严肃，结合历史和文学。这是和他们所处时代的学术潮流、明末清初的史学和考据学的发达分不开的。

孔尚任的生平及其著作

孔尚任（1648—1718），字聘之，又字季重，号东塘、岸堂、云亭山人。山东曲阜人，孔子六十四代孙。早年在曲阜乡下石门山中读书。是秀才，但也许没有出来应过举。是一个饱学而不合时宜的人，他研究古礼和古乐。到三十六岁，衍圣公孔毓圻请他出山，主修家谱和《阙里志》。孔尚任为李塨作《大学辨业序》云：“予自幼留意礼乐兵农诸学。”又《湖海集》卷十二：“乐律深邃精微，非狂鄙所能窥。但夙承家学……二十年来，悉心考证。”1683年，在孔毓圻处教演礼乐，邹鲁弟子秀者七百人，同宗族万人，释业于庙。1684年康熙皇帝到江南去游玩，称为“南巡”，回来路上经过曲阜，便要祭孔。孔毓圻使孔尚任参加祭礼，主持礼节。尚任以监生充讲书官，在御前进讲经书，又一一详述文庙礼器，称旨。清统治者以尊孔、尊经学、尊古礼乐为统治全国人民、收买汉族知识分子的策略，康熙帝特为赏识孔尚任的学问和人才，破格提升，命他入北京，为国子监博士。这是尊重孔家学者之意。

孔尚任到北京任国子监博士二年，便出差到扬州一带跟孙在丰治下河水患，逗留在淮上有三年之久。当时淮河一带常有水灾，人民遭受着苦难，而官吏并不当它一回事，治河不切实际，虚耗钱财，耗时费日，一无所成。他接触清朝官僚实际，又亲见民生疾苦，颇有感慨。面对现实，原想立功立业的念头也瓦解冰消了。他写了不少发牢骚的诗，此外便在旅居无聊中酝酿着《桃花扇》的创作。

孔尚任作《桃花扇》，动机很早。《桃花扇本末》云，作者舅翁秦光仪，明末避乱南京亲戚孔方训家，详悉福王遗事，归乡后为作者语之，因此始想作此。孔方训是他的族兄，崇祯时在南京为南部曹，亲见亲闻明末弘光朝事。孔尚任自己生时已是顺治五年，距离弘光被杀已三年了。所以《桃花扇》的老赞礼一半是作者自比，一半是他族兄的影子。他久已乎想写一个剧本，把“南朝兴亡，系之桃花扇底”。此次逗留南方，曾到扬州梅花岭史可法葬地，到南京游秦淮河、谒明孝陵，也接触当时老辈，多闻晚明掌故，于是把南明亡国惨事编入传奇的心愿格外强烈了。孔东塘从扬州回北京是1689年。回京仍任国子监博士。博士本是闲职，正可努力写作。他原来喜欢音律，并喜词章，因此作曲不难。他先同曲友顾彩合作《小忽雷》传奇。小忽雷是唐朝韩滉伐蜀得奇木，所制乐器大小忽雷之一，为文宗时宫中女官郑中丞所常弹者。后郑中丞因事得罪，缢投于河，又遇救为梁厚本妻。使赎寄修乐器赵家之小忽雷而弹之。忽雷乃琵琶之一种也。孔尚任于康熙辛未年（公元1691年）得于北京市上，重其为八百年前古乐器，又有唐人小说中的故事，因与顾彩谱此事为传奇。1694年《小忽雷》传奇脱稿，大部分成于顾彩之手。唯孔氏于此始驰骋于词曲。至1699年6月，则《桃花扇》脱稿。距第二次到北京任博士，已有十年。十年中，孔氏升户部主事，寻又升户部员外郎。作《小忽雷》时，因友人顾彩善音律，托之代填。此作因顾彩不在都中，故自填之，而得苏州曲师王寿熙之指点，择时优熟解之曲牌填之。依谱填词，按节而歌，使无聱牙之病。

《桃花扇》本文四十出，前后加四出，共计四十四出，结构宏伟。孔尚任陆续写作，非一时所作，数易其稿，前后十年而成。零碎片段即有人传阅，至1699年6月全剧脱稿，即盛传于京。7月，宫内索阅，且索阅甚急，匆匆呈进。孔氏即以此年罢官。宫内索阅为闻《桃花扇》名，欲演习云云。而孔氏之罢官不知何因，或与《桃花扇》不无关系。因为虽剧本开始有歌颂太平之言，但整部剧本的思想内容，是哀悼明代亡国，表扬史可法等忠烈，而富于遗民思想的，所以必定招清统治者之忌。康熙对孔氏破格提拔，引进孔圣后代，含有笼络人心之意，但东塘既无意迎合帝王及大官僚，不合时宜，遂遭罢斥。

孔尚任罢官后，还乡隐居至1718年而卒。《桃花扇》先盛行于京师，而刊刻于1708年，乃天津人佟蔗村出资助刻者，则孔氏晚年亦贫。

孔尚任为一诗人，有《湖海集》传世，十三卷。七卷为诗，后六卷为文。诗文皆奉使淮扬时所作，起康熙二十五年，讫康熙二十八年。诗共六百余首。其后之诗文未辑成书，遂散佚。

《桃花扇》和南明史实

《桃花扇》题名取晏几道词“舞低杨柳楼心月，歌尽桃花扇底风”中之三字，从南京名妓李香君碰楼血染扇面、杨龙友为之点染、画折枝桃花而得名。名称极香艳，剧亦谱侯方域、李香君故事。其实整个剧本描写了弘光朝的起讫，于歌舞中寓家国兴亡感慨。正如《先声》一出老赞礼所言：“借离合之情，写兴亡之感。”

《桃花扇》以侯李二人情爱为题，此实传奇家的一种手法。一部大戏要包罗生旦净丑诸角，尤其不能离开生旦之角。《桃花扇》的题材阔大，侯李情爱事贯串全剧，也作为一个线索，“借离合之情”，主题是写南明弘光朝的腐朽政治、南明亡国的哀史。南明遗事，当孔尚任早年在石门山读书时，即闻之于族兄，开始酝酿此剧。亲自到南京、扬州一带时，又与遗老耆旧接触，丰富了题材，久秘不出。到再度入京时，始三易稿而成。剧作于南明史实，大体写实，中间经他布置腾挪穿插虚构，集中了几个人物。

大事均有依据。开始于1643年（崇祯十六年），南京复社文人吴应箕、陈贞慧与阉党阮大铖的斗争。阮大铖托杨文骢拉拢侯方域以为排解。侯方域与李香君遇合。李自成的农民起义军攻陷北京（公元1644年），崇祯缢死于煤山（虚写）。马士英、阮大铖迎立福王，史可法持异议，争之不得。福王由崧乃福王常洵之子。常洵为神宗万历帝的宠儿，封藩于开封，富可敌国，弄权贪贿荒淫无耻，素为东林党的敌人，是压迫东林党的。马阮迎立由崧，在南京弄一小朝廷，继续荒淫无耻的生活。马阮等以迎立功邀宠，马士英为内阁大学士，出史可法于扬州。崇祯的太子到了南京，福王的原妻也到南京，被认为伪太子、伪妃，搒掠至死。左良玉在武昌以清君侧为辞，移兵向南京（实乃避李自成、张献忠之农民军力量）。良玉叛变。马士英移江北三镇军，防截左良玉，江北撤防，清兵南下，史可法战死。福王出奔入芜湖黄得功营中，为黄得功部下田雄所劫以献清兵。黄得功殉难，福王被杀。结束了弘光朝小朝廷（公元1645年）。历史事实，前后三年（侯李爱情故事以栖霞山重逢，入道为结束。张瑶星说："呵呸！两个痴虫，你看国在那里，家在那里，君在那里，父在那里，偏是这点花月情根，割他不断么？"在政治悲剧的大氛围中，爱情由痴迷而觉悟，不以团圆为结束）。

四十出戏，集中故事的时间是三年。极紧凑。

全剧大事均实，但《桃花扇》是文学作品，不同于真实历史，在不违背历史事实的基础上，允许作者虚构与创造，使得人物生动，性格突出。这是传奇的体制。故多腾挪穿插，与史实稍有出入。

例如，复社文人吴应箕、陈贞慧攻击阮大铖，发《留都防乱揭帖》在崇祯十一年（公元1638年），侯方域交陈、吴二人主盟复社在1639年，其与李香君相识亦在是年，今移置在1642年及1643年。阮大铖托王将军结交侯方域，今改为杨龙友。史可法在清兵攻陷扬州时殉难，骑白驴与自投长江事系传闻，非史实。侯方域颇有资财，梳栊李香君系自己出资，非由阮大铖馈送。李香君并无却奁事，只有提醒侯方域勿受王将军的拉拢，能识大体，聪明有见识，不同一般女子。李香君不愿受田仰之聘，亦实有其事，但与侯方域无关。其碰楼、面血溅扇及苏昆生寄扇等节，怕是作者所创造的。《桃花扇本末》云："独香姬面血溅扇，杨龙友以画笔点之，此则龙友小史言于方训公者。"此为孔东塘所自述。但可能此段哀艳情节，为作者自己所创造、所设想，而托于龙友小史之言。南朝以歌舞享乐的小朝廷而亡国，正是"舞低杨柳楼心月，歌尽桃花扇底风"，"所谓南朝兴亡，遂系之桃花扇底"（指斥弘光朝的荒淫享乐）。故《入道》一出下场诗谓："桃花扇底送南朝。"

《桃花扇》的人物都是实有其人的，即是李笠翁所谓用实在史事则全为真人，故事则有所依据，而加以创造的穿插。《桃花扇》集中表现了弘光朝的政治全貌，是非常真实的。对这些历史事实作些修改，以便组织得更紧凑以及表现人物性格更突出是必要的。《桃花扇》是艺术作品，不是信史，但是它真实、正确地反映了历史现实。作历史小说及剧本者可以学习其处理方法。

《桃花扇》剧本与南明史实的出入之处，可参考梁启超之注（今文学古籍刊行社的本子，即为梁注本）。此为考据功夫。

《桃花扇》的主题思想和它的现实主义精神

——《桃花扇》是朱明王朝的沉痛挽歌

孔氏在《先声》中借老赞礼口说："昨在太平园中，看一本新出传奇，名为《桃花扇》，就是明朝末年南京近事。借离合之情，写兴亡之感，实事实人，有凭有据。""借离合之情，写兴亡之感"，所以《桃花扇》以侯李故事为主要线索而主题是明末弘光一朝的亡国哀史。作者虽然被招出山，但目击清代贵族统治下汉族人民遭受苦难，故而用剧作来寄托遗老感慨。他用艺术形象描写进步人士与阉党余孽的激烈斗争，暴露南明弘光朝的腐朽政治、君臣的荒淫无耻，指明了统治中国二百八十年的明帝国的一朝衰朽和灭亡的责任，哀痛爱国主义者在民族危机无可挽救时的坚强反抗，表扬他们的民族气节。是高度爱国主义的作品。作为一部历史悲剧，是朱明王朝的沉痛挽歌。作者把历史现象熔铸在一部大歌剧、大诗剧中，从而获得了艺术上的不朽。

作者生于清代，仕于清朝，其时正任户部员外郎，他写这个剧本是很大胆的。所以在开头用了一段歌颂太平的话，说“尧舜临轩，禹皋在位，处处四民安乐，年年五谷丰登。今乃康熙二十三年，见了祥瑞一十二种”，不能不作此掩护。此为照例颂扬，非由衷之言。又在史可法困守扬州时，特地不使清兵出场。在剧本中称清兵为北兵。不能不如此。但是他描写了左良玉的哭主，描写了史可法的沉江（骑白驴自沉长江）：“那滚滚雪浪拍天，流不尽湘累怨。”（用屈原典故）“你看茫茫世界，留着俺史可法何处安放。累死英雄，到此日看江山换主，无可留恋。”黄得功见刘良佐、刘泽清两镇要劫宝（弘光帝）献与北朝，便骂：“哇！你们两个要来干这勾当，我黄闯子怎么容得！”喊：“好反贼，好反贼！”“望风便生降，望风便生降，好似波斯样。职贡朝天，思将奇货擎双掌；倒戈劫君，争功邀赏。顿丧心，全反面、真贼党。”必须注意，这里骂降清的是贼。尽管作者在前面歌颂升平，在《余韵》一出里，写柳敬亭、苏昆生已成为樵夫渔翁，还是舌头不烂，唱曲哀悼亡明。清廷征求隐逸，竟要派公差来捉拿：“你们不晓得，那些文人名士，都是识时务的俊杰，从三年前俱已出山了。目下正要访拿你辈哩。”“啐，征求隐逸，乃朝廷盛典，公祖父母俱当以礼相聘，怎么要拿起来！”这是对清统治者的笼络政策与一班屈节士大夫的莫大讽刺。这样一个剧本终于使孔尚任被罢职。

孔氏写了一部结构完整、热闹有剧情的剧本（以宾白情节为主的），但和李渔不同，有深刻的社会意义。

孔氏作为孔子后代，其为人不脱离孔教儒家正统思想。因此，此剧有继承祖先作为《春秋》《雅》《颂》之作的用意。他在《先声》一出中自己声明：“但看他有褒有贬，作春秋必赖祖传；可咏可歌，正雅颂岂无庭训！”这不是把俗文学中的戏曲提高到与《春秋》《诗经》同样的地位吗？其实，俗文学继续正统文学正宗的地位早已获得。而褒贬就是倾向性。孔氏对人物的爱憎与人民的爱憎是一致的。他歌颂史可法、侯方域、陈、吴等人，同时特别写出了几个市民的正面形象，如名妓李香君、柳、苏等，此外蔡益所、蓝瑛等也是清白人物。文学的倾向性是区别现实主义文学与非现实主义文学的标准。

虽然孔氏在《桃花扇》中称李自成、张献忠为寇贼，不免露出他自己的身份也是统治阶级的历史家（受时代与阶级出身的限制），但是在《逃难》一出中，还是痛快地描写了人民痛打马士英、阮大铖，出了人民的怨气（同《水浒传》一样）（那是人民出气的时候）。

《桃花扇》最后的衰飒，与山林隐逸思想、色空观念，具体表现在锦衣卫张瑶星的离官修道、侯李的修道上。张瑶星的怒喝振聋发聩，使侯李猛醒，但也只能隐遁入道。明亡后，有志气人士逃于佛道者多，山林隐逸思想是可以理解的。

此所谓遗民思想。

在清代康熙年间，在戏台上大声疾呼“国在那里”“君在那里”，是反清思想的积极表现。《余韵》一出则唱出了朱明王朝的沉痛挽歌。《桃花扇》在清末特别为人所重。清末的爱国人士，提倡晚明学术、晚明遗老文学。《桃花扇》对旧民主主义革命、排满运动有帮助。因而此剧为梁启超所爱好，而特为作注。

《桃花扇》的宏伟结构和人物形象

《桃花扇》在传奇中是局面最阔大的。本文四十出，外加四出，是四十四出的长本戏剧。一部极其伟大的歌剧。以出数而论，四十余出在传奇中还不算最长的，例如《牡丹亭》有五十五出，《长生殿》有五十出。但是《牡丹亭》和《长生殿》有不少出是独角歌唱的，富于抒情诗歌的意味。《牡丹亭》的结构还是松懈的，出数多，不免有冗漫的感觉。《长生殿》的后半部也不很紧凑，不全精彩。《桃花扇》不然，四十出的结构，严整而完美，绝不枝蔓。没有整出作为独角抒情的场面，紧凑而富于剧情，是不可删节的。

《桃花扇》人物众多。虽然以李香君、侯方域为主角，其他各人物，亦极占重要地位。生旦净丑的角色平均分配。《桃花扇》的主题是弘光朝的亡国痛史，这是主要内容，而侯李的爱情故事是主要线索。但是他为什么要用此故事为主要线索呢？此是传奇或者戏曲的艺术体制所规定的，因为戏剧、戏剧班子是以生旦为主角的。当历史内容转化为戏剧形式时，便决定了他如此写作。《桃花扇》的局面阔大处在于它不是一个爱情剧而是历史剧，政治场面开阔。

孔尚任分他的主要角色为左、右、奇、偶、经、纬六部，互相配合，共三十人。左部以侯方域为首，下列陈贞慧、吴应箕、柳敬亭、蔡益所等；右部以李香君为首，下列李贞丽、苏昆生、蓝瑛等；奇部以史可法为首，下列弘光帝、高杰、田雄等；偶部以左良玉为首，下列马士英、阮大铖等；经部以张道士为经星，老赞礼为纬星。分部没有多少意义，不过也可看出他对于生旦净丑各角色的布置组织。

《桃花扇》的人物形象：

主角李香君，秦淮歌伎。正面人物。有坚贞的性格，是美好的女性形象。一开始就写她的美丽、天真、聪明（从学歌唱曲看出）、活泼。对侯方域的倾情，于抛下樱桃报答扇坠事点出。此后写她的明白大体，识别大义，以一个秦淮歌伎的身份，能够辨认忠奸，痛恨阉党人物（《却奁》），她的见识，竟出于侯方域之上，迥然不同于一般女性。既不同于一般女性的贪图享乐，更不同于一般女性，但服从男人的主张，不发表自己的意见。能够不受贿赂，同坏人划清界限。《却奁》一出是突出描绘李香君的。特写李香君的节气，比侯方域更有见识，此事有些依据，但更为夸大特写。原来是阮胡子派王将军结交侯方域以为拉拢，为香君所提醒。《拒媒》一出写其不肯改嫁一个地位权势高的官僚，显示出坚贞的性格。接下来是《守楼》一出，她立志守节，要等侯郎：“案齐眉，他是我终身倚，盟誓怎移。宫纱扇现有诗题，万种恩情，一夜夫妻。”坚决与残暴压迫的恶势力斗争，宁死不嫁漕抚田仰。《骂筵》一出写李香君被捉下楼，叫去演习阮大铖所作《燕子笺》剧本："奴家香君，被捉下楼，叫去学歌，是俺烟花本等，只有这点志气，就死不磨。"于是愤慨之至，当面骂马士英、阮大铖："堂堂列公，半边南朝，望你峥嵘。出身希贵宠，创业选声容，后庭花又添几种。把俺胡撮弄……""东林伯仲，俺青楼皆知敬重。干儿义子从新用，绝不了魏家种。冰肌雪肠原自同，铁心石腹何愁冻。"极为痛快，爱憎分明。一个秦淮歌伎，她的正义感，千秋敬佩。她见识高、志气高，此乃孔氏特写，也是写此传奇之本旨。孔氏在《桃花扇本末》中云，剧中故事得之于族兄方训公，"惟香姬面血溅扇，杨龙友以画笔点之，此则龙友小史言于方训公者。虽不见诸别籍，其事则新奇可传，《桃花扇》一剧感此而作也。南朝兴亡，遂系之桃花扇底。"此故事或为孔氏所创，故为此说耳。《桃花扇》的正反人物的斗争，写得很鲜明，复社文人、李香君为一方面，阮大铖、马士英为另一方面。

侯方域，也是主角。比之李香君，则属于次要地位。他风流倜傥，是有才华的公子，复社领袖。除对李香君有深情外，在政治上有立场、有见识。特写其识见高超处，在从史可法处转移到高杰处后，见到高杰看轻总兵许定国，料定必要失败，谏之不听，即为辞去一事。此见其才谋。重情，由辛苦回南京寻觅李香君事可见。侯方域本为历史上重要文人，有才有谋之人。

吴应箕、陈贞慧，亦是当时名流，正面人物。他们写《留都防乱揭帖》，攻击阮大铖最厉害。《哄丁》《闹榭》描写他们与阮大铖之斗争。是民主主义运动中的领袖人物。

柳敬亭与苏昆生，说书唱曲的市井人物，而识大体，有侠义心肠。柳敬亭不愿做阮胡子门客，苏昆生不愿做义子的帮闲，而愿为妓女的教习。热情而有权智。此外书客蔡益所、画家蓝瑛，都是清白人士。《桃花扇》特写了一些市民形象。

剧中特意描写了史可法的忠节。此剧表扬史可法，几与李香君相等。史可法是本剧的主要角色之一。他的忠诚谋国在《阻奸》《誓师》《沉江》诸出中写出。史可法死守扬州为明末历史上一件大事。城破后，扬州遭屠杀惨剧。有王秀楚《扬州十日记》记此。

左良玉，不完全是一个正面人物。他的移兵东向，是为逃避李自成、张献忠的农民起义力量，清君侧仅托辞而已。《桃花扇》所写，稍有庇护。

黄得功，性格鲁莽，也有其忠勇的一方面。《争位》一出写四镇各不相服，内斗，非常有力、真实。《劫宝》一出，写弘光被劫，不堪之至。

反面人物以阮大铖为主。虽然在历史上弘光朝政治的腐朽以马士英负首要责任，但在剧中所特写的反面人物是阮大铖，马士英尚是陪衬者。剧作刻画此类卑鄙无耻、献媚逢迎、贪图名位、无事不可为、用毒辣的手段对付好人的阴狠人物，极其成功。阮大铖也有文才，是戏曲家，《桃花扇》刻画出他的丑恶本质，成为一个反面的典型人物。第四出《侦戏》，他出场时有一段自白，说自己“词章才子、科第名家”，“可恨身家念重，势利情多；偶投客、魏之门，便入儿孙之列。那时权飞烈焰，用着他当道豺狼；今日势败寒灰，剩下俺枯林鸮鸟。人人唾骂，处处击攻”。于是他又想拉拢君子党：

“倘遇正人君子，怜而收之，也还不失为改过之鬼。”“若是天道好还，死灰有复燃之日，我阮胡子呵！也顾不得名节，索性要倒行逆施了。”《桃花扇》的说白是非常精练的。这段开场白，描写他的性格，写奸臣心事，曲折阴狠，极为深刻。全剧开始，《哄丁》一出就写他的狼狈状况，在孔庙里丁祭时被复社人士轰出。吴应箕骂他：“魏家干，又是客家干，一处处儿字难免。同气崔、田，同气崔、田，热兄弟粪争尝，痈同吮。东林里丢飞箭，西厂里牵长线，怎掩旁人眼。”（阮大铖曾为魏忠贤及保母客氏的干儿子，崔呈秀、田尔耕则为阉党之凶悍者）众人打他，把胡须都采落了。《闹榭》一出写他为避人，夜半游秦淮，遇到复社会文，歇了笙歌，灭了灯火，悄然逃走。《阻奸》一出写他如何夜里奔走史可法处，想将拥戴功挟：“须将奇货归吾手，莫把新功让别人。”《迎驾》一出写他因为是废员，没有冠带，只有屈身做个赍表官。以后他依附马士英，一朝得志，便搜捕名流。《逮社》写他公报私仇，捉拿吴应箕、陈贞慧、侯朝宗：“哦！原来就是你们三位，今日都来认认下官。”这是先写其丑态百出，后写其心肠狠毒。左良玉兵到，马士英恐慌，他出主意，命江北三镇移防去堵截。马问：“倘若北兵渡河，叫谁迎敌？”他说：“北兵一到，还要迎敌么？”并说“只有两法”，一是跑，一是跪下去投降（又作跪地介）。马士英随即同意，说：“宁可叩北兵之马，不可试南贼之刀。”全剧通过《哄丁》《侦戏》《闹榭》《阻奸》《迎驾》《逮社》《拜坛》诸出，特写其性格之各个方面。

马士英也是进士出身，原任凤阳督抚。他是一个自私自利争权夺位的人。《迎驾》一出中的两句道白刻画了他的内心：“幸遇国家多故，正我辈得意之秋。”果然他凭着拥立福王之功升为内阁大学士。而北兵一到，只会逃跑投降。此辈比之秦桧还差得远，原是一无用处的人。

复社文人与马、阮的斗争，乃是东林党与阉党斗争的历史的继承。马、阮迎立福王，福王由崧之父常洵为万历帝之宠儿，崔、魏之屏障，极荒淫无耻。剧写南明文臣马、阮之无耻，树立奸党。武将高、黄、二刘四镇之鲁莽、内讧，暴露现实情况。

《桃花扇》的人物性格都很突出，主要通过情节宾白来表现（不于曲子中唱出）。即如弘光帝同大臣们打十番，逃到黄得功营中说：“寡人只要苟全性命，那皇帝一席，也不愿再做了。”只寥寥数笔，就写出了他的荒淫昏庸。

剧写史可法沉江，同史实略不合，此乃避免与清兵冲突，且更可使其形象完整。

《桃花扇》以《入道》一出为正文的结束。侯李定情，正值大变乱的时代，之后各自遭受苦难，彼此同情，心心相印。到了道观（白云庵）里重逢，经张道士说道点醒：“呵呸！两个痴虫，你看国在那里，家在那里，君在那里，父在那里，偏是这点花月情根，割他不断么？”当头棒喝，他们都悟道修真。以此为结，不落俗套，是高超处。而孔尚任之友顾彩改作《南桃花扇》，使生旦当场团圆，以快观者之目。尚任对此假意恭维，其实颇为不满。如果团圆收场，侯李二人的性格不完整，与整个剧本的主题思想不调和。此剧本应是一部历史悲剧，不宜以喜剧收结。

《余韵》一出，亦极佳。以樵夫渔父慷慨悲歌、怀旧吊古作结。

《桃花扇》在思想性、艺术性上有高出《长生殿》处，完成时亦传布剧坛，但不怎么流行于剧坛。大概因为：

（1）它的遗民思想。追悼崇祯皇帝，标扬史可法等，于清朝统治阶级不利。对改朝换代时逢迎新朝的知识阶层有所讽刺，不合乎粉饰太平之作的要求。

（2）曲律不如《长生殿》，曲谱不是做得很好，因而只有少数几出为人所乐唱。

《桃花扇》的特点是曲文减少（亦减少剧本之抒情成分），而颇重说白及动作，实是戏剧发展的进步。

蒲松龄与《聊斋志异》

（节选）

蒲松龄，其生卒年有1630—1715与1640—1715两说。据其自题画像，康熙癸巳年（公元1713年）七十有四：

> 尔貌则寝，尔躯则修，行年七十有四，此两万五千余日，所成何事，而忽已白头？奕世对尔孙子，亦孔之羞。康熙癸巳自题。

则其生卒年应为1640—1715，享年七十六。

卒年康熙五十四年（公元1715年），据张元所作《柳泉蒲先生墓表》（《聊斋文集》前附）。然张元谓享年八十有六，实为七十有六之误。鲁迅《中国小说史略》谓其生卒年为1630—1715，亦误。

蒲氏名松龄，字留仙，号柳泉。其书斋名聊斋。山东淄川县（济南东）人。生于明崇祯十三年，明亡时仅数龄。其家祖上大概是世为举子业者，至其父则始操童子业，苦不售，家贫甚，遂去而学贾，积二十余年，称素封（《元配刘儒人行实》）。是松龄出身于商人兼地主家庭。但其父因久无子嗣，周贫建寺，不再居积，非富裕者。其后嫡生三子，庶生一子，家口多，遂复贫。松龄为其第三子。早婚，夫人姓刘（父为秀才）。兄弟析居，松龄夫妇得农场老屋三间，旷无四壁，小树丛丛，蓬蒿满之。

松龄初应童子试，即以县、府、道连取三个第一，补博士弟子员（案首秀才）。文名籍籍诸生间，然入棘闱辄见斥（即终未中举）。遂舍去举业而致力于古文辞。“性朴厚，笃交游，重名义”（《柳泉蒲先生墓表》），以旧道德眼光来看，是一正派人。中秀才后，与朋辈结郢中诗社。

蒲松龄年轻时考科举，至五十余岁尚未考上。早年一度出为幕宾，游四方，道路见闻很广，然颇不得志。有诗云：“烟波万里一身遥。”又有诗云：“十年尘土梦，百事与心违。”可知他游幕之年亦甚久。三十岁后，在同邑缙绅家坐馆。他不交际达官贵人。唯王渔洋赏识其文才，欲致之门下。松龄对渔洋致敬而已（《聊斋文集》中有二札致阮亭）（按：阮亭与松龄年龄伯仲间）。诗集中亦有《红桥和孔季重韵》一首七律，知其与孔尚任亦相识也（与王、孔大概都因山东同乡关系）。

《聊斋志异》一书，初次结集于康熙十八年（公元1679年），五十岁以后，多居家乡，搜集异闻，陆续修订增删。另著有诗文、俗曲。在他六七十岁时，他的儿子、孙子都考上了秀才，而他自己也被选拔为贡生。他因为科举失志，颇厌弃功名，但他与吴敬梓不同，非深恶痛绝科举制度。其子孙考上科举，不免大为高兴。

蒲氏生在崇祯末年，这是农民起义的时代，南明挣扎的时代。入清后又逢康熙大用武力镇压反满武装。对此，蒲松龄虽未亲身体验，但生在此动乱的时代中。唯1703—1704年淄川大闹灾荒，此为他亲身遇到的。蒲氏于1704年有《上布政司救荒策》，述淄川灾情："山右之奇荒，千年仅见，而淄邑尤甚。盖他处尚有麦可以接济，尚有苗可望收成，而淄自去年六月不雨，直至于今，又加虫灾，禾麦全无，赤地千里。民之饿死者十之三，而逃亡又倍之……"并提出五条救灾之策，足见其对于农民的深切同情。

当时清政府用闭关自守政策，缩小对外贸易面。照顾农村，并多给地主以利益，轻视商业及手工业者。此比之明代中叶以来至明末更不同，扼杀了资本主义的萌芽（明代的对外贸易，舶来品都是奢侈品，增加了地主阶级的消费）。因为清统治者对于汉族地主阶级的照顾，官吏与地方上乡绅势力勾结，冤狱多。故《聊斋志异》中对于贪官污吏多加鞭挞。

由于他自己失意于功名，而且考过多次，有生活体验，因此蒲松龄反对科举，比较细致深入。因为他是寒士，所以特别同情寒士，对于念书人更了解得深刻。因其生长在农村，所以同情农民。他对于商人也注意。当时资本主义的萌芽被压抑，好比一块大石头底下的草，曲曲折折地生长着。因之《聊斋志异》中有抑郁悲凉的气氛，但并不是完全消极的。

小说中有对于人情世故的深入讽刺，鞭辟入里，此蒲松龄与吴敬梓所同有。

松龄的《聊斋志异》是遣兴之作，也是寄托孤愤之作。其《聊斋自志》云："才非干宝，雅爱搜神；情类黄州，喜人谈鬼：闻则命笔，遂以成编。久之，四方同人，又以邮筒相寄，因而物以好聚，所积益夥。……集腋为裘，妄续幽冥之录；浮白载笔，仅成孤愤之书：寄托如此，亦足悲矣！"则此书借鬼狐故事而讽世，与六朝纯为志怪小说，性质不同，同吴承恩写《禹鼎志》之动机，寓劝世意。吴书不传，可能以鬼怪为可憎可恶之人的形象，而蒲留仙则不同，鬼狐均有人情味，多正面的，可爱可亲的（鲁迅谓"使花妖狐魅多具人情，和易可亲，忘为异类"）。

《聊斋志异》既是短篇小说，不能说成于何时，必随时有所添增。必作于中晚年。

作品的产生与故事的来源，据其《自志》说，或据之于野史，或据之于朋友所示，或农村中听人叙说，当然也有大部分是他自己所创作。《柳泉蒲先生墓表》云："……而蕴结未尽，则又搜抉奇怪者为《志异》一书。虽事涉荒幻，而断引谨严。要归于警发薄俗，扶持道教。"（道教指儒道与教化）。蒲氏有正统思想，但因为他并非迂儒，所以没有头巾气。他胸中郁结，悲愤感慨，所以作品中又有悲凉的气氛："惊霜寒雀，抱树无温；吊月秋虫，偎阑自热。"

《聊斋文集》中有《原天》一文，云："欲知天地之始终，不于天地求之，得之方寸中耳。""苟凝神默会，则盈虚消息，了无遗瞩。昭昭方寸，彼行列次舍，常变吉凶，不过取以证合吾天耳。"可见其世界观也是唯心论的。写狐鬼故事变幻随心，是浪漫主义笔墨。但作为幻想之素材，实是现实生活。是对于现实生活的不满加以讽刺，或为对理想生活的追求。此皆现实主义精神之所在。又有《与诸弟侄》，论作文方法，以避实击虚为法："盖意乘间则巧，笔翻空则奇，局逆振则险，词旁搜曲引则畅。"《志异》之笔法超绝，亦贵在虚实处用笔。

《志异》故事虽说是听人所说，实际上是自己创造居多。结构奇幻，变化莫测。于短篇幅中，有生活细节之描写，有生动表现人物性格的对话，是文言小说而能吸收白话小说的优点者。出于古文，而变化古文，亦一语文宗匠。

蒲氏的著述，除《聊斋志异》，还有诗、词、文、笔记等。他还写有许多民间文艺作品，有七种鼓词、十一种俗曲，陆续出现，真伪莫辨。今发现《聊斋志异》稿本，残存半部，共二百三十七篇。此外尚有其他遗著发现。

吴敬梓与《儒林外史》

（节选）

吴敬梓的家世和出处问题

吴敬梓（1701—1754），字敏轩，号文木，安徽全椒人。

吴敬梓出身于一个名门望族，所谓世代书香的科举家庭。高祖吴沛，有子五人，四成进士，在明末清初。曾祖吴国对是顺治戊戌年进士第三名（探花）。祖父吴旦，监生，以孝授州同知，是个孝子。父亲吴霖起，1686年（康熙二十五年）为拔贡，做江苏赣榆县教谕。霖起为通儒，其仕亦贤，不奉承上司，而济困厄，曾捐资破产兴学宫。他有名士风，且为孝子。吴敬梓的家庭在曾祖时是极盛时代，祖父起，即在康熙时代，渐渐中落。

吴敬梓十四岁起，随父在赣榆。二十二岁，父去官。返居家乡。二十三岁，考取秀才，而父病死。他是一个不管家务、不善经营家产的人，喜欢读书，讲经学，作古文诗词赋，热心助人，没有几年，把家产花尽。他曾赴乡试，未中试，从此后便绝意进取，三十岁后，思想渐成熟，对功名亦复淡薄。在家乡待不下去了，1733年（雍正十一年），移家南京，寄居秦淮水亭。文名籍甚。雍正十三年，清政府下令举行博学宏词科考试。原本科举制度是不勉强人去赴考的，至博学宏词科则有推荐，带点强迫性，此为朝廷牢笼汉人学者之政策。1736年（乾隆元年），吴敬梓在府、省均被取录了。因他此时已有名望，为一名士。安徽巡抚赵国麟要正式荐举他进京赴考，临时，吴敬梓托病不入京。从此以后，他也不应乡举考试了。即以秀才终身。

据胡适的考据，吴敬梓那时还有功名念头，是真病，失去机会，后来有点懊丧。这个结论是不实在的。胡适的根据是，唐时琳（吴的老师）的《文木山房集序》："两月后敏轩病愈，至余斋。余度其容憔悴，非托为病辞者。"胡适认为据此则吴敬梓乃真病。其实，从此条中即可证明颇有人疑他是托病不去的。此外，胡适又据吴敬梓三十六岁《丙辰除夕述怀》诗："相如封禅书，仲舒天人策，夫何采薪忧，遽为连茹厄。人生不得意，万事皆愬愬，有如在网罗，不得振羽翮。""连茹"，出《易经》，妨碍出行；"愬愬"，亦出《易经》，惊惧貌。胡适以此为敬梓真病之证。

然而，吴敬梓三十七岁那年，有许多人进京去考，有考中者，有不得意者，有死在京中者。《文木山房集》有不少诗嘲笑他们的。唯此类诗与丙辰除夕诗距离不过半年者，何以思想转变如此之快？可知他三十六岁时对博学宏词试曾有思想斗争，而主导思想是他不想去。

吴敬梓的友人程晋芳作《文木先生传》，明明说安徽巡抚赵国麟闻其名，招之试，才之，以博学宏词荐。竟不赴廷试，亦自此不应举。所谓病，因为是在清政府的压迫下，不能不装病。《儒林外史》中的杜少卿，是敬梓本人的影子。第三十四回，杜少卿辞征辟，对夫人道："你好呆！放着南京这样好玩的所在，留着我在家，春天秋天，同你出去看花吃酒，好不快活！为什么要送我到京里去？""好了！我做秀才，有了这一场结局，将来乡试也不应，科、岁也不考，逍遥自在，做些自己的事吧！"《儒林外史》充分表现了吴敬梓反对功名富贵的思想，小说大力抨击热衷科举、势利熏心的人。他不愿入京应辟，和《儒林外史》的思想是一致的。因为他出身于一个科举家庭，从小就接触官僚士大夫阶级，眼见清统治者的箝制思想、奴役汉人，并无真意振兴礼乐、延揽名儒，荐博学宏词不过是牢笼手段。应举做清官，不得好结果；征辟也不能有所作为，所以早就迟疑。思想斗争的结果，就是辞退不出山了。

吴敬梓早年喜欢诗赋古文，本来反对八股文。他的诗赋见《文木山房集》。中年以后，阅历更广，思想愈成熟，写作《儒林外史》，抨击一般士人的庸俗、无耻、贪鄙。以王冕那样一个人物为理想典范；以市井名士作结。《儒林外史》应作于其四十到五十岁、在南京的时期，即不应博学宏词考之后，所谓"做些自己的事"也。他写作小说的精神是严肃的，不是作来遣兴，是耐贫之作。

吴敬梓四十岁时，友人捐资刊出了他的《文木山房集》。同时，他捐资兴复江宁雨花台的先贤祠，集合许多名士祭祀吴泰伯以下二百三十余人（《儒林外史》中的修太伯祠为此影子），为此鬻去了所居房屋，复居城东之大中桥。他的生活愈来愈贫穷，常以书易米。“冬日苦寒，无酒食，则邀同好汪京门、樊圣谟辈五六人，乘月出城南门，绕城堞行数十里，歌吟啸呼，相互应和。逮明，入水西门，各大笑散去。夜夜如是，谓之‘暖足’。”（程晋芳《文木先生传》）

程晋芳本一盐商，其后亦穷困，思想与敬梓有契合处。他有《怀人诗》云：“外史记儒林，刻画何工妍。吾为斯人悲，竟以稗说传。”诗作于1748—1750年之间，故《儒林外史》必是1750年以前所作，有成书。程晋芳家境衰落后，敬梓曾对他叹息道：“子亦到我地位，此境不易处也，奈何！”

《盋山志》述敬梓售去家产后，迁家南京，“日惟闭门种菜，偕佣保杂作。人皆不知其为贵公子也”。《盋山志》的作者为顾云（本人为南京人，比金和略前），所记颇为可信。敬梓墓即在盋山底下。种菜园的人，在《儒林外史》中也有描写。

后来敬梓愈益穷困。1754年，年五十四岁，卒于扬州，归葬南京。

《儒林外史》的主题及思想内容

《儒林外史》原书有五十回及五十五回两说，不知孰是。今定为五十五回。最早刊本在乾隆四十年左右，是吴敬梓卒后约二十年其友人金兆燕在扬州所刊，今不可得。今所得之最早刊本是1803年（嘉庆八年）卧闲草堂本，作家出版社据以排印。此本共五十六回。唯最后一回，讨论者认为是伪作，故而删去。通行本尚有六十回本，则更是他人所增。

小说从话本发展到拟话本的个人创作，明万历年间有《金瓶梅》，系无名文人所作。明末冯梦龙辈文人始作小说，也是拟话本体裁。内容涉及社会现实各方面，男女情爱还是主要的。《儒林外史》是一高级知识分子所作，取其生活经验最熟悉的部分，专门描写知识分子一群，以讽刺士林为主，别开生面，非常深刻。这部书不见得普遍于人民大众，但对于士林阶层是起进步作用的。

文学、政治都是上层建筑，为统治阶级服务。在中国的封建社会，把文学、政治、哲学思想密切配合起来，巩固这个封建统治的是科举制度。科举制度从隋唐开始，有明经进士等科，思想还比较自由，考经学、策论、古文、诗赋等。到了明朝，开始用制艺（即八股），《儒林外史》内称为“文章”。这是无论形式、内容方面都完全束缚思想的东西。其内容方面，是代圣人立言，出经书上一句或一节为题，专以发挥儒家程朱一派的理学思想。其形式方面，是用八股，对偶的古文，格律极严，等于女子之缠足跳舞，同律诗同样情形。为的是使阅卷者容易看出高下，所以限制了长短、形式、题材、作法。无论谁要爬上统治阶级，必须先学八股，攻举业。不从科举里出来的人，没法做文官，只有做了官以后，或者科举上失败的，方始作些诗、古文。因此中国文学的优良传统，大受打击，斫丧元气。民主的文学，反统治的文学，就无法抬头。此所以明代的诗、古文非常平庸之故，明朝亡国以后，有遗老们隐居著书，如顾炎武、黄宗羲、王夫之等潜心哲学、考据、经史，开学术研究风气，是为朴学，风气渐渐转移，可是一般的知识分子，仍专门作八股，以八股为天地间唯一的正文，酸腐风气，从明末传下来，没有改革掉。有清一代，完全用八股取士，同于明代。《儒林外史》在知识分子群中起着极大的进步作用，是秀才举人们自己照自己的一面镜子。其主题思想是：作者以深沉严肃的态度，予当时士林以锐利辛辣的讽刺，从而暴露了以科举制度为中心的封建主义统治的罪恶本质。在一般士林热衷科举的时代，这部小说是了不起的，指示了反封建革命的道路，必须要废去这个科举制度。

作者并没有脱离封建时代，士的阶层是封建统治的支柱。如果士的阶层道德品行好，对于人民有利；如果士的阶层道德品行坏，便会加深对人民的压迫。第一回楔子中写道，王冕见到礼部议定取士之法，三年一科，用五经、四书、八股文。他说："这个法却定的不好！将来读书人既有此一条荣身之路，把那文行出处都看得轻了。"文是文章、文学，有思想内容的东西。行是品行、行为、行动。出是出仕、做官。处是退隐。《儒林外史》尽量揭露用八股文考试的科举制度怎样影响士的阶层，影响整个社会。吴敬梓有力地讽刺了热衷科举的人物、秀才举人们，批判这些人物的（1）虚伪；（2）酸腐；（3）残酷；（4）热衷；（5）鄙陋；（6）庸俗。

科举考试文章用八股文，题目出在四书五经上，体例是代圣人立言。好像是要每个人都做圣人，都是孔子一派的嫡传弟子，但是哪里能够每个人都做圣人，结果是言行不符，一概地虚伪，例如范进中举以后居丧尽礼，不用银镶杯箸，换了磁杯、象牙筷，也不肯用，直到换了白竹筷，方才罢了。落后却在燕窝碗里拣了一个大虾元子送在嘴里。尽礼之伪，即小见大。其次，八股文中所谓圣人，是古代的圣人。四书五经里的道理早已不合乎近代，是陈旧发霉的过时的东西；科举使一般士林，专门子曰文章，脱离实际，不针对现实。秀才们的头脑闭塞聪明。酸腐到极点，变成残酷。例如王玉辉的迂拙，鼓励女儿殉节，留名青史。女儿绝食死后他还仰天大笑道："死得好！死得好！"后来入祠建坊，转觉心伤，辞了不肯来。看见老妻悲恸，心下不忍。深刻地写出了礼教吃人，礼教与人性的矛盾。当时的思想家戴震（东原）反对朱熹，说："人死于理，其谁怜之？"礼教杀人，戴东原已说到。所以《儒林外史》的思想和那时候的思想界是相通连的。科举制度使得每个读书人都要往上爬，社会地位完全靠功名，所以这班秀才举子就普遍地热衷功名。例如周进到贡院后撞号板、满地打滚，范进中举后发疯，这些深刻描写都表现了他们的热衷科举。这种心理甚至影响闺阁，如鲁编修的女儿，闺阁小姐从小学制艺，见丈夫不习八股文，气得要命。鲁编修见女婿不能上进，负着气要娶姨太太生儿子。鲁小姐只好把希望寄托在儿子身上，日夜拘着四岁的小孩读八股文，书背不熟，就要责督他念到天亮。他们只读四书五经，其他一切文化遗产都不知晓，知识鄙陋。例如范进竟不知道苏轼，以为他是一个明代的考生；张静斋硬说刘基是洪武三年开科第五名的进士。读书人既将科考作为唯一的上进途径，他们的读书，就再也不是为求真知，而只是谋取功名利禄的手段，所以一概庸俗。例如年轻的秀才梅玖和举人王惠在六十多岁的周进面前得意忘形、趾高气扬，只因周进是个童生。后周进考中进士，梅玖却又谎称是他的门生。科举制度的毒害更大的在于要使千百万知识分子都变成无用的废物、不劳动的寄生虫，而这般秀才、监生们便成为社会的统治者，胡作非为。

例如严贡生关别人家的猪，将云片糕说成是名贵药来讹船家的钱等，又如举人张静斋打秋风，怂恿知县为示清廉枷了送礼的回教徒[1]，把送的牛肉都堆在枷上，以致酿出人命。《儒林外史》揭示了他们冠冕堂皇的外衣下卑鄙恶劣的实质。

《儒林外史》以描写士流为中心，笔触涉及社会各个阶层。在官吏之中，着重写了萧云仙的义侠。第三十九回，郭孝子道："而今是四海一家的时候，任你荆轲、聂政，也只好叫作乱民。"暗示清政府禁止侠义行为，不允许人民之间有义气肝胆的人。郭孝子劝萧云仙："像长兄有这样品貌才艺，又有这般义气肝胆，正该出来替朝廷效力。"后来萧云仙果然去投军，在平少保那边效力杀敌。他辛苦经营建筑了青枫城，叫百姓开垦田地，兴修水利。结果如何呢？竣工后上报兵部，工部核算建筑开销，要使萧云仙赔出七千多两银子。萧云仙卖去他父亲的产业，全数缴纳还不够。向鼎是一位名士，固然并非贤吏，但并不贪污，断案尚为明白，而几乎受到革职的处分。可见朝廷的赏罚不明。反之，王惠分发到南昌府，就问地方人情，可还有什么出产，关心于"三年清知府，十万雪花银"！高要县汤知县为求清官之名好升官，把无辜的回民枷死。盐商宋为富骗娶沈大年之女沈琼枝为妾，江都县知县接受宋为富的贿赂，反诬沈大年为刁健讼棍！蘧太守辞官回家，他的儿子死了，他

[1]　1956年6月，国务院发布《关于"伊斯兰教"名称问题的通知》，规定"今后对于伊斯兰教一律不要使用'回教'这个名称，应该称为'伊斯兰教'"。因作者写这部分内容的时间在此之前，故文中保留作者对与回族有关的宗教、民族的名称使用。——编者注

说，这是做官的报应。凡此揭露官吏的贪污、统治阶级的腐朽，这表明了吴敬梓对一般官吏的看法。

《儒林外史》写严贡生、张静斋等，以见所谓乡绅在地方上的横行，欺压人民。写扬州盐商万雪斋、宋为富等，表现盐商们的豪富、恶俗、享乐，他们纳妾，勾结官府，欺压人民，而又附庸风雅，结交翰林清流。

官吏、乡绅、豪商、地主为当时社会中的支配者，而一般人都利欲熏心，社会风气势利《儒林外史》是写实文学，不夸大，不用浪漫主义手法，如实地揭露这社会的形形色色，而加以无情的抨击、深刻的讽刺。

曹雪芹与《红楼梦》

（节选）

曹雪芹的家世及其写作《红楼梦》

《红楼梦》有两个作者，前八十回是曹雪芹所作，后四十回是高鹗等所补。

《红楼梦》第一回，把《红楼梦》这部书作为大荒山无稽崖青埂峰下一块石头上的记录，由空空道人抄写下来，问世传奇的。东鲁孔梅溪题曰《风月宝鉴》。后因曹雪芹于悼红轩中披阅十载，增删五次，纂成目录，分出章回，又题曰《金陵十二钗》。即此便是《石头记》的缘起。空空道人当然并无其人，而孔梅溪其人亦不知有无。

甲戌脂砚斋评本有批云：

> 雪芹旧有《风月宝鉴》之书，乃其弟棠村序也。今棠村已逝，余睹新怀旧，故仍因之。

是曹雪芹写《红楼梦》，先有旧稿，其弟棠村为序，名《风月宝鉴》。则孔梅溪者，或棠村之托名欤？其后又加扩大，成《金陵十二钗》，一名《石头记》，亦名《红楼梦》。唯雪芹实未完成此书，完整之部分唯八十回，此后有些残稿，遗失不存。

《红楼梦》前八十回，应定为曹雪芹作。

甲戌本批云：

> 若云雪芹披阅增删，然则开卷至此这一篇楔子又系谁撰，足见作者之笔，狡猾之甚。后文如此者不少。这正是作者用画家烟云模糊处，观者万不可被作者瞒蔽了去，方是巨眼。

袁枚《随园诗话》卷二云：

> 康熙间，曹练亭（应为“楝亭”）为江宁织造……。其子雪芹撰《红楼梦》一书，备记风月繁华之盛。

是乾隆时人以《红楼梦》为曹雪芹作。

唯袁枚以为曹雪芹是曹楝亭之子实误。雪芹为曹楝亭（寅）之孙。杨钟羲《雪桥诗话》续集卷六谓曹雪芹（霑），楝亭通政孙。杨氏所据，为雪芹之友敦诚《四松堂集》，最为可信。

曹雪芹（1723？—1763），名霑，字梦阮，号雪芹。又号芹溪、芹圃、芹溪居士。

雪芹卒于壬午除夕（乾隆二十七年，公元1762年，除夕在公元1763年1月。据甲戌本脂批）；生年不详，唯敦诚的《四松堂集》稿本有挽曹雪芹诗（注甲申年），有“四十年华付杳冥”之句，今定为曹雪芹死时年四十，当生于1723年，即雍正元年。

曹氏始祖原是汉人，原籍东北。始祖曹锡远归依满洲人，随满人入关有军功。为汉军旗人，属正白旗。或云正白旗包衣（包衣，满洲话，意为奴、罪人家人、没入军中者）。入关后住河北丰润，为丰润人（或原为奉润人，清人入关后，始入伍为汉军旗者。或说为奉天人，即东北人，与丰润曹氏同族而已）。

曹锡远在顺治初年即官驻扎江南织造郎中。雪芹高祖曹振彦顺治时官山西吉州知州、大同府知府、浙江盐法道。

曾祖曹玺，驻扎江南织造郎中，赠工部尚书衔。

祖父曹寅（1658—1712），字子清，号楝亭。管理苏州、江宁织造，通政司通政使，巡视两淮盐漕监察御史，兼校理扬州书局。在康熙朝。

曹寅有文才，交际学者名流文士，如尤侗等。有诗文集，名《楝亭集》。有《虎口余生》传奇。刻书有“楝亭十二种”。是清代官僚中风雅者。年五十五卒，终江宁织造之职。曹寅卒时，雪芹尚未出生。

曹寅死后，江宁织造为其子曹颙袭职，有亏空。苏州织造由其妻兄李煦（山东人，亦占旗籍）任职。颙卒于1715年，由其弟曹頫袭职。1727年（雍正五年）李煦得罪下狱（因通于阿其那，即胤禩），而曹頫亦罢任，由满人隋赫德继任。1728年，曹氏家产没入官。

雪芹有颙之子、頫之子二说，比较起来，可能是曹頫的儿子。曹頫非曹寅的嫡子，乃是嗣子而袭官的。曹颙无嗣，死时可能有一遗腹子（李玄伯以遗腹子当雪芹。曹颙卒于公元1715年，如有遗腹子生于此年则至乾隆二十七年，公元1762年，为四十八岁，太大，与敦诚诗不合，不可能也。雪芹如非曹頫子则为曹寅之族孙矣）。

江宁织造、苏州织造之职，曹家、李家等任职时间排列如下：

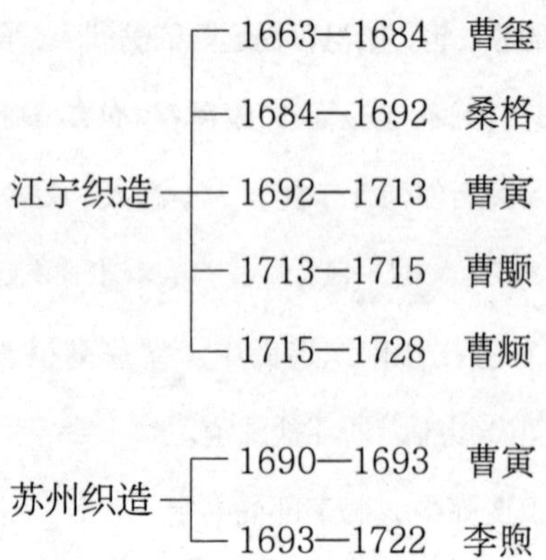

（公元1722年，康熙六十一年，即康熙末年）

曹家在康熙朝为全盛时期，曹氏三代为江宁织造。康熙六次南巡，其中四次到南京时驻驾江宁织造署，曹寅接驾四次。曹寅有一个女儿，嫁镶红旗王子为福晋。曹寅在东华门外特为置房产以居其婿。

曹寅做江宁织造时，并兼做四次两淮巡盐御史。他又为道政司职衔。

李煦做苏州织造，也兼做过两淮盐运使。

江宁织造署和苏州织造署，乃是在江南丝织业发达的区域所设立的机构，专供应朝廷及内府需要的丝织品、奢侈品，是常驻在江南的皇室采办性质。想来就在江南的赋税里提出银两，按年进献织造品到京。尚兼带其他差事，进款很多。但弄得不好，内府太监需索很多，也要赔累。

江宁织造这官，直接与内府打交道。在地方上可以密奏事件。曹家为顺治、康熙二帝所信任，在江南刺探官僚的密情，可以密奏。在江苏地方，大小事件，多有所闻，也要奏闻（观熊赐履及科场案两事可知）。康熙五十七年批曹𫖯折尾云：

> 朕安，尔虽无知小孩，但所关非细，念尔父出力年久，故特恩至此。虽不管地方之事，亦可以所闻大小事，照尔父密密奏闻，是与非朕自有洞鉴。就是笑话也罢，叫老主子笑笑也好。

似乎是江南一带的密探。因而也必然牵涉到朝廷政治上去。在康熙时，曹家及李煦家均煊赫。到雍正即位便衰败，并革职查办了。

曹寅卒时，公项亏空五十四万九千六百余两。康熙令李煦代任盐差一年，以便还清。曹颙继任，同李煦把此款还清了。多下三万两，康熙赏给曹颙，以偿私债。

据此可知，江宁织造、苏州织造供应内府的织品，系向江南织造厂家收买来的，两款项用的是两淮的盐税，所以织造官常兼盐运之职。

曹𫖯为雍正所不喜（雍正夺位上台后新用一批耳目），革职查办，由隋赫德继任，他的家产一齐没收，而赏给隋赫德。隋赫德奏折云：

> 特命管理江宁织造，于未到之先，总督范时绎已将曹𫖯家管事数人拿去，夹讯监禁。奴才到后，细查其房屋并家人住房十三处，计四百八十三间。地八处，共十九顷零六十七亩，家人大小男女共一百十四口。……再曹𫖯所有田产房屋人口等项，奴才蒙皇上浩荡天恩，特加赏赉，宠荣已极。

此为雍正六年（公元1728年）事。此时曹雪芹不过是五六岁的小孩。曹家抄家后，“蒙恩谕少留房屋，以资养赡”，而其家属不久回京住。

1735年秋，乾隆帝即位，曹𫖯又起官内务府员外郎。至乾隆十年，雪芹年二十余而曹家再败。此则周汝昌《红楼梦新证》所考。唯周氏实混《红楼梦》小说中事与真实史料为一。可信否，尚待稽查。

曹雪芹似乎曾经留在南京及扬州过其少年生活。敦敏诗有“燕市狂歌悲遇合，秦淮残梦忆繁华”。敦诚诗有“扬州旧梦久已绝（原稿作‘觉’），且著临邛犊鼻裈”。言其夫妇住京郊西山村，南京、扬州的少年生活不过是残梦而已。约二十余岁以后，则久居北京。三十岁以后直到他年过四十卒时，住在北京西郊外西山村中，过着其贫穷而自由的生活。

雪芹虽出身于满洲官僚家庭，而爱好文学艺术，能诗善画。生性旷达，落拓不羁，喜欢喝酒。在北京西郊住着时，与宗室敦敏、敦诚二人为友。敦敏能诗，有《懋斋诗钞》，敦诚能诗文，有《四松堂集》，又有《琵琶行传奇》一折。据敦敏、敦诚的描写，曹雪芹的性格和生活状况是：

1. 诗风似李贺。“爱君诗笔有奇气，直追昌谷披篱樊。”（敦诚《寄怀曹雪芹》）（今雪芹诗均佚，只有“白傅诗灵应喜甚，定教樊素鬼排场”二句，见《题敦诚〈琵琶行传奇〉》。）

2. 高谈雄辩，诙谐洒脱。敦诚《寄怀曹雪芹》中有“接䍦倒著容君傲，高谈雄辩虱手扪”的诗句。

3. 有傲骨，胸有块垒。喜欢画石头，见其傲骨嶙峋。敦敏《题芹圃画石》诗云：“傲骨如君世已奇，嶙峋更见此支离。醉余奋扫如椽笔，写出胸中磈磊时。”敦诚《赠曹芹圃》一诗中有“步兵白眼向人斜”，称其似阮籍。

4. 喜欢喝酒，酒渴如狂，似刘伶。“牛鬼遗文悲李贺，鹿车荷锸葬刘伶。”（敦诚《挽曹雪芹》）“满径蓬蒿老不华，举家食粥酒常赊。”（敦诚《赠曹芹圃》）敦诚又有《佩刀质酒歌》，写其“秋晓遇雪芹于槐园，风雨淋涔，朝寒袭袂，时主人未出，雪芹酒渴如狂，余因解佩刀沽酒而饮之。雪芹欢甚，作长歌以谢余，余亦作此答之”。答诗中有“曹子大笑称快哉，击石作歌声琅琅。知君诗胆昔如铁，堪与刀颖交寒光”的诗句。

5. 生活贫穷。从下面诗句中可见一斑：“至今环堵蓬蒿屯”（敦诚）。“劝君莫弹食客铗，劝君莫叩富儿门。残杯冷炙有德色，不若著书黄叶村”（敦诚）。“卖画钱来付酒家”（敦敏）。

6. 其西郊山村所居，幽静可爱。敦敏《赠芹圃》诗云：“碧水青山曲径遐，薜萝门巷足烟霞。寻诗人去留僧舍，卖画钱来付酒家。燕市哭歌悲遇合，秦淮风月忆繁华。新愁旧恨知多少，一醉氍毹白眼斜。”

7. 卒时当在壬午除夕（一说癸未年底，公元1763年或公元1764年）。敦诚挽诗有“孤儿渺漠魂应逐（自注：前数月，伊子殇，因感伤成疾），新妇飘零目岂瞑”之句，雪芹卒时有新妇作未亡人。据敦诚挽诗“四十年华付杳冥”，据张宜泉《春柳堂诗稿》：“其人素性放达，好饮，又善诗画，年未五旬而卒。”

曹雪芹在西山村居，写作《红楼梦》，“披阅十载，增删五次”，二十余岁动笔，直到死时仅完成八十回，此外，有些残稿已失。八十回本完成在近四十岁时，此后，似不曾写作。

裕瑞《枣窗闲笔》云：“‘雪芹’二字，想系其字与号耳，其名不得知。曹姓，汉军人，亦不知其隶何旗。闻前辈姻戚有与之交好者，其人身胖，头广而色黑。善谈吐，风雅游戏，触境生春，闻其奇谈，娓娓然令人终日不倦，是以其书绝妙尽致。”

又云：“余曾于程、高二人未刻《红楼梦》版之前，见抄本一部，其措词命意，与刻本前八十回多有不同。抄本中增处、减处、直截处、委婉处，较刻本总当，亦不知其为删改至第几次之本。八十回书后，惟有目录，未有书文，目录有大观园抄家诸条。与刻本后四十回四美钓鱼等目录，迥然不同。盖曹雪芹于后四十回虽久蓄志全成，甫立纲领，尚未行文，时不待人矣。又闻其尝作戏语云：若有人欲快睹我书不难，惟日以南酒烧鸭享我，即为之作书云。”

据此，曹雪芹写作《红楼梦》，实未写完，就逝世了。真可谓中国文学史上一个不可偿补的损失！

其人虽滑稽诙谐，其写作《红楼梦》的精神是认真严肃的。第一回诗云：“满纸荒唐言，一把辛酸泪！都云作者痴，谁解其中味？”

《红楼梦》一书的名称：

（1）《石头记》。女娲补天所未用的一块顽石，被一僧一道带往世间经历一番，把经历刻在石头上，故名《石头记》。

（2）《情僧录》。空空道人检阅抄录之后，改为《情僧录》，空空道人自改名为情僧。

（3）《风月宝鉴》。东鲁孔梅溪题。脂砚斋有批云：“雪芹旧有《风月宝鉴》一书，乃其弟棠村序也。”书中说，梅溪，乃棠村的影射，雪芹一号芹溪。脂本评语中亦有梅溪评。题此名说明起初计划是一部劝人脱离情欲的书。

（4）《金陵十二钗》。“曹雪芹于悼红轩中，披阅十载，增删五次，纂成目录，分出章回，又题曰《金陵十二钗》。”这是为女性立传的书。

（5）《红楼梦》。脂砚斋本有“至吴玉峰题曰《红楼梦》”一句。此从第五回中宝玉梦中听唱《红楼梦》一套曲子而来。“因此上演出这悲金悼玉的红楼梦。”金玉皆无好收场，笼括全书意旨，富贵荣华，情爱都为一梦。使人从幻境中醒悟，体味真实人生的苦味。

（6）《金玉缘》。坊间俗称。此一种最为俗气。

此书在坊间流行，用了三种名称：（1）《石头记》；（2）《红楼梦》；（3）《金玉缘》。而《石头记》实在是最好的，是自始至终的总名，含蓄。

《红楼梦》今有脂砚斋评本：

（1）甲戌脂砚斋重评本（公元1754年，雪芹年三十二岁）（残存十六回）。胡适所藏。

（2）己卯冬脂砚斋四阅评本（公元1759年，雪芹年三十七岁）（残存三十八回）。

（3）庚辰秋脂砚斋四阅评本（公元1760年，雪芹年三十八岁）（凡七十八回，缺六十四、六十七两回）。北大所藏。

（4）有正书局石印戚蓼生序抄本，年代不明，八十回。

（5）甲辰菊月，梦觉主人序本，八十回（公元1784年）。

最后一本改动较多，已近于一百二十回之前八十回。

《红楼梦》产生的时代和作者对自己创作动机的表述

《红楼梦》产生在清初乾隆年间，是封建社会从繁荣到崩溃的时期。书中所写的一个贵族家庭的没落，也反映整个时代走向没落，是封建社会的末期。在西洋，初期资本主义已经抬头；在中国，尚是清代统治国力强盛的时期，然而外强中干。乾隆的好大喜功和几次南巡，开了淫靡之风，清代统治慢慢走上下坡路。

书中写贾府常用外国东西。贾府是贵族世家，薛家是商业资本的家庭。

在这时，一般满贵族家庭，都已汉化。子弟们靠世袭官爵，不拘于科举出身，故而过着悠闲的生活。公子哥儿们的嗜好，俗一点的是声色、荒淫、赌博、禽鸟、唱戏、弄官做；雅一点的是喜欢构园亭、作诗词、刻书，讲究花木、禽鸟、古董、书画。曹雪芹生长于这种家庭，所以写出这样一部小说来描绘他自己熟悉的家庭生活。

当他终日忙忙在这热闹场中，生活享受很好的时候，是写不出深刻的文艺作品来的；乃是在他家败以后，自己穷愁潦倒，方始能够写这样一部伟大小说。冷静中回忆热闹，有留恋与幻灭的矛盾心理。

《红楼梦》产生在太平盛世，不是流离战乱的年代，书中没有战争，没有忠臣烈士，只写家庭琐碎，儿女私情。集中写一个家庭、几个女性。在《水浒传》《西游记》《三国演义》《金瓶梅》《儒林外史》以外，另树一帜。

《红楼梦》产生于古典文学和艺术成熟的时期，古典文学和艺术发展到一个新的阶段，诗词、小说、戏曲、音乐、绘画、园亭结构等为贵族和名士所欣赏。纳兰性德的词，诗歌中主神韵的王渔洋、主性灵的袁枚，音乐、戏曲包括昆曲，比如《桃花扇》《长生殿》对作者都有影响；书法、绘画，如倪云林、唐寅、文徵明、祝枝山、清初以山水画著称的四王等，都为作者所熟知。作者对这些雅事，无不精通，加之以灯谜、酒令、花草、禽鸟、烹饪，乃至医道等，也无不知晓。《红楼梦》书中有诗、词、曲、骚、赋，可谓古典文学的教本。书中也有谈庄子哲学、谈禅的话题。总之，包罗万象，内容极其丰富。

《红楼梦》是中国古典文学艺术最成熟的作品，也是最后的殿军。它孕育着反封建的、民主个人自由主义的思想。

《红楼梦》总结了上起《诗经》《楚辞》、汉乐府、六朝的宫体诗、《世说新语》，下至于唐人小说、宋元白话小说、《西厢记》《牡丹亭》乃至于书画、园亭、医道、优伶等艺术和人生的种种方面。《红楼梦》是小说中的巨擘，是整个社会的最高艺术创造，是一幅详尽的图画，包括贵族生活和平民生活。

《红楼梦》也合于中国最早小说的传统。桓谭《新论》中说："小说家合残丛小语，近取譬喻，以作短书，治身理家，有可观之辞。"

小说家需要多方面的知识，不是单写几个人物故事的。

写癞头和尚、跛足道人、甄士隐等，似《列仙传》；

写贾母、探春、李纨等，作为治家典型；

写贾雨村、贾政是官鉴；

写宝黛是言情；

写柳湘莲、尤三姐是奇仪。

作者是一洒脱人物，怀才不遇，自伤好比女娲补天未用的一块顽石，不合流俗。

一生崇拜女性，情痴，有情爱而未团圆的遗憾。

在全书开头部分，作者透露了其写作《红楼梦》的动机：

（1）本身经历过富贵家庭的生活，伤悼这个家庭由盛而衰、没落无可挽救的情况。

（2）本人流落穷困，“背父母教育之恩，负师友规训之德，以致今日一技无成，半生潦倒”，但深于感情，为性情中人，不慕热利，颇佩“闺阁中历历有人，万不可因我之不肖，自护己短，一并使其泯灭也”，故特为闺阁立传，作《金陵十二钗》一书，所写女子或有才，或有貌，一概红颜薄命，随着这个家庭的没落而没落。

（3）作者深感于向来才子佳人的书，都不真实。“开口文君，满篇子建，千部一腔，千人一面……假捏出男女二人名姓，又必旁添一小人拨乱其间，如戏中小丑一般。……大不近情，自相矛盾。”《红楼梦》作者自云所写系“半世亲见亲闻的这几个女子……其间离合悲欢，兴衰际遇，俱是按迹循踪，不敢稍加穿凿，至失其真。只愿世人当那醉余睡醒之时，或避事消愁之际，把此一玩，不但洗了旧套，换新眼目，却也省了些寿命筋力。”（第一回）作者又借贾母之口批评才子佳人书，“开口都是乡绅门第，父亲不是尚书的，就是宰相。……小姐必是通文知礼，无所不晓，竟是绝代佳人。只见了一个清俊男人，不管是亲是友，想起他的终身大事来，父母也忘了，书也忘了，鬼不成鬼，贼不成贼，那一点像个佳人。……凡有这样的事，就只小姐和紧跟的一个丫头”（第五十四回）。

《红楼梦》为反庸俗的才子佳人书而作。它的作风是现实主义的。虽然不是历史上的真实，乃是情理上的真实，真正的文艺创作，合乎典型环境、典型人物的法则。

《红楼梦》作者不借汉唐名色，无朝代年纪可考，假托作天上一块石头，被女娲氏锻炼后，已经通灵，可大可小，自来自去，被僧道携带到尘世来一番，到昌明隆盛之邦（中国），诗礼簪缨之族（官宦），花柳繁华地（京都），温柔富贵乡（贵族家庭，公子小姐们的情爱生活）经历一番，得到觉悟、忏悔。

“无才补天、幻形人世，被那茫茫大士，渺渺真人，携入红尘，引登彼岸。”这些经历，刻在石头上，空空道人见了抄录下来，就是《石头记》这部书。

作者自言此书内容是家庭琐事，闺阁闲情，无大贤大忠，有痴情故事。大旨不过谈情，绝无伤时淫秽之病。

《红楼梦》同别的小说一样有“因缘”。此书在程本中石头化为神瑛侍者（在警幻仙子处），瑛=石=宝玉，与绛珠仙草有一段灌溉之恩及在尘世以眼泪报答的一段公案。在戚本中神瑛侍者是一人，而此石变为通灵宝玉，夹带入世，成为宝玉所衔的玉。石是玉，侍者是宝玉前身。大概是修改而未定者。

此书人物所处时代，作者未说明何朝，但书中第二回谈到“近日倪云林、唐伯虎、祝枝山”。假定在明代，书中绝不述及清代。

书中提到金陵省，无此省名。大观园在京都（刘姥姥和妙玉的话里都说到长安），而实在是北京，但南北景物都有，如竹、梅、桂是南方植物。

第十五回“王凤姐弄权铁槛寺”文中有长安县、长安府、长安节度使。

凡此种种，系作者故弄狡狯，迷离其词。

八十六回，薛蝌呈子有“胞兄薛蟠，本籍南京，寄寓西京”语，坐实长安，乃续作所写，实非雪芹原意。

万里长征，辞却了五朝宫阙，暂驻足衡山湘水，又成离别。绝徼移栽桢干质，九州遍洒黎元血。尽笳吹，弦诵在山城，情弥切。

千秋耻，终当雪。中兴业，须人杰。便一成三户，壮怀难折。多难殷忧新国运，动心忍性希前哲。待驱除仇寇，复神京，还燕碣。

西南联大进行曲（部分）

罗庸、冯友兰　作

图书在版编目（CIP）数据

西南联大文学课 / 朱自清等著. —成都：天地出版社，2021.1（2022年3月重印）
ISBN 978-7-5455-5794-7

Ⅰ. ①西… Ⅱ. ①朱… Ⅲ. ①中国文学—文学史—文集 Ⅳ. ①I209-53

中国版本图书馆CIP数据核字（2020）第112033号

本书部分文字作品稿酬已委托中国文字著作权协会转付，敬请相关著作权人联系。电话：010-65978917，传真：010-65978926，E-mail: wenzhuxie@126.com。

XINAN LIANDA WENXUEKE

西南联大文学课

出 品 人 杨　政
作　　者 朱自清　等
责任编辑 杨永龙　曹志杰
封面设计 今亮后声
内文排版 麦莫瑞文化
责任印制 王学锋

出版发行 天地出版社
（成都市槐树街2号　邮政编码：610014）
（北京市方庄芳群园3区3号　邮政编码：100078）
网　　址 http://www.tiandiph.com
电子邮箱 tianditg@163.com
经　　销 新华文轩出版传媒股份有限公司

印　　刷 北京旺都印务有限公司
版　　次 2021年1月第1版
印　　次 2022年3月第16次印刷
开　　本 880mm × 1230mm　1/32
印　　张 11.75
字　　数 259千字
定　　价 58.00元
书　　号 ISBN 978-7-5455-5794-7

咨询电话：（028）87734639（总编室）
购书热线：（010）67693207（营销中心）

西南联大哲学课

冯友兰 等／著

天地出版社 | TIANDI PRESS

国立西南联合大学纪念碑文

中华民国三十四季九月九日，我国家受日本之降于南京。上距二十六年七月七日卢沟桥之变，为时八季；再上距二十年九月十八日沈阳之变，为时十四年；再上距清甲午之役，为时五十一年。举凡五十年间，日本所鲸吞蚕食于我国家者，至是悉备图籍献还。全胜之局，秦汉以来所未有也。国立北京大学、国立清华大学原设北平；私立南开大学原设天津。自沈阳之变，我国家之威权逐渐南移，惟以文化力量与日本争持于平津，此三校实为其中坚。二十六年平津失守，三校奉命迁于湖南，合组为国立长沙临时大学，以三校校长蒋梦麟、梅贻琦、张伯苓为常务委员，主持校务。设法、理、工学院于长沙，文学院于南岳，于十一月一日开始上课。迨京沪失守，武汉震动，临时大学又奉命迁云南。师生徒步经贵州，于二十七年四月二十六日抵昆明。旋奉命改名为国立西南联合大学，设理、工学院于昆明，文、法学院于蒙自，于五月四日开始上课。一学期后，文、法学院亦迁昆明。二十七年，增设师范学院。二十九季，设分校于四川叙永，一学年后，并于本校。昆明本为后方名城，自日军入安南、陷缅甸，乃成后方重镇。联合大学支持其间，先后毕业学生二千余人，从军旅者八百余人。河山既复，日月重光，联合大学之战时使命既成，奉命于三十五年五月四日结束。原有三校即将返故居，复旧业。缅维八季支持之苦辛，与夫三校合作之协和，可纪念者，盖有四焉。我国家以世界之古国，居东亚之天府，本应绍汉唐之遗烈，作并世之先进。将来建国完成，必于世界历史居独特之地位。盖并世列强，虽新而不古；希腊、罗马，有古而无今。惟我国家，亘古亘今，亦新亦旧，斯所谓『周虽旧邦，其命维新』者也。旷代之伟业，八年之抗战，已开其规模，立其基础。今日之胜利，于我国家有旋乾转坤之功，而联合大学之使命与抗战相终始。此其可纪念者一也。文人相轻，自古而然，昔人所言，今有同慨。三校有不同之历史、各异之学风，八年之久，合作无间，同无妨异，异不害同，五色交辉，相得益彰；八音合奏，终和且平。此其可纪念者二也。万物并育而不相害，道并行而不相悖，小德川流，大德敦化，此天地之所以为大。斯虽先民之恒言，实为民主之真谛。联合大学以其兼容并包之精神，转移社会一时之风气，内树学术自由之规模，外来『民主堡垒』之称号，违千夫之诺诺，作一士之谔谔，此其可纪念者三也。稽之往史，我民族若不能立足于中原，偏安江表，称曰『南渡』。南渡之人，未有能北返者：晋人南渡，其例一也；宋人南渡，其例二也；明人南渡，其例三也。『风景不殊』，晋人之深悲；『还我河山』，宋人之虚愿。吾人为第四次之南渡，乃能于不十季间，收恢复之全功。庾信不哀江南，杜甫喜收蓟北。此其可纪念者四也。联合大学初定校歌，其辞始叹南迁流离之苦辛，中颂师生不屈之壮志，终寄最后胜利之期望。校以今日之成功，历历不爽，若合符契。联合大学之终始，岂非一代之盛事，旷百世而难遇者哉！爰就歌辞，勒为碑铭，铭曰：

痛南渡，辞宫阙。驻衡湘，又离别。更长征，经峣嵲。望中原，遍洒血。抵绝徼，继讲说。诗书丧，犹有舌。尽笳吹，情弥切。千秋耻，终已雪。见仇寇，如烟灭。起朔北，迄南越。视金瓯，已无缺。大一统，无倾折。中兴业，继往烈。维三校，兄弟列。为一体，如胶结。同艰难，共欢悦。联合竟，使命彻，神京复，还燕碣。以此石，象坚节，纪嘉庆，告来哲。

冯友兰　撰文

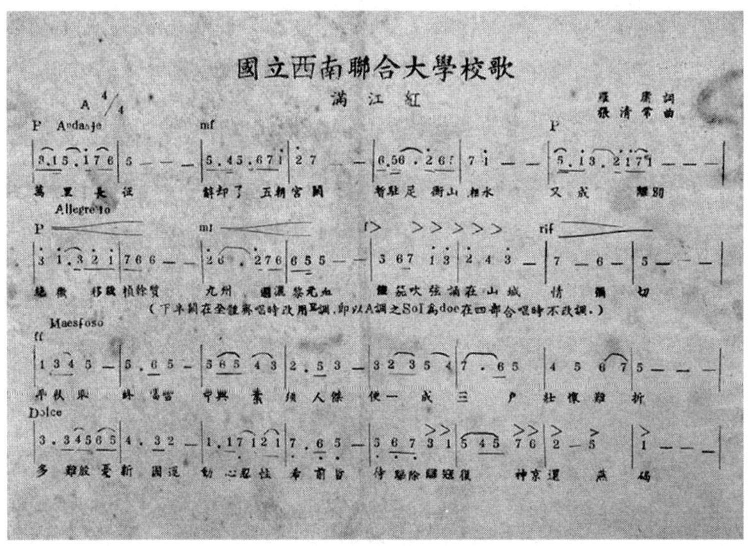

西南联大校歌

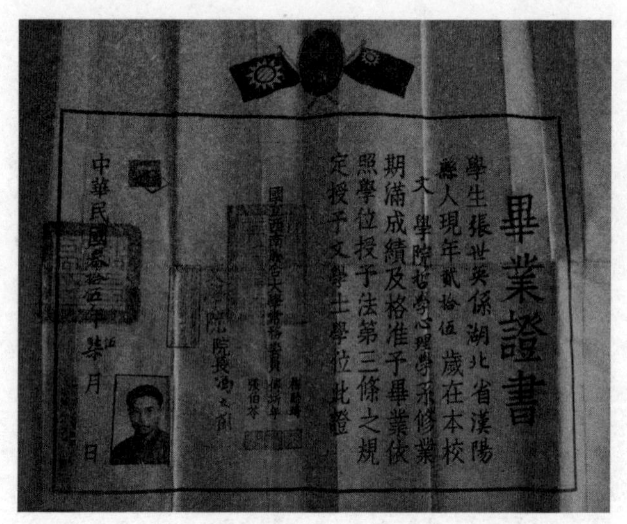

畢業證書

學生張世英係湖北省漢陽
縣人現年貳拾伍歲在本校
文學院哲學心理學系修業
期滿成績及格准予畢業依
照學位授予法第三條之規
定授予文學士學位此證

國立西南聯合大學常務委員

文學院院長

中華民國叁拾伍年柒月 日

西南联大毕业证书

西南联大铁皮屋顶的教室

冯友兰

汤用彤

贺　麟

编者的话

西南联大只存在了八年时间，却培育了两位诺贝尔奖得主、五位中国国家最高科技奖得主、八位“两弹一星”功勋奖章得主、一百七十多位中国科学院院士和中国工程院院士。这是教育史上的传奇。传奇的缔造并非偶然，而是源于强大的师资力量和自由的教学风气。

西南联大成立之时，虽然物资短缺，没有教室、宿舍、办公楼，但是有大师云集。闻一多、朱自清、陈寅恪、张荫麟、冯友兰等大师用他们富足的精神、自由的灵魂、独特的人格魅力以及深厚的学识修养，为富有求知欲、好奇心的莘莘学子奉上了凝聚着自己心血的课程。

闻一多的唐诗课、陈寅恪的历史课、冯友兰的哲学课……无一不在民族危难的关头闪耀着智慧的光芒，照亮了求知学子前行的道路，为文化的继承保存下了一颗颗小小的种子，也为民族的复兴带来了希望。

时代远去，我们无能为力；大师远去，我们却可以把他们留下的精神和文化财富以文字的形式永久留存。这既是大师们留下的宝贵财富，也是我们应该一直继承下去的文化宝藏。

为此，编者特别策划了这套丛书，从“文学课”“哲学课”“国史课”三个方面来为读者展现西南联大的教育精神和大师风貌，以及中华民族的文化与思想特点。

本书讲“哲学课”。所选的各篇文章，在内容的侧重和表述方式上有很大的不同，这是各位先生在教学和写作风格上各有千秋的结果。这一点，不仅体现了先生们各自强烈的写作特点，更体现了西南联大学术上的“自由”，以及教学上的“百花齐放”。

在整理文章时，编者秉持既忠实于西南联大课堂，又不拘泥于课堂的原则。有课堂讲义留存的，悉心收录；未留存有在西南联大任教时的讲义，而先生们在某一方面的研究卓有成就的亦予以收录；还有一部分文章是先生们在西南联大教授过的课程，只是内容不一定为在西南联大期间所写。

在选篇上，为了展现教授之间不同的学术风采，编者所选内容均为每位先生最擅长的领域，如冯友兰先生对“子学时代”的纵论与梳理，汤用彤先生对汉魏两晋时佛教传入与玄学融合的研究，以及贺麟先生对宋明理学的重要论述。同时所选文章均按照先生们所授课程涉及的年代从古至今进行排序，以便读者更好地了解中国哲学的发展脉络。

由于篇幅受限，汤用彤先生作品部分注释尚未收录，可能因此无法满足部分读者的阅读体验，对此我们深感抱歉。

因时代不同，某些字词的使用与现今有所不同。同时，每个人的写作习惯以及每篇文章的体例、格式等亦有不同，为保证内容的可读性、连续性以及文字使用的规范性，我们在尊重并保持原著风格与面貌的基础上，进行了仔细编校，纠正讹误，统一体例，仅保留少数异体字。具体如下：

1. 部分原著原文存在“昭八年”“襄二十五年”等表述方式，鉴于《左传》为编年体史书，以鲁国十二公为次序，因此均统一为现今通行表述，如“昭八年”统一为“昭公八年”。此外，部分原著原文存在“《庄子·逍遥游篇》”“《逍遥游》”等篇名不统一现象，为保持原文风貌，编者未做统一处理。

2. 原文中作者自注均统一为随文注，以小字号进行区分；文中脚注均为编者所加，并以“编者注”区分。

3. 因篇幅限制，部分文章只能节选，对这些节选的内容，编者皆在标题下以“（节选）”加以说明。

4. 书中部分译名有与今不统一之处，如“亚力士多德”“海格尔”“亚力山大”等，已改为现今通用译名“亚里士多德”“黑格尔”“亚历山大”等。

5. 文中数字，皆在遵守数字用法规范的前提下，照顾了局部体例的统一。为避免造成误读，编者将冯友兰先生原著随文注中表示公元纪年的名称“西历”皆统一为“公元”。同时，编者对随文注中表公元纪年的方法也进行了统一处理，皆以“公元×××年”表示。

6. 因时代语言习惯不同造成的差异，编者对引文外的文字做了统一，如“惟”字，编者均改为现今通用的“唯”字，“皇皇”“想像”“叫做”“修练”“人材”“材艺”“执著”等词皆改为现今通用的“遑遑”“想象”“叫作”“修炼”“人才”“才艺”“执着”

等词。另外，编者按现今语法规范，修订了“的”“地”“得”的用法。

7. 为保障现代读者的阅读体验，本书根据2012年开始实施的《标点符号用法》，对部分原文标点符号略作改动，以统一体例，如“《左传》、《国语》”，改为“《左传》《国语》”。

8.原文中难以辨认之处以“口”表示。

希望本书有助于读者们了解中国哲学和几位先生在哲学领域的学术风采；同时，更希望本书能够唤起读者对西南联大的兴趣，更多地去了解这所在民族危亡之际仍然坚守教育、传播优秀文化思想的大学，将西南联大对中国传统文化的坚持与希望传承下去。

目　录

/ 第一章 /

冯友兰讲子学时代

/ 第二章 /

冯友兰讲汉代儒学

——以董仲舒为例

/ 第三章 /

汤用彤讲魏晋玄学

/ 第四章 /
汤用彤讲隋唐佛学

/ 第五章 /
贺麟讲宋明理学

/ 第六章 /

冯友兰讲清代思想

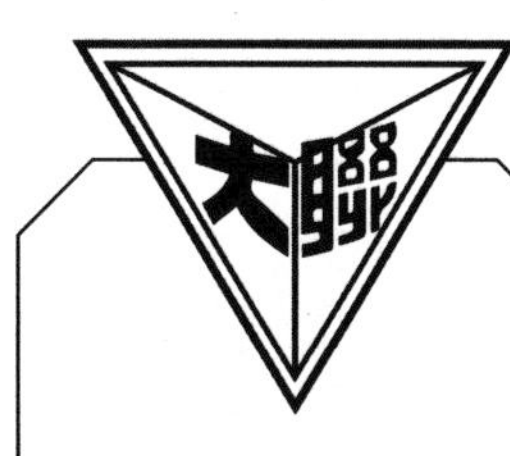

第一章

冯友兰讲子学时代

泛论子学时代

（节选）

子学时代之开始

中国之文化，至周而具规模。孔子曰："周监于二代，郁郁乎文哉！吾从周。"在孔子心目中，周之典章制度，实可以"上继往圣，下开来学"。孔子一生，以能继文王周公之业为职志。此《论语》所明言者也。

周之文化（即所谓文），周之典章制度（即所谓礼），虽有可观，然自孔子以前，尚无有私人著述之事（今所传孔子以前之私人著述皆伪书，《老子》一书亦系晚出，详下）。章实斋云：

> 古未尝有著述之事也。官师守其典章，史臣录其职载。文字之道，百官以之治，万民以之察，而其用已备矣。是故圣王书同文以平天下，未有不用之于政教典章，而以文字为一人之

著述者也。道不行而师儒立其教，我夫子之所以功贤尧舜也。（《文史通义·诗教上》，《章氏遗书》卷一，页二三）

此言虽有理想化古代之嫌，然若除去其理想化之部分，则亦似近于事实。盖古代本为贵族政治，有政权者即有财产者，即有知识者；政治上经济上之统治阶级即智识阶级，所谓官师不分者，即此而已。贵族既须执政任事，自少工夫以著书，且既执有政权，即有理想，亦可使之见诸行事，发为“政教典章”，亦无需要而必著书，著书乃不得已而后为之事，中国哲学家固多抱此见解（详上文）也。哲学为哲学家之有系统的思想，须于私人著述中表现之。孔子以前无私人著述之事，有无正式哲学，不得而知。孔子本人虽亦未“以文字为一人之著述”，然一生竟有未做官不做他事而专讲学之时；此在今虽为常见，而在古实为创例。就其门人所记录者观之，孔子实有有系统的思想。由斯而言，则在中国哲学史中，孔子实占开山之地位。后世尊为唯一师表，虽不对而亦非无由也。以此之故，此哲学史自孔子讲起，盖在孔子以前，无有系统的思想，可以称为哲学也。

子学时代哲学发达之原因

在中国哲学史各时期中，哲学家派别之众，其所讨论问题之多，范围之广，及其研究兴趣之浓厚，气象之蓬勃，皆以子学时代为第一。其所以能有此特殊之情形，必有其特殊之原因[注]。兹分述之。

【注】胡适之先生论老孔以前之时势，归结于“政治那样黑暗，社会那样纷乱，贫富那样不均，民生那样困苦。有了这种形势，自然会生出种种思想的反动”（《中国哲学史大纲》，页四二）。此种形势在中国史中几于无代无

之，对于古代哲学之发生，虽不必无关系，要不能引以说明古代哲学之特殊情形。梁任公先生所论是矣。然梁先生所举“当注意”各事，亦多为后世所通有者，兹均不及之。（参看《梁任公学术讲演集》第一辑，页十一、十六。）

自春秋迄汉初，在中国历史中，为一大解放之时代。于其时政治制度，社会组织，及经济制度，皆有根本的改变。盖上古为贵族政治，诸国有为周室所封者，有为本来固有者。国中之卿大夫亦皆公族，皆世其官；所谓庶人皆不能参与政权。《左传·昭公七年》谓：“天有十日，人有十等，下所以事上，上所以共神也。故王臣公，公臣大夫，大夫臣士，士臣皂，皂臣舆，舆臣隶，隶臣僚，僚臣仆，仆有台，马有圉，牛有牧，以待百事。”古代政治上为贵族世官世禄之制，故社会组织上亦应有此种种阶级也。贵族政治破坏，上古之政治及社会制度遂起根本的变化。赵翼曰：

> 盖秦汉间为天地一大变局。自古皆封建，诸侯各君其国，卿大夫亦世其官，成例相沿，视为固然。其后积弊日甚，暴君荒主，既虐用其民，无有底止。强臣大族，又篡弑相仍，祸乱不已。再并而为七国，益务战争，肝脑涂地，其势不得不变，而数千年世侯世卿之局，一时亦难遽变。于是先从在下者起，游说则范雎、蔡泽、苏秦、张仪等，徒步而为相。征战则孙膑、白起、乐毅、廉颇、王翦等，白身而为将。此已开后世布衣将相之例，而兼并之力，尚在有国者。天方藉其力以成混一，固不能一旦扫除之，使匹夫而有天下也。于是纵秦皇尽灭六国，以开一统之局。使秦皇当日发政施仁，与民休息，则祸乱不兴，下虽无世禄之臣，而上犹是继体之主也。惟其威

虐毒痡，人人思乱，四海鼎沸，草泽竞奋。于是汉祖以匹夫起事，角群雄而定一尊。其君既起自布衣，其臣亦自多亡命无赖之徒，立功以取将相，此气运为之也。天之变局，至是始定。然楚汉之际，六国各立后，尚有楚怀王心，赵王歇，魏王咎，魏王豹，韩王成，韩王信，齐王田儋、田荣、田广、田安、田市等。即汉所封功臣，亦先裂地以王彭韩等，继分国以侯绛灌等。盖人情习见前世封建故事，不得而遽易之也。乃不数年而六国诸王皆败灭。汉所封异姓王八人，其七人亦皆败灭。则知人情犹狃于故见，而天意已另换新局，故除之易易耳。而是时尚有分封子弟诸国，迨至七国反后，又严诸侯王禁制，除吏皆自天朝，诸侯王惟得食租衣税，又多以事失侯。于是三代世侯世卿之遗法，始荡然净尽，而成后世征辟选举科目杂流之天下矣，岂非天哉！（《廿二史札记》卷二，《广雅丛书》本，页九）

吾人对于赵翼所谓天意，虽不同意，然贵族政治之崩坏实当时大势之所趋。此在春秋之时已见其端，故宁戚以饭牛而得仕于齐，百里奚以奴隶而仕于秦；此庶人之升而为官者也。《诗》有黎侯之赋《式微》，《左传》谓："栾、郤、胥、原、狐、续、庆、伯，降为皂隶。"（昭公三年，《左传》卷二十，《四部丛刊》本，页十六）孔子本宋之贵族，而"为贫而仕""尝为委吏矣""尝为乘田矣"；此贵族之降而为民者也。如是阶级制度，遂渐消灭，至汉高遂以匹夫而为天子，此政治制度及社会组织之根本的变动也。

与贵族政治相连带之经济制度，即所谓井田制度。《诗》云："普天之下，莫非王土；率土之滨，莫非王臣。"《左传·昭公七年》芈尹无宇曰："天子经略，诸侯正封，古之制也。封略之内，何非君土？食土之毛，谁非君臣？"（《左传》卷二十一，页十六）所谓王土王臣，在后世视之，只有政治的意义，然在上古封建制度下，实兼有经济的意义。上所述社会上之诸阶级，亦不只是政治的、社会的，而亦且是经济的也。盖在上古封建制度下，天子、诸侯及卿大夫，在政治上及经济上皆为人民之主。例如周以土地封其子弟为诸侯，即使其子弟为其地之君主兼地主也。诸侯再以其地分与其子弟，其子弟再分与庶人耕种之。庶人不能自有土地，故只能为其政治的经济的主人作农奴而已。《左传》《国语》中所载当时之政治，皆不过有数几家贵族之活动；所谓人民者，但平时为贵族工作，战时为贵族拼命而已。王船山曰：

> 三代之国，幅员之狭，直今一县耳。仕者不出于百里之中，而卿大夫之子恒为士，故有世禄者有世田，即其所世营之业也。名为卿大夫，实则今乡里之豪族而已。世居其土，世勤其畴，世修其陂池，世治其助耕之氓。（《读通鉴论》卷十九，《船山遗书》本，页十六）

"其助耕之氓"，即系农奴，夏曾佑曰：

> 井田之制，为古今所聚讼。据汉唐儒者所言，则似古人真有此事，且为古人致治之根本。以近人天演学之理解之，则似不能有此。社会之变化，千因万缘，互为牵制，安有天下财产，可以一时匀分者？井田不过儒家之理想。此二说者，迄今未定。兹据秦汉间非儒家之载籍证之，似古人实有井田之制，而为教化之大梗。其实情盖以土地为贵人所专有，而农夫皆附

田之奴，此即民与百姓之分也。至秦商君，乃克去之。此亦为社会进化之一端。（《中国历史》第一册，页二五八）

史谓商鞅“坏井田，开阡陌……王制遂灭，僭差无度，庶人之富者累钜万”（《食货志》，《汉书》卷二十四上，同文影殿刊本，页七）。此农奴解放后“民”之能崛起占势力为大地主者也。所谓井田制度之崩坏，亦当时之普通趋势，不过商鞅特以国家之力，对之作有意识的、大规模的破坏而已。

其次则商人阶级亦乘时而占势力。《汉书》曰：

及周室衰，礼法堕。……其流至乎士庶人莫不离制而弃本，稼穑之民少，商旅之民多，谷不足而货有余。……于是商通难得之货，工作无用之器，士设反道之行，以追时好而取世资。……富者土木被文锦，犬马余肉粟。……其为编户齐民，同列而以财力相君。……（《货殖传》，《汉书》卷九十一，页三）

此谓因“王制灭”“礼法堕”，故庶人崛起而营私产，致富豪。然若就经济史观之观点言之，亦可谓因农奴及商人在经济上之势力日益增长，故贵族政治破坏，而“王制灭”“礼法堕”。商人阶级崛起，弦高以商人而却秦存郑，吕不韦以大贾而为秦相，此资本家之与当时政治外交发生直接关系者。总之，世禄井田之制破，庶民解放，营私产，为富豪，此上古经济制度之一大变动也。

【注】《左传·昭公十六年》：“宣子（韩起）有环，其一在郑商。宣子谒诸郑伯。子产弗与。……曰：‘昔我先君桓公，与商人皆出自周。庸次比耦，以艾杀此地。斩之蓬蒿藜藋，而共处之。’世有盟誓，以相信也。曰：‘尔无我叛，我无强贾。毋或匄夺。尔有利市宝贿，我勿与知。’恃此

质誓，故能相保，以至于今。今吾子以好来辱，而谓敝邑强夺商人，是教敝邑背盟誓也。毋乃不可乎？”（《左传》卷二十三，页十四至十五）按誓词所约，在以后皆为不成问题之事，而乃信誓旦旦。可知贵族之欺压商人，在当时为常事，而商人原来地位之低，亦可见矣。

此种种大改变发动于春秋，而完成于汉之中叶。此数百年为中国社会进化之一大过渡时期。此时期中人所遇环境之新，所受解放之大，除吾人现在所遇所受者外，在中国已往历史中，殆无可以比之者。即在世界已往历史中，除近代人所遇所受者外，亦少可以比之者。故此时期诚中国历史中一重要时期也。

在一社会之旧制度日即崩坏之过程中，自然有倾向于守旧之人，目睹“人心不古，世风日下”，遂起而为旧制度之拥护者，孔子即此等人也。不过在旧制度未摇动之时，只其为旧之一点，便足以起人尊敬之心；若其既已动摇，则拥护之者，欲得时君世主及一般人之信从，则必说出其所以拥护之之理由，与旧制度以理论上的根据。此种工作，孔子已发其端，后来儒家者流继之。儒家之贡献，即在于此。

然因大势之所趋，当时旧制度之日即崩坏，不因儒家之拥护而终止。继孔子而起之士，有批评或反对旧制度者，有欲修正旧制度者，有欲另立新制度以替代旧制度者，有反对一切制度者。此皆过渡时代，旧制度失其权威，新制度尚未确定，人皆徘徊歧路之时，应有之事也。儒家既以理论拥护旧制度，故其余方面，与儒家意见不合者，欲使时君世主及一般人信从其主张，亦须说出其所以有其主张之理由，与之以理论上的根据。荀子所谓十二子之言，皆“持之有故，言之成理”者也。人既有注重理论之习惯，于是所谓名家“坚白同异”等辩论之只有纯理论的兴趣者，亦继之而起。盖理论化之发端，亦即哲学化之开始也。

孟子曰：

> 圣王不作，诸侯放恣，处士横议。（《滕文公下》，《孟子》卷六，《四部丛刊》本，页十三）

庄子《天下篇》曰：

> 天下大乱，贤圣不明，道德不一，天下多得一察焉以自好。……天下之人，各为其所欲焉以自为方。（《庄子》卷十，《四部丛刊》本，页二十五至二十六）

《汉书·艺文志》曰：

> 诸子十家，其可观者，九家而已。皆起于王道既微，诸侯力政，时君世主，好恶殊方。是以九家之术，蜂出并作，各引一端，崇其所善。以此驰说，取合诸侯。（《汉书》卷三十，页三十）

所谓“圣王不作”“贤圣不明”“王道既微”，即指原有制度组织之崩坏也。因此崩坏，故“道德不一”，故“时君世主，好恶殊方”；而“天下之人各为其所欲焉以自为方”。上古时代哲学之发达，由于当时思想言论之自由；而其思想言论之所以能自由，则因当时为一大解放时代，一大过渡时代也。

【注】《艺文志》所谓“时君世主，好恶殊方”一点，本亦为战国时代思想发达之一因。吾人试看后来皇帝显宦及富商巨贾对于学术之关系，便可知矣。但春秋战国时代时君世主，及当时社会所提倡之学术，与后来皇帝

等所提倡者，何以不同，则不能不以春秋战国时之政治社会经济的背景说明之。时君世主及社会之提倡学术，非春秋战国时代所特有之情形，故未多论及之。

子学时代之终结

世多以战国之末，为古代哲学终结之时期。盖一般人以为秦始皇焚书，禁天下藏“诗书百家语”，故觉秦时如一野蛮时代，以前学说，至此悉灭。其实秦始皇“第烧民间之书，不烧官府之书；第禁私相授受，可诣博士受业”（崔适《史记探源》卷三。参看郑樵《通志·校雠略》，康有为《新学伪经考》）。秦皇、李斯之意，盖欲统一思想，非欲尽灭当时之学说也[注一]。故秦始皇所立博士，中有各家学者（王国维《汉魏博士考》，《观堂集林》卷四）。虽在整齐划一制度之下，思想言论，失其自由，学术发展诚受相当阻碍，然秦亡极速，不致有大影响。故在汉初，诸家之学仍盛。文帝好黄老家言，为政以慈俭为宗旨。窦太后亦好黄帝老子言。盖公教曹参以清净治国家。汲黯修黄老术，治民主清净。淮南王延客著书，杂取各家之说[注二]。司马谈叙六家以道家为最高。贾谊明申商。晁错尝学申商刑名。韩安国受韩子杂说。主父偃学长短纵横术。《史记》《汉书》，均明言之。刘歆《移让太常博士书》云：“至孝文皇帝，天下众书，往往颇出。皆诸子传说，犹广立于学官，为置博士。”（《汉书》本传）可见汉文帝时之博士，中亦有各家学者也。至于《礼记》及所谓《易·十翼》，为儒家重要典籍，其中亦有为汉初儒家者流所著作者。《春秋·公羊》家言，亦至汉始为显学。故儒家哲学，亦在汉初始完备也。观董仲舒对策之词，亦可见当时之情形矣。

董仲舒对策曰：

> 《春秋》大一统者，天地之常经，古今之通谊也。今师异道，人异论，百家殊方，指意不同。是以上无以持一统，法制数变；下不知所守。臣愚以为诸不在六艺之科，孔子之术者，皆绝其道，勿使并进，邪辟之说灭息，然后统纪可一，而法度可明，民知所从矣。（《董仲舒传》，《汉书》卷五十六，页二十至二十一）

又曰：

> 养士之大者，莫大乎太学。太学者，贤士之所关也，教化之本原也。……臣愿陛下兴太学，置明师，以养天下之士。（《汉书》卷五十六，页十三）

“自武帝初，立魏其武安侯为相，而隆儒矣。及仲舒对册，推明孔氏，抑黜百家，立学校之官，州郡举茂材孝廉，皆自仲舒发之。”（同上）自此以后，以利禄之道，提倡儒学，而儒学又须为上所定之儒学。于是“天下英雄，尽入彀中”；春秋以后，言论思想极端自由之空气于是亡矣。

【注一】关于秦皇、李斯焚书之事，其所焚之范围及焚书之用意，现在史家尚无定论。然即秦皇、李斯果真欲尽灭当时学说，“以愚黔首”，如传统的说法，然自秦下焚书令至汉兵入关，不过数年之间，尽灭当时学说，事实上亦不可能。

【注二】《盐铁论·晁错篇》曰：“日者淮南衡山，修文学，招四方游士。山东儒墨，皆聚于江淮之间。讲义集论，著书数十篇。”（《四部丛刊》

本，卷二，页六）可见此时墨家亦尚存。

董仲舒之主张行，而子学时代终；董仲舒之学说立，而经学时代始。盖阴阳五行家言之与儒家合，至董仲舒而得一有系统的表现。自此以后，孔子变而为神，儒家变而为儒教。至所谓古文学出，孔子始渐回复为人，儒教始渐回复为儒家。

古代大过渡时期之终结

汉武、董仲舒统一思想之政策，即秦皇、李斯之政策也。秦皇何以行之而失败，汉武何以行之而成功？此中原因，固甚复杂，然有可得言者，则自春秋时代所开始之政治社会经济的大变动，至汉之中叶渐停止；此等特殊之情形既去，故其时代学术上之特点，即“处士横议”“各为其所欲焉以自为方”之特点，自亦失其存在之根据。上文谓春秋战国时代所起各方面之诸大变动，皆由于旧文化旧制度之崩坏。旧文化旧制度愈崩坏，思想言论愈自由。秦灭六国，成一统，除皇室而外，其余原有之贵族，皆夷为平民。在表面上可谓将春秋以来之变局，作一结束。然实则贵族之余孽，尚有一部分之势力，故秦皇一死，贵族复起，“楚汉之际，六国各立后”。不过此次贵族之复兴，为一种“回光返照”，等于强弩之末，故平民出身之汉高，终灭群雄而定一尊。汉高虽犹封建子弟功臣，然此时及以后之封建，只有政治上的意义，而无经济上的意义。及汉之中叶，政治上社会上之新秩序，已渐定。在经济方面，人亦渐安于由经济自然趋势而发生之新制度。《汉书》曰：“其为编户齐民，同列而以财力相君，虽为仆虏，犹无愠色。”（《货殖传》，《汉书》卷九十一，页三）由贵族政治之眼光观之，编户齐民，何能同列以财力相君！然以经济自然之趋势，竟至如此。“虽为仆虏，犹无愠色”，可见人已安于此等新经济秩序矣。汉虽行重农抑商政策，然对于此等社会的经济的秩序，亦并未有根本的变动也。自春秋时代所开始之大过渡时期至是而终结；一时蓬勃之思想，亦至是而衰。自此而后，至现代以前，中国之政治经济制度及社会组织，除王莽以政治的力量，强改一时外，皆未有根本的变动，故子学时代思想之特殊状况，亦未再现也。

孔子及儒家之初起

《史记》曰：

孔子生鲁昌平乡陬邑，其先宋人也。……鲁襄公二十二年而孔子生。……孔子之时，周室微，而礼乐废，《诗》《书》缺。追述三代之礼，序《书传》。上纪唐虞之际，下至秦缪，编次其事，曰："夏礼吾能言之，杞不足征也；殷礼吾能言之，宋不足征也；足，则吾能征之矣。"观殷夏所损益，曰："后虽百世可知也，以一文一质，周监二代，郁郁乎文哉，吾从周。"故《书传》《礼记》自孔氏。孔子语鲁太师："乐其可知也。始作，翕如；纵之，纯如。皦如，绎如也，以成。""吾自卫反鲁，然后乐正，《雅》《颂》各得其所。"古者《诗》三千余篇，及至孔子去其重，取可施于礼义。上采契后稷，中述殷周之盛。至幽厉之缺，始于衽席。故曰："《关雎》之乱，以为《风》始，《鹿鸣》为《小雅》始，《文王》为《大雅》始，《清庙》为《颂》始。"三百五篇，孔子皆弦歌之，以求合《韶》《武》《雅》《颂》之音。礼乐自此可得而述，以备王道，成六艺。孔子晚而喜《易》，序《彖》《系》《象》《说卦》《文言》。读《易》韦编三绝，曰："假我数年，若是，我于《易》则彬彬矣。"孔子以《诗》《书》礼乐教，弟子盖三千焉。身通六艺者，七十有二人。……其于乡党，恂恂似不能言者。其于宗庙朝廷，辩辩言，唯谨尔。朝，与上大夫言，訚訚如也；与下大夫言，侃侃如也。入公门，鞠躬如也；趋进，翼如也；君召使傧，色勃如也；君命召，不俟驾行矣。鱼馁，肉败，割不正，不食；席不正，不坐。食于有丧者之侧，未尝饱也。是日哭，则不歌。见齐衰瞽者，虽童子必变。"三人行，必得我师。""德之不修，学之不讲；闻义不能徙，不善不能改；是吾忧也。"使人歌，善，则使复之，然后和之。子不语怪力乱神。……乃因史记，作《春秋》，上至隐公，下讫哀公十四年，十二公。据鲁，亲周，故殷，运之三代，约其文辞而指博。故吴楚之君自称王，而《春秋》贬之曰"子"。践土之会，实召周天子，而《春秋》讳之曰"天王狩于河阳"。推此类以绳当世。贬损之义，后有王者举而开之，《春秋》之义行，则天下乱臣贼子惧焉。……孔子年七十三，以鲁哀公十六年四月己丑卒。（《孔子世家》，《史记》卷四十七，同文影殿刊本，页一至二，二十二至二十七）

此数千年来大部分人心目中之孔子也。由今视之，《孔子世家》所说有许多不合事实处；但在西汉时，一般人方以孔子为神，而司马迁仍以孔子为人，不可谓无特识也。在上节所引文中，其根据《论语》者，大略可信，其成为问题者，即孔子与“易”“诗”“书”“礼”“乐”“春秋”，即所谓六艺或六经者之关系。兹于下节论之。

孔子在中国历史中之地位

向来所谓经学今文家以六艺为孔子所作，古文家以六艺为孔子所述。其说虽不同，要皆以为孔子与六艺有密切关系也。今谓所谓六艺乃春秋时固有之学问，先孔子而存在，孔子实未制作之。

关于孔子未尝制作六艺之证据，前人及时人已举许多。余于另文中亦已言之（见《燕京学报》第二期），兹不具论。但孔子虽未曾制作六艺，而却曾以六艺教弟子。故后人以六艺为特别与孔子有密切关系，亦非毫无根据。以六艺教人，并不必始于孔子，据《国语》，士亹教楚太子之功课表中，已即有“诗”“礼”“乐”“春秋”“故志”等。《左传》《国语》中所载当时人物应答之辞，皆常引“诗”“书”；他们交接用“礼”，卜筮用“易”。可见当时至少一部分的贵族人物，皆受过此等教育。不过孔子却是以六艺教一般人之第一人。此点下文再详提。现在我们只说，孔子之讲学，与其后别家不同。别家皆注重其自家之一家言，如《庄子·天下篇》所说，墨家弟子诵《墨经》。但孔子则是教育家。他讲学目的，在于养成“人”，养成为国家服务之人，并不在于养成某一家的学者。所以他教学生读各种书，学各种功课。所以颜渊说：“博我以文，约我以礼。”（《子罕》，《论语》卷五，《四部丛刊》本，页五）《庄子·天下篇》讲及儒家，即说：“诗”以道志，“书”以道事，“礼”以道行，“乐”以道和，“易”以道阴阳，“春秋”以道名分。此六者正是儒家教人之六种功课。

唯其如此，所以孔子弟子之成就，亦不一律。《论语》谓：“德行：颜渊、闵子骞、冉伯牛、仲弓；言语：宰我、子贡；政事：冉有、季路；文学：子游、子夏。”（《先进》，《论语》卷六，页一）又如子路之“可使治赋”；冉有之“可使为宰”；公西华之“可使与宾客言”；皆能“为千乘之国”办事（《公冶长》，《论语》卷三，页三）。可见孔子教弟子，完全欲使之成“人”，不是教他做一家的学者。

孔子以其时已有之成书教人，教之之时，略加选择，或亦有之。教之之时，更可随时引申，如下节所说。如以此等随时选择讲解，“为删正六经”，则孔子实可有“删正”之事；不过此等“删正”实无非常的意义而已。后来儒家因仍旧贯，仍继续用六艺教人，恰又因别家只讲自家新学说，不讲旧书，因之六艺遂似专为儒家所有，为孔子所制作，而删正（如果有删正）亦即似有重大意义矣。

《汉书·艺文志》以为诸子皆六艺之“支流余裔”。《庄子·天下篇》，似亦同此见解。此言亦并非毫无理由，因所谓六艺本来是当时人之共同知识。自各家专讲其自己之新学说后，而六艺乃似为儒家之专有品，其实原本是大家共有之物也。但以为各家之学说，皆六艺中所已有，则不对耳。

就儒家之名言之，《说文》云：“儒，柔也。术士之称。”《论语》云：“子谓子夏曰：‘女为君子儒，毋为小人儒。’”

（《雍也》，《论语》卷三，页十四）儒本为有知识才艺者之通称，故可有君子小人之别。儒家先起，众以此称之。其后虽为一家之专名，其始实亦一通名也。

总之，孔子是一教育家。“述而不作，信而好古”（《述而》，《论语》卷四，页一），“为之不厌，诲人不倦”（同上），正孔子为其自己所下之考语。

由此观之，孔子只是一个“老教书匠”，但在中国历史中，孔子仍占一极高地位。吾人以为：

（一）孔子是中国第一个使学术民众化的、以教育为职业的“教授老儒”；他开战国讲学游说之风；他创立，至少亦发扬光大，中国之非农非工非商非官僚之士之阶级。

（二）孔子的行为，与希腊之“智者”相仿佛。

（三）孔子的行为及其在中国历史之影响，与苏格拉底之行为及其在西洋历史上之影响，相仿佛。

上文已说，士亹教楚太子之功课表中，已有“诗”“礼”“乐”“春秋”“故志”等。但此等教育，并不是一般人所能受。不但当时之平民未必有机会受此等完全教育，即当时之贵族亦未必尽人皆有受此等完全教育之机会。韩宣子系晋世卿，然于到鲁办外交之时，“观太史氏书”，始得“见《易》《象》与《鲁春秋》”（昭公二年，《左传》卷二十，《四部丛刊》本，页十二），季札亦到鲁方能见各国之诗与乐（襄公二十九年，《左传》卷十九，页三至五），可见“易”“春秋”“乐”“诗”等，在当时乃是极名贵的典籍学问。

孔子则抱定“有教无类”（《卫灵公》，《论语》卷八，页九）之宗旨，“自行束脩以上，吾未尝无诲焉”（《述而》，《论语》卷四，页二）。如此大招学生，不问身家，凡缴学费者即收，一律教以各种功课，教读各种名贵典籍，此实一大解放也。故以六艺教人，或不始于孔子；但以六艺教一般人，使六艺民众化，实始于孔子。

说孔子是第一个以六艺教一般人者，因在孔子以前，在较可靠的书内，吾人未闻有人曾经大规模地号召许多学生而教育之；更未闻有人有“有教无类”之说。在孔子同时，据说有少正卯，“其居处足以撮徒成党，其谈说足以饰褒荣众，其强御足以反是独立”（《孔子家语》，《四部丛刊》本，卷一，页五）。据说少正卯也曾大招学生，“孔子门人三盈三虚，惟颜渊不去”（《心隐篇》，刘勰《新论》卷四，涵芬楼影印《汉魏丛书》本，页八）。庄子说：“鲁有兀者王骀，从之游者与仲尼相若。”（《德充符》，《庄子》卷二，《四部丛刊》本，页二十九）不过孔子诛少正卯事，昔人已谓不可靠；少正卯之果有无其人，亦不可知。《庄子》寓言十九。王骀之“与孔子中分鲁”，更不足信。故大规模招学生而教育之者，孔子是第一人。以后则各家蜂起，竞聚生徒，然此风气实孔子开之。

孔子又继续不断游说于君，带领学生，周游列国。此等举动，前亦未闻，而以后则成为风气；此风气亦孔子开之。

再说孔子以前，未闻有不农不工不商不仕，而只以讲学为职业，因以谋生活之人。古时除贵族世代以做官为生者外，吾人亦尝闻有起于微贱之人物。此等人物，在未仕时，皆或为农或为工或为商，以维持其生活。孟子说：

> 舜发于畎亩之中；傅说举于版筑之间；胶鬲举于鱼盐之

中；管夷吾举于士；孙叔敖举于海；百里奚举于市。（《告子下》，《孟子》卷十二，《四部丛刊》本，页十六）

孟子之言，虽未必尽可信，但孔子以前，不仕而又别不事生产者，实未闻有人。《左传》中说冀缺未仕时，亦是以农为业（僖公三十三年，《左传》卷七，页十五）。孔子早年，据孟子说，亦尝为贫而仕，“尝为委吏矣”“尝为乘田矣”（《万章下》，《孟子》卷十，页十）。但自“从大夫之后”，大收学生以来，即纯以讲学为职业，为谋生之道。不但他自己不治生产，他还不愿教弟子治生产。樊迟“请学稼”“请学为圃”；孔子说：“小人哉！樊须也。”（《子路》，《论语》卷七，页三）子贡经商，孔子说：“赐不受命而货殖焉；亿则屡中。”（《先进》，《论语》卷六，页六）他这种不治生产的办法，颇为其时人所诟病。据《论语》所说，荷蓧丈人谓孔子：“四体不勤，五谷不分。”（《微子》，《论语》卷九，页十五）此外晏婴亦说：

> 夫儒者滑稽而不可轨法；倨傲自顺，不可以为下；崇丧遂哀，破产厚葬，不可以为俗；游说乞贷，不可以为国。（《孔子世家》，《史记》卷四十七，页五）

《庄子》亦载盗跖谓孔子：

> 尔作言造语，妄称文武。……多辞缪说，不耕而食，不织而衣，摇唇鼓舌，擅生是非，以迷天下之主，使天下学士，不反其本，妄作孝弟，而侥幸于封侯富贵者也。（《盗跖》，《庄子》卷九，页三十四）

此等批评，未必果是晏婴、盗跖所说，《庄子》中所说，尤不可认为实事。但此等批评，则是当时可能有者。

战国时之有学问而不仕者，亦尚有自食其力之人。如许行“其徒数十人，皆衣褐，捆屦织席，以为食”（《滕文公上》，《孟子》卷五，页九），陈仲子“身织屦，妻辟纑”（《滕文公下》，《孟子》卷六，页十五）以自养。但孟子则不以为然。孟子自己是“后车数十乘，从者数百人，以传食于诸侯”；此其弟子彭更即以为“泰”（《滕文公下》，《孟子》卷六，页五），他人当更有批评矣。孟子又述子思受“养”的情形，说：

> 缪公之于子思也，亟问亟馈鼎肉。子思不悦，于卒也，摽使者出诸大门之外，北面稽首再拜而不受，曰：“今而后知君之犬马畜伋。”……曰：“敢问国君欲养君子，如何斯可谓养矣？”曰：“以君命将之，再拜稽首而受。其后廪人继粟，庖人继肉，不以君命将之。子思以为鼎肉使己仆仆尔亟拜也，非养君子之道也。”（《万章下》，《孟子》卷十，页十一至十二）

观此可知儒家之一种风气。唯其风气如此，于是后来即有一种非农非工非商非官僚之“士”，不治生产而专待人之养己。此士之阶级，孔子以前，似亦无有。以前所谓士，多系大夫士之士，或系男子军士之称，非后世所谓士农工商之士也。

【注】按《国语·齐语》中所谓士农商之士，似指军士，详见《燕京学报》第二期拙作文中。

此种士之阶级只能做两种事情：即做官与讲学。直到现在，各学校毕业生，无论其学校为农业学校或工业学校，仍只有当教员做官两条谋生之路；此所谓：

> 仕而优则学；学而优则仕。（《子张》，《论语》卷十，页四）

孔子即是此阶级之创立者，至少亦是其发扬光大者。

此种阶级，为后来法家所痛恶。韩非子说：

> 博习辩智如孔墨；孔墨不耕耨，则国何得焉？修孝寡欲如曾史；曾史不战攻，则国何利焉？（《八说》，《韩非子》卷十八，《四部丛刊》本，页五）

又曰：

> 儒以文乱法，侠以武犯禁。……今修文学，习言谈，则无耕之劳而有富之实，无战之危而有贵之尊，则人孰不为也？（《五蠹》，《韩非子》卷十九，页三至四）

孔子与希腊“智者”，其行动颇相仿佛。他们都是打破以前习惯，开始正式招学生而教育之者。“智者”向学生收学费，以维持其生活；此层亦大为当时所诟病。孔子说：“自行束脩以上，吾未尝无诲焉。”（《述而》，《论语》卷四，页二）他虽未必收定额学费，但如“贽”之类，必一定收，孔子虽可靠国君之养，未必专靠弟子之学费维持生活，但其弟子之多，未尝不是其有受养资格之一。在中国历史中，孔子始以讲学为职业，因以维持生活。此言并不损害孔子之价值，因为生活总是要维持的。

孔子还有一点与“智者”最相似。“智者”都是博学多能之人，能教学生以各种功课，而其主要目的，在使学生有作政治活动之能力。孔子亦博学多能，所以：

> 达巷党人曰：“大哉孔子，博学而无所成名。”（《子罕》，《论语》卷五，页一）

> 太宰问于子贡曰：“夫子圣者与，何其多能也？”子贡

曰："固天纵之将圣，又多能也。"（同上）

孔子教人亦有各种功课，即所谓六艺是也。至于政治活动，亦为孔子所注意；其弟子可在"千乘之国"，"治赋""为宰"。季康子问仲由、赐、求，"可使从政也与？"孔子说："由也果""赐也达""求也艺""于从政乎何有？"（《雍也》，《论语》卷三，页十二至十三）此即如现在政府各机关之向各学校校长要人，而校长即加考语荐其毕业生一样。

孔子颇似苏格拉底。苏格拉底本亦是"智者"。其不同在他不向学生收学费，不卖知识。他对于宇宙问题，无有兴趣；对于神之问题，接受传统的见解。孔子亦如此，如上文所说。苏格拉底自以为负有神圣的使命，以觉醒希腊人为己任。孔子亦然，所以有"天生德于予"（《述而》，《论语》卷四，页六），"天之未丧斯文，匡人其如予何"（《子罕》，《论语》卷五，页二）之言。苏格拉底以归纳法求定义（亚里士多德说），以定义为吾人行为之标准。孔子亦讲正名，以名之定义，为吾人行为之标准。苏格拉底注重人之道德的性质。孔子亦视人之"仁"较其"从政"之能力，为尤重。故对于子路、冉有、公西华，虽许其能在"千乘之国"，"治赋""为宰""与宾客言"，而独不许其为"仁"（《公冶长》，《论语》卷三，页三）。苏格拉底自己未著书，而后来著书者多假其名（如柏拉图之对话）。孔子亦不著书，而后来各书中"子曰"极多。苏格拉底死后，其宗派经柏拉图、亚里士多德之发挥光大，遂为西洋哲学之正统。孔子之宗派，亦经孟子、荀子之发挥光大，遂为中国哲学之正统。此但略说，下文另详。

即孔子为中国苏格拉底之一端，即已占甚高之地位。况孔子又为使学术普遍化之第一人，为士之阶级之创立者，至少亦系其发扬光大者；其建树之大，盖又超过苏格拉底矣。

孔子对于传统的制度及信仰之态度

上文谓中国文化至周而具规模；周之典章制度虽不必尽为文王、周公所制作，如经学古文家所说；然文王、周公，为创造周代文化之主要人物，似可认为事实。鲁为周公后，宗周文物，在鲁者较他国为独多，祝佗曰：

> 周公相王室以尹天下，于周为睦，分鲁公以大路大旂……以昭周公之明德，分之土田陪敦，祝宗卜史，备物典策，官司彝器。（定公四年，《左传》卷二十七，页五至六）

季札聘鲁“观于周乐”（襄公二十九年，《左传》卷十九，页三至五）。韩宣子聘鲁，“观书于太史，见《易》《象》与《鲁春秋》，曰：‘周礼尽在鲁矣，吾乃今知周公之德与周之所以王也。’”（昭公二年，《左传》卷二十，页十二）观此诸人所称述，可知在文物方面，鲁本为宗周之缩影。及乎“赫赫宗周，褒姒灭之”，平王东迁，文物必多丧失，于是宗周文物，或必在鲁乃可尽见也。

孔子平生以好学自负，故曰：

> 我非生而知之者，好古敏以求之也。（《述而》，《论语》卷四，页六）

又曰：

> 十室之邑，必有忠信如丘者焉，不如丘之好学也。（《公冶长》，《论语》卷三，页十）

又曰：

夏礼吾能言之，杞不足征也；殷礼吾能言之，宋不足征也。文献不足故也，足，则吾能征之矣。（《八佾》，《论语》卷二，页三至四）

孔子生于鲁国，周礼之文献足征，故孔子对于周礼知之深而爱之切。故曰：

周监于二代，郁郁乎文哉，吾从周。（《八佾》，《论语》卷二，页五）

唯其“从周”，故孔子一生以能继文王周公之业为职志，其畏于匡，则曰：

文王既没，文不在兹乎？天之将丧斯文也，后起者不得与于斯文也；天之未丧斯文也，匡人其如予何！（《子罕》，《论语》卷五，页二）

自述其志，则曰：

如有用我者，吾其为东周乎？（《阳货》，《论语》卷九，页三）

为东周者，使宗周之文化，完全实现于东土也。及孔子自叹其衰，则曰：

久矣吾不复梦见周公。（《述而》，《论语》卷四，页一）

后世经学家主古文者，谓六艺为周公所作而孔子述之，主今文者谓孔子作《春秋》自比文王。虽皆未必合事实，要之孔子自己所加于自己之责任，为继文王周公之业，则甚明也。

唯其如此，故后之儒家，皆以周公孔子并称。孟子曰：

陈良楚产也，悦周公仲尼之道，北学于中国。（《滕文公

上》，《孟子》卷五，页十三）

荀子曰：

孔子仁知且不蔽，故学乱术足以为先王者也。一家得周道，举而用之，不蔽于成积也。故德与周公齐，名与三王并。（《解蔽》，《荀子》卷十五，《四部丛刊》本，页六）

汉人亦谓孔子继周公之道，《淮南子》曰：

孔子修成康之道，述周公之训。（《要略》，刘文典先生《淮南鸿烈集解》卷二十一，页八）

司马迁曰：

周公卒五百岁而有孔子。（《太史公自序》，《史记》卷百三十，页八）

孔子“述而不作，信而好古”，其所述者，即周礼也。

孔子对于周礼，知之深而爱之切，见当时周礼之崩坏，即不禁太息痛恨。故见季氏八佾舞干庭，谓为“不可忍”。见“季氏旅于泰山”，曰：“呜呼，曾谓泰山，不如林放乎？”管仲“有反坫”，孔子谓为“不知礼”（以上见《八佾》，《论语》卷二，页一至九）。“陈成子弑简公，孔子沐浴而朝，告于哀公曰：‘陈恒弑其君，请讨之。’”（《宪问》，《论语》卷七，页十九）至孔子自身行事，则自以“从大夫之后，不可徒行”（《先进》，《论语》卷六，页三）；《乡党》所记，起居饮食，俨然贵族。非必孔子之好阔，盖不如是则“非礼也”。

至对于传统的信仰之态度，孔子亦是守旧的。《论语》中言及天者：

王孙贾问曰：“与其媚于奥，宁媚于灶，何谓也？”子

曰："不然，获罪于天，无所祷也。"（《八佾》，《论语》卷二，页五）

子见南子，子路不悦。夫子矢之曰："予所否者，天厌之！天厌之！"（《雍也》，《论语》卷三，页十八）

子疾病，子路使门人为臣。病间，曰："久矣夫！由之行诈也，无臣而为有臣，吾谁欺，欺天乎？"（《子罕》，《论语》卷五，页五）

颜渊死，子曰："噫！天丧予！天丧予！"（《先进》，《论语》卷六，页三）

子曰："不怨天，不尤人；下学而上达。知我者其天乎！"（《宪问》，《论语》卷七，页十二）

据上所引，可知孔子之所谓天，乃一有意志之上帝，乃一"主宰之天"也。

《论语》中之言及命者：

子曰："吾十有五，而志于学；三十而立；四十而不惑；五十而知天命……"（《为政》，《论语》卷一，页十）

伯牛有疾，子问之，自牖执其手，曰："亡之命矣夫！斯人也而有斯疾也！斯人也而有斯疾也！"（《雍也》，《论语》卷三，页十三至十四）

子曰："道之将行也与？命也。道之将废也与？命也。公伯寮其如命何！"（《宪问》，《论语》卷七，页十二至十三）

孔子曰："君子有三畏：畏天命，畏大人，畏圣人之言。"（《季氏》，《论语》卷八，页十六）

若天为有意志之上帝，则天命亦应即上帝之意志也。孔子自以为所负神圣的使命，即天所命。故曰："天之未丧斯文也，匡人其如予何。"孔子同时之人，亦有以孔子为受有天命者。如仪封人曰："天下之无道久矣。天将以夫子为木铎。"（《八佾》，《论语》卷二，页九）

【注】或引《论语》"天何言哉"之言，以证孔子所言之天为自然之天。然此但谓天"无为而治"耳，不必即以天为自然之天。且以天不言为一命题，即含有天能言而不言之意。否则此命题为无意义。如吾人不说石头不言，桌子不言，因石头桌子，本非能言之物也。

唯孔子对于鬼神，则似有较新的见解，《论语》中言及鬼神者：

> 祭如在，祭神如神在。（《八佾》，《论语》卷二，页四至五）
>
> 子曰："务民之义，敬鬼神而远之，可谓知矣。"（《雍也》，《论语》卷三，页十六至十七）
>
> 季路问事鬼神，子曰："未能事人，焉能事鬼？"曰："敢问死？"曰："未知生，焉知死？"（《先进》，《论语》卷六，页四）

以"敬鬼神而远之"为知，则不远之者为不知矣。既以不远之者为不知，又何必敬之？后来儒家，答此问题，遂成一有系统的"祭祀观"。今所须注意者，则孔子于此提出一知字。则对于当时之迷信，必有许多不信者。故"子不语怪力乱神"（《述而》，《论语》卷四，页六）。

正名主义

孔子目睹当时各种制度之崩坏，以为“天下无道”，而常怀想“天下有道”之时。故曰：

天下有道，则礼乐征伐，自天子出。天下无道，则礼乐征伐，自诸侯出。自诸侯出，盖十世希不失矣。自大夫出，五世希不失矣。陪臣执国命，三世希不失矣。天下有道，则政不在大夫。天下有道，则庶人不议。（《季氏》，《论语》卷八，页十三）

又曰：

禄之去公室，五世矣。政逮于大夫，四世矣。故夫三桓之子孙微矣。（《季氏》，《论语》卷八，页十四）

孔子以为政治上社会上各种阶级之破坏皆自上始。“礼乐征伐，自诸侯出”，则十世以后，必又降而“自大夫出”。“自大夫出”，则五世以后，必“陪臣执国命”，而“三桓之子孙微矣”。“陪臣执国命”，则三世以后，庶人必有起者。此即孟子所谓“苟为后义而先利，不夺不餍”者也。

处此情形之下，孔子以为苟欲“拨乱世而反之正”，则莫如使天子仍为天子，诸侯仍为诸侯，大夫仍为大夫，陪臣仍为陪臣，庶人仍为庶人。使实皆如其名，此即所谓正名主义也。孔子认此为极重要，故《论语》云：

子路曰：“卫君待子而为政，子将奚先？”子曰：“必也正名乎！”（《子路》，《论语》卷七，页一）

齐景公问政于孔子，孔子对曰：“君君，臣臣，父父，

子子。”公曰：“善哉！信如君不君，臣不臣，父不父，子不子，虽有粟，吾岂得而食诸？”（《颜渊》，《论语》卷六，页十七）

盖一名必有一名之定义，此定义所指，即此名所指之物之所以为此物者，亦即此物之要素或概念也。如“君”之名之定义之所指，即君之所以为君者。“君君，臣臣，父父，子子”，上君字乃指事实上之君，下君字乃指君之名，君之定义。臣父子均如此例。若使君臣父子皆如其定义，皆尽其道，则“天下有道”矣。孔子目睹当时之“君不君，臣不臣，父不父，子不子”，故感慨系之，而借题发挥曰：

觚不觚。觚哉！觚哉！（《雍也》，《论语》卷三，页十七至十八）

孔子以为当时因名不正而乱，故欲以正名救时之弊也。

孔子以为当时名之不正皆自上始，故“反正”亦须自上始。《论语》云：

季康子问政于孔子，孔子对曰：“政者，正也，子率以正，孰敢不正。”（《颜渊》，《论语》卷六，页十八）

季康子患盗，问于孔子，孔子对曰：“苟子之不欲。虽赏之不窃。”（同上）

季康子问政于孔子曰：“如杀无道，以就有道，何如？”孔子对曰：“子为政。焉用杀？子欲善而民善矣。君子之德风，小人之德草，草上之风必偃。”（《颜渊》，《论语》卷六，页十九）

盖在贵族政治时代，人民毫无知识，“君子”即贵族之行为，对于小人即庶人，固有甚大影响也。

普通以为孔子欲实行其正名主义而作《春秋》。据孟子说，孔子作《春秋》之目的及功用在使“乱臣贼子惧”；然《左传·宣公二年》，赵穿弑晋灵公。

> 太史书曰“赵盾弑其君”，以示于朝。宣子曰：“不然。”曰：“子为正卿，亡不越竟，反不讨贼，非子而谁？”……孔子曰：“董狐，古之良史也，书法不隐。”（《左传》卷十，页四）

又《左传·襄公廿五年》，崔杼弑齐庄公。

> 太史书曰：“崔杼弑其君。”崔子杀之。其弟嗣书而死者二人。其弟又书，乃舍之。南史氏闻太史尽死，执简以往，闻既书矣，乃还。（《左传》卷十七，页十一）

据此则至少春秋时晋齐二国太史之史笔，皆能使“乱臣贼子惧”，不独《春秋》为然。盖古代史官，自有其纪事之成法也。孟子说：

> 晋之《乘》，楚之《梼杌》，鲁之《春秋》，一也。其事则齐桓晋文，其文则史。孔子曰：“其义则丘窃取之矣。”（《离娄下》，《孟子》卷八，页七）

“其义”不止是《春秋》之义，实亦是《乘》及《梼杌》之义，观于董狐史笔，亦可概见。孔子只“取”其义，而非“作”其义。孟子此说，与其孔子作《春秋》之说不合，而却似近于事实。

但亦或因鲁是周公之后，“礼义之邦”，所以鲁之《春秋》，对于此等书法，格外认真。韩宣子聘鲁观书于太史氏，特注意于“《鲁春秋》”，或“《鲁春秋》”果有比“晋之《乘》”“楚之《梼杌》”较特别之处；所以在孔子以前，已有人以《春秋》为教人之教科书。楚庄王使士亹傅太子箴；士亹问于申叔时。叔时曰：

教之《春秋》而为之耸善而抑恶焉，以戒劝其心。（《楚语上》，《国语》卷十七，《四部丛刊》本，页一）

可见《春秋》早已成教人之一种课本。但此皆在孔子成年以前，所以皆与孔子无干。

《春秋》之“耸善抑恶”，诛乱臣贼子，“《春秋》以道名分”（《天下篇》，《庄子》卷十，页二十五），孔子完全赞成。不过按之事实，似乎不是孔子因主张正名而作《春秋》，如传说所说；似乎是孔子取《春秋》等书之义而主张正名，孟子所说其义则丘“窃取”者是也。

【注】刘师培云：“《孟子·滕文公》篇云：‘孔子惧，作《春秋》。’后儒据之，遂谓《春秋》皆孔子所作。然作兼二义：或训为始；或训为为。训始见《说文》，即创作之作，乃《乐记》所谓‘作者之为圣’也。训为见《尔雅》，与创作之作不同。《书》言：‘汝作司徒’，言以契为司徒，非司徒之官始于契。《论语》言：‘始作翕如’，《左传》言：‘金奏作于下’；则奏乐亦言作乐，与‘作乐崇德’之作殊。《左传》言：‘召穆纠合宗族于成周而作诗曰：“棠棣之华，鄂不韡韡”’；则歌诗亦言作诗，与‘侍人孟子，作为此诗’之作殊。盖创作谓之作；因前人之意而为，亦谓之作。孟子言孔子作《春秋》，即言孔子因古史以为《春秋》也。故又言：‘其事则齐桓晋文，其文则史。’至于《诗》亡然后《春秋》作，则作为始义，与作《春秋》之作殊。言《春秋》所记之事，始于东周也。”（《左庵集》卷二）若以奏乐可言作乐，歌诗可言作诗之例言之，则作《春秋》即讲《春秋》耳。孔子讲《春秋》特别注重于正名之一点，所谓“其义则丘窃取之”，所以使“乱臣贼子惧也”。

孔子以述为作

孔子“述而不作”，《春秋》当亦不能例外。不过孔子能将《春秋》中及其他古史官之种种书法归纳为正名二字，此实即将《春秋》加以理论化也。孔子对于中国文化之贡献，即在于开始试将原有的制度，加以理论化，予以理论的根据。《论语》云：

> 宰我问：“三年之丧，期已久矣。君子三年不为礼，礼必坏；三年不为乐，乐必崩。旧谷既没，新谷既升，钻燧改火，期可已矣。”子曰：“食夫稻，衣夫锦，于女安乎？”曰：“安。”“女安则为之。夫君子之居丧，食旨不甘，闻乐不乐，居处不安，故不为也。今女安则为之。”宰我出，子曰：“予之不仁也。子生三年，然后免于父母之怀。夫三年之丧，天下之通丧也。予也有三年之爱，于其父母乎？”（《阳货》，《论语》卷九，页九）

此孔子将三年之丧之制度，加以理论的根据也。

【注】或谓三年之丧之制，乃孔子所定。然《左传》谓“叔向曰：‘王一岁而有三年之丧二焉。……三年之丧，虽贵遂服，礼也。王虽弗遂，宴乐以早，亦非礼也。’”（昭公十五年，《左传》卷二十三，页十三）观此则三年之丧，本“天下之通丧也”，不过在孔子时，行者已不多，故王亦“弗遂”。孔子又提倡之，且予以理论的根据。

即孔子之以六艺教人，亦时有新意。正名主义即孔子自《春秋》及其他古史官之书法中所归纳而得之理论，上文已述。此外子贡因《诗》之“巧笑倩兮，美目盼兮”，而悟及“礼后乎”。孔子许为

“可与言诗”（《八佾》，《论语》卷二，页三）。又云：

《诗》三百，一言以蔽之；曰：“思无邪。”（《为政》，《论语》卷一，页九）

《诗》可以兴，可以观，可以群，可以怨。迩之事父，远之事君。多识于鸟兽草木之名。（《阳货》，《论语》卷九，页五）

可见孔子讲《诗》，注重于其中之道德的意义，不是只练习应对，只求“使于四方，不辱君命”矣。《论语》又云：

或谓孔子曰：“子奚不为政？”子曰：“《书》云：‘孝乎，惟孝，友于兄弟，施于有政。’是亦为政，奚其为为政？”（《为政》，《论语》卷一，页十四至十五）

此以“齐家”为“治国”之本，可见孔子讲《书》，已注重于引申其中之道德的教训，不只记其中之言语事迹矣。《论语》又云：

林放问礼之本，子曰：“大哉问，礼与其奢也宁俭，丧与其易也宁戚。”（《八佾》，《论语》卷二，页二）

又云：

礼之用，和为贵，先王之道斯为美。（《学而》，《论语》卷一，页七）

孔子云：

礼云礼云，玉帛云乎哉！乐云乐云，钟鼓云乎哉！（《阳货》，《论语》卷九，页六）

又云：

乐其可知也，始作翕如也，从之纯如也，皦如也，绎如也，以成。（《八佾》，《论语》卷二，页八）

可见孔子讲礼乐，已注重“礼之本”及乐之原理，不只讲其形式节奏矣。《论语》又云：

> 子曰：“南人有言曰：‘人而无恒，不可以作巫医。’善夫！”“不恒其德，或承之羞”，子曰：“不占而已矣。”（《子路》，《论语》卷七，页九）

“不恒其德，或承之羞”，为《易·恒》卦爻辞，可见孔子讲《易》，已注重于引申卦爻辞之意义，不只注重于筮占矣。此非只“述而不作”，实乃以述为作也。此种精神，此种倾向，传之于后来儒家，孟子、荀子及所谓七十子后学，大家努力于以述为作，方构成儒家思想之整个系统。所以《易》是本有，是儒家所述，而《系辞》《文言》等，则儒家所作，而《易》在思想史上的价值，亦即在《系辞》《文言》等。《春秋》是本有，是儒家所述，而《公羊传》等则是儒家所作，而《春秋》在思想史上的价值，亦即在《公羊传》等。《仪礼》是本有，是儒家所述，而《礼记》则儒家所作，而《礼记》在思想史上的价值，则又远在《仪礼》之上。由此言之，所谓古文家以为六经皆史，孔子只是述而不作，固然不错；而所谓今文家以为孔子只是作而不述，亦非毫无根据。由此言之，后来之以孔子为先圣兼先师，即所谓至圣先师，亦非无因。因为若使《周易》离开《系辞》《文言》等，不过是卜筮之书；《春秋》离开《公羊传》等，不过是“断烂朝报”；《仪礼》离开《礼记》，不过是一礼单；此等书即不能有其在二千年间所已有之影响。在中国历史中，自汉迄清，有大影响于人心者，非《周易》，而乃带《系辞》《文言》等之《周易》；非《春秋》，而乃带《公羊传》等之《春秋》；非《仪礼》，而乃有《礼记》为根据的《仪礼》。不过所谓今文家及以孔子为至圣先师者，应知其所谓孔子，已非历史的孔子，而乃是理想的孔子，儒家之理想的代表。

直、仁、忠、恕

上文谓孔子讲礼，注重“礼之本”。《论语》云：

> 子夏问曰：“《诗》云：‘巧笑倩兮，美目盼兮，素以为绚兮’，何谓也？”子曰：“绘事后素。”曰：“礼后乎？”子曰：“起予者商也，始可与言诗已矣。”（《八佾》，《论语》卷二，页三）

子夏以“绘事后素”而悟及“礼后”，盖人必有真性情，然后可以行礼，犹美女之必先有巧笑美目，然后可施脂粉也。否则礼为虚伪形式，非唯不足贵，且亦甚可贱矣。故孔子曰：

> 人而不仁如礼何！人而不仁如乐何！（《八佾》，《论语》卷二，页一）

不仁之人，无真性情，虽行礼乐之文，适足增其虚伪耳。孔子云：

> 君子义以为质，礼以行之，孙以出之，信以成之。（《卫灵公》，《论语》卷八，页五）

盖礼“质”须相副而行也。

孔子注重人之有真性情，恶虚伪，尚质直；故《论语》中屡言直。孔子曰：

> 人之生也直；罔之生也，幸而免。（《雍也》，《论语》卷三，页十六）

直者内不以自欺，外不以欺人，心有所好恶而如其实以出之者也。《论语》又云：

> 叶公语孔子曰："吾党有直躬者，其父攘羊，而子证之。"孔子曰："吾党之直者异于是，父为子隐，子为父隐，直在其中矣。"（《子路》，《论语》卷七，页七）

直者由中之谓，称心之谓。其父攘人之羊，在常情其子决不愿其事之外扬，是谓人情。如我中心之情而出之，即直也。今乃至证明其父之攘人羊。是其人非估名买直，即无情不仁，故不得为真直也。《论语》又云：

> 子曰："孰谓微生高直，或乞醯焉，乞诸其邻而予之。"（《公冶长》，《论语》卷三，页八至九）

直者内忖诸己者也，曲者外揣于人者也。家自无醯，则谢之可矣。今唯恐人之不乐我之谢，而必欲给其求，是不能内忖诸己，而己不免揣人意向为转移，究其极将为巧言令色，故不得为直也。孔子曰：

> 巧言令色足恭，左丘明耻之，丘亦耻之。（《公冶长》，《论语》卷三，页九）

耻之者，耻其不直也。《论语》又云：

> 子贡问曰："乡人皆好之，何如？"子曰："未可也。"曰："乡人皆恶之，何如？"子曰："未可也。不如乡人之善者好之，其不善者恶之。"（《子路》，《论语》卷七，页九）

夫至乡人皆恶之，是必不近人情之人也。然至乡人皆好之，此难免专务人人而悦之，为乡愿之徒，亦虚伪无可取矣。

然直虽可贵，尚须“礼以行之”。《论语》云：

> 子曰：“恭而无礼则劳，慎而无礼则葸，勇而无礼则乱，直而无礼则绞。”（《泰伯》，《论语》卷四，页十一）

又曰：“好直不好学，其蔽也绞。”（《阳货》，《论语》卷九，页五）学即学礼也。古时所谓礼之义极广，除现在礼字所有之意义外，古时所谓礼，兼指一切风俗习惯，政治社会制度。子产谓：“夫礼，天之经也，地之义也，民之行也。”《庄子·天下篇》谓：“礼以道行。”（《庄子》卷十，页二十五）盖凡关于人之行为之规范，皆所谓礼也。孔子为周礼之拥护者，故其教育弟子，除教以知识外，并以礼约束之。颜渊所谓“博我以文，约我以礼”是也。唯孔子同时又注重“礼之本”，故又言直。言直则注重个人性情之自由，言礼则注重社会规范对于个人之制裁。前者为孔子之新意，后者乃古代之成规。孔子理想中之“君子”，为能以真性情行礼者，故曰：

> 质胜文则野；文胜质则史；文质彬彬，然后君子。（《雍也》，《论语》卷三，页十六）

又曰：

> 不得中行而与之，必也狂狷乎！狂者进取，狷者有所不为也。（《子路》，《论语》卷七，页八）

又云：

> 乡愿，德之贼也。（《阳货》，《论语》卷九，页六）

“文质彬彬”，即中行也。狂狷之行为，虽不合中行，要皆真性情之流露，故亦可取。若乡愿则为伪君子，尤劣于真小人矣。

【注】自上文“孔子屡言直”起至此，选抄钱穆先生《论语要略》并采

美国学者德效骞（Homer H. Dubs）所作之“**The Conflict of Authority and Freedom in Ancient Chinese Ethics**”文之意，该文见*Open Court*杂志第四十卷第三号。

上文谓不仁之人无真性情。《论语》中言仁处甚多，总而言之，仁者，即人之性情之真的及合礼的流露，而即本同情心以推己及人者也。《论语》云：

> 子曰：“巧言令色，鲜矣仁。”（《学而》，《论语》卷一，页四）

又云：

> 子曰：“刚毅木讷近仁。”（《子路》，《论语》卷七，页十）

巧言令色矫饰以媚悦人，非性情之真的流露，故“鲜矣仁”。“刚毅木讷”之人，质朴有真性情，故“近仁”也。《论语》又云：

> 樊迟问仁。子曰：“爱人。”（《颜渊》，《论语》卷六，页二十）

仁以同情心为本，故爱人为仁也。《论语》又云：

> 宪问：“克，伐，怨，欲，不行焉，可以为仁矣？”子曰：“可以为难矣，仁则吾不知也。”（《宪问》，《论语》卷七，页十一）

焦循曰：“孟子称公刘好货，太王好色，与百姓同之，使有积仓而无怨旷。孟子之学，全得诸孔子。此即己达达人，己立立人之义。必屏妃妾，减服食，而于百姓之饥寒仳离，漠不关心，则坚瓠也。故克伐怨欲不行，苦心洁身之士，孔子所不取。不如因己之欲，推以知人之欲。即己之不欲，推以知人之不欲。絜矩取譬不难，而仁已至矣。绝

己之欲则不能通天下之志，非所以为仁也。”（《论语补疏》）

孔子又云：

> 人之过也，各于其党，观过斯知仁矣。（《里仁》，《论语》卷二，页十二）

人之性情之真的流露或有所偏而为过，然要之为性情之真的流露，故“观过斯知仁矣”。《论语》又云：

> 颜渊问仁，子曰：“克己复礼为仁。一日克己复礼，天下归仁焉。为仁由己，而由人乎哉？”颜渊曰：“请问其目。”子曰：“非礼勿视，非礼勿听，非礼勿言，非礼勿动。”（《颜渊》，《论语》卷六，页十二至十三）

“好直不好学，其蔽也绞”，故仁为人之性情之真的，而又须为合礼的流露也。《论语》又云：

> 仲弓问仁。子曰：“出门如见大宾，使民如承大祭。己所不欲，勿施于人，在邦无怨，在家无怨。”仲弓曰：“雍虽不敏，请事斯语矣。”（《颜渊》，《论语》卷六，页十三）

又云：

> 子贡曰：“如有博施于民，而能济众，何如？可谓仁乎？”子曰：“何事于仁？必也圣乎！尧舜其犹病诸！夫仁者，己欲立而立人，己欲达而达人，能近取譬，可为仁之方也矣。”（《雍也》，《论语》卷三，页十九）

“为仁之方”在于“能近取譬”，即谓为仁之方法在于推己以及人也。“因己之欲，推以知人之欲”，即“己欲立而立人，己欲达而达人”，即所谓忠也[注]。“因己之不欲，推以知人之不欲”，即

“己所不欲，勿施于人”，即所谓恕也。实行忠恕即实行仁。《论语》云：

> 子曰：“参乎，吾道一以贯之。”曾子曰：“唯！”子出，门人问曰：“何谓也？”曾子曰：“夫子之道，忠恕而已矣。”（《里仁》，《论语》卷二，页十四）

孔子一贯之道为忠恕，亦即谓孔子一贯之道为仁也。为仁之方法如此简易。故孔子曰：“仁远乎哉，吾欲仁斯仁至矣。”

【注】恕为“己所不欲，勿施于人”，见《论语·卫灵公》孔子答子贡问。但忠之为义，《论语》中未有确切明文，后人遂以忠为“尽己”之义。按《论语》云：“为人谋而不忠乎？”（《学而》，《论语》卷一，页四）又云：“与人忠。”（《子路》，《论语》卷七，页七）又云：“臣事君以忠。”（《八佾》，《论语》卷二，页七）又云：“孝慈则忠。”（《为政》，《论语》卷一，页十四）又云：“忠焉能勿诲乎？”（《宪问》，《论语》卷七，页十三）忠有积极为人之义；此则《论语》中有明文者。若尽己之义，则《论语》未有明文，似非必孔子言忠之义。

宋明道学家陆王一派，假定人本有完全的良知，假定“满街都是圣人”，故以为人只须顺其良知而行，即万不致误。孔子初无此意。人之性情之真的流露，本不必即可顺之而行而无不通。故孔子注重“克己复礼为仁”。然礼犹为外部之规范。除此外部之规范外，吾人内部尚自有可为行为之标准者。若“能近取譬”，推己及人。己之所欲，即施于人；“己所不欲，勿施于人”。则吾人之性情之流露，自合乎适当的分际。故“直”尚有行不通处，而仁则无行不通处。故仁为孔子“一贯”之道，中心之学说。故《论语》中亦常以仁为人之全德之代名词。曰："求仁而得仁，又何怨？"（《述而》，《论语》卷四，页四）曰："若圣与仁，则吾岂敢？"（《述而》，《论语》卷四，页九）曰："无求生以害仁。有杀身以成仁。"（《卫灵公》，《论语》卷八，页三）此所谓仁皆指人之全德而言也。

【注】《论语》中所言之仁，实有上述两重意义。向来对此两重意义，不加分别。此即近人著述中种种辩论所由起也。

唯仁亦为全德之名，故孔子常以之统摄诸德，宰予以三年之丧为期已久，孔子谓为不仁，是仁可包孝也。以后孟子言："未有仁而遗其亲者"（《梁惠王上》，《孟子》卷一，页二）；《中庸》言："所求乎子以事父"，皆谓仁人或行忠恕之人自然孝也[注]。孔子以"微子去之，箕子为之奴，比干谏而死"，为"殷有三仁"（《微子》，《论语》卷九，页十一），是仁可包忠也。以后孟子言："未有仁而后其君者"（《梁惠王上》，《孟子》卷一，页二）；《中庸》言："所求乎臣以事君"，皆谓仁人或行忠恕之人自然忠也。孔子谓令尹子文及陈文子："未知焉得仁？"（《公冶长》，《论语》卷三，页七）是仁可包智也。"仁者必有勇"（《宪问》，《论语》卷七，页十二），是仁可包勇也。"颜渊问仁。子曰：'克己复礼为仁。'"（《颜渊》，《论语》卷六，页十二）是仁可包礼也。"子张问仁于孔子，孔子曰：'能行五者于天下为仁矣。'请问之。曰：'恭，宽，信，敏，惠。恭则不侮；宽则得众；信则人任焉；敏则有功；惠则足以使人。'"（《阳货》，《论语》卷九，页三）是仁可包信等也。

【注】《论语》中所言孝如服从、养志、几谏等，皆为孝之方法，非孝之原理，故未论及。

义利及性

观上所述，可知孔子亦注重人之性情之自由。人之性情之真的流露，只须其合礼，即是至好，吾人亦即可顺之而行矣。《论语》曰：

> 子绝四：毋意，毋必，毋固，毋我。（《子罕》，《论语》卷五，页二）

又曰：

> 子曰："可与共学，未可与适道。可与适道，未可与立。可与立，未可与权。"（《子罕》，《论语》卷五，页十）
>
> 逸民伯夷、叔齐、虞仲、夷逸、朱张、柳下惠、少连。子曰："不降其志，不辱其身，伯夷、叔齐与？"谓柳下惠、少连，"降志辱身矣。言中伦，行中虑，其斯而已矣"。谓虞仲、夷逸，"隐居放言，身中清，废中权。我则异于是，无可无不可"。（《微子》，《论语》卷九，页十六至十七）

盖依上所述，吾人行为之标准，至少一部分是在内的而非在外的，是活的而非死的，是可变的而非固定的。故吾人之行为，可因时因地，随吾人性情之所之，而有相当的不同。此所谓"毋意，毋必，毋固，毋我"也。此所谓"我则异于是，无可无不可"也。若对于一切，皆执一定之规则，则即所谓"可与立，未可与权"者也。

人之性情之真的流露，只须其合礼，即是至好。至其发于行为，果得有利的结果与否，不必问也。事实上凡人性情之真的及合礼的流露之发于行为者，对于社会多有利，或至少亦无害，但孔子则不十分注意于此。如三年之丧之制，本可以曾子所谓“慎终追远，民德归厚”（《学而》，《论语》卷一，页六）之说，予以理论的根据；但孔子则只谓不行三年之丧，则吾心不安，行之则吾心安。此制虽亦有使“民德归厚”之有利的结果，但孔子不以之作三年之丧之制之理论的根据也。孔子不注重行为之结果，其一生行事，亦是如此。子路为孔子辩护云：

> 君子之仕也，行其义也。道之不行也，已知之矣。（《微子》，《论语》卷九，页十六）

“道之不行也，已知之矣”，而犹席不暇暖，以求行道，所以石门晨门谓孔子为“知其不可而为之者也”（《宪问》，《论语》卷七，页十三）。董仲舒谓：“正其谊不谋其利，明其道不计其功。”“君子之仕也，行其义也”，即“正其谊”“明其道”也；至于道之果行与否，则结果也，“利”也，“功”也，不必“谋”，不必“计”矣。《论语》云：

> 子罕言利。（《子罕》，《论语》卷五，页一）

孔子云：

> 君子喻于义，小人喻于利。（《里仁》，《论语》卷二，页十四）

此孔子及孟子一贯之主张，亦即其与墨家根本不同处也。

【注】论者多谓孔子论治国之道：“既庶矣”，“富之”；“既富矣”，“教之”（《子路》，《论语》卷七，页四）；孟子所说王政，亦注重人民生活之经济方面，故儒家非不言利。不知儒家不言利，乃谓各事只问其当否，不必问其结果，非不言有利于民生日用之事。此乃儒家之非功利主义，与墨家之功利主义相反对。参看下文讲墨子及孟子章更明。

观上所述，又可知孔子之哲学，极注重人之心理方面。故后来儒家皆注重心理学。孔子云：

> 性相近也，习相远也。（《阳货》，《论语》卷九，页一）

对于性虽未有明确的学说，然以注重心理学之故，性善性恶，遂成为后来儒家之大问题矣。

墨子及前期墨家

（节选）

关于墨子之考证

墨子为中国历史中一甚大人物。由战国至汉初，人多以孔墨并称。但《史记》对于墨子之记载，则极简略。盖司马迁作《史记》时，思想界已成为儒家之天下。故孔子跻于世家，而墨子不得一列传。直至清末以后，研究墨学之兴趣，始渐兴起；关于墨子之考证，亦始渐加多。

《史记》谓："盖墨翟宋之大夫，善守御，为节用。或曰并孔子时；或曰在其后。"（《孟子荀卿列传》，《史记》卷七十四，同文影殿刊本，页六）墨子在孔子后，今已为定论。孙诒让作《墨子年表》，起周贞定王元年（公元前468年），迄安王二十六年（公元前376年）（《墨子后语》卷上）。钱穆先生作《墨子年表》，起周敬王四十一年（公元前479

年）即孔子卒年，迄安王二十一年（公元前381年），即吴起死年（《墨子》，商务印书馆《国学小丛书》内，第一章）。钱表起迄年代，比孙表略早。依《吕氏春秋》所记，吴起死时，墨家钜子，已为孟胜，则墨子必死于吴起前。由此则钱表较近是。表中所包时间，几及百年。此非谓墨子必有如此大寿，只谓墨子一生，大约在此百年内耳。

墨子或云宋人，或云鲁人。孙诒让考定为鲁人（《墨子后语》卷上）。似亦可为定论。至其学之来源，则《吕氏春秋》谓："鲁惠公使宰让请郊庙之礼于天子。桓公使史角往；惠公止之。其后在于鲁，墨子学焉。"（《当染篇》，《吕氏春秋》卷二，《四部丛刊》本，页十）《汉书·艺文志》谓："墨家者流，盖出于清庙之守。"（《汉书》卷三十，同文影殿刊本，页二十五）似即本此。但此说无他证，只可备一说而已。《淮南王书》谓："孔丘墨翟修先圣之术，通六艺之论。"（《主术训》卷九，刘文典先生《淮南鸿烈集解》，商务铅印本，页二十四）又谓："墨子学儒者之业，受孔子之术。以为其礼烦扰而不悦，厚葬靡财而贫民，久（据王校补）服伤生而害事。故背周道而用夏政。"（《要略》，《淮南子》卷二十一，页八）《墨子》书中，引《诗》《书》处不少。孔子聚徒讲学，开一时之风气。墨子既为鲁人，则其在此风气中，学《诗》《书》，受孔子之影响，乃当然应有之事。且孔子本亦有尚俭节用之主张。如云："道千乘之国，敬事而信，节用而爱人。"（《学而》，《论语》卷一，《四部丛刊》本，页四至五）又云："礼与其奢也宁俭。"（《八佾》，《论语》卷二，页二）又云："禹，吾无间然矣。菲饮食而致孝乎鬼神，恶衣服而致美乎黻冕，卑宫室而尽力乎沟洫。禹吾无间然矣。"（《泰伯》，《论语》卷四，页十八）然则谓墨子尚俭、节用、明鬼、尊禹之主张，乃就孔子之教之此方面发挥，亦一可通之说也。

据此则墨学起源于鲁，与儒学同。然亦有谓墨子之学为与宋有关者。俞正燮云：

> 《管子》书《立政》云："兼爱之说胜，则士卒不战。"《立政九败解》云："不能令彼无攻我，彼以教士，我以驱众，彼以良将，我以无能。其败必覆军杀将。"如此正宋襄公之谓。《左传》公子目夷谓襄公未知战："若爱重伤，则如勿伤；爱其二毛，则如服焉。"兼爱非攻，盖宋人之敝。《吕氏春秋·审应》云："偃兵之意，兼爱天下之心也。"据《左传》，襄公殁后，华元向戌皆以止兵为务。墨子出，始讲守御之法，不如《九败解》所讥。墨子实宋大夫。其后宋牼亦墨徒，欲止秦楚之兵，言战不利。……《公孟篇》云："墨子谓公孟曰：'子法周而未法夏，非古也。'"……荀子言儒者法后王，所以为儒。墨以殷后，多感激不法周而法古，所以为墨。（《癸巳类稿》卷十四）

宋人以愚著称。诸子中言及愚人，常以宋人为代表。如《庄子》谓："宋人资章甫而适诸越，越人断发文身，无所用之。"（《逍遥游》，《庄子》卷一，《四部丛刊》本，页十四）孟子谓："宋人有闵其苗之不长，而揠之者。"（《公孙丑上》，《孟子》卷三，《四部丛刊》本，页七）韩非子谓宋人守株待兔（《韩非子·五蠹》），皆谓宋人之愚也。墨子之道，"其生也勤，其死也薄，其道太觳"，"以自苦为极"（《天下篇》，《庄子》卷十，页二十八，二十九），所谓"其智可及也，其愚不可及也”，亦有宋人之风。或者墨子先在鲁受孔子上述数点之影响。及后为宋大夫，又合宋人兼爱非攻之教，遂成墨学欤？

旧说墨子姓墨名翟。近人始有谓：“古之所谓墨者，非姓氏之称，乃学术之称也。”（江瑔《论墨子非姓墨》，《读子卮言》）墨乃古代刑法之一，刑徒乃奴役之流（钱穆先生《墨子》第一章）。盖墨子节用、短丧、非乐等见解，皆趋于极端，与当时大夫君子之行事相反，其生活刻苦，又与劳工同。故从其学者，当时称之谓墨者，意谓此乃刑徒奴役之流耳。《墨子·贵义篇》谓楚献惠王“使穆贺见子墨子。子墨子说穆贺。穆贺大说，谓子墨子曰：‘子之言则诚善矣。而君王，天下之大王也，毋乃曰“贱人之所为”而不用乎？’”（《墨子》卷十二，孙诒让《墨子间诂》，涵芬楼影印本，页二）墨子所主张者为“贱人之所为”；此其所以见称为墨道也。然墨子即乐于以墨名其学派。此犹古希腊安提斯塞尼斯（Antisthenes）之学之见称为犬学，而安氏亦乐于以此名其学，死后其墓上并刻一石犬以为墓表也。

墨子反贵族而因及贵族所依之周制。故其学说，多系主张周制之反面，盖对于周制之反动也。因儒家以法周相号召，故墨子自以其学说为法夏以抵制之。盖当时传说中之禹，本有节俭勤苦之名，观《论语》所说可知；故墨子乐以此相号召也。若必谓墨子法古或法夏，则“非愚则诬”。汪中曰：

> 墨子者，盖学焉而自为其道者也。故其《节葬》曰：“圣王制为节葬之法”；又曰：“墨子制为节葬之法”；则谓墨子自制者是也。（《墨子后序》，汪中《述学》卷二，阮氏汇印《文选楼丛书》本，页六）

墨子之学说，盖就平民之观点，以主张周制之反面者也。

《经》《经说》及《大取》《小取》六篇之时代

《墨子》书中《经》及《经说》等篇，乃战国后期墨者所作。战国后期游学之风极盛，诵习简编，求简练易记，所以各家作“经”。墨家有《墨经》，《荀子》中引有《道经》，《韩非子》中有《内外储说》之经。若战国前期，则尚无此体裁之著作也（顾颉刚先生说，见《古史辨》第一册上编，页五十六）。

古书之为私人著作者，据现在所知，最早为《论语》。《论语》为记言体，其记言体又极简约。及《孟子》《庄子》书，遂由简约的记言进而为铺排的记言，更有设寓的记言，此乃战国诸子文体之初步。及此以后，则有舍去记言之体而据题抒论者，如《荀子》之一部分是也。舍记言体而据题为论，此乃战国诸子文体演进之第二步（傅斯年先生说）。《墨子》书中如《大取》《小取》篇皆为据题抒论之著述体裁，亦非墨子时代所有也。

且《经》《经说》及《大取》《小取》等篇中所说，“坚白同异”“牛马非牛”等辩论，皆以后所有，故孟子虽好辩，而对于此等问题，皆毫未谈及也。由此诸方面观察，可知此六篇为战国后期之作品矣。

墨者为一有组织的团体

《墨子·公输篇》云：

公输般为楚造云梯之械成，将以攻宋。子墨子闻之……

见公输般。……子墨子解带为城，以牒为械，公输般九设攻城之机变，子墨子九距之。公输般之攻械尽，子墨子之守圉有余。……子墨子曰："……臣之弟子禽滑釐等三百人，已持臣守圉之器在宋城上而待楚寇矣。虽杀臣不能绝也。"楚王曰："善哉，吾请无攻宋矣。"（《墨子》卷十三，页十二至十六）

于此故事中，可见二事，一者墨子非攻，固反对一切攻势的战争，主张兼爱，固应各国皆爱。但当时强侵弱，众暴寡之事甚多，而墨子实际救护被攻之国，则只闻有此一事，此亦或可见墨子与宋有特别关系也。二者墨者为一有组织的团体，故救宋之举，能为有组织的行动，墨子往楚见公输般，其弟子三百人即在宋守城也。《耕柱篇》云：

子墨子使管黔滶游高石子于卫，卫君致禄甚厚，设之于卿。高石子三朝必尽言，而言无行者。去而之齐，见子墨子曰："卫君以夫子之故，致禄甚厚，设我于卿，石三朝必尽言，而言无行，是以去之也，卫君无乃以石为狂乎？"子墨子曰："去之苟道，受狂何伤。……"高石子曰："石去之，焉敢不道也。……"子墨子说。（《墨子》卷十一，页二十一至二十二）

又曰：

子墨子游荆（苏云："荆字疑衍。"）耕柱子于楚。二三子过之，食之三升，客之不厚。二三子复于子墨子曰："耕柱子处楚无益矣。二三子过之，食之三升，客之不厚。"子墨子曰："未可知也。"毋几何而遗十金于子墨子曰："后生不敢死，有十金于此，愿夫子之用也。"子墨子曰："果未可知也。"

（《墨子》卷十一，页十八）

《鲁问篇》云：

> 子墨子使胜绰事项子牛，项子牛三侵鲁地，而胜绰三从。子墨子闻之，使高孙子请而退之。（《墨子》卷十三，页十）

据此则墨子弟子之出处行动，皆须受墨子之指挥。弟子出仕后如所事之主，不能行墨家之言，则须自行辞职，如高石子之例是也。如弟子出仕之后，曲学阿世，则墨子可“请”于其所事之主“而退之”，如胜绰之例是也。弟子出仕后之收入，须分以供墨者之用，如荆耕柱子之例是也。《淮南子》谓：“墨子服役者百八十人，皆可使赴火蹈刃，死不旋踵。”（《泰族训》，《淮南子》卷二十，页十四）可见墨子弟子对于其师之绝对服从矣。

墨者之首领，名曰“钜子”。《庄子·天下篇》谓墨者“以钜子为圣人，皆愿为之尸，冀得为其后世”（《庄子》卷十，页九）。墨者之第一任“钜子”当为墨子。此外见于《吕氏春秋》者，有孟胜、田襄子、腹䵍三人。《吕氏春秋》云：

> 墨者钜子孟胜，善荆之阳城君。阳城君令守于国，毁璜以为符。约曰：“符合听之。”荆王薨，群臣攻吴起，兵于丧所，阳城君与焉。荆罪之，阳城君走；荆收其国。孟胜曰：“受人之国，与之有符；今不见符而力不能禁，不能死，不可。”其弟子徐弱谏孟胜曰：“死而有益阳城君，死之可矣。无益也，而绝墨者于世，不可。”孟胜曰：“不然，吾于阳城君，非师则友也，非友则臣也。不死，自今以来，求严师必不于墨者矣，求贤友必不于墨者矣，求良臣必不于墨者矣。死之

所以行墨者之义而继其业者也。我将属钜子于宋之田襄子。田襄子贤者也，何患墨者之绝于世也。”徐弱曰：“若夫子之言，弱请先死以除路。”还殁头前于孟胜。因使二人传钜子于田襄子。孟胜死，弟子死之者百八十三人。二人已致命于田襄子，欲反死孟胜于荆。田襄子止之曰：“孟子已传钜子于我矣，当听。”不听，遂反死之。（《上德篇》，《吕氏春秋》卷十九，页八至九）

据此则墨者之行为，与所谓侠者相同，《史记·游侠列传》所谓“其言必信，其行必果，已诺必诚，不爱其躯，赴士之厄困”者也。《吕氏春秋》又云：

墨者有钜子，腹䵍，居秦，其子杀人。秦惠王曰：“先生之年长矣，非有他子也，寡人已令吏弗诛矣。先生之以此听寡人也。”腹䵍对曰：“墨者之法，杀人者死，伤人者刑，此所以禁杀伤人也。夫禁杀伤人者，天下之大义也。王虽为之赐而令吏弗诛，腹䵍不可不行墨者之法。”不许惠王，而遂杀之。（《去私篇》，《吕氏春秋》卷一，页十二）

据此可知墨者之团体内，纪律极严。钜子对于犯墨者之法者，且有生杀之权矣。

墨子哲学为功利主义

尚俭节用，及兼爱非攻，虽为其时人原有之主张，但墨子则不但实行之，且予之以理论的根据，使成为一贯的系统。此墨子对于哲学之贡献也。

墨子书中反对儒家之处甚多，盖墨家哲学与儒家哲学之根本观念不同。儒家“正其谊不谋其利；明其道不计其功”。而墨家则专注重“利”，专注重“功”。试就孔子个人及墨子个人之行为考之，“孔席不暇暖，墨突不暇黔”，二人皆栖栖皇皇以救世之弊。然二人对于其自己行为之解释，则绝不相同。子路为孔子解释云：

> 君子之仕也，行其义也；道之不行，已知之矣。（《微子》，《论语》卷九，页十六）

此谓孔子之所以欲干预政治，乃以“应该”如此。至于如此之必无结果，“道之不行”，则“已知之矣”。但墨子对于其自己之行为之意见则不然。《墨子·贵义篇》云：

> 子墨子自鲁即齐，遇故人谓子墨子曰：“今天下莫为义，子独自苦而为义，子不若已。”子墨子曰：“今有人于此，有子十人，一人耕而九人处，则耕者不可以不益急矣。何故？食者众而耕者寡也。今天下莫为义，则子如劝我者也。何故止我？”（《墨子》卷十二，页一）

《公孟篇》云：

> 公孟子谓子墨子曰：“……今子遍从人而说之，何其劳也？”子墨子曰：“……且有二生于此，善筮。一行为人筮者，一处而不出者。行为人筮者，与处而不出者，其糈孰多？”公孟子曰：“行为人筮者其糈多。”子墨子曰：“仁义均，行说人者其功善亦多，何故不行说人也？”（《墨子》卷十二，页八至九）

此谓为义者虽少，然有一二人为之，其“功”犹胜于无人为之。

"遍从人而说仁义"，虽不能使尽听，然其结果终胜于"不行说人"。其结果终是天下之利也。孔子乃无所为而为；墨子则有所为而为。

"功""利"乃墨家哲学之根本意思。《墨子·非命上》云：

> 子墨子言曰："必立仪。言而毋仪，譬犹运钧之上而立朝夕者也；是非利害之辨，不可得而明知也。故言必有三表。"何谓三表？子墨子言曰："有本之者，有原之者，有用之者。于何本之？上本之于古者圣王之事。于何原之？下原察百姓耳目之实。于何用之？发以为刑政，观其中国家百姓人民之利。此所谓言有三表也。"（《墨子》卷九，页一至二）

此三表中，最重要者乃其第三。"国家百姓人民之利"，乃墨子估定一切价值之标准。凡事物必有所用，言论必可以行，然后为有价值。《公孟篇》云：

> 子墨子问于儒者曰："何故为乐？"曰："乐以为乐也。"子墨子曰："子未我应也。今我问曰：'何故为室？'曰：'冬避寒焉，夏避暑焉，室以为男女之别也。'则子告我为室之故矣。今我问曰：'何故为乐？'曰：'乐以为乐也。'是犹曰：'何故为室？'曰：'室以为室也。'"（《墨子》卷十二，页十四至十五）

《耕柱篇》云：

> 叶公子高问政于仲尼，曰："善为政者若之何？"仲尼对曰："善为政者，远者近之，而旧者新之。"子墨子闻之曰："叶公子高未得其问也；仲尼亦未得其所以对也。叶公子高岂

不知善为政者之远者近之而旧者新之哉？问所以为之若之何也。不以人之所不知告人，以所知告之。故叶公子高未得其问也；仲尼亦未得其所以对也。”（《墨子》卷十一，页二十）

又云：

子墨子曰：“言足以复行者常之；不足以举行者勿常。不足以举行而常之，是荡口也。”（《墨子》卷十一，页二十一）

“何为乐？”及“何所为而需乐？”此二问题，自墨子视之，直即是一。儒家说乐以为乐；墨子不承认为乐可为一种用处；盖为乐乃求目前快乐，不能有将来有利的结果也。不可行及不告人以行之之道之言论，不过为一种“理智的操练”，虽可与吾人以目前的快乐，而对于将来，亦为无用，所以亦无有价值也。

【注】《非命中》云：“使言有三法。三法者何也？有本之者，有原之者，有用之者。于其本之也，考之天鬼之志，圣王之事。于其原之也，征以先王之书。用之奈何？发以为刑（毕云：“据上篇有政字。”）此言之三法也。”（《墨子》卷九，页七）此以天鬼之志加于三表中，亦主张天志者应有之说也。

何为人民之大利

凡事物必中国家百姓人民之利，方有价值。国家百姓人民之利，即是人民之“富”与“庶”。凡能使人民富庶之事物，皆为有用，否者皆为无益或有害；一切价值，皆依此估定。《节用上》云：

圣人为政一国，一国可倍也；大之为政天下，天下可倍也。其倍之，非外取地也；因其国家，去其无用之费，足以倍之。……故孰为难倍？唯人为难倍，然人有可倍也。昔者圣王为法曰："丈夫年二十，毋敢不处家；女子年十五，毋敢不事人。"此圣王之法也。圣王既没，于民恣也。其欲早处家者，有所二十年处家；其欲晚处家者，有所四十年处家。以其早与其晚相践，后圣王之法十年。若纯三年而字，子生可以二三年矣。此不惟使民早处家而可以倍与？（《墨子》卷六，页一至三）

据此节亦可见功利主义之注重算账。人民之富庶，既为国家百姓人民之大利。故凡对之无直接用处或对之有害者，皆当废弃。所以吾人应尚节俭，反对奢侈。《节用中》云：

是故古者圣王制为节用之法，曰："凡天下群百工，轮车鞼匏，陶冶梓匠，使各从事其所能。"曰："凡足以奉给民用，则止；诸加费不加于民利者，圣王弗为。"……古者圣王制为衣服之法，曰："冬服绀緅之衣，轻且暖；夏服絺绤之衣，轻且清，则止。诸加费不加于民利者，圣王弗为。"古者圣人为猛禽狡兽，暴人害民，于是教民以兵行。日带剑，为刺则入，击则断，旁击而不折，此剑之利也。甲为衣则轻且利，动则兵且从，此甲之利也。车为服重致远，乘之则安，引之则利；安以不伤人，利以速至，此车之利也。古者圣王为大川广谷之不可济，于是制（本作利，依王校改）为舟楫，足以将之，则止。虽上者三公诸侯至，舟楫不易，津人不饰，此舟之利也。古者圣王制为节葬之法，曰："衣三领足以朽肉，棺三寸足以朽骸，掘穴深不通于泉，流不发泄，则止。死者即葬，生者毋久丧用哀。"古者人之始生，未有宫室之时，因陵丘掘穴而处焉。圣王虑之，以为掘穴，曰："冬可避风寒，逮夏，下润湿，上熏烝，恐伤民之气。”于是作为宫室而利。然则为宫室之法将奈何哉？子墨子曰：其旁可以圉寒风，上可以圉雪霜雨露，其中蠲洁可以祭祀，宫墙足以为男女之别，则止。诸加费不加民利者，圣王弗为。”（《墨子》卷六，页四至六）

据此则墨子并不反对“加费”，但“加费不加民利者”，则应禁止耳。

以同一理由，吾人应节葬短丧。《节葬下》云：

上士之操丧也，必扶而能起，杖而能行，以此共三年。若法若言，行若道，使王公大人行此，则必不能早朝。……使农人行此，则必不能早出夜入，耕稼树艺。使百工行此，则必不能修舟车，为器皿矣。使妇人行此，则必不能夙兴夜寐，纺绩织纴。细计厚葬为多埋赋财者也；计久丧为久禁从事者也。财已成者，挟而埋之，后得生者而久禁之。以此求富，此譬犹禁耕而求获也。富之说无可得焉，是故求以富家而既已不可矣。欲以众人民意者可邪？其说又不可矣。今唯无以厚葬久丧者为政，君死，丧之三年；父母死，丧之三年；妻与后子死者，五皆丧之三年；然后伯父，叔父，兄弟，孽子，期；族人五月；姑，姊，甥，舅，皆有月数；则毁瘠必有制矣。使面目陷陬，颜色黧黑，耳目不聪明，手足不劲强，不可用也。又曰：上士操丧也，必扶而能起，杖而能行，以此共三年。若法若言，行若道，苟其饥约又若此矣。是故百姓冬不忍寒，夏不忍暑，作疾病死者，不可胜计也。此其为败男女之交多矣；以此求众，譬犹使人负剑而求其寿也。（《墨子》卷六，页十一至十三）

儒家所主张厚葬久丧之制，对于“求富”“求众”，均有甚大妨碍；故须主张节葬短丧。

以同一理由吾人应反对音乐。《非乐上》云：

> 舟用之水，车用之陆，君子息其足焉，小人休其肩背焉。故万民出财，赍而予之，不敢以为戚恨者何也？以其反中民之利也。然则乐器反中民之利亦若此，即我弗敢非也。然则当用乐器，譬之若圣王之为舟车也，即我弗敢非也。民有三患：饥者不得食，寒者不得衣，劳者不得息，三者民之巨患也。然即当为之撞巨钟，击鸣鼓，弹琴瑟，吹竽笙而扬干戚，民衣食之财，将安可得乎？即我以为未必然也。意舍此。今有大国即攻小国，有大家即伐小家，强劫弱，众暴寡，诈欺愚，贵傲贱，寇乱盗贼并兴，不可禁止也。然即当为之撞巨钟，击鸣鼓，弹琴瑟，吹竽笙而扬干戚，天下之乱也，将安可得而治与？即我以为未必然也。是故子墨子曰：姑尝厚措敛乎万民，以为大钟鸣鼓琴瑟竽笙之声，以求兴天下之利，除天下之害，而无补也。是故子墨子曰：为乐非也。（《墨子》卷八，页二十二至二十三）

乐既为无用而可废，则他诸美术，亦当然在被摈斥之列矣。音乐美术，皆系情感之产物，亦只能动情感，墨子以为无用而摈斥之；其对于情感之态度，于此可见。由墨子极端功利主义之观点观之，人之许多情感，皆为无用，且亦无意义；须压抑之，勿使为吾人行为之障碍。如儒家所说居丧之道，颜色之戚，哭泣之哀，本为人之情感之表现，但自墨子极端功利主义之观点观之，此不唯无用，亦且无意义。《公孟篇》曰：

公孟子曰：“三年之丧，学吾子（依俞校增）之慕父母。”子墨子曰：“夫婴儿子之知，独慕父母而已。父母不可得也，然号而不止，此其故何也？即愚之至也。然则儒者之知，岂有以贤于婴儿子哉？”（《墨子》卷十二，页十四）

儒家不执有鬼神，而又注重祭祀，盖亦为求情感之满足也。由墨子极端功利主义之观点观之，儒家所主张之祭祀亦同一无意义。《公孟篇》云：

公孟子曰：“无鬼神。”又曰：“君子必学祭祀。”子墨子曰：“执无鬼而学祭祀，是犹无客而学客礼也，是犹无鱼而为鱼罟也。”（《墨子》卷十二，页十三）

又《贵义篇》云：

子墨子曰：“必去六辟，默则思，言则诲，动则事，使三者代御，必为圣人。必去喜，去怒，去乐，去悲，去爱，去恶（去恶二字，据俞校增），而用仁义。手足口鼻耳，从事于义，必为圣人。”（《墨子》卷十二，页三）

喜，怒，乐，悲，爱，恶，皆属于情感方面，墨子以为“六辟”，皆须去之。必使吾人“默则思，言则诲，动则事”，使吾人一举一动，皆在理智用事之状态中。此墨子排除情感之明文也。

宗教的制裁

墨子虽以为兼爱之道乃唯一救世之法，而却未以为人本能相爱。《所染篇》云：

子墨子见染丝者而叹曰：“染于苍则苍，染于黄则黄；

所入者变，其色亦变；五入而已则为五色矣；故染不可不慎也！”（《墨子》卷一，页八）

墨子以人性为素丝，其善恶全在“所染”。吾人固应以兼爱之道染人，使交相利而不交相害；然普通人民，所见甚近，不易使其皆有见于兼爱之利，“交别”之害。故墨子注重种种制裁[注]，以使人交相爱。

【注】边沁谓人之快乐苦痛，有四来源：即物质的，政治的，道德的，宗教的。法律及行为规则，皆利用此四者所生之苦痛快乐，以为劝惩，而始有强制力。故此四者，名曰制裁（sanction）（边沁《道德立法原理导言》，二十五页）。

墨子注重宗教的制裁，以为有上帝在上，赏兼爱者而罚交别者。《天志上》云：

故天子者，天下之穷贵也，天下之穷富也。故欲富且贵者，当天意而不可不顺。顺天意者，兼相爱，交相利，必得赏；反天意者，别相恶，交相贼，必得罚。然则是谁顺天意而得赏者？谁反天意而得罚者？子墨子言曰：“昔三代圣王禹、汤、文、武，此顺天意而得赏者也；昔三代之暴王，桀、纣、幽、厉，此反天意而得罚者也。”然则禹、汤、文、武，其得赏何以也？子墨子言曰：“其事上尊天，中事鬼神，下爱人；故天意曰：‘此之我所爱，兼而爱之；我所利，兼而利之；爱人者，此为博焉；利人者此为厚焉。’故使贵为天子，富有天下，业万世，子孙传称其善，方施天下，至今称之，谓之圣王。”然则桀、纣、幽、厉，其得罚何以也？子墨子言曰："其事上诟天，中诟鬼，下贼人；故天意曰：'此之我所爱，别而恶之；我所利，交而贼之；恶人者此为博也；贱人者此为厚也。'故使不得终其寿，不殁其世，至今毁之，谓之暴王。"然则何以知天之爱天下之百姓？以其兼而明之。何以知其兼而明之？以其兼而有之。何以知其兼而有之？以其兼而食焉。何以知其兼而食焉？四海之内，粒食之民，莫不犓牛羊，豢犬彘，洁为粢盛酒醴，以祭祀于上帝鬼神。天有邑人，何用弗爱也？且吾言杀一不辜者，必有一不祥。杀不辜者谁也？则人也。予人不祥者谁也？则天也。若以天为不爱天下之百姓，则何故以人与人相杀而天予之不祥？此我所以知天之爱天下之百姓也。（《墨子》卷七，页三至四）

墨子以此证明上帝之存在及其意志之如何；其论证之理论，可谓浅陋。不过墨子对于形上学本无兴趣，其意亦只欲设此制裁，使人交相爱而已。《天志中》云：

天之意不欲大国之攻小国也，大家之乱小家也，强之暴寡，诈之谋愚，贵之傲贱；此天之所不欲也。不止此而已；欲人之有力相营，有道相教，有财相分也；又欲上之强听治也，下之强从事也。上强听治，则国家治矣；下强从事，则财用足矣。若国家治，财用足，则内有以洁为酒醴粢盛，以祭祀天鬼；外有以环璧珠玉以聘挠四邻，诸侯之冤不兴矣，边境兵甲不作矣。内有以食饥息劳，持养其万民，则君臣上下惠忠，父子弟兄慈孝。故唯毋明乎顺天之意，奉而光施之天下，则刑政治，万民和，国家富，财用足，百姓皆得暖衣饱食，便宁无

忧。是故子墨子曰："今天下之君子，中实将欲遵道利民，本察仁义之本，天之意不可不慎也。"（《墨子》卷七，页七）

上帝之外，又有鬼神，其能"赏善罚暴"，与上帝同。《明鬼篇》云：

逮至昔三代圣王既没，天下失义，诸侯力征，是以存夫为人君臣上下者之不惠忠也，父子弟兄之不慈孝弟长贞良也，正长之不强于听治，贱人之不强于从事也。民之为淫暴寇乱盗贼，以兵刃毒药水火，御无罪人乎道路术径，夺人车马衣裘，以自利者，并作。由此始是以天下乱。此其故何以然也？则皆以疑惑鬼神之有与无之别，不明乎鬼神之能赏贤而罚暴也。今若使天下之人，偕若信鬼神之能赏贤而罚暴也，则夫天下岂乱哉？（《墨子》卷八，页一至二）

虽有鬼神，人亦须"自求多福"，不可但坐而祈神佑。《公孟篇》云：

子墨子有疾；跌鼻进而问曰："先生以鬼神为明，能为祸福。为善者赏之，为不善者罚之。今先生圣人也，何故有疾？意者先生之言有不善乎？鬼神不明知乎？"子墨子曰："虽使我有疾，鬼神何遽不明？人之所得于病者多方：有得之寒暑，有得之劳苦；百门而闭一门焉，则盗何遽无从入？"（《墨子》卷十二，页十八）

墨子既以诸种制裁，使人交相爱而不交相别，故非命。上帝鬼神及国家之赏罚，乃人之行为所自招，非命定也。若以此为命定，则诸种赏罚，皆失其效力矣。《非命上》云：

是故古之圣王，发宪出令，设以为赏罚以劝贤沮暴。是以入则孝慈于亲戚，出则弟长于乡里，坐处有度，出入有节，男女有辨。是故使治官府则不盗窃，守城则不崩叛，君有难则死，出亡则送。此上之所赏，而百姓之所誉也。执有命者之言曰："上之所赏，命固且赏，非贤故赏也。"是故入则不慈孝于亲戚，出则不弟长于乡里，坐处不度，出入无节，男女无辨。是故治官府则盗窃，守城则崩叛，君有难则不死，出亡则不送。此上之所罚，百姓之所非毁也。执有命者言曰："上之所罚，命固且罚，不暴故罚也。"以此为君则不义，为臣则不忠，为父则不慈，为子则不孝，为兄则不良，为弟则不弟；而强执此者，此特凶言之所自生，而暴人之道也。（《墨子》卷九，页四至五）

政治的制裁

于宗教的制裁之外，墨子又注重政治的制裁。他以为欲使世界和平，人民康乐，吾人不但需有一上帝于天上，且亦需有一上帝于人间，《尚同上》云：

古者民始生未有刑政之时，盖其语人异义；是以一人则一义，二人则二义，十人则十义，其人兹众，其所谓义者亦兹众。是以人是其义，以非人之义，故交相非也。是以内者父子兄弟作怨恶，离散不能相和合。天下之百姓，皆以水火毒药相亏害，至有余力不能以相劳；腐朽余财不以相分；隐匿良道不以相教。天下之乱，若禽兽然。夫明乎天下之所以乱者，生于无政长。是故选择天下之贤可者，立以为天子。……正长既已具；天子发政于天下之百姓，言曰："闻善而不善，皆以告其上；上之所是，必皆是之；上之所非，必皆非之。"（《墨子》卷三，页一至二）

在西洋近代哲学史中，霍布士（Thomas Hobbes）以为人之初生，无有国家，在所谓"天然状态"之中；于其时人人皆是一切人之仇敌，互相争夺，终日战争。人不满意于此状态，故不得已而设一绝对的统治者而相约服从之。国家之起源如此，故其威权，应须绝大；不然则国家解体而人复返于"天然状态"中矣。国家威权之绝对，有如上帝，不过上帝永存，而国家有死而已（***Leviathan***，Pt. ii. Chap. 17.）。墨子之政治哲学，可谓与霍布士所说极相似。

【注】《尚同中》云："则此语古者上帝鬼神之建设国都，立政长也，非高其爵，厚其禄，富贵佚而错之也。将以为万民兴利，除害，富贫，众寡，安危，治乱也。"（《墨子》卷三，页十）此又以为国家乃上帝鬼神所设，亦主张天志者应有之说也。

在未有国家刑政之时，既因是非标准之无定而大乱；故国家既立之后，天子之号令，即应为绝对的是非标准。除此之外，不应再有任何标准。故除政治的裁制外，不应再有社会的制裁。《尚同下》云：

今此何为人上而不能治其下，为人下而不能事其上；则是上下相贼也。何故以然？则义不同也。若苟义不同者有党，上以若人为善，将赏之；若人虽使得上之赏，而避百姓之毁，是以为善者未必可使劝，见有赏也。上以若人为暴，将罚之；若人虽使得上之罚，而怀百姓之誉。是以为暴者未必可使沮，见

有罚也。故计上之赏誉不足以劝善，计其毁罚不足以沮暴；此何故以然？则义不同也。（《墨子》卷三，页十五）

霍布士以为“国家之病”，盖有多端，其一即起于“煽惑人之学说之毒；此种学说以为每一私人，对于善恶行为，皆可判断”（*Leviathan*，Pt. ii. Chap. 29. ）。墨子之见，正与相同。故墨子以为天下一切人皆应“上同而不下比”。《尚同下》云：

然则欲同一天下之义，将奈何可？……然胡不尝试用家君发宪布令其家，曰：“若见爱利家者必以告，若见恶贼家者必以告。”若见爱利家以告，亦犹爱利家者也；上得且赏之，众闻则誉之。若见恶贼家者不以告，亦犹恶贼家者也；上得则罚之，众闻则非之。是以遍若家之人，皆欲得其长上之赏誉，避其毁罚，是以善言之，不善言之。家君得善人而赏之，得暴人而罚之。善人之赏，而恶人之罚，则家必治矣。然计若家之所以治者何也？唯以尚同一义为政故也。……故又使家总其家君之义，以尚同于国君。……故又使国君选其国之义，以尚同于天子。天子亦为发宪布令于天下之众曰：“若见爱利天下者必以告，若见恶贼天下者亦以告。”若见爱利天下以告者，亦犹爱利天下者也；上得则赏之，众闻则誉之。若见恶贼天下不以告者，亦犹恶贼天下者也；上得则罚之，众闻则非之。是以遍天下之人，皆欲得其长上之赏誉，避其毁罚，是以见善不善者告之。天子得善人而赏之，得暴人而罚之。善人赏而暴人罚，天下必治矣。然计天下之所以治者何也？惟以尚同一义为政故也。天下既已治，天子又总天下之义，以尚同于天。（《墨子》卷

三，页十五至十七）

在下者既皆须同于上，而在上者又唯以兼相爱交相利为令，如此则天下之人，必皆非兼相爱交相利不可矣。然“尚同”之极，必使人之个性，毫无发展余地，荀子云：“墨子有见于齐，无见于畸。”（《荀子·天论篇》）其所以“无见于畸”，只因其太“有见于齐”也。所尤可注意者，墨子虽谓人皆须从天志，然依“尚同”之等级，则唯天子可上同于天。天子代天发号施令，人民只可服从天子。故依墨子之意，不但除政治的制裁外无有社会的制裁，即宗教的制裁，亦必为政治的制裁之附庸。此意亦复与霍布士之说相合。霍布士亦以为教会不能立于国家之外而有独立的主权；否则国家分裂，国即不存。他又以为若人民只奉个人的信仰而不服从法律，则国亦必亡（*Leviathan*, Pt. ii. Chap. 29.）。依墨子天子上同于天之说，则上帝及主权者之意志，相合为一，无复冲突；盖其所说之天子，已君主而兼教皇矣。

余论

墨子以为吾人宜牺牲一切以求富庶；此说亦极有根据。依生物学所说，凡生物皆求保存其自我及其种族。依析心术（psychoanalysis）派之心理学所说，吾人诸欲中之最强者，乃系自私之欲及男女之欲。中国古亦有云：“食、色，性也。”墨子之意，亦欲世上之人，皆能维持生活，而又皆能结婚生子，使人类日趋繁荣而已。兼爱之道，国家之制，以及其他方法，皆所以达此目的者也。

此根本之义，本无可非；不过此学说谓吾人应牺牲一切目前享受，以达将来甚远之目的，则诚为过于算账。《庄子》云：

> 不侈于后世，不靡于万物，不晖于数度，以绳墨自矫，而备世之急。古之道术有在于是者，墨翟禽滑釐闻其风而说之。为之大过，已之大循，作为《非乐》，命之曰“节用”，生不歌，死无服。墨子泛爱兼利而非斗，其道不怒，又好学而博，不异，不与先王同，毁古之礼乐。黄帝有《咸池》，尧有《大章》，舜有《大韶》，禹有《大夏》，汤有《大濩》，文王有《辟雍》之乐，武王周公作《武》。古之丧礼，贵贱有仪，上下有等；天子棺椁七重，诸侯五重，大夫三重，士再重。今墨子独生不歌，死不服，桐棺三寸而无椁，以为法式。以此教人，恐不爱人；以此自行，固不爱己；未败墨子道。虽然，歌而非歌，哭而非哭，乐而非乐，是果类乎？其生也勤，其死也薄，其道大觳；使人忧，使人悲，其行难为也，恐其不可以为圣人之道。反天下之心，天下不堪；墨子虽独能任，奈天下何？离于天下，其去王也远矣。（《天下篇》，《庄子》卷十，《四部丛刊》本，页二十六至二十八）

此批评可谓正当，墨学不行于后世，此或亦一故也。

荀子谓“墨子蔽于用而不知文”（《解蔽篇》，《荀子》卷十五，《四部丛刊》本，页五）。然刘向《说苑》云：

> 禽子问于墨子曰：“锦绣絺纻，将安用之？”墨子曰：“……今当凶年，有欲予子随侯之珠者，不得卖也，珍宝而以为饰；又欲予子一钟粟者。得珠者不得粟，得粟者不得珠，子将何择？”禽子曰：“吾取粟耳；可以救穷。”墨子曰：“诚然，则恶在事夫奢也？长无用，好末淫，非圣人之所急也。故

食必常饱，然后求美；衣必常暖，然后求丽；居必常安，然后求乐；为可长，行可久；先质而后文：此圣人之务。”（《反质篇》，《四部丛刊》本，卷二十，页三至五）

若此报告果真，则墨子亦非认奢侈文饰等为本来不好。“文”亦系一种好，但须“先质而后文”耳。吾人必须能生活，然后可有好的生活；此亦一真实义。不过欲使世上人人皆能生活，诚亦甚难。故墨子以为世上人人皆须勤苦节用；非不知“文”之为一种好，特无暇于为“文”耳。

孟子及儒家中之孟学

孟子之抱负及其在中国历史中之地位

《史记》曰：

> 自孔子卒后，七十子之徒，散游诸侯，大者为师傅卿相；小者友教士大夫，或隐而不见。故子路居卫，子张居陈，澹台子羽居楚，子夏居西河，子贡终于齐。如田子方、段干木、吴起、禽滑釐之属，皆受业于子夏之伦，为王者师。是时独魏文侯好学，后陵迟以至于始皇，天下并争于战国，儒术既绌焉。然齐鲁之间，学者独不废也。于威宣之际，孟子荀卿之列，咸遵夫子之业而润色之，以学显于当世。（《儒林传》，《史记》卷百二十一，同文影殿刊本，页一至二）

盖孔子开以讲学为职业之风气，其弟子及以后儒者，多以讲学为职业，所谓“大者为师傅卿相，小者友教士大夫”也。然能“以学显于当世”者，则推孟子荀卿。二人实孔子后儒家大师也。孔子在中国历史中之地位，如苏格拉底之在西洋历史，孟子在中国历史中之地位，如柏拉图之在西洋历史，其气象之高明亢爽亦似之；荀子在中国历史之地位如亚里士多德之在西洋历史，其气象之笃实沉博亦似之。

《史记》曰：

> 孟轲，邹人也。受业子思之门人。道既通，游事齐宣王；宣王不能用。适梁，梁惠王不果所言，则见以为迂远而阔于事情。当是之时，秦用商君，富国强兵，楚魏用吴起，战胜弱敌。齐威王、宣王用孙子、田忌之徒，而诸侯东面朝齐。天下方务于合从连衡，以攻伐为贤。而孟轲乃述唐虞三代之德。是以所如者不合。退而与万章之徒，序《诗》《书》，述仲尼之意，作《孟子》七篇。（《孟子荀卿列传》，《史记》卷七十四，页一）

孟子生卒年，《史记》不详。元程复心《孟子年谱》谓：孟子生于周烈王四年（公元前372年），卒于赧王二十六年（公元前289年），孟子邹人，邹与鲁极近，皆为儒家之根据地。故儒家者流，《庄子·天下篇》称之为“邹鲁之士，搢绅先生”（《庄子》卷十，《四部丛刊》本，页二十五）也。孔子一生之职志为继文王周公之业，孟子一生之职志为继孔子之业。故曰：

> 昔者禹抑洪水而天下平，周公兼夷狄驱猛兽而百姓宁，孔子成《春秋》而乱臣贼子惧。……我亦欲正人心，息邪说，距诐行，放淫辞，以承三圣者。予岂好辩哉，予不得已也。（《滕文公下》，《孟子》卷六，《四部丛刊》本，页十四）

又曰：

由尧舜，至于汤，五百有余岁。若禹、皋陶，则见而知之，若汤则闻而知之。由汤至于文王，五百有余岁。若伊尹、莱朱，则见而知之，若文王则闻而知之。由文王至于孔子，五百有余岁。若太公望、散宜生，则见而知之，若孔子则闻而知之。由孔子而来，至于今百有余岁。去圣人之世，若此其未远也；近圣人之居，若此其甚也。然而无有乎尔，则亦无有乎尔。（《尽心下》，《孟子》卷十四，页十九）

“去圣人之世，若此其未远；近圣人之居，若此其甚”；即孟子所处之时地也。“然而无有乎尔，则亦无有乎尔”，见无他人继孔子而起，隐然以继孔子之业为自己之责任，无旁贷也。故曰：“如欲平治天下，当今之世，舍我其谁也？”（《公孙丑下》，《孟子》卷四，页十六）又曰：“乃所愿则学孔子也。”（《公孙丑上》，《孟子》卷三，页十）宋儒所谓道统之说，孟子似持之。

孟子对于周制之态度

孔子以六艺教人，后来儒家继之。《史记》云：“孟子序《诗》《书》，述仲尼之意。”赵岐《孟子题辞》云：“孟子通六经，尤长于《诗》《书》。”今孟子书中，引《诗》者三十，论《诗》者四；引《书》者十八，论《书》者一，又有但引《书》而不言“《书》曰”者；礼及《春秋》，亦时言及（陈澧《东塾读书记》卷三，页九至十）。孟子之讲《诗》《书》，尤注重于引申其中之意义，如孟子云：

《诗》云："天生烝民，有物有则；民之秉彝，好是懿德。"孔子曰："为此诗者，其知道乎！故有物必有则，民之秉彝也，故好是懿德。"（《告子上》，《孟子》卷十一，页六）

又曰：

《小弁》之怨，亲亲也；亲亲仁也，固矣夫高叟之为诗也。（《告子下》，《孟子》卷十二，页三至四）

"为诗"不能"固"，即孟子所说：

故说《诗》者，不以文害辞，不以辞害志；以意逆志，是为得之。（《万章上》，《孟子》卷九，页八）

孟子讲《书》之态度亦如此。故曰：

尽信书则不如无书，吾于《武成》，取二三策而已矣。仁人无敌于天下，以至仁伐至不仁，而何其血之流杵也。（《尽心下》，《孟子》卷十四，页二）

以自己之意见自由解释《诗》《书》，此儒家对于六艺所以以述为作也。

孟子以继孔子之业为职志，故对于其时之传统的制度，大端仍持拥护态度。《孟子》云：

北宫锜问曰："周室班爵禄也，如之何？"孟子曰："其详不可得闻也。诸侯恶其害己也，而皆去其籍。然而轲也，尝闻其略也。天子一位，公一位，侯一位，伯一位，子男同一位，凡五等也。君一位，卿一位，大夫一位，上士一位，中士一位，下士一位，凡六等。天子之制，地方千里，公侯皆方百里，伯七十里，子男五十里，凡四等。不能五十里，不达于天子，附于诸侯，曰附庸。天子之卿受地视侯，大夫受地视伯，元士受地视子男。大国地方百里，君十卿禄，卿禄四大夫，大夫倍上士，上士倍中士，中士倍下士，下士与庶人在官者同禄，禄足以代其耕也。次国地方七十里，君十卿禄，卿禄三大夫，大夫倍上士，上士倍中士，中士倍下士，下士与庶人在官者同禄，禄足以代其耕也。小国地方五十里，君十卿禄，卿禄二大夫，大夫倍上士，上士倍中士，中士倍下士，下士与庶人在官者同禄，禄足以代其耕也。耕者之所获，一夫百亩。百亩之田，上农夫食九人，上次食八人，中食七人，中次食六人，下食五人。庶人在官者，其禄以是为差。”（《万章下》，《孟子》卷十，页三至五）

此所说之政治经济制度，虽不必为历史上的周制；历史上的周制，在详细节目上，在诸国亦不能如此之整齐划一；然周制之普通原理，与此所说，当相差不远。孟子云：

离娄之明，公输子之巧，不以规矩，不能成方圆。师旷之聪，不以六律，不能正五音。尧舜之道，不以仁政，不能平治天下。今有仁心仁闻，而民不被其泽，不可法于后世者，不行先王之道也。……《诗》云：“不愆不忘，率由旧章。”遵先王之法而过者，未之有也。（《离娄上》，《孟子》卷七，页一）

所谓仁政，即是上述之政治经济制度。孟子云：

夫仁政必自经界始。经界不正，井地不均，谷禄不平。……经界既正，分田制禄，可坐而定也。（《滕文公上》，《孟子》卷五，页七）

“不愆不忘，率由旧章”，“遵先王之法”以“分田制禄”，其结果必与“周室班爵禄”大致相同。就此方面观之，孟子对于当时之传统的制度之态度，为守旧的。

孟子之理想的政治及经济制度

在此方面观之，孟子仍是“述而不作”。不过儒家之“述而不作”，非真不作，乃以述为作，前文已详。此种以述为作之倾向及精神，孔子已发其端，孟子乃益向此方向发展。故孟子所主张之政治经济制度，虽表面上仍为“率由旧章”，“遵先王之法”，而实际上已将“先王之法”理想化、理论化矣。

孟子虽仍拥护“周室班爵禄”之制，但其在政治上经济上之根本的观点，则与传统的观点，大不相同。依传统的观点，一切政治上经济上之制度，皆完全为贵族设。依孟子之观点，则一切皆为民设。此一切皆为民设之观点，乃孟子政治及社会哲学之根本意思。孟子贵王贱霸，以为“仲尼之徒，无道桓文之事者”（《梁惠王上》，《孟子》卷一，页九）。其实孔子颇推崇齐桓公及管仲，曰：“桓公九合诸侯，不以兵车，管仲之力也。如其仁！如其仁！”（《宪问》，《论语》卷七，《四部丛刊》本，页十七）又曰：“管仲相桓公，霸诸侯，一匡天下，民到于今受其赐。微管仲，吾其被发左衽矣。”（同上）盖王、霸，乃孟子政治理想中二种不同的政治。中国后来之政治哲学，皆将政治分为此二种。王者之一切制作设施，均系为民，故民皆悦而从之；霸者则唯以武力征服人强使从己。故曰：

> 以力假仁者霸……以德行仁者王。……以力服人者，非心

服也，力不赡也。以德服人者，中心悦而诚服也，如七十子之服孔子也。（《公孙丑上》，《孟子》卷三，页十一至十二）

又王者之为民，乃系出于其“不忍人之心”；“以不忍人之心”，“发为不忍人之政”，即王政也。霸者之制作设施，虽亦有时似乎为民，然其意则不过以之为达其好名好利好尊荣之手段，故曰：“以力假仁者霸也。”孟子又曰：

尧舜，性之也；汤武，身之也；五霸，假之也。久假而不归，恶知其非有也。（《尽心上》，《孟子》卷十三，页十二）

孟子以一切政治的经济的制度皆为民设，所谓君亦为民设。故曰：

民为贵，社稷次之，君为轻。是故得乎丘民为天子，得乎天子为诸侯，得乎诸侯为大夫。（《尽心下》，《孟子》卷十四，页五）

观此则孟子虽仍主有天子、诸侯、大夫，诸治人者之存在，如“周室班爵禄”然；但诸治人者所以存在之理由，则完全在其能“得乎丘民”。如所谓君者不“得乎丘民”，则即失其所以为君者，即非君矣。故孟子曰：

贼仁者谓之贼，贼义者谓之残。残贼之人，谓之一夫。闻诛一夫纣矣，未闻弑君也。（《梁惠王下》，《孟子》卷二，页十二）

此亦正名主义也。古史家及孔子正名而“乱臣贼子惧”；至孟子则正名而乱君亦惧矣。

【注】孟子以为此等办法不能施于父，如瞽叟虽不慈，而舜则仍孝，故舜为大孝。盖孟子以其“民为贵”之根本意思施于政治，当然须有上述之主

张；至对于父子兄弟方面，则仍可依照传统的见解也。

孟子虽以为社会中仍应有君子、野人，治人者及治于人者之区分，但此区分乃完全以分工互助为目的。孟子驳许行“君臣并耕”之说云：

> 然则治天下，独可耕且为与？有大人之事，有小人之事。且一人之身，而百工之所为备，如必自为而后用之，是率天下而路也。故曰：或劳心，或劳力。劳心者治人，劳力者治于人。治于人者食人，治人者食于人。天下之通义也。……尧舜之治天下，岂无所用其心哉？亦不用于耕耳。（《滕文公上》，《孟子》卷五，页十至十三）

又曰：

> 无君子莫治野人，无野人莫养君子。（《滕文公上》，《孟子》卷五，页七）

在社会中，一人之生活，需用许多工艺之出产，所谓“一人之身而百工之所为备也”。“必自为而后用之”，乃不可能之事，故必分工互助。治人者治于人者，其所事虽不同，要皆互相需要，彼此皆不可以相无也。

根据此分工互助之原则，人中谁应为治人者，谁应为治于人者？孟子以为：

> 天下有道，小道役大德，小贤役大贤。天下无道，小役大，弱役强。斯二者，天也。顺天者存，逆天者亡。（《离娄上》，《孟子》卷七，页五）

此谓在治世，小德役于大德，小贤役于大贤；在乱世，小役于大，弱役于强。不过乱世之强吞弱，众暴寡，乃人与人相竞争，非人与人相互助，与分工互助之原则不合。若根据分工互助之原则，必使能治人者治人，犹之使能陶冶者陶冶。孟子谓齐宣王曰：

> 为巨室则必使工师求大木。工师得大木，则王喜，以为能胜其任矣。匠人斵而小之，则王怒，以为不胜其任矣。夫人幼而学之，壮而欲行之。王曰“姑舍女所学而从我”，则何如？今有璞玉于此，虽万镒，必使玉人雕琢之。至于治国家，则曰“姑舍女所学而从我”，则何异于教玉人雕琢玉哉？（《梁惠王下》，《孟子》卷二，页十二至十三）

国家社会，犹大木也，玉也。治之者亦须为“幼而学之”之专家。所谓大德大贤，即能治国家社会之专家也。

推此理也，则政治上至高之位，必以最大之德居之。所谓天子，必圣人乃可为之。故尧舜禅让，成为孟子之理想的政治制度。《孟子》曰：

> 万章曰：“尧以天下与舜，有诸？”孟子曰：“否。天子不能以天下与人。”“然则舜有天下也，孰与之？”曰：“天与之。”“天与之者，谆谆然命之乎？”曰：“否。天不言，以行与事示之而已矣。”曰：“以行与事示之者如之何？”曰：“天子能荐人于天，不能使天与之天下。诸侯能荐人于天子，不能使天子与之诸侯。大夫能荐人于诸侯，不能使诸侯与之大夫。昔者尧荐舜于天，而天受之。暴之于民，而民受之。故曰，天不言，以行与事示之而已矣。”曰：“敢问荐之于天，而天受之；暴之于民，而民受之，如何？”曰：“使

之主祭，而百神享之，是天受之。使之主事而事治，百姓安之，是民受之也。天与之，人与之；故曰，天子不能以天下与人。舜相尧，二十有八载，非人之所能为也，天也。尧崩，三年之丧毕，舜避尧之子于南河之南。天下诸侯朝觐者，不之尧之子而之舜。讼狱者，不之尧之子而之舜。讴歌者，不讴歌尧之子而讴歌舜。故曰，天也。夫然后之中国，践天子位焉。而居尧之宫，逼尧之子，是篡也，非天与也。《泰誓》曰：'天视自我民视，天听自我民听'，此之谓也。"万章问曰："人有言，至于禹而德衰，不传于贤而传于子，有诸？"孟子曰："否，不然也。天与贤，则与贤；天与子，则与子。昔者舜荐禹于天。十有七年，舜崩，三年之丧毕，禹避舜之子于阳城。天下之民从之，若尧崩之后，不从尧之子而从舜也。禹荐益于天，七年，禹崩，三年之丧毕。益避禹之子于箕山之阴。朝觐讼狱者，不之益而之启。曰：'吾君之子也。'讴歌者，不讴歌益而讴歌启，曰：'吾君之子也。'丹朱之不肖，舜之子亦不肖。舜之相尧，禹之相舜也，历年多，施泽于民久。启贤，能敬承继禹之道。益之相禹也，历年少，施泽于民未久。舜、禹、益，相去久远，其子之贤不肖，皆天也，非人之所能为也。莫之为而为者，天也。莫之致而致者，命也。匹夫而有天下者，德必若舜禹，而又有天子荐之者。故仲尼不有天下。继世以有天下，天之所废，必若桀纣者也。故益、伊尹、周公不有天下。"（《万章上》，《孟子》卷九，页九至十二）

据此则孟子之理想的政治制度，为以有圣人之德者君天子之位。此圣人既老，则在其死以前预选一年较少之圣人，先使为相以试之。及其成效卓著，则荐之于天，以为其自己之替代者。及老圣人既死，此少圣人即代之而为天子。然天之意不可知，可知者民意而已。民果归之，即天以天下与之；故荐之于天，即荐之于民也。“匹夫有天下，德必若舜禹，而又有天子荐之者”；盖无天子荐之，则不能先为相以自试，不能施泽于民，民不归之也。此理想与柏拉图《共和国》之主张极相似；但儒家以述为作，故必托为史事，以代表其理想。又以依附周制及宗奉文王、周公之故，对于“继世以有天下”者，亦不攻击。此则在逻辑上不能自圆其说，只可归之“莫之为而为者天也，莫之致而致者命也”。

孟子之理想的经济制度，《孟子》中所述亦甚详。孟子云：

> 请野九一而助，国中什一使自赋。卿以下必有圭田，圭田五十亩，余夫二十五亩。死徙无出乡，乡田同井。出入相友，守望相助，疾病相扶持，则百姓亲睦。方里而井，井九百亩，其中为公田。八家皆私百亩，同养公田。公事毕，然后敢治私事。所以别野人也。（《滕文公上》，《孟子》卷五，页七至八）

又云：

> 不违农时，谷不可胜食也。数罟不入洿池，鱼鳖不可胜食也。斧斤以时入山林，材木不可胜用也。谷与鱼鳖不可胜食，材木不可胜用，是使民养生丧死无憾也。养生丧死无憾，王道之始也。五亩之宅，树之以桑，五十者可以衣帛矣。鸡豚狗彘之畜，无失其时，七十者可以食肉矣。百亩之田，勿夺其时，数口之家，可以无饥矣。谨庠序之教，申之以孝悌之义，颁白

不负戴于道路矣。七十者衣帛食肉，黎民不饥不寒，然而不王者，未之有也。（《梁惠王上》，《孟子》卷一，页四至五）

此就原有之井田制度，转移观点，将其变为含有社会主义性质的经济制度也。所谓转移观点者，盖古代土地为国君及贵族所私有，农民受土地于贵族，为之作“助耕之氓”，为之做农奴。故原有之井田制度，乃为贵族之利益。依孟子之理想，乃土地为国家所公有，人民受土地于国家而自由耕种之。其每井中公田之出产，虽仍可为国君卿大夫之禄，“以代其耕”；但农民之助耕公田，乃如纳税于国家之性质，非如农奴为地主服役之性质。此理想中之制度，乃使民“养生丧死无憾”，乃为人民之利益。故谓孟子所说之井田制度，即古代所实行者，非也。谓孟子所说之井田制度，纯乎为理想，为创造，亦非也。二者均有焉，此所谓以述为作也。墨子就平民之观点，以主张周制之反面。孟子则就平民之观点，与周制以新解释新意义。此孟子与墨子在此方面之不同也。

依孟子之意，国家不但须使人有恒产，解决其生活问题；且应设教育机关，教育人民。孟子曰：

设为庠序学校以教之。庠者，养也。校者，教也。序者，射也。夏曰校，殷曰序，周曰庠，学则三代共之。皆所以明人伦也。人伦明于上；小民亲于下。（《滕文公上》，《孟子》卷五，页六）

人人皆能生活，“养生丧死无憾”，不过为“王道之始”。必人人皆受教育，“明人伦”，然后方为王道之完成。此亦孔子“富之教之”之意也。

性善

以上所述之各种理想的制度，即孟子所谓王道、王政，或仁政也。仁政何以必须行？仁政何以能行？孟子曰：

> 人皆有不忍人之心；先王有不忍人之心，斯有不忍人之政矣。（《公孙丑上》，《孟子》卷三，页十四）

“不忍人之政”，即仁政也。“人皆有不忍人之心”，不忍见人之困苦，此即仁政之所以必须行也。人既皆有此心为仁政之根据，此即仁政之所以能行也。孟子因齐宣王不忍一牛之“觳觫而就死地”，断其必能行王政。曰：

> 老吾老以及人之老，幼吾幼以及人之幼，天下可运于掌。《诗》云：“刑于寡妻，至于兄弟，以御于家邦。”言举斯心加诸彼而已。故推恩，足以保四海；不推恩，无以保妻子。古之人所以大过人者无他焉，善推其所为而已矣。（《梁惠王上》，《孟子》卷一，页十二）

齐宣王谓己好货好色，不能行王政。孟子言：“王如好货”，“王如好色”，“与百姓同之，于王何有？”（《梁惠王下》，《孟子》卷二，页九至十）因己之好货好色，即推而与百姓同之，即“举斯心加诸彼”也。若实现此心于政事，则其政事即仁政矣。“善推其所为”，即仁也，即忠恕也。孔子讲仁及忠恕，多限于个人之修养方面。孟子则应用之于政治及社会哲学。孔子讲仁及忠恕，只及于“内圣”；孟子则更及于“外王”。

“人皆有不忍人之心”，即所谓人性皆善也。孟子曰：

人皆有不忍人之心。……今人乍见孺子将入于井，皆有怵惕恻隐之心，非所以内交于孺子之父母也，非所以要誉于乡党朋友也，非恶其声而然也。由是观之，无恻隐之心，非人也；无羞恶之心，非人也；无辞让之心，非人也；无是非之心，非人也；恻隐之心，仁之端也；羞恶之心，义之端也；辞让之心，礼之端也；是非之心，智之端也。人之有是四端，犹其有四体也。有是四端，而自谓不能者，自贼者也。谓其君不能者，贼其君者也。凡有四端于我者，知皆扩而充之矣。若火之始然，泉之始达。苟能充之，足以保四海；苟不充之，不足以事父母。（《公孙丑上》，《孟子》卷三，页十四至十六）

陈澧曰："孟子所谓性善者，谓人人之性皆有善也，非谓人人之性，皆纯乎善也。"（《东塾读书记》卷三，页一）孟子所谓性善，只谓人皆有仁义礼智之四"端"；此四"端"若能扩而充之，则为圣人。人之不善，皆不能即此四"端"扩而充之，非其性本与善人殊也。故曰：

乃若其情，则可以为善矣；乃所谓善也。若夫为不善，非才之罪也。恻隐之心，人皆有之；羞恶之心，人皆有之；恭敬之心，人皆有之；是非之心，人皆有之。恻隐之心，仁也；羞恶之心，义也；恭敬之心，礼也；是非之心，智也。仁义礼智，非由外铄我也，我固有之也，弗思耳矣。故曰，求则得之，舍则失之。或相倍蓰而无算者，不能尽其才者也。（《告子上》，《孟子》卷十一，页五至六）

俞正燮曰："情者，事之实也。《大学》'无情者'，郑注云：'情犹实也’，是也。”（《癸巳存稿》卷二，页三十）朱熹曰：“才犹材质。”（《孟子集注》）才即材料之意；即不善之人，按之实际，亦岂无“可以为善”之材质？亦岂无上述之四端？不过不能扩而充之，或且压抑而丧失之，然此“非才之罪”也。

人何以必须扩充此善端？此亦一问题也。若依功利主义说，则人之扩充善端于社会有利，否则有害，此即墨子主张兼爱之理由也。唯依孟子之意，则人之必须扩充此善端者，因此乃人之所以为人也。孟子曰：

> 人之所以异于禽兽者几希，庶民去之，君子存之。（《离娄下》，《孟子》卷八，页六）

人之所以为人，即人之要素，人之名之定义，亦即人之所以别于禽兽者也。人之所以为人者，即人之有人心，《孟子》云：

> 公都子问曰：“钧是人也，或为大人，或为小人，何也？”孟子曰：“从其大体为大人，从其小体为小人。”曰：“钧是人也，或从其大体，或从其小体，何也？”曰：“耳目之官，不思而蔽于物，物交物则引之而已矣。心之官则思，思则得之，不思则不得也。此天之所与我者，先立乎其大者，则其小者不能夺也。此为大人而已矣。”（《告子上》，《孟子》卷十一，页十五）

亚里士多德《伦理学》谓饮食及情欲乃人与禽兽所共有，人之所以别于禽兽者，唯在其有理性耳。“心之官则思”，能思即有理性也。能思之心为人所特有，乃“天之所以与我”者，所以为大体也。耳目之官，乃人与禽兽所同有，所以为小体也。若只“从其小体”，则不唯为小人，且为禽兽矣（见下）。“耳目之官，不思而蔽于物，物交物则引之而已。”若听其自然，则能“陷溺其心”（《告子上》，《孟子》卷十一，页七），人之所以有不善者，即以此也。能思之心，所好者为理义。孟子云：

故凡同类者，举相似也。何独至于人而疑之？圣人与我同类者。故龙子曰：“不知足而为屦，我知其不为蕢也。”屦之相似，天下之足同也。口之于味，有同耆也。易牙先得我口之所耆者也。如使口之于味也，其性与人殊，若犬马之与我不同类也，则天下何耆皆从易牙之于味也？至于味，天下期于易牙，是天下之口相似也。惟耳亦然，至于声，天下期于师旷，是天下之耳相似也。惟目亦然，至于子都，天下莫不知其姣也。不知子都之姣者，无目者也。故曰：口之于味也，有同耆焉；耳之于声也，有同听焉；目之于色也，有同美焉。至于心独无所同然乎？心之所同然者，何也？谓理也，义也。圣人先得我心之所同然耳。故理义之悦我心，犹刍豢之悦我口。（《告子上》，《孟子》卷十一，页七至八）

故人必依理义而行，乃为“从其大体”。从其大体，乃得保人之所以为人，乃合乎人之定义。否则人即失其所以为人，而与禽兽同。孟子云：

虽存乎人者，岂无仁义之心哉？其所以放其良心者，亦犹斧斤之于木也，旦旦而伐之，可以为美乎？其日夜之所息，平旦之气，其好恶与人相近也者几希。则其旦昼之所为，有梏亡之矣。梏之反复，则其夜气不足以存；夜气不足以存，则其违

禽兽不远矣。人见其禽兽也，而以为未尝有才焉者，是岂人之情也哉？（《告子上》，《孟子》卷十一，页九）

“夜气”即人“仁义之心”之未完全受摧残者。人若“夜气不存”，即失其“所以为人者”，当然即为禽兽矣。孟子所以主张“求放心”及“不失本心”者，盖必如此方能为人也。

人皆有人心，即人性之所以为善也。孟子言性善时，亦特别使人注意于其所说之性为“人之性”。《孟子》云：

告子曰：“生之谓性。”孟子曰：“生之谓性也，犹白之谓白欤？”曰：“然。”“白羽之白也，犹白雪之白；白雪之白，犹白玉之白欤？”曰：“然。”“然则犬之性犹牛之性，牛之性犹人之性欤？”（《告子上》，《孟子》卷十一，页二至三）

天下之白同，而性不同。牛不与人同类，故其性亦与人异。人之性包涵“人之所以为人者”。失其性则与禽兽相同矣。孟子又云：

仁，人心也；义，人路也。（《告子上》，《孟子》卷十一，页十二）

仁即“人”所应有之心；义即“人”所应由之路。若不“居仁由义”，则即非人矣。

【注】若人之性专指人之所以为人，人之所以异于禽兽者而言，则谓人性全然是善，亦无不可。盖普通所谓人性中与禽兽相同之部分，如孟子所谓小体者，严格言之，非人之性，乃人之兽性耳。若只就人性言，则固未有不善也。

据此则知孟子所谓：

杨氏为我，是无君也。墨氏兼爱，是无父也。无父无君，

是禽兽也。（《滕文公下》，《孟子》卷六，页十三）

亦非随便谩骂。盖儒家以为人之四端之表现于社会组织者，即所谓人伦。故云：

仁之实，事亲是也；义之实，从兄是也；智之实，知斯二者弗去是也；礼之实，节文斯二者是也；乐之实，乐斯二者。（《离娄上》，《孟子》卷七，页十六）

又曰：

圣人，人伦之至也。（《离娄上》，《孟子》卷七，页三）

若杨墨之道，废弃人伦，则失其“所以为人者”，不合人之定义，故为禽兽也。亚里士多德以为人为政治动物。人性若能充分发展，即须有国家社会。否则不成其为人。儒家以为人须有君父，亦此意也。

人皆有善端，所谓圣人，不过将此善端扩而充之，至于“人伦之至”而已。故人人皆可以为圣人。孟子引颜渊曰：

舜何人也，予何人也，有为者亦若是。（《滕文公上》，《孟子》卷五，页一）

若自以为“吾身不能居仁由义”，则即“谓之自弃矣”。

孟子极重视个人，故亦注重个人之自由。至于所谓礼者，若人认为不合，可以否认之，改革之。《孟子》云：

孟子告齐宣王曰：“君之视臣如手足，则臣视君如腹心；君之视臣如犬马，则臣视君如国人；君之视臣如土芥，则臣视君如寇雠。”王曰：“礼，为旧君有服，何如斯可为服矣？”曰：“谏行言听，膏泽下于民。有故而去，则君使人导之出疆，又先于其所往。去三年不返，然后收其田里。此之谓三有礼焉。如此则为之服矣。今也为臣，谏则不行，言则不听，膏泽不下于民。有故而去，则君搏执之，又极之于其所往。去之日，遂收其田里。此之谓寇雠。寇雠，何服之有！”（《离娄下》，《孟子》卷八，页二）

此孟子否认旧礼之言论也。孟子又曰：

> 非礼之礼，非义之义，大人弗为。（《离娄上》，《孟子》卷八，页三）

此亦谓个人判断之权威，可在世俗所谓礼义之上。上文谓孔子注重个人性情之自由，同时又注重人之行为之外部规范。前者为孔子之新意，后者为古代之成规。孟子则较注重于个人性情之自由。盖孟子既主性善之说，以为“仁义礼智，非由外铄我也，我固有之也”。则个人之道德判断，当然可重视矣。

人人皆可以为圣人，此人所皆可以自期许者也。至于人生中他方面之成败利钝，则不能计，亦不必计。孟子曰：

> 若夫成功则天也，君如彼何哉，强为善而已矣。（《梁惠王下》，《孟子》卷二，页十六）

又曰：

> 哭死而哀，非为生者也。经德不回，非以干禄也。言语必信，非以正行也。君子行法以俟命而已矣。（《尽心下》，《孟子》卷十四，页十四）

此所谓天所谓命，皆指人力所无奈何之事，所谓“莫之为而为者天也，莫之致而致者命也”。吾人行事，只问其当否。当行则行，所谓

"强为善"也。至其成败利钝，则依各方面之环境为转移。此非尽为人力所能统治者；此所谓天也，命也。所谓命运之天即指此。墨家立非命之说，以与儒家对峙。实则儒家所谓之命，至少孟荀所谓之命，并无迷信在内，与墨家所非者，并非一事。

孟子反功利

于此亦可知孟子所以反对利之故矣。孟子以为人皆有恻隐、羞恶、辞让、是非之四端。扩而充之，则为仁、义、礼、智之四德。四德为人性发展之自然结果，而人之所以须发展人性，因必如此方为尽"人之所以为人者"，非因四德为有利而始行之也。四德之行，当然可生于社会有利之结果，此结果虽极可贵，然亦系附带的。犹之艺术家之作品，固可使人愉悦，然此乃附带的结果；彼艺术家之创作，则所以表现其理想与情感，非为求人悦乐愉快也。

不过孟子虽主张义，反对利，然对于义利之辨，未有详细说明，亦未将公利私利，分开辩论，故颇受后人之驳诘。唯孟子与墨者夷之辩薄葬之说，颇可显其非功利主义之主要意义。彼云：

> 盖上世尝有不葬其亲者，其亲死则举而委之于壑。他日过之，狐狸食之，蝇蚋姑嘬之。其颡有泚，睨而不视。夫泚也，非为人泚，中心达于面目。盖归反虆梩而掩之，掩之诚是也。则孝子仁人之掩其亲，亦必有道矣。（《滕文公上》，《孟子》卷五，页十七）

又曰：

> 古者棺椁无度。中古棺七寸，椁称之。自天子达于庶人。

非直为观美也，然后尽于人心。（《公孙丑下》，《孟子》卷四，页八）

墨家之攻击儒家厚葬久丧，主节葬短丧，纯从功利主义立论。而孟子则纯不从功利主义立论。厚葬久丧，对社会固亦有利。“慎终追远，民德归厚矣。”此从功利主义立论以主张厚葬久丧者也。然孟子则但谓厚葬为“尽于人心”，此儒家之精神也。

天、性及浩然之气

孟子之所谓天，有时似指主宰之天，如“尧荐舜于天”之天。有时似指运命之天，如上所说者。有时则指义理之天。孟子因人皆有仁、义、礼、智之四端而言性善。人之所以有此四端，性之所以善，正因性乃“天之所与我者”，人之所得于天者。此性善说之形上学的根据也。孟子云：

尽其心者，知其性也。知其性则知天矣。存其心，养其性，所以事天也。夭寿不贰，修身以俟之，所以立命也。（《尽心上》，《孟子》卷十三，页一）

心为人之“大体”；故“尽其心者”“知其性”。此乃“天之所与我者”；故“尽其心”“知其性”，亦“知天”矣。孟子又云：

夫君子所过者化，所存者神，上下与天地同流，岂曰小补之哉？（《尽心上》，《孟子》卷十三，页五）

又云：

万物皆备于我矣。反身而诚，乐莫大焉。强恕而行，求仁莫近焉。（《尽心上》，《孟子》卷十三，页二）

“万物皆备于我”“上下与天地同流”等语，颇有神秘主义之倾向。其本意如何，孟子所言简略，不能详也。

【注】神秘主义一名，有种种不同的意义。此所谓神秘主义，乃专指一种哲学承认有所谓“万物一体”之境界。在此境界中，个人与“全”（宇宙之全）合而为一，所谓人我内外之分，俱已不存。普通多谓此神秘主义必与唯心论的宇宙论相关连。宇宙论必为唯心论的：宇宙之全体，与个人之心灵，有内部底关系；个人之精神，与宇宙之大精神，本为一体，特以有后起的隔阂，以致人与宇宙，似乎分离。一部分佛家所说之无明，宋儒所说之私欲，皆指此后起的隔阂也。若去此隔阂，则个人与宇宙复合而为一，佛教所说之证真如，宋儒所说“人欲尽处，天理流行”，皆指此境界也。不过此神秘主义，亦不必与唯心论的宇宙论相连。如庄子之哲学，其宇宙论非必为唯心论的，然亦注重神秘主义也。中国哲学中，孟子派之儒家，及庄子派之道家，皆以神秘境界为最高境界，以神秘经验为个人修养之最高成就。但两家之所用以达此最高境界、最高目的之方法不同。道家所用之方法，乃以纯粹经验忘我；儒家所用之方法，乃以“爱之事业”（叔本华所用名词）去私。无我无私，而个人乃与宇宙合一。如孟子哲学果有神秘主义在内，则万物皆备于我，即我与万物本为一体也。我与万物本为一体，而乃以有隔阂之故，我与万物，似乎分离，此即不“诚”。若“反身而诚”，回复与万物为一体之境界，则“乐莫大焉”。如欲回复与万物为一体之境界，则用“爱之事业”之方法。所谓“强恕而行，求仁莫近焉”。以恕求仁，以仁求诚。盖恕与仁皆注重在取消人我之界限；人我之界限消，则我与万物为一体矣。此解释果合孟子之本意否不可知，要之宋儒之哲学，则皆推衍此意也。

如孟子哲学中果有神秘主义，则孟子所谓浩然之气，即个人在最高境界中之精神状态。故曰：

其为气也，至大至刚，以直养而无害，则塞于天地之间。（《公孙丑上》，《孟子》卷三，页六）

至于养此气之方法，孟子云：

其为气也，配义与道，无是，馁也；是集义所生者，非义袭而取之也。行有不慊于心，则馁矣。我故曰："告子未尝知义，以其外之也。"必有事焉。而勿正，心勿忘，勿助长也。（《公孙丑上》，《孟子》卷三，页七）

此所谓义，大概包括吾人性中所有善"端"。是在内本有，故曰："告子未尝知义，以其外之也。"此诸善"端"皆倾向于取消人我界限。即将此逐渐推扩，亦勿急躁求速，亦勿停止不进（"而勿正"，焦循《孟子正义》引《诗·终风序》笺及《〈庄子·应帝王篇〉释文》谓"正之义通于止"），"集义"既久，则行无"不慊于心"，而"塞乎天地之间"之精神状态，可得到矣。至此境界，则

居天下之广居，立天下之正位，行天下之大道。得志与民由之，不得志独行其道。富贵不能淫，贫贱不能移，威武不能屈。此之谓大丈夫。（《滕文公下》，《孟子》卷六，页三）

《老子》及道家中之《老》学

老聃与李耳

《老子》一书，相传为系较孔子为年长之老聃所作。其书之成，在孔子以前。今以为《老子》系战国时人所作，关于此说之证据，前人已详举（参看崔东壁《洙泗考信录》，汪中《老子考异》，梁启超《评胡适之〈中国哲学史大纲〉》），兹不赘述。就本书中所述关于上古时代学术界之大概情形观之，亦可见《老子》为战国时之作品。盖一则孔子以前，无私人著述之事，故《老子》不能早于《论语》。二则《老子》之文体，非问答体，故应在《论语》《孟子》后。三则《老子》之文，为简明之“经”体，可见其为战国时之作品。此三端及前人所已举之证据，若只任举其一，则不免有为逻辑上所谓“丐词”（begging the question）之嫌。但合而观之，则《老子》之文体、学说及各方面之旁证，皆指明其为战国时之作品，此则必非偶然矣。

司马谈曰：

> 道家使人精神专一，动合无形，赡足万物。其为术也，因阴阳之大顺，采儒墨之善，撮名法之要。与时推移，应物变化。立俗施事，无所不宜。指约而易操，事少而功多。（《太史公自序》，《史记》卷百三十，同文影殿刊本，页四）

此明谓道家后起，故能采各家之长。而后世乃谓各家皆出于道家，亦可谓不善读司马谈之《论六家要旨》矣。

【注】胡适之先生谓此道家乃谓汉初之道家，即《汉书·艺文志》所谓杂家，非谓老、庄。然《汉书·艺文志》于杂家外另有道家，故杂家不包老、庄。司马谈所谓道家，则包老、庄。

后世所以有此种错误，盖由于司马迁作《史记》，误以李耳及传说中之老聃为一人。其实《老》学（即现在《老子》书中所讲之学）之首领，战国时之李耳也。传说中之“古之博大真人”，乃老聃也。老聃之果为历史的人物与否不可知，但李耳之籍贯家世，则司马迁知之甚确。《史记·老庄申韩列传》云：

> 老子者，楚苦县厉乡曲仁里人也。名耳，字聃，姓李氏（据《索隐》本）。……老子修道德，其学以自隐无名为务。……老子，隐君子也。老子之子名宗，宗为魏将，封于段干。宗子注，注子宫。宫玄孙假，仕于汉孝文帝。而假之子解，为胶西王卬太傅，因家于齐焉。（《史记》卷六十三，页一至四）

据此则李耳实有其人，不过司马迁误以为与传说中之老聃为一人，故于此李耳传中，夹杂许多飘缈恍惚之谈，曰：“老子……莫知其所终。或曰，老莱子，亦楚人也。……盖老子百有六十余岁，或言二百余岁。……自孔子死之后，百二十九年，而史记周太史儋见秦献公。……或曰，儋即老子；或曰，非也。世莫知其然否。”于是所谓《老子传》，乃首尾是历史，中间是神话。于是所谓老聃乃如一神而戴人帽，着人鞋，亦一喜剧矣（此段大意采刘汝霖先生《周秦诸子考》）。

然司马迁之致此误，亦非无故。盖李耳既为“隐君子”，“其学以自隐无名为务”，则其讲学必不愿标自己之名。其时传说中恰有一“古之博大真人”之老聃，故李耳即以其学为老聃之学。既可隐自己之名，又可收庄子所谓“重言”之效。故《荀子》《吕氏春秋》《庄子·天下篇》，皆以《老》学为老聃之学。及司马迁知李耳为《老》学首领，而又狃于世人之以《老》学为老聃之学之说，故遂误将老聃及李耳合为一人矣。吾人今当依司马迁认李耳为战国时《老》学首领，但认李耳为历史的人物，而老聃则为传说中的人物，二者是二非一也。

然“书缺有间”“文献不足征”，以上所说，亦难执为必定无误。今所有之《老子》，亦曾经汉人之整理编次，不能必谓成于一人之手。故本章题为《老子》，明以书为本位也。

《老》学与庄学

《老子》之学说，《荀子》批评之；《庄子·天下篇》称述之；《韩非子》“解”之“喻”之；《战国策》中，游说之士亦引用之[注]；故可知其在战国时已为“显学”矣。

【注】如《齐策》：颜斶云：“老子曰：‘虽贵必以贱为本；虽高必

以下为基。是以侯王称孤寡不谷。”（《战国策》，《四部丛刊》本，卷四，页十四）

汉以前，无道家之名，《老子》之学说与庄子亦不同。上文谓《老》学为杨朱之学之更进一步者，而庄学则为其更进二步者，已略言之矣。《庄子·天下篇》，凡学说之相同者，如宋轻、尹文，皆列为一派。而老聃、庄周，则列为二派。《天下篇》云：

> 以本为精，以物为粗，以有积为不足，澹然独与神明居。古之道术有在于是者，关尹、老聃，闻其风而悦之。建之以常无有，主之以太一，以懦弱谦下为表，以空虚不毁万物为实。关尹曰：“在己无居，形物自著。其动若水，其静若镜，其应若响。芴乎若亡，寂乎若清。同焉者和，得焉者失。未尝先人而常随人。”老聃曰：“知其雄，守其雌，为天下谿。知其白，守其辱，为天下谷。”人皆取先，己独取后，曰：“受天下之垢。”人皆取实，己独取虚。无藏也，故有余，岿然而有余。其行身也，徐而不费，无为也而笑巧。人皆求福，己独曲全，曰：“苟免于咎。”以深为根，以约为纪。曰：“坚则毁矣，锐则挫矣。”常宽容于物，不削于人，可谓至极。关尹，老聃乎，古之博大真人哉！（《庄子》卷十，《四部丛刊》本，页三十六）

又云：

> 寂寞无形，变化无常，死与？生与？天地并与？神明往与？茫乎何之？忽乎何适？万物毕罗，莫足以归。古之道术有在于是者，庄周闻其风而悦之。以谬悠之说，荒唐之言，无端

崖之辞，时恣纵而不傥，不以觭见之也。以天下为沉浊不可与庄语，以卮言为曼衍，以重言为真，以寓言为广，独与天地精神往来，而不敖倪于万物。不谴是非，以与世俗处。其书虽瑰玮，而连犿无伤也。其辞虽参差，而諔诡可观。彼其充实不可以已，上与造物者游，而下与外死生、无终始者为友。其于本也，弘大而辟，深闳而肆。其于宗也，可谓调适而上遂矣。虽然，其应于化而解于物也，其理不竭，其来不蜕，芒乎昧乎，未之尽者。（《庄子》卷十，《四部丛刊》本，页三十六）

据此所述，《老》庄之学之不同，已显然可见矣。此二段中，只“澹然独与神明居”一语，可与“独与天地精神往来”之言，有相同的意义。除此外，吾人可见《老》学犹注意于先后、雌雄、荣辱、虚实等分别。知“坚则毁”“锐则挫”，而注意于求不毁不挫之术。庄学则“外死生，无终始”。《老》学所注意之事，实庄学所认为不值注意者也。

战国以后，《老》学盛行于汉初；庄学盛行于汉末。陈澧云：

洪稚存云：自汉兴，黄老之学盛行。文景因之以致治。至汉末，祖尚玄虚，于是始变黄《老》而称《老》庄。陈寿《魏志·王粲传》末言，嵇康好言《老》庄。《老》庄并称，实始于此。即以注二家者而论，为《老子》解义者，邻氏、傅氏、徐氏、河上公、刘向、毋丘望之、严遵等，皆西汉以前人也，无有言及庄子者。注《庄子》实自晋议郎清河崔课始；而向秀、司马彪、郭象、李颐等继之。（《东塾读书记》卷十二）

司马谈谓道家“与时迁移，应物变化。立俗施事，无所不宜。指约而易操，事少而功多”。《汉书·艺文志》谓道家为“君人南面之术”。大约汉人所谓道家，实即《老》学也。《老》学述应世之方法，庄学则超人事而上之。“汉兴，黄老之学盛行”，主以清静无为为治，此《老》学也。“至汉末祖尚玄虚”，始将《老子》庄学化而并称《老》庄焉。实则《老》自《老》，庄自庄也。

道家之名，乃汉人所立，其以《老》庄皆为道家者，则因《老》学庄学虽不同，而同为当时一切传统的思想制度之反对派。再则《老》学与庄学所说道、德之二根本观念亦相同。此汉人所以统名之曰道家之理由也。司马谈称道家为道德家，可见其以此二观念为道家之根本观念矣。

楚人精神

李耳为楚人。而《论语》中所记“隐者”之流，据《史记》亦多孔子在楚时所遇。盖楚人为新兴民族，本无较高文化，孟子所谓“南蛮鴃舌之人，非先王之道”（《滕文公上》，《孟子》卷五，《四部丛刊》本，页十四）者也。孟子又谓：“陈良，楚产也，悦周公仲尼之道，北学于中国。北方之学者，未能或之先也。”（《滕文公上》，《孟子》卷五，页十三）可见楚人慕周之文化者，须至北方留学，方能得之。然楚人虽不沾周之文化之利益，亦不受周之文化之拘束，故其人多有极新之思想。《汉书·地理志》谓：“楚有江汉川泽山林之饶，民……食物常足。故呰窳偷生，而亡积聚。饮食还给，不忧冻饥，亦亡千金之家。信巫鬼，重淫祀。”（《汉书》卷二十八下，同文影殿刊本，页三十六）然《离骚》中，屈原远游，驱使鬼神，其对于鬼神之态度，为诗的而非宗教的。至于《天问》一篇，则更对于一切人神之传说，皆加质问；对于宇宙之所以发生，日月之所以运行，亦提出问题。或者一般人过于“信巫鬼，重淫祀”，故激起有思想人之反动也。

所谓“隐者”之流，对于当时政治，皆持反对态度。而许行之徒，不但反对当时政治，且反对传统的政治社会制度。及后所谓道家者流，在周秦之际，乃一切传统的思想制度之反对者。而《老子》《庄子》二书，乃其二重要代表也。

【注】日人小柳司气太云：“道家渊源的鬻子及发挥光大道家思想的老子庄子，皆为楚人。更据《汉志》，蜎子、长卢子、老莱子、鹖冠子，亦皆楚人。至于其他传说中的隐逸，有狂接舆、长沮、桀溺（见《论语·微子》），詹何（见《列子·汤问》《说符》及《韩非子·解老》），北郭先生（见《韩诗外传》卷九），江上老人（见《吕览·异宝篇》），缯封人（见《荀子·尧问》），皆楚人。屈原《远游》云：‘曰：道可受兮而不可传，其小无内兮其大无垠，毋滑而魂兮彼将自然’，与《庄子·大宗师》‘道可传而不可受’相通。又曰：‘载营魄兮登遐’，与《老子》‘载营魄抱一，能无离乎’相通。《渔父辞》云：‘圣人不凝滞于物，而能与世推移’，与《老子》‘和光同尘’相通。”（《文化史上所见之古代楚国》，《东方学报》，东京第一册，东方文化学院东京研究所昭和六年三月出版）

道、德

古代所谓天，乃主宰之天。孔子因之，墨子提倡之。至孟子则所谓天，有时已为义理之天。所谓义理之天，常含有道德的唯心的意义，特非主持道德律之有人格的上帝耳。《老子》则直谓“天地不仁”，不但取消天之道德的意义，且取消其唯心的意义。古时所谓道，均谓人道，至《老子》乃予道以形上学的意义。以为天地万物之生，必有其所以生之总原理，此总原理名之曰道。故《韩非子·解老》云：

> 道者，万物之所然也，万理之所稽也。理者，成物之文也。道者，万物之所以成也。故曰：道，理之者也。物有理不可以相薄。……万物各异理，而道尽稽万物之理，故不得不化。不得不化，故无常操。（《韩非子》卷六，《四部丛刊》本，页七）

此谓各物皆有其所以生之理，而万物之所以生之总原理，即道也。《老子》云：

> 有物混成，先天地生。寂兮寥兮，独立而不改，周行而不殆，可以为天下母。吾不知其名，字之曰道，强为之名曰大。（二十五章，《老子》上篇，《武英殿聚珍版丛书》本，页二十四至二十五）[1]

又云：

> 大道氾兮其可左右，万物恃之而生而不辞，功成不名有，衣养万物而不为主。（三十四章，上篇，页三十五）

道之作用，并非有意志的，只是自然如此。故曰：

> 人法地，地法天，天法道，道法自然。（二十五章，上篇，页二十六）

道即万物所以生之总原理，道之作用，亦即万物之作用。但万物所以

[1] 本章凡引用《老子》，未加特别说明者，皆出自《武英殿聚珍版丛书》，后不再注明。——编者注

能成万物，亦即由于道。故曰：

道常无为而无不为。（三十七章，上篇，页三十七）

由此而言，道乃万物所以生之原理，与天地万物之为事物者不同。事物可名曰有；道非事物，只可谓为无。然道能生天地万物，故又可称为有。故道兼有无而言；无言其体，有言其用。故《老子》云：

道可道，非常道；名可名，非常名。无，名天地之始；有，名万物之母。常无，欲以观其妙；常有，欲以观其徼。此二者，同出而异名，同谓之玄。玄之又玄，众妙之门。（一章，上篇，页一）

“此二者”，即有无也。有无同出于道，盖即道之两方面也。《老子》又云：

道生一，一生二，二生三，三生万物。万物负阴而抱阳，冲气以为和。（四十二章，下篇，页八）

又云：

天地万物生于有，有生于无。（四十章，下篇，页六）

《庄子·天下篇》云：“建之以常无有，主之以太一。”（《庄子》卷十，页三十五）常无常有，道之两方面也。太一当即“道生一”之一，“天地万物生于有”，“有”或即“太一”乎？二者，天地也。三者，阴气、阳气、和气也。《庄子·田子方篇》曰：“至阴肃肃，至阳赫赫。肃肃出乎天，赫赫发乎地（天地二字，疑当互易）。两者交通成和而物生焉。”（《庄子》卷七，页三十三）即此意也（“二者，天地也”以下至此，高亨先生《老子正诂》说）。

谓道即是无。不过此“无”乃对于具体事物之“有”而言，非即是零。道乃天地万物所以生之总原理，岂可谓为等于零之“无”。《老子》曰：

道之为物，惟恍惟惚。惚兮恍兮，其中有象。恍兮惚兮，其中有物。窈兮冥兮，其中有精。其精甚真，其中有信。（二十一章，上篇，页二十一）

“恍”“惚”言其非具体的事物之有；“有象”“有物”“有精”，言其非等于零之无。第十四章“无状之状，无物之象”，王弼注云：“欲言无耶，而物由以成；欲言有耶，而不见其形”，即此意。

道为天地万物之所以生之总原理，非具体的事物；故难以指具体的事物，或形容具体的事物之名，指之或形容之。盖凡名皆有限制及决定之力；谓此物为此，则即决定其是此而非彼。而道则“周行而不殆”，在此亦在彼，是此亦是彼也。故曰：

道常无名。（三十二章，上篇，页三十三）

又曰：

道隐无名。（四十一章，下篇，页八）

“道尽稽万物之理，故不得不化，故无常操”，本不可以名名之，“字之曰道”，亦强字之而已。

道为天地万物所以生之总原理，德为一物所以生之原理，即《韩非子》所谓“万物各异理”之理也。《老子》曰：

孔德之容，惟道是从。（二十一章，上篇，页二十）

又曰：

道生之，德畜之，物形之，势成之。是以万物莫不尊道而贵德。道之尊，德之贵，夫莫之命而常自然。（五十一章，下篇，页十六）

《管子·心术上》云："德者道之舍，物得以生，生得以职道之精。故德者，得也，其谓所得以然也。以无为之谓道，舍之之谓德。故道之与德无间，故言之者无别也。"（《管子》卷十三，《四部丛刊》本，页三）"德者道之舍。"舍当是舍寓之意，言德乃道之寓于物者。换言之，德即物之所得于道，而以成其物者。此解说道与德之关系，其言甚精。《老子》所云"道生之，德畜之"，其意中道与德之关系，似亦如此，特未能以极清楚确定的话说出耳。"物形之，势成之"者，吕吉甫云："及其为物，则特形之而已。……已有形矣，则裸者不得不裸；鳞介羽毛者，不得不鳞介羽毛；以至于幼壮老死，不得不幼壮老死；皆其势之必然也。"（焦竑《老子翼》卷五引，渐西村舍刊本，页二）形之者，即物之具体化也。物固势之所成，即道德之作用，亦是自然的。故曰："道之尊，德之贵，夫莫之命而常自然。"

对于事物之观察

《老子》以为宇宙间事物之变化，于其中可发现通则。凡通则皆可谓之为"常"，《韩非子·解老篇》云：

> 夫物之一存一亡，乍死乍生，初盛而后衰者，不可谓常。唯夫与天地之剖判也俱生，至天地之消散也不死不衰者，谓常。（《韩非子》卷六，页七）

常有普遍永久之义。故道曰常道。所谓：

> 道可道，非常道。（一章，上篇，页一）

自常道内出之德，名曰常德。所谓：

> 常德不忒，复归于无极。……常德乃足，复归于朴。

（二十八章，上篇，页二十九至三十）

言道之为“无”，则曰“常无”；言道之为“有”，则曰“常有”（一章）。言道之不可形容，则曰：

道常无名。（三十二章，上篇，页三十三）

言道之功用，则曰：

道常无为而无不为。（三十七章，上篇，页三十七）

言道德之尊贵，则曰：

夫莫之命而常自然。（五十一章，下篇，页十六）

至于人事中可发现之通则，则如：

取天下常以无事。（四十八章，下篇，页十三）

民之从事，常于几成而败之。（六十四章，下篇，页三十一）

常有司杀者杀。（七十四章，下篇，页三十九）

天道无亲，常与善人。（七十九章，下篇，页四十二）

凡此皆为通则，永久如此。吾人贵能知通则；能知通则为“明”。《老子》曰：

夫物芸芸，各复归其根。归根曰静，是谓复命。复命曰常，知常曰明。（十六章，上篇，页十四）

《老子》中数言“知常曰明”，可知明之可贵。故《老子》云：

知常，容。容乃公。公乃王。（马夷初先生《老子覈诂》云：“王本王字作周。”）王乃天。（《老子覈诂》云：“疑天字乃大字之讹。”）天乃道。道乃久。殁身不殆。（十六章，上篇，页十五）

容当即《庄子·天下篇》所说：“常宽容于物”（见第97页）之容。知常之人，依常而行，不妄逞己之私意，故为公也。道“周行而不殆”，“强为之名曰大”（二十五章，上篇，页二十五）。知常之人，依常而行，亦可周行而不殆。故曰，“公则周，周则大，殁身不殆”也。“知常”即依之而行，则谓之“袭明”（《老子覈诂》云：“袭、习，古通。”）。所谓：

是以圣人常善救人，故无弃人；常善救物，故无弃物：是谓袭明。（二十七章，上篇，页二十八）

或谓为“习常”，所谓：

见小曰明，守柔曰强。……无遗身殃，是为习常。（五十二章，下篇，页十八）

若吾人不知宇宙间事物变化之通则，而任意作为，则必有不利之结果。所谓：

不知常，妄作，凶。（十六章，上篇，页十四）

事物变化之一最大通则，则一事物若发达至于极点，则必一变而为其反面。此即所谓“反”，所谓“复”。《老子》云：

反者道之动。（四十章，下篇，页五）

又云：

大曰逝，逝曰远，远曰反。（二十五章，上篇，页二十五至二十六）

又云：

万物并作，吾以观复。（十六章，上篇，页十四）

唯“反”为道之动，故“祸兮福之所倚，福兮祸之所伏”。“正复为奇，善复为妖”（五十八章，下篇，页二十四）。唯其如此，故“曲则全，枉则直，洼则盈，敝则新，少则得，多则惑”（二十二章，上篇，页二十二）。唯其如此，故“飘风不终朝，骤雨不终日”（二十三章，上篇，页二十三）。唯其如此，故“以道佐人主者，不以兵强天下，其事好还”（三十章，上篇，页三十一）。唯其如此，故“天之道其犹张弓欤，高者抑之，下者举之。有余者损之，不足者补之”（七十七章，下篇，页四十）。唯其如此，故“天下之至柔，驰骋天下之至坚”（四十三章，下篇，页九）。“天下莫柔弱于水，而攻坚强者莫之能胜”（七十八章，下篇，页四十一）。唯其如此，故“物或损之而益，或益之而损”（四十二章，下篇，页八）。凡此皆事物变化自然之通则，《老子》特发现而叙述之，并非故为奇论异说。而一般人视之，则以为非常可怪之论。故曰：“正言若反。”（七十八章，下篇，页四十一）故曰：“玄德深矣远矣，与物反矣，然后乃至大顺。”（六十五章，下篇，页三十三）故曰：“下士闻道大笑之，不笑不足以为道。”（四十一章，下篇，页六）

处世之方

事物变化既有上述之通则，则“知常曰明”之人，处世接物，必有一定之方法。大要吾人若欲如何，必先居于此如何之反面，南辕正所以取道北辙。故

> 将欲歙之，必固张之；将欲弱之，必固强之；将欲废之，必固兴之；将欲夺之，必固与之。（三十六章，上篇，页三十七）
>
> 甚爱必大费，多藏必厚亡。（四十四章，下篇，页十）

此非《老子》之尚阴谋，《老子》不过叙述其所发现耳。反之，则将欲张之，必固歙之；将欲强之，必固弱之。故

> 圣人后其身而身先，外其身而身存。非以其无私耶？故能

成其私。（七章，上篇，页七）

不自见故明，不自是故彰；不自伐故有功，不自矜故长；夫惟不争，故天下莫能与之争。（二十二章，上篇，页二十二至二十三）

以其终不自为大，故能成其大。（三十四章，上篇，页三十六）

贵以贱为本，高以下为基，是以侯王自谓孤寡不谷。（三十九章，下篇，页五）

大国以下小国，则取小国；小国以下大国，则取大国。（六十一章，下篇，页二十八）

是以欲上民，必以言下之；欲先民，必以身后之。……以其不争，故天下莫能与之争。（六十六章，下篇，页三十三）

慈故能勇，俭故能广，不敢为天下先，故能成器长。（六十七章，下篇，页三十四）

夫惟病病，是以不病。（七十一章，下篇，页三十七）

凡此皆“知常曰明”之人所以自处之道也。一事物发展至极点，必变为其反面。其能维持其发展而不致变为其反面者，则其中必先包含其反面之分子，使其发展永不能至极点也。故

明道若昧，进道若退，夷道若颣，上德若谷，大白若辱。广德若不足，建德若偷。质真若渝，大方无隅。（四十一章，下篇，页六至七）

大成若缺，其用不弊；大盈若冲，其用不穷；大直若屈，大巧若拙，大辩若讷。（四十五章，下篇，页十至十一）

“知常曰明”之人，知事物真相之如此，故

知其雄，守其雌，为天下谿。……知其白，守其黑，为天下式。……知其荣，守其辱，为天下谷。（二十八章，上篇，页二十九至三十）

总之：

圣人去甚，去奢，去泰。（二十九章，上篇，页三十一）

其所以如此，盖恐事物之发展若“泰”“甚”，则将变为其反面也。故曰：

持而盈之，不如其已。揣而锐之，不可常保。金玉满堂，莫之能守。富贵而骄，自遗其咎。功遂身退，天之道。（九章，上篇，页七至八）

又曰：

保此道者不欲盈。（十五章，上篇，页十三至十四）

黑格尔谓历史进化，常经“正”“反”“合”三阶级。一事物发展至极点必变而为其反面，即由“正”而“反”也。“大直若屈，大巧若拙。”若只直则必变为屈，若只巧则必“弄巧成拙”。唯包含有屈之直，有拙之巧，是谓大直大巧，即“正”与“反”之“合”也。故大直非屈也，若屈而已。大巧非拙也，若拙而已。“知常曰明”之人，“知其雄，守其雌”，常处于“合”，故能“殁身不殆”矣。

【注】按一哲学系统之各部分之发生的程序，与其逻辑的程序，不必相同。本章叙述《老子》哲学，注重于其逻辑的程序。故先述其所谓道、德；次述其所谓反、复。但若就《老子》哲学之发生的程序说，则或《老子》之作者，先有见于“法令滋彰，盗贼多有”等反、复之事实，乃归纳为所谓反、复之理论也。

政治及社会哲学

上述物极则反之通则，无论在何方面，皆是如此。如五色本以悦目，而其极能“令人目盲”。五音本以悦耳，而其极能“令人耳聋”（见十二章，上篇，页十）。本此推之，则社会上政治上诸制度，往往皆足以生与其原来目的相反之结果。故曰：

> 天下多忌讳而民弥贫。民多利器，国家滋昏。人多伎巧，奇物滋起。法令滋彰，盗贼多有。（五十七章，下篇，页二十三）

法令本所以防盗贼，法令滋彰，盗贼反而多有。又如人之治天下，本欲以有所为，然以有为求有所为，则反不足以有所为，故曰：

> 天下神器，不可为也；为者败之，执者失之。（二十九章，上篇，页三十）

又曰：

> 民之难治，以其上之有为，是以难治。（七十五章，下篇，页三十九）

又如民之求生太过者，往往适足以求死。故曰：

> 人之生动之死地亦十有三，夫何故？以其生生之厚。（五十章，下篇，页十五）

又曰：

> 益生曰祥。（五十五章，下篇，页二十一）

又曰：

> 民之轻死，以其求生之厚，是以轻死。（七十五章，下篇，页三十九）

故圣人之治天下，注重于取消一切致乱之源。法令仁义，皆排除之。以无为为之，以不治治之；无为反无不为，不治反无不治矣。故曰：

我无为而民自化，我好静而民自正，我无事而民自富，我无欲而民自朴。（五十七章，下篇，页二十三）

圣人之养生，亦以不养养之，故曰：

夫惟无以生为者，是贤于贵生。（七十五章，下篇，页三十九）

“人法地，地法天，天法道，道法自然”（二十五章，上篇，页二十六），是人亦法自然。以上所说，亦与人法自然之理相合也。

然人在天地间，若欲维持生活，亦不可无相当之制作，特不可使其发展达于极点而生其反面之结果耳。故曰：

朴散则为器，圣人用之，则为官长。（二十八章，上篇，页三十）

又曰：

道常无名，朴虽小，天下莫能臣也。……始制有名。名亦既有，夫亦将知止。知止可以不殆。（三十二章，上篇，页三十三）

就宇宙之发生言，则道为无名，万物为有名。就社会之进化言，则社会原始为无名，所谓“朴”也；制作为有名，所谓“朴散则为器，圣人用之，则为官长也”。“名亦既有”，唯“知止可以不殆”，即不使制作太多而生其反面之结果也。

《老子》对于欲及知之态度

《老子》中屡言及欲。盖人生而有欲，又设种种方法以满足其欲。然满足欲之方法愈多，欲愈不能满足，而人亦愈受其害，所谓

“益生曰祥”，“物或益之而损”也。故与其设种种方法以满足欲，不如在根本上寡欲。欲愈寡即愈易满足，而人亦愈受其利，所谓“物或损之而益”“夫惟无以生为者，是贤于贵生”也。寡欲之法，在于减少欲之对象，《老子》曰：

> 不尚贤，使民不争。不贵难得之货，使民不为盗。不见可欲，使民心不乱。是以圣人之治，虚其心，实其腹，弱其志，强其骨，常使民无知无欲。（三章，上篇，页三至四）

又曰：

> 绝圣弃智，民利百倍。绝仁弃义，民复孝慈。绝巧弃利，盗贼无有。此三者以为文不足，故令有所属。见素抱朴，少私寡欲。（十九章，上篇，页十八）

又曰：

> 化而欲作，吾将镇之以无名之朴。无名之朴，夫亦将无欲。不欲以静，天下将自定。（三十七章，上篇，页三十八）

三章及三十七章皆言无欲，然无欲实即寡欲。盖《老子》之意，仍欲使民“实其腹”“强其骨”。人苟非如佛家之根本绝灭人生，即不能绝对无欲也。故即在《老子》之理想社会中，尚须“甘其食，美其服，安其居，乐其俗”。则其民非绝对无欲明矣。《老子》之意，只使人“去甚，去奢，去泰”。其所以如此者，盖

> 知足不辱，知止不殆，可以长久。（四十四章，下篇，页十）
>
> 祸莫大于不知足，咎莫大于欲得。故知足之足常足矣。（四十六章，下篇，页十二）

《老子》曰：

治人事天莫若啬。（五十九章，下篇，页二十五）

寡欲亦即啬也。

为欲寡欲，故《老子》亦反对知识。盖（一）知识自身本即一欲之对象。（二）知识能使吾人多知欲之对象因而使吾人“不知足”。（三）知识能助吾人努力以得欲之对象因而使吾人“不知止”，所谓“为学日益”（四十八章，下篇页十二）也。《老子》云：

知慧出，有大伪。（十八章，上篇，页十七）

又曰：

民之难治，以其智多；故以智治国国之贼，不以智治国国之福。（六十五章，下篇，页三十二至三十三）

唯“不以智治国国之福”，故“绝圣弃智，民利百倍”；“绝学无忧”（二十章，上篇，页十八）也。

《老子》曰：

是以圣人欲不欲，不贵难得之货；学不学，复众人之所过。（六十四章，下篇，页三十二）

“欲不欲”即欲达到无欲或寡欲之地步，即以“不欲”为“欲”也。“学不学”即欲达到无知之地步，即以“不学”为学也。以学为学，乃众人之过；以不学为学，乃圣人之教也。

理想的人格及理想的社会

婴儿之知识欲望皆极简单，故《老子》言及有修养之人，常以婴儿比之。如云：

我独泊兮其未兆，如婴儿之未孩。（二十章，上篇，页十九）

又曰：

> 常德不离，复归于婴儿。（二十八章，上篇，页二十九）

又曰：

> 专气致柔，能婴儿乎？（十章，上篇，页八）

又曰：

> 含德之厚，比于赤子。（五十五章，下篇，页二十）

圣人治天下，亦欲使天下之人皆如婴儿，故曰：

> 圣人在天下，歙歙为天下浑其心，圣人皆孩之。（四十九章，下篇，页十四）

《老子》又以愚形容有修养之人，盖愚人之知识欲望亦极简单也。故曰：

> 我愚人之心也哉，沌沌兮，俗人昭昭，我独昏昏；俗人察察，我独闷闷。澹兮其若海，飂兮若无止。众人皆有以，而我独顽似鄙。（二十章，上篇，页十九至二十）

圣人治天下，亦欲使天下之人皆能如此，故曰：

> 古之善为道者，非以明民，将以愚之。（六十五章，下篇，页三十二）

“不以智治国”，即欲以“愚”民也。然圣人之愚，乃修养之结果，乃“大智若愚”之愚也。“大智若愚”之愚，乃智愚之“合”，与原来之愚不同。《老子》所谓“圣人之治，虚其心，实其腹，弱其志，强其骨。常使民无知无欲”（三章，上篇，页三至四）。此使民即安于原来之愚也。此民与圣人之不同也。

“为道日损”，若使人之“知”与“欲”，皆“损之又损，以至于无为”（四十八章，下篇，页十三），则理想的社会，即可成立矣。《老子》云：

> 小国寡民，使有什伯之器而不用，使民重死而不远徙。虽有舟舆，无所乘之；虽有甲兵，无所陈之。使人复结绳而用之。甘其食，美其服，安其居，乐其俗。邻国相望，鸡犬之声相闻。民至老死不相往来。（八十章，下篇，页四十二）

此即《老子》之理想的社会也。此非只是原始社会之野蛮境界；此乃包含有野蛮之文明境界也。非无舟舆也，有而无所乘之而已。非无甲兵也，有而无所陈之而已。“甘其食，美其服”，岂原始社会中所能有者？可套《老子》之言曰：“大文明若野蛮。”野蛮的文明，乃最能持久之文明也。

【注】一民族若只仅有文明而无野蛮，则即为其衰亡之先兆。中国人文采彬彬，以弱不胜衣为可贵，此即仅有文明而无野蛮。中国民族若真衰老，则即因其太文明也。

庄子及道家中之庄学（节选）

庄子与楚人精神

《史记》曰：

庄子者，蒙人也。名周。周尝为蒙漆园吏，与梁惠王、齐宣王同时。其学无所不窥，然其要本归于老子之言。其著书十余万言，大抵率寓言也。……善属书离辞，指事类情，用剽剥儒墨；虽当世宿学，不能自解免也。言其洸洋自恣以适己，故自王公大人不能器之。楚威王闻庄周贤，使使厚币迎之，许以为相。庄周笑谓楚使者曰："千金，重利；卿相，尊位也。子独不见郊祭之牺牛乎？养食之数岁，衣以文绣，以入太庙；当是之时，虽欲为孤豚，岂可得乎？子亟去，无污我。我宁游戏污渎之中自快，无为有国者所羁。终身不仕，以快

吾志焉。”（《老庄申韩列传》，《史记》卷六十三，同文影殿刊本，页四至五）

蒙为宋地，庄子为宋人。然庄子之思想，实与楚人为近。《史记》谓屈原《离骚》，“濯淖污泥之中，蝉蜕于浊秽，以浮游尘埃之外，不获世之滋垢，皭然泥而不滓者也”。所谓楚词，皆想象丰富，情思飘逸。此等文学，皆与《诗》三百篇之专歌咏人事者不同。《庄子》书中，思想文体，皆极超旷。《天运篇》谓：

天其运乎？地其处乎？日月其争于所乎？孰主张是？孰维纲是？孰居无事推而行是？意者其有机缄而不得已耶？意者其运转而不能自止耶？云者为雨乎？雨者为云乎？孰隆施是？孰居无事淫乐而劝是？风起北方，一西一东，有上彷徨，孰嘘吸是？孰居无事而披拂是？敢问何故？巫咸祒曰：“来，吾语汝。……”（《庄子》卷五，《四部丛刊》本，页三十五至三十六）[1]

此段形式内容，皆与《天问》一致。此虽不必为庄子所自作，要之可见庄学与楚人之关系也。庄学对于传统的思想制度，皆持反对态度。“剽剥儒墨”，而独推尊老聃。《庄子·天下篇》虽不以老聃为与庄周同派，而对于老聃则极致推崇。盖宋与楚近，庄子一方面受楚人思想之影响，一方面受辩者思想之影响。故能以辩者之辩论，述超旷恍惚之思，而自成一系统焉。

据《史记》所说，庄子与梁惠王、齐宣王同时，似亦与孟子同

---

[1] 本章凡引用《庄子》，未加特别说明者，皆出自《四部丛刊》本，后不再注明。——编者注

时。马夷初先生作《庄子年表》，起周烈王七年（公元前369年），迄赧王二十九年（公元前286年）（见《天马山房丛著》）。孟子与庄子同时，然二人似均未相辩驳，似甚可疑。然庄子之学为杨朱之学之更进步者，则自孟子之观点言之，庄子亦杨朱之徒耳。庄子视孟子，亦一孔子之徒。孟子之“距杨墨”，乃笼统“距”之；庄子之“剽剥儒墨”，亦笼统“剽剥”之。故孟子但举杨朱，庄子但举孔子。非孟子、庄子二人，必各不相知也。

道、德、天

庄学之哲学，与《老子》不同，但其所谓“道”“德”，则与《老子》同；前已言之。兹述《庄子》书中所谓道。《知北游》云：

> 东郭子问于庄子曰：“所谓道恶乎在？”庄子曰：“无所不在。”东郭子曰：“期而后可。”庄子曰：“在蝼蚁。”曰：“何其下耶？”曰：“在稊稗。”曰：“何其愈下耶？”曰：“在瓦甓。”曰：“何其愈甚耶？”曰：“在屎溺。”东郭子不应。庄子曰：“夫子之问也，固不及质。正获之问于监市履狶也，每下愈况。汝唯莫必，无乎逃物；至道若是，大言亦然。周、遍、咸三者，异名同实，其指一也。”（《庄子》卷七，页四十九至五十）

道即天地万物所以生之总原理，有物即有道，故道“无所不在”也。《大宗师》云：

> 夫道有情有信，无为无形；可传而不可受，可得而不可见。自本自根，未有天地，自古以固存；神鬼神帝，生天生

地。在太极之先而不为高，在六极之下而不为深，先天地生而不为久，长于上古而不为老。（《庄子》卷三，页十）

道为天地万物所以生之总原理，故“自本自根”，无始无终而永存，天地万物皆依之生生不已也。

道之作用，亦系自然的；故曰：

技兼于事，事兼于义，义兼于德，德兼于道，道兼于天。（《天地》，《庄子》卷五，页二）

天即自然之义，故曰：

无为为之之谓天。（同上）

又曰：

天在内，人在外。……牛马四足是谓天；落（同络）马首，穿牛鼻，是谓人。（《秋水》，《庄子》卷六，页二十一）

“道兼于天”即《老子》所说“道法自然”之意也。

道即天地万物所以生之总原理，此原理即表现于万物之中。《天道》云：

吾师乎！吾师乎！齏万物而不为戾，泽及万世而不为仁，长于上古而不为寿，覆载天地，刻雕众形而不为巧：此之谓天乐。（《庄子》卷五，页二十四）

所以者何？道即表现于万物之中，故万物之自生自长，自毁自灭，一方面可谓系道所为，而一方面亦可谓系万物之自为也。“吾何为乎？何不为乎？夫固将自化。”（《秋水》，《庄子》卷六，页二十）《齐物论》云：

夫吹万不同，而使其自己也，咸其自取，怒者其谁耶？

（《庄子》卷一，页二十一）

万物之所以如此，“咸其自取”，所谓“夫固将自化”也。唯其如此，故道可“无为而无不为”，如《老子》所说。

道非事物，故可称之为“无”。《天地》云：

> 泰初有“无”，无有无名。一之所起，有一而未形。物得以生谓之德。未形者有分，且然无间谓之命。流动而生物，物生成理谓之形。形体保神，各有仪则，谓之性。（《庄子》卷五，页八至九）

泰初有“无”，无即道也。《老子》云：“道生一。”庄子亦以道为“一之所起，有一而未形”。德者，得也；“物得以生谓之德”。由此而言，则天地万物所以生之总原理，即名曰道；各物个体所以生之原理，即名曰德。故曰：

> 形非道不生；生非德不明。（《天地》，《庄子》卷五，页四）

唯因道德同是物之所以生之原理，所以《老》庄书中，道德二字，并称列举。江袤云：

> 道德实同而名异。……无所不在之谓道，自其所得之谓德。道者，人之所共由；德者，人之所自得也。试以水为喻。夫湖海之涵浸，与坳堂之所畜，固不同也；其为水有异乎？江河之流注，与沟浍之湍激，自其所得如是也。谓之实同名异，讵不信然？（焦竑《老子翼》卷七引，浙西村舍刊本，页三十八）

江氏谓道者人之所共由，德者人之所自得。颇能说明道德之所以同，及其所以异。不过依庄学之意，则应云：道者物（兼人言）之所共由，德者物之所自得耳。物之将生，由无形至有形者，谓之命。及其成为物，则必有一定之形体。其形体与其精神，皆有一定之构造与规律，所谓“各有仪则”；此则其性也。

变之哲学

然物之形体，非一成不变者。依庄学所见，天地万物，无时不在变化中。故曰：

> 一受其成形，不亡以待尽，与物相刃相靡，其行尽如驰，而莫之能止，不亦悲乎！（《齐物论》，《庄子》卷一，页二十四）

又《秋水篇》云：

> 物之生也，若骤若驰。无动而不变，无时而不移。（《庄子》卷六，页二十）

又《寓言篇》云：

> 万物皆种也，以不同形相禅。始卒若环，莫得其伦。是谓天均；天均者，天倪也。（《庄子》卷九，页十三）

“天均”，《齐物论》作“天钧”。谓之钧者，喻其运行不息也。上文谓惠施之哲学，可谓为变之哲学；庄学亦变之哲学也。

何为幸福

凡物皆由道，而各得其德，凡物各有其自然之性。苟顺其自然之性，则幸福当下即是，不须外求。《庄子·逍遥游篇》，故设为极大极小之物，鲲鹏极大，蜩鸠极小。“鹏之徙于南冥也，水击三千里，抟扶摇而上者九万里，去以六月息者也。”（《庄子》卷一，页二）蜩与学鸠笑之曰：“我决起而飞，枪榆枋，时则不至而控于地而已矣，奚以之九万里而南为？”（《庄子》卷一，页四）此所谓“故极小大之致，以明性分之适。……苟足于其性，则虽大鹏无以自贵于小鸟，小鸟无羡于天池，而荣愿有余矣。故小大虽殊，逍遥一也。”（郭象注《庄子》卷一，页一至四）物如此，人亦然。《逍遥游》云：

> 故夫知效一官，行比一乡，德合一君，而征一国者，其自视也，亦若此矣。（《庄子》卷一，页七）

笛卡儿曰：“在人间一切物中，聪明之分配，最为平均；因即对于各物最难满足之人，皆自以其自己之聪明为甚丰而不求再多。”（《方法论》第一页）盖各人对于其自己所得于天者，皆极满足也。《马蹄篇》云：

> 彼民有常性，织而衣，耕而食。是谓同德。一而不党，命曰天放。故至德之世，其行填填，其视颠颠。当是时也，山无蹊隧，泽无舟梁。万物群生，连属其乡。禽兽成群，草木遂长。是故禽兽可系羁而游，鸟鹊之巢，可攀援而窥。夫至德之世，同与禽兽居，族与万物并，恶乎知君子小人哉？同乎无知，其德不离。同乎无欲，是谓素朴。素朴而民性得矣。（《庄子》卷四，页十二）

又《天道篇》，老聃谓孔子云：

> 夫子若欲使天下无失其牧乎？则天地固有常矣，日月固有明矣，星辰固有列矣，禽兽固有群矣，树木固有立矣。夫子亦放德而行，循道而趋，已至矣。又何偈偈乎揭仁义，若击鼓而求亡子焉？噫！夫子乱人之性也！（《庄子》卷五，页三十至三十一）

“天地固有常”等，乃自然的，天然的，即所谓“天”也。“放德而行，循道而趋”，即随顺人及物之性也。《天道篇》云：

> 夫明白于天地之德者此之谓大本大宗，与天和者也。……与天和者，谓之天乐。（《庄子》卷五，页二十三）

随顺人及物之性，即与天和，即天乐也。

政治上社会上各种制度，由庄学之观点观之，均只足以予人以痛苦。盖物之性至不相同，一物有一物所认为之好，不必强同，亦不可强同。物之不齐，宜即听其不齐，所谓以不齐齐之也。一切政治上社会上之制度，皆定一好以为行为之标准，使人从之，此是强不齐以使之齐，爱之适所以害之也。《至乐篇》云：

> 昔者海鸟止于鲁郊。鲁侯御而觞之于庙，奏《九韶》以为乐，具太牢以为膳。鸟乃眩视忧悲，不敢食一脔，不敢饮一杯，三日而死。此以己养养鸟，非以鸟养养鸟也。夫以鸟养养鸟者，宜栖之深林，游之坛陆，浮之江湖，食之鳅鲦，随行列而止，委蛇而处，彼唯人言之恶闻，奚以夫譊譊为乎？《咸池》《九韶》之乐，张之洞庭之野，鸟闻之而飞，兽闻之而走，鱼闻之而下入，人卒闻之，相与环而观之。鱼处水而生，人处水而死。彼必相与异，其好恶故异也。故先圣不一其能，不同其事；名止于实，义设于适；是之谓条达而福持。（《庄子》卷六，页三十五）

“不一其能，不同其事；名止于实，义设于适。”故无须定一一定之规矩准绳，而使人必从之也。圣人作规矩准绳，制定政治上及社会上各种制度，使天下之人皆服从之。其用意虽未尝不善，其用心未尝不为爱人，然其结果则如鲁侯爱鸟，爱之适所以害之。故庄学最反对以治治天下，以为欲使天下治，则莫如以不治治之。《应帝王篇》云：

汝游心于淡，合气于漠，顺物自然而无容私焉，而天下治矣。（《庄子》卷三，页三十）

《在宥篇》云：

闻在宥天下，不闻治天下也。在之也者，恐天下之淫其性也。宥之也者，恐天下之迁其德也。天下不淫其性，不迁其德，有治天下者哉。（《庄子》卷四，页二十六）

所以不治天下而天下自治者，盖天下之人，其所好虽不同，而莫不愿治；故曰：

以为一世蕲乎乱（治也），孰弊弊焉以天下为事？（《逍遥游》，《庄子》卷一，页十三）

又曰：

天下均治之为愿，而何计以有虞氏为？（《天地》，《庄子》卷五，页十七）

既“天下均治之为愿”，故听其自然而自治矣。庄学亦主张以不治治天下，然其立论之根据，则与《老》学不同也。

如不随顺人之性，而强欲以种种制度治之，则如络马首，穿牛鼻，以人为改天然，其结果适足以致苦痛，此各种人为之通弊也。《骈拇篇》云：

是故凫胫虽短，续之则忧。鹤胫虽长，断之则悲。故性长非所断，性短非所续。（《庄子》卷四，页四）

人为之目的，多系截长补短，改造天然。故自有人为，而人随顺天然之幸福失。既无幸福，亦无生趣。譬犹中央之帝，名曰浑沌，本无七窍；若强凿之，则七窍开而混沌已死矣（见《应帝王》）。《秋水篇》云：

无以人灭天，无以故灭命。（《庄子》卷六，页二十一）

以人为改天然，即“以人灭天”“以故灭命”也。

自由与平等

由上观之，可知庄学中之社会政治哲学，主张绝对的自由，盖唯人皆有绝对的自由，乃可皆顺其自然之性而得幸福也。主张绝对的自由者，必主张绝对的平等，盖若承认人与人、物与物间，有若何彼善于此，或此善于彼者，则善者应改造不善者使归于善，而即亦不能主张凡物皆应有绝对的自由矣。庄学以为人与物皆应有绝对的自由，故亦以为凡天下之物，皆无不好，凡天下之意见，皆无不对。此庄学与佛学根本不同之处。盖佛学以为凡天下之物皆不好，凡天下之意见皆不对也。《齐物论篇》云：

且吾尝试问乎女。民湿寝则腰疾偏死，鳅然乎哉？木处则惴慄恂惧？猿猴然乎哉？三者孰知正处？民食刍豢，麋鹿食荐，蝍且甘带，鸱鸦耆鼠，四者孰知正味？猿，猵狙以为雌，麋与鹿交，鳅与鱼游。毛嫱，丽姬，人之所美也，鱼见之深入，鸟见之高飞，麋鹿见之决骤，四者孰知天下之正色哉？（《庄子》卷一，页三十八至三十九）

若必执一以为正色，则“四者孰知天下之正色哉”？若不执一以为正色，则四者皆天下之正色也。犹之海鸟之“浮江湖”“食鳅鲦”，与鲁君之“奏《九韶》”“具太牢”，其养虽绝不相同，然皆为天下之正养也。

人之意见，万有不齐，如有风时万窍之怒号，如《齐物论》开端所说者，究孰为是，孰为非？果能以当时所谓“辩”者“明是非”乎？《齐物论篇》云：

> 既使我与若辩矣，若胜我，我不若胜，若果是也，我果非也邪？我胜若，若不吾胜，我果是也，而果非也邪？其或是也，其或非也邪？其俱是也，其俱非也邪？我与若不能相知也，则人固受其黮暗。吾谁使正之？使同乎若者正之，既与若同矣，恶能正之？使同乎我者正之，既同乎我矣，恶能正之？使异乎我与若者正之，既异乎我与若矣，恶能正之？使同乎我与若者正之，既同乎我与若矣，恶能正之？然则我与若与人，俱不能相知也，而待彼也邪？（《庄子》卷一，页四十四至四十五）

此明“辩”不能定是非也。盖若必执一以为是，则天下人之意见，果孰为是？正与上述之孰为正处正味正色，同一不能决定也。若不执一以为是，则天下人之意见皆是也。唯其皆是，故听其自尔，而无须辩矣。《齐物论篇》云：

> 是不是，然不然。是若果是也，则是之异乎不是也，亦无辩；然若果然也，则然之异乎不然也，亦无辩。化声之相待，若其不相待。和之以天倪，因之以曼衍，所以穷年也。忘年忘义，振于无竟，故寓诸无竟。（《庄子》卷一，页四十五至四十六）

视天下之意见，皆如自然之“化声”，皆如《齐物论》所谓之“瞉音”。鸟鸣风响，未闻人欲争其是非，而何独对于人之言论斤斤评论其是非哉？故听其自尔可矣。

执此原理以应付当时学术界中之争辩，《齐物论篇》云：

> 夫言非吹也，言者有言，其所言者，特未定也。果有言

邪？其未尝有言邪？其以为异于鷇音，亦有辩乎，其无辩乎？道恶乎隐而有真伪？言恶乎隐而有是非？道恶乎往而不存？言恶乎存而不可？道隐于小成，言隐于荣华。故有儒墨之是非，以是其所非，而非其所是。欲是其所非而非其所是，则莫若以明。物无非彼，物无非是。自彼则不见，自知则知之。故曰，彼出于是，是亦因彼。彼是，方生之说也。虽然，方生方死，方死方生，方可方不可，方不可方可；因是因非，因非因是。是以圣人不由，而照之于天，亦因是也。是亦彼也，彼亦是也。彼亦一是非，此亦一是非。果且有彼是乎哉？果且无彼是乎哉？彼是莫得其偶，谓之道枢。枢始得其环中，以应无穷。是亦一无穷，非亦一无穷也。故曰，莫若以明。（《庄子》卷一，页二十六至二十八）

此所说“彼是”，似亦驳公孙龙之说。公孙龙《名实论》以为彼只是彼，此只是此。庄学则以为彼是乃相对的。故曰：“彼出于是，是亦因彼，彼是方生之说也。”彼是互相谓为彼是。儒墨之互相是非，亦犹是也。若于“儒墨之是非”，必执一以为是，则“彼亦一是非，此亦一是非”，如环无端，不可穷矣。唯知“道恶乎往而不存，言恶乎存而不可”者，视“儒墨之是非”，与“鷇音”同为天然之“化声”，故听其自尔，所谓“是以圣人不由，而照之于天”也。此所谓“以明”也。有所是则有所非，有所非则有所是；故是非乃相对待的，所谓“偶”也；彼是亦然。若听是非彼是之自尔而无所是非彼是，则无偶矣。故曰：“彼是莫得其偶，谓之道枢”也。彼此互相是非，“是亦一无穷，非亦一无穷”，如一环然。不与有所是非者为循环之辩论，而立于环中以听其自尔。则所谓“枢始得环中，以应无穷”也。《齐物论篇》又曰：

> 是以圣人和之以是非，而休乎天钧；是之谓两行。（《庄子》卷一，页三十一）

“天钧”者，《寓言篇》亦言“天均”“天倪”。“天钧”“天倪”皆谓万物自然之变化；“休乎天钧”，即听万物之自然也。圣人对于物之互相是非，听其自尔。故其态度，即是不废是非而超过之，“是之谓两行”。

用此观点以观物，即以道之观点观物也。《秋水篇》曰：

> 以道观之，物无贵贱。以物观之，自贵而相贱。以俗观之，贵贱不在己。以差观之，因其所大而大之，则万物莫不大；因其所小而小之，则万物莫不小。知天地之为稊米也，知毫末之为丘山也，则差数睹矣。以功观之，因其所有而有之，则万物莫不有；因其所无而无之，则万物莫不无。知东西之相反而不可以相无，则功分定矣。以趣观之，因其所然而然之，则万物莫不然；因其所非而非之，则万物莫不非。知尧桀之自然而相非，则趣操睹矣。……以道观之，何贵何贱，是谓反衍。无拘而志，与道大蹇。何少何多，是谓谢施。无一而行，与道参差。严乎若国之有君，其无私德。繇繇乎若祭之有社，其无私福。泛泛乎其若四方之无穷，其无所畛域。兼怀万物，其孰承翼？是谓无方，万物一齐，孰短孰长？道无终始，物有死生。不恃其成，一虚一满，不位乎其形。年不可举，时不可止。消息盈虚，终则有始。是所以语大义之方，论万物之理

也。（《庄子》卷六，页十六至二十）

世俗以人在政治上社会上之阶级，分别贵贱，是“贵贱不在己”也。就物之本身言，则皆“自贵而相贱”，如《逍遥游》所说小鸟之笑大鹏是也。然此皆依有限之观点，以观物也。若能超越有限，自无限之点以观物，即所谓“以道观之”也。以道之观点观物，即见物无不齐矣。若更能与道合一，则不作一切分别，而达“万物与我为一”之境界。

或曰：庄学以“两行”为是，是仍有所是非也。此点《齐物论》亦已言之。《齐物论篇》曰：

> 今且有言于此，不知其与是类乎？其与是不类乎？类与不类，相与为类，则与彼无以异矣。……今我则已有谓矣，而未知吾所谓之其果有谓乎？其果无谓乎？天下莫大于秋毫之末，而泰山为小；莫寿于殇子，而彭祖为夭。天地与我并生，而万物与我为一。既已为一矣，且得有言乎？既已谓之一矣，且得无言乎？一与言为二，二与一为三。自此以往，巧历不能得，而况其凡乎？故自无适有，以至于三，而况自有适有乎？无适焉，因是已。（《庄子》卷一，页三十三至三十五）

庄学以“两行”为是，亦有所是非，是亦与别人之有所是非者为同类；然以“两行”为是，是欲超出是非，则又与别人之有所是非者不类；故曰：“今我则已有谓矣，而未知吾所谓之其果有谓乎？其果无谓乎？”以超出是非为是，尚不免有有所是非之嫌，况真有所是非乎？故曰，“自无适有，以至于三，而况自有适有乎”？故“无适焉，因是已”。

荀子及儒家中之荀学
（节选）

荀子之为学

荀子，名况，字卿，《史记》曰：

> 荀卿，赵人，年五十，始来游学于齐。……田骈之属皆已死，齐襄王时，而荀卿最为老师。齐尚修列大夫之缺，而荀卿三为祭酒焉。齐人或谗荀卿。荀卿乃适楚，而春申君以为兰陵令。春申君死而荀卿废，因家兰陵。李斯尝为弟子，已而相秦。荀卿嫉浊世之政，亡国乱君相属，不遂大道，而营于巫祝，信禨祥。鄙儒小拘，如庄周等，又滑稽乱俗。于是推儒墨道德之行事兴坏，序列著数万言而卒，因葬兰陵。（《孟子荀卿列传》，《史记》卷七十四，同文影殿刊本，页五）

当时人“营于巫祝，信禨祥”。盖所谓阴阳家者说，已为当时之显学矣。孟子以后，儒者无杰出之士。至荀卿而儒家壁垒，始又一新。上文谓中国哲学家中，荀子最善于批评哲学。西汉经师，亦多得荀子传授。盖其用力甚勤，学问极博。《荀子·劝学篇》曰：

> 百发失一，不足为善射；千里蹞步不至，不足为善御。伦类不通，仁义不一，不足为善学。学也者，固学一之也。……全之尽之，然后学者也。君子知夫不全不粹之不足以为美也，故诵数以贯之，思索以通之，为其人以处之。（《荀子》卷一，《四部丛刊》本，页十四至十五）[1]

此荀子所以教人，亦即荀子自己为学之精神也。

汪中作《荀卿子年表》，起赵惠文王元年（公元前298年），迄赵悼襄王七年（公元前238年）云："凡六十年，庶论世之君子，得其梗概云尔。"（《述学》补遗，《四部丛刊》本，页十三）荀子生卒年不可考；然其一生之重要活动，则大约在此六十年中也。

荀子对于孔子、孟子之意见

孟子尊孔子；荀子亦尊孔子。荀子以为孔子，乃最能"全"能"尽"能"粹"者。《非十二子篇》曰：

> 若夫总方略，齐言行，壹统类，而群天下之英杰，而告之以大古，教之以至顺。奥窔之间，簟席之上，敛然圣王之文章具焉，佛然平世之俗起焉。……仲尼子弓是也。"（《荀子》卷三，页

[1] 本章凡引用《荀子》，未加特别说明者，皆出自《四部丛刊》本，后不再注明。——编者注

十五）

《解蔽篇》曰：

> 夫道者，体常而尽变，一隅不足以举之。曲知之人，观于道之一隅，而未之能识也，故以为足而饰之，内以自乱，外以惑人，上以蔽下，下以蔽上，此蔽塞之祸也。孔子仁智且不蔽，故学乱术足以为先王者也。一家得周道，举而用之，不蔽于成积也。故德与周公齐，名与三王并，此不蔽之福也。（《荀子》卷十五，页五至六）

荀子以为当时诸家，皆有所见而同时亦有所蔽，盖皆不“全”不“尽”不“粹”者也。孔子“仁智且不蔽”，知“道”之全体，故异于“曲知之士”之只“观于道之一隅”也。孟子谓孔子为“集大成”，荀子所说亦此意。不过孟子较注重于孔子之德，荀子则较注重于孔子之学耳。

荀子虽宗孔子，而对于孟子，则攻击甚力。《非十二子篇》曰：

> 略法先王而不知其统，然而犹材剧志大，闻见杂博，案往旧造说，谓之五行，甚僻违而无类，幽隐而无说，闭约而无解，案饰其词，而祗敬之，曰，此真先君子之言也。子思唱之，孟轲和之。世俗之沟犹瞀儒，讙讙然不知其非也，遂受而传之，以为仲尼、子游，为兹厚于后世。是则子思、孟轲之罪也。（《荀子》卷三，页十四至十五）

西人谓人或生而为柏拉图，或生而为亚里士多德。詹姆士谓：哲学家，可依其气质，分为硬心的及软心的两派。柏拉图即软心派之代表；亚里士多德即硬心派之代表也。孟子乃软心的哲学家，其哲学有唯心论的倾向。荀子为硬心的哲学家，其哲学有唯物论的倾向。今所传《中庸》，未必全为子思所作。即孟子观之，如尽性则知天，及“万物皆备于我”之言，由荀子之近于唯物论的观点视之，诚为“僻违而无类，幽隐而无说，闭约而无解”也。荀子攻孟子，盖二人之气质学说，本不同也。战国时儒家中有孟荀二学派之争，亦犹宋明时代新儒家中有程朱、陆王二学派之争也。

荀子对于周制之意见

荀子对于周制，自一方面言，亦持拥护态度。《王制篇》曰：

> 王者之制，道不过三代，法不贰后王。道过三代谓之荡；法贰后王谓之不雅。衣服有制；宫室有度；人徒有数；丧祭械用皆有等宜。声则凡非雅声者举废；色则凡非旧文者举息；械用则凡非旧器者举毁。夫是之谓复古，是王者之制也。（《荀子》卷五，页八至九）

后王之法，即指周道。《非相篇》曰：

> 人道莫不有辨，辨莫大于分，分莫大于礼，礼莫大于圣王。圣王有百，吾孰法焉？故曰，文久而息，节族久而绝，守法数之有司，极礼（俞樾云：“疑礼字衍文。”）而褫。故曰，欲观圣王之迹，则于其粲然者矣，后王是也。彼后王者，天下之君也，舍后王而道上古，譬之是犹舍己之君而事人之君也。故曰，欲观千岁，则数今日；欲知亿万，则审一二；欲知上世，则审周道，欲知周道，则审其人，所贵君子。（《荀子》卷三，页六）

孟荀皆尊崇孔子，自一方面言，亦皆拥护周制。荀子言法后王，孟子言法先王，其实一也。

荀子所以以“周道”为后王之法者，本书上文谓当春秋战国之时，旧制度日即崩坏。当时贤哲有拥护旧制度者，有批评或反对旧制度者，有欲另立新制度，以替代旧制度者。此诸贤哲于发表其主张之时，一方面言之有故，持之成理，一方面又各托为古贤圣之言以自重，庄子所谓重言是也。孔子拥护周制，故常言及文王、周公。墨子继起，自以为法夏而不法周，特抬出一较古之禹以压文王、周公。孟子继起，又抬出更古之尧舜以压禹。老、庄之徒继起，则又抬出传说中尧舜以前之人物，以压尧舜。在孟子时，文王、周公尚可谓为先王，“周道”尚可谓为“先王之法”。至荀子时，则文王、周公只可谓为后王，“周道”只可谓为后王之法矣。

当时老、庄之徒，谓古今时势大异，故周制不可复行。《庄子·天运篇》曰：

> 夫水行莫如用舟，而陆行莫如用车。以舟之可行于水也，而求推之于陆，则没世不行寻常。古今非水陆与？周、鲁非舟车与？今蕲行周于鲁，是犹推舟于陆也。劳而无功，身必有殃。（《庄子》卷五，《四部丛刊》本，页四十二）

荀子曰：

> 故千人万人之情，一人之情是也。天地始者，今日是也。百王之道，后王是也。君子审后王之道，而论于百王之前，若端拜而议。推礼义之统，分是非之分，总天下之要，治海内之众，若使一人。故操弥约而事弥大。五寸之矩，尽天下之方

也。故君子不下室堂，而海内之情举积此者，则操术然也。（《不苟篇》，《荀子》卷二，页七至八）

又曰：

> 夫妄人曰，古今异情，其以治乱者异道，而众人惑焉。彼众人者，愚而无说，陋而无度者也。其所见焉，犹可欺也，而况于千世之传也。妄人者，门庭之间，犹可诬欺也，而况于千世之上乎。圣人何以不欺？曰，圣人者，以己度者也。故以人度人，以情度情，以类度类，以说度功，以道观尽。古今一度也，类不悖，虽久同理。故乡乎邪曲而不迷，观乎杂物而不惑，以此度也。（《非相篇》，《荀子》卷三，页七）

所谓妄人即如《天运篇》作者之人也。“天地始者，今日是也”。今日之天地，犹是昔日之天地。今日之人类，犹是昔日之人类。“类不悖，虽久同理”，周制何以不可复行也？

天及性

孔子所言之天为主宰之天；孟子所言之天，有时为主宰之天，有时为运命之天，有时为义理之天；荀子所言之天，则为自然之天，此盖亦由于《老》庄之影响也。《庄子・天运篇》谓天地日月之运行，“其有机缄而不得已”“其运转而不能自止”，即持自然主义的宇宙观者之言也。荀子之宇宙观，亦为自然主义的。荀子曰：

> 天行有常，不为尧存，不为桀亡。应之以治则吉，应之以乱则凶。……故明于天人之分，则可谓至人矣。不为而成，不求而得，夫是之谓天职。如是者，虽深，其人不加虑焉。虽

大，不加能焉。虽精，不加察焉。夫是之谓不与天争职。天有其时，地有其财，人有其治，夫是之谓能参。舍其所以参，而愿其所参，则惑矣。列星随旋，日月递炤，四时代御，阴阳大化，风雨博施。万物各得其和以生，各得其养以成。不见其事，而见其功，夫是之谓神。皆知其所以成，莫知其无形，夫是之谓天。唯圣人为不求知天。（《天论篇》，《荀子》卷十一，页十五至十七）

“列星随旋，日月递炤”，皆自然之运行；其所以然之故，圣人不求知之也。“不求知天”，而但尽人力以“自求多福”。人力能“自求多福”“能治天时地财而用之”（杨倞注语），此人之所以能与天地参也。故曰：

大天而思之，孰与物畜而制之。从天而颂之，孰与制天命而用之。望时而待之，孰与应时而使之。因物而多之，孰与骋能而化之。思物而物之，孰与理物而勿失之也。愿于物之所以生，孰与有物之所以成。故错人而思天，则失万物之情。（《天论篇》，《荀子》卷十一，页二十三）

此所谓“治天时地财而用之”也。

孟子言义理之天，以性为天之部分，此孟子言性善之形上学的根据也。荀子所言之天，是自然之天，其中并无道德的原理，与孟子异。其言性亦与孟子正相反对，《性恶篇》曰：

人之性恶，其善者伪也。（《荀子》卷十七，页一）

所谓性及伪者，《性恶篇》曰：

不可学，不可事，而在人者谓之性。可学而能，可事而成

之在人者，谓之伪。是性伪之分也。（《荀子》卷十七，页三）

又曰：

> 性者，本始材朴也；伪者，文礼隆盛也。无性则伪之无所加；无伪则性不能自美。（《礼论篇》，《荀子》卷十三，页十五至十六）

“生之所以然者谓之性”（《正名篇》，《荀子》卷十六，页一），性乃属于天者。天既自有其“常”，其中无理想，无道德的原理，则性中亦不能有道德的原理。道德乃人为的，即所谓伪也。《性恶篇》曰：

> 今人之性，生而有好利焉，顺是故争夺生，而辞让亡焉。生而有疾恶焉，顺是故残贼生，而忠信亡焉。生而有耳目之欲，有好声色焉，顺是故淫乱生而礼义文理亡焉。然则从人之性，顺人之情，必出于争夺，合于犯分乱理，而归于暴。故必将有师法之化，礼义之道，然后出于辞让，合于文理，而归于治。用此观之，然则人之性恶明矣，其善者伪也。（《荀子》卷十七，页一）

人性虽恶，而人人可以为善。《性恶篇》曰：

> 涂之人可以为禹，曷谓也？曰：凡禹之所以为禹者，以其为仁义法正也。然则仁义法正，有可知可能之理。然而涂之人也，皆有可以知仁义法正之质，皆有可以能仁义法正之具，然则其可以为禹明矣。……今使涂之人，伏术为学，专心一志，思索孰察，加日县久，积善而不息，则通于神明，参于天地矣。故圣人者，人之所积而致矣。（《荀子》卷十七，页十至十一）

陈澧曰：“戴东原曰：‘此与性善之说，不惟不相悖，而且若相发明。’（《孟子字义疏证》）澧谓涂之人可以为禹，即孟子所谓人皆可以为尧舜，但改尧舜为禹耳。如此则何必自立一说乎？”（《东塾读书记》卷三，页二）然荀子以为人皆有可以知仁义法正之质，能仁义法正之具，孟子则以为人即有仁义法正。孟子所谓性善，乃谓人性中本有善端，人即此善端，“扩而充之”，即为尧舜。荀子谓人之性恶，乃谓人性中本无善端。非但无善端，且有恶端。但人性中虽无善端，人却有相当之聪明才力。人有此才力，若告之以“父子之义”“君臣之正”，则亦可学而能之。积学既久，成为习惯，圣即可积而致也。荀子曰：

> 涂之人百姓，积善而全尽，谓之圣人。彼求之而后得，为之而后成，积之而后高，尽之而后圣。故圣人也者，人之所积也。人积耨耕而为农夫，积斲削而为工匠，积反（同贩）货而为商贾，积礼义而为君子。（《儒效篇》，《荀子》卷四，页二十）

涂之人“皆有可以知仁义法正之质，皆有可以能仁义法正之具”，乃就人之聪明才力方面说，非谓人原有道德的性质也。人之积礼义而为君子，与其积耨耕而为农夫等同，盖皆知识习惯方面事也。孟子言人之所以异于禽兽者，在人有是非之心等善端。荀子则以为人所以异于禽兽者，在于人之有优秀的聪明才力。故荀子性恶之说，实与孟子性善之说不同也。

第二章

冯友兰讲汉代儒学

——以董仲舒为例

董仲舒在西汉儒者中之地位

此时之时代精神，此时人之思想，董仲舒可充分代表之。《汉书》曰：

> 董仲舒，广川人也。少治《春秋》，孝景时，为博士。下帷讲诵，弟子传以久次相授业，或莫见其面。盖三年不窥园，其精如此。进退容止，非礼不行，学士皆师尊之。……仲舒所著，皆明经术之意；及上疏条教，凡百二十三篇；而说《春秋》事得失，《闻举》《玉杯》《蕃露》《清明》《竹林》之属，复数十篇，十余万言，皆传于后世。（《董仲舒传》，《汉书》卷五十六，同文影殿刊本，页一至二十三）

《汉书》又谓：

> 刘向称董仲舒有王佐之材，虽伊吕亡以加。……至向子歆以为……仲舒遭汉，承秦灭学之后，六经离析，下帷发愤，潜

心大业，令后学者，有所统壹，为群儒首。（《董仲舒传赞》，《汉书》卷五十六，页二十三）

又谓：

昔殷道弛，文王演《周易》；周道敝，孔子作《春秋》。则乾坤之阴阳，效《洪范》之咎征，天人之道，粲然著矣。汉兴，承秦灭学之后，景武之世，董仲舒治《公羊春秋》，始推阴阳，为儒者宗。（《五行志》，《汉书》卷二十七上，页二）

董仲舒在西汉儒者中之地位，观此可见矣。《春秋》一经，以前儒者虽重视，然自经董仲舒之附会引申，而后儒所视为《春秋》之微言大义，乃始有有系统之表现；盖董仲舒之书之于《春秋》，犹《易传》之于《周易》也。

【注】董仲舒生卒年月，《汉书》本传未言及。苏舆作《董子年表》，起汉文帝元年（公元前179年），止武帝太初元年（公元前104年）（见苏舆《春秋繁露义证》）。

元、天、阴阳、五行

董仲舒所谓之天，有时系指物质之天，即与地相对之天；有时系指有智力有意志之自然。有智力有意志之自然一名辞，似乎有自相矛盾之处；然董仲舒所说之天，实有智力有意志，而却非一有人格之上帝，故此谓之为自然也。董仲舒曰：

> 天、地、阴、阳、木、火、土、金、水：九；与人而十者，天之数毕也。（《天地阴阳》，《春秋繁露》卷十七，苏舆《春秋繁露义证》，宣统庚戌刊本，下简称《繁露》，页七）[1]

此第一天字，乃指与地相对之天。末句天字，乃指自然之全体也。

董仲舒又言万物皆有所始，其所始谓之元。董仲舒曰：

[1] 本章凡引用《繁露》，未加特别说明者，皆出自宣统庚戌刊本，后不再注明。——编者注

谓一元者，大始也。……唯圣人能属万物于一而系之元也。……元犹原也，其义以随天地终始也。……故元者，为万物之本，而人之元在焉。安在乎？乃在乎天地之前。（《玉英》，《繁露》卷三，页一至三）

元在天地之天之前，故“人之元乃在天地之前”也。有智力有意志之自然，是否亦有所始，是否亦始于元，则董仲舒未详言。

阴阳者，董仲舒曰：

天地之间，有阴阳之气，常渐人者，若水常渐鱼也。所以异于水者，可见与不可见耳，其澹澹也。然则人之居天地之间，其犹鱼之离水，一也。其无间若气而淖于水。水之比于气也，若泥之比于水也。是天地之间，若虚而实。人常渐是澹澹之中，而以治乱之气，与之流通相淆也。（《天地阴阳》，《繁露》卷十七，页七至八）

此以阴阳为二种物质的气；然一般阴阳家及董仲舒在多数地方所谓阴阳，则非如此物质的。

五行者，董仲舒曰：

天有五行，一曰木，二曰火，三曰土，四曰金，五曰水。木，五行之始也。水，五行之终也。土，五行之中也。此其天次之序也。木生火，火生土，土生金，金生水，水生木；此其父子也。木居左，金居右，火居前，水居后，土居中央；此其父子之序，相受而布。……五行之随，各如其序；五行之官，各致其能。是故木居东方而主春气；火居南方而主夏气；金居西方而主秋气；水居北方而主冬气。是故木主生而金主杀；火主暑而水主寒。……土居中央，谓之天润。土者，天之股肱也。其德茂美，不可名以一时之事，故五行而四时者，土兼之也。金木水火虽各职，不因土方不立。若酸咸辛苦之不因甘肥之不能成味也。甘者，五味之本也；土者，五行之主也。五行之主，土气也，犹五味之有甘肥也，不得不成。（《五行之义》，《繁露》卷十一，页三至四）

《洪范》五行次序乃发生的次序，此五行次序乃分布的次序。又云：

天地之气，合而为一；分为阴阳；判为四时；列为五行。行者，行也。其行不同，故谓之五行。五行者，五官也，比相生而间相胜也。（《五行相生》，《繁露》卷十三，页七）

五行相生，见上。五行相胜，“金胜木……水胜火……木胜土……火胜金……土胜水”（《五行相胜》，《繁露》卷十三，页十一至十三）。五行之次序，为木火土金水。木生火，火生土，土生金，金生水。第一生第二，第二生第三，第三生第四，第四生第五。此所谓“比相生”。金胜木，中隔水。水胜火，中隔木。木胜土，中隔火。火胜金，中隔土。土胜水，中隔金。此所谓“间相胜”。

【注】后汉[1]章帝建初四年（公元79年），大会诸儒于白虎观，考详五经同异。命史臣著为通义，即今所传《白虎通义》是也。其中所说，皆今文经学家言，颇多与董仲舒所说同者。如五行相生相胜之说，《白虎通义》所说与董仲舒同，但较详。彼云：“五行者，何谓也？谓金、木、水、火、土也。言行者，欲言为天行气之义也。地之承天，犹妻之事夫，臣之事君

[1] 此处指东汉。——编者注

也。其位卑，卑者亲视事；故自同于一行，尊于天也。”（《五行》，《白虎通义》，陈立《白虎通疏证》，《续清经解》本，卷四，页二十四）土即地。地不敢配天，故“自同于一行”，以见天之尊。又云：“五行所以更王何？以其转相生，故有终始也。木生火，火生土，土生金，金生水，水生木。……五行所以相害者，天地之性，众胜寡，故水胜火也。精胜坚，故火胜金。刚胜柔，故金胜木。专胜散，故木胜土。实胜虚，故土胜水也。”（同上，卷三十七，页三十九）《五行大义》，引《白虎通义》云：“木生火者，木性温，暖伏其中，钻灼而出，故生火。火生土者，火热故能焚木；木焚而成灰，灰即土也；故火生土。土生金者，金居石依山，津润而生；聚土成山，山必生石；故土生金。金生水者，少阴之气，温润流泽；销金亦为水；所以山云而从润；故金生水。水生木者，因水润而能生，故水生木。”（陈立《白虎通疏证》卷四，页三十五引）此五行所以如此相生相胜之理由也。

四　时

木，火，金，水，各主四时之一气，而土居中以策应之。因四时之气，代为盛衰，所以有四时之循环变化；四时之气之所以代为盛衰，则因有阴阳以使之然。董仲舒曰：

> 天之常道，相反之物也，不得两起，故谓之一。一而不二者，天之行也。阴与阳，相反之物也，故或出或入，或左或右。春俱南，秋俱北。夏交于前，冬交于后。并行而不同路，交会而各代理，此其文与。（《天道无二》，《繁露》卷十二，页五）

又曰：

> 阳气始出东北而南行，就其位也。西转而北入，藏其休也。阴气始出东南而北行，亦就其位也。西转而南入，屏其伏也。是故阳以南方为位，以北方为休。阴以北方为位，以南方

为伏。阳至其位而大暑热。阴至其位而大寒冻。(《阴阳位》,《繁露》卷十一,页十五)

又曰:

天之道终而复始。故北方者,天之所终始也,阴阳之所合别也。冬至之后,阴俯而西入,阳仰而东出。出入之处,常相反也。多少调和之适,常相顺也。有多而无溢,有少而无绝。春夏阳多而阴少,秋冬阳少而阴多。多少无常,未尝不分而相散也。以出入相损益,以多少相溉济也。多胜少者倍入,入者损一而出者益二。天所起一动而再倍。常乘反衡再登之势,以就同类,与之相报。故其气相侠而以变化相输也。(《阴阳终始》,《繁露》卷十二,页一)

又曰:

如金木水火,各奉其所主,以从阴阳,相与一力而并功。其实非独阴阳也,然而阴阳因之以起助其所主。故少阳因木而起助,春之生也。太阳因火而起助,夏之养也。少阴因金而起助,秋之成也。太阴因水而起助,冬之藏也。(《天辨在人》,《繁露》卷十一,页十三)

阴阳乃相反之物,依“天之常通”,“相反之物,不得两起”。故阳出则阴入;阳入则阴出。入者其势力“损一”,出者其势力“益二”。故出者之势力,比入者多三分之二。至于阴阳之运行,则董仲舒所说,与一般所说不同。《淮南子·诠言训》云:“阳气起于东北,尽于西南。阴气起于西南,尽于东北。”此为后来一般的说法。董仲舒若依此说,则阳起于东北而南行,至东方遇木所主之气，即助之使盛而为春。至南方遇火所主之气，即助之使盛而为夏。阴起于西南而北行，至西方遇金所主之气，即助之使盛而为秋。至北方遇水所主之气，即助之使盛而为冬。以图明之：

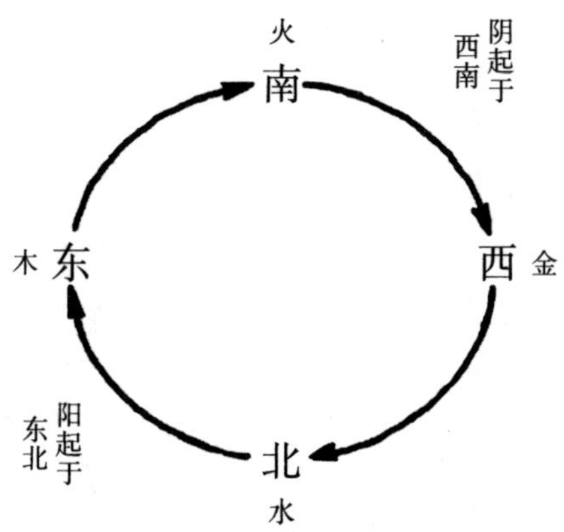

此本对于四时变化极简易之解释，但董仲舒不用此说。董仲舒以为“阳气始于东北而南行”，“阴气始于东南而北行”。阴阳“春俱南，秋俱北。夏交于前，冬交于后”。又详言云：

> 天之道，初薄大冬，阴阳各从一方来，而移于后。阴由东方来西，阳由西方来东。至于中冬之月，相遇北方，合而为一，谓之曰至。别而相去，阴适右，阳适左。……冬月尽而阴阳俱南还。阳南还出于寅，阴南还入于戌。……至于中春之月，阳在正东，阴在正西，谓之春分。春分者，阴阳相半也。故昼夜均而寒暑平。阴日损而随阳（苏舆云：“阳字疑衍，随谓委随。”）；阳日益而鸿。故为暖热。初得大夏之月，相遇南方，合而为一，谓之曰至。别而相去，阳适右，阴适左。……夏月

尽而阴阳俱北还。阳北还而入于申，阴北还而出于辰。……至于中秋之月，阳在正西，阴在正东，谓之秋分。秋分者，阴阳相半也。故昼夜均而寒暑平。阳日损而随阴（苏舆云：“阴字亦疑衍。”），阴日益而鸿。（《阴阳出入》，《繁露》卷十二，页三至四）

试以图明之：

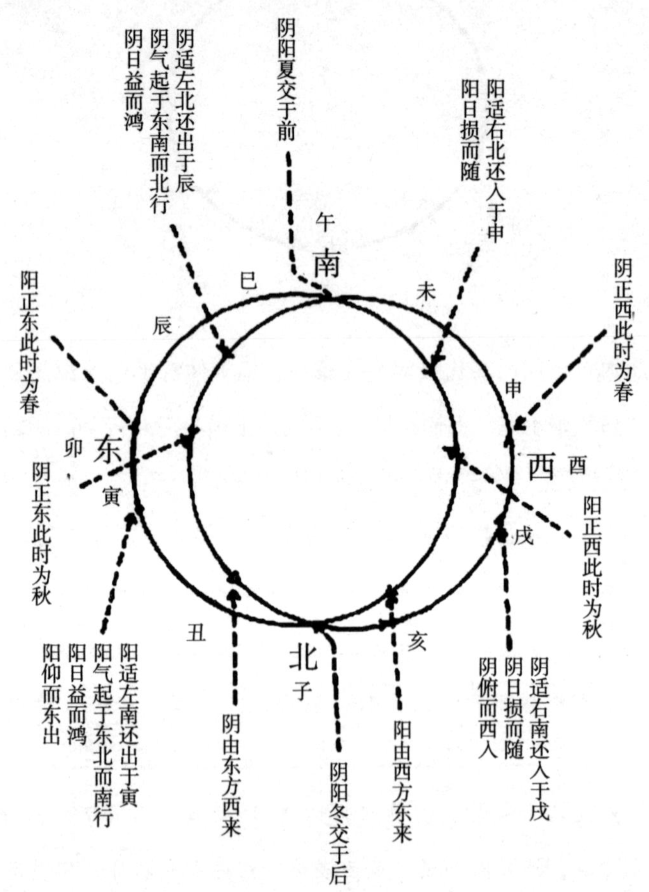

此说较为繁复。唯依此说，则当秋时，阴不在正西而在正东，如何能助金？董仲舒解释云：

> 至于秋时，少阴兴而不得以秋从金，从金而伤火功。虽不得以从金，亦以秋出于东方，俯其处而适其事，以成岁功，此非权与？……是故天之道有伦，有经，有权。（《阴阳终始》，《繁露》卷十二，页二）

“至春少阳东出就木，与之俱生；至夏太阳南出就火，与之俱煖”（《阴阳终始》，《繁露》卷十二，页一），此天之经也。少阴出于东方，“俯其处而适其事”，委屈以成岁功，此天之权也。其所以使阴受如此委屈者，则以天“任阳不任阴，好德不好刑”（《阴阳位》，《繁露》卷十一，页十二）。“是故天之行阴气也，少取之以成秋，其余以归之冬。”（《阴阳义》，《繁露》卷十二，页三）

故四时之变化，实因阴阳消长流动之所致也。阳盛则助木，火为春，夏，而万物生长；阴盛则助金，水为秋，冬，而万物收藏。故阳为“天之德”，而阴为“天之刑”。董仲舒曰：

> 天地之常，一阴一阳。阳者，天之德也。阴者，天之刑也。……天之道以三时成生，以一时丧死。死之者，谓百物枯落也。丧之者，谓阴气悲哀也。天亦有喜怒之气，哀乐之心，与人相副。以类合之，天人一也。（《阴阳义》，《繁露》卷十二，页二）

人副天数

天与人为同类，更可于人之生理见之。董仲舒曰：

莫精于气，莫富于地，莫神于天。天地之精，所以生物者，莫贵于人。人受命乎天也，故超然有以倚（卢曰："倚疑当从下文作高物二字。"）。物疢疾莫能为仁义，唯人独能为仁义。物疢疾莫能偶天地，唯人独能偶天地。人有三百六十节，偶天之数也。形体骨肉，偶地之厚也。上有耳目聪明，日月之象也。体有空窍理脉，川谷之象也。心有哀乐喜怒，神气之类也。观人之体，一何高物之甚而类于天也。物旁折取天之阴阳以生活耳，而人乃烂然有其文理。是故凡物之形，莫不伏从旁折天地（苏舆曰："天地二字疑衍。"）而行，人独题直立端尚（卢云："疑作人独颐立端向。"《尔雅》："颐，直也。"），正正当之。是故所取天地少者旁折之，所取天地多者正当之。此见人之绝于物而参天地。是故人之身，首妢而员，象天容也。发，象星辰也。耳目戾戾，象日月也。鼻口呼吸，象风气也。胸中达知，象神明也。腹胞实虚，象百物也。……天地之符，阴阳之副，常设于身。身犹天也，数与之相参，故命与之相连也。天以终岁之数成人之身，故小节三百六十六，副日数也。大节十二分，副月数也。内有五脏，副五行数也。外有四肢，副四时数也。乍视乍瞑，副昼夜也。乍刚乍柔，副冬夏也。乍哀乍乐，副阴阳也。心有计虑，副度数也。行有伦理，副天地也。此皆暗肤著身（苏舆曰："暗字疑误。"卢曰："肤他本作虑。"），与人俱生，比而偶之弇合（苏舆曰："弇合二字上疑有脱文。"）。于其可数也，副数。于其不可数者，副类。皆当同而副天，一也。（《人副天数》，《繁露》卷十三，页二至四）

又曰：

为生不能为人，为人者，天也。人之人本于天（卢文弨曰："人之人，疑当作人之为人。"）。天亦人之曾祖父也。此人之所以乃上类天也。人之形体，化天数而成。人之血气，化天志而仁。人之德行，化天理而义。人之好恶，化天之暖清。人之喜怒，化天之寒暑。……天之副在乎人。人之情性，有由天者矣。（《为人者天》，《繁露》卷十一，页一）

人与天如此相同，故宇宙若无人，则宇宙即不完全，而不成其为宇宙。董仲舒曰：

天地人，万物之本也。天生之，地养之，人成之。天生之以孝悌，地养之以衣食，人成之以礼乐。三者相为手足，合以成体，不可一无也。无孝悌则亡其所以生，无衣食则亡其所以养，无礼乐则亡其所以成也。（《立元神》，《繁露》卷六，页十二至十三）

人在宇宙间之地位，照此说法，可谓最高矣。

性　情

就心理方面言之，人之心理中，亦有性情二者，与天之阴阳相当。董仲舒曰：

身之有性情也，若天之有阴阳也。言人之质而无其情，犹言天之阳而无其阴也。（《深察名号》，《繁露》卷十，页十一）

性之表现于外者为仁；情之表现于外者为贪。董仲舒曰：

人之诚有贪有仁。仁贪之气，两在于身。身之名取诸天。天两有阴阳之施，身亦两有贪仁之性。（《深察名号》，《繁露》卷十，页七至九）

贪即情之表现；仁即性之表现也。[注]

【注】董仲舒所谓性，似有广狭二义。就其广义言，则"如其生之自然之资谓之性；性者，质也"（《深察名号》，《繁露》卷十，页六）。依此义，则情亦系人之"生之自然之资"，亦在人之"质"中。故口："天地之所生

谓之性情，性情相与为一瞑，情亦性也。”（《深察名号》，《繁露》卷十，页十）就其狭义言，则性与情对，为人“质”中之阳；情与性对，为人“质”中之阴。《说文》云：“情，天之阴气有欲者；性，人之阳气性善者也。”《论衡·本性篇》：“仲舒览孙孟之书，作情性之说，曰：‘天之大经，一阴一阳；人之大经，一情一性。性生于阳，情生于阴。阴气鄙，阳气仁。曰性善者，是见其阳也；谓恶者，是见其阴者也。’”（《论衡》卷三，《四部丛刊》本，页十七）此皆就董仲舒所谓性之狭义言也。为避免混乱起见，下文以董仲舒所谓“质”，替代其所谓广义之性。

因人之“质”中有性有情，有贪有仁，故未可谓其为善。董仲舒曰：

> 谓性已善，奈其情何？（《深察名号》，《繁露》卷十，页十）

此性字系指人之质而言。又曰：

> 善如米，性如禾。禾虽出米，而禾未可谓米也。性虽出善，而性未可谓善也。米与善，人之继天而成于外也，非在天所为之内也。天所为有所至而止，止之内谓之天；止之外谓之王教。王教在性外，而性不得不遂。故曰：性有善质，而未能为善也。岂敢美辞，其实然也。天之所为，止于茧麻与禾。以麻为布，以茧为丝，以米为饭（苏舆曰：“当作以禾为米。”），以性为善，此皆圣人所继天而进也，非情性质朴之能至也。（《实性》，《繁露》卷十，页十九）

此性字亦系指人之质言。人之质中有与情相对之性，故其中实有善；但其中亦有与性相对之情，故不能本来即善。须加以人力，以性禁情，方可使人为善人。董仲舒曰：

> 㮾众恶于内，弗使得发于外者，心也。故心之为名㮾也。……天有阴阳禁；身有情欲㮾；与天道一也。是以阴之行不得干春夏，而月之魄常厌于日光，乍全乍伤。天之禁阴如此，安得不损其欲而辍其情，以应天。天所禁而身禁之，故曰身犹天也。禁天所禁，非禁天也。必知天性，不乘于教，终不能㮾（苏舆曰："天性二字疑情欲之误。天性不当言㮾。"）。（《深察名号》，《繁露》卷十，页七至九）

以性禁情为教，教乃"人之继天"，而亦即人之所以法天也。

董仲舒之性说，按一方面说，为调和孟荀。按又一方面说，则董仲舒亦谓人之质中本有善端，故其说实与孟子性善之说不悖；不过董仲舒以为若性中仅有善端，则不能谓之为善。故曰：

> 或曰：性有善端，心有善质，尚安非善？应之曰：非也。茧有丝，而茧非丝也。卵有雏，而卵非雏也。比类率然，有何疑焉？天生民有六经（苏舆云："或云，六当为大。"），言性者不当异。然其或曰性也善，或曰性未善。则所谓善者，各异意也。性有善端，动之爱父母（苏舆曰："动疑作童。"），善于禽兽，则谓之善；此孟子之善。循三纲五纪，通八端之理，忠信而博爱，敦厚而好礼，乃可谓善；此圣人之善也。是故孔子曰："善人吾不得而见之，得见有常者斯可矣。"由是观之，圣人之所谓善，未易当也。非善于禽兽，则谓之善也。……夫善于禽兽之未得为善也，犹知于草木而不得名知。……质于禽兽之性，则万民之性善矣。质于人道之善，则民性弗及也。万民之性善于禽兽者许之，圣人之所谓善者弗许。吾质之命性者异孟

子。孟子下质于禽兽之所为，故曰性已善。吾上质于圣人之所为，故谓性未善。善过性，圣人过善。（《深察名号》，《繁露》卷十，页十四至十五）

然此特指普通人之“质”言之耳。人亦有生而即不止仅有善端者，亦有生而即几无善端者，孔子所谓上智与下愚是也。董仲舒曰：

名性不以上，不以下，以其中名之。（《深察名号》，《繁露》卷十，页十一）

又曰：

圣人之性，不可以名性。斗筲之性，又不可以名性。名性者，中民之性。中民之性，如茧如卵。卵待覆二十日而后能为雏；茧待缫以涫汤而后能为丝。性待渐于教训而后能为善。善，教训之所然也，非质朴之所能至也。（《实性》，《繁露》卷十，页十九至二十）

董仲舒之论性，盖就孔、孟、荀之说而融合之。

个人伦理与社会伦理

欲发展人质中之善端，使之成为完全之善，则须实行诸德。其关于个人伦理者，则仁义最为重要。董仲舒曰：

> 天之为人性，命使行仁义而羞可耻，非若鸟兽然，苟为生苟为利而已。（《竹林》，《繁露》卷二，页十一）

至于所谓仁义之意义，董仲舒云：

> 《春秋》之所治，人与我也。所以治人与我者，仁与义也。以仁安人，以义正我。故仁之为言人也，义之为言我也，言名以别矣。仁之于人，义之与我者，不可不察也。众人不察，乃反以仁自裕，而以义设人。诡其处而逆其理，鲜不乱矣。是故人莫欲乱而大抵常乱，凡以闇于人我之分，而不省仁义之所在也。是故《春秋》为仁义法。仁之法在爱人，不在爱我，义之法在止我，不在止人。我不自止，虽能止人，弗予为

义。人不被其爱，虽厚自爱，不予为仁。……远而愈贤，近而愈不肖者，爱也。故王者爱及四夷，霸者爱其诸侯，安者爱及封内，危者爱及旁侧，亡者爱及独身。……故曰：仁者爱人，不在爱我；此其法也。……义与仁殊。仁谓往，义谓来。仁大远，义大近。爱在人谓之仁，义在我谓之义（苏舆曰：“上义字疑作宜。”）。仁主人，义主我也。故曰仁者人也，义者我也，此之谓也。（《仁义法》，《繁露》卷八，页十六至二十）

仁义之外，又须有智之德。董仲舒曰：

莫近于仁，莫急于智。……仁而不智，则爱而不别也。智而不仁，则知而不为也。故仁者所以爱人类也，智者所以除其害也。……何谓之智？先言而后当，凡人欲舍行为，皆以其智先规而后为之。……智者见祸福远，其知利害蚤。物动而知其化，事兴而知其归，见始而知其终。……其言寡而足，约而喻，简而达，省而具，少而不可益，多而不可损。其动中伦，其言当务，如是者谓之智。（《必仁且智》，《繁露》卷八，页二十二至二十四）

董仲舒盖以仁义智为人所必具之德，犹《中庸》之以智仁勇为人之达德也。

【注】诸德对于人之心理，生理，及其他方面之关系，《白虎通义》更有详说。《白虎通义》曰：“性情者，何谓也？性者，阳之施；情者，阴之化也。人禀阴阳气而生，故内怀五性六情。情者，静也；性者，生也。此人所禀六气以生者也。……五性者何？谓仁义礼智信也。仁者，不忍也，施生爱人也。义者，宜也，断决得中也。礼者，履也，履道成文也。智者，知也，独见前闻，不惑于事，见微知著也。信者，诚也，专一不移也。故人

生而应八卦之体，得五气以为常，仁义礼智信也。六情者，何谓也？喜怒哀乐爱恶谓六情，所以扶成五性。性所以五，情所以六，何？人本含六律五行之气而生，故内有五脏六府，此情性之所由出入也。……五脏者，何也？谓肝，心，肺，肾，脾也。……五脏：肝仁，肺义，心礼，肾智，脾信也。肝所以仁者何？肝，木之精也。仁者好生。东方者，阳也，万物始生。故肝象木，色青而有枝叶。……肺所以义者何？肺者金之精。义者断决。西方亦金，杀成万物也。故肺象金，色白也。……心所以为礼何？心，火之精也。南方尊阳在上，卑阴在下，礼有尊卑。故心象火，色赤而锐也。……肾所以智何？肾者，水之精。智者进止无所疑惑，水亦进而不惑。北方水，故肾色黑。水阴，故肾双。……脾所以信何？脾者，土之精也。土尚任养万物为之象，生物无所私，信之至也。故脾象土，色黄也。……六府者，何谓也？谓大肠，小肠，胃，膀胱，三焦，胆也。府者，谓五脏宫府也。故《礼运》记曰：'六情者，所以扶成五性也。'……喜在西方，怒在东方，好在北方，恶在南方，哀在下，乐在上。何以？西方万物之成，故喜。东方万物之生，故怒。北方阳气始施，故好。南方阴气始起，故恶。上多乐，下多哀也。”（《性情》，《白虎通义》卷八，页二十三至二十八）依“天人合一”之观点，诸德固应有此诸根据也。

对于社会伦理，董仲舒有三纲五纪之说（见《深察名号》篇）。所谓三纲者，董仲舒曰：

> 凡物必有合。合必有上，必有下，必有左，必有右，必有前，必有后，必有表，必有里。有美必有恶，有顺必有逆，有喜必有怒，有寒必有暑，有昼必有夜，此皆其合也。阴者，阳之合。妻者，夫之合。子者，父之合。臣者，君之合。物莫无合，

而合各有阴阳。……君臣父子夫妇之义，皆取诸阴阳之道。君为阳，臣为阴。父为阳，子为阴。夫为阳，妻为阴。……仁义制度之数，尽取之天。天为君而覆露之，地为臣而持载之。阳为夫而生之，阴为妇而助之。春为父而生之，夏为子而养之，秋为死而棺之，冬为痛而丧之。（苏舆云："二语疑衍。"）王道之三纲，可求于天。（《基义》，《繁露》卷十二，页八至十）

此于儒家所说人伦之中，特别提出三伦为纲。而"君为臣纲，父为子纲，夫为妻纲"之说，在中国社会伦理上，尤有势力。依向来之传统的见解，批评人物，多注意于其"忠孝大节"；若大节有亏，则其余皆不足观。至于批评妇人，则只多注意于贞节问题，即其对于夫妇一伦之行为。"饿死事小，失节事大"，苟一失节，则一切皆不足论矣。"君为臣纲，父为子纲，夫为妻纲"，于是臣、子、妻，即成为君、父、夫之附属品。此点，在形上学中亦立有根据。董仲舒以为"君臣父子夫妇之义，皆取诸阴阳之道"。《白虎通义》亦然。盖儒家本以当时君臣，男女，父子之关系，类推以说阴阳之关系；及阴阳之关系如彼所说，而当时君臣，男女，父子之关系，乃更见其合理矣。

【注】所谓五纪，董仲舒未详说。《白虎通义》对于三纲更有发挥；又改五纪为六纪。《白虎通义》云："三纲者，何谓也？谓君臣，父子，夫妇也。六纪者，谓诸父，兄弟，族人，诸舅，师长，朋友也。故《含文嘉》曰：'君为臣纲，父为子纲，夫为妻纲。'又曰：'敬诸父兄，六纪道行。诸舅有义，族人有序，昆弟有亲，师长有尊，朋友有旧。'何谓纲纪？纲者，张也。纪者，理也。大者为纲，小者为纪。所以张理上下，整齐人道

也。人皆怀五常之性，有亲爱之心，是以纲纪为化。若罗网之有纪纲，而万目张也。《诗》云：‘亹亹文王，纲纪四方。’君臣父子夫妇，六人也。所称三纲何？一阴一阳谓之道。阳得阴而成，阴得阳而序。刚柔相配，故六人为三纲。”（《三纲六纪》，《白虎通义》卷八，页十八）《白虎通义》更引申以为社会上一切制度，皆取法于五行。《白虎通义》曰：“父死子继何法？法木终火王也。兄死弟及何法，夏之承春也。善善及子孙何法？春生待夏复长也。恶恶止其身何法？法秋煞不待冬。主幼臣摄政何法？法土用事于季孟之间也。子复仇何法？法土胜水，水胜火也。子顺父，妻顺夫，臣顺君，何法？法地顺天也。男不离父母何法？法火不离木也。女离父母何法？法水流去金也。娶妻亲迎何法？法日入阳下阴也。……”（《五行》，《白虎通义》卷四，页四十二）所说尚多，不详引。

人必依此等伦理的规律而行，方可尽人之性，而真为人。董仲舒曰：

> 人受命于天，固超然异于群生。入有父子兄弟之亲，出有君臣上下之谊，会聚相遇，则有耆老长幼之施。粲然有文以相接，欢然有恩以相爱，此人之所以贵也。生五谷以食之，桑麻以衣之，六畜以养之，服牛乘马，圈豹栏虎，是其得天之灵贵于物也。故孔子曰：天地之性人为贵。明于天性，知自贵于物。知自贵于物，然后知仁谊。知仁谊，然后重礼节。重礼节，然后安处善。安处善，然后乐循礼。乐循礼，然后谓之君子。故孔子曰，不知命亡以为君子，此之谓也。（《董仲舒传》，《汉书》卷五十六，页十六）

人若无伦常道德，则即不能异于群生而与禽兽无别矣。

政治哲学与社会哲学

唯因人之性未能全善，故需王以治之。董仲舒曰：

> 天生民性，有善质而未能善，于是为之立王以善之，此天意也。民受未能善之性于天，而退受成性之教于王；王承天意以成民之性为任者也。（《深察名号》，《繁露》卷十，页十三）

王者受天之命，法天以治人，其地位甚高，其责任甚大。董仲舒曰：

> 古之造文者，三画而连其中，谓之王。三画者，天地与人也。而连其中者，通其道也。取天地与人之中，以为贯而参通之，非王者孰能当是？是故王者唯天之施，施其时而成之（苏舆曰："疑脱二字，施疑作法。"），法其命而循之诸人，法其数而以起事，治其道而以出法（苏舆曰："疑当作法其道而以出治。"），治其志而归之于仁（苏舆曰："治疑作法。"）。（《王道通三》，《繁露》卷十一，页九）

"王者唯天之法。""法其时而成之"者，董仲舒曰：

> 然而主之好恶喜怒，乃天之春夏秋冬也。其俱暖清寒暑，而以变化成功也。天出此物者（苏舆曰："物疑作四。"），时则岁美，不时则岁恶。人主出此四者，义则世治，不义则世乱。是故治世与美岁同数，乱世与恶岁同数，以此见人理之副天道也。……人主立于生杀之位，与天共持变化之势。物莫不应天化。天地之化如四时。所好之风出，则为暖气而有生于俗。所恶之风出，则为清气而有杀于俗。喜则为暑气而有养长也，怒则为寒气而有闭塞也。人主以好恶喜怒变习俗，而天以暖清寒暑化草木。喜怒时而当则岁美，不时而妄则岁恶，天地人主一也。（《王道通三》，《繁露》卷十一，页十至十二）

又曰：

> 天之道春暖以生，夏暑以养，秋清以杀，冬寒以藏。暖暑清寒，异气而同功，皆天之所以成岁也。圣人副天之所行以为政，故以庆副暖而当春，以赏副暑而当夏，以罚副清而当秋，以刑副寒而当冬。庆赏罚刑，异事而同功，皆王者之所以成德也。庆赏罚刑，与春夏秋冬，以类相应也，如合符。故曰，王者配天；谓其道，天有四时，王有四政，若四时通类也，天人所同有也。（《四时之副》，《繁露》卷十三，页一）

人主之喜怒哀乐，庆赏刑罚，以四时为法；若皆得其宜，则"世治"矣。

"天之为人性命，使行仁义而羞可耻"，"法其命而循之诸人"，当即"施成性之教"，"继天"以"成"人之善也。董仲舒曰：

天令之谓命；命非圣人不行。质朴之谓性；性非教化不成。人欲之谓情；情非制度不节。是故王者，上谨于承天意，以顺命也。下务明教化民，以成性也。正法度之宜，别上下之序，以防欲也。修此三者，而大本举矣。（《董仲舒传》，《汉书》卷五十六，页十六）

此王者“承天意”以教人之事也。

“法其数而以起事者”，董仲舒曰：

王者制官，三公，九卿，二十七大夫，八十一元士，凡百二十人，而列臣备矣。吾闻圣王所取仪金天之大经（俞云：“金字乃法字之误。”），三起而成，四转而终。官制亦然者，此其仪与？三人而为一选，仪于三月而为一时也。四选而止，仪于四时而终也。三公者，王之所以自持也。天以三成之；王以三自持。立成数以为植，而四重之，其可以无失矣。备天数以参事，治谨于道之意也。……一阳而三春，非自三之时与？而天四重之，其数同矣。天有四时，时三月。王有四选，选三臣。是故有孟，有仲，有季，一时之情也。有上，有下，有中，一选之情也。三臣而为一选，四选而止，人情尽矣。人之材故有四选，如天之时固有四变也。圣人为一选，君子为一选，善人为一选，正人为一选。由此而下者，不足选也。四选之中，各有节也。是故天选四堤十二而人变尽矣（苏舆云：“疑当云：天选四时，终十二，而天变尽矣。”）。尽人之变合之天，唯圣人者能之。所以立王事也。……故一岁之中有四时，一时之中有三长，天之节也。人生于天，而体天之节，故亦有大小厚薄之变，人之气也。先王因人之气而分其变，以为四选。是故三公之位，圣人之选也。三卿之位，君子之选也。三大夫之位，善人之选也。三士之位，正直之选也。分人之变，以为四选，选立三臣。如天之分岁之变以为四时，时有三节也。天以四时之选，与十二节相和而成岁。王以四位之选，与十二臣相砥砺而致极。道必极于其所至，然后能得天地之美也。（《官制象天》，《繁露》卷七，页二十六至三十）

设官分职，均法天之数，非可随便规定也。

“法其道而以出治”者，董仲舒曰：

天之道有序而时，有度而节，变而有常，反而有相奉。微而至远，踔而致精，一而少积蓄，广而实，虚而盈。圣人视天而行。是故其禁而审好恶喜怒之处也，欲合诸天之非其时不出暖清寒暑也。其告之以政令而化风之清微也，欲合诸天之颠倒其一而以成岁也（苏舆云：“两句并疑有误字。”）。其羞浅末华虚而贵敦厚忠信也，欲合诸天之默然不言而功德积成也。其不阿党偏私而美泛爱兼利也，欲合诸天之所以成物者少霜而多露也。（《天容》，《繁露》卷十一，页十二至十三）

此皆人主法“天之道”以“出治”者也。

“法其治而归之于仁”者，董仲舒曰：

仁之美者在于天。天，仁也。天覆育万物，既化而生之，有养而成之（苏舆曰：“有又同。”）。事功无已，终而复始；凡举归之以奉人。察于天之意，无穷极之仁也。人之受命于天也，取仁于天而仁也。是故人之受命天之尊（卢文弨曰：“七字疑衍。"），父兄子弟之亲（卢文弨曰："父兄上应有有字。"），有忠信慈惠之心，有礼义廉耻之行，有是非逆顺之治。文理灿然而厚，知广大有而博。唯人道为可以参天。天常以爱利为意，以养长为事，春秋冬夏，皆其用也。王者亦常以爱利天下为意，以安乐一世为事，好恶喜怒而备用也（苏舆曰："而备疑当作皆其。"）。（《王道通三》，《繁露》卷十一，页九至十）

天以爱利人为意；王者法之，亦以爱利人为意，此点与墨子之学说有相同处。

董仲舒之社会哲学，注重于均贫富，"塞并兼之路"。董仲舒曰：

孔子曰："不患贫而患不均。"故有所积重，则有所空虚矣。大富则骄，大贫则忧，忧则为盗，骄则为暴；此众人之情也。圣者则于众人之情，见乱之所从生。故其制人道而差上下也，使富者足以示贵而不至于骄，贫者足以养生而不至于忧。以此为度而调均之，是以财不匮而上下相安，故易治也。今世弃其度制，而各从其欲。欲无所穷，而俗得自恣，其势无极。大人病不足于上，而小民羸瘠于下。则富者愈贪利而不肯为义，贫者日犯禁而不可得止。是世之所以难治也。……天不重与。有角不得有上齿。故已有大者，不得有小者，天数也。夫已有大者，又兼小者，天不能足之，况人乎？故明圣者，象天所为，为制度，使诸有大奉禄，亦皆不得兼小利，与民争利业，乃天理也。（《度制》，《繁露》卷八，页一至三）

"为制度，使诸有大奉禄，亦皆不得兼小利，与民争利业"，即所以

“塞并兼之路”也。此制度，董仲舒以为与“天理”合。

董仲舒理想中之土地分配制度，仍为井田制度，所谓：

> 方里而一井，一井而九百亩，而立口。方里八家，一家百亩，以食五口。上农夫耕百亩，食九口。次八人，次七人，次六人，次五人。（《爵国》，《繁露》卷八，页十）

自贵族政治破坏后，人民在经济方面自由竞争之结果，秦汉之际，新起之富豪多，贫富不均之现象显。当时有识之士，多以为言。董仲舒盖亦力欲矫此流弊者也。

灾　异

天人之关系，既如上诸节所述，故人之行事，若有不合而异常，则天亦显现非常的现象。此天所显现之非常的现象，即所谓灾异。董仲舒曰：

> 其大略之类，天地之物，有不常之变者，谓之异；小者谓之灾。灾常先至而异乃随之。灾者，天之谴也；异者，天之威也。谴之而不知，乃畏之以威。《诗》曰“畏天之威”，殆此谓也。凡灾异之本，尽生于国家之失。国家之失，乃始萌芽，而天出灾害以谴告之。谴告之而不知变，乃见怪异以惊骇之。惊骇之尚不知畏恐，其殃咎乃至。以此见天意之仁而不欲陷人也。（《必仁且智》，《繁露》卷八，页二十四）

此谓人之行为有不当，“天生灾异以谴告之”。董仲舒又曰：

> 今平地注水，去燥就湿。均薪施火，去湿就燥。百物去

其所与异，而从其所与同。故气同则会，声比则应，其验皦然也。试调琴瑟而错之，鼓其宫则他宫应之，鼓其商而他商应之。五音比而自鸣，非有神，其数然也。美事召美类；恶事召恶类，类之相应而起也。如马鸣则马应之，牛鸣则牛应之。帝王之将兴也，其美祥亦先见。其将亡也，妖孽亦先见。物故以类相召也。……天有阴阳，人亦有阴阳。天地之阴气起，而人之阴气应之而起。人之阴气起，而天地之阴气亦宜应之而起。其道一也。明于此者，欲致雨则动阴以起阴；欲止雨则动阳以起阳。故致雨非神也，而疑于神者，其理微妙也。非独阴阳之气可以类进退也，虽不祥祸福所从生，亦由是也。无非已先起之，而物以类应之而动者也。（《同类相动》，《繁露》卷十三，页四至六）

又曰：

刑罚不中，则生邪气。邪气积于下，怨恶畜于上。上下不和，则阴阳缪戾而妖孽生矣。此灾异所缘而起也。（《董仲舒传》，《汉书》卷五十六，页五）

又曰：

人下长万物，上参天地。故其治乱之故，动静顺逆之气，乃损益阴阳之化，而摇荡四海之内。物之难知者若神，不可谓不然也。今投地死伤而不腾相助（孙诒让云：“当作而不能相动。”）。投淖相动而近，投水相动而愈远。由此观之，夫物愈淖而愈易变动摇荡也。今气化之淖，非直水也，而人主以众动之无已时。是故常以治乱之气，与天地之化相殽，而不治也。

世治而民和，志平而气正，则天地之化精，而万物之美起。世乱而民乖，志僻而气逆，则天地之化伤，气生灾害起（卢文弨曰："气上疑脱一字。"）。（《天地阴阳》，《繁露》卷十七，页七）

此谓人之行为有不当，则阴阳之气即机械的受感应而有非常的现象出现。所谓灾异之原因果为上述二者中之何者，或兼为二者，董仲舒未言及。盖阴阳家言中，对于天人相感之理，本有此二说也。

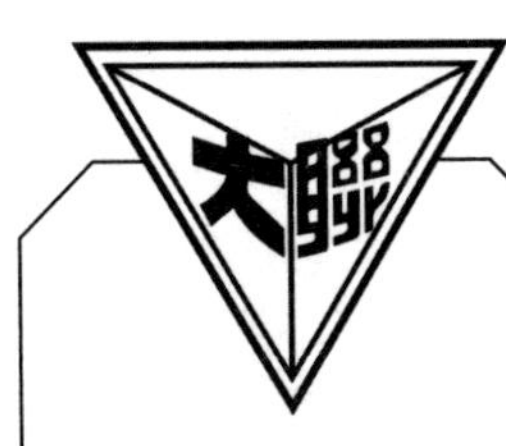

第三章 汤用彤讲魏晋玄学

魏晋思想的发展

在讨论魏晋思想的发展以前，首先要申明的是：这儿所谓“魏晋思想”，是就这个时代的“普通思想”或“一般思潮”来说，虽然哲学理论在此中甚关重要，但现在并不打算作专门的探讨；再，我仅仅要来讲明这个“时代思潮”发展的经过，事实上只能提出些大的结论，因为此种结论的前提或考证，牵涉太多，这中间各方面复杂的关系，不是在这短时内所能说明的，所以只得从略了。

讲到魏晋时代的“普通思想”，它在某些方面可以有跟别的时代相同的地方，但是本文特别注意的不是这些方面，反而却自魏晋时代不同于别的时代的地方着眼，换句话说，即在讲明魏晋时代所以成为魏晋时的思想。其他只好不谈。关于“魏晋思想的发展”，根据问题的性质，随同论证的转移，为了说明的方便，分以下三大段来讨论。

魏晋时代思想的成分

这个时代，各派思想同时进行不同的组合，要对于这些的面目都有清楚的认识，那是难的。好在这里只提出那主要的“潮流”来讨论，也就是选取那足以代表这“时代思想”的成分来讨论，看它们彼此消长的情势，再进一步地推论这个思潮如何生成与发展的意义。讲到魏晋时代思想特别成分，当然要涉及外来宗教的侵入，或印度佛教的流布。因此这种因素，此后在思想界发生了重大的影响。普通又多称这个时代我国思想的主潮是“玄学”。那么可以成为问题的就是：（一）玄学的产生是否受佛学的影响？（二）魏晋思想在理论上与佛学的关系如何？——或是这种外来的宗教何以能为中华人士所接受？要回答上面的两个问题，我们非得先明了魏晋时代特有思想（玄学）生成和发展不可。这样，必须等本文写到最后部分时再行答复。

魏晋时代思想界颇为复杂，表面上好像没有什么确切的“路数”，但是，我们大体上仍然可以看出其中有两个方向，或两种趋势，即一方面是守旧的，另一方面是趋新的。前者以汉代主要学说的中心思想为根据，后者便是魏晋新学。我们以下不妨简称“旧学”与“新学”的两派，“新学”就是通常所谓玄学。当时“旧学”的人们或自称“儒道”……，其实思想皆是本于阴阳五行的“间架”，宇宙论多半是承袭汉代人的旧说；“新学”则用老庄“虚无之论”作基础，关于宇宙人生各方面另有根本上新的见解。

汉朝末年，中原大乱，上层社会的人士多有避难南来，比较偏于保守的人们大概仍留居在北方。所以“新学”最盛的地方在荆州和江东一带，至于关中、洛阳乃至燕、齐各处，仍是“旧学”占优势的地方。后来曹操一度大军南下，曾带领一部分学者北归，于是荆州名士再到洛下。但是不久，因为这班人很不满意曹氏父子的“功业”，意见不投，多被摧残。此后司马氏又存心要学曹家篡夺的故技，名士更多有遇害的。但在这时节，北地“新学”已种下深根，因此“玄学”的发祥地实在北方，虽然再后因为政局的不宁和其他关系，名士接踵不断地南下，但也并不因此可以说北方根本没有“新学”了。要到西晋以后，“新学”乃特盛行江左。这样，晋朝末年的思想，南北新旧之分，真可算判然两途了。因此南朝北朝的名称，不仅是属于历史上政治的区划，也成为思想上的分野了。这种风气的影响不仅及于我国固有学术的面目，就是南北佛教因为地域的关系也一致地表现了不同的精神。最后，北朝统一中国，下开隋唐学术一统的局面，因此隋唐的学风尚是遵循北朝的旧辙，不过也受了南朝思想的洗礼，看出来影响是不小罢了。所以魏晋时代思想的成分，无论“新”“旧”哪方面造成的后果，在我国思想史上，都是极重要的。

魏晋玄学之发生与长成

从上段讲来，我们可以明白魏晋时代特有的思想，即所以成为魏晋时代者，当然是前节所谓“新学”的一方面了，现在准备更进一步地来说明这种“新学”如何发生与长成的事实。我不打算从历史上实际政治的影响等去分析这个时代的背景，当作思潮发生的原因，却想专就这个“思潮”的本身来试行解剖，魏晋时代“一般思想”的中心问题为：“理想的圣人之人格究竟应该怎样？”因此而有“自然”

与“名教”之辨。

汉代学者多讲所谓“天人相应”之学，其时特别注重“天道”的著作，如扬子云的《太玄》，桓谭说：“扬雄作玄书（《太玄》），以为玄者天也道也，言圣贤制法作事，皆引天道以为本统，而因附属万类王政人事法度。……”（《后汉书·张衡传》注）此外，汉以前的书，《周易》最言“天道”，所以汉末谈“天道”的人们，都奉《易经》作典要，其实“魏晋玄学”早期所推重的书，又何尝不是《周易》呢？因为那时《周易》是“正经”，《老》《庄》才不过是“诸子”罢了。

说到三国时的《易》学。按照地域思想的不同，我想大略可分三项：

（甲）江东一带，以虞翻、陆绩等人作代表。

（乙）荆州，以宋忠等为代表。

（丙）北方，以郑玄、荀融等人为代表。

就中荆州一派见解最新，江东一带也颇受这种新经义的影响，北派最旧，大多传习汉儒的“象数”。当时讲《易经》的又多同时注意《太玄》。宋忠对扬子《太玄》《法言》两书，素称名家。虞翻、陆绩辈既是《易》学专门，也都诵习《太玄》，可以为证。何晏、王弼史书推论他们是“玄宗之祖”，两人皆深于《易》学，更是不用说了。相传何晏与管辂讨论过《易》学（见《三国志·管辂传》），荀融作文反对王弼的新说。按王弼是王粲的侄孙，王粲曾为刘表重视，据云并有驳斥郑康成旧说的事，王弼实际就是上承荆州一派《易》学“新经义”的大师，荀氏又属当时汉《易》的世家，由此可见这时《易》学各派相互情势的大概了。

此外，约在魏文帝的时候北方风行的思想主要的是本于“形名之学”（形名或作刑名，省称名家），即特别偏重于人事政治方面（名教）的讨论。这个“名家”的根本理论是“名实之辨”，所以跟传统儒家与法家的学说，均有可以相通的地方，因为儒家讲“正名”，法家也论“综核名实”，问题的性质都很接近。又按名家之学本是根源于汉代的政治思想，人君有最大的两种任务：第一是要设官分职，安排官职恰如应有之位分，使“名实相符”。第二是人君应有知人之明，量才授官，认得如何样的人能做如何样的事。这样汉代月旦人物的流风，即是对于人物的评论，叫作“名论”，又叫作“名目”，所有政治上施设，都系于职官名分的适宜，人物名目的得当，这是致太平的基础，此与礼乐等总称之曰“名教”。照那种政论推论下来，人君在上须是能够观照全体；臣民在下，职务应该各有其分。君主无为，臣民有为，因为人君果能设官分职，官当其分，量才授职，人尽所能，此外他便没有个人特别的任务，此即所谓“无为而无不为”，如是即“垂拱而治”了。人君要能够这样，当时便说是合乎“道”或“天道”，故可以说人君是“道体”，并以“配天”。臣下只是各得其分，各尽所职，便谓是“器”或“形器”，又可以说是“器用”，这在表示功能各有不同。《易经·系辞》说：“形而上者谓之道，形而下者谓之器。”这句话中“形上”与“形下”的分别，在当时便有如此的解说。根据前人的记载，汉末三国时学者，多作有所谓“道德论”的文章，我们参照别方面的意见，可以明了他们当时所谓“道德”，跟现在一般人通常所了解的含义不相同，一方面范围较广，再则“道”“德”二字尚属相对并称，不像目前连用作一辞。如王弼注《老子》据说分“道经”与“德经”，可以为例。讨论的问题也就是“天人之际”，如《世说·文学篇》[1]载有这样一段故事，说：“何平叔（晏）注老子始成，诣王辅嗣（弼），见王注精奇，乃神伏曰：若斯人可与论天人之际矣，因以所注为道德二论。”这所谓“道德论”讨论的即是“天人之际”，也可以同上面的解释一致，即是说人君为“道”配“天”，臣下有“德”为“人”，“道德”两字在意义上等于“天人”，故“天”“道”不可名状，“人”“德”可以言说。《老子》书言：“道可道，非常道；名可名，非常名。”这话固然有其形上学的解释，但是人君合乎道，百姓与能，臣民分职，各具德性，所以人君无名无为，臣民有名有为，《老子》开始的两句也可牵合于政治，形上学原可作政论的基础，即在思想上本可拉在一起。因此在理论上，当时的“形名之学”，不仅是跟法家、儒家有关，且与道家相通了。所以名家后来竟变成道家。王弼的思想就是一个好例。君主与臣下的关系，如上所述，在理论上，即是“道”与“器”的对立，“天、人”“道、德”的不同，乃至“常道”“可道”“有名”“无名”的分别也可以这样去解释。概括地说，不就是“名教”与“自然”之辨的问题吗？因为人君的“用”在行“名教”来治理天下，而以“天道”或“自然”去配比“君德”，这样，君体“自然”，也就是以“自然”为“体”，“名教”为“用”了，我想魏晋时代道家之学兴起的主要原因，在思想的本质上大略是如此。

[1] 即《世说新语·文学篇》。——编者注

“名家”之学的中心思想重在“知人善任”。因为汉朝政府用人是采取“察举之制”的，社会上的“名目”，即是一般人的“评论”早成为进身的阶梯、做官的捷径了，但是对于人物的批评是很难的，往往“差若毫厘，谬以千里”。因为有的看来平庸，实在有才能，也有真是“大智”倒像愚人似的。所以“相人”应该注意到他的全面，重神而不重貌，有时实在“可以意会，不得言传”。这样，当时便流行一种所谓“言意关系”的讨论，好些人并常提出不同的见解，其中“得意忘言”之说后来发生重大影响，进一步，应用这个原理评判一切，而当代思想的大问题——“自然与名教之争”也依之“裁判”了。因为体“自然”者才可以得意，拘于“名教”者实未尝忘言。王弼解《易》主张“得意”，他在《略例·明象章》说：“夫象者出意者也，言者明象者也，……是故存言者非得象者也，存象者非得意者也。”王弼采取这一个新的办法，就是用“寄言出意”的理论作根据，鄙视汉代“象数之学”，抛弃阴阳五行等旧说的传统，我国学术由此而发生重大的变化，王弼因此奠定魏晋“新学”（玄学）的基础。

根据以上所说，可知“新学”（玄学）的生成有两个主要因素：（一）研究《周易》《太玄》等而发展出的一种“天道观”；（二）是当代偏于人事政治方面的思想，如现存刘劭《人物志》一类那时所谓“形名”派的理论，并融合三国时流行的各家之学。上述二者才是“玄学”所以成为魏晋时代特有思想的根源。而“自然”与“名教”之辨以至体用本末的关系，以及“最理想的圣人的人格应该是如何”的讨论，都成为最重要的问题、“新学”的骨干了。因为上接《周易》《太玄》的思想，下合名、法、儒、道各家，都以这个问题作线索贯串起来的，也可说“新学”之所以能成为“新学”的创造部分，就在对这问题探讨的成绩所给与过去各家学术思想一个新的组合，或构成了某种新的联系使魏晋时代的思想表现特殊的精神。“新学”人们的结论是圣人方可以治天下，所谓“圣人”者，以“自然”为体，与“道”同极，“无为而无不为”。这种“圣人”的观念，从意义上讲，便是以老庄（自然）为体，儒学（名教）为用，道家（老庄）因此风行天下，魏晋“新学”（玄学）随着长成了。

魏晋思想的演变

三国以来的学者，在“名教”与“自然”之辨的前提下，虽然一致推崇“自然”，但是对于“名教”的态度并不完全相同。我们此刻不妨把一派称作“温和派”，另一派名为“激烈派”。前者虽不怎样特别看重“名教”，但也并不公开主张废弃“礼法”，如王弼、何晏等人可为代表。他们本出于礼教家庭，早读儒书，所推崇而且常研习的经典是《周易》《老子》。后派则彻底反对“名教”，思想比较显着浪漫的色彩，完全表现一种《庄子》学的精神，其立言行事像阮籍、嵇康等人可为好例。西晋元康年间（291—299），“激烈派”在社会各方面发生较大的影响，流为风尚，以后一般人多痛心那批“效颦狂生”的行径，忘本逐末，“放”而不“达”。因此对于“温和派”的精密思想体系也多误认为完全蔑弃“名教”了。其实当代名士对于“激烈派”的种种行为也有表示不满意的，例如乐广，《晋书》本传载：“是时王澄、胡毋辅之等皆以任放为达，或至裸体者，广闻而笑之曰：名教内自有乐地，何必乃尔！”乐广这种感慨是说名教本合乎自然，其中自有乐地，弃名教而任自然，是有体无用，也是不对的，所以乐令公（广）的话并不是特别推崇“名教”，其思想还是本于玄学。再如裴頠，后人说他是“深患时俗放荡”，作《崇有论》“以释其弊”（详《晋书》本传）。然其理论更是玄学的，大意在说不可去“有”以存“无”，弃“用”来谈“体”。史书载称裴頠本是善谈“名理”的人，即可表示他是正统的玄学家，因为玄学的理论，原是上承魏初“名家”思想变来的。晚期戴逵作有《放达为非道论》，我想还是“温和派”思想影响下的余波。

向秀、郭象二人，确是这个时代杰出的人才，他俩的《庄子注》可算玄学中第一等名作。但是他们的思想，实是上承王（弼）何（晏）等人“温和派”的态度，不过在理论的体系上，王、何“贵无”，向、郭“崇有”，形上学的根据方面有些两样罢了。因为向（秀）郭（象）两人也是主张“自然”同“名教”不是冲突或对立的。但是《庄子》书中好些字面上诋毁“孔儒”的话，来作反驳“名教”的口实。向、郭就是想加以矫正，给《庄子》这书一个新的解释，应用“寄言出意”的理论，从根本上去调合孔老（或儒道）两家的冲突，即是进行取消“自然”与“名教”的对立。向、郭这种用意，在他俩的《庄子注》中随处可见，我想不用特为引证了。谢灵运在《辨宗论》上有句话，说“向子期（秀）以儒道为一”，指的正是。《世说·文学篇》谓：“初注《庄子》者数十家，莫能究其旨要，向秀于旧注外为解义，妙析奇致，大畅玄风。”《晋书》本传竟说他的《庄子注》出世，“儒墨之迹见鄙，道家之言遂盛”了。我想当时放任派的人，自以为有契于庄生，因而《庄子》一书几成为不经世务不守礼法者的经典；但向郭《庄子注》上承王（弼）何（晏）等人温和派的态度，对于《庄子》，主张齐一儒道，任自然而不废名教，乃当时旧解外的一种新的看法。他们这个创见，以《庄子注》中圣人观念为焦点；他们推尊孔子为圣人，发挥“自然”与“名教”不可分离的思想。郭象在他的《庄子注》中说明本书的宗旨是“明内圣外王之道”，“内圣”就是要顺乎“自然”，“外王”则主张不废“名教”，主张“名教”合乎“自然”，“自然”为本为体，“名教”为末为用。虽然不废名教，但“名教”为末，故《庄子注》仍是“大畅玄风”，而儒墨之治天下，有用无体。徒有其迹而忘其所以迹，故《庄子注》出而“儒墨之迹见鄙，道家之言遂盛”了。

西晋末叶以后，佛学在中国风行，东晋的思想家多属僧人，但是这种外来的印度宗教，何以能在我国如此的发达，说者理由不一。我看其中主要的原因，多半是由于前期“名士”与“名僧”的发生交涉，常有往来。他们这种关系的成立，一则双方在生活行事上彼此本有可以相投的地方，如隐居嘉遁，服用不同，不拘礼法的行径，乃至谈吐的风流，在在都有可相同的互感。再则佛教跟玄学在理论上实在也有不少可以牵强附会的地方，何况当时我国人士对于佛教尚无全面的认识，译本又多失原义，一般人难免不望文生解，当时佛学的专门术语，一派大都袭取《老》《庄》等书上的名辞，所以佛教也不过是玄学的“同调”罢了。故晋释道安《鼻奈耶序》上说：“以斯邦（中国）人《老》《庄》教行，与方等经兼忘相似，故因风易行也。”实是当时事实的真相。说到这个时代的佛学，早期最流行的是“般若”

的研究，根本的思想是“二谛义”，讲明“真谛”与“俗谛”的关系，这个分别与中国本末体用之辨相牵合；再则“法身”的学说也颇重要，相传古《楞严经》在那时前后总计有七次到九次的翻译，大概系因为这书特别论到“法身”罢。此后到西晋末年，《涅槃经》的学说接着大为风行，还是发挥上述一贯的思想，这些“二谛”“法身”诸义，讨论圣人“人格”的问题，而同时为“本体论的”追究，佛学给与玄学很丰富的材料，很深厚的理论基础。若论佛学与其他思想的争论，或“内学”与“外教”的关系，其主要问题还是“自然与名教之辨”，乃至“圣”与“佛”的性质各是如何？按印度佛教原本是一种出世解脱道，换句话说，即是“内圣”不一定要“外王”。晋朝末年因受这种外来宗教的影响，对于理想上“圣人的观念”也有改变，如慧远在《论沙门不应敬王者书》上说：“不顺化以求宗”，即“体极”者可以“不顺化”，“自然”与“名教”之所以又行分途，佛学于此，关系也颇重要。

现在我要回到本文第一段所提出的两个问题：即：（一）玄学的产生是否受佛学的影响？（二）魏晋思想在理论上与佛学的关系如何？我的意见是：玄学的产生与佛学无关，因为照以上所说，玄学是从中华固有学术自然的演进，从过去思想中随时演出“新义”，渐成系统，玄学与印度佛教在理论上没有必然的关系，易言之，佛教非玄学生长之正因。反之，佛教倒是先受玄学的洗礼，这种外来的思想才能为我国人士所接受。不过以后佛学对于玄学的根本问题有更深一层的发挥。所以从一方面讲，魏晋时代的佛学也可说是玄学。而佛学对于玄学为推波起澜的助因是不可抹杀的。

总上所说，关于魏晋思想的发展，粗略分为四期：（一）正始时期，在理论上多以《周易》《老子》为根据，用何晏、王弼作代表。（二）元康时期，在思想上多受《庄子》学的影响，“激烈派”的思想流行。（三）永嘉时期，至少一部分人士上承正始时期“温和派”的态度，而有“新庄学”，以向秀、郭象为代表。（四）东晋时期，亦可称“佛学时期”。我们回溯魏晋思潮的源头，当然要从汉末三国时荆州一派《易》学与曹魏“形名家”言的综合说起，正始以下乃至元康、永嘉以迄东晋各时期的变迁，如上面所讲的，始终代表这时代那个新的成分一方面继续发展的趋势。前后虽有不同的面目，但是在思想的本质上确有一贯的精神。魏晋时代思想之特殊性，想在乎此。

魏晋玄学流别略论

溯自扬子云以后，汉代学士文人即间尝企慕玄远。凡抗志玄妙者，“常务道德之实，而不求当世之名。阔略杪小之礼，荡佚人间之事。”（冯衍《显志赋》）“逍遥一世之上，睥睨天地之间。不受当世之责，永保性命之期。”（仲长统《昌言》）则其所以寄迹宅心者，已与正始永嘉之人士无或异。而重玄之门，老子所游。谈玄者必上尊老子。故桓谭谓老氏其心玄远与道合。冯衍“抗玄妙之常操”，而“大老聃之贵玄”。傅毅言“游心于玄妙，清思于黄老”（《七激》）。仲长统“安神闺房，思老氏之玄虚”。则贵玄言，宗老氏，魏晋之时虽称极盛，而于东汉亦已见其端矣。

然谈玄者，东汉之与魏晋，固有根本之不同。桓谭曰：“扬雄作玄书，以为玄者天也，道也。言圣贤著法作事，皆引天道以为本统。而因附属万类王政人事法度。”亦此所谓天道，虽颇排斥神仙图谶之说，而仍不免本天人感应之义，由物象之盛衰，明人事之隆污。稽察自然之理，符之于政事法度。其所游心，未超于象数。其所研求，常在乎吉凶（扬雄《太玄赋》曰："观大易之损益兮，览老氏之倚伏。"张衡因"吉凶倚伏，幽微难明，乃作《思玄赋》"）。魏晋之玄学则不然。已不复拘拘于宇宙运行之外用，进而论天地万物之本体。汉代寓天道于物理。魏晋黜天道而究本体，以寡御众，而归于玄极（王弼《易略例·明象章》）；忘象得意，而游于物外（《易略例·明象章》）。于是脱离汉代宇宙之论（Cosmology or Cosmogony）而留连于存存本本之真（ontology or theory of being）。汉代之又一谈玄者曰："玄者，无形之类，自然之根。作于太始，莫之与先。"（张衡《玄图》）此则其所谓玄，不过依时间言，万物始于精妙幽深之状，太初太素之阶。其所探究不过谈宇宙之构造，推万物之孕成。及至魏晋乃常能弃物理之寻求，进而为本体之体会。舍物象，超时空，而研究天地万物之真际。以万有为末，以虚无为本。夫虚无者，非物也。非无形之元气，在太始之时，而莫之与先也。本无末有，非谓此物与彼物，亦非前形与后形。命万有之本体曰虚无，则无物而非虚无，亦即物未有时而非虚无也。汉代偏重天地运行之物理（按扬雄、张衡之玄亦有不同，兹不详析），魏晋贵谈有无之玄致。二者虽均尝托始于老子，然前者常不免依物象数理之消息盈虚，言天道，合人事；后者建言大道之玄远无朕，而不执着于实物，凡阴阳五行以及象数之谈，遂均废置不用。因乃进于纯玄学之讨论。汉代思想与魏晋清言之别，要在斯矣。

玄学兴起之原因，兹姑不详论。但道家老庄与佛家般若均为汉晋间谈玄者之依据。其中心问题，在辨本末有无之理。然名流竞起，新义叠出。其所据尝有殊，其着眼亦各别。嵇康《卜疑》曰：“宁如老聃之清净微妙，守玄抱一乎。将如庄周之齐物变化，洞达而放逸乎。”是则当时虽雅尚老庄，然其通释，固不必相同。谈老谈庄亦可各异。至于佛家般若性空，虽风行当代。而毗昙言有，亦复东来。童寿沙门与觉贤禅师，空义互殊，竟构仇怨（《高僧传·佛陀跋多罗传》）。而在什公前后，般若称六家七宗，或谓有十二家。则西国所传既不相同，中土立说亦各自异。详研魏晋僧俗之著述，其最重要之派别有四。兹分述之于下。

一

其一，为王辅嗣之学，释氏则有所谓本无义。其最要著作为《老子王注》。其形上之学在以无为体，其人生之学以反本为鹄。《晋书·王衍传》曰：“何晏、王弼立论，天地万物皆以无为本。”盖王、何深识宗极之贞一，至道之纯静。其着眼在贞一纯全之本体。万象纷陈，制之者一。品物咸运，主之者静。《周易》王注曰：

> 凡动息则静，静非对动者也。语息则默，默非对语者也。然则天地虽大，富有万物，雷动风行，运化万变，寂然至无，是其本矣。

万有群变以无为本。是则万有归于一本。群变原即寂无。未有非于本无之外，另有实在，与之对立。故虽万物之富，变化之烈，未有不以无为本也。此无对之本体（Substance），号曰无，而非谓有无之无。因其为道之全，故超乎言象，无名无形。圆方由之得形，而此无形。白黑由此得名，而此无名（参看《列子·天瑞篇》注引何晏《道论》）。万有群生由之以成，而非器形之所谓生。形器之生，如此生彼，昭然二物。而宇宙之本，虽开物成务，然万物未尝对本而各有实体。《老子》三十九章，王注曰：

> 物皆各得此一以成。既成，而舍以居成。居成，则失其母。

无对贞一之本体，为物之本原。即谓万有群生，皆各不离此本而别为实有。唯人若昧于所以成，而自居于其成。一犯人之形，而曰人也，人也。则失其本，丧其母，永堕于有为之域，宥于有穷之量。夫自居于有穷之量者，未能全其用也。“执一家之量者，不能全家，执一国之量者，不能成国。”（《老子》四章王注）故人必法天法道，冲而用之。冲而用之，乃本体全体之用。不自居于成，不自宥于量，舍有穷之域，反乎天理之本。故反本者，即以无为体。以无为体，则能以无为用（即冲而用之）。以无为用，则无穷而无不载矣（《老子》三十八章注，《周易》复卦注）。

由上所言，王氏形上之学在以无为本，人生之学所反本为鹄。西晋释氏所谓本无宗者，义当相似，而不免失之太偏。本无宗人，有释道安、竺道潜、竺法汰。道安弟子慧远，法汰弟子道生之学亦可谓为其枝叶（道生象外之谈，并重反本，与王弼同，兹不赘。但生公之学精深，非其前辈所及）。安、潜、汰等之著作少存，难详其异同。“本无”者乃“真如”之古译。佛家因以之名本体。道安解曰：“无在元化之先，空为众形之始，故称本无。非谓虚豁之中，能生万有也。”（《名僧传抄》）本无者，非谓虚豁而指诸法之本性，无名无形之本体。本体本性，绝言超象，而为言象之所资。言象之域，属于因缘。本性空寂，故称本无（道安之学，早晚不同，理论甚杂，其立说颇存汉人思想之余习，兹不详叙）。故道安高足慧远法师释本无义曰：“因缘之所有者，本无之所无。本无之所无者，谓之本无，本无之与法性，同实而异名也。”（慧达《肇论疏》）然则本无义者，以真如法性为本无，因缘所生为末有。且古德尝视外书之“本末”即内典之“真俗”。故以安公本无为真谛，末有为俗谛（慧达疏）。又安曰：“世俗者可道之道。无为（真谛）者，常道。”（语见《合放光光赞略解序》。此盖晋代所谓之格义。格义乃以经中事数拟配外书。）则安公之根本义，仍自取证于《老子》。按王辅嗣之学，固以其《老子注》为骨干。而万有以无为本，又道安等与之有同信。则释氏之本无宗者，实可谓与王氏同流也。唯稽考古籍，本无宗未免过于着眼在实相之崇高，而本末遂形对立。故僧肇曰：“本无者，情尚于无多，触言以宾无。”此讥其崇无之太偏也。又评之曰：“此直好无之谈，岂谓顺通事实，即物之情哉？”此斥其画本末为两截，因而蹈空也。又南齐周颙作《三宗论》，其第二宗“空假名”，虽称为于道邃缘会之说，但亦犯此病，讥之者遂名之为案苽义。盖体用对立，则空中无有，有中无空。如苽沉举体并没，苽浮举体并出，出时无没，没时无出也。又周氏谓老子属于空假名宗。盖空假名宗执着无相之体为真，而空假名。无相独真，假名纯空，独真与纯空，自不能相容，而分有无为二截。周颙以为老子仅能有知其有，无知其无。有无不相即，故属于此宗。又此宗既贵无太过，而离有。因之于有之外，别立无之宗义。周氏言虚无之学“有外张义”，故谓老子不出于此宗也。案《老子》本义如何，自为另一问题，但两晋南朝之解老者，疑多有此弊，故周颙只许老子属于第二宗也。

二

其二，为向秀、郭象之学，在释氏则有支道林之即色义。其主要著作为向、郭之《庄子注》。其形上之学主独化，其人生之学主安分。独化者，物各自然，无使之然也。世称罔两（郭注景外之微阴也）待景，景待形，形待造物。而郭象则曰：罔两非景之所制，而景非形之所使，形非无（造物）之所化。故造物者无物，而有物各自造。知有物之自造而无所待，则罔两之因景，有景必有形，皆自然而并生，俱出而俱没，岂有相资前后之差哉？万物均不为而自尔，各无待于外而同得，乃天地之正也（参看《齐物论》郭注），盖王弼贵无，向、郭则可谓为崇有，崇有者则主物之自生、自然（见裴頠《崇有论》）。夫物自然而然，而不知其所以然。突然自生，而无所使之生。则万物无体，无所从生。古来号万物所从生为天，为道，为无。然向秀曰："天也者万物之总名也。"（《弘明集》罗含《更生论》）郭象曰："夫天籁者，岂复别有一物哉？即众窍比竹之属，接乎有生之类，会而共成一天耳。"（《齐物论》注）然则非生物者乃为天，而物自生耳。道者亦非别有一物也。牛之理即在筋骨。宰牛之道，直寄于技。故道可谓无所不在，而所在皆无。因曰道无能而至无。言万物得于道者，亦以明其自得耳（参看《养生主》注及《知北游》"有先天地生者"段注）。至于无，即无有也。依独化之义，有且不能生有，而况无乃能生有哉？庄、老之所以屡称无者，正在明生物者无物，而自生耳（参看《在宥篇》注）。

王弼与向、郭均深感体用两截之不可通。故王谓万物本于无，而非对立。向、郭主万物之自生，而无别体。王既着眼在本体，故恒谈宇宙之贞一。向、郭既着眼在自生，故多明万物之互殊。二方立意相同，而推论则大异。又王弼既深见于本末之不离，故以为物象虽纷纭，运化虽万变，然寂然至无，乃为其本。万殊即归于一本，则反本抱一者，可见天地之心，复其性命之真。向、郭亦深有见于体用之不二，故言群品独化自生，而无有使之生。万物无体，并生而同得。因是若物能各当其分，各任其性，全其内而无待于外，则物之大小虽殊，其逍遥一也（参看《逍遥游》注）。王言反本抱一，故必得体之全，则物无不理。若安于有限，居于小成，则虽"穷力举重，亦不能为用"（《老子》四章注）。向、郭主安分自得，故物各以得性为至，自尽为极。若全马之性，"任其至分，而无铢毫之加"（《养生主》注），则驽马亦可足迹接乎八荒之表（参看《马蹄篇》注）。驽马之与良骥，得其性则俱济也。又王之所谓自然与向、郭义亦颇有不同。自然一语本有多义。王主万象之本体贞一。故天地之运行虽繁，而有宗统。"物无妄然，必由其理。故繁而不乱，众而不惑。"（《易略例·明象》）故自然者，乃无妄然也，至若向、郭则重万物之性分。物各有性，性各有极。物皆各有其宗极，而无使之者。故自然者即自尔也，亦即块然、掘然、突然也。由王之义，则自然也者并不与佛家因果相违。故魏、晋佛徒尝以二者并谈，如释慧远之《明报应论》是矣。由向、郭义，则自然与因果相悖。故反佛者亦尝执自然以破因果，如范缜之《神灭论》是矣。自然与因果问题，为佛教与世学最重要争论之一。其源盖系于立义之不同，其大宗约如上之二说。亦出于王与向、郭形上学说之不同也。

支道林以通庄命家。其学疑亦深受向、郭之影响。孙绰作《道贤论》，以支遁比向子期，当有见而云然。《世说·文学篇》注引支公《妙观章》文曰：

> 夫色之性也，不自有色。色不自有，虽色而空。故曰“色即为空，色复异空”（《般若》经文）。

又慧达《肇论疏》引其《即色论》云：

> 吾以为“即色是空，非色灭，空”（《维摩》经文），此斯言至矣。何者？夫色之性，色不自色（三字依上段加），虽色而空，如知不自知，虽知恒寂也。

所谓色不自色者，即明色法无有自性。“不自”者，即无支持（support，or substantum）之谓。亦即谓其色虽有，而自性无有。然色即不自有，则虽有色，而是假有。假有者“虽色而非色”（《肇论》述即色义语），亦即是空。又空者古译为无。世人常以空无为本。支道林与向、郭同主万象纷纭，无本无体。夫色象既无体（即无自性），则非别有空。无体，故曰“色复异空”。非别有空，故曰“色即是空”。既主色无体，无自性，则非色象（appearance）灭坏之后，乃发见空无之本体（reality）。故曰“非色灭，空”也。僧肇《不真空论》述即色义曰：

> 夫言色者，但当色即色，岂待色色而后为色哉（唐元康疏云，此文乃肇述支公语意，并非破即色之言）。

此谓色不待色色而后为色，即是谓色不待色色之自性。色虽假有，本性空无。当此假有之色即是色（故曰当色即色），非另有色色之自性也。《知北游》郭注有曰：“明物物者无物，而物自物耳。”又曰：“既明物物者无物，又明物之不能自物，则为之者谁哉，皆忽然而自尔耳。”支公所言，与此文义均同。其不同处，仅《庄子》注粗称曰万物，《即色论》析言曰形色耳。（支公有知不自知等语，但疑仅为陪衬。论既名即色，则其所论，自只关于形色。）周颙《三宗论》之第一宗为“不空假名”，即支道林义：

> 不空假名者，但无性实，有假，世谛不可全无，为鼠喽栗。（《大乘玄论》卷一）

此谓法无自性，但有假名。世谛诸法虽有，而是假有。空自性，而不空假名。故如鼠喽栗，栗中肉尽，而外壳宛然犹存也。向、郭、支遁之义，盖至南朝尚为流行也。

至若《世说》[1]载支公通《逍遥游》，卓然标新理于二家之表。似若支与向、郭立义悬殊，此则亦不尽然。盖向、郭谓万物大小虽差，而各安其性，则同为逍遥。然向、郭均言逍遥虽同，而分有待与无待。有待者必得其所待，然后逍遥。无待者则与物冥而循大变。不唯无待，而且能顺有待，而使其不失其所待（参看《世说》注引向、郭注，及《逍遥游》“乘天地之正”段郭注）。有待者，芸芸众生。无待者，圣人神人。有待者自足。无待者至足。支公新义，以为至足乃能逍遥。实就二家之说，去其有待而存其无待。郭注论逍遥，本有“至足者不亏”之言（至足本作至至，今从释文改）。支公曰，“至人乘天正于高兴，游无穷于放浪”，亦不过引申至足不亏之义耳。按佛

[1] 本章中《世说》皆指《世说新语》。——编者注

经所示圣贤凡人区划井然。支公独许圣人以逍遥，盖因更重视凡圣之限也。

三

其三，为心无义。其四为不真空义。今按玄学者辨有无之学也。僧肇居东晋末叶，品评一代学术，总举三家，一心无，二即色，三本无。周颙在南齐之世，会合众师玄义，定为三宗，一不空假名，二空假名，三假名空。不空假名与即色实为一系。空假名与本无颇有相同。是则王弼本无之学，以及向、郭与即色之说，均源远流长，为魏晋南朝主要之学说也。假名空者，上接不真空义，乃僧肇之学，自在三家之外。至若心无，仅流行于晋代，故周颙《三宗》遂未言及也。

心无义虽不行南朝，然颇行于晋代，而为新颖可注意之学说。盖玄学家诠无释有，多偏于空形色，而不空心神。六家七宗，识含宗以三界为大梦，而神位登十地。幻化宗谓世谛诸法皆空，而心神犹真。缘会亦主色相灭坏。至若即色，则就色谈空。凡此“无义”虽殊，而均在色，故悉可称为“色无义”也。独有支愍度乃立“心无义”，空心而不空色，与流行学相径庭，故甚可异也。《世说·假谲篇》注曰：

> 旧义者曰：“种智是有（原作有是），而能圆照。然则万累斯尽，谓之空无。常住不变，谓之妙有。”
>
> 无义者曰：“种智之体，豁如太虚。虚而能知，无而能应。居宗至极，其为无乎。”

旧义与无义之别，在一以心神为实有，一以心神为虚豁。晋末刘遗民者，亦心无义家。其致僧肇书中有曰：

圣心冥寂，理极同无，不疾而疾，不徐而徐。

此即心无义也。肇答书有曰：

闻圣有知，谓之有心。闻圣无知，谓等太虚。

前者乃旧义，后者即心无义。（按《高僧传》载道恒执心无义，慧远与论难反复。恒神色微动，未即有答。远曰："不疾而速，杼柚何为？"不疾而速，疑亦道恒所引用，与刘遗民同。而远公则更就恒所引用之言，以讥其踌躇。谢朓《酬德赋》："意摇摇以杼柚，魂营营以驰骛。"杼柚谓徘徊也。）又心无义之特点，不仅在空心，而亦在不空形色。心无各师，其心无之解释疑不全相同。而其空心不空色，则诸人所同。故肇公述曰："心无者，无心于万物，而万物未尝无也。"

心无义颇风行南方。道恒在荆州，竺法汰大集名僧，与之辩难二日。其学为时所重视可知。《世说》载愍度与一伧道人谋救饥，而立此义。其事未必实。但由此可见心无义为骇俗之论，而颇流传一时。盖自汉以来，佛家夙主住寿成道。神明不灭，经修炼以至成佛。若心神空无，则成佛无据。即精于玄理之僧俗，于心神虚豁之义，亦所未敢言。及至罗什东来，译中百二论，识神性空之义始大明（参看《祐录》僧叡《维摩序》）。故肇评心无义曰："此得在于神静，而失在于物虚。"许其神静为得，亦可见此义不全为什公门人所鄙弃也。

四

其四，为僧肇之不真空义。夫玄学者，乃本体之学，为本末有无之辨。有无之辨，群义互殊。学如崇有，则沉沦于耳目声色之万象，而所明者常在有物之流动。学如贵无，则流连于玄冥超绝之境，而所见者偏于本真之静一。于是一多殊途，动静分说，于真各有所见，而未尝见于全真。故僧肇论学，以为宜契神于有无之间，游心于动静之极，不谈真而逆俗，不顺俗而违真，知体用之一如，动静之不二，则能穷神知化，而见全牛矣。

《不真空论》曰："夫至虚无生者，般若玄鉴之妙趣，有物之宗极者也。"般若说空（至虚无生）在扫除封惑，以显示有物之宗极。原夫宗极之至虚无生者，谓"万物之自虚"。虚者无相，实相本为无相，非言象之所可得，故物非有。自虚者不假虚而虚物，不外体而有用，故物非无。夫宗极无相，则不可计度而谓有实物。既无实物，即不可物物。故论曰："如此则非无物也。物非真物。物非物，故于何而可物。"既非无物（无物则非至虚无生，而为顽空），故曰非无。物非可物（可物则堕于名象），故曰非有。至极之体，体用一如，真俗不乖，空有不外。俗不乖真，故物非有。空不外有，故物非无。非有曰空，非无而假（不真）。空故不真，空假相即。故非有非无，即所以显示真际之即伪即真，即体即用也。

然世之论者，未了体用之一如，实相之无相，而分割有无，于实相上着相。于是有也，无也，均执为实物，而不能即万物之自虚。故心无论曰，无者心无，而万物实有。万象咸运，岂可谓无。无者盖心如太虚，无累而能应。故必涤除万物，杜塞视听，寂寥虚豁，而后为真谛。是乃不知圣人“即万物之自虚，故物不能累其神明也”。本无论者，贵尚于无（本体substance），而离于有。无义竞张，均在“有”外。于是无为实物，与有对立。故妄解般若经曰，非有者，无此有，非无者，无彼无。既执实物，乃分彼此。分别彼此，即堕入言象，然真谛独静于名象之外，岂曰文言之所能辨者欤。又既贵无而离有，则万有落空而独在。于是无既为真，有则纯伪。真者实有，伪者实幻。而不知佛典所言之“幻”谓如幻，而非谓实无。谓假号不真，而非谓无有。如此则非无物也，物非真物也。故曰：“譬如幻化人，非无幻化人，幻化人非真人也。”即色论者，偏于崇有，而不知言象所得之非有。故言色未尝无，而无者色色之自性。自性实无，色相实有。陈义虽与本无论相背，而其分割有无则相符。执着有无，“宰割以求通”，乃堕入名象之域。夫有也，无也，心之影响也。言也，象也，影响之所攀缘也（肇公《寄刘遗民书》语）。执着有无，则仅沉溺于影响，因乃分别言象，以为攀缘。由此而言象之物，实有而非不真。夫言象之物既为真有，则般若经何能谓至虚无生为有物之宗极哉！因不知至虚无生非有物之宗极，故向、郭注《庄》，言至无即实无，而万物实有。是不知万物名言所得，假号不真。夫“物无当名之实，名无得物之功。……名不当实，实不当名。名实无当，万物安在”。既万物安在，则所谓众窍比竹之属，接于有生之类会者，固亦未尝为实有也（故僧肇评即色论“未领色之非色”）。肇公继承魏晋玄谈极盛之后，契神于有无之间，对于本无论之著无，而示以万法非无。对于向、郭、支遁之著有，而诏之以万法非有。深识诸法非有非无，乃顺第一真谛，而游于中道矣。

总上所陈，王弼注《老》而阐贵无之学。向、郭释《庄》而有崇有之论。皆就中华固有学术而加以发明，故影响甚广。释子立义，亦颇挹其流风。及至僧肇解空第一。虽颇具谈玄者之趣味，而其鄙薄老、庄（见《高僧传》），服膺佛乘，亦几突破玄学之藩篱矣。周彦伦《三宗论》假名空宗，谓上承肇公之学。周之言曰："世学未出于前二宗，而第三宗假名空则为佛之正说，非群情所及。"斯盖有所见而云然也。

王弼之《周易》《论语》新义

陈寿《魏志》无王弼传，仅于《钟会传》尾附叙数语，实太简陋。然其称弼“好论儒道”，“注《易》及《老子》”，孔老并列，未言偏重，则似亦微窥辅嗣思想学问之趋向。盖世人多以玄学为老、庄之附庸，而忘其亦系儒学之蜕变。多知王弼好老，发挥道家之学，而少悉其固未尝非圣离经。其生平为学，可谓纯宗老氏，实则亦极重儒教。其解《老》虽精，然苦心创见，实不如注《易》之绝伦也。

汉魏之际，中华学术大变。然经术之变为玄谈，非若风雨之骤至，乃渐靡使之然。经术之变，上接今古文学之争。魏晋经学之伟绩，首推王弼之《易》，杜预之《左传》，均源出古学。今学本汉代经师之正宗，有古学乃见歧异。歧异既生，思想乃不囿于一方，而自由解释之风始可兴起。夫左丘明本“不传《春秋》”，而杜预割裂旧文以释经，以非经而言为经，与王肃之造伪书作圣证，其为非圣无法实有相同。然尊左氏为经，本导源刘歆，亦非后世所突创也。至若《易》本卜筮之书，自当言象。王弼黜爻象，而专附会义理，似为突创。然王氏本祖费氏《易》，世称同于古文。传至马融，荀悦言其“始生异说”。古文《易》本不同今文《易》。马氏治《易》又更异于先儒，则《易》本早有变化。而王氏之创新，亦不过继东汉以来自由精神之渐展耳。

汉代儒生多宗阴阳，魏晋经学乃杂玄谈。于孔门之性与天道，或释以阴阳，或合以玄理，同是驳杂不纯，未见其间有可轩轾也。夫性与无道为形上之学，儒经特明之者，自为《周易》。王弼之《易》注出，而儒家之形上学之新义乃成。新义之生，源于汉代经学之早生歧异。远有今古学之争，而近则有荆州章句之后定。王弼之学与荆州盖有密切之关系。汉末，中原大乱，荆州独全。刘表为牧，人民丰乐。表原为八顾之一（或称八交、八友、八俊），好名爱士，天下俊杰，群往归依。“开立学官，博求儒士。使綦毋闿、宋忠[1]等撰立五经章句，谓之后定。”（《魏志》六注引《英雄记》）王粲即于其时在荆州。其《荆州文学记官志》（《艺文类聚》三八）谓刘表“乃命五业从事宋衷所作文学延朋徒焉”，“五载之间，道化大行。耆德故老綦毋闿等，负书荷器自远而至者三百余人”。《蜀志·李课传》“课父仁与尹默俱游荆州，从司马徽宋衷等学。课具传其业”，“著《古文易》《尚书》《毛诗》《三礼》《左氏解》《太玄指归》。皆依准贾马，异于郑

[1] 宋忠亦作宋衷。——编者注

玄。与王氏（肃）殊隔，初不见其所述，而意归多同”。《魏志》王肃“从宋衷读《太玄》，而更为之解”。则子雍之学本有得于宋仲子。子雍善贾马之学，而不好郑玄，仲子之道固然也。譔、肃之学并由宋氏，故意归多同。而其时“伊洛以东，淮汉以北，郑氏一人而已，莫不宗焉”。宋衷之学，异于郑君，王肃之术，故讦康成。王粲亦疑难郑之《尚书》。则荆州之士踔踸不羁。守故之习薄，创新之意厚。刘表“后定”，抹杀旧作。宋王之学，亦特立异。而王弼之《易》，不遵前人，自系当时之风尚如此也。

荆州学风，喜张异议，要无可疑。其学之内容若何，则似难言。然据《刘镇南碑》（《全三国文》五六）称表改定五经章句，“删划浮辞，芟除烦重”，其精神实反今学末流之浮华，破碎之章句。又按《南齐书》所载王僧虔诫子书有曰，“荆州八帙”“言家口实”。又曰，“八帙所载，共有几家”。据此不独可见荆州经学家数不少，卷帙颇多，而其内容必与玄理大有契合。故即时至南齐，清谈者犹视为必读之书也。荆州儒生之最有影响者，当推宋衷。仲子不唯治古文，且其专长似在《太玄》。王肃从读《太玄》，李譔学源宋氏，作《太玄指归》。江东虞翻读宋氏书，乃著《明杨释宋》（见《吴志》本传注）。而陆绩《述玄文》中称，荆州刘表遣梁国成奇修好江东。奇将玄经自随。陆幅写一通，精读之。后奇复来，宋仲子以其《太玄解诂》付奇，寄与张昭。陆氏因此得见仲子之书。可见荆州之学甚盛。而仲子为海内所宗仰，其《太玄》并特为天下所重。夫《太玄》为《易》之辅翼，仲子之《易》，自亦有名于世。虞翻曾见郑玄、宋衷之《易》，而谓衷小差玄。在其同时，《易》学实极盛，马融、郑玄、荀爽、王肃、虞翻、姚信、董遇、李譔均治《周易》，虞翻言“经之大者，莫过于《易》。自汉初以来，海内英才解之率少。至桓灵之际，颍川荀谞（爽）号为知《易》”（本传注）。可见汉末，孔门性道之学，大为学士所探索。因此而《周易》见重，并及《太玄》，亦当时学风之表现。而王弼之《易》，则继承荆州之风，而自有树立者也。

王弼未必曾居荆州。然其家世与荆州颇有关系。山阳刘表受学于同郡王畅。汉末畅孙粲与族兄凯避地至荆州依刘表。表以女妻凯。蔡邕尝赏识粲，末年以数车书与之，粲之二子与宋衷均死于魏讽之难（魏讽之难，实因清谈家反曹氏而起）。邕所与书悉归凯子业。魏文帝因粲子二人被诛，以凯之子业嗣粲。而王弼者乃业之子，宏之弟，亦即粲之孙也（《魏志·钟会传》注）。宏字正宗。张湛《列子注序》谓正宗与弼均好文籍。《列子》有六卷，原为王弼女婿所藏。按《列子》固非先秦原书，然必就旧文补缀成篇。王氏盖自正宗，即好玄言。而其父祖两辈与荆州有关系。粲、凯以及粲之子与业必均熟闻宋仲子之道，“后定”之论。则王弼之家学，上溯荆州，出于宋氏。夫宋氏重性与天道，辅嗣好玄理，其中演变应有相当之联系也。又按王肃从宋衷读《太玄》，而更为之解。张惠言说，王弼注《易》，祖述肃说，特去其比附爻象者。此推论若确，则由首称仲子，再传子雍，终有辅嗣，可谓一脉相传者也（蒙文通《经学抉原》页三八）。

大凡世界圣教演进，如至于繁琐失真，则常生复古之要求。耶稣新教，倡言反求圣经（return to the Bible）。佛教经量部称以庆喜（阿难）为师。均斥后世经师失教祖之原旨，而重寻求其最初之根据也。夫不囿于成说，自由之解释乃可以兴。思想自由，则离拘守经师而进入启明时代矣。汉初经学，繁于传记，略于训说。其后罢传记博士，而章句蔚起。其末流之弊，班固谓“一经说百余万言。说五字之文，至于二三万言”。故有识者尝思救其偏失，于是乃重明文证据。刘歆斥博士为信口说而背传记。许慎诟俗儒鄙夫为怪旧艺而善野言。古文之学遂乘之而起（《经学抉原》页二六、二七）。其后乃必有返寻古远传记之运动。杜元凯分《春秋》之年使与《左氏传》相附，即此项运动之结果。而《周易》新义之兴起，亦得力于轻视章句，反求诸传。荆州“后定”盖已开轻视章句之路，而王弼新《易》之一特点，则在以传证经。盖皆自由精神之表现也。

世传王弼用费氏易。《汉书·儒林传》费直治《易》，亡章句（张惠言云：后世所传费氏易注伪托不足信），徒以彖象系辞十篇文言解说上下经。是以费氏《易》与古文同，而其学本以传解经，亦与今文家重训说章句者大异其趣。王弼用费氏《易》云者非但因其所用易文同于古文，而实亦因其沿袭其以传解经之成规也。

然细按新《易》学反求诸传之运动，其步骤可分为二：（一）则于注文解说时引传证经，经传连合，并为一谈。此费氏学之特色。魏高贵乡公谓郑康成《易》注以彖象与经文相连，乃谓郑氏于易注中，以经传合并解说也。史称康成并传费氏《易》，故其注《易》实用费氏之法。（二）则不但注解时经传合说，而且割裂传文，附入经文。其法即杜元凯用之于《春秋左氏经传集解》者。此二步骤，前者以传证经，后者以传附经（实亦即以经附传）。然前者尚只用于注解，后者乃进而改窜经文。二者深浅有别，而其主张反求古传，轻视后师章句，则相同。《易》学至此，汉人旧说乃见衰颓，魏晋新学乃可兴起也。

改窜《周易》以经附传，实颇出于王弼之手。《玉海》朱震曰："王弼以文言附乾坤二卦。"则文言传之附入经文，始于辅嗣。又《正义》云："弼意象本释经，宜相近附，故分爻之象辞，各附当爻下。"则小象传之附入经文亦始于辅嗣。又按《魏志·高贵乡公纪》，帝问《易》博士淳于俊曰："孔子作彖象，郑玄作注，今彖象不与经文相连而注连之，何也？"夫古注单行，康成注《易》，合彖象于经，为之解说。然其于《周易》本文，据高贵乡公之言，实经传未尝混合。是则以彖象附入经文，似非如世人所言出于康成。而读王弼《易略例》，首章即为明彖。其以彖说经之旨，昭然如见。或者以彖象连入经文亦即出于辅嗣。而此久已流行之今本《周易》以经传相附，或即出王弼一人之手也。

今本《周易》因王弼所制定与否，兹姑不详辨。然其注《易》时用传解经之精神实甚显著。此则其明证有四：（一）王《易》相传出于费氏，费氏亡章句，而主以传解经。（二）王氏多于小象下无注，而以小象之义入爻辞中，是为以传解经之实例。（三）孔疏云："辅嗣加乾传泰传字，离为六篇。"盖今本《周易》分六卷，每卷首题周易上经（或下经）某传（乾传、泰传、噬嗑传、咸传、夬传、丰传）云云。于六卷之首，均明言某传，极见其以经附传，用传解经之意。（四）《经典释文·叙录》略云："王注上下经六卷，系辞以下不注。相承以韩康伯注续之。"是王注只及上下经。系辞以下以韩注续，乃"相承"已久之事（《南史·顾欢传》云："顾注王弼《周易》二系。"此当系谓其亦续注王书也）。但辅嗣注《易》，祖述系传（读《略例》可见）。而系反无注者，必王作书原旨只在以传解经。经注已完，系辞以下，自无续注之必要矣。

弼注《易》，摈落爻象，恒为后世所重视。然其以传证经，常费匠心。古人论弼《易》者，如孙盛称其附会之辨（附会字义，参看《文心雕龙·附会篇》，不定为贬辞）。朱子亦尝称其巧。当均指此。夫弼固好《老》，然其于儒经用力甚勤。其言有曰，《易》之“微言精粹，熟习然后存义”（《论语·述而》皇疏引）。弼之于《易》亦拟熟习而解其义欤？儒家经典，《周易》而外弼曾为《论语》作《释疑》。《隋志》《唐志》及《释文·叙录》均著录（三卷或二卷）。按正始玄宗王何均研《论语》，俱重圣人之学行，而其著作之旨不同。平叔等作《集解》，盖以晚近训解不少（《集解》叙），今须择善而从也。辅嗣作《释疑》，则因其中有难关滞义，须为之解答也。疑难者，或文义相违（如问同而答异），或言行费解（如子见南子，佛肸召子欲往），王充《论衡·问孔篇》讥之详矣。王弼于此，皆有解释，亦可谓圣门之功臣欤？尤有进者，王弼之所以好论儒道，盖主孔子之性与天道，本为玄虚之学。夫孔圣言行见之《论语》，而《论语》所载多关人事，与《老》《易》之谈天道者似不相侔。则欲发明圣道，与五千言相通而不相伐者，非对《论语》下新解不可。然则《论语释疑》之作，其重要又不专在解滞释难，而更在其附会大义使与玄理契合。此下所论，略述王弼之《易》理，而以其释《论语》用新义处附焉。

世之非毁弼《易》者，一非其援老氏入《易》。然汉代自严遵以来，兼治《老》《易》之人固多矣。即若虞仲翔之《易》，世固谓为汉《易》矣。然于乾象引自胜者强，坤象引胜人者有力，屯卦辞引善建者不拔，下系引自知者明，以《老》《庄》入《易》，不论其是否可为诟病，然在汉魏之时，此风已长，王弼用之，并非全为创举也。又世之非毁弼《易》者，亦因其师心自用，不守家法。然弼之注《易》，采取旧说颇不见少。张惠言谓弼祖述王肃，特去其比附爻象者。实则弼注除黜象数外，文义亦尝援用旧说。如观卦卦辞注即用马融之文，泰之初九全引虞氏易，革卦巳日乃孚乃用宋衷之注，颐之六二全用王肃之书。凡此均足证辅嗣治《易》，多读世儒作品，于作注时，并有所取材也。

王弼之伟业，固不在因缘时会，受前贤影响。而在其颖悟绝伦，于形上学深有体会。今日取王书比较严遵以至阮籍之《老子》，马融、虞翻之《周易》。王氏之注，不但自成名家，抑且于性道之学有自然拔出之建设。因其深有所会，故于儒道经典之解释，于前人著述之取舍，均随意所适。以合意为归，而不拘拘于文字。虽用老氏之义，而系因其合于一己之卓见。虽用先儒书卷之文，而只因其可证成一己之玄义。其思想之自由不羁，盖因其孤怀独往，自有建树而然也。

《魏志》云，王弼好论儒道，实即因其以二家性道之学同主玄虚，故可并为一谈。《论语》“志于道”，王弼《释疑》曰：“道者，无之称也，无不由也。况之曰道，寂然无体，不可为象。”夫汉代之天道指祸福吉凶，谓一切事象必有所由，顺之则祥，逆之则殃。此与王弼主“一物之动必有其所以然之理”，其原理固相通。然汉代言天文灾异者，以人政上应天道，如客星犯轩辕大星，则主皇后失势；貌之不恭（谓君臣不敬），则有鸡祸。其立言全囿于形器之域。汉人所谓天，所谓道，盖为有体之元气，故其天道未能出乎象外。至若王弼，则识道之无体超象，故能超具体之事象，而进于抽象之理则。夫着眼在形下之器，则以形象相比拟而一事一象。事至繁，而象亦众。夫众不能治众，治众者必由至寡之宗。器不能释器，释器者必因超象之道。王弼以为物虽繁，如能统之有宗，会之有元，则繁而不乱，众而不惑。学而失其宗统，则限于形象，落于言筌。据此说《易》，则必以乾比马，以坤为牛，其立意与轩辕配中宫，不肃应鸡祸，固无异也。不知

> 义苟在健，何必马乎？类若在顺，何必牛乎？爻苟合顺，何必坤乃为牛？义苟应健，何必乾乃为马？（《略例·明象》）

夫义类者抽象之简理。马牛者具体之繁象。具体之象生于抽象之义（参看乾文言上九注）。知其义类，何必拘执于马牛。依此原则，而扫除汉人囿于形器之积习，然后玄远虚胜之谈乃有根据也。

王弼用忘象得意之原则以建立玄学。而其发现此原则实因其于体用之理深有所会。王氏之所谓本体，盖为至健之秩序。万象所通所由，而本体则无体而超象。万有事物由真实无妄之本体以始以成。形象有分，而体为无分至完之大全。事物错动，而体为用形制动之宗主。本体超越形象，而孕育万物。万物殊变，俱循至道，而各有其分位。万有之分位固因于本体之大用。然则真识形象之分位者，固亦深知天道之幽赜者也。夫《易》之为书，小之明人事之吉凶，大之则阐天道之变化。圣人观象设卦，无非表示物变之分位。依分位则能辨其吉凶之由，明其变化之理。故王弼论《易》，最重时位。变化虽繁，

然如明其时位，则于万有可各见其情，而变斯尽矣。万有依其在大道中之地位，而以始以成。由其本身言，则谓为其性分（或德）。由始成言之，则谓为其所以然之理。故王氏乾卦文言注有曰："夫识物之动，则其所以然之理，皆可知也。"所谓物之动者，即天道之变化。所以然之理即谓万变在大全中之时位。明其时位，则上可悉其变化之所由，下可推人事之吉凶。夫万有咸得一以成，由道以生。故万有纷繁，运化万变，必有宗统。宗极至健，故万变而不离。统制有序，故纷繁而不乱。王氏《易略例》，首章明象，盖示万变之必有宗主，万物之必由乎道也。而品制万变，因时而易（王注之时略如时势）。于是《易》乃设卦以存时义，又于卦分爻以应时之变。故王氏《略例》乃有《明爻通变》及《明卦适变通爻》之二章。王弼之《易》，反象数，主时位，盖皆本于其本体之学也。

王弼注《易》，旨在发挥其一己于性道之学之真知灼见。故往往改弃旧义，另立新说。而其遗旧创新处，正为其真知所在，极可注意。乾为天，坤为地，为汉儒所奉之古义。然所谓天者，清明无形（郑玄）。地者有九等之差（宋衷）。即所谓上下覆载形气之物，而非王辅嗣所明之象外之本体也。故其乾卦注曰：

> 天也者，形之名也。健也者，用形者也。

坤卦注曰：

> 地也者，形之名也。坤也者，用地者也。

夫《易》之首卦不曰天地，而曰乾坤，则乾坤非即天地，而指能用天地之本体之德也明矣。本体至健，能孕万形。本体至顺，能循理则。本体寂静而统万变，其德则曰乾。本体贞一而顺自然（坤六二注），其德则曰坤。本体为至健之秩序，雷动风行，运化无方，俱为大用必然之流行。所谓盈虚消息为人力之所难挽。故大易所示，时有否泰。爻有变动，君子熟于天地盈虚消息之理，则可以适时应变矣。

复卦向以为一阳始生，主六日七分，当建子之月，为人君失国而还返之象（郑玄、虞翻、荀爽）。至王弼始轻历数之说，而阐明其性道之学。夫万形咸以无为体，由道而得其性，然则苟欲全其性，必当不失其本。如欲不失其本，必当以无为用。以无为用者，即本体之全体大用。故真欲全性葆真者，必当与道合一，体用身备。故复卦注曰："复者，反本之谓也，天地以本为心者也。"天地之心，即本体之大用。反本即反于无，而以无为用，又曰以无为心。若有物安于形器之域，而昧于本源，则分别彼我，争端以起。故王氏又曰："若其以有为心，则异类未获俱存矣。"

王弼之所谓本体，为至健之秩序。万物生成为本体之用，而咸有其必然之分位。秩序者就全体以称。分位者就一物立言。全体之秩序，即所谓道。故道也者无之称也。无不通也，无不由也。一物之分位，根据其所由之理，而各得其性。故曰："物皆不敢妄，然后万物乃得各全其性。"（无妄卦注）夫道真实无妄，故物均不敢妄，而有其所恒有之性，所恒具之德。恒者，常也。物皆有其所恒，言其各反常道也。为显此义，王弼解无妄与恒二卦，乃大异于前修。马、郑、王肃训无妄为无所希望（虞氏云，京房及俗儒以为大旱之卦，训无望当因此）。九家易曰，无有灾妄，虞氏谓为无亡。而王弼解为物不可以妄。其言有曰，天之教命，何可犯乎，何可妄乎。夫不违犯天之教命

（即道之秩序），则物有其所恒之德性。郑、虞旧义于恒卦仅训为久。王氏乃进而言所久所恒。其言曰“各得所恒，修其常道，……故利有攸往”“道得所久，则常通无咎，而利贞也”“得其所久，则不已也”“言各得其所恒，故皆能长久”“天地万物之情见于所恒也”。此盖有悟于《老子》之所谓常。常者依全体言，即指道；依事物言，则谓其由乎道而有其本然之分位。如物全其分，即得其所恒。全其分者，即不失其本，所谓“修其常道”者也。如失其所恒，则是昧其本源，离其宗极，是即王弼所指旅卦之时也。旅旧或训军旅，此王肃说。张轨释齐斧（资斧）为黄钺斧（参看巽上九荀注），当亦承子雍之说。或训客旅。然所谓客者，举聘客为例（郑玄），亦非王弼所用之义。弼之言曰“旅者大散，物皆失其所居之时也”。然则旅之时，在人事为民失其主，在天道则为物昧其本。物昧其本，则丧其真，失其所恒，必不可久矣。

《易》之戒慎本可合于老氏卑弱之义。王弼注《易》，于此乃反复致意。于《易》之始则有曰：

> 居上不骄，在下不忧，因时而惕，不失其几，虽危而劳，可以无咎。（《乾卦》注）

于《易》之终亦有曰：

> 夫以柔顺文明之质，居于尊位，付与能而不自役，使武以文，御刚以柔，诚君子之光也。（《未济》注）

盖能戒慎恐惧，则斯能识谦损之德。谦尊而光，履尊以损。旧义巽为命令。王主巽顺，曰巽悌乃能命行，又曰巽顺则可以升（《升卦》注）。旧义大壮为伤。王主壮盛（王肃义），曰壮，违礼则凶，凶则失壮。又曰行不违谦，不失其壮。夫老氏卑弱之术，汉初原为刑名所利用，然固亦为慎密惧祸之表现。西汉以来，蜀庄之沉冥，扬雄之守玄，冯衍之显志，刘劭之释争，其持隐退之道者，盖均出于戒慎之意。钟会生母，“特好《易》《老子》，每读《易》孔子说鸣鹤在阴，劳谦君子，借用白茅，不出户庭之义，每使会反复读之”（《魏志》二十八注）。是亦合儒家之戒慎，与道家之卑弱为行己至要。辅嗣注《易》，盖亦如是也。

王弼会合儒道最著之处为圣人观念。此可分四事说之。（一）主儒家之圣人，（二）圣人神明知几，（三）圣人治世，（四）用行舍藏。

（一）王弼学贵虚无，然其所推尊之理想人格为孔子，而非老子。周彦伦曾言，“王何旧说皆云老不及圣”（《弘明集》周颙《重答张长史书》）。此盖汉代以来相承之定论。辅嗣、平叔未能有异言。王氏《论语释疑》《周易注》固常以孔子为圣人（如解《论语》子温而厉章，《易・乾卦・文言》注仲尼旅人）。至若何劭《弼传》引其答裴徽之语，则尤见其融会儒道之用心。当时弼以好老氏虚无之旨见称。弱冠诣裴徽：

> 徽一见而异之。问弼曰：“夫无诚万物之所资也。然圣人莫肯致言，而老子申之无已者何？”
>
> 弼曰：“圣人体无，无又不可以训，故不说也。老氏是有者也，故恒言无（据《世说》疑“其”之误）所不足。”

圣人体无，老子是有，显于其人格上有所轩轾。而圣人所说在于训俗，老书所谈，乃万物所资。则阳尊儒圣，而实阴崇道术也。

（二）《书经》睿作圣，圣人之德，原重明哲。辅嗣《略例》云："明夷务暗，丰尚光大。"二卦并举，盖以显圣德之异常。于丰则言其阐弘微细，通夫隐滞。于明夷则称其示人以朴，能"晦其明"。明寻幽微，知人善任，王者以治天下。大智若愚，不用察察为明，以导百姓于争竞。此则一方主儒圣之明哲，一方又重老学之弃智矣。

圣明知人，天下以臻治平，亦名家所常言。圣人藏明，养正以蒙，乃道家之要义。二者余均别有文论之，兹不再赘。然详研王氏所谓明寻幽微者，固不限于知人。而圣智之所以异常者，不只在其有似蒙昧。夫圣人则天之德，神与道会。天道变化，圣人神而明之，与之契合。所谓《易》之知几是也。几者谓变化之至也。至者指恰当至之时，不在事后，亦不在事先也。

圣人神知当机，不识于事之后，故无悔尤。《论语·佛肸召章》，仲由引夫子曰"亲于其身，为不善者，君子不入也"。王氏《释疑》曰：

> 君子（原作孔子，兹照《论语》本改）机发后应，事形乃视，择地以处身，资教以全度者也，故不入乱人之邦。

事形乃视，是不能当机契合。不能契机，自不能免于悔尤。易称颜子庶几，有过则改。庶几者，殆将侪于圣明契道而稍后者也。颜子亚圣，固可称为君子，而实不及于圣人（君子与圣人有异，见《论语·述而·圣人不得见章》，王弼曾释之）。圣人则穷神研几，可以无过（《论语·加我数年章》王注）。盖圣智之体，与道合其变，于物极其情，直自然之流行，夫何悔尤之可有。《佛肸召章》《释疑》于论君子之后，继而称誉圣人，其言曰：

> 圣人通远虑微，应变神化，浊乱不能污其洁，凶恶不能害其性。（下略）

又“未可与权”句，《释疑》曰：

> 权者道之变，变无常体，神而明之，存乎其人，不可豫设，尤至难者也。

圣人通变，随其所适，此所谓以道合其变也。知天道之权变者，即明于事物之情伪。《论语·里仁》“夫子之道忠恕而已矣”句下，王氏曰：

> 忠者情之尽也。恕者反情以同物者也。未有反诸其身而不得物之情，未有能全其恕，而不尽理之极也。

能尽理极，契神故能即物。此所以圣人知几，于物则极其情也。

然知几者，亦非预识于前也。不但权变无常，不可豫设（此王氏文，见上引），而且圣人神与道会，应若自然。如形影声响，同时而有，不为不造。夫汉人之预言吉凶灾异者，固非圣人之徒也。《老子》云“前识者道之华”，王注于此，似斥常人所谓预言。文曰：

> 前识者，前人而识也。即下德之伦也。竭其聪明，以为前识，……虽德其情，奸巧弥密。

圣人之知，纯无造作。前人而识，则毁自然而自矜其智矣。盖皆大背于老氏之道，而非儒圣之所谓知几矣。（据现存本严遵《老子指归》，王氏此解疑出于君平。盖此本中前识下严注曰：“预设然也。”其《指归》有曰：“先识来事以明得失。”）

（三）圣人法道，德合自然。其治世之方，殆亦可推知矣。道大无名，故君人之德，以中和为美。《释疑》曰：

故至和之调，五味不形，大成之乐，五声不分。中和质备，五材无名也。

中和质备，则可役偏至之材，而天下以治。自然无造，故不察察而治。《老子注》云：

夫以明察物，物亦竞以其明应之。以不信察物，物亦竞以不信应之。……若乃多其法网，烦其刑罚，塞其径路，攻其幽宅，则万物失其自然，百姓丧其手足。（四十九章注）

故圣人之于天下，歙歙焉心无所主。夫心无所主者，若天之至公；察察为政，则未免于私也。《释疑》称尧之德曰：

大爱无私，惠将安在？至美无偏，名将何生？故则天成化，道同自然。不私其子，而君其臣，凶者自罚，善者自功。（下略）

圣王以无名不偏之德，行至公自然之治，无毫末之私，不自有其身，百姓日用而不知，故自成大功，自致太平也。

王弼谈治，以因为主。“因而不为”，《老子注》中之所数言，然其所谓因者，非谓因袭前王，而在顺乎自然也。《周易·鼎卦》注云：

去故取新，圣贤之不可失也。

其所谓因者，因自然之理，以全民之性（亦即民自全其性）。理有大常，道有大致。修其常，顺其理，则得治之方，致治之方。虽顺道家之自然，但不必即毁儒家之名教。名教有礼法之防。然王氏注《讼卦》，引孔子无讼之言，而申明之曰：

> 无讼在于谋始，谋始在于作制。……物有其分，职不相滥，争何由兴。

《师卦》注云：

> 为师之始，齐师者也。齐众以律，失众则散。

是王氏固未尝毁弃分位法制也。《论语》“林放问礼之本，子曰大哉问”，王氏《释疑》曰：

> 时人弃本崇末，故大其能寻礼本意也。

考王氏所谓礼之本意，具详于《老子》三十八章注中，谓仁义礼敬均须统以自然无为。然则礼者，如能出乎自然无私，旨在以观感化人，则王道至大者也。《观卦》注曰：

> 统说观之为道，不以刑制使物，而以观感化物者也。神则无形者也。不见天之使四时，而四时不忒，不见圣人使百姓，而百姓自服也。

治用观感，实因民之性，以期其自化。积极方面，则任民之自然发展。消极方面，则“除其所以迷，去其所以惑”（所以二字甚重要。见《老子》二十九章注）。故政治之用，既有利导，亦有检制。《论语》“兴于诗，立于礼，成于乐”，王氏《释疑》曰：

> 言有为政之次序也。夫喜惧哀乐，民之自然，感应而动，则发乎声歌。所以陈诗采谣，以知民志风。既见其风，则损益基焉。故因俗立制，以达其礼也。矫俗检刑，民心未化。故必感以声乐，以和其神也。

然则王弼论政，虽奉自然，实未废儒教之礼乐也。引伸上文之意，则陈诗以观民风。风俗有良窳。良者任其增胜，窳者必见所以然而为之检制。然后感以乐，以和其神。然则自然之治，固非徒以放纵为事也。

（四）中国社会以士大夫为骨干。士大夫以用世为主要出路。下焉者欲以势力富贵，骄其乡里。上焉者怀璧待价，存愿救世。然得志者入青云，失意者死穷巷。况且庸庸者显赫，高才者沉沦，遇合之难，志士所悲。汉末以来，奇才云兴，而政途坎坷，名士少有全者。得行其道，未必善终。老于沟壑，反为福果。故于天道之兴废，士人之出处，尤为魏晋人士之所留意。孔子曰“知天命”。《易》曰：“天地盈虚，与时消息。”依儒家之义，时势之隆污乃归之于大运之否泰。若更加以道家之说，则天命之兴废，乃自然之推移。因是“用之则行，舍之则藏”，不但合于儒家之明哲保身，亦实即道家之顺乎自然。夫圣人本德足君人，而每不逢时在位。王氏释“子见南子”以为“犹文王之拘于羑里，盖天命之穷会也”。并曰：

> 否泰有命，我之所屈不用于世者，乃天命厌之，非人事所免也。

天道自然，兴废有期（参看五十知天命句，王氏《释疑》），非人事所能改易。圣人于此，亦顺而安之云耳。

夫盈虚消息之义，清谈人士之所服膺。辅嗣为玄宗之始，于此曾三致意。然其《易》注，于系遁乃曰“遁之为义宜远小人”。于肥遁则曰“超然绝志，心无疑顾”。于观之上九“圣人不在其位”则云“高尚其志，为天下所观”。于泰之九三“时将大变”则曰“居不失其正，故能无咎”。于乾之初九“潜龙勿用”则云“不为世俗所移易”。辅嗣于君子不遇之时，而特重其行义不屈。比于山涛之告嵇绍，不亦胜之远乎。盖玄风之始，虽崇自然，而犹严名教之大防。魏讽死难，汉室随亡。何晏被诛，曹祀将屋。清谈者，原笃于君父之大节，不愿如嵇绍之靦颜事仇也。王弼虽深知否泰有命，而未尝不劝人归于正。然则其形上学，虽属道家，而其于立身行事，实仍赏儒家之风骨也。

向郭义之庄周与孔子

《庄子》向秀、郭象二注之异同，近人多有论列。郭钞向注，其例至多。《秋水》《至乐》子期亦似实未注（《秋水篇》《释文》所引，均出于向之《庄子音》）。则《世说》所载，非全诬枉。然据今所考，向、郭所用《庄子》版本，互有不同。而子玄之注不但文字上与向注有出入，其陈义亦有时似较子期圆到。则《晋书·向秀传》所谓郭因向注“述而广之”，固是事实。而向秀作注，自成一家，时人誉为庄周不死（《世说》注），依今所知，郭氏精义，似均源出向之《隐解》。虽尝述而广之，然根本论据，恐无差异。故《世说》曰：“向、郭二《庄》，其义一也。”

向、郭二《庄》，美言络绎，兹不能详，唯取其对于孔子、庄子之意见推论之。向秀称“周、孔穷神”。又言，“圣人穷理尽性”（《难嵇叔夜养生论》）。盖以孔子为圣人也。《大宗师》孔子曰：“彼游方之外者也。丘游方之内者也。”郭注曰：“未有极游外之致，而不冥于内者也。”又曰：“圣人常游外以弘内。”则郭亦以孔子为圣人也。《庄子》郭注序文，是否亦曾窃向之文不可知，但其旨似不相违，郭序曰：“庄子者可谓知本矣。”又曰，庄生“虽未体之，言则至矣”。此盖仅许其知言，为百家之冠，然而未称之为圣人也。夫《天下篇》言庄子“与造物者游”，而祖尚老、庄者，乃不许其为圣人。庄子绝圣弃智，非尧舜，薄汤武，而向、郭乃持推尊孔子，且为之辩护。不亦甚可异乎？

郭序曰，《庄子》之书“明内圣外王之道”。向、郭之所以尊孔抑庄者，盖由于此。内圣外王之义，郭注论之详矣。圣人无心玄应，唯感之从。会通万物之性，而陶铸天下之化。顺万物之性分而正之，则物咸自正。因人心之所欲亡而亡之，则人心不失。泛乎若不系之舟，东西之非已也，无行而不与百姓共，故无往而不为天下之君。夫与物冥而无不顺，心无为而过于为，天下遂以不治治之（参看《逍遥游》《齐物论》注）。故郭注曰：“无心而任乎自化者，应为帝王也。”（《应帝王》注）由此言之，则《庄子》养性之学，即治天下之术也。

然世之读《庄子》者，不知此义，而每多误解。（一）或以为尧舜一日万几，即失性命之情。而不知尧舜“虽在庙堂之上，然其心无异在山林之中。世岂识之哉？徒见其戴黄屋、佩玉玺，便谓足以缨绂其心矣。见其历山川、同民事，便谓足以憔悴其神矣”（《逍遥游》注）。岂知至足者不亏，而圣人之不以外伤内耶？（二）或贵无为之风，遂云“行不如卧”（《马蹄》注）。而不知圣人治天下，顺自然而治，固非真不治也。夫“无为之言，不可不察也。夫用天下者，亦有用之为耳。然自得此为，率性而动，故谓之无为也”（《天道》注）。（三）或闻游乎方外之叹，遂以为外天下者必离人（《人间世》注圣不离人）。不知外天下者，淡然无系，泛然从众耳。卞随、务光以及许由、巢父固不得谓之外天下也（《让王》注）。“若谓拱默乎山林之中，而得称无为者，此庄、老之谈所以见弃于当涂”也（《逍遥游》注）。由此言之，士君子固须宅心玄虚，而不必轻忽人事。《世说》载向子期举郡计入洛，文王引进问曰：“闻君有箕山之志，何以在此？”对曰：“巢、许狷介之士，不足多慕。”说者谓“向秀甘淡泊”，其入洛当别有理由，兹姑不论。但依郭注观之，子期之言，亦因其平生主张如是也（向氏《难养生论》有寡情欲，抑富贵，未之敢许之言。《难养生论》与《庄子隐解》均作于子期入洛之前）。

内圣外王之义，乃向、郭解《庄》之整个看法，至为重要。且孔子贵名教，老、庄崇自然。名教所以治天下，自然所以养性命。《庄子注》之理想人格，合养性命、治天下为一事，以《逍遥游》《齐物论》与《应帝王》为一贯。于是自然名教乃相通而不相违。谢康乐《辨宗论》云，“向子期以儒道为壹”，其关键或在此欤？（《难养生论》以富贵关之自然，则合名教自然之又一义，兹不赘。）又正心修身为治国平天下之本，黄老原亦为君人南面之术。内圣外王本为中华最流行之政治理想。孟子之对齐王，朱子之告宋帝，千古政论，奉此不坠。庄注所陈，亦非例外。虽其内圣之德不同，治国之术亦有殊，然正陛下之心乃能正天下之心，其说与儒家不异也。夫论自然名教相同，乃晋代之通说；圣王合一，乃我国道德政治之原则。向、郭所论，亦此通说此原则之表现也。

《庄注》内圣外王之说既明，则郭象谓庄生非圣人之言，乃有据。夫圣王穷神而能兼化，以不治治天下。庄子并未兼化，自亦未足以语穷神。庄子既未能化洽天下，自亦未跻于不治。反之，则兼化者穷神，治天下者必已神于不治，则尧、舜、孔子其人矣。郭象对于庄子未以理想人格许之，因依其学说固有所不足也。盖庄子仅知圣知本耳，于为圣人则有所不及。圣人暗与理会，以化为体。身游乎玄冥，而德洽百姓。知圣知本者，言能与理相应，而未体道。只足以知天，而未尝能治人。故郭序评蒙叟曰，“应而非会，则虽当无用。言非物事，则虽高不行”也。

复次，郭序曰，庄子“未始藏其狂言”。盖体道者，则藏其狂言。至道唯在自得，非言之所得。狂言虽为至言，然至道何用言乎？（《知北游》注）向秀曰：“至人其动也天，其静也地。其行也水流，其湛也渊嘿。”（《列子·黄帝篇》注）郭象曰，尧舜“非修之也。万物自无为而治。若天之自高，地之自厚，日月之明，云行雨施而已”（《论语》皇疏卷七，“修己以安百姓尧舜其犹病诸”注）。故圣王“凄然似秋，暖然似春”（《大宗师》）。“暖焉若春阳之自和，故蒙泽者不谢。凄乎若秋霜之自降，故雕落者不怨”（《大宗师》郭注）。“生而非惠，则赏者自得。戮而非怒，则罚者自刑”（支遁《上哀帝书》语，支此意与向、郭同得之于《庄子》）。盖“物有自然，理有至极，循而直往，则冥然自合”，无所用于言也（《齐物论》注）。天无言而四时成，尧无言而天下治。庄子言之，而天下未见其治也。故郭序评庄子又曰：“与夫寂然不动不得已而后起者，固有间矣。”圣人法天之无言，体至一之宅，而会乎必然之符（《人间世》“一宅而寓于不得已”注，又《刻意》注曰，“任理而起，吾不得已也”）。既任乎必然之极，则天下自安矣（《在宥篇》“君子不得已而临莅天下”注）。若庄子者言虽至矣（郭序），而未能任自然之极。然则何能有君人之德，不得已而临天下，教泽自被于百姓哉?

郭子玄论庄子之人格，与王辅嗣评老、庄之言，实颇相同。《世说》云：

> 王辅嗣弱冠，诣裴徽。徽问曰：“夫无者，诚万物之所资。圣人莫肯致言，而老子申之无已，何邪？”弼曰：“圣人体无，无又不足以训，故言必及有。老、庄未免于有，恒训其所不足。”

此言圣人体无，于无反莫肯致言。老庄于体无则有所不足，乃申之无已，而发为狂言。郭序称，心无为者，则“言唯谨尔”（用《论语》句，本指孔子），未体化者，则“游谈于方外”（《庄子》）。王曰，言及有，乃足以训。郭曰，言非物事，虽高不行。郭说与王弼论圣人与老、庄之不同，实无有异也。又孔子固亦王辅嗣之圣人也。《论语》“子曰，予欲无言”。王弼曰：“子欲无言，盖欲明本，举本统末以示物于极者也。”修本者废言，则天以行化（皇疏九）。圣人无言，亦王与向、郭之所同意。由是观之，则不肯致言，正明孔子之所以为圣。而申之无已，亦直显老、庄之未及于圣也。

复次，汉代儒家已称独尊。班固人表列孔子为圣人，与尧、舜、禹、汤、文、武相同。老子则仅在中人以上。庄子且在中人以下。圣人以儒家之理想为主，而老、庄乃不及圣人。此类品评，几为学术界之公论。及至汉末以后，中华学术渐变，祖尚老、庄。然王辅嗣仍言孔子圣而体无，老、庄未免于有。何晏曰：“鬻庄躯放玄虚，而不周于时变。”（王坦之《废庄论》）《文章叙录》云：“自儒者论以老子非圣人，绝礼弃学，晏说与圣人同。”（《世说》注）盖王、何旧说，皆以为老不及圣（《弘明集》周颙致张融书语）。庄子人格或且下于老子。但依王、何之学，孔子之所以为圣，在于体无。而老子恒言虚无，故与圣学同。留儒家孔子圣人之位，而内容则充以老、庄之学说。学术宗尚，已趋于新义。而人物评价，则仍旧说。向秀、郭象继承王、何之旨，发明外王内圣之论。内圣亦外王，而名教乃合于自然。外王必内圣，而老、庄乃为本，儒家为末矣。故依向、郭之义，圣人之名（如尧、舜等）虽仍承炎汉之旧评，圣人之实则已纯依魏晋之新学也。

虽然，考《庄子》之书，旧评之与新学似有牴牾，不可不察也。老、庄绝圣弃知，鄙薄仁义，毁弃礼乐，而不满于尧、舜、禹、汤、孔子之论，尤常见于庄生之书。然则欲阳存儒家圣人之名，而阴明道家圣人之实者，文义上殊多困难，必须加以解答。依《庄子》郭注，其解有二。一为方法之解答。一为理论之解答。

方法之解答为何？寄言显意之义是矣。魏、晋之际，言意关系问题之讨论甚盛。其说约有三。一、言不尽意（语出《周易·系辞》），当代之士，“通才达识，咸以为然”（欧阳建《言尽意论》，《艺文类聚》十九）。二、言尽意。欧阳坚石主之，东晋人士，如王茂弘尝道之（《世说》）。三、王辅嗣注《易》反对汉人象数之学，乃申引《庄子·外物篇》之言，称言以尽象，得象则忘言。象以尽意，得意则忘象。因言之所明者象，若已得象，应不存言。象之所表者意，若已得意，应不存象。犹蹄者所以在兔，得兔则忘蹄。筌者所以在鱼，得鱼者忘筌（《易例·明象章》）。此说介乎上二说之中。一方主“尽意莫若象，尽象莫若言”。一方主因言象者象意之代表，故“得意在忘象，得象在忘言”。因此言象非不可用，要唯能得其所表者与否。若滞于文义而不得其所表，则失之远矣。郭象注《庄》，用辅嗣之说。以为意寄于言，寄言所以出意。人宜善会文意，“忘言以寻其所况”（《逍遥游》注）。读《庄子》者最好方法，要当善会其旨归，而不滞文以害意。《庄子》辞多不经，难求其解。然齐谐志怪之言，不必深求。支遁通《逍遥游》曰：“庄子建言大道，而寄旨鹏鷃。”（由此可见，道林注《庄》亦采子玄之法）鹏鷃之状，无须曲与生说。但当录其论大道之意，乃不害其弘旨。至若书中毁圣贤之处，子玄力言均当善会其义，而不必滞于文。故曰：“夫庄子推平于天下，故每寄言以出意，乃毁仲尼，贱老聃，上掊击乎三皇，下痛病其一身也。”（《山木》注，一身谓庄子）按寄言之说郭注用以解书中不经处甚少。而用之以释绝圣弃知处则其例甚多（兹不赘述）。是此种读《庄》方法，谓因欲解答上述圣人名实问题，而子玄乃用之，固亦可也。

理论之解答为何？圣人之迹之义是矣。圣人者有内有外，有本有末。外末者圣人之迹，内本者圣人之所以迹。圣人举本统末，真体起用。废体而存用，则用非其用。忘本而逐末，则本失其真。必不可也。故曰，所以迹为“父”（《天地》注）为“真性”（《天运》注）。迹为“容”（外表也，《天地》注）为“名”（《在宥》注）。徒彰其名，仿佛其容，而忘父，忘真性，必不可也。夫圣人神于齐物，故应为帝王。《齐物论》言无心。循顺自然，玄同彼我。与物无对，任而不助。旷然无累，与物俱化，而无所不应。（一）与物俱化，则任天下之自能，而各当其分，放万物之自尔，而各反其极。所谓圣人无心，与物冥也。（二）无所不应者，因时变不一，故感应无方。无成见，无执着。务自来，而理自应。随其分，故所施无常。所谓圣人无心，随感而应也（上文多出《齐物论》注）。“物有自然，理有至极，循而直往，则冥然自合。”此谓与物冥，则随感而应也。与物冥者，与变化为一。随感应者，因物之自行。与变化为一，则无所不忘，而忘其所以迹（《大宗师》注）。因物之自行，非有心以扇仁义之风，故亦可曰圣人无迹（《让王》注）。虽然，圣人固可谓无迹矣。“顾自然之理，行则影从，言则响随。顺物而遗名迹，而名迹自立”（《德充符》注）。非为仁，而仁迹行。非为义，而义功见（《骈拇》注）。举本统末，固未尝无末。真体起用，而未尝无用。然世人则仅见其外用，而昧于内体。徒见仁义之迹，而忘其所以迹。忘其所以迹，则拘拘于圣人之名，彰扬圣人之迹，以号召天下。弊弊然伤性，哼哼然乱国。而不知其所效法追求者，仅虚影空响耳。今夫圣王以下之治天下也，乃以迹求治，而忘圣人之所以迹也。夫如是，则离体言用。离体之用，则所谓用者非用也，直死物耳，假象耳。与圣人之真性无干也。（一）迹者死物，乃前人所遗留。时移势异，礼法宜变，礼法不适时，则已去之物，非应变之具（《胠箧》注）。由此背今向古，舍己效人，胡能随感而应耶？（参看《释文》引《胠箧》向秀注首二段，正具此意。）（二）迹者假象，乃事功之可见者。夫与物无对，泯然与天下为一，任物之自明，付人之自得。若不任自然，而画地设禁，使人从己，则胡能与物冥耶？（《人间世》注）夫舍己效人，则逐物而丧真。使人从己，则作伪而好知。日日言法圣人，而忘圣人之所为圣人也。于是仁义之途，是非之端，纷然为大盗所利用。六经之文，古圣之名，俨然为奸雄所表章。此岂真圣人之过哉？用之不得其人耳。《释文》引向子期《胠箧篇》注曰，“苟非其人，虽法无益”，正指此也。

由上所述之义言之，庄子绝圣弃知之言，盖可解矣。庄子毁仲尼，鄙仁义，均斥常人之弃本逐末，舍己芸人者耳。其论及尧、舜、汤、武，固只寄言出义，而未尝有毁之之意也。夫尧、舜、汤、武者，非徒帝王之名，亦必有其神人之实也（《逍遥游》注，参看《在宥》注）。必须内为神人，乃外为圣人。无神人之实，而求法圣人之迹（此即不崇自然，而空谈名教），则未尝可治天下也。故郭注圣人之迹一义，固与内圣外王说一贯也。

虽然，犹有疑问也。由上所言，尧、舜有神人之实，而天下治，则自为内圣外王。至若孔子有神人之实，而不居帝王之位，则胡能为圣人乎？此难，郭注想必用素王之义以释之。《天道篇》注曰：“有其道为天下所归而无其爵者，所谓素王自贵也。”夫圣人则天行化，与物无不冥（《德充符》注云，仲尼非不冥也）。虽无其爵，而能体化应务，则亦圣王也。郭子玄曰：“圣人常游外以弘内，无心以顺有。故虽终日挥形，而神气无变。俯仰万机，而淡然自若。”此乃陈述内圣外王之道，而意亦指仲尼也。又此注系释孔子答子贡之言，见于《大宗师》。夫大哉孔子，固天下所宗师，而应为帝王者也。

谢灵运《辨宗论》书后

谢康乐具文学上之天才，而于哲理则不过依傍道生，实无任何“孤明先发”之处。唯其所著《辨宗论》（在《广弘明集》中），虽本文不及二百字，而其中提出孔释之不同，折中以新论道士（道生）之说，则在中国中古思想史上显示一极重要之事实。似不能不加以表章，然此事牵涉颇广，今仅能略发其端耳。

《辨宗论》者旨在辨“求宗之悟”，宗者“体”之旧称，“求宗”犹言“证体”。此论盖在辨证体之方，易言之即成佛之道或作圣之道也，此中含有二问题：一、佛是否可成，圣是否可至；二、佛如何成，圣如何至。

世传程伊川作《颜子所好何学论》，胡安定见而大惊。伊川立论为安定赏识者果何在，颇难断定。但伊川意谓此学乃圣人之学，而好学即在成圣人也。夫“人皆可以为尧舜”乃先秦已有之理想。谓学以成圣似无何可惊之处。但就中国思想之变迁前后比较言之，则宋学精神在谓圣人可至，而且可学；魏晋玄谈盖多谓圣人不可至不能学；隋唐则颇流行圣人可至而不能学（顿悟乃成圣）之说。伊川作论适当宋学之初起，其时尚多言圣人可至而不能学。伊川立论反其所言，安定之惊或亦在此。而谢康乐之论成于晋亡之后，其时正为圣人是否可至、如何能学问题争辩甚烈之时，谢侯采生公之说，分别孔释，折中立言以解决此一难题，显示魏晋思想之一转变，而下接隋唐禅门之学，故论文虽简，而诏示于吾人者甚大也。

谓圣人不可至不能学，盖在汉代已为颇流行之说。《汉书·人表》称“生而知之者上也”，而圣人则固居于上上，《白虎通》王者“虽有自然之性，必立师传焉”（《辟雍》），《论衡》载儒者立论“圣人不学自知”，贤者所不及，盖“圣人卓绝与贤者殊也”（见《实知篇》）。此说与谶纬神仙有关，王充虽不信儒者所论，但亦尝言圣凡均因“初禀”，又虽谓圣可学，但神则不可学，此所谓神略当道术之仙，嵇康已谓仙人“非积学所能致”（《养生论》），而读《抱朴子》已见仙人禀异气，仙人有种诸说。至若玄学则当推王弼、郭象为领袖，王辅嗣著论曰“圣人茂于人者神明也”，郭子玄注《庄》曰“学圣人者学圣人之迹”。引申二公之说，自可及圣人不可学不能至之结论。盖玄学者玄远之学，谈玄远之与人事本出于汉代天人之际（何平叔誉王辅嗣“可与言天人之际”）。大体言之，在魏晋之学“天”为“人”之所追求憧憬，永不过为一理想。天道盈虚消息永为人力所不能挽（清谈人生故归结常为无可奈何而安之若命）。圣道仰高钻坚，永为凡人之所不能及。谓圣人既不能学，自不可至，固必为颇风行之学说也。

《辨宗论》曰："孔氏之论，圣道既妙，虽颜殆庶。"盖谓儒家立义凡圣绝殊，妙道弥高弥坚，凡人所不能至，即颜回大贤亦殆几为圣人，而固非圣人也。

世言玄学出于老庄，而清谈者固未尝自外于儒教，故其说经，常见圣人不可学且不能至之理论。《论语集解》皇疏集魏晋玄谈之大成，其《学而第一》下疏曰：

> 言降圣以下皆须学成。

夫《法言》《学行》第一，《潜夫论》《赞学》居首，均明言圣人可学而至。皇疏于《论语》开宗明义所言，依全书陈义观之，则圣固不与于学成之列。道家本主绝圣弃智，而经玄学家之引申则谓圣人卓绝与凡人殊类也。圣人既不可学，然《学而》乃居第一者，盖所以劝教，所以勉励凡人也。故《志学章》疏曰：

> 此章明孔子隐圣同凡……皆所以劝物也。

又引李充曰：

> 诱之形器，为教之例，在乎兹矣。

又引孙绰曰：

> 勉学之至言。

此与《中人以上章》疏曰：

> 圣人不须教也。

《我非生知章》疏曰：

> 孔子谦以同物，自同常教。

盖同依寄言出意之原则以解经。经中虽常言学，而意在劝教，若圣人则固非学能也。

又王辅嗣以下多主圣人知几故能无过，贤人庶几只不二过，《论语》谓颜子不迁怒不二过，盖明示其天分仅止于大贤（亚圣），故此章皇疏曰：

> 云不迁怒者，此举颜回好学分满，所得之功也。

据此，颜子好学，其所得者只庶几为圣而终不及圣。观乎此类言论，则伊川著论谓颜子学为圣人，不诚为可惊之说乎？颜子既分只大贤，则《论语》载其言仰高钻坚亦因之而甚易了解。盖颜子虽好学而自知其分际，凡圣悬隔，非可强致，故晋代玄学名家孙绰曰：

> 夫有限之高，虽嵩岱可陵，有形之坚，虽金石可钻……绝域之高坚，未可以力致也。（参看皇疏五并引江熙之言）

《思不如学章》皇疏曰：

> 夫思而后通，习而后能者，百姓皆然也……故谓圣人亦必勤思而力学，此百姓之情也，故用其情以教之。

此盖引郭象之言，子玄之意谓经虽明言孔子亦学，但意亦在劝教，百姓虽须学，但圣人固无所谓学，此章盖亦方便立言，非谓圣人因学而至也。（附注——前年与友人冯芝生先生谈圣人不可学致乃魏晋之通说，冯先生疑之，并引《庄子·大宗师》七日九日之文，而谓既有阶级则自须学。但郭象注庄名家，据上文则因谓圣人与百姓不同〔郭氏对此整个学说为何兹不具述〕。而魏晋人注疏，亦不似现代系统论文之分析详尽。实则学有阶级与圣非学至并不冲突。盖学固可有阶级，而圣则卓绝居阶级之外也。此本为当时之一问题，《辨宗论》问答中已经提出。）

《辨宗论》曰：“释氏之论，圣道虽远，积学能至。”盖释教修持，目标本在成佛（或罗汉），而修持方法择灭烦恼循序渐进。小乘之三道四果，大乘之十住十地，致圣之道似道阻且长，然其能到达目标固无疑也。佛教自入中国以后本列于道术之林，汉魏间仙是否可学亦为学者聚讼之点，晋《抱朴子》论之甚详，葛洪本意则认为成仙虽有命，但亦学而能至。由汉至晋佛徒亦莫不信修炼无为必能成佛也。实则如不能成佛，绝超凡入圣之路，则佛教根本失其作用。汉晋间释氏主积学至圣，文证甚多，但姑不征引。

总上所言，汉魏以来关于圣人理想之讨论有二大问题：（一）圣是否可成；（二）圣如何可以至。而在当时中国学术之两大传统立说大体不同，中国传统（谢论所谓孔氏）谓圣人不可学不可至；印度传统（谢论所谓释氏）圣人可学亦可至。学术界二说并立相违似无法调和，常使人徘徊歧路堕入迷惘，故《世说新语·文学篇》曰：

> 佛经以为袪练神明则圣人可致（此叙印度传统），简文云，不知便可登峰造极不？（此似据中国传统立说不同而生疑）然陶练之功尚不可诬。

二大传统因流行愈久而其间之冲突日趋明朗。学人之高识沉思者，自了然于二说之不一致，故简文发问疑之于前，康乐作论明示于后。而在此时亦正因佛经一阐提成佛义出而争论极烈。印度佛教本有立种姓义者，依此义则超凡入圣亦可谓有不可能。晋末六卷《泥洹经》出，乃明载一阐提不能成佛之说，印度传统中乃起一异说，但竺道生精思绝伦，“孤明先发”，根据法体之贞一（《辨宗论》谓理归一极），力驳此说之妄伪。谓佛性乃群生之真性，一阐提乃属群生，何得独无佛性。一阐提既同具佛性自得成佛，故当东晋末叶印度传统中有一部分人士违背圣人可学可至之宗义，经道生精辟之立张，加以《涅槃》新经之明证，而印度立说乃维持其原来所立之宗义。晋末因印度传统既生波动，而整个问题（即上述之两项）益为学人所注意，竺道生大顿悟义原在求本问题之总解决。谢灵运《辨宗论》述其旨，立言简要，拈出两大传统之不同，而建树一折中之新义。关于整个问题之解决或可分为四句：

一、圣人不可学不可至，此乃中国传统。

二、圣人可学可至，此乃印度传统。

三、圣人可学不可至，此说无理不能成立。

四、圣人不可学但能至，此乃《辨宗论》述生公之新说，所谓“闭其累学”“取其能至”是也。

梁释僧旻曰“宋世贵道生，顿悟以通经”，盖一阐提成佛乃经中之滞义，生公立大顿悟本为此滞疑之解决，而且魏晋学术之二大异说亦依此而调和，则生公之可贵岂独在通经耶？抑亦在将当时义学之迷惘一举而廓清之也。

竺道生曰，成佛由于顿悟，谢康乐曰，得道应需慧业，故成圣者固不由学也。然谓圣人能至而不可学。欲知其立说之由来，亦当明了魏晋学人之所谓学果含何义。当时学字之意义，实应详加研讨，大要言之，相关之意义约有四：

一、学者乃造为。道家任自然无为无造。鹤胫虽长断之则悲，凫胫虽短续之则忧。玄学弃智，用人之聪明为其所不取。王弼曰“智慧自备为则伪也”，郭象曰“任之而理自至”。夫“学”者即谓有所欲为，则圣人德合自然，应不能学，此其一。

二、“学”者效也，乃由教，由外铄。《论语集解》何晏曰“学自外入”，皇疏引谬协曰“学自外来，非复内足”。夫圣人神明自茂，反身而诚。故皇疏三有曰“圣人不须教也”。《涅槃集解》引僧亮（刘宋初人）曰“无师自悟是觉义”。佛本大觉，应无所谓学。此其二。

三、学者渐进，累积而有成。孔子“志学”“而立”之差，佛家十地四果之阶，均以示学之程序。鸠摩罗什曰“能积善果功自致成佛”。然理归一极，法本无妄，以不可妄之法，不可分之理，而谓能渐灭虚妄，由分至全者，是不通之论。是则证体成佛自须顿得，不容有阶差，自亦无所谓学，此其三。

四、学者由于不足。不自足乃有所谓学。然王弼曰物皆得一以成，则群有均不离道；郭象曰物皆适性为逍遥，则万物本不假外求。然则众生本皆自足，人皆可圣，亦不需学，此其四。

综上四者，圣人不须教，佛为无学道，则作圣成佛果何因乎？竺道生乃提出顿悟学说，其说余已别详，兹姑不赘。当时学说之二大传统依上所陈各有是非：中国传统谓圣不能至固非，而圣不能学则是。印度传统谓圣可至固是，而圣能学则非。

生公去二方之非，取二方之是，而立顿悟之说，谓圣人可至，但非由积学所成要在顿得自悟也。自此以后，成圣成佛乃不仅为一永不可至之理想，而为众生均可企及之人格。神会和尚曰：“世间不思议事为布衣登九五，出世间不思议事为立地成佛。”实则成佛之事，在魏晋玄谈几不可能，非徒不可思议也。自生公以后，超凡入圣，当下即是，不须远求，因而玄远之学乃转一新方向，由禅宗而下接宋明之学，此中虽经过久长，然生公立此新义实此变迁之大关键也。

康乐承生公之说作《辨宗论》，提示当时学说二大传统之不同，而指明新论乃二说之调和。其作用不啻在宣告圣人之可至，而为伊川谓“学”乃以至圣人学说之先河。则此论在历史上有甚重要之意义盖可知矣。

/第四章/

汤用彤讲隋唐佛学

隋唐佛学之特点[1]

今天讲的题目是隋唐佛学之特点。这个题目有两种讲法：一种是把特点作历史的叙述，从隋初到唐末，原原本本地说去，这叫作“纵的叙述”。一种是“横的叙述”，就隋唐佛学全体作分析的研究，指明它和其他时代不同的所在。原则上这两种方法都应该采取，现在因为时间限制，只能略略参用它们，一面讲线索，一面讲性质。即使这样讲，也仍然只能说个大概。但是先决问题，值得考虑的是：隋和唐是中国两个朝代，但若就史的观点去看，能否联合这两个政治上的朝代作为一个文化学术特殊阶段？就是隋唐佛学有无特点，能否和它的前后各朝代加以区别？我们研究的结果，可以说佛学在隋唐时代确有其特点。这一时期的佛学和它的既往以及以后都不相同。

[1] 本篇为汤用彤先生在西南联大的讲演稿。——编者注

平常说隋唐是佛学最盛的时候，这话不见得错，但是与其说是最盛，倒不如拿另外的话去形容它。俗话说“盛极必衰”，隋唐佛学有如戏剧的顶点，是高潮的一刻，也正是下落的一刻。所谓“分久必合，合久必分”，隋唐佛学的鼎盛，乃因在这时期有了很高的合，可是就在合的里面又含有以后分的趋势。总括起来说，隋唐佛学有四种特性：一是统一性；二是国际性；三是自主性或独立性；四是系统性。若欲知道这四种性质及其演变，便也须知道佛学在这一时期之前与以后的趋势。

先说统一性。隋唐时期，佛教在中国能够在各方面得以统一，扼要说来，佛学本身包含理论和宗教两方面。理论便是所谓哲理，用佛学名词说是智慧。同时佛教本为宗教，有种种仪式信仰的对象，像其他宗教所供奉的神，以及有各种工夫如坐禅等。所以佛教既非纯粹哲学，也非普通宗教。中国佛教对于这两方面，南北各有所偏，又本来未见融合，可是到了隋唐，所有这两方面的成分俱行统一。从历史上看，汉朝的佛教势力很小，到了魏晋南北朝虽然日趋兴盛，但是南北渐趋分化。南方的文化思想以魏晋以来的玄学最占优势；北方则仍多承袭汉朝阴阳、谶纬的学问。玄学本比汉代思想超拔进步，所以南方比较新，北方比较旧。佛学当时在南北两方，因受所在地文化环境的影响，也表现同样的情形。北方佛教重行为，修行，坐禅，造像。北方因为重行为信仰，所以北方佛教的中心势力在平民。北方人不相信佛教者，其态度也不同，多是直接反对，在行为上表现出来。当时北方五胡很盛，可是他们却渐崇中国固有文化，所以虽然不是出于民族意识，也严峻地排斥佛教。南方佛教则不如此，着重它的玄理，表现在清谈上，中心势力在士大夫中，其反对佛学不过是理论上的讨论，不像北方的杀和尚、毁庙会那样激烈。并且南方人的文化意识和民族意识也不如北方那样强，对外来学问取容纳同化态度，认为佛教学理和固有的玄学理论并没有根本不同之处。换言之，南方佛学乃士大夫所能欣赏者，而北方的佛学则深入民间，着重仪式，所以其重心为宗教信仰。

到了隋唐，政治由分到合，佛教也是如此。本来南方佛教的来源，一为江南固有的，另一为关中洛阳人士因世乱流亡到南方而带去的。北方佛教的来源，一为西北之“凉”的，一为东北之“燕”的。南方为玄学占有之领域，而“凉”与“燕”则为汉代旧学残存之地，佛教和普通文化一样，也受其影响。但是自从北朝占据山东以及淮水流域，有时移其人民，南方佛教也稍向北趋；又加以南方士大夫逃亡入北方的也不少，俱足以把南方佛学传入北方。所以，北朝对佛学深有研究者多为逃亡的南方人。再其后，周武帝毁法，北方和尚因此颇多逃入南方；及毁法之事过去，乃学得南方佛学理论以归。到了隋文帝，不仅其政治统一为南北文化融合之有利条件，并且文帝和炀帝俱信佛教，对佛学的统一都直接有很大的功劳。文帝在关、洛建庙，翻译经典，曾三次诏天下有学问的和尚到京，应诏者南北都有。以后炀帝在洛阳、江都弘扬佛教，置备经典，招集僧人，而洛阳、江都间交通很发达，南北来往密切，已不像隋以前的样子，这也是南北文化统一的主要因素。

就佛教本身说，隋唐的和尚是修行和理论并重。华严的“一真法界”本为其根本理论，可是其所谓“法界观”，乃为禅法。天台宗也原是坐禅的一派，所尊奉的是《法华经》，它的理论也是坐禅法，所谓“法华三昧”是也。法相唯识，本为理论系统，但也有瑜伽行观。禅宗虽重修行，但也有很精密的理论。凡此俱表明隋唐佛教已统一了南北，其最得力之口号是“破斥南北，禅义均弘”。天台固然如此，华严也可说相同。唐代大僧俱与南北有关。天台智者大师本为北人，后来南下受炀帝之优礼；唐玄奘在未出国前曾到过襄阳和四川，襄阳乃南方佛学的中心。菩提达摩本由南往北。三论宗的吉藏本为南人，后来隋文帝请他到北方，极受推崇。法照乃净土宗大师之一，本为北人，也曾到过南边。表面看，北方佛教重行为信仰，仍像旧日的情形，可是实在是深入了。这时仍同样造佛像，建庙宇，势力仍在平民；却又非常着重理论，一时天台、华严诸宗论说繁密，竞标异彩。南方佛学，反而在表面上显现消沉。可是对后来的影响说，北方的华严、天台对宋元明思想的关系并不很大，而南方的禅宗则对宋元明文化思想的关系很大，特别关于理学，虽然它对理学并非起直接的作用，但自另一面看，确是非常重要。

再说国际性。隋唐时代，中国佛学的地位虽不及印度，但确只次于印度。并且当时中国乃亚洲中心，从国际上看，中国的佛教或比印度尤为重要。当时所谓佛教有已经中国化的，有仍保持印度原来精神的。但无论如何，主要僧人已经多为中国人，与在南北朝时最大的和尚是西域人或印度人全不相同。南朝末年的法朗是中国人，他的传法弟子明法师是中国人，但是他最重要的弟子吉藏是安息人，为隋朝一代大师。隋唐天台智者大师是中国人，其弟子中有波若，乃是高丽[1]人。唐法相宗大师玄奘是中国人，其弟子分二派：一派首领是窥基，于阗人；另一派首领是圆测，新罗人。华严智俨系出天水赵氏，弟子一为法

[1] 应为高句丽。——编者注

藏，康居人，乃华严宗的最大大师；一为义湘，新罗人。凡此俱表示当时佛教已变成中国出产，不仅大师是中国人，思想也是中国化。至若外国人求法，往往来华，不一定去印度。如此唐朝西域多处的佛经有从中国翻译过去的。西藏虽接近印度，而其地佛教也受内地佛教[1]影响。朝鲜、新罗完全把中国天台、华严、法相、禅宗搬了去。日本所谓古京六宗，是唐代中国的宗派。而其最早的两个名僧，一是传教法师最澄，一是弘法大师空海。其所传所弘的都是中国佛教。所以到了隋唐，佛教已为中国的，有别开生面的中国理论，求佛法者都到中国来。

佛教到隋唐最盛。佛教的势力所寄托，到此时也有转变。因此接着谈到它的自主性或独立性。主要的是，这时佛学已不是中国文化的附属分子，它已能自立门户，不再仰仗他力。汉代看佛学不过是九十六种道术之一，佛学在当时所以能够流行，正因为它的性质近于道术。到了魏晋，佛学则倚傍着玄学传播流行，虽则它给玄学不少的影响，可是它在当时能够存在是靠着玄学，它只不过是玄学的附庸。汉朝的皇帝因信道术而信佛教，桓帝便是如此。晋及南朝的人则因欣赏玄学才信仰佛教。迨至隋唐，佛教已不必借皇帝和士大夫的提倡，便能继续流行。佛教的组织，自己成为一个体系。佛教的势力集中于寺院里的和尚，和尚此时成为一般人信仰的中心。至于唐朝的皇帝，却有的不信佛教。高祖仅仅因某种关系而中止毁灭佛教。唐太宗也不信佛教，虽非常敬爱玄奘，但曾劝过玄奘还俗。玄奘返国后，着手翻译佛经，要求太宗组织一个翻译团体，太宗便拿官话搪塞玄奘，意

[1] 内地佛教指的是汉传佛教。——编者注

思是你梵文很好，何须他人帮忙。据此，足见太宗对佛教的态度如何了。玄宗虽信佛教，可是信的是密宗，密宗似道教，实际上信道教才信佛教。唐朝士大夫信佛教的也不多，即有信者也对于佛学理论极少造诣。士大夫排斥佛教的渐多，且多为有力的分子。加以道教的成立，使阴阳五行的学者另组集团来反对佛教。儒教则因表现在政治上，和佛无有很大关系。因之佛教倒能脱离其他联系，而自己独立起来。另一方面，佛教这种不靠皇帝士大夫，而成独立的文化系统、自主的教会组织，也正为它衰落的原因。即缘佛教的中心仅集中于庙里的和尚，则其影响外界便受限制。和尚们讲的理论，当时士大夫对之不像魏晋玄学之热衷；平民信仰佛教的虽多，然朝廷上下则每奉儒教，不以事佛为主要大事。这些实在都是盛极必衰的因子。本来佛学在中国的表现，一为理论，二为解决生死问题，三为表现在诗文方面的佛教思想。可是到了向下衰落的时候，理论因其精微便行之不远，只能关在庙里；而生死问题的解决也变为迷信。这时只有在文学方面尚可资以作为诗文的材料，韩昌黎虽然排佛不遗余力，倒尝采取佛学材料作些诗文赠给和尚。

最后谈到系统化。印度佛教理论，本来有派别的不同，而其传到中国的经典，到唐代已甚多。其中理论亦复各异。为着要整理这些复杂不同的理论，唐代的佛学大师乃用判教的方法。这种办法使佛教不同的派别、互异的经典得到系统的组织，各给一个相当地位。因此在隋唐才有大宗派成立。过去在南北朝只有学说上的学派（Sect）。例如六朝时称信《成实论》者名成实师，称信《涅槃》者名涅槃师。而唐朝则成立各宗，如天台、禅宗等，每宗有自己的庙，自己的禁律，对于佛学理论有其自己的看法。此外每一宗派且各有自己的历史，如禅宗尊达摩为祖宗，代代相传，像《灯录》里所记载的。这也表明每派不仅有其理论上的特点，而且还有浓厚的宗派意识，各认自己一派为正宗。此种宗派意识，使唐朝佛教系统化，不仅学术上如此，简直普及到一切方面。华严、天台、法相三宗，是唐朝最重要的派别。另一为禅宗，势力极大。天台、华严不仅各有一套学理，并且各有一个全国性的教会组织，各有自己的谱系。华严、天台、法相三宗发达最早。华严上溯至北朝，天台成于隋。它们原来大体上可说是北统佛教的继承者。禅宗则为南方佛学的表现，和魏晋玄学有密切关系。到中唐以后，才渐渐盛行起来。原来唐朝佛学的种种系统，虽具统一性，但是南北的分别，仍然有其象迹。唐朝前期佛学富北方的风味，后期则富南方风气。北统传下来的华严、天台，是中国佛学的表现；法相宗是印度的理论，其学说繁复，含义精密，为普通人所不易明了。南方的禅宗，则简易直截，明心见性，重在觉悟，普通人都可以欣赏而加以模拟。所以天台、华严那种中国化的佛教行不通，而来自印度的法相宗也行不通，只有禅宗可以流行下去。禅宗不仅合于中国的理论，而且合乎中国的习惯。当初禅宗本须坐禅，到后来连坐禅也免去了。由此也可见凡是印度性质多了，佛教终必衰落，而中国性质多的佛教渐趋兴盛。到了宋朝，便完全变作中国本位理学，并且由于以上的考察，也使我们自然地预感到宋代思想的产生。从古可以证今；犹之说没有南北朝的文化特点，恐怕隋唐佛学也不会有这样情形；没有隋唐佛学的特点及其演化，恐怕宋代的学术也不会那个样子。

西行求法之运动

隋炀帝锐意凿通西域，及至唐初，威力震远，甚且发兵入中印度克名都，擒伪王，中外交通因之大辟。而玄奘西征，大开王路，僧人慕高名而西去求法者遂众多。义净三藏作《大唐求法高僧传》，仅就一己闻见，时限太宗、高宗、天后三朝，所记已有六十人。义净自谓“西去者盈半百，留者仅有几人”，则其湮没未彰不知凡几，而求法之盛概可知矣。

当时因西域各国兴灭异乎前朝，故西行路线亦遂变更，计有如下几路：

（一）凉州—玉门关—高昌（今吐鲁番）、阿耆尼（今焉耆）—屈支（龟兹，今之库车）—逾越天山—大清池（今特穆尔图泊）—飒秣建（中亚细亚之 Samarkand）—铁门（在今 Derbent 之西八英里）—大雪山（今之 Hirdu Kush）东南行至健驮罗（Gandhara 为印度境）。

此为天山北路，玄奘去时之所经历也。路纡回远经中亚细亚，大异于法显所经。盖尔时突厥强大，中印间诸国多臣服之，西行者必诣突厥王庭，请求通过。故齐僧宝暹东归，阇那崛多西去，均过突厥（见《开元录》卷七）。而玄奘则必西行至大清池左近素叶城见突厥可汗，请得致诸国书而后西行也。

（二）自玉门关西行经天山南路，由于阗及朅盘陀（今塔什库尔干）再度葱岭，达印度境。

此路为天山南路，玄奘归时所经也。

（三）经高昌—焉耆—疏勒—于阗再度葱岭，以达印度境。

此则开元中沙门慧超归途所经之路也。其路当略同法显之所经历者。又据《求法高僧传》之《玄照传》，有所谓迦毕试途者，查上三路均经迦毕试，该途不知何指。《传》又言迦毕试途为大食人所阻，亦足注意。

（四）《求法高僧传》所谓之吐蕃道，则系由西藏出尼泊尔，达北印度。

义净又有出沙碛到泥波罗，则其时自唐朝至西藏历经新疆、青海，此路前此所未通，及唐初吐蕃强盛，其王弄赞尚文成公主，信佛教，遣使至天竺求法，应是中华印度间新辟通道。如玄照法师，即经文成公主送往北天竺者也。然吐蕃常与唐朝绝，而尼泊尔常有毒杀，亦非坦途也（均据《求法高僧传》）。

（五）广州—室利佛逝国（Sumatra 之东南端）—或至诃陵洲（爪哇）—经麻六峡至耽摩立底国（Tamralipti，在恒河口），或至狮子国（锡兰）再转印度。

此为海路，则义净所经，其先止于诃陵国者则为会宁，先至狮子国再往耽摩立底者则为大乘灯。唐初南海诸小国先后朝贡称藩，如占城（交趾）、真蜡（柬埔寨）、扶南（暹罗）、婆利（婆罗州）、阇婆（爪哇）、室利佛逝诸国均于其时来廷，而广州始置市舶司，足征中外贸易之发达，故《求法高僧传》所载经海道往西方者颇不乏人也。

寻求法诸人西去动机，一在希礼圣迹，一在学问求经。迹其所得所求，亦可觇当时佛徒之注意所在。求得律藏，义净、道琳是矣；求得瑜伽，玄奘是矣；会宁之于《涅槃》，义辉之于《摄论》《俱舍》；无行、玄照均常究心中观。凡此诸端，似为印土所流行，而中土人士所欲究心者也。

凡往天竺，先学梵语。或在国内就学于译场，如沙门玄照以贞观年中在大兴善寺玄证师处初学梵文，后乃杖锡西迈是也。而多数于出国后学之，其地点知名者有四：（1）室利佛逝，则为义净学梵语之国；（2）为耽摩立底，则道琳学梵语之地；（3）为阇阑陀国，则玄照习梵文之处；（4）为大觉寺（佛陀成道之地），则为智弘习梵文之所也。有唐盛时，中印交通虽云大辟，然道途穹远，险阻艰难，求法之所备尝，仍不减于法显，故义净叹美求法高僧曰：

> 观夫自古神州之地，轻生殉法之宾，显法师则创辟荒途，奘法师乃中开王路。其间或西越紫塞而孤征，或南渡沧溟以单逝。莫不咸思圣迹，罄五体而归礼；俱怀旋踵，报四恩以流望。然而胜途多难，宝处弥长，苗秀盈十而盖多，结实罕一而全少。实由茫茫象碛，长川吐赫日之光；浩浩鲸波，巨壑起滔天之浪。独步铁门之外，亘万岭而投身。孤漂铜柱之前，跨千

江而遗命。或亡餐几日，辍饮数晨。可谓思虑销精神，忧劳排正色。致使去者数盈半百，留者仅有几人。设令得到西国者，以大唐无寺，飘寄栖然；为客遑遑，停托无所。遂使流离蓬转，罕居一处，身既不安，道宁隆矣。

准此以观，艰苦可想。无论玄奘之独涉流沙（在到高昌以前），义净之孤征南海，中西人士早已共引为美谈。而其余轻身殉法，客死外国，不遂所怀，如玄照、无行之徒者亦夥。盖中印交通不但有天然之险碍，而中途且有当地民族之梗阻。有时泥波罗道，以吐蕃（西藏人）拥塞不通；迦毕试途，以多氏（亚剌伯人）捉而难渡。故求法者无论其智慧、其学识若何，其志气之卓绝盖可惊矣。

当时求法者留学之处，虽不得其详，然据见之记载，其最有名者如下列：

（一）那烂陀寺，在恒河右岸，古王舍城之北（Bargaon 村），其名不见法显记载，而宋云行传有之。至唐而蔚为印度最大寺院，重大乘学。玄奘留学时，戒贤、智光同时于此各弘性相二宗（详《十二门论宗致义记》卷上）。义净谓其中有僧众三千五百人，印土第一。

（二）大觉寺，距王舍城不远，释迦成道之处，有释迦之真容，为求法所必瞻礼之地。现在犹存有名之Mahābodhi temple。

（三）信者寺，在庵摩罗跋国（西印度），为学小乘之处所。

（四）新寺，在印度之北（今之 Balk 地），为大雪山以北之大寺，部属小乘。玄奘、义净均道及之。

（五）大寺，在狮子国之都城。据记载寺极为壮丽，兼大小乘，而上座部甚有势力。距此不远有寺，中藏佛牙极有名。

（六）般涅槃寺，在俱尸城，释迦涅槃之地。道希法师于此专攻律藏。

（七）羝罗荼寺，离那烂陀寺不远，无行于彼学因明。

自玄宗以后，吐蕃强大，阻碍交通。又中国内乱，民力凋敝，因是求法西行，渐成绝响。沙门悟空，本名车奉朝。天宝九年（公元750年）敕宦官张韬光率吏四十余人西迈，车奉朝还至犍陀罗，因疾未归，发愿出家，历游印土，前后四十年，至德宗贞元五年（公元789年）返国。此或唐代最后之西游知名者。

唐太宗与佛教

中国佛教之全盛甚难确定在何时。但自冠达舍道之年，爰及武媚授记之日，我国人士取精用弘，宗派繁兴。隋代唐初，尤称极盛。唯佛教势力之增长，抑亦有赖于帝王之外护。唐初佛教依人君之态度言之，则既有武德末年之摧折，复因贞观文治受漠视。比之六朝帝王弘法之热烈，相去甚悬远也。

世颇有误以为唐太宗弘赞释教者。欧阳永叔亦惜其牵于多爱，复立浮屠（见《新唐书·本纪》）。但唐代诸帝中，太宗实不以信佛著称。睿宗时，辛替否上疏有曰：

> 太宗……拨乱反正，开阶立极。得至理之体，设简要之方。省其官，清其吏。奉天下职司，无一虚受。用天下财帛，无一枉费。……不多造寺观，而福德自至。不多度僧尼，而殃咎自灭。……自有帝皇以来，未有若斯之神圣者也。故得享国

长久，多历年所。陛下何不取而则之。

及至武宗毁法，其诏书有曰：

> 况我高祖、太宗以武定祸乱，以文理华夏。执此二柄，足以经邦。岂可以区区西方之教，与我抗衡哉！

唐太宗不但未以信佛著称，而其行事且间有不利于释子者。武德末，傅奕致力诋佛，颇倾动一时观听。《法琳别传》作者之彦琮，亦认为当时“秃丁”之诮，闾里甚传，“胡鬼”之谣，昌言酒席（“秃丁”“胡鬼”均傅奕语）。高祖遂下诏沙汰僧尼，并及道士。凡“有精勤练行，守戒律者，并令大寺观居住，给衣食，勿令乏短。其不能精进戒行者，有阙不堪供养者，并令罢遣，各还桑梓。所司明为条式，务依法教。违制之事，悉宜停断。京城留寺三所，观二所。其余天下诸州各留一所。余悉罢之”。时武德九年（公元626年）五月也（此据《旧唐书》，《新唐书》作四月）。六月而高祖退位，太宗摄政，大赦天下，事竟不行。

太宗虽未行武德毁法之诏，但贞观初年，叠有检校。《续高僧传·明导传》谓贞观初导行达陈州，逢敕简僧，唯留三十。导以德声久被，遂应斯举。又《智实传》曰，贞观元年（公元627年）敕遣治书侍御史杜正伦检校佛法，清肃非滥。又《法冲传》曰，贞观初年下敕，有私度者，处以极刑。（下文又曰，时峄阳山多有逃僧避难，资给告穷云。）又《法向传》曰，贞观三年（公元629年）天下大括义宁（二字原文如此）私度，不出者斩，闻此咸畏。得头巾者，并依还俗。其不得者，现今出家。观此则太宗即位之初，禁令仍严峻也。

自武德九年后，清虚观道士李仲卿、刘进喜猜忌佛法，恒加讪谤。卿作《十异九迷论》，喜著《显正论》。贞观中，释法琳乃作《辩正论》八卷以驳之。有太子中舍辛谞著《齐物论》，破难释宗。慧净、法琳又复作答。当时唐帝自谓为老子之后，故道士之气甚张。而常因定佛道之先后，致生二教争执。贞观十四年（公元640年）道士秦世英指斥《辩正论》，谓实谤皇室。帝下诏汰沙门，并下琳于狱按问。辩答往复，语极质直。其言有曰：

> 窃以拓跋元魏，北代神君；达阇达系，阴山贵种。经云，以金易输石，以绢易褛褐，如舍宝女与婢交通，陛下即其人也。弃北代而认陇西，陛下即其事也。

后太宗降敕，谓汝所著论，言念观音者，临刃不伤。朕赦汝七日，尔其念哉。七日旦，复敕问。琳答曰，七日以来，未念观音，唯念陛下。又答曰：

> 但琳所著《辩正》，爰与书史符同。一句参差，甘从斧钺。陛下若顺忠顺正，琳则不损一毛。陛下若刑滥无辜，琳有伏尸之痛。

后太宗卒免其死，放之蜀郡。于道中卒，年六十九（上见《法琳别传》）。

又太宗尝临朝谓傅奕曰："佛道玄妙，圣迹可师。且报应显然，屡有征验。卿独不悟其理，何也？"（奕在贞观朝仍极力反佛。《广弘明集》八曰，贞观六年傅奕上疏，令僧吹螺，不合击钟。）奕曰："佛是胡中桀黠，欺诳夷狄。初止西域，渐流中国。遵尚其教，皆是邪僻小人，模写老庄玄言，文饰妖幻之教耳。于百姓无补，于国家有害。"太宗颇然其言（上见《旧唐书·傅奕传》）。

盖太宗衷心对于释教并无笃信。其讨王世充，尝用少林寺僧人。及破洛阳，乃废隋朝寺院，大汰僧人。（事载《通鉴》武德四年。《续高僧传·慧乘传》谓此事出于高祖敕旨。）武德中法琳著《破邪论》，上书太子建成，有曰："殿下往借三归，久资十善。"而上秦王书中，则仅颂其文德，未言信佛。是盖太宗初不信佛之明证。及即皇帝位，所修功德，多别有用心。贞观三年（公元629年）之设斋，忧五谷之不登也。为太武皇帝造龙田寺，为穆太后造弘福寺，申孺慕之怀也。为战亡人设斋行道，于战场置伽蓝十有余寺（见《法苑珠林》一百）。今所知者，破薛举于豳州，立昭仁寺。破宋老生于吕州，立普济寺。破宋金刚于晋州，立慈云寺。破刘武周于汾州，立弘济寺。破王世充于邙山，立昭觉寺。破窦建德于郑州，立等慈寺。破刘黑闼于洺州，立招福寺。（参看《广弘明集》二八。又据《续高僧传·明瞻传》，谓瞻对太宗广列自古以来明君昏主制御之术，兼陈释门大极以慈救为宗。帝大悦，遂敕断屠。行阵之所，置昭仁等七寺。）征高丽[1]后，于幽州立悯忠寺。均为阵亡将士造福也。至若曾下诏度僧，想因祈雨而酬德也。（诏见《广弘明集》二十八，计度三千人，参看《续高僧传·明净传》。）贞观初年延波颇译经，或仅为圣朝点缀，但似亦有政治关系。综计太宗一生，并未诚心奖挹佛法。此或在僧人之败德，道士如秦世英之进谗（见《法琳别传》。据宋敏求《长安志》曰："龙兴观本名西华观。贞观五年太子承乾有疾，敕道士秦英祈祷获愈，遂立此观。"秦英想即秦世英，避太宗讳，除世字。《集古今佛道论衡》卷三，谓西华观秦世英者，挟方术以自媚，因程器于储贰云云。太宗想原颇信此道士）。但太宗所以抑

[1] 应为高句丽。——编者注

佛者，亦有其理由：

（一）帝崇文治，认为佛法无益于平天下。故贞观五年（公元631年）诏僧道致拜父母（见《续文献通考》），则仍以礼教为先，贞观二年（公元628年）语侍臣曰，梁帝好释老，足为鉴戒，“朕今所好者，惟有尧舜之道、周孔之教。以为如鸟有翼，如鱼依水，失之必死，不可暂无耳”（见《贞观政要》卷六）。贞观二十年（公元646年）手诏斥萧瑀（见《旧唐书》六三）曰：

> 朕以无明于元首，期托德于股肱。思欲去伪归真，除浇反朴。至于佛教，非意所遵。虽有国之常经，固弊俗之虚术。何则？求其道者，未验福于将来。修其教者，翻受辜于既往。至若梁武穷心于释氏，简文锐意于法门，倾帑藏以给僧祇，殚人力以供塔庙。及乎三淮沸浪，五岭腾烟，假余息于熊蹯，引残魂于雀鷇。子孙覆亡而不暇，社稷俄顿而为墟。报施之征，何其缪也！而太子太保宋国公瑀践覆车之余轨，袭亡国之遗风（瑀是梁武后人）。弃公就私，未明隐显之际。身俗口道，莫辩邪正之心。修累叶之殃源，祈一躬之福本。上以违忤君主，下则扇习浮华。

（二）帝虽亦自谓不好老庄玄谈、神仙方术（亦见《贞观政要》卷六），但自以为系李老君之后，故尝先道后佛。贞观十一年（公元637年）诏（见《法琳别传》）有曰：

> 至如佛教之兴，基于西域。爰自东汉，方被中华。神变之理多方，报应之缘匪一。暨乎近世，崇信滋深。人冀当年之福，家惧来生之祸。由是滞俗者闻玄宗而大笑，好异者望真谛

> 而争归。始波涌于闾里，终风靡于朝廷。……遂使殊俗之典，郁为众妙之先；诸夏之教，翻居一乘之后。朕思革前弊，纳诸轨物。况朕之本系，出自柱下。……宜有解张，阐兹玄化。

总之，太宗所为，如为阵亡者立寺，如自称出中华望族，盖皆具有政治作用（参看《佛道论衡》卷三第八太宗对僧人语）。其于佛法，虽“非意所遵”，但仍未为傅奕、秦世英谗言所动而毁法者，则一，视之为“国之常经”，明主以不扰民为务；二，帝留心学问，旁及释典，亦常与义学僧接。如慧休，如慧乘，如明瞻，如智实，如法顺（均见《续高僧传》。法顺或因以神异显，故召见）。而最有名者，则为玄奘法师。

贞观十九年（公元645年）春，玄奘法师归自西域。凭绝人之毅力，博得西域各国之隆礼。其事功，其学问，其令誉，其风仪（太宗美法师风仪，见塔铭），均足欣动人君。然奘师初到，请立译场，搜擢贤明，上曰，法师唐梵俱赡，词理通敏，将恐徒扬仄陋，终亏圣典。奘固请乃许（见《续高僧传》）。夫翻译佛典，六朝视为国之大事。遑论“二秦之译，门徒三千”（奘告太宗语），太宗知之已熟。而隋朝兴善上林之规式，犹近在人耳目。太宗果有心提倡，必不至拒奘所请。据此可知其对于译经，非有热诚。按贞观初年，波颇至自西突厥，朝廷曾为之立译场。审波颇初至，太宗适欲远交近攻，思联西突厥。波颇请得叶护信伏，或因此为太宗所垂青。而其译经时，《僧传》虽言礼意优厚，然时沙门灵佳即论其事曰：“昔苻姚两代，翻经学士，乃有三千。今大唐译人，不过二十。”而道宣于《波颇传》，亦一则曰：“其本志颓然，雅怀莫诉，因而构疾。”再则曰：“人丧法崩，归傒斯及，伊我东鄙，匪咎西贤。”吾人观乎波颇译经之萧索，而应恍然于太宗谢绝奘师之请之故也。

太宗自征辽之后，气力不如平昔，有忧生之虑，遂颇留心佛法（见慧立《慈恩传》。太宗晚年并信方士药石）。亲制《圣教序》，敕令天下度僧尼（计一万八千五十人，但据辛替否“不多度僧尼”之言，此恐非确），均从玄奘之请也。又曾共师听《瑜伽》大意，论《金刚般若》，其兴趣似首在学问。崩御之年，数告法师曰：“朕共师相逢晚，不得广兴佛事。”是可知太宗晚年，因遭遇奘师，或较前信佛。但察其对于奘师所以特加优礼，实亦由于爱才。故曾两次请法师归俗，共谋朝政。此则劝人弃缁还素，与梁武帝之舍道归佛者，自迥不相侔也。

玄奘法师

玄奘法师（602—664）俗姓陈，名祎。隋仁寿二年（公元602年）生于缑氏之陈堡谷，即在嵩山少林寺之西北。兄弟四人，法师最幼。其第二兄长捷先出家，住于东都净土寺。因其奖劝，法师十三岁出家于洛。好学不倦，跋涉陕、蜀，就学名师。武德五年（公元622年），法师二十一岁，于成都受具后，东下荆州，止天皇寺，讲《摄论》《毗昙》各三遍，深为汉阳王所敬礼。后又在相州、赵州，复至长安问学。法师既遍谒诸师，备餐众说，详考其义，各擅宗途，验之圣典，亦隐显有异，莫知适从。乃誓游西方，以问所惑，并取《十七地论》（即《瑜伽师地论》），以释众疑。常言昔法显、智严亦一时之士，皆能求法，导利群生，岂使高迹无追，清风绝后，大丈夫会当继之。遂结侣陈表。有诏不许。诸人咸退，唯法师不屈。乃于唐太宗贞观三年（公元629年）秋首途，时年二十八也。

时有秦州僧孝达在京学《涅槃经》，功毕还乡，遂与俱去。至秦州，停一宿。逢兰州伴，又偕至兰州。一宿，遇凉州人送官马归，又随至彼。时国政尚新，疆场未远，禁约百姓，不许出蕃。凉州都督李大亮，因止不听行。有慧威法师，遣其弟子慧琳、道整二人，潜送向西。不敢公出，昼伏夜行，乃达瓜州。刺史独孤达优礼之。居月余，凉州访牒至，候捉玄奘。州吏李昌密促早去。幸访得一胡人相引渡玉门关。又得一胡老翁赠一瘦老赤马，马极谙西路，来去伊吾凡十五度。未至玉门关，胡人即生异心，引还，法师自是孑然孤游沙漠矣。唯望骨聚马粪等渐进。经过烽候四处，几中箭射。唯得校尉王祥之维护，得安然西去。再前即渡莫贺延碛，古曰沙河，长八百余里。上无飞鸟，下无走兽，复无水草。是时顾影，唯一心但念观音菩萨及《般若心经》。四顾茫然，人马俱绝。中经四夜五日无滴水沾喉，几死。忽遇水得救，后遂得到伊吾，止一寺。寺有汉僧三人，中有一老者，衣不及带，跣足出迎。抱法师号哭曰："岂期今日，重见乡人。"

适高昌王麴文泰闻法师至伊吾，特远迎住高昌王城。夜半到，王及妃嫔出宫亲致敬礼，其供养极盛，并言曰："朕与先王（按：文泰父伯雅于隋时入朝，尚华容公主。）游大国，从隋帝历东西二京，及燕、代、汾、晋之间，多见名僧，心无所慕。自承法师名，身心欢喜，手舞足蹈。拟师至止，受弟子供养以终一身，令一国人皆为师弟子。望师讲授，僧徒虽少，亦有数千，并使执经充师听众。伏愿察纳微心，不以西游为念。"法师再四谢之。后王竟欲强力相当，法师乃绝食四日，以死自誓。文泰深生愧悔，稽首礼谢。共入道场礼佛，对母张太妃共法师约为兄弟。仍屈停一月，讲《仁王般若经》。讲讫，为法师度四沙弥，以充给侍。制法衣三十具。以西土多寒，又造面衣手衣靴袜等各数事。黄金一百两，银钱三万，绫及绢等五百匹，充法师往返二十年所用之资。给马三十匹，手力二十五人，并遣殿中侍御史欢信送至叶护可汗衙。又作二十四封书，通屈支等二十四国。每一封书，附大绫一匹为信。又以绫绢五百匹，果味两车，献叶护可汗。并书称：法师者是奴弟，欲求法于婆罗门国，愿可汗怜师如怜奴。仍请敕以西诸国给邬落马，递送出境。盖大雪山北六十余国，皆其部统故。后玄奘于素叶城逢叶护可汗，可汗重其贿赂，遣骑前告所部诸国，但有名僧胜地，必令玄奘到。于是连骑数十，盛若皇华。中途经国，道次参候，供给顿具，倍胜于初。

玄奘法师自高昌西行，因须见突厥可汗，乃经大清池迂回过中亚细亚达印度，此中路程最为艰险。然前因高昌王之护送，后因叶护可汗之通告，屈支国、活国、缚喝国、梵衍那国、迦毕试国诸王均优礼之。而其间过大雪山之险，则有磔迦国慧性法师同行，慧性有声印度。奘师至迦湿弥罗国，王礼遇隆重。自后周游印度本土，广礼圣迹，于贞观十七年（公元643年）首途归国。因高昌王有重见之约，故仍遵陆北行。（后玄奘并未至高昌，当系因麴文泰已死。）计前后所见所闻百三十八国，中所闻者二十八国。于贞观十九年（公元645年）至长安，前后经十七载。而在印度时其声誉之隆，千古一人。时有戒日王者，于隋大业二年（公元606年）为王，在位四十一年，威力震全印，版图极大。王为玄奘在其都城（曲女城）设大会，备极庄严，集五印度沙门、婆罗门、外道等六千余人，到有东印度鸠摩罗王及其他十八国王，请法师坐为论主。称扬大乘，立真唯识量，序作论意，示一切人。若其间有一字无理能破者，请斩首相谢。竟十八日，无敢论者。王命施与极厚，法师一皆不受。王命侍臣庄严一大象施幢，请法师乘，令贵臣陪卫，巡众告唱，表立义无屈。西国法凡论得胜如此。僧众竞为法师立义名，大乘众号曰，摩诃耶那提婆（大乘天）；小乘众号曰，木叉提婆（解脱天）。后又因定于钵罗耶伽国立施场七十五日，请师随喜。戒日王、鸠摩罗王及十八国王皆参与，道俗到者五十余万人。会毕，法师辞众归国。王及诸众相饯数十里。戒日王仍以素氎作红泥封印，遣达官四人名摩诃怛罗送法师。所经诸国令发乘递送，终至汉境，亦可谓盛矣。唯法师在印时学问之勤奋，之广博，其造诣之深，尤为难能可贵。

玄奘法师归至于阗，即上表太宗。住七八月得敕，降使迎劳曰：

> 闻师访道殊域，今得归还，欢喜无量。可即速来，与朕相见。其国僧解梵语及经义者，亦任将来。朕已敕于阗等道使诸国送师，人力鞍乘应不少乏。令敦煌官司于流沙迎接，鄯鄯于沮洙迎接。

法师奉敕即进发。贞观十九年正月二十四日至京城，时法师年四十四岁，迎者数十万众，如值下生。翌日大会于朱雀街之南，凡数百件，部伍陈列，安置法师于西域所得如来舍利一百五十粒，金檀佛像七躯。又安置所得经论五百二十夹，六百五十七部，以二十匹马负而至。自朱雀街至弘福寺数十里间，道旁瞻仰者，烧香散花不断。时太宗将征辽，已至洛阳。法师东出谒见，相见大悦。帝谓侍臣曰：

> 昔苻坚称释道安为神器，举朝尊之。朕今观法师词论典雅，风节贞峻，非唯不愧古人，亦乃出之更远。

是后即命翻译，国司供给，并许召大德为时推重者襄助。是后法师译经不辍，至高宗麟德元年（公元664年）法师卒于玉华宫，计所翻经论合七十四部，一千三百三十五卷。

综考僧传，长安寺庙名僧之最多者，当推慈恩、西明、弘福诸寺，则均玄奘之住寺也。大慈恩寺者，高宗为太子时所造，有屋一千八百九十七间，中有翻经院，奘师大弟子窥基、普光、法宝、嘉尚等为其中僧。西明寺者，高宗为孝敬太子病愈立，有十院，屋四千余间，藏经当最富，奘师上首圆测、道世所在地，而道宣亦其寺僧也。弘福寺者，太宗为太穆皇后立，玄奘居时较短，则智首、灵润所住寺也。

综计奘师相从之人物，非唯集一时海内之硕彦，且可谓历代佛徒之英华。兹未能详述，略举其要者。按圆测法师，奘之神足，乃新罗国王孙。门人利涉法师，护法名僧，后圆照为之作传十卷，乃西域人也。元晓法师亦曾受学，乃华严大家，亦新罗人。此外尚有新罗顺憬、义湘，高昌玄觉等。是法师之教，声及外国矣。而南山道宣为之证义，是律宗之元匠。康居法藏为华严宗主，略与法师有一度因缘。东塔怀素是奘师门人，后为新疏之主。此外其翻译证义十二大德，缀文九大德，字学一人（玄应），证梵一人（玄謩，贞观初原为波颇译语者），俱时辈所推。由此可见其法会之盛。至若奘师开法相唯识、俱舍、因明之学，其弟子之以义学称者，指不胜屈。如窥基、圆测、神昉、嘉尚、普光，法相之名宿也，而窥基尤为元匠。如普光、法宝、神泰，则称为俱舍之三大家。窥基、神泰、顺憬，又以因明见称。而玄应者字学之大德，亦谓为奘师之门人。至若玄奘入印，声振五天。其后西行者数十辈，而义净亦因少慕其风而卒往天竺者也（详见义净《西域求法高僧传》）。玄奘法师促进佛教势力之功效，岂不大矣哉。

韩愈与唐代士大夫之反佛

唐宪宗元和十四年（公元819年）敕迎佛骨于凤翔法门寺，昌黎韩愈上表谏之，此实为佛教史中有名公案，佛骨者，仅佛中指之一节，据《剧谈录》云："骨长一寸八分，莹净如玉，以小金棺盛之。"太宗以来，朝廷多加殊礼。元和十四年敕翰林学士张仲素撰《佛骨碑》，其略云：

> 岐阳法门寺鸣鸾阜有阿育王造塔，藏佛骨指节，太宗特建寺宇，加之重塔；高宗迁之洛邑；天后荐以宝函；中宗纪之国史；肃宗奉之内殿；德宗礼之法宫。据本传必三十年一开，则玉烛调、金镜朗，氛祲灭、稼穑丰。

盖元和十三年（公元818年）有功德使奏，凤翔法门寺有护国真身塔，塔内有释迦牟尼佛指骨一节，世传舍利塔当三十年一开，开则岁丰人安。诏许之。次年宪宗遣使往，迎入禁中三日，乃送京城佛寺。王公士庶，奔走膜呗，至为夷法灼体肤，委珍贝，腾沓系路。昌黎表谓：“焚顶烧指，千百为群；解衣散钱，自朝至暮；转相仿效，惟恐后时；老少奔波，弃其业次。”其朝野震动详状，史虽未详，然可以由关于懿宗咸通十四年（公元873年）迎佛骨之记载想象得之。据《杜阳杂编》并参以《剧谈录》记懿宗迎佛骨之盛状如下：

> 咸通十四年春，诏大德僧数十辈于凤翔法门寺迎佛骨，百官上疏谏，有言宪宗故事者。上曰：“但生得见，殁而无恨也。”遂以金银为宝刹，以珠玉为宝帐香舁，仍用孔雀氄毛饰。其宝刹小者高一丈，大者二丈。刻香檀为飞帘花槛瓦木阶砌之类，其上编以金银覆之，舁一刹则用夫数百。其宝帐香舁不可胜纪，工巧辉焕，与日争丽。又悉珊瑚玛瑙真珠瑟瑟缀为幡幢，计用珍宝，不啻百斛。其剪彩为幡为伞，约以万队。都城士庶奔走云集，自开远门达于岐川，车马昼夜相属，饮馔盈溢路衢，谓之无碍檀施。（《京城坊曲》：旧有迎真身社，居人长幼旬出一钱。自开成之后，迄于咸通，计其资积无限，于是广为费用。时物之价高，茶米载以大车，往往至于百辆，他物丰盈，悉皆称是。）四月八日佛骨入长安，自开远门安福楼，夹道佛声震地，士女瞻礼，僧徒道从。上御安福寺，亲自顶礼，泣下沾臆。幡花幢盖之属，罗列二十余里。间之歌舞管弦，杂以禁军兵仗。缁徒梵诵之声，沸聒天地。民庶间有嬉笑欢腾者，有悲怆涕泣者。皇帝召两街供奉僧，赐金帛各有差，而京师耆老元和迎真体者，悉赐银碗锦彩。长安豪家竞饰车服，驾肩弥路。四方挈老扶幼来观者，莫不蔬素，以待恩福。时有军卒断左臂于佛前，以手执之一步

一礼，血流洒地。至于肘行膝步，啮指截发，不可算数。又有僧以艾覆顶上，谓之炼顶。火发痛作，即掉其首呼叫，坊市少年擒之，不令动摇，而痛不可忍，乃号哭卧于道上，头顶焦烂，举止苍迫，凡见者无不大哂焉。上迎佛骨入内道场，即设金花帐，温清床，龙鳞之席，凤毛之褥；焚玉髓之香，荐琼膏之乳，皆九年诃陵国所贡献也。初迎佛骨，有诏令京城及畿甸于路傍垒土为香刹，或高一二丈，迨八九尺，悉以金翠饰之，京城之内，约及万数。妖妄之辈，互陈感应，或云夜中震动，或云其上放光，并以求化资财，因而获利者甚众。又坊市豪家相为无遮斋大会，通衢间结彩为楼阁台殿，或水银以为池，金玉以为树，竞聚僧徒，广设佛像，吹螺击钹，灯烛相继。又令小儿玉带金额，白脚呵唱于其间，恣为嬉戏。又结锦绣为小车舆，以载歌舞，如是充于辇毂之下。而延寿里推为繁华之最。

元和之迎佛骨，虽不必如咸通之盛，然亦都人若狂，糜费极多。韩昌黎恶之，作《谏迎佛骨表》。文公一生，志与佛法为敌，尝以孟子辟杨墨自比。其谏迎佛骨，尤为后世所称美。然上表反佛者，唐朝实代有其人。傅奕以后，则天皇后时，有狄仁杰（明经官至宰相）、李峤（进士官至宰相）、张廷珪（制举官刺史、太子詹事）、苏瓌（进士官宰相）。中宗时，有韦嗣立（进士官尚书、刺史）、桓彦范（门荫官宰相）、李乂（进士官侍郎）、辛替否（官御史）、宋务光（进士官侍御史）、吕元泰（官清源尉）。睿宗时，有裴漼（举拜官至尚书）。玄宗时，有姚崇（举制官以宰相）。肃宗时，有张镐（官至宰相）。代宗时，有高郢（宝应进士，贞元中拜相）、常衮（进士官宰相）、李叔明（明经东川节度使）。德宗时，有彭偃

（官员外郎）、裴垍（进士官至宰相）、李岩（官郎中）。有舒元褒者，元舆之弟，进士官司封员外郎，《全唐文》载其《对贤良方正直言极谏策》，想为宪宗初擢贤良方正时之对策，策中亦毁及佛法。昌黎之后有崔蠡（进士官侍郎、刺史）、萧倣（进士官尚书宰相）、李蔚（进士官至宰相）、孙樵（进士，昌黎门人）等。又据《新唐书》卷一八一谓懿宗迎佛骨，朝廷如李蔚谏者极多。虽此各朝诸人用功未有昌黎之勤，议论未若昌黎之酷烈，顾其言多与昌黎之表大同。诸人所陈，抉其大旨，盖不出以下数端。

（甲）君人者旨在政修民安，故排佛者恒以害政为言。武后造大像，用功数百万，令天下僧尼每日人出一钱以助成之，狄仁杰上疏谏曰：

> 臣闻为政之本，必先人事。……今之伽蓝，制过宫阙，穷奢极侈，画缋尽工，宝珠殚于缀饰，瓌材竭于轮奂。工不使鬼，必在役人；物不天来，终须地出；不损百姓，将何以求？生之有时，用之无度，编户所奉，恒苦不充。痛切肌肤，不辞箠楚。游僧一说，矫陈祸福，剪发解衣，仍惭其少。亦有离间骨肉，事均路人；身自纳妻，谓无彼我；皆托佛法，诖误生人。里陌动有经坊，阛阓亦立精舍。化诱倍急，切于官征；法事所须，严于制敕。膏腴美业，倍取其多；水碾庄园，数亦非少。逃丁避罪，并集法门。无名之僧，凡有几万，都下检括，已得数千。且一夫不耕，犹受其弊，浮食者众，又劫人财。臣每思维，实所悲痛。

辛替否谏中宗盛兴佛寺疏亦有曰：

臣闻君以人为本，本固则邦宁，邦宁则陛下夫妇母子长相保也。……当今疆场危骇，仓廪空虚，揭竿守御之士赏不及，肝脑涂地之卒输不充，野多食草，人不识谷。而方大起寺舍，广造第宅。伐木空山不足充梁栋，运土塞路不足充墙壁。夸古耀今，逾章越制，百僚钳口，四海伤心。……三时之月，掘山穿池，损命也；殚府虚帑，损人也；广殿长廊，荣身也。损命则不慈悲，损人则不济物，荣身则不清净，岂大圣大神之心乎？

而张镐之言，更至为质直：

臣闻天子修福，要在安养苍生，靖一风化。未闻区区僧教，以致太平。伏愿陛下以无为为心，不以小乘而挠圣虑也。

彭偃《删汰僧道议》谓僧尼游行浮食，于国无益，有害于人，曰：

今天下僧道，不耕而食，不织而衣，广作危言险语，以惑愚者。一僧衣食，岁计约三万有余，五丁所出不能致此。举一僧以计天下，其费可知。陛下日旰忧勤，将去人害，此而不救，奚其为政！

裴垍又言：

衣者蚕桑也，食者耕农也，男女者继祖之重也，而二教悉禁。国家著令，又从而助之，是以夷狄不经法，反制中夏礼义之俗。

此诸人所言，盖谓释教之兴，上不利于君，下不利于民，费财物，养浮食，坏礼教，乱人伦，为天下衰败、祸乱之一因也。

（乙）人主莫不求国祚悠久，故唐朝人士，恒以六朝朝代短促归罪于佛法。此傅奕所首唱，韩文公论佛骨表亦言之。而狄仁杰谓梁武、简文信佛，不救危亡之祸。姚崇亦言，佛图澄最贤，无益于全赵；罗什多艺，不救于秦亡。辛替否在中宗时上疏，征夏商以来帝代，谓有道祚长，无道年短，“岂因其穷金玉修塔庙，方建长久之祚”！而在睿宗时抗言，更引唐朝近事以为鉴戒，曰：

> 中宗……造寺不止，枉费财者数百亿；度人不休，免租庸者数十万。……然五六年间，再三祸变，享国不永，受终于凶。……寺舍不能保其身，僧尼不能护妻子，取讥万代，见笑四夷。此陛下所眼见之，何不除而改之。

代宗为太后营章敬寺，高郢上书谏曰：

> 臣闻夏禹卑宫室而尽力乎沟洫，人到于今称之。梁武穷土木而致饰乎寺宇，人无得而称焉。陛下若节用爱人，当与夏后齐驾，何必劳人动众，而踵梁武之遗风乎？

高郢书奏未报，又再上书冒死再谏，可谓有识之士也。姚崇《遗令诫子孙文》亦曾引中宗、太平公主等事为戒。

（丙）韩昌黎表中引高祖沙汰佛徒，愿宪宗取以为法。而辛替否亦举贞观故事，以告睿宗，求其不弃太宗之治本，而弃中宗之乱阶，其言曰：

> 太宗……拨乱反正，开阶立极，得至理之体，设简要之方。省其官，清其吏。举天下职司，无一虚授；用天下财帛，无一枉费。……不多造寺观，而福德自至；不多度僧尼，而殃咎自灭。……自有帝王以来，未有若斯之神圣者也。故得享国久长，多历年所，陛下何不取而则之？

宪宗迎佛骨，昌黎上表。懿宗佞佛尤甚，萧倣效法文公上疏论之曰：

昔贞观中，高宗在东宫，以长孙皇后疾亟，尝上言曰："欲请度僧，以资福事。"后曰："为善有征，吾未为恶。善或不报，求福非宜。且佛者异方之教，所可存而勿论，岂以一女子而紊王道乎？"故谥为文德。且母后之论，尚能如斯，哲王之谟，安可反是？……昔年韩愈，已得罪于宪宗。今日微臣，固甘心于遐徼。

（丁）僧尼守戒不严，佛殿为贸易之场，寺刹作逋逃之薮，亦中华士人痛斥佛徒之一理由。辛替否疏中有曰：

当今出财依势者，尽度为沙门；避役奸讹者，尽度为沙门。其所未度，惟贫穷与善人耳，将何以作范乎？将何以租赋乎？将何以力役乎？臣以为出家者，舍尘俗，离朋党，无私爱。今殖货营生，非舍尘俗；援亲树知，非离朋党；畜妻养孥，非无私爱。

彭偃献议亦有曰：

当今道士有名无实，时俗鲜重，乱政犹轻。唯有僧尼，颇为秽杂。自西方之教被于中国，去圣日远，空门不行五浊，比丘但行粗法。爰自后汉，至于陈隋，僧之废灭，其亦数乎？或至坑杀，殆无遗余。前代帝王，岂恶僧道之善，如此之深耶？盖其乱人，亦已甚矣。……今出家者，皆是无识下劣之流，纵其戒行高洁，为于王者已无用矣，况是苟避征徭，于杀盗淫秽无所不犯者乎！

而僧人交通权贵，干预政事，则见于桓彦范上中宗之一表：

胡僧慧范，矫托佛教，诡惑后妃，故得出入禁闱，扰乱时政。陛下又轻骑微行，数幸其室。上下媟黩，有亏尊严。臣尝闻兴化致理，必由进善；康国宁人，莫大弃恶。故孔子曰："执左道以乱政者杀；假鬼神以危人者杀。"今慧范之罪，不殊于此也。

元和十四年，韩退之论佛骨表，其理论亦不出上述各点。表中第一段言六朝祚短由于信佛；第二段引高祖毁法事为则；第三段斥迎佛骨之伤风败俗，请以付之水火，永绝根本。然其所以震动一时者，其故有数：一则直斥佛法，大异前人之讽谏，致贬潮州，百折不悔。二则退之素恶释教，其肆攻击当在上表之前。按杨倞注《荀子》引退之《原性》全文，故《原性》之作当在元和十三年前。且退之终身未尝不毁佛法也。其与大颠交游，不足为其变更态度之证，世传其与大颠三书尤不足信。故文公反佛致力之勤当不在傅奕下。而上列反佛诸人中，亦有常与僧人交涉，且有为僧寺作碑记者，查《全唐文》可知。而文公自比孟轲，隐然以继尧、舜、禹、汤、文、武、周公、孔子之道统自任，树帜鲜明，尤非傅奕所及。三则退之以文雄天下，名重一时，其党徒众多，附和者夥。门人李翱称之谓，六经之学绝而复兴。其后皮日休谓其蹴杨、墨于不毛之地，蹂释、老于无人之境，至请以配飨孔庙。此其辟佛所以大著成效也。

然吾人果明于唐朝士大夫对于佛教之态度，则韩氏之功，盖不如常人所称之盛。盖魏晋六朝，天下纷崩，学士文人，竞尚清谈，多趋遁世，崇尚释教，不为士人所鄙，而其与僧徒游者，虽不无因果福利之想，然究多以谈名理相过从。及至李唐奠定宇内，帝王名臣以治世为务，轻出世之法。而其取士，五经礼法为必修，文词诗章为要事。科举之制，遂养成天下重孔教文学，轻释氏名理之风，学者遂至不读非圣之文。故士大夫大变六朝习尚，其与僧人游者，盖多交在诗文之相投，而非在玄理之契合。文人学士如王维、白居易、梁肃等真正奉佛且深切体佛者，为数盖少。此诸君子之信佛，原因殊多，其要盖不外与当时之社会风气亦有关系也。于此不能详论。

文公之前，反对佛教上疏朝堂者多为进士，特以佛法势盛，未敢昌言。及至昌黎振臂一呼，天下自多有从之者。然退之急于功名，无甚精造，故朱文公（熹）论之曰：

> 盖韩公之学，见于《原道》者，虽有以识夫大用之流行，而于本然之全体则疑其所未睹。且于日用之间，亦未见其有以存养省察而体之于身也。是以虽其所以自任不为不重，而其平生用力深处终不离乎文字语言之工。至其好乐之私，则又未能卓然有以自拔于流俗，所与游者不过一时之文士。

故韩文公虽代表一时反佛之潮流，而以其纯为文人，率乏理论上之建设，不能推陈出新，取佛教势力而代之也，此则其不逮宋儒远矣。

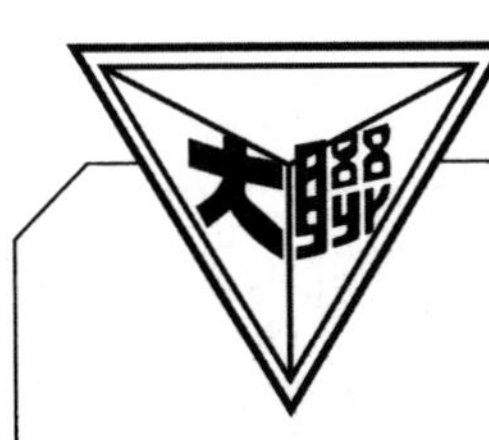

第五章 贺麟讲宋明理学

宋儒的新评价

我所以要讨论这个题目，是由于最近与一个朋友谈论引起来的。他说中国周、秦、汉、唐的文化都相当健康，宋以后就有了病态。他特别提到周、秦、汉、唐都是文武合一的文化，宋以后文武分离，且有重文轻武之弊，我也很同意他的看法。我觉得孔孟的生活态度淳厚朴茂，有栖遑救世热忱，程朱的生活态度严酷冷峻，山林道气很重，两相比较，前者要康健而近于人情多了。又觉得先秦、汉、唐似都有春夏温厚之气。而宋儒的态度便带有秋冬肃杀之气。我那位朋友，也与许多人一样，尤其抨击程伊川“饿死事小、失节事大”一句话。他痛斥这话不合理，压迫女性，刻薄不近人情，提倡片面贞操，害死不少人等等。对于这点，我却认为应当分别论列了。伊川的错误，似乎不在于提出“饿死事小、失节事大”这一概括的伦理原则，只在于误认妇女当夫死后再嫁为失节。近代西洋观念固不以夫死妻再嫁为失节（美国某一知名的女作家，曾嫁三次，著书立说，各处演讲，作者曾亲聆其宏论。德国一女文学家，亦曾两次离婚，第三次嫁与一少年哲学家。但伊人格高尚，被德国人尊为女中圣贤）。中国即在唐以前，似亦不以夫死妻再嫁为失节，为违反礼教，不过伊川个人的话无论如何有力量，亦必不能形成宋以后的风俗礼教。他的“饿死事小、失节事大”一语，只不过为当时的礼俗加一层护符，奠一个理论基础罢了。至于他所提出的“饿死事小、失节事大”这个有普遍性的原则，并不只限于贞操一事，若单就其为伦理原则而论，恐怕是四海皆准、百世不惑的原则，我们似乎仍不能根本否认。因为人人都有其立身处世而不可夺的大节，大节一亏，人格扫地。故凡忠臣义士，烈女贞夫，英雄豪杰，矢志不二的学者，大都愿牺牲性命以保持节操，亦即所以保持其人格。伊川此语之意，亦不过是孟子“舍生取义，贫贱不能移”的另一说法。因为“舍生取义”实即“舍生守节”，“贫贱不能移”实即“贫贱或饿死不能移其节操”之意。今日很多爱国之士，宁饿死甚至宁被敌人迫害死而不失其爱国之节，今日许多穷教授，宁贫病致死，而不失其忠于教育和学术之节，可以说是都在有意无意间遵循着伊川“饿死事小、失节事大”的遗训。当然凡事以两全为最好，不饿死，也不失节，最为美满，但当二者不可得兼之时，当然宁饿死而不愿失节，宁牺牲性命而不愿失掉人格，这亦是孟子舍鱼而取熊掌之通义。

因为只承认伊川那句最为世诟病的话，在应用方面虽有错误，而在原则上却有永久性与普遍性，且含有深义。所以我就想进一步对于整个宋儒思想学术，加以总检讨、总评价，当然我在这里所谓整个，也只是指宋儒的主潮——程朱的思想，附带包括陆王，也就兼包一部分明儒的思想。

普通批评宋儒的人，大都把宋朝国势的衰弱，和宋明之亡于异族归罪于宋明儒，说宋人议论未毕而金兵已渡江，说宋儒只知道“平日袖手谈心性，临危一死报君王”。甚至于说宋学盛行时期，就是民族衰亡时期。宋明理学，好像是不祥之物似的。在我们看来，这都是只就表面立论，似是而非的说法。宋朝之受制于异族，似乎主要的应该向军事和政治方面去求解释。宋惩于唐朝藩镇之祸，自宋太祖杯酒释兵权以来，立国的大策略就是要削弱将臣的兵力。而且宋开国之初，统一中国，但始终没有平定东北幽燕形胜之区，国都又建在汴京，不在东北或西北，不便控制异族。而且摧残猜忌有功的武将，又成为传统的政策。如狄青、岳飞、刘锜，这般有恢复中原勇略的人，皆或被诬陷，或被屈死。开国时的大政方针有了错误，致国势积弱不振，到了中期和南宋以后，以格物穷理为职志的道学家出来，有什么办法呢？他们没有政权，更没有兵权，而且他们所专门研究的问题，也只是宇宙、人生、文化、心性方面的根本问题，对于军事、政治、财政并没有直接关系。把由开国时国策错误所引起的危机，大政治家如范仲淹、王安石尚无法挽救的危机，强要程伊川、朱晦庵这些道学家负责，恐怕走错了门道吧。

集宋明儒之大成的人王船山，在他的《宋论》一书中，曾痛切论述此点。他把猜忌并贬抑武臣的罪，归在赵普身上。他指出赵普徒侈言“半部《论语》可以治天下”，然而他对于孔孟之道，并不能身体力行，应用来致修齐治平之功，他只凭阴险猜忌的权谋智术以取相位。他竭力夺削武臣的兵权，思以文臣而居开国的首功，致演成宋代猜忌功臣，武力不竞，幽燕不下，而贻数百年的边患，卒致坏华夷之大防。船山并且进而主张宁可容许权臣篡位，切不可使国家亡于夷狄与盗贼。因此他对于曹操和刘裕相当表示褒扬。因为他们当初崛起民间之时，动机尚相当单纯，颇有英雄本色，而他们平乱御侮之武功，亦足以掩其篡夺之罪。总之，船山指出宋代重文轻武，贬抑武臣，致酿成靖康之祸，追溯均开国时国策有误，而与道学无关，这似乎是很正确平允的看法。今欲以宋代数百年祸患，而归罪这几位道学家，不仅诬枉贤哲，而且太不合事实，太缺乏历史眼光了。

平心而论，这些宋明道学家当国家衰亡之时，他们并不似犹太学者，不顾祖国存亡，只知讲学。他们尚在那里提倡民族气节，愿意为祖国而死，以保个人节操和民族正气。且于他们思想学说里，暗寓尊王攘夷的春秋大义，散布恢复民族、复兴文化的种子。试看宋以后义烈彪炳民族史上的大贤，如文天祥，方孝孺，史可法，皆是宋儒熏陶培植的人才（《宋元学案》列有文天祥的学案，《明儒学案》中有方正学的学案）。

即当国运昌盛之时，这些宋明的道学家，虽有少数受贤明君相的推尊礼遇，但有时也并非他们的本意（如汉武崇儒术，明清两代尊崇朱学，因出于政治利用者多，基于真知灼见者少，孔孟程朱有知，恐亦并不以为欣幸）。至于大多数的道学家，即在盛世，亦是过的山林清简的生活。但一遇专制君主或权奸在位，他们就成了有权势者的眼中钉。他们处处受逼害、受贬谪。如韩侂胄之禁伪书，如魏忠贤之害东林。这些道学家的力量虽弱，但却是唯一足以代表民意的呼声，反抗奸邪的潜力。他们在政治上自居于忠而见谤，信而见疑的孤臣孽子的地位。他们没有享受过国家给予他们的什么恩惠或权利，他们虽在田野里讲学论道，但他们纯全为尽名分，为实践春秋大义，为实现治国平天下的王道理想起见，他们决没有忘记过对民族的责任。他们对民族复兴和民族文化复兴有着很大的功绩和贡献。那能像一般浅视忘本的人，反加他们以使国族衰亡的罪名呢?

说宋儒的学问不能挽救国族的衰亡，甚或反有以促进国家的衰亡，大概系根本由于认为程朱陆王之学为虚玄，为空疏，为不切实用。说这话的人，如果意思是说程朱陆王之学，只是道学或哲学，不是军事、政治、经济、工程等实用科学，我们可以相当承认。因为他们不是万能的人，用现代分工分科的看法，他们只是哲学专家，谁也知道，哲学的用处是有限度的。同时我们须要记得，程朱陆王四人中，除伊川纯粹是使师道尊严的老师宿儒，只是与少年哲宗讲了几次经，大概因教授法欠佳，无何影响外，朱子曾先后任潭州及浙东提刑，颇有声威；办社仓，亦惠及人民。陆象山曾做过“知荆门军”，治绩颇佳。他若不死在任内，在政治上当有更大的建树。至于王阳明平边患、定内乱，皆有军功。所以，说宋儒虚玄空疏不切实用，从创学派这几位大师的学行看来，就不甚切当。在我们用现代眼光看来，以专讲格物穷理、身心性命之学的哲学家，而会有“政绩”、有“军功”，较之西洋哲人如柏拉图、亚里士多德、康德、黑格尔之流，已经可称有着惊人的实用了。

试再就宋儒对几百年来中国文化、教育、政治、社会、人心、风俗各方面的实际影响而论，真可说大得惊人（这些影响之好坏，又是另一问题）。中国文化自宋儒起，可以说是划一新时代，加一新烙印，走一新方向。中国边境上的异族，所受中国文化的影响，大都得自汉文化或“汉化”。日本所受中国文化的影响，大都以唐文化或“唐化”为多。而宋文化对于异族虽少影响，但对于国内政治、社会、人民生活的影响，却异常深刻久远。宋儒影响所以会如此之大，因为宋儒掌握了中国近千年的“教权”——包括礼教上的权威和教育上的权威两方面。程朱哲学不仅是影响中国人思想的正统哲学，他们又成为支配中国人信仰和道德礼仪生活的礼教上或宗教上的正统权威，其权威之大，只有西洋旧教的圣阿奎那可以相比。违反程朱的《语录》和注解，不仅得不到科名，受礼教中人的指责，甚至有人相信将遭天神的谴责而得恶报。譬如，清代攻击程朱最力的人如毛西河、程绵庄、颜习斋等人碰巧皆子嗣断绝，大家都相信这是诋毁程朱的报应。其权威之大，可想而知。在教育方面，朱子所编注的书籍，在明清两代都被政府正式颁布作为教科书，他注的四书五经，特别是《四书集注》，成了全民族的《圣经》。他编的《近思录》，不仅成为哲学概论教本，而且成了精神修养的指针。他纂的《通鉴纲目》，不仅成为标准的历史教科书，而且提供一种论人评事、察往知来的历史哲学。他还编有一种小学教科书，叫作《小学》，一种女子教科书，叫作《女诫》。此外还编了一种《朱子家礼》，以规定家庭冠婚丧祭各项礼仪。我们试想，在现时，一本教科书能为全国各学校采用二三十年，已可算得影响很大很大的了。而朱子编著了许多教科书，每种都被全国采用数百年之久，其影响之大、之深、之久，可以想见了。

试问宋儒之学如果是虚玄空疏无用之学，如何会有如此大的实际影响呢？以叶水心之重功利，陈同甫之倡霸道，总可谓最切实际，最有实用了，然而他们的学说反不如被斥为虚玄空疏无用的程朱学说较切实际，较有实际影响，这又是什么原因呢？何以最重功利、最切实际的学说，反少实际影响？而最空疏虚玄的学说，反有极大影响呢？我们可以这样解释：凡源远者流必长，根深者叶必茂。程朱之学，凡事必推究至天人心性，而求其究竟至极之理，其理论基础深厚，犹源远根深，而其影响之远大，犹如流之长，枝叶之茂。彼重功利的实用主义，根基浅薄，眼光近小，理论基础不固，不能予人以精神上的最高满足，故流不长，枝叶不茂，影响反不甚大。由此足见，凡说功利主义切实用，凡说程朱之学虚玄空疏不切实用者，皆只是表面上的看法。（附注：西洋近代的功利主义，理论基础较之永嘉学派，远为深厚，其影响亦较佳较大。反之，近代西洋的理学或心学，较之程朱陆王亦较虚玄，其影响亦较健康。）

现在试总结并补充一下我们上面所讨论的几点：（一）宋以后的中国文化有些病态，宋儒思想中有不健康的成分，我相当承认。须校正宋儒的偏蔽，发扬先秦汉唐的精神，尤为我们所应努力。（二）程伊川的错处仅在于误认夫死妻再嫁为失节，与近代人对夫妇及贞操的看法不同。假如伊川生在现代，他也许不再固执那种旧贞操观念。伊川所提出的“饿死事小、失节事大”的根本原则，至今仍有效准。在饥饿线上尚在为教育、为学术守节操的学者们，已经在实行并证实伊川的原则了，更无法去反对他。（三）宋代之衰弱不振，亡于异族，主因是开国时国策有错，宋儒责任甚轻。宋儒哲学中寓有爱民族，爱民族文化的思想，在某意义下，宋明儒之学，可称为民族哲学，为发扬民族、复兴民族所须发挥光大之学。（四）宋儒格物穷理，凡事必深究其本源，理论基础甚深厚，虽表面上似虚玄空疏，而实有大用，故发生极大的影响，说宋儒不切实用，大都是只就表面论，而不明程朱学说之全体大用者。

以上只是消极的对于最常听见的攻击宋儒的言论，略加驳复。至于从积极方面评估宋儒在哲学上以及在一般文化学术上的贡献，只有待于另篇讨论了。

陆象山与王安石

一九四四年的夏天美国副总统华莱士先生来访中国，发表了不少有深远意义的宏论（希望他的言论尚没有完全为健忘的招待他只图敷衍场面的人所忘记）。最有兴味的一点是他特别赞扬我国宋代厉行新法的大政治家王安石。我们除对他异国异代去尚友千古的风度表示钦佩外，想借此来谈一谈王安石的思想。因为他在政治上的措施是植基于他的学术思想的。此外附带还引起我们关于文化交流的一点感想。华莱士先生似乎隐约感觉着王安石之行新法与他和罗斯福总统之行新政，有了精神上的契合，他赞扬王安石，不啻于异国异代求知己、找同志。换言之，他推尊王安石不是鄙弃自己，舍己从人，而是自己卓然有以自立，进而虚怀求友以赞助自己。因此我感觉得到我们之学习西洋文化，也不外是在异国异代去求友声、寻知己，去找先得我心，精神上与我契合者而研究之、表扬之、绍述之而已。假如自己没有个性，没有一番精神，没有卓然可以自立之处，读古书便做古人的奴隶，学习西洋文化便做西化的奴隶。所以顽固泥古与盲从西化，都不过是文化上不自立、无个性的不同的表现而已。我不相信无自立自主的精神与个性的人，读古书时会得到古人的真意，治西学时会得到西学的精华。

本文的目的不在讨论王安石的新法与华莱士所倡导的新政的比较，也不在讨论中西文化问题，而是借华莱士之推尊王安石作引子，欲进一步去探究一下王安石的基本思想。这种基本思想是他的政治上的措施，以及他的德行文章的基本出发点。因为他的基本思想在哲学上和陆象山最接近，而且在中国所有哲学家中也只有陆象山对于王荆公的人品与思想，较有同情而持平的评价。所以我就把陆（象山）王（荆公）二人，在思想史上第一次加以相提并论。因为他们的关系，最为人所忽视。

《朱子语类》上载有一个人问："万世之下，王临川当作何品评？"朱子答道："陆象山尝记之矣，何待他人说？"足见朱子与陆象山学术虽有不少的异同，但于象山对荆公的品评，却推许为可以代表万世之下的公平议论。朱子所指的，就是陆象山所作的《荆国王文公祠堂记》中的话。在这篇《祠堂记》之中，象山感于"是非不明，议论不公"，特地出来替王荆公说几句公道话。他指出当时反对新法的人，大都意气用事，攻击个人私德，不能"折之以理"，不能使安石心服，所以他们与荆公应平分其罪。他很持平地说："熙宁排公者，大抵极诋訾之言，而不折之以至理。平者未一二，而激者居八九。上不足以取信于裕陵（指神宗），下不足以解公（指荆公）之蔽，反以固其意成其事。新法之罪，诸君子固分之矣。”批评政治家最忌个人攻击，而象山首先排斥个人攻击而提出纯从政见和根本思想上着眼，去加以评价，足见他能见其大，识解自是不同。他指斥当时攻击荆公的人道：“而排公者，或谓容悦，或谓迎合，或谓变其所守，或谓乖其所学，是尚得为知公者乎？”他根本认定荆公之受知于神宗和政治上的事业，完全是他的人格、思想、志趣一贯的表现，并非出于偶然。他很同情地表扬荆公道：“英特迈往，不屑于流俗。声色利达之习，介然无毫毛得以入其心。洁白之操，寒于冰霜，公之质也。扫俗学之凡陋，振弊端之因循。道术必为孔孟，勋绩必为伊周，公之志也。不祈人之知，而声光烨奕一时，钜公名贤，为之左次，公之得此，岂偶然哉。”他这段简要公正的话，真不愧为荆公千古知己。

站在学术的立场，他最心折最感契合的是王荆公的“道术必为孔孟，勋绩必为伊周”的理想主义。他认为唐虞三代以来，“道”“仁政”“天下为公”的理想政治，久已衰微，而代以重私利现实的政治。他叹息道：“人私其身，士私其学。老氏以善成其私，长雄于百家，至汉而其术益行。……自夫子之皇皇，沮溺接舆之徒，固已窃议其后，孟子言必称尧舜，听者为之藐然。不绝如线，未足以喻斯道之微也。陵夷数千百载，而卓然复见斯义，顾不伟哉。”所以他对于荆公之以伊周为职志，以尧舜期许神宗，以及荆公之主张变易祖宗成法，皆不仅不说他狂妄，不说他以大言欺人，反而特别予以嘉许，称为卓伟。他似乎隐约以荆公为孔门中之狂者，在政治上足以复兴理想政治，抵制重现实政治的老氏。他对于荆公的批评或惋惜之处，只有一点，即认他学问思想上有所蔽，缺乏穷理格物的工夫。换句话说，他认为荆公法尧舜变法度的根本主张、理想或志趣是对的，问题只在于法尧舜的实际措施是否得当，新建立的法度本身是否合理而无弊病。所以他说：“惜哉，公之学不足以遂斯志，而卒以负斯志，不足以究斯义，而卒以蔽斯义也。”（斯义指尧舜之道，斯志指法尧舜之志。）又说：“典礼爵刑，莫非天理，洪范九畴，帝实锡之。古所谓宪章法度典则者，皆此理也。公之所谓法度者，岂其然乎？”他认为荆公之行新法，恐有穷理未精，不免以己之意见为是，而未必尽契于天理。所谓未必契于天理，亦即未必尽合于人心之所同然的意思。

以上所引皆出于《祠堂记》，他《语录》中有一段批评荆公的话，似比较更明透：“或问介甫比商鞅何如？先生云，商鞅是脚踏实地，他亦不问王霸，只要事成，却是先定规模。介甫慕尧舜三代之名，不曾踏得实处，故王不成，霸不就。本原皆因不要格物，模索形似，便以为尧舜三代，如是而已。所以学者先要穷理。”（见《象山全集》三十五）足见在象山眼里，荆公是一有高远理想的政治家，因为缺乏格物穷理工夫，所以理想未能实现（王不成），又因为不是商鞅式只图功成名就的实际政治家，所以霸也不就。又足见从象山对于荆公的批评里，他要指出两点教训：第一，法尧舜的理想政治是应该提倡的，不可因荆公之失败，而根本反对儒家法尧舜行仁政的王道理想，而陷于重私利的实际政治；第二，单是理想是不够的，必须格物穷理，辅之以学问，庶理想方可真正实现出来。从这里我们对于象山的学说，也可有一点新的了解。象山虽注重本心，注重理想，然而他仍与朱子一样地注重理、天理、学问、格物穷理。不过象山根本认为理不在心外，且比较在行事方面在实际生活方面（而较少在书本章句方面）

去求学问，去格物穷理罢了。

说到这里，我又想到朱子评论荆公的一段话了。朱子说：“新法之行，诸公实共谋之。虽明道先生不以为不是，盖那时是合变时节。”又云：“新法自荆公行之，有害，若明道行之，自不至恁地狼狈。”照这样说来，足见这里面，除了主张，理想外，还有一个“人”的问题。盖处理政治问题，知“人”，应付“人”，“人事处理得好”，实极关重要。荆公新法之失败，简言之，亦可谓“人事失调整”而已。但一个政治家人事处理得不好，大约不外两因：（一）性情方面先天的有缺陷，如刚愎任性等；（二）学问方面后天的缺乏格物穷理工夫。但性情方面的弱点，大部分亦可由学问和涵养矫正之。故象山惋惜荆公之欠缺格物明理工夫，不仅甚中肯綮，且亦寓有深意。

其实，荆公自己对于他行新法的动机之纯，理想之正，办法之利，均颇有自信。于《上五事劄子》中，他说：“免役之法成，则农时不夺而民力均矣；保甲之法成，则寇乱息而威势强矣；市易之法成，则货贿通流而国用饶矣。”且于实行诸法成败的关键，他亦洞若观火。他再三着重地说：“窃恐希功幸赏之人，速求成效于年岁之间，则吾法堕矣。臣故曰三法者（指免役、保甲、市易三法），得其人缓而谋之，则为大利；非其人急而成之，则为大害。”那晓得他所约集合作以行新法的人，尽是些“希功幸赏迅求成效”的人，换言之，他厉行新法，实系“非其人急而成之”，其必不免于失败，恐怕也早在他的洞察之中。即就荆公本人而论，他也是一性急的人。他平日最缺乏雍容的度量和从容不迫的风度。以性急的人去担负须缓图的事业，似已包含有失败的内在矛盾。

以上约略讨论象山对于荆公的人品和政治上的理想与事实的欣赏和批评。以后有机会将再来讨论荆公的学术思想之接近象山、启发象山的地方。

王安石的哲学思想

中国儒家的人所尊崇的政治家，大约不外两型：一为伊周型，一为萧曹型。前一类的政治家，同时即是圣贤，道德文章兼备，言行均可为世法则，治平之业，好像只是他们学问道德文章的副产。三代以下这一类型的政治家甚为没落，唯有那“伯仲之间见伊吕”，被宋儒称为“有儒者气象”的诸葛孔明，比较接近此一类型。后一类型的政治家，大都有才能，建事功，平叛乱，维治安。他们似乎是政治本位，事功本位的政治家，以政治上建立功业为唯一目的。他们虽可称为贤臣贤相，然而究不能说是道德、学问、文章兼备的圣贤。汉唐的盛治，都是这一类型的政治家的表现。汉的萧、曹、霍光，唐之房、杜、姚、宋，都是这一类型的代表。伊周类型的政治家当然要行王道，实现大同之治。萧曹类型的政治家，当然免不了掺杂些霸道和申韩之术，只能达到小康之治。如果用现代话来说，前者代表政治上的理想主义，后者代表政治上的现实主义，传统儒家的政治思想一贯地憧憬大同的理想。

宋朝以尊重儒者、不杀文臣定为祖宗家法，初期胡瑗、孙复之讲学亦开造成伊周型的政治家的先河。而后来理学家程朱的历史观，亦一致地贬斥汉唐，推尊三代理想政治。宋朝的政治家如范仲淹、韩琦、司马光等都是以道德、学问、文章著称，接近伊周型的政治家。即欧阳修、苏轼虽偏以文章见长，其最后理想亦在于为三者兼备的政治家。在历代培养文治的传统下，在杰出之士皆以达到道德、学问、文章兼备为政治家的理想的风气下，王安石不过是最杰出、最完美的代表而已。安石的诗文皆卓然自成为大家。他的人格，陆象山称其“洁白之操，寒于冰霜”。他的生平志事，陆象山称其“道术必为孔孟，勋绩必为伊周”。所以他实在具备了种种条件，使他成为三代以下，伊周型的政治家中最伟大的虽说是一个失败的代表。据说，当他初见神宗时，神宗问他，“唐太宗如何？”他答道：“陛下当法尧舜，何以太宗为哉？”又说：“陛下诚能为尧舜，则必有皋夔稷契，彼魏徵诸葛亮者何足道哉？”许多人都认为安石这番话未免大言欺人，狂妄无忌惮。殊不知这确是表现他多年来所怀抱的根本主张。神宗原来憧憬着汉唐的现实政治，他要把神宗转变为趋向三代伊周式的理想政治。神宗当时接受了他的根本主张，称他为“责难于君”，并嘉勉他“悉意辅辟，同济此道”。于是他才秉难进易退之节，得君行道。

以上是就理想政治与现实政治在历史上的消长来看，以指出王安石在政治史上的地位。再就哲学与政治的关系，以明示王安石的哲学思想在哲学史上的地位。

大凡一个政治家必有其哲学见解，必有其所服膺的哲学家。如王安石的哲学倾向，最接近孟子的心性之学，而他所最推尊的哲学家除孔子外，为孟子及扬雄。他所最反对的哲学家为荀子。这也有其政治思想的背景的。因孟子是理想主义者，他的政治思想，在儒家中是提倡大同的。而荀子则是政治上倾向小康的现实主义者。同时一个哲学家，亦必有其政治主张，有其所拥护的政治家。如孔子之尊周公，老庄之尊黄帝，墨子之尊大禹。在宋儒朱陆两派中，显然程朱比较拥护司马光，而象山则拥护温公的政敌王安石。象山是哲学家中第一个替王安石说公道话的人。王安石的新法被司马光推翻，他的政治理想迄未得真正实现。而陆象山的心学被程朱派压倒直至明之王阳明方始发扬光大。而政治家中也只有张居正才比较服膺陆王之学。总之，讲陆王之学的人多比较尊崇王安石、张居正式的有大气魄的政治家。同时王安石、张居正一流的政治家亦多比较喜欢陆王一路的思想。这也许是出于偶然，但亦多少可表明政治家与哲学家亦有其性情的投契，政治主张与哲学思想亦有其密切的关联。同时我也约略暗示了王安石的哲学思想，以得自孟子、扬雄为最多，而与陆王的思想最为接近。

要讲安石的哲学思想，我们不能不概括地先讲一下程朱陆王的区别。程朱陆王都同是要讲身心性命格物穷理之学，所不同者只是程朱主张先格物穷理，而后明心见性，先今日格一物，明日格一物，而后豁然贯通，吾心之全体大用无不明。陆王主张先发明本心，先立乎大者，先体认良知，然后致吾心之良知于事事物物。所以程朱比较注重客观的物理，陆王比较注重主观的心性。一由用回到体，一由体发展到用。而陆王的心学正代表了西洋欲了解宇宙，须了解自我，欲建立宇宙先建立自我的唯心哲学。

王安石生平最服膺孟子，最反对荀子，而孟子是主张尽心尽性，发挥良知良能，具有先立乎其大，万物皆备于我，方今天下舍我其谁的胸襟与气魄的人。除孟子外，他最推崇扬雄，认“扬雄者，自孟轲以来未有能及之者”。然而他推崇扬雄的理由，乃因为“扬雄亦用心于内，不求于外，不修廉隅，以徼名当世”。如果你问安石，救国救民从何处救起，他一定说先从救自己做起。治国平天下，亦先从治自己做起。他是讲为己之学的人。对于杨墨的评价，他虽说指斥两人各偏于一面，然而他比较赞成杨朱。他认“杨子为己，为己，学者之本；墨子为人，为人，学者之末”，是以学者必先为己。为己有余，则自可不期为人而自能为人。如果“始学之时，道未足以为己，而志已在于为人”，便是“谬用其心”。这样志虽在于为人，其实绝不能为人。他很觉奇怪，为什么“杨子知为己之为务，而不能达于大禹之道”。换言之，安石认为为己是本，本立自能发出为人的效用。他是要以杨子之为己为出发点，而达到墨子之兼爱的归宿点，庶几合乎本末兼赅，体用合一的儒家正道。

我们可以称安石哲学思想的出发点为“建立自我”。建立自我是他所作的立本、立大、务内的功夫。他的个性倔强，卓越不拔，有创造力，有革命精神，都可说是出自他建立自我的功夫。我这里用“建立自我”四字以表示他的根本出发点，因为建立二字，比较有哲学意味，建立自我为建立宇宙之本，提出建立自我，知的方面以自我意识为认识外物的根本，行的方面即利人济物、修齐治平的事业，不过是自己性分内事，是自我的实现罢了。兹试逐步陈述他建立自我的努力。

第一，建立自我，消极方面必须使自我不为物欲名利所拖累、所束缚。所以必须用一番摆脱物欲名利的功夫，使自我可以抬起头来，不致沉溺于物欲名利而不能自拔。在答曾子固书中王安石曾经说道："方今乱俗不在于佛，乃在于学士大夫，沉没利欲，以言相尚，不知自治而已。""沉没利欲"，即失掉自己，"以言相尚"，即务名而不务实，骛外而不务内。宋人议论（即以言相尚）未毕而金人渡江的后患，可以说他已有了先见。他这里所谓"自治"意义甚深。必定要像扬雄那样用心于内，才算得自治。自治就是我这里所谓自我建立。他于《进戒疏》中说："不淫耳目于声色玩好之物，然后能精于用志。能精于用志，然后能明于见理。"这已经把他生平的学问修养，全盘托出了。这也就是他"洁白之操，寒于冰霜"的所自来了。必定要摒绝嗜欲，然后才能保持自我的纯真的天机，才能用志不纷，集中精力，以格物穷理。我们须得明白，建立自我，乃是拯拔自我，保持自我，以求体察真理。并不是刚愎任性，放任主观意见。

第二，建立自我就是使自我以道或以理为依归，而不随俗浮沉，与世俯仰。不以众人的意见为意见，而为真理守节操。送《孙正之序》中有一段，最足以表现他"举世非之力行而不惑"（韩愈语）及"不但一时之毁誉不关于虑，即万世之是非亦所弗计"（张居正语）的精神："时然而然，众人也。己然而然，君子也。己然而然非私己也，圣人之道在焉耳。夫君子有穷苦颠跌不肯讪己以从时者，不以时胜道也。故其得志于君则变时而之道，若反手然，彼其术素修而志素定也。”已然而然，不时然而然，表示他重自我的主观精神。然而他所谓己或自我乃是有普遍性永久性的道、理想和主义的寄托，不诎己以从时，并不是乖僻傲慢，而乃是不随世俗趋时代而牺牲自己所代表的道、主义或理想。不仅不以时胜道，有了机会还将进而以自己平素所服膺的道、主义、理想，去改变时代、转移世俗。所以后来他力排众议，不量敌之众寡，以校正“人习于苟且非一日，士大夫多以不恤国事，同俗自媚于众为善”（《答司马谏议书》）的风气，而毅然实行新法，实基于这种素养和素志的发挥，并非偶然。

第三，有了自我建立，则读书的时候，心中自有主宰，自能致良知以读书，不仅六经皆我注脚，而且诸子百家亦皆我注脚。所以他不为狭义的正统观念所束缚，胆敢无书不读，然而能自己受用随意驱遣，而不陷于支离。他与曾子固书说得最好：“某自百家诸子之书，至于《难经》《素问》《百草》诸小说，无所不读。农夫女工，无所不问。然后于经为能知其大体而无疑。……扬雄虽为不好非圣人之书，然于墨晏邹庄申韩，亦何所不读。彼致其知而后读，以有所去取，故异学不能乱也，惟其不能乱，故能有所去取者，所以明吾道而已。”其博极群书有似朱子，其去取百家之书以明吾道，致吾知，较象山六经皆我注脚的精神似尤为阔大。

能建立自我，不单是读书可以主动，不受书本束缚，即视听言动，亦有自我作主宰，不随外物转移。他讲知识（视听）和行为（言动）中的自我主宰性或先天成分，尤为精颖。他说：“非礼勿听，非谓掩耳而避之，天下之物，不足以乱吾之聪也。非礼勿视，非谓闭目不见，天下之物，不足以乱吾之明也。非礼勿言，非谓止口而无言也，天下之物不足以易吾之辞也。非礼勿动，非谓止其躬而不动，天下之物不足以干吾之气也。天下之物，岂特形骸自为哉？其所由来盖微矣。不听之时，有先听焉。不视之时，有先明焉。不言之时，有先言焉。不动之时，有先动焉。”（见《礼乐论》）非礼勿视、听、言、动，若不善加解释，而加以权威化，简直会束缚得人不敢动弹。无怪会引起人认“礼教吃人”“以理杀人”的反抗。今安石对于消极的有使人逃避外物趋势的非礼勿视、听、言、动的教训，加以积极的解释，而鼓舞人征服外物，改变外物，以自己为范型去陶铸外物。已经包含有阳明释格物为正物，去物之不正以就己心之正的精神了。因为照他这样解释起来，非礼勿视，并非消极地不看外物，而是看尽天下之物，不能乱吾心之明。非礼勿听，不是消极地不听外物，而是听尽天下之声，不能乱吾心之聪。非礼勿言，不是消极地不说话，而是我自己所说的话，非外物所能推翻驳倒。非礼勿动，不是消极地无有行动，而是自己的行为坚定，非外物所可转移。换言之，他认为非礼勿视、听、言、动，不是束缚自己，而是依理以视、听、言、动，因而实现自己。不是消极地逃避外物，而是积极地借外物以考验吾耳之聪，目之明，言之有理，动之坚定，因为他根本认为外物之所以为外物，并非“形骸自为”，并非独立不依，由于外形如此便如此，而有其隐微的来源，这来源就是先天的自我，或未发的心性。他所谓不视、不听、不言、不动之时的先明、先聪、先言、先动，即指自动的有主宰的理性之我而言，亦即近似象山所谓本心，阳明所谓良知。他所解释的非礼勿视、听、言、动，实即应积极地依本心凭良知而视、听、言、动，或借视、听、言、动，以格物（正物），以复本心，以自致良知之意。有了先天自我的立法性和灵明性，则视、听、言、动自有准则（即有礼），而视、听、言、动所接触之外物自有条理，自受规范，因外物并非形骸自为，而乃为自我所建立，受自我之陶铸而成者。所以他接着说："是故非耳以为聪，而不知所以为聪者，不足以尽天下之听，非目以为明，而不知所以为明者，不足以尽天下之视。聪明者，耳目之所能为，而所以聪明者非耳目之所能为也。"这段话甚深，推究起来，实包含有康德知识论的精意。耳目只是能听、能见的感官，而所以使耳目能听能见者，不是感官，而是自我的理性。没有理性的理解，没有心中的灵明，耳不能有真听，目不能有真视。这显然是超出了单凭耳目的感觉主义，进入注重理性的理性主义，而以理性为感觉的根本。如果用王阳明的话来解释，便应说：聪明者耳目之所能为，而所以聪明者乃良知之所能为。不致良知，则耳失其所以为聪，而无真听，目失其所以为明，而无真视。能致良知，则耳目得其所以聪明之理，而视听言动皆尽其用，合于理（礼），知致而物格（正）矣。

同样的意思，在《书洪范传后》一文中，他复有简要的述说："古之学者，虽问以口，而其传以心。虽听以耳，而其受以意。"口耳不过是传达心意的媒介。如不能心领神会，以心传心，以意受意，单凭口耳，便会沉没于外物，而失掉自己。这固足以表现他在知识方面注重传心的心学，亦即足以表示他处处注重自我的建立，那无自我、无个性，不能借口以传心，借耳而受意的人，根本算不得知识的主体，也就无法得到真知识。

以上讲安石提出主动的自我或致自己的良知为读书求知、视听言动的根本，以其涉及知识论，为国人所甚少注意，且以其意思特精颖，有开陆王的先河的地方，故说得较多。至于他富于心学意味的见解，此外，尤不胜枚举。兹再举其较显著的话以资印证："仁义礼信，天下之达道，而王霸之所同也，夫王之与霸，其所以用者则同，而其所以名者则异。何也？盖其心异而已矣，其心异，则其事异，其事异则其功异，其功异则其名不得不异也。王者之道，其心非有求于天下也。所以为仁义礼信者，以为吾所当为而已矣。以仁义礼信修其身，而移之政，则天下莫不化之也……霸者之道则不然，其心未尝仁也。而患天下恶其不仁，于是示之以仁。其心未尝义也，而患天下恶其不义，于是示之以义。其于礼信，亦若是而已矣。是故霸者之心为利，而假王者之道以示其所欲。故曰，其心异也。"依他的看法，王霸之辨，在于王者之心为义，动机纯洁，以仁义礼信为目的。而霸者之心为利，动机不纯洁，以仁义礼信为手段，为欺人的幌子。且心异则结果之事功亦随之异，是心为本，而事功为用。凡此种种注重动机的思想，都一贯是心学的看法。于《虔州学记》中有一段话，更能深切著明地道出心学的义蕴："周道微，不幸有秦，君臣莫知以为学，而乐于自用，其所建立悖矣，而恶夫非之者，乃烧《诗》《书》、杀学士，扫除天下之庠序，然后非之者愈多，而终于不胜，何哉？先王之道德，出于性命之理，而性命之理出于人心。《诗》《书》能循而达之，非能夺其所有，而予之以其所无也。经虽亡，出于人心者犹在，则亦安能使人舍己之昭昭而从我于聋昏哉。"这段话分析起来，包含有几层意思：第一，包含有象山人同此心、心同此理的意思。第二，诗书，广义言之，道德文化，只是顺人心中的性命之理而表达发挥之，并非外铸，更非斫伤夺掉其固有之本心本性。因此亦包含有性善之旨。第三，即使传统文化，诗书典籍一时遭受毁坏，而人心中自有其义理，自有其良知，因此道德文化亦不会沦亡。第四，人心中固有之义理或良知，活泼昭明，非专制权威所能压迫，非烧诗书，杀儒士，废学校，所能蔽塞消灭（承上文论秦之压迫言论统制思想言）。这简直与象山“斯人千古不磨心”，同一口吻。同时也就不啻提出内心的良知以作反对专制权威的最后武器了。

第四，由建立自我，以自我之内心所是随机应变为准则，而反对权威，反对泥古，注重随时，权变革新，以作自由解放及变法维新的根本。他说：“古之人以是为礼，而吾今必由之，是未必合于古之礼也。古之人以是为义，而吾今必由之，是未必合于古之义也。夫天下之事其为变岂一乎哉？固有迹同而实异者矣。今之人諰諰求合于其迹，而不知权时之变。是则所同者古人之迹，而所异者其实也。事同于古人之迹而异于其实，则其为天下之害莫大矣。此圣人之所以贵乎权时之变者也。”（见《非礼之礼》一文）他这里所谓古人之实应作古人之心或古人之真意解。把握住圣贤制礼法之心意，之实质，而随时权变，不拘泥于形迹之异同。这种说法岂不予改革维新、自由创造大开方便之门吗？故他所谓法尧舜伊周，并不是守旧复古，可以断言。同样的意思，下面一段话，发挥得尤为透彻精要：“圣贤之言行有所同，而有所不必同，不可以一端求也。同者道也，不同者迹也。知所同而不知所不同，非君子也。夫君子岂固欲为此不同哉？盖时不同则言行不得无不同。唯其不同，是以同也。如时不同而固欲为之同，则是所同者迹也，所不同者道也。迹同于圣人而道不同，则其为小人也孰御哉？”上段以迹与实对举，此段以迹与道对举。足参证道指实言，实指道言（认道、理、名、共相为真实，乃柏拉图式的实在论亦即唯心论的共同看法）。“唯其迹与圣人不同，是以同也”一语，指出不同的言行事迹正所以实现同一的道，不唯洞见一与多的真正关系，而且对泥古拘迹者揭示其弊害，加以有力的排斥，并提供变法革新以一种坚实的理论基础。这是他由建立自我，求心同不求迹同的心学而发挥出自由革新的精神的地方，也是中国思想史上少见的卓识，而为陆王思想中所特有的色彩。

上面我们已约略叙述了王安石开陆王先河的心学，以下将进而讨论他承继孔孟，调解孟扬，反对荀子的性论。他以性情合一论为出发点，以性善恶混之说为过渡思想，而归结到性善论。

在《性情》一文中，他首先提出性情合一之旨道：“性情一也。世有论者曰，性善情恶，是徒识性情之名而不知性情之实也。喜怒哀乐好恶欲，未发于外而存于心，性也。喜怒哀乐发于外而见于行，情也。性者情之本，情者性之用。故吾曰，性情一也。”这足见他显然以体用内外合一的原则，来说明性情之一而不可分的关系。他提出性情合一说，有两个作用：一欲借以反对性善情恶说，认吾人不可离情而言性，含有重视情感，反对那枯寂冷酷，抹煞情感的禁欲主义。所以他说：“如其废情，则性虽善，何以自明哉？诚如今论者之说，则是若木石者尚矣。”（同上）一由性情之合一，而认由情之善，知性亦善，由情之恶知性亦恶，而赞助扬雄的性善恶混之说。所以他说：“盖君子养性之善，故情亦善；小人养性之恶，故情亦恶。故君子之所以为君子，小人之所以为小人，莫非情也。”又说：“然则性有恶乎？曰，孟子曰养其大体为大人，养其小体为小人。扬子曰，人之性，善恶混。是知性可以为恶也。”（同上，见《性情》）这是明显地由性情合一说而过渡到性善恶混的思想，且他认为孟子亦有类似善恶混的说法，思借以调解孟、扬的性论。然而这里显见他牵强曲解孟子。盖孟子所谓养大体或可以释作养性或养善性，而孟子所谓养小体，显然只是指养私欲肉欲而言，而非所谓性。孟子绝不会认情欲为性，亦从没有认受蒙蔽刺激而起的恶的情欲为性的说法。孟子只是认恶的情欲为起于外界之引诱刺激，本心之被蒙蔽，为违反本性，而非人之内在的本性。

在《原性》一篇中，一方面有不少的精意，一方面似亦免不了矛盾。第一，他似乎有认情有善恶，而性无善恶之可言的意思：

> 孟子言人之性善，荀子言人之性恶。夫太极生五行，然后利害生焉。而太极不可以善恶言也。性生乎情（按依上下文义，性生乎情乃性产生情之意，非性自情生之意），有情然后善恶形焉，而性不可以善恶言也。此吾所以异于二子。

照这段话的意思，他与孟、荀不同的地方，乃二人各偏执善恶，而他认性为太极（上文有“性者五常之太极也”的话），是超出善恶（善恶是后天用以判别情之中节与否的名言），而不可以善恶言的。他这里以有善恶的已发言情，以超善恶的未发言性，意亦甚精。但这与他由性情合一而推出的性与情皆有善有恶之说似又矛盾。接着第二段说：

> 孟子以恻隐之心，人皆有之，因以谓人之性无不仁。就所谓性者如其说，必也怨毒忿戾之心，人皆无之，然后可以言人之性无不善。而人果皆无之乎？孟子以恻隐之心言性者以其在内也。夫恻隐之心与怨毒忿戾之心，其有感于外而后出乎中

者，有不同乎？荀子曰："其为善者伪也。"就所谓性者如其说，必也恻隐之心人皆无之，然后可以言善者伪也。而人果皆无之乎？荀子曰："陶人化土而为埴，埴岂土之性也哉？"夫陶人不以木为埴者，惟土有埴之性焉。乌在其为伪也？

这段话驳荀子善者伪也之说甚精。其意盖谓善乃基于本性，乃本性之自然实现，而非由于矫揉造作的伪。但他同时复反驳孟子，认人皆有怨毒忿戾之心，而怨毒忿戾之心，其伏于中被感而发于外，与恻隐之心，亦并无不同，足见人心之中，亦有恶性。其反驳孟子性无有不善之说，而替扬子性善恶混之说辩护，似亦颇持中而合于常识。不过这说显然与他自己上段认性为太极无有善恶之说不合。且他似有误解孟子处。孟子言"恻隐之心，仁之端也"，意谓同情心，恻隐之心（情），为仁的一种表现或端绪，并非混合性情，以恻隐之心言性。孟子虽亦有"恻隐之心，仁也"的明文，其意不过谓仁性即显现于恻隐之心之内，即情见性，不可离恻隐之心（情）而言仁性。虽亦含有安石"性情一也"之旨，但却自有体用之分别。孟子以恻隐之心言仁，非仅以恻隐之心为心理上的内心情绪，乃以恻隐之心之足以表示人之本性，代表真我，发展人格。而怨毒忿戾之心，虽仍系心理上的情绪，但足以戕贼本性，有损人格，不能代表真我，乃本性（仁）之蒙蔽，之丧失，因而只能说是有善有恶之情，不能说是纯善无恶之性。换言之，由情之善以证性之善可，因善的情足以表现本性、发挥本性故。由情之恶以证性之恶则不可，因恶情乃习染之污，本性之蔽，不足以代表本性故。犹如由室中之光明以证太阳之光明可。由室中之黑暗以证太阳之黑暗则不可。因室中之黑暗乃由太阳之被遮蔽，阳光之未能透入，非太阳本身黑暗。安石知性为太极（太极犹心性中之太阳），知情善故性善，而不知情恶而性不恶的道理，自陷于矛盾，盖为扬子性善恶混之说所误引了。

然而我已说过，安石性有善恶之说，只是他受扬雄的影响，欲调和孟、扬思想的初步的折衷说法，而非他最后极至之见。所以他接着便有进一层的看法："且诸子（指孟、荀、扬、韩）之所言，皆吾所谓情也，习也，非性也。扬子之言为似矣，犹未出乎以习而言性也。"换言之，他认为他们偏执性善、性恶、性善恶混之性三品，皆是以情、以习、以已发于外者去言性，而未能以理、以太极、以未发之中而言性。如果以理、以太极、以未发之中而言性，则性将为超善恶的真纯之本，而无善恶之可言了。于是他便超出心理方面情习方面的性论，而升入从形而上学的观点以言性。使我们不能不钦佩他超迈独到的识见。但性既是理、太极或未发之中，虽不可用比较的相对的善去言性（因性是超出相对的善恶之上的），却亦自有其本身内在之善。所以在某种意义下，可以说性超善恶，在另一较高意义下，亦可说性是善的。因此他最后复归到孟子的性善论，而与扬子的性善恶混说，再作一新的调解。他这种认性为超出心理上的善恶，而归结到人的本心、本性仍是善的根本思想，与王阳明晚年天泉证道的四句话："无善无恶心之体，有善有恶意之动……"真是同条共贯，可以互相发明。

安石提出正性（代表真我的天命之性）与不正之性（指情习而言）的区别。正性纯善无恶，而不正之性，亦可名为俗谛之性，则有善有恶。请看他在《扬孟篇》中调和两家的言论：

孟子言性曰性善，扬子之言性曰善恶混。……孟扬之道，未尝不同，二子之说，非有异也。此孔子所谓言岂一端而已，各有所当者也。孟子之所谓性者，正性也。扬子之所谓性者，兼性之不正者言之也。……夫人之生莫不有羞恶之性。有人于此，羞善行之不修，恶善名之不立，尽力乎善以充其羞恶之性，则其为贤也孰御哉？此得乎性之正者。而孟子之所谓性也。有人于此，羞利之不厚，恶利之不多，尽力乎利，以充其羞恶之性，则其为不肖也孰御哉？此得乎性之不正，而扬子之兼所谓性者也。……今夫羞利之不厚，恶利之不多，尽力乎利而至乎不肖。则扬子岂以谓人之性，而不以罪其人哉？亦必恶其失性之正也。

依他这样分别来说，孟、扬之说，实可并行不悖。他这种说法，已包含有程伊川分别义理之性与气质之性的说法了。正性就是伊川所谓义理之性，亦即孟子性善说所指的性。不正之性就是伊川所谓气质之性，“君子不谓之性也”的性，亦即扬子善恶混说所指之性。然而不正之性，乃正性的陷溺、丧失，所以在理论上，我们只应讲正性。因此他最后不能不归到孟子的性善说或正性本善之说了。

后来在《文集拾遗》中，我们发现他另有一篇《性论》，便纯粹发挥孟子性善之说，无丝毫违异。其醇正无疵，不亚于程朱。兹特详引于下：

古之善言性者，莫如仲尼，仲尼圣之粹者也。仲尼而下，莫如子思，子思学仲尼者也。其次莫如孟轲，孟轲学子思者也。……然而世之学者，见一圣二贤性善之说，终不能一而信之者何也？岂非惑于《论语》所谓“上智下愚”之说与？噫，以一圣二贤之心而求之，则性归于善而已矣。其所谓智愚不移者，才也非性也。性者五常之谓也。才者愚智昏明之品也。欲明其才品，则孔子所谓“上智下愚不移”之说是也。欲明其性，则孔子所谓“性相近，习相远”，《中庸》所谓“率性之谓道”，孟轲所谓“人无有不善”之说是也。

夫有性有才之分何也？曰性者，生之质也。五常是也。虽上智与下愚，均有之矣。盖上智得之之全，而下愚得之之微也。夫人生之有五常也，犹水之趋乎下，而木之渐乎上也。谓上智者有之，而下愚者无之，惑矣。……夫性犹水也，江河之与畎浍，小大虽异，而其趋于下同也。性犹木也，楩楠樗栎，长短虽异，而其渐于上同也。智而至于极上，愚而至于极下，其昏明虽异，然其于恻隐羞恶是非辞逊之端，则同矣。故曰，仲尼、子思、孟轲之言，有才性之异，而荀卿乱之。扬雄、韩愈惑乎上智与下愚之说，混才与性而言之。

这里他灼然见到仲尼思孟的贯通处，以仁义礼智信之五常言性。认人性之善，如水之趋下，如木之渐上。醇正发明孟子本旨，排斥荀卿。且指出扬雄、韩愈只是混才与性而言之，不复去作调解孟、扬的无谓工作，真是洞达性体的至论。依我看来，他的性论，若不为前面未定的善恶混之说所误，将可与程朱的性论争光媲美。他复于《荀卿论》上一文中，力贬荀卿而尊孟子，认为荀卿之名，不宜与孟子相配比。他指斥荀卿性恶说为祸仁义道：

昔告子以为“性犹杞柳也，义犹桮棬也”。孟子曰：“率天下之人而祸仁义者，必子之言夫。”夫杞柳之为桮棬，是戕其性而后可以为也。盖孟子以谓人之为仁义，非戕其性而后可为，故以告子之言为祸仁义矣。荀卿以为人之性恶，则岂非所谓祸仁义哉？顾孟子之生不在荀卿之后焉耳。使孟子出其后，则辞而辟之矣。

由此可见安石纯全持性善说，而以孟子的功臣自居，俨以代孟子辟荀子为己任。此外他答孙长倩书说："语曰，涂之人皆可以为禹，盖人人有善性，而未必善自充也。"更纯正地本孟子之说以立言。所以我敢断定，安石是程朱以前对于人性论最有贡献，对孟子的性善说最有发挥的人。

有了性善论作根本立脚点，于是他便进而持充性说、复性说、顺性说、养性说，认为礼乐教化皆所以实现本性。前面我们说安石由建立自我而注重实现自我；由提挈本心而注重回复本心，自致良知；此处我们又可见得他如何由主张性善说而注重尽性了。尽性总括充性、顺性、复性、养性而言。

在《原过》一文中，他明白指出改过迁善为复性之道：

天有过乎？有之，陵历斗蚀是也。地有过乎？有之，崩弛竭塞是也。天地举有过，卒不累覆且载者何？善复常也。人介乎天地之间，则固不能无过，卒不害圣且贤者何？亦善复常也。……天播五行于万灵，人固备而有之。有而不思则失，思而不行则废。一日咎前之非，沛然思而行之，是失而复得，废而复举也。

"天播五行于万灵，人固备而有之"，故人性善。不思不行，则失其本性。"思"指反省己性之善或自觉己性之善言。"行"指力行以扩充实现己性之善言。能思能行，能改过迁善，则可以得到其放失之性而回复其本性之常。这纯全代表孟子“求放心”“思则得之，不思则不得也”的思想。

除注重改过迁善以复本性之善外，他并进而指出礼乐有顺性、养性的功能：

> 先王体天下之性而为之礼，和天下之性而为之乐。礼者天下之中经；乐者天下之中和。礼乐者先王所以养人之神，正人之气而归正性也。……衣食所以养人之形气，礼乐所以养人之性也。（见《礼乐论》）

这段话一方面说明礼有体性（体即体贴，体性亦顺性之意）、和性、养性，使人归返其正性的功能和价值，一方面也假定了人之性善，故只须顺之、和之、养之、归之。足见礼乐的设施并不是要桎梏人，使人化性起伪，而只是顺适长养其固有之善性罢了。因此他反对荀子的性恶论及化性起伪的礼论。他著有《礼论》一篇专驳斥荀子道：

> 呜呼！荀卿之不知礼也。其言曰，“圣人化性而起伪”，吾是以知其不知礼也。……礼始于天而成于人。知天而不知人则野，知人而不知天则伪。圣人恶其野而疾其伪，以是礼兴焉。今荀卿以谓圣人之化性为起伪，则是不知天之过也。……今人生而有严父爱母之心，圣人因其欲而为之制焉。故其制虽有以强人，而乃以顺其性之欲也。圣人苟不为之礼，则天下将有慢其父而疾其母者矣。此亦可谓失其性也。得性者以为伪，则失其性者乃可以为真乎？……夫狙猿之形非不若人也。欲绳之以尊卑，而节之以揖让，则彼有趋于深山大泽而走耳。虽畏之以威，而驯之以化，其可服耶？以谓天性无是，而可以化之

使伪耶？则狙猿亦可使为礼矣。故曰，礼始于天而成于人，天则无是而人欲为之者，举天下之物，吾盖未之见也。

他这里所谓天，是指人之自然的天性或本性。他指出礼并非违逆人性的矫揉造作（伪），而乃顺性之欲，使人得其本性，并不是使人失掉他的本性。譬如狙猿不是理性动物，天性中便没有礼，无论如何用化性起伪的功夫，也无法使他知尊卑揖让的礼节。礼固然须有后天的教导、学习的努力方能完成，但其来源是先天的，人为的学习只是顺从天性、实现本性罢了。

荀子言礼，知人为而不知天性，可以说是知用而不知体。故他虽盛称礼之“法度节奏之美”，但亦不能为礼建立坚实深厚的理论基础。而老子的弱点，据王安石看来，便恰与荀子相反，是知天而不知人，亦可以说是知体而不知用。故只是注重天，而蔑弃礼乐刑政。遂至放弃人的造作努力，而天亦失其所以为天了。他著有《老子》一篇，最足以表示出他所以要在人事上、在礼乐刑政方面去努力设施的根本原因。兹抄录如下：

道有本有末，本者万物之所以生也。末者万物之所以成也。本者出之自然，故不假乎人之力，而万物以生也。末者涉乎形器，故待人力而后万物以成也。夫其不假人之力而万物以生，则是圣人可以无言也，无为也。至乎有待于人力而万物以成，则是圣人之所以不能无言也，无为也。故昔圣人之在上而以万物为己任者，必制四术焉。四术者礼乐刑政是也。所以成万物者也。故圣人唯务修其成万物者，不言其生万物者。盖生者尸之于自然，非人力之所得与矣。

老子者独不然，以为涉乎形器者皆不足言也，不足为也。故抵去礼乐刑政而唯道之称焉，是不察于理而务高之过矣。夫道之自然者又何预乎？唯其涉于形器，是以必待于人之言也，人之为也。其书曰："三十辐，共一毂，当其无，有车之用。"夫毂辐之用，固在于车之无用。然工之琢削，未尝及于无者，盖无出于自然之力，可以无与也。今之治车者，知治其毂辐，而未尝及于无也。然而车以成者，盖毂辐具则无必为用矣。如其知无为用，而不治毂辐，则为车之术固已疏矣。今知无之为车用，无之为天下用，然不知所以为用也。故无之所以为车用者以有毂辐也。无之所以为天下用者，以有礼乐刑政也。如其废毂辐于车，废礼乐刑政于天下，而坐求其无之为用也，则亦近于愚矣。

这篇文字可以说是安石代表儒家左派，提倡积极的有为政治，以反对老庄无为政治的理论宣言。他这里所谓"道"，所谓"无"，相当于人之自然的天性，是万物之本。礼乐刑政是人努力以尽此道此无之妙用的具体设施，也可以说是实现人的本性的工具或形器。不从事于有即不能得无之妙用。不从事于礼乐刑政的设施，即不能尽性道之妙用。原则上不放弃老子性、道、无的高明境界，然而方法上、人生态度上，一反老庄放任自然，无为而治的清静无为之教。所以他于《答司马谏议书》中很剀切地说："如君实责我以在位久，未能助上大有为以膏泽斯民，则某知罪矣。如曰今日当一切不事事，守前所为而已，则非某之所敢知。"足见他不仅不轻视礼乐刑政，认之为粗迹，反而认为只有力行苦干，有所事事，对于礼乐刑政有所兴革设施，方足以收顺性尽道之妙用。固然他对于性道与形器的体用合一之有机关系，说得仍稍欠透彻得当。然而许多批评他的人如陈了翁谓：“安石之学独有得于刑名度数，而道德性命则有所不足。”朱子谓：“安石以佛老之言为妙道，而谓礼法事变为粗迹，此正其深蔽。”（见清顾栋高辑王安石遗事中所引。载在大东书局本《王安石全集》中）这不啻反以安石批评老子的话来批评安石，似对于安石致力于礼乐刑政以求尽性尽道的地方，缺乏认识，亦即对于安石直接孔孟的性善论之处，缺乏了解；反不如认安石为接近唯心论的说法较合事实。

后记：我早就隐约觉得王安石的思想接近陆象山，而为讲陆王哲学的人所不应忽视。后因美国前副总统华莱士来华，盛称道王安石。我乃一时高兴，取出安石全集来细读。这篇文章就是研读后的小小收获。这篇文字仍是未完成之作，写起后搁置了一年多，亦没有机缘完成。梁任公作《王荆公传》曾特别注重安石的知命之学。而我仅叙述他的心学及性论，对于安石的“命论”，未遑阐述，这是深感憾歉的一点。安石晚年超脱尘世学佛学禅，境界甚高。我对于他晚年的佛学思想毫未提及，亦殊觉遗憾。这里我愿意附带介绍安石的一首最富于哲理与识度的诗：“风吹瓦堕屋，正打破我头。瓦亦自破碎，岂但我血流。我终不嗔渠，此瓦不自由。众生造众恶，亦有一机抽。渠不知此机，故自认愆尤。此但可哀怜，劝令真正修。岂可自迷闷，与渠作冤仇。”这诗充分表现出斯宾诺莎式的决定论。同时也颇能代表他晚年静观宇宙人生，胸怀洒脱，超脱恩怨、友仇、成败、悲欢、荣辱的高远境界，和他学佛后宽恕一切、悲悯一切的菩萨心肠。

王船山的历史哲学

王船山是王阳明以后第一人。他在中国哲学史上的地位，远较与他同时代的顾亭林、黄梨洲为高。他的思想的创颖简易或不如阳明，但体系的博大平实则过之。他的学说乃是集心学和理学之大成。道学问即所以尊德性，格物穷理即所以明心见性。表面上他是绍述横渠，学脉比较接近程朱，然而骨子里心学、理学的对立，已经被他解除了，程朱陆王间的矛盾，已经被他消融了。

船山的历史哲学可以说是他的纯粹哲学的应用与发挥，乃是对中国历史哲学的空前贡献。他的《读通鉴论》和《宋论》二书，大约是他晚年思想成熟时的著作。执一中心思想以评衡历史上的人物与事变，自评论历史以使人见道明理而入哲学之门。书中透出了他个人忠于民族文化和道统之苦心孤诣的志事，建立了他的历史哲学、政治哲学和文化哲学，指示了做人和修养的规范，可以说他书中每字每句都是在为有志做圣贤、做大政治家的人说法。

何谓历史哲学？太史公所谓“明天人之际，通古今之变，成一家之言”，可以说是对于历史哲学的性质与任务最好的诠释。简言之，历史哲学即是要在历史上去求教训，格历史之物，穷历史之理，穷究国运盛衰、时代治乱、英雄成败、文化消长、政教得失、风俗隆污之理。换言之，历史哲学即在历史中求“通鉴”，求有普遍性的教训、鉴戒或原则。古往今来第一流有气魄有识见的历史家，如司马迁、司马光之流，绝不仅供给我们以历史事实，而乃要指示一种历史哲学。一如伟大的科学家之不仅是科学家，而自有其哲学，有其宇宙观。

然而历史家的历史哲学只是潜伏的、隐微的、暗示的。只是寓哲学义理于叙述历史事变之中（一如诗人之寓哲学于诗歌中），究只是史而非哲学。哲学家的历史哲学是以哲学的原理为主，而以历史的事实作为例证和参考，因此它是哲学而非历史。历史哲学家将历史家所暗示的潜伏隐微的教训发挥出来，批评历史家写史时所抱的根本主张及其所假定的前提。譬如，太史公书中有许多地方，都是有作用的偏见，王船山直指出来而斥之为“谤史”。又如太史公与班固皆注重史书的文学性，喜为诙奇震耀之言，亦为王船山所指责。又如太史公在《伯夷列传》里，大发议论怀疑天道的公正，而船山整个历史哲学的中心思想，即在指明天道的公正不爽。太史公根据历史事实以证天道的不公正，王船山亦根据历史事实以证天道的公正。足见两人对于历史的看法、解释和哲学之不相同。至于司马温公的《资治通鉴》所隐微暗示的历史哲学，无疑是“有德者兴，失德者亡”的道德史观。而王船山的《读通鉴论》主要地也就是将温公的道德史观加以深刻化、系统化地发挥。他又因为自己身处于国族大变局中，而特别注重夷夏之辨的《春秋》大义，以唤醒人们的民族意识。不过，我们不仅要注重他借历史事变所发挥的道德教训和民族思想，而特别要揭示他的哲学思想、历史哲学的思想。

首先拟略述王船山研究历史哲学的方法。他的方法可以分作三点来说：第一，因为他是先有了哲学的原则，然后才应用这些哲学原则为基础来观察、解释、批评历史事实，所以他有时可以说是纯自一根本原则或中心思想出发，采取以事实注理则，以理则驭事实的方法，借历史事实以说明哲学原理，将历史事实作为哲学原理的例证或证成。他要用历史事实以例证或证成的根本原理，就是儒家的天道、仁和体用合一等观念。这在以后将再阐述。他这种方法可以说代表哲学家治历史哲学的一般方法。其好处在于使他的理论富于哲学识度，贯通而少矛盾。其弱点在空洞而不亲切。然而他又能辅之以现象学的方法及体验方法，使他的理论丰富有内容而亲切感人。

第二，所谓现象学的方法，就是即用以观体，因物以求理，由部分以窥全体，由特殊以求通则的方法。换言之，现象学的方法应用在理解历史方面，即是由看得见的古人的言与迹这些现象，去探求那看不见的心与道。“因言见心，因迹见道”是船山达到他的历史哲学的又一钥匙。他说：“知言者，因古人之言，见古人之心。尚论古人之世，分析古人精意之归。详说群言之异同，而会其统宗；深造微言之委曲，而审其旨趣。”（《宋论》卷六）因“言”去见“心”，由尚论古人之“世”，去求古人的“精意”，由比较“群言”的异同，去会通其“统宗”，由“微言”去深察其“旨趣”，都表示我所谓即用观体，由现象求本质的现象学的方法。《读通鉴论》卷十六，复有“千载以下，可按迹以知心。义不义决于心，而即征于外”的话，更足以见他“由外知内”“按迹见心”的方法。

第三，体验方法。王船山复用设身处地、同情了解的体验方法去得到他的历史理论。在《读通鉴论·叙论四》里，他说：“设身于古之时势，为己之所躬逢。研虑于古之谋为，为己之所身任。取古人宗社之安危，代为之忧患，而己之去危以即安者在矣。取古昔民情之利病，代为之斟酌，而今之兴利以除害者在矣。得可资，失亦可资也。同可资，异亦可资也。故治之所资，惟在一心，而史特其鉴也。”他这段话，知的方面教人虚心，设身处地，以体察古人的事迹；行的方面，求得其教训，以资自己立身处世的鉴戒。这正好表示了体验方法的两个方面。因为体验方法不是单纯地求抽象知识之法，而是知行合一之法。

我们前面业已提到，船山是先钻研经学，得出他的哲学原则，然后再将之应用于历史方面，以完成他的历史哲学。现在我们要进而简要地介绍他的基本哲学思想。

概括讲来，王船山的基本思想是一个不偏于一面的一元论或合一论。在各种对立的双方中，他要力求其偏中之全，对立中之统一。他的一元论，不是孤立的单一的一元论，而是一种谐和的调解对立、体用兼赅的全体论或合一论。而他的合一论也并不是漫无区别的混一论或同一论，而自有其体用主从之别。大体说来，他的思想是以理为体、物为用的理学，以心为体、物为用，知为主、行为从的心学。兹加以分别的论列：

（一）王船山的道器合一论。他承认“无其道则无其器”，但他特别注重“无其器则无其道”之说，以补救王学末流之弊。他指出：“器之虚寂，即道之虚寂。”他并且力言：“未有弓矢而无射道，未有车马而无御道。”（见《周易外传》卷五《系辞上传》）足见他力持道器合一而不可分离的说法，且已预斥近人离开器而侈言抽象的道，如“未有飞机之前，已有飞机之理”的说法。他的着重点是道器合一，不可离器而言道，以陷于空寂。亦不可离道而言器，致陷于无本。钱穆先生根据船山“天下惟器而已矣，道者器之道，器者不可谓之道之器”的说法便释船山此说为“唯器论”，那不啻说船山只知用而不知体。这似乎不足表示船山哲学上的根本立场。就船山的时代来看，大概他处于王学末流之世，离器言道陷于空寂的弊病比较大。为补偏救弊计，他比较注重不可离器而言道，或器外无道之说，诚所不免，但是他从来没有离开他的道器合一论。

（二）王船山的体用合一论。道即体，器即用，道器合一说即体用合一说。不过分开来说，或可较易了解。他说：“天下之用皆其有者也。吾从其用而知其体之有。体用胥有，而相需以实。善言道者，由用以得体，不善言道者，妄立一体，而消用以从之。不可说空道虚，而强名之曰体。求之感而遂通者，日观化而渐得其原，如执孙子而问其祖考。”（《周易外传》卷二《大有》）他这里“体用胥有，而相需以实”一语，说体用合一之理甚精。意思是说，体有用而体真，用有体而用实。反之体用分离，则两者皆虚妄不实。至于此下各语，正昭示我前面所说的现象学方法的真义。“善言道者，由用以得体”“从用而知其体之有”，意即谓须用现象学方法，即现象以求得本体，不可外现象以妄立本体。“求之感而遂通者，日观化而渐得其原”，亦是即流行（感通，化）见本体（道原）之意。子孙喻用，祖考喻体。执子孙问祖考，亦即比喻我们所说的现象学方法的切实妙用。因为现象学方法的本质在于“即用求体”，而现象学方法，就是以体用合一的原则为前提。

（三）王船山的心物合一论。心属体，物属用，持体用合一说者自必持心物合一说。船山说：“心无非物也，物无非心也。”（《尚书引义》卷一《尧典》）“一人之身，居要者心也。心之神明散寄于五脏，待感于五官。肝脾肺肾，魂魄志思之藏也。一脏失理而心之灵已损矣。无目而心不辨色，无耳而心不知声，无手足而心无能指使。一官失用而心之灵已废矣。其能孤拕一心以绌群用而可效其灵乎。”（《尚书引义》卷六《毕命》）他这里前两句虽稍欠透彻发挥，然而他持心物合一说，自无可疑。后面一段说身心合一之理，这使我们想起斯宾诺莎的身心平行论。在中国哲学里，讨论身心问题，有这种见解，实新颖可喜，足以引起人研究生理学及心理学的兴趣。可惜他未能详细发挥。

（四）王船山的知行合一论。船山生于王学盛行之时，自不免受阳明知行合一说的影响。且知属心，行属身属物，他既持心物合一说及心身合一说，他自不能不一贯地持知行合一说或知能合一说。他论知不可废能道：“夫能有迹，知无迹。故知可诡，能不可诡，异端者于此，以知为首，尊知而贱能，则知废。知无迹，能者知之迹也。废其能则知非其知，而知亦废。”（《周易外传》卷五）他这里以行能为知之迹象，则知是体、行是用，知是主、能是从，自不待言。但为救王学末流之失，他特别注重不可离用以求体，不可废能以求知。

他又论知行关系道："且夫知者固以行为功者也。行也者不以知为功者也。行焉可以得知之效也，知焉未可得行之效也。……行可兼知，而知不可兼行。……君子之学未尝离行以为知也。"（《尚书引义》卷三《说命》）据我们解释起来，原则上船山仍然赞成知行合一、知行不可分离之说，不过他要矫正尊知贱能，重知轻行的偏弊，他特重不可离行以为知，亦即注重即行以求知，不行不能知之说。这便多少带有美国皮尔士、杜威、詹姆士等人的实用主义的色彩，而与王阳明之说法相反。阳明持"知是行之始，行是知之成"的说法，而船山便持"行是知之始，知是行之成"的说法。阳明认真知、良知即包括行。而船山则认行可兼知，而知不可兼行。

（五）王船山的物我合一论。一般中国哲学学者一读到物我一体，都认作是一种神秘境界，唯船山对于物我合一之说，能根据经验加以切实发挥。他说："且夫物之不可绝也，以己有物。物之不容绝也，以物有己。己有物而绝物，则内戕于己。物有己而绝己，则外贼乎物。物我交受其戕贼，而害乃极于天下。况乎欲绝物者，固不能充其绝也，一眠一食而皆与物俱，一动一言而必依物起。不能充其绝，而欲绝之，物且前却而困己，己且龃龉而自困。"（《尚书引义》卷一《尧典》）他这种物中有己，己中有物的物我合一论实与他的心物合一论相贯通。盖准此说来，则心中有物，物中有心。格物即可明心，用物即可尽知。饰外即可养内。一方面保持合一论的根本观点，一方面采取平实的即用以求体，下学而上达的方法。

他这种合一论的根本思想又如何应用在历史哲学方面呢？历史哲学上有两个重要概念，一是天道，一是人事，前者为理，后者为事。船山的思想就认为历史上事理是合一的，天道与人事是不分离的。天道并不空虚渺远，人事亦不盲目无理。他的方法是由人事以见天道，由事以明理。

王船山的天或天道，第一，具有理则性。是灵明而有条理的，是历史上事物变迁发展的法则或节奏。第二，天道具有道德性。天道是公正的，大公无私，赏善罚恶。这一点与老子的天地不仁的看法相反，而代表正统儒家思想。第三，天道复具有自然性，不息，不遗，无为，不假人为，无矫揉造作。第四，天道具有内在性，即器外无道，事外无理。天道并不在宇宙人生之外，而是内在于器物事变中，主宰推动万事万物。第五，天道有其必然性，真实无妄，强而有力，不可抵抗，人绝不能与天道争胜。凡此特点，均儒家的天道观应有之义。我们这里拟另外特别提出船山的两点独特贡献，加以阐发。一是天道不外吾心，理不在心外的心学观点，亦即集理学、心学之大成的观点。一即船山对于天道的矛盾进展或辩证法观点，默契于黑格尔理性的机巧的历史观。

于《读通鉴论》卷七里，船山对于天与事物及天与心的关系，有精要的说明："无以知天，于事物知之尔。知事物者，心也；心者，性之灵、天之则也。"这明白应用他即用求体的方法，即由事物以求知天。但由事物所认识的天，却不在心外，而心即是天的法则。他这里所谓于事物知天即含有朱子所谓即物而穷其理之意。"天者理也"是船山秉承宋儒一贯的看法。于下面一段话中，更可见出："天不可知，知之以理。拂于理则违于天，必革之而后安。……以理律天，而不知在天者之即为理。以天制人，而不知人之所同然者即为天。”（《读通鉴论》卷十四）“拂于理则违于天”“在天者即为理”，是代表“天即是理”的理学的说法。根据陆王“此心同此理同”的说法，则“人之所同然者即为天”，即不啻说人之心同理同者即为天，这又符合陆王心学的趋向。由民意即天意，天视自我民视的古训，更可以见得“人之所同然者即为天”的义蕴。“君子之所贵于智者，自知也，知人也，知天也。至于知天而难矣。然而非知天则不足以知人，非知人则不足以自知。天聪明，自我民聪明；天明威，自我民明威。即民之聪明明威，而见天之违顺。”（《读通鉴论》卷十四）这段话有三点值得特别注意：第一，“非知天则不足以知人”，是根据非知全则不足以知分、欲知人不可以不知人之本源的原则。历史哲学如欲知人事，则不能不进而探知天道。第二，“即民之聪明明威，而见天之违顺”，即是由用知体的现象学方法。天不可知，于事物之理知之，于人之同然之理，人之民意、民心、民情，人之聪明、明威或理性以知之。第三，天理、天道、天心，不外于我民之“聪明明威”。天不在外，天人不二，这又代表心学的看法。

在《宋论》中，船山论天与道时，心学意味尤其浓厚：“论期于理而已耳，理期于天而已耳。故程子之言曰，圣人本天，异端本心。虽然是说也，以折浮屠唯心之论，非极致之言也。天有成象，春其春，秋其秋，人其人，物其物，秩然名定而无所推移，此其所昭示而可言者也。若其密运而曲成知，大始而合至仁。天奚在乎？在乎人之心而已。故圣人见天于心，而后以其所见之天为神化之主。”

（《宋论》卷六）又说：“道生于心。心之所安，道之所在。”（《宋论》卷八）程子尚析心与天为二，而船山却超出程子，合心与天为一，明白宣称，天即在人之心中，心之所安，即道之所在。非深有得于陆王心学者，决不敢出此语。由此我们可以看出，船山不离理而言天，由事物以求明理知天，处处不离理学规范。然而他又不离心而言理，不离心而言天，处处鞭辟近里，一以心学为宗主。所以我们敢断言他是集理学与心学之大成的人。他格物穷理以救心学的空寂。他归返本心，以救理学的支离。据说他的父亲，曾受学于江右王门之邹东廓。而江右王门代表王学中最平正一派，且亦最足以调解程朱与陆王之矛盾者。船山承家学，自亦得王学学脉。所以，船山似乎是最能由程朱发展到阳明，复由阳明回复到程朱。

以上我们指出船山虽然注重格物穷理的理学，虽然力图补救王学的偏蔽，然而他仍能返本于心学，不离心而言理、言天、言道。现在，我们要进而指出他在历史哲学上的独特贡献，这就是他的辩证的历史观，亦即他从天道之表现于历史而发现了其中的对立统一、相反相成的原则。譬如，当他说：“天下之至狠者无狠也，至诈者无诈也。”（《读通鉴论》卷二十）又如他所说：“其失也，正其所以得也。其可疑也，正以其无不可信也。”“奚以知其为大智哉，为人所欺者是已。”（皆同上，卷二十四）“得道多助，创业者不恃助。不恃也，乃可恃也。”（同上，卷九）诸如此类的话，都与老子“大智若愚”“上德不德”等话相似，含有对立统一的道理，是船山在历史过程中所发现的辩证观。这些道理，在船山那里，不是老庄的玄言，而是历史上、人事上体验有得的实理。他尤其注重伟人的人格，但不是其片面的智、片面的仁、片面的立言立功，而乃是智与不智、仁与不仁、功与无功、言与无言之对立方面的谐和统一。譬如，他形容郭汾阳的人格道："天下共见之，而终莫测之。……不言之言，无功之功。回纥称之曰大人，允矣其为大人矣。"（同上，卷二十三）足见他所了解的汾阳的伟大所在，不在于"莫测"，而在于天下共见中的莫测，不在于有言有功，而在于无言之言，无功之功。这足表示他深有见于矛盾中的谐和的妙谛。

此外，他还从矛盾统一中深悟到不偏于一面的宏量和持中的道理。他说："生之与死，成之与败，皆理势之相为转圜，而不可测者也。既以身任天下，则死之与败，非意外之凶危。生之与成，抑固然之筹划。生而知其或死，则死而知其固可以生。败而知其可成，则成而知其固可以败。生死死生，成败败成，流转于时势，而有量以受之。如丸善走，不能逾越于盘中。"（《读通鉴论》卷二十八）这足见他把握住辩证的观点，在能窥见事物之全，要能见到死生成败之互相过渡的整个历程（理势之相为转圜）。见其大，得其大，则量自宏。如果只知生而不知死，只知成而不知败，则只知偏不知全，知一不知二，则胸襟褊狭，器小易盈。这样，辩证法在他那里已不是呆板的法则，而是生活的智慧了。

在《读通鉴论》卷七里，他说："刚柔文质，道原并建，而大中即寓其间。因其刚而柔存焉，因其文而质立焉，有道者之所尚也。"这里由刚柔文质之并建，而悟大中持中，相成相济，不可偏废的道理，将玄远的老子式的辩证观平实化、儒家化。大概凡纵观历史的人，都趋于注重时间的过程。而历史的过程总不免表现出一正一反一合的节奏，或矛盾进展的过程。船山是我国最伟大的历史哲学家，同时也是最富于辩证法思想的人。

船山的历史哲学之富于辩证思想，最新颖独创且令我们惊奇的，就是他早已先黑格尔而提出“理性的机巧”（The Cunning of Reason）的思想。王船山（1619—1692）生在黑格尔（1770—1831）之前约一百五十年，但黑格尔哲学中最重要创新的“理性的机巧”之说，却早经船山见到，用以表示天道或天意之真实不爽，矛盾发展且具有理性目的。黑格尔认为，理性是有力量的，也是有机巧的。理性的机巧表现于一种曲折的或矛盾进展的历程里。理性一方面让事物遵循其自身的性格与倾向，让它们互相影响、抵消、平衡，而自己并不干涉其行程，但正所以借此以达到理性自身的目的。黑格尔还进而指出，在这种意义下，天道或天意（divine providence）之于世界历程，可以说是具有绝对的机巧。上帝或天（God）让世人放任他们的情欲，图谋他们的利益，为所欲为，但其结果不是完成他们自私的企图，而是完成上帝的企图。而上帝的企图，大公无私，纯出于理性，决然与世人自私的企图不同（参看黑格尔著《小逻辑》第209节）。黑格尔于他的《历史哲学》中，描写理性凭借并扬弃情欲和暴君或英雄的野心以实现其自身的机巧道：“情欲的特殊利益的满足是与普遍原则的发展不可分的。由于特殊的特定的利益与情欲的满足及其否定，而普遍原则因而实现。个别情欲与个别情欲斗争，互有得失，互有损害。但普遍的理念并未牵连于其中而自冒危险。它（指理性，天，或普遍理念）高高乎在上，隐藏在后面，毫无动摇，毫无损伤。这可叫作理性的机巧。理性凭其机巧，使情欲为它自己工作。而具有情欲的个人受处罚、受损害。理性所利用以完成其目的者为现象存在。普遍理念以个体事物，个人情欲的牺牲受罚，为实现其自身的代价。”

理性的机巧表现在历史上或人物方面，就是假个人的私心以济天下的大公，假英雄的情欲以达到普遍理想的目的。黑格尔还将此概念应用来解释自然历程和量变质变的关系。他指出假借自然的事变（如机械历程、化学历程及有机历程等）以达到精神的目的，假借迟缓的量变以达到突然的质变，都是理性的机巧的表现。理性一面假借非理性的事物（如私心、情欲、自然历程等），一面又否定非理性的事物以实现其自身。这表示理性不是空虚的，而是有力量且有机巧、有办法以实现其自身。但历史上非理性的事物尽管互相抵消平衡、受损害、受处罚，而理性却静观无为，既不干涉其行程，亦不牵连于其中而蒙损害、冒危险。这就是说，理性复能保持其空灵性和超脱性。黑格尔这一种看法，在王船山的历史哲学里，我们只消将黑格尔的理性或上帝换成王船山的天或理，便不唯得到印证默契，而且得到解释和发挥。

在《宋论》卷一的篇首，船山首先指出：“天无可狃之故常。”又说：“天因化推移，斟酌曲成以制命。”这里说天无可狃之故常，不啻谓天不是呆板不易的，而是能随机应变的。天、天道或上帝的命令不是直线式的，而是“因化”，凭依实际自然和人事上的变化，而加以推动或否定，斟酌实际情形，取曲折的途径依矛盾进展的过程，以求完成其目的。细察他上下文的本意，不过谓宋太祖无功无德，且无门阀资望的凭借，而能得天下，实乃因天于缺乏神武圣哲的开国人才时，无可奈何，姑假借宋太祖以达到和平统一，以符上天仁爱之心而已。总之，这已充分表示船山所谓天的辩证性和有机巧。在《读通鉴论》卷一的篇首，船山首先指出天之假借秦始皇的私心以行大公的机巧道："秦以私天下之心而罢侯置守。而天假其私以行其大公，存乎神者之不测，有如是夫！"船山所感叹的存乎神者之不测，实无异于说，天的机巧、天的辩证性，不是一般的常识可以理解的。因为辩证的道理，每每是违反常识的。他于《读通鉴论》及《宋论》的第一节，开宗明义即提出天的辩证法或机巧性，足见辩证的历史观在船山思想中所占的主导地位了。

船山在提示理性的机巧一观念时，都是举出秦皇、汉武、武则天、宋太祖一类黑格尔所谓具有大欲（master passion）或权力意志的英雄，以作例证。除上面所引述的论宋太祖、秦始皇的话之外，对于汉武帝之开边，船山尤其有富于辩证哲思的见解："天欲开之，圣人成之；圣人不作，则假手于时君及智力之士以启其渐。以一时之利害言之，则病天下；通古今而计之，则利大而圣道以宏。天者，合往古来今而成纯者也。……时之未至，不能先焉。迨其气之已动，则以不令之君臣，役难堪之百姓。而即其失也以为得，即其罪也以为功，诚有不可测者矣。天之所启，人为效之，非人之能也。圣人之所勤，人弗守之，则罪在人而不在天。"（《读通鉴论》卷三）这段话仔细玩味起来，颇有几点契合黑格尔的意思：第一，天或理性代表全体。批评历史应当"通古今"或"合往古来今"而计虑，不可囿于一时一地的意见。这含有黑格尔"真理是全体"的意思。第二，他注重圣贤英雄，或时君及才智之士在历史演变上的地位。但他又不陷于"英雄主义"的历史观。因为他认为历史上的重大事绩如统一、开边等，皆由于"天之所启"及时已至、气已动，人只能"效之"，而"非人之力也”。而且皆由于天之“假手于时君及智力之士以启其渐”，换言之，英雄伟人不过是天假借来完成历史使命和理性目的的工具。这与黑格尔对于英雄在历史上的地位的看法，简直若合符节。黑格尔说：“英雄的目的虽在满足自己，非满足他人，但他们却满足了众人的潜伏要求。他们是世界精神的执行人（agents）。他们的生活并不快乐，毫无安静享受。一生为其大欲所驱使。及其使命终了，亦被废弃。早死如亚历山大，被刺如恺撒，幽囚如拿破仑，终于成为世界精神的工具。”英雄、时君及智力之士被天或黑格尔的世界精神所假借利用，作为达到理性目的之工具。即由英雄之“失败”，而达到理性的“得”或收获。即由英雄之有“罪”，被处罚，而天或理性却有“功”了。这表示理性的机巧和天道的公正不爽，不唯不表示英雄的万能，而且表示了英雄之为人作嫁的悲剧的命运。第三，一般宋明理学家都持狭义的道德观念，指责秦皇汉武之好大喜功，残民以逞。而王船山却能超出这种偏见，认为“通古今而计之，则利大而圣道以宏”，这使得他的思想不唯具有深远的哲学识见，而且又富于近代精神。第四，他所谓“天”，虽仍不外是理，是民之所同然的心或意，但却颇富于有人格的有神论意味，甚接近黑格尔所谓上帝或天意。

船山还循着同样的思路，指出“天”如何假武则天以正纲常，假巨奸之私以济国家之公的机巧。他说：“自霍光行非常之事，而司马懿、桓温、谢晦、傅亮、徐羡之托以售其私。裴炎赞武氏废中宗立豫王，亦故智也。……而武氏非元后，炎非武氏之姻戚，妄生非分之想，则白昼攫金，见金而不见人。其愚亦甚矣。自炎奸不售，而授首于都市，而后权奸之诈穷，后世佐命之奸无有敢借口伊霍以狂逞者。……炎之诛死，天其假手武氏以正纲常于万世欤。”（《读通鉴论》卷二十一）又评肃宗自立一事道：“肃宗自立于灵武，律以君臣父子之大伦，罪无可辞也。裴冕、杜渐鸿等之劝进，名为社稷计，实以居拥戴之功取卿相。其心可诛也。……肃宗亟立，天下乃定归于一，西收凉陇，北抚朔夏。以身当贼而功不分于他人。诸王诸帅无可挟之功名，以嗣起为乱。天未厌唐，启裴杜之心，使因私以济公，未尝不为唐幸也。”（同上，卷二十三）这里显明表出船山所谓“天”，不唯能假权奸的私以济公，且能假手淫乱的武则天以正纲常。足见这万能而有机巧的“天”，实在有假借任何恶势力坏材料以达到理性目的之能力。

船山于评论刘崇、翟义等死于王莽，而莽亦旋亡一事，借以发明理性的机巧的道理，尤具深意。他说：“陈涉、吴广败死而后胡亥亡；刘崇、翟义、刘快败死而后王莽亡；杨玄感败死而后杨广亡。徐寿辉、韩山童败死而后蒙古亡；犯天下之险以首事，未有不先自败者也。乱士不恤其死亡，贞士知死亡而不畏其死亡也，乃暴君篡主相灭之先征也。……然则胜、广、玄感、山童、寿辉者，天贸其死以亡秦、隋；而义也、崇也、快也，自输其肝脑以拯天之衰而伸莽之诛者也。”（《读通鉴论》卷五）这一段话有两点重要意思：第一，以毒攻毒，恶人与恶人斗争，两败俱伤，而天道以明。这正表出了黑格尔所谓“个别情欲与个别情欲斗争，互有损害，但普遍理念并未牵连于其中……且毫无动摇”的道理。且表达出了黑格尔所谓“普遍理念以个体事物个别情欲的牺牲受罚，为实现其自身的代价”的理性机巧。船山所谓“天贸其死以亡秦、隋”，意即指天以胜、广、玄感等人之死作为灭亡秦隋的代价或交换条件。实黑格尔理性的机巧说的最好的注释和例证。第二，在船山看来，胜、广、玄感等之叛乱是基于自私，他们的死是被“天”利用或假借作为达到灭亡秦、隋的理性目的之工具。他们的死是被动的。但翟义、刘崇等起义诛莽则不然，他们是基于自己的自动自发，他们的死，不是被天假借利用的工具，而是“自输其肝脑以拯天之衰”，使正义伸张出来，使衰微的天意，得明白表现出来，得一支持，得一拯救的助力。换言之，前者是理性用机巧假借他物，曲折以求实现。后者是理性自身的支柱，直接的表现。这也就是船山于另一地方所说的负延续道统、学统之使命的人，“当天下纷崩，人心晦否之日，独握天枢，以争剥复”（《读通鉴论》卷九）的伟业。所以凡是基于理性的道德律令而自发的行为，不唯不是被动的为天所假借利用并加以否定的工具，而且乃是绝对的自身肯定，“独握天枢”“拯天之衰”的刚健的行为。一种人是天理、理性的负荷者、把握者，甚至当天理晦否微弱、天下纷乱无真是非之时，他们又是理性的拯救者、保持者，其自身即是目的。一种人只是工具，被理性利用假借之，同时又惩罚之、废弃之，以达到理性的目的。这两种人的差别是很大的。

以上只就船山历史哲学中最有创新的部分，亦即默契于黑格尔的部分，也就是他的辩证观和对理性的机巧的看法，略加发扬，以见船山在哲学上的贡献之大、地位之高。至于他以道德之隆污决定国运的盛衰的道德史观，注重礼乐以移风易俗、熏陶感化人于无形的礼乐史观，以及他注重《春秋》大义，严辨夷夏之防，足以激发人的民族意识的民族史观，我们此处均略而不述了。

知行合一新论
（节选）

知行合一说与王阳明的名字可以说是分不开的。王阳明之提出知行合一说，目的在于为道德修养，或致良知的功夫，建立理论的基础。他对于知行合一说之发挥，颇得力于与他的第一个得意弟子，他的颜回——徐爱的问题切磋。及徐爱短命死后，他便很少谈知行合一问题。到他晚年他便专提出“致良知”之教，以代替比较有纯理论意味的知行合一说。所以后来阳明各派的门徒所承受于他而有所发挥的，几乎全属于致良知之教及天泉证道的四句宗旨。他的各派门徒，对他的知行合一说，不唯没有新的发挥，甚至连提也绝少提到。此后三百多年内赞成、反对阳明学说的人虽多，但对知行合一说，有学理的发挥，有透彻的批评和考察的人，似乎很少。

知行合一说虽因表面上与常识抵触，而易招误解，但若加正当理解，实为有事实根据，有理论基础，且亦于学术上求知，道德上履践，均可应用有效的学说。而知行问题，无论在中国的新理学或新心学中，在西洋的心理学或知识论中，均有重新提出讨论，重新加以批评研究的必要。我甚且以为，不批评地研究思有问题，而直谈本体，所得必为武断的玄学（dogmatic metaphysics）；不批评地研究知行问题，而直谈道德，所得必为武断的伦理学（dogmatic ethics）。因为道德学研究行为的准则，善的概念，若不研究与行为相关的知识，与善相关的真，当然会陷于无本的独断。至于不理会知行的根本关系，一味只知下"汝应如此""汝应知彼"，使"由"不使"知"的道德命令的人，当然就是狭义的、武断的道德家。而那不审问他人行为背后的知识基础，只知从表面去判断别人行为的是非善恶的人，则他们所下的道德判断也就是武断的道德判断。因为反对道德判断、道德命令和道德学上的武断主义，所以我们要提出知行问题。因为要超出常识的浅薄与矛盾，所以我们要重新提出表面上好像与常识违反的知行合一说。

要讨论知行问题，首先要将知行的概念界说清楚。也可以说是将知行二名词所指的范围划分清楚。

"知"指一切意识的活动。"行"指一切生理的活动。任何意识的活动，如感觉、记忆、推理的活动，如学问思辨的活动，都属于知的范围。任何生理的动作，如五官四肢的运动固属于行，就是神经系的运动，脑髓的极细微的运动，或古希腊哲学家所谓火的原子的细微运动，亦均属于行的范围。

照这样讲来，第一，"行"是一种活动，"知"也是一种活动。行是生理的，或物理动作；知是意识的，或心理的动作。知行虽是两种性质不同的活动。但知与行皆同是活动。因此，我们不能说，行是动的，知是静的。只能说行有动静，知也有动静。但是我们承认任何学问思辨或意识心灵的活动都有生理的条件、物质的变化相伴随。

第二，“知”既指一切意识活动，当然包括各式各样的意识活动，而在这些样式不同或种类不同的意识活动中，也是有等级可分的。同样，“行”既指一切生理的活动，亦当然包括各式各样的生理活动在内，而在这些样式不同或种类不同的生理活动中，也是有等级可分的。我们现在不是研究意识类型学或行为类型学，我们也不必指出知与行的各种类型，我们也不必去排列各类型等级的高下。我们只需确认知与行都是有等级的事实即行。我现在只提出“显”与“隐”（explicit and implicit）两个概念——从心理学借用的自然标准，来判知与行的等级。譬如，我们以最显著的生理动作，如动手动足的行为为显行；以最不显著或隐晦的生理动作，如静坐、思的行为为隐行。显行与隐行间只有量的程度的或等级的不同，同是行为，而且同是生理或物理的行为。同样，我们以最显著的意识活动，如思、推理、研究学问为显知，以最不显著或隐晦的意识活动，如本能的知识，下意识的活动等为隐知。显知与隐知间亦只有量的程度的或等级的差别，而无根本的不同，或性质的不同。

第三，“知”“行”既有显隐等级的区别，则可以推知，最隐之行，差不多等于无行，如脑筋最轻微的一个运动，神经学家也无法研究，行为派的心理学家即用最精密的仪器，也无法观察。虽说几等于无行，但就理论上，我们也不能称之为生理动作。因此我们可以说，有所谓“无行之行”。同时，最隐之知，也差不多等于无知。如下等动物的意识活动和人的下意识活动，自己固不知其有知，他人也不觉其有知。但客观地讲来，此种“无知之知”，也是一种知。只可谓为隐知，但不能谓为绝对无知。

解释清楚了知和行的意义，明了了知与行同是活动，这种活动，同是有等级的差别，并且了解了有显行和隐行、显知隐知的区别，有“无知之知”“不行之行”的事实，我们再进而解释“合一”的意义。

第一，就消极方面讲来，“合一”不是“混一”。说知行合一并不是说知行的关系是混淆不清，更不是把知行两个概念弄得混淆不分。持知行合一说的人绝对不是认知行是黑漆一团的混沌体，不可认知，不可分辨。反之，持知行合一说的人正是要想从知行合一的观点，更可以清楚认识知和行的真意义或真关系，更可明确把握什么是真知，什么是真行。持知行合一说的人，既不一味说知行是合一的或混一的，亦不一味说知行是对立的，二元的；他要看出知行关系的分中之合，又要看出知行关系的合中之分。他的工作形成一个三部曲：（一）指出知行本来是合一的；（二）分析清楚，知与行如何又分而为二，彼此对立；（三）追溯出知与行如何最后复归于统一。

第二，知行合一乃知行同时发动（coincident）之意。据界说，“知”是意识的活动，“行”是生理的活动，所谓“知行合一”就是这两种活动同时产生或同时发动。在时间上，知行不能分先后。不能说知先行后，亦不能说知后行先。两者同时发动，同时静止。不能说今日知，明日行。更不能说，此时只有意识活动，他时另有生理活动。用“同时发动”来解释“合一”，乃系采自斯宾诺莎。斯氏是主张身心合一的人。他便认为身体的动作与心的活动是同时发动的。他说：“身体之主动与被动的次序，与心之主动与被动是同时发动的（coincident）。”（斯氏著《伦理学》分三，“命题二·附释”）

第三，知行合一乃指与行为同一生理心理活动的两面（two aspects of the same psycho-physical activity）而言。知与行既是同一活动的两面，当然两者是合一的。若缺少一面，则那个心理生理活动，便失其为生理心理的活动。因为知行合一是两面式的合一，若缺少一面，则那个心理生理的活动，便失其为生理心理的活动。因为知行合一是两面式的合一，所以可以解释作同时发动。譬如甲的知与乙的行可以在某时某分某秒钟内，同时发动，但甲的知与乙的行却不能认为合一。故必因知行是同一活动的两面，认知行合一为知行同时发动，方有意义。所谓知行是同一活动的两面，亦即是说知行是那同一活动的整体中的中坚部分（integral parts）或不可分离的本质。无无知之行，亦无无行之知。知与行永远在一起（always together），知与行永远陪伴着（mutual accompaniment）。如像手掌与手背是整个手的两面。一方面，手掌是手掌，手背是手背，各有其性质，各有其功用，可以分开讲；但另一方面，手掌与手背永远在一起，永远相互陪伴着。假如把手掌割掉，不唯手背失其为手背，即手亦失其为手了。知行两面说，认知行合一构成一个整个活动。对此同一的活动，从心理方面看是知，从生理或物理方面看是行。也可以说用两个不同的名词，去形容一个活动的历程。

第四，知行合一又是“知行平行”的意思。平行说与两面说是互相补充的。单抽出一个心理生理活动的孤例来看，加以横断面的解剖，则知行合一乃知行两面之意。就知行之在时间上进展言，就一串的意识活动与一串的生理活动之合一并进言，则知行合一即是知行平行。仔细分析起来，知行平行说包括下列三层意思：

（一）知识之主动、被动、变迁进退的次序或程度，与行为之主动、被动、变迁进退的次序或程度相同，换句话说，意识活动的历程与身体活动的历程乃是一而二，二而一，同时并进，次序相同。

（二）知行既然平行，则知行不能交互影响。知为知因，行为行因。知不能决定行，行不能决定知。知不能使身体动作，行不能使知识增进。

（三）上条就自然事实言，此条就研究方法言。以知释知，以行释行。各自成为系统，各自不逾越范围。以行释行，产生生理学、物理学及行为派的心理学。简言之，产生纯自然科学。以知释知，以思想释思想，可以产生纯哲学或纯精神科学。不遵范围，混乱系统，时而以知释行，时而以行释知，乃是一般矛盾的常识，非哲学非科学，夹杂不清，不能产生科学，亦不能产生哲学。前者纯用机械方法，后者纯用逻辑思考。

以上只是概括地、抽象地说明知行合一乃知行平行的意思。兹更进而从知行之内容方面，揭举实例，以表明知行之如何平行，如何合一。

第一，首先提出身心平行论或合一论者斯宾诺莎的看法：

斯氏之意，以为知识方面陷于愚昧，则行为方面沦为奴隶。知的方面，只是些糊涂的经验，混淆的观念；行的方面，便是被动，便是情欲的奴隶。所知不出臆想与意见，所行便矛盾无行。若知的方面，进而为知人知物，对自然事物，对人的本性或情感有了正确的科学知识，则行的方面，便有征服自然、自主自由、利己利人的行为。最后，知的方面为知神，则行的方面为爱神。对神有爱的知，则对神便有知的爱。

第二，力主为伦理学建立知识论或形而上学基础的英国新黑格尔派的领袖格林（T. H. Green）对于知行合一或平行的看法，可略提纲要如下：

格林先从知识论方面着手来研究伦理学。据他分析的结果，知与行的关系是平行并进的。知的方面为活泼有力的印象，行的方面便为当下直接的行动。有观念的知识，与有动机的行为平行。知的方面有了自主的思想，则行的方面有了自由的意志。思想进展成为理性的系统，则意志进展成为坚定的自由的人格或品格。

由此足见他们两人的说法，实为表示知行并进的最好例子。但亦只可以当作例子看，不可把他们的说法看得太死。他们两人并没有高揭知行合一的学说。以上的例子，乃是我读斯氏的《伦理学》，读格林的《伦理学导言》，对于他们两人的思想的解释与叙述。目的在借用来表示知行合一或平行的意思，是否完全符合他们的原意，我是不敢保证的。

总之，照上面这种说法，任何一种行为皆含有意识作用，任何一种知识皆含有生理作用。知行永远合一，永远平行并进，永远同时发动，永远是一个心理生理活动的两面。是低级的知永远与最低级的行平行。“无知”与“妄为”，“盲目”与“冥行”，永远是合而为一，相依为命。最高级的知与最高级的行，所谓真切笃实的行，明觉精察的知，亦永远合而为一，相偕并进。照这种说法，说假话，作汉奸的人，也是知行合一的。就是普通所谓“口是心非”“言行不一致”的人，也是知行合一的。上至圣贤豪杰，下至愚夫愚妇，再下至禽兽昆虫，都一概是知行合一的。我们虽欲知行不合一而不可得！我们人类为自然的命运所决定，没有脱离行为的束缚，而单要纯知的自由。也没有放弃知识而只要纯行的自由。因为只要人有意识活动（知），身体的跟随（A. N. Whitehead，即怀特海教授所谓 the withness of the body）无论如何也是无法取消的。此种的知行合一观，我称为“普遍的知行合一论”，亦可称为“自然的知行合一论”。一以表示凡有意识之论，举莫不有知行合一的事实，一以表示不假人为，自然而然即是知行合一的事实。前者与理想的（经过选择的）知行合一论对立，后者与价值的知行合一论对立。

价值的或理想的知行合一说，认知行合一为理想的知或理想的行。认知行合一为“应如此”的价值或理想，为须加以人为的努力方可达到或实现的课题或任务（Aufgabe），是只有少数人特有的功绩。而自然的知行合一论则认为知行合一乃是“是如此”的自然事实。知行本来就是合一的，用不着努力即可达到，因此单就知行合一之本身言，并无什么价值，虽然有高级的或低级的知行合一之别，但以知与行的内容为准。

要求进一步了解自然的知行合一论与价值的知行合一论的区别，并详细明了价值的知行合一论的含意与内容，可分别说明如下：

第一，自然知行合一论者与价值知行合一论者对于知行之界说不同。前者认纯意识活动为知，纯生理物理动作为行；后者认显行隐知为行，认显知隐行为知。换言之，前者所认为一部分知行合一的活动（行的程度高，知的程度低的知行合一活动），后者只认之为“行”，前者所认为另一部分知行合一的活动（知的程度高，行的程度低的知行合一活动），后者只认之为“知”。前者合显隐知行之全，而分知行，后者只抽象地为方便计，指显知为纯知，显行为纯行。

至于知行各半，程度均等，无高低之分的知行合一活动（艺术生活大约属于此类），价值的知行合一论者，亦认之为知行合一。此为双方认识相同之点。

第二，就知行合一之意义言，双方的界说，亦各不相同。自然的知行合一说者，以显行与隐知合一，或显知与隐行合一，换言之，以每一活动里知行两者自行合一，同时合一。不同时之知行合一，显知隐行与显行隐知之合一，在自然说中不可能。而价值的知行合一说者，则在不同的时间内，去求显知隐行与显行隐知之合一。因为知与行间有了时间的距离，故成为理想的而非自然的，因为要征服时间的距离与阻隔，故需要努力方可达到或实现。譬如，研究政治学，属知；将对于政治学或政治制度研究所得，实施出来，实际改革政治，属行。所谓知行合一，就是要能实施或实现对于政治学之知识、理想。换言之，所谓知行合一在某意义下即是要兼政治学家与政治改革家二者于一身。这种“知行兼有”合一观，当然是理想，是要努力方能达到的任务。而且知（研究政治学）与行（实际改革政治）间的时间距离当然相当久，甚且有至死不能“兼有”或“合一”的人。（至于此种“合一”或“兼有”是否真正有价值，又是另一问题。）

总之，价值的知行合一观，实即是知行二元观，先根据常识或为方便起见，将知行分为两事，然后再用种种的努力，勉强使知行合一，求两事兼有。因此对于知行合一或“兼有”的努力追求，可分为两个途径。一是向上的途径（upward path），即是由行（显行隐知）以求与知（显知隐行）合二的途径。一是向下的途径（downward path），即是由知（显知隐行）以求与行（显行隐知）合一的途径。向上的途径，是要超越不学无术的冥行，而寻求知识学问的基础，可以说是求知识化的途径。向下的途径，是要求避免空疏之知，虚玄之知，力求学术知识之应用，俾对社会国家人类有实际影响与裨益。可以说是求普及化、社会化、效用化的途径。

第三，照自然的知行合一说，知行不能互为因果，互相解释；但照价值的知行合一说，则知行可互相决定，互相解释。知可为行之因，行可为知之因。可以用一个人的知识来解释他所以产生某种行为的原因，可以用他的行为来解释他何以有某种知识的原因。

此外还有一种知行合一的例子：就是在时间上前后两种活动（一知一行）是紧接着的，无有长距离，用不着努力以求合一，而前后两种活动，自然合一。可分两方面说：

（一）先知后行例。如见虎（知）而跑（行）；又如乍见孺子将入于井（知）而立往救援（行）。

（二）先行后知例。如有时兵士作战时受伤（行）而不自知。甚至相当时间以后，感觉疼时方知受伤（知）。

这两种例子，性质完全不同，当分别讨论。（二）条的例子，乃是常识所谓“行而不知”或“先行后知”的例子，不是知行合一的例子。譬如一个人受他人影响，初不自知，事后反省，方恍然觉悟，我们决不能说这人是知行合一。关于此点，以后讨论詹穆士—兰格学说时，当更加论列。至于见虎而跑，乍见孺子将入于井而往救之的事实，和类似这种的事实，亦可以认作代表价值的知行合一的事例。因为这都是好的行为，有价值的行为。如果见虎不跑，有被噬之危险，见死不救，将受良心谴责，或受社会非议，故有价值。再则见虎而跑，见死往救，虽然知与行间时间的距离很短，且也需要相当的努力。这种的知行关系，仍不是我所谓自然的知行合一，可谓为率真的（spontaneous）知行合一。率真的知行合一，可算作价值的知行合一的一类。同样，王阳明常举如好好色如恶恶臭的例子，亦只能算作率真的知行合一，而非自然的或本然的知行合一。

至于常识或我此处所谓价值合一论者，所以要将知行分开于先，然后又求合一于后，其原因乃出于方便与抽象，上面已经说过。其实主要的原因，乃是基于客观的心理事实。盖因就自然的知行合一说论来，知与行本来就是合一的。但在这本然的知行合一体中，据心理学来看，有表象与背境的关系（figure and ground，figure 一字甚难译。兹译作表象。表象即表露出来的现象，或表示全体，代表全体的现象的意思）。譬如，就显知隐行的合一体言，则显然知是表象，隐行是背境。故人即用这合一体中之表象（知）以代表之。又如就显行隐知的合一体言，则显然行是表象，隐知是背境。人们的心理作用，大都趋于注重表象，即用于代表全体。举实例来说，如吃饭本来是知行合一的活动，但在这吃饭的知行合一体中，生理动作显然是表象，意识动作显然是背境，因此常识大多认吃饭属于行。又如读书本来是生理心理同时活动的知行合一体，但因读书目的在求知（虽则也有读书目的在做事的），且心理活动更较生理活动为显著，故在读书的知行之整体中，知为表象，行为背境，因此常识便认读书属于知的范围。又如医师治病，一方面要知道高深的医学，知道医理，一方面需要高明的诊治术或巧妙的割治手术。究竟在医生治病的工作中，知的成分多，抑行的成分多；知是表象，抑行是表象，就没有吃饭读书那样显著。因此有的人认知是表象，谓医生“知医”，有的人又以行为表象，谓医生“行医”。总之，我借用表象与背境的心理学来解释：一则可以说明知行本来是合一的全体的事实，二则，可借以解释何以常识只以合一的全体中之主要的显明的成分表示全体的心理原因。

知道了知行有显隐的区别，知道了知行合一体中又有表象与背境的关系，我们可以进而讨论知行的主从关系了。合一与混一不同，前已言明。在混一体中，则无主从可分。但在合一体中，则可以辨别主从，亦应当辨别主从，且事实上任何二者联合之合一体中实有主从的关系。

所谓主从关系，即是体用关系，亦即目的与手段关系，亦可谓为领导者与随从者的关系。

就表面看来，知行之主从关系，好似视知行之显隐，或视知行之为表现为背境为准：在显知隐行的合一体中，似知为主，行为从；反之，在显行隐知的合一体中，则行为主，知为从。又好似，当知为表象时则知为主，行为从；当行为表象时，则行为主，知为从。但我的意思，主从的关系的区别要有意义的话，不能以事实上的显与隐或心理上的表象与背境定主从，而当以逻辑上的知与行的本质定二者之孰为主孰为从。

第六章 冯友兰讲清代思想

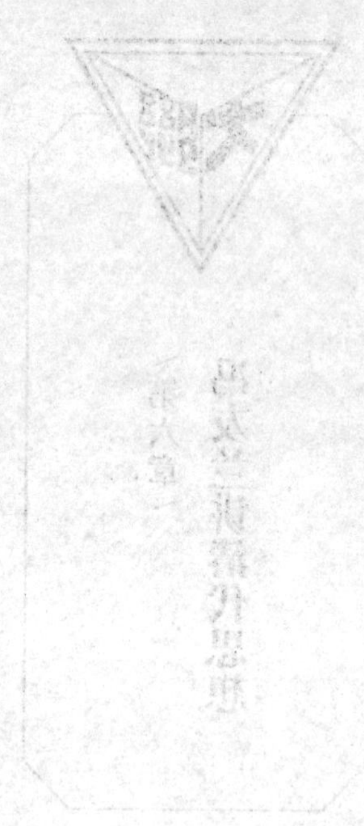

清末之立教改制运动

清人所讲之义理之学，其大与道学不同者，当始自清代之今文经学家。西汉今文经学家之经学，自为古文经学家之经学所压倒后，历唐宋明各代，均未能再引起人之注意。清代之学者，本以整理古书，为其主要工作。唐宋明各代所注意之古书，至清之中叶，已为一般学者所已经整理。此后学者，遂有一部分转注意于西汉盛行，而唐宋明学者所未注意之书。于是以《春秋公羊传》为中心之今文经学家之经学，在清代中叶以后，遂又逐渐复兴。此派经学家，若讲及义理之学，其所讨论之问题，与道学家所讨论者亦不同。

此派经学之复兴，与当时又一方面之潮流，亦正相适应。此派经学家所以能有新问题者，亦受此新潮流之影响。盖自清之中叶以降，中国渐感觉西洋人之压迫。西洋人势力之前驱，以耶教传教师为代表，其后继以军事、政治、经济各方面之压力。此各面之压力，在当时中国人之心中，引起各种问题。其中较根本者，即（一）西洋人有教，何以中国无之？岂中国为无教之国乎？（二）中国广土众民，而在各方面皆受西洋之压迫，岂非因中国本身，有须改善之处欤？当时有思想之人，为答此问题，即在思想方面，有新运动。此运动之主要目的，即为自立宗教，自改善政治，以图“自强”。简言之，即为立教与改制。然其时经学之旧瓶，仍未打破。人之一切意见，仍须于经学中表出之。而西汉盛行之今文经学家之经学，最合此需要。盖在今文经学家之经学中，孔子之地位，由师而进为王，由王而进为神。在纬书中，孔子之地位，固已为宗教之教主矣。故讲今文经学，则孔子自成为教主；而孔子之教，自成为宗教。今文经学家，又有孔子改制，立三世之政治制度，为万世制法之义。讲今文经学，则可将其时人理想中之政治，托于孔子之说，以为改革其时现行政治上、社会上各种制度之标准。康有为曰：

> 天既哀大地生人之多艰，黑帝乃降精而为救民患，为神明，为圣王，为当世作师，为万民作保，为大地教主。生于乱世，乃据乱而立三世之法，而垂精太平。乃因其所生之国，而立三世之义，而注意于大地远近大小若一之大一统。（《孔子改制考序》，《不忍》第一册）

当时需要一如此之孔子。而如此之孔子，唯今文经学中有之。中国哲学史中之经学时代，以今文经学家之经学始，亦以今文经学家之经学终。盖人处于新环境时，最易有荒诞奇幻之思想，而今文家之经学中，有阴阳家学说之分子，其荒诞奇幻，最适宜于处新环境之人之用。周末至秦汉，由列国而统一，为一新环境。近世各国交通，昔之所视为统一者，今不过为列国之一国，亦一新环境也。

康有为

孔子立教改制

上述立教改制之运动，康有为可为其中一重要主持者。康有为，字广厦，号长素，广东南海县人。生于清咸丰八年（公元1858年），于戊戌年佐清德宗变法，不成。卒于民国十六年（公元1927年）（张伯桢《南海康先生传》，《沧海丛书》本）。

康有为之经学，一方面攻击古文经学家之经典，以为皆刘歆所伪；一方面主张孔子改制之说，以为今文经学家之经典，皆孔子所作。康有为作《新学伪经考》，以为刘歆为王莽之臣，其所伪之经，实为新朝一代之学。康有为云：

> 歆既饰经佐篡，身为新臣，则经为新学。名义之正，复何辞焉？后世汉宋互争，门户水火。自此视之，凡后世所指目为

汉学者，皆贾、马、许、郑之学，乃新学非汉学也。即宋人所尊述之经，乃多伪经，非孔子之经也。（《新学伪经考》卷一，《万木草堂丛书》本，页二）

如此则自东汉以降，历晋唐宋明之经学，所讲皆非孔子之经。唯西汉今文学家之经学，所讲乃孔子之经，所传乃孔子之微言大义。康有为以为孔子以前，“茫昧无稽”。春秋战国之际，诸子并起创教，而孔子所创之教，尤为特出，故遂为以后所宗奉。康有为云：

凡物积粗而后精生焉；积贱而后贵生焉；积愚而后智生焉。积土石而草木生；积虫介而禽兽生。人为万物之灵，其生尤后者也。洪水者，大地所共也。人类之生，皆在洪水之后，故大地民众，皆苠萌于夏禹之时。积人积智二千年，而事理咸备，于是才智之尤秀杰者，蜂出挺立，不可遏靡。各因其受天之质，生人之遇，树论说，聚徒众，改制立度，思易天下。惟其质毗于阴阳，故其说亦多偏蔽，各明一义，如耳目口鼻，不能相通。然皆坚苦独行之力，精深奥玮之论，毅然自行其志，思立教以范围天下者也。……积诸子之盛，其尤神圣者，众人归之，集大一统，遂范万世。《论衡》称孔子为诸子之卓，岂不然哉？天下咸归依孔子，大道遂合。故自汉以后无诸子。（《孔子改制考》卷二，《万木草堂丛书》本，页一至二）

孔子所立之教，其中重要之义，康有为以为为三统三世之说。康有为云：

浩乎孔子之道，荡荡则天，其运无乎不在。……始误于荀学之拘陋，中乱于刘歆之伪谬，末割于朱子之偏安。于是素王之大道，暗而不明，郁而不发。……予……所以考求孔子之道者，既博而且敬矣。始循宋人之途辙，炯炯乎自以为得之矣；既悟孔子不如是之拘且隘也。继遵汉人之门径，纷纷乎自以为践之矣；既悟其不如是之碎且乱也。苟止于是乎，孔子其圣而不神矣。……既乃去古学之伪，而求之今文学。凡齐、鲁、韩之《诗》，欧阳、大小夏侯之《书》，孟、焦、京之《易》，大小戴之《礼》，公羊、谷梁之《春秋》，而得《易》之阴阳之变，《春秋》三世之义。曰：孔子之道大，虽不可尽见，而庶几窥其藩。惜其弥深太漫，不得数言而赅大道之要也。乃尽舍传说，而求之经文。读至《礼运》，乃浩然而叹曰：孔子三世之变，大道之真在是矣。……是书也，孔氏之微言真传，万国之无上宝典，而天下群生之起死神方哉。（《礼运注序》，《不忍》第五册）

康有为以为“孔子之道，有三世，有三统，有五德之运。仁义智信，各应时而行运。仁运者，大同之道；礼运者，小康之道”（《礼运注》，《不忍》第六册）。康有为以为《礼运》所谓“大道”，即“人理至公，太平世大同之道也”。《礼运》所谓“三代之英”，即“升平世小康之道也”（同上）。以为《公羊春秋》所谓三世之义，即此所说。康有为又以为《论语》中亦言三世之义。云：

人道进化，皆有定位。自族制而为部落，而成国家。由国家而成大统。由独人而渐立酋长，由酋长而渐正君臣，由君臣而渐为立宪，由立宪而渐为共和。由独人而渐为夫妇，由夫妇而渐定父子，由父子而兼锡尔类，由锡类而渐为大同，于是复为独人。盖自据乱进为升平，升平进为太平，进化有渐，因革有由，验之万国，莫不同风。观婴儿可以知壮夫及老人，观萌芽可以知合抱至参天，观夏殷周三统之损益，亦可推百世之变革矣。孔子之为《春秋》，张为三世。据乱世则内其国而外诸夏。升平世则内诸夏，外夷狄。太平世则远近大小若一。盖推进化之理而为之。孔子生当据乱之世。今者大地既通，欧美大变，盖进至升平之世矣。异日大地大小远近如一，国土既尽，种类不分，风化齐同，则如一而太平矣。孔子已预知之。（《论语注》卷二，《万木草堂丛书》本，页十）

《论语》云："子曰：'殷因于夏礼，所损益可知也。周因于殷礼，所损益可知也。其或继周者，虽百世可知也。'"康有为以为此亦明三统三世之义，如上所引。

《中庸》云："王天下有三重焉，其寡过矣乎？"康有为以为"重，复也"。"三重者，三世之统也。"（《中庸注》，《演孔丛书》铅印本，页三十六）又云：

孔子之制，皆为实事。如建子为正月，白统尚白，则朝服首服皆白，今欧美各国从之。建丑则俄罗斯回教行之。明堂之制，三十六牖，七十二户，屋制高严员侈，或椭员衡方，或上员下方，则欧美宫室从之。衣长后衽，则欧洲各国礼服从之。日分或日半，或鸡鸣，或平明，泰西以日午为日分，亦三重之类推也。……人情蔽于所习，安于一统一世之制，见他制即惊疑之，此所以多过也。若知孔子三重之义，庶几不至悲忧眩视乎？（同上，页三十七至三十八）

康有为发挥三统三世之说，盖欲以之包罗当时人之新知识，当时之新事实，所谓以旧瓶装新酒也。康有为亦欲以此为其政治上变法维新之根据。康有为云：

> 孔子之法，务在因时。当草昧乱世，教化未至，而行太平之制，必生大害。当升平世而仍守据乱，亦生大害也。譬之今当升平之时，应发自主自立之义，公议立宪之事。若不改法，则大乱生。（同上，页三十六）

至升平之时，必行升平世之制。康有为对于当时之政治主张，自以为即系孔子升平世之制。

《大同书》

孔子虽有三世之说，而对太平世大同之义，则言之甚略。康有为云：

> 孔子发明据乱小康之制多，而太平大同之制少。盖委曲随时，出于拨乱也。孔子之时，世尚幼稚。如养婴儿者，不能遽待以成人，而骤离于襁褓。据乱之制，孔子之不得已也。然太平之法，大同之道，固预为灿陈，但生非其时，有志未逮耳。进化之理，有一定之轨道，不能超度。既至其时，自当变通。故三世之法，三统之道，各异。苦衷可见，但在救时。孔子知三千年后，必有圣人复作，发挥大同之新教者。然必不能外升平太平之轨，则亦不疑夫拨乱小康之误也。（《中庸注》，页三十九）

《论语》言："其或继周者，虽百世可知也。""三十年为一世，百世则三千也。"（同上）故言"孔子预知三千年后，必有圣人复作，发挥大同之新教者”。康有为盖以此圣人自居，作《大同书》，“以发挥大同之新教”。

康有为之《大同书》第一章，首论“人有不忍之心”。康有为云：

> 夫浩浩元气，造起天地。天者，一物之魂质也。人者，亦一物之魂质也。虽形有大小，而其分浩气于太元，挹涓滴于大海，无以异也。孔子曰：“地载神气；神气风霆；风霆流行；庶物露生。”神者，有知之电也。光电能无所不传，神气能无所不感。神鬼神帝，生天生地。全神分神，惟元惟人。微乎妙哉，其神之有触哉！无物无电，无物无神。夫神者，知气也，魂知也，精爽也，灵明也，明德也：数者异名而同实。有觉知则有吸摄，磁石犹然，何况于人？不忍者，吸摄之力也。故仁智同藏，而智为先；仁智同用，而仁为贵矣。（《大同书》甲部，长兴书局铅印本，页六）

此实即程明道、王阳明“仁者以天地万物为一体”之说，而以当时人所闻西洋物理学中之新说附之。生吞活剥，自不能免，要亦当时应有之事也。人皆有不忍之心，此心即大同之教之所以可能也。

人有觉知，故有苦乐。康有为云：

> 夫生物之有知者，脑筋含灵。其与物非物之触遇也，即有宜有不宜，有适有不适。其于脑筋适且宜者，则神魂为之乐。其于脑筋不适不宜者，则神魂为之苦。况于人乎，脑筋尤灵，神魂尤清明，其物非物之感入于身者尤繁夥。精微急捷，而适不适尤著明焉。适宜者受之，不适宜者拒之。故夫人道只有宜

不宜。不宜者，苦也；宜之又宜者，乐也。故夫人道者，依人以为道。依人之道，苦乐而已。为人谋者，去苦以求乐而已，无他道矣。（同上，页九）

又云：

故普天下有生之徒，皆以求乐免苦而已，无他道矣。其有迂其涂，假其道，曲折以赴，行苦而不厌者，亦以求乐而已。虽人之性有不同乎，而可断断言之曰，人道无求苦去乐者也。立法创教，令人有乐而无苦，善之善者也。能令人乐多苦少，善而未尽善者也。令人苦多乐少，不善者也。（同上，页十一）

持此标准以为衡，则“大同太平之道”为至善之法与教。康有为云：

遍观世法：舍大同之道，而欲救生人之苦，求其大乐，殆无由也。大同之道，至平也，至公也，至仁也，治之至也。虽有善道，无以加此矣。（同上，页十三）

所以“神明圣王”之孔子，“立三统三世之法，据乱之后，易以升平太平；小康之后，进以大同”（同上，页十三）也。

康有为以为“人道之苦，无量数不可思议”。“粗举其易见之大者”，则有

人生之苦七：一投胎，二夭折，三废疾，四蛮野，五边地，六奴婢，七妇女。天灾之苦八：一水旱饥荒，二疫疠，三火焚，四水灾，五火山，六屋坏，七船沉，八蝗虫。人道之苦五：一鳏寡，二孤独，三疾病无医，四贫穷，五卑贱。人治之苦七：一刑狱，二苛税，三兵役，四阶级，五压制，六有国，七有家。人情之苦六：一愚蠢，二仇怨，三劳苦，四爱恋，五

牵累，六愿欲。人所尊羡之苦五：一富人，二贵者，三老寿，四帝王，五神圣仙佛。（同上，页十三至十七）

欲免此诸苦，当知此诸苦之源。康有为云：

凡此云云，皆人道之苦，而羽毛鳞介之苦状，不及论也。然一览生哀，总诸苦之根源，皆因九界而已。九界者何？一曰国界，分疆土部落也；二曰级界，分贵贱清浊也；三曰种界，分黄白棕黑也；四曰形界，分男女也；五曰家界，分父子夫妇之亲也；六曰业界，分农工商之产也；七曰乱界，有不平、不通、不同、不公之法也；八曰类界，有人与鸟兽虫鱼之别也；九曰苦界，以苦生苦，传种无穷无尽，不可思议。（同上，页八十二至八十三）

若知“诸苦之根源，皆因九界”，则去此九界，即可去苦。康有为云：

何以救苦，知病即药。□□其界，解其缠缚。超然飞度，摩天戾渊。虽浩然自在，悠然至乐。太平大同，长生永觉。吾救苦之道，即在□□九界而已。第一曰去国界，合大地也；第二曰去级界，平人民族也；第三曰去种界，同人类也；第四曰去形界，□□[1]立也；第五曰去家界，为天民也；第六曰去产界，公生业也；第七曰去乱界，治太平也；第八曰去类界，爱众生也；第九曰去苦界，至极乐也。（同上，页八十三至八十四）

[1] 据今康有为《大同书》通行本，此段六处“□”分别为破、除、破、除、保、独。——编者注

极乐界为太平世矣；然太平世特人治之极规耳，人之上尚有天。康有为《中庸注》云：

> 子思盖言六经垂教，三重立法，皆区区从权立法之末事，非孔子神明之意。尚有诸天，元元无尽，无方，无色，无香，无音，无尘。别有天造之世，不可思议，不可言说者。此神圣所游，而欲与群生同化于天天，此乃孔子之至道也。天造不可言思之世，此必子思所闻之微言，而微发之于篇终，以接混茫。（页四十六）

《中庸》末句引《诗》云："上天之载，无声无臭，至矣。"康有为以为此即说"天造之世"。盖人治极规之上之另一更高境界也。

谭嗣同

参与康有为立教变法之运动，而其思想亦足自立者，有谭嗣同。谭嗣同，字复生，湖南浏阳县人。参与当时立教变法之运动。戊戌政变被害，年三十三。谭嗣同在经学方面，虽不及康有为之煊赫有建树，而在思想方面，则所著《仁学》发挥大同之义，较康有为为精密。谭嗣同云：

> 凡为仁学者，于佛书当通《华严》及心宗相宗之书，于西书当通《新约》及算学格致社会学之书，于中国书当通《易》《春秋》《公羊传》《论语》《礼记》《孟子》《庄子》《墨子》《史记》及陶渊明、周茂叔、张横渠、陆子静、王阳明、王船山、黄梨洲之书。（《仁学》，铅印本，页二）

谭嗣同之思想，盖杂取诸方面而糅合之。其中虽不免有不能融贯之处，然要不失为其时思想界之一最高代表也。

仁与“以太”

谭嗣同之讲仁，亦即发挥程明道、王阳明“仁者以天地万物为一体”之说，而以所闻西洋科学，即当时所谓格致之学中之新说附入之。谭嗣同云：

> 遍法界，虚空界，众生界，有至大，至精微，无所不胶粘，不贯洽，不筦络，而充满之一物焉。目不得而色，耳不得而声，口鼻不得而臭味，无以名之，名之曰“以太”。其显于用也，孔谓之仁，谓之元，谓之性。墨谓之兼爱。佛谓之性海，谓之慈悲。耶谓之灵魂，谓之爱人如己，视敌如友。格致家谓之爱力，吸力。咸是物也。法界由是生，虚空由是立，众生由是出。（《仁学》，页三）

以太即物理学中所谓 ether 之音译。谭嗣同以之为“原质之原质”（详下），又为一个体的物之所以能聚为一个体，一团体的物之所以能聚为一团体之原因，亦即此物之所以能通于彼物之原因。谭嗣同云：

> 以太之用之至灵而可征者，于人身为脑。……于虚空则为电，而电不止寄于虚空，盖无物不弥纶贯彻。脑其一端，电之有形质者也。脑为有形质之电，是电必为无形质之脑。人知脑气筋通五官百骸为一身，即当知电气通天地万物人我为一身也。（同上）

孔所谓仁，亦即以太之用。谭嗣同云：

> 仁不仁之辨，于其通与塞。通塞之本，惟其仁不仁。通者

如电线四达，无远弗届，异域如一身也。故《易》首言元，即继言亨。元，仁也；亨，通也。苟仁自无不通，亦惟通而仁之量乃可完。由是自利利他，而永以贞固。（《仁学》，页四）

此言即程明道所说“医书言手足痿痹为不仁，此言最善名状”一段之意。《易》言“乾元亨利贞”；谭嗣同亦以以太之用释之。

有无与生灭

谭嗣同又以为一切物皆为化学中之原质所聚合而成，故一切物皆无自性。谭嗣同云：

彼动植之异性，为自性尔乎？抑质点之位置与分剂有不同耳。质点不出乎七十三种之原质。某原质与某原质化合，则成一某物之性。析而与他原质化合，或增某原质，减某原质，则又成一某物之性。即同数原质化合，而多寡主佐之少殊，又别成一某物之性。纷纭蕃变，不可纪极。……然而原质则初无增损于故也。（《仁学》，页十）

原质之质为以太。谭嗣同云：

然原质犹有七十三之异；至于原质之原，则一以太而已矣。一故不生不灭。不生故不得言有，不灭故不得言无。（同上）

依此言之，则以太又为万物之质因（如亚里士多德所说质因），而非只如上所说矣。以太不生不灭，谭嗣同云：

不生不灭有征乎？曰，弥望皆是也。如向所言化学诸理，穷其学之所至，不过析数原质而使之分，与并数原质而使之

合。用其已然而固然者，时其好恶，剂其盈虚，而以号曰某物某物，如是而已。岂能竟消磨一原质，与别创造一原质哉？（同上）

以太不生不灭，原质不增不损，故宇宙间但有变易，而无存亡。谭嗣同云：

有无者，聚散也，非生灭也。……王船山之说《易》，谓一卦有十二爻，半隐半见。故大易不言有无，隐见而已。（《仁学》，页十一）

张横渠《正蒙·参两篇》“气聚则离明得施而有形”一段，正此意。谭嗣同盖本张横渠之说，而以当时所闻化学中之新说说明之。

以太虽不生不灭，而有“微生灭”。个体的物，无时不在变易之中，亦即无时不在生灭之中。此个体之生灭，即以太之“微生灭”也。谭嗣同云：

求之过去，生灭无始。求之未来，生灭无终。求之现在，生灭息息。……庄曰：“藏舟于壑，自谓已固，有大力者夜半负之而走。”吾谓将并壑而负之走也。又曰：“鸿鹄已翔于万仞，而罗者犹视乎薮泽。”吾谓并薮泽亦一已翔者也。……孔在川上曰：“逝者如斯夫，不舍昼夜。”昼夜即川之理；川即昼夜之形。……非一非二，非断非常。旋生旋灭，即灭即生。生与灭相授之际，微之又微，至于无可微。密之又密，至于无可密。夫是以融化为一，而成乎不生不灭。成乎不生不灭，而所以成之微生灭，固不容掩焉矣。（《仁学》，页十四至十五）

万物无时不在变易生灭之中，亦即万物无时不在日新之中。谭嗣同曰：

> 反乎逝而观，则名之曰日新。孔曰："革去故，鼎取新。"又曰："日新之为盛德。"夫善至于日新而止矣；夫恶亦至于不日新而止矣。……德之宜新也，世容知之。独何以届今之世，犹有守旧之鄙生，龂龂然曰不当变法，何哉？（《仁学》，页十八）

此谭嗣同所与当时变法运动之哲学的根据也。

大同之治

谭嗣同既亦注重"仁者以天地万物为一体"之义，故在政治方面，亦讲康有为所谓"大同之教"。谭嗣同云：

> 地球之治也，以有天下而无国也。庄曰："闻在宥天下，不闻治天下。"治者，有国之义也。在宥者，无国之义也。曰在宥，盖自由之转音，旨哉言乎！人人能自由，是必为无国之民。无国则畛域化，战争息，猜忌绝，权谋弃，彼我亡，平等出，且虽有天下，若无天下矣。君臣废，则贵贱平；公理明，则贫富均。千里万里，一家一人。视其家，逆旅也。视其人，同胞也。父无所用其慈，子无所用其孝。兄弟忘其友恭，夫妇忘其倡随。若西书中百年一觉者，殆彷佛《礼运》大同之象焉。（《仁学》，页四十九）

此义谭嗣同以为《易》《春秋》中已言之。谭嗣同云：

> 吾言地球之变，非吾之言，而《易》之言也。《易》冒天下之道，故至赜而不可恶。吾尝闻□□之论乾卦矣，于《春

秋》三世之义有合也。《易》兼三才而两之，故有两三世；内卦逆而外卦顺。“初九，潜龙勿用。”太平世也，元统也。无教主，亦无君主。于时为洪荒太古，氓之蚩蚩，互为酋长已耳。于人为初生。勿用者，无所可用者也。“九二，见龙在田，利见大人。”升平世也，天统也。时则渐有教主君主矣，然去民尚未远也，故曰在田。于时为三皇五帝，于人为童稚。“九三，君子终日乾乾，夕惕若，厉无咎。”据乱世也，君统也。君主始横肆，教主乃不得不出而剂其平。故词多忧虑。于时为三代，于人为冠婚。此内卦之逆三世也。“九四，或跃在渊，无咎。”据乱世也，君统也。上不在天，下不在田。或者，试词也。知其不可为而为之者，孔子也。于时则自孔子之时至于今日皆是也，于人则为壮年以往。“九五，飞龙在天，利见大人。”升平世也，天统也。地球群教，将同奉一教主。地球群国，将同奉一君主。于时为大一统，于人为知天命。“上九，亢龙有悔。”太平世也，元统也，合地球而一教主，一君主，势又孤矣。孤故亢，亢故悔。悔则人人可有教主之德，而教主废。人人可有君主之权，而君主废。于时遍地为民主，于人为功夫纯熟，可谓从心所欲不逾矩矣。此外卦之顺三世也。然而犹有迹象也。至于“用九，见群龙无首，吉”“天德不可为首也”，又曰，“天下治也”。则一切众生，普遍成佛。不惟无教主，乃至无教。不惟无君主，乃至无民主。不惟浑一地球，乃至无地球。不惟统天，乃至无天。夫然后至矣，尽矣，蔑以加矣。（《仁学》，页五十一）

此所引或即康有为之说。即或不然，而要之“用九，见群龙无首，吉”之最高境界，当即康有为所谓“不可思议，不可言说”之“神圣所游”之境界也。

论教主

谭嗣同又自设难者曰：“子陈义高矣。既已不能行，而滔滔然为空言，复何益乎？”谭自答曰：

> 吾贵知，不贵行也。知者，灵魂之事也。行者，体魄之事也。孔子曰：“知之为知之，不知为不知，是知也。”知亦知，不知亦知，是行有限而知无限，行有穷而知无穷也。……教也者，求知之方也。故凡教主教徒，皆以空言垂世，而不克及身行之，且为后世诟詈戮辱而不顾也。耶杀身，其弟子十二人，皆不得其死。孔仅免于一身，其弟子七十人，达者盖寡。佛与弟子，皆饥困乞食，以苦行终。此其亡躯命，以先知觉后知，以先觉觉后觉，岂暇问其行不行哉。惟摩西、穆罕默德，以权力行其教，君主而已矣，何足为教主。（《仁学》，页五十）

教主唯教人知，然“真知则无不行矣”。

耶、孔、佛“三教不同，同于变。变不同，同于平等”（《仁学》，页二十八）。三教最高之理想，皆为上述最高之境界。唯三教之教主，所处之时代不同，故言之似有异。谭嗣同云：

> 以《公羊传》三世之说衡之，孔最为不幸。孔之时，君主之法度，既已甚密而孔繁。所谓伦常礼义，一切束缚钳制之名，既已浸渍于人人之心，而猝不可与革。既已为据乱之

世，孔无如之何也。其于微言大义，仅得托诸隐晦之辞，而宛曲虚渺，以著其旨。其见于雅言，仍不能不牵率于君主之旧制，亦止据乱之世之法已耳。据乱之世，君统也。……耶次不幸。彼其时亦君主横恣之时也。然而礼仪等差之相去，无若中国之悬绝，有升平之象焉。故耶得伸其天治之说于升平之世，而为天统也。……惟佛独幸。其国土本无所称历代神圣之主，及摩西、约翰、禹、汤、文、武、周公之属，琢其天真，漓其本朴。而佛又自为世外出家之人，于世间无所避就。故得毕伸其大同之说，于太平之世，而为元统也。夫大同之治，不独父其父，不独子其子。父子且无，更何有于君臣。举凡独夫民贼所为一相钳制束缚之名，皆无得而加诸。而佛遂以独高于群教之上，时然也，势不得不然也。要非可以揣测教主之法身也。教主之法身，一而已矣。□□□□：“三教教主一也。吾拜其一，皆拜之矣。”斯言也，吾取之。（《仁学》，页二十八至二十九）

此言极推尊佛教。然其所以推尊之，以其合于孔子最高之义。是其推尊佛教，亦即所以推尊孔子也。

廖　平

讲今文家经学较康有为稍早，而康有为亦受其影响者，有廖平。“廖平，字季平，初号四益，晚年更号五译，又更号六译，四川井研人，生于清文宗咸丰二年（公元1852年），卒于民国二十一年（公元1932年）。年八十一岁。”（据行述）

经学一变

廖平之学共经六变，故晚年自更号六译。第一变为“今古”，时在癸未（光绪九年，公元1883年）（《四益馆经学四变记》，成都存古书局本，页一）。此时学说，以为“今古两家所根据，又多同出于孔子，于是倡为法古改制，初年晚年之说”（同上，页二）。在所著《今古学考》（书成于丙戌，光绪十二年，公元1886年）中，条列今古文经之异同，以为今古学之分，先秦已有，而皆出于孔子。廖平云：

《论语》："周监于二代，郁郁乎文哉，吾从周。"此孔子初年之言，古学之祖也。"行夏之时，乘殷之辂，服周之冕，乐则韶武。"此孔子晚年所言，今学所祖也。又言夏殷因革继周者，百世可知。按《王制》即所谓继周之王也。（《今古学考》卷下，成都存古书局本，页五）

盖孔子初年，"尊王命，畏大人"，尚无革命之意，只有从周之心。"至于晚年，哀道不行"，于是以所欲为者"书之《王制》，寓之《春秋》"（同上，页三）。《礼记》中《王制》一篇，即孔子所作；所谓《王制》者，即继周之王之制也。《周礼》所说为周制，即孔子初年所欲从者；《王制》为继周之王之制，乃孔子晚年决心革命之后之所作者。当时主张改制者，不仅孔子。"春秋时有志之士，皆欲改周文，正如今之言治，莫不欲改弦更张也"（同上，页二十四）。康有为诸子改制之说，盖本于此。

因孔子有初年晚年之主张，孔子殁后，宗孔子初年之说者，为古学；宗孔子晚年之说者，为今学。廖平云：

鲁为今学正宗，燕赵为古学正宗。……鲁乃孔子乡国，弟子多，孔子晚年说，学者以为定论。……燕赵弟子，未修《春秋》以前，辞而先反。惟闻孔子从周之言，已后改制等说，未经面领。因与前说相反，遂疑鲁弟子伪为此言，依托孔子。故笃守前说，与鲁学相难。（同上，页九）

以后今学古学，相争不已。实则今古学不同者，只在制度方面。廖平云：

《论语》因革损益，唯在制度。至于伦常义理，百世可知。故今古之分，全在制度，不在义理，以义理今古同也。（同

上，页八）

即就制度方面言，亦“其实今学改者少，不改者多。今所不改，自当从古。凡解经，苟今学所不足，以古学补之可也”（同上，页九）。故今古二派，“如水火阴阳”，“相妨”而亦“相济”（同上，页一）也。

经学二变

廖平之学第二变为“尊今抑古”，时在戊子（光绪十四年，公元1888年）。此时学说，廖平云：

> 于是考究古文家渊源，则皆出许郑以后之伪撰。所有古文家师说，则全出刘歆以后据《周礼》《左氏》之推衍。又考西汉以前，言经学者，皆主孔子，并无周公。六艺皆为新经，并非旧史。于是以尊经者作为《知圣篇》，辟古者作为《辟刘篇》（自注：“外间所祖述之《改制考》即祖述《知圣篇》，《伪经考》即祖述《辟刘篇》，而多失其宗旨。”）。（《经学四变记》，页三）

此时以今文经为孔子所作。“帝王见诸事实，孔子徒托空言。六艺即其典章制度，与今六部则例相同”（《知圣篇》卷上，成都存古书局本，页二）。古文经说，皆刘歆及以后人所伪造。刘歆真“为圣门卓操”（《古学考》，页二十）。廖平此时学说与康有为之《孔子改制考》及《新学伪经考》所主张者同，故以为康之《改制考》为祖述《知圣篇》，《伪经考》为祖述《辟刘篇》。

廖平此时以为春秋时主张改制者，实只孔子一人。廖平云：

> 或以诸子皆欲传教，人思改制，以法孔子，此大误也。今考子书，皆《春秋》后四科流派，托之古人。按以言立教。开

> 于孔子。《春秋》以前，但有艺术卜筮之书。凡子家皆出于孔子以后，由四科而分九流，皆托名古人，实非古书。（《知圣篇》卷上，页二十七至二十八）

唯其如此，故孔子为唯一之大圣也。

经学三变

廖平之学第三变为讲“小大”之学。时在戊戌（光绪二十四年，公元1898年）。此时之学用邵康节说，分政治为皇帝王伯四种。以为《王制》《春秋》，乃孔子王伯之制，乃所以治中国者。然孔子非“一隅之圣”，故王伯之制外，尚有皇帝之制。孔子皇帝之制，以《周礼》为根基，《尚书》为行事，亦如《王制》之于《春秋》。此乃孔子所以“经营地球”者。“《中庸》所谓洋溢中国，施及蛮貊，凡有血气，莫不尊亲。《礼运》所言大同之说”，皆谓此也。（《经学四变记》，页四）

所以知《春秋》《王制》为孔子治中国之制，《尚书》《周礼》为孔子治世界之制者，以《春秋》《王制》及《尚书》《周礼》中所说疆域不同也。《皇帝疆域图》（廖平弟子黄镕本师说编辑）云：

> 《王制》说《春秋》三千里为小标本。《周礼》说《尚书》加十倍方三万里为大标本。而六合以内，人事尽之矣。《邹衍传》所称大九州得九九八十一方三千里。儒者九州止得八十一分之一。所谓儒者九州，即指《春秋》《王制》而言。（《皇帝疆域图》第一，成都存古书局本，页一）

邹衍之大九州即《周礼》《尚书》所说之九州，即现在吾人所知地球之全部也。《皇帝疆域图》云：

> 世界开化，由野而文，疆宇由小而大。春秋之时，九州仅方三千里。上推虞夏，草昧尤甚。孔圣删书，托古定制，乃据当日之州名，隐寓皇帝之版图，以俟后施行。藏须弥于芥子，推而放诸四海而准，岂但为鲁邦、治列国而已乎？（同上，第八，页二十二）

故孔子之学，实为全世界之政治及社会，立一整个的办法。世界进化，必依之而行。依孔学之表面观之，则似皇帝之治，乃古代所已有，后乃退化而降为王伯之治。其实孔子之意，乃“立退化之倒影，告往知来，使人隅反”也（《大成节讲义》，《四益馆杂著》，成都存古书局本，页二十四）。

廖平立为一圣经世运进退表（同上，页二十七），其表如下：

圣经世运进退表

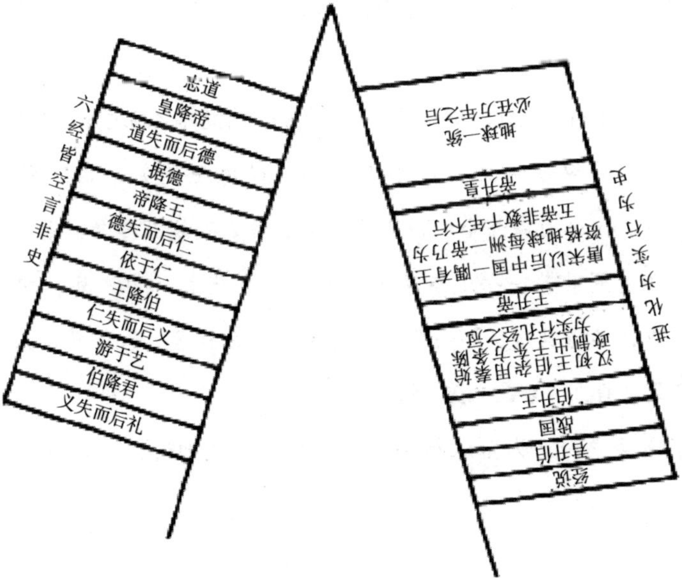

六经皆空言非史

志道
皇降帝
道失而后德
据德
帝降王
德失而后仁
依于仁
王降伯
仁失而后义
游于艺
伯降君
义失而后礼

进化为实行为史

经说
君升伯
战国
伯升王
汉初王伯杂用秦法
政制出于东方柔服
方实行孔经之法
王升帝
唐宋以后中国一隅有王
资格地球每洲一帝乃为
五帝非数千年不行
帝升皇
地球一统
必在万年之后

经为空言。实行经制，始于战国魏文齐威燕昭。战国以前，中国君民程度，与今泰西略同。

东人言，西方行。秦皇汉武，皆属创造，非古所有。由经说变为史事，在战国后。

西人所主进化说，如五大洲交通，乃新创之局。非尧舜周公以前，海禁已通，幽厉之后，乃闭关三千里。此退化之理，孔经据以立说。然由退可以知进。如专主退化，尧舜至春秋迭降四等，秦汉至今二千年，又当降四等。由此推之，数千万年后，不复为人矣。

退化至于君后，中国又反草昧，为战国以前程度。

经为理论；史为实事。《春秋》《王制》之理论，自秦汉以后，已逐渐变为实事。西洋人未受孔经之教训，故今西洋人之程度，与春秋时人略同。此后正宜行《周礼》《尚书》之理论，使全世界归于大同。

所谓今古学之分，实孔子治中国之制与治世界之制之分。廖平云：

> 故改今古之名曰小大。……以《王制》治内，独立一尊。……而海外全球，所谓三皇五帝之三坟五典者，则全以属之《周礼》。……与《王制》一小一大，一内一外，相反相成，各得其所。……孔子乃得为全球之神圣，六艺乃得为宇宙之公言。（《经学四变记》，页五）

孔子之经学，乃为全球制法。孔子及经学之地位，于是似可为最高矣。

经学四变

然廖平以为犹不止此，廖平续云：

> 虽然，此不过六艺之人学，专言六合以内。但为《春秋》《尚书》与《礼》，仅得其半；而天学之《诗》《易》《乐》，尚不在此数也。（同上）

故自壬寅（光绪二十八年，公元1902年）以后，廖平之学四变而讲“天人”。廖平云：

> 初以《春秋》《尚书》《诗》《易》，分配道德仁义之皇帝王伯。……迟之又久，乃知四经之体例，以天人分。人学为六合以内，天学为六合以外。《春秋》言伯而包王，《尚书》言帝而包皇。《周礼》三皇五帝之说，专言《尚书》；《王制》王伯之说，专言《春秋》。言皇帝王伯，制度在《周礼》《王制》，经在《尚书》《春秋》。一小一大，此人学之一经也。……人学六合以内，所谓绝地天通，格于上下，人而非天，故人神隔绝。至于《诗》《易》，以上征下浮为大例；《中庸》所谓“鸢飞于天，鱼跃于渊”，为“上下察”之止境。周游六漠，魂梦飞身，以今日时势言之，诚为力所不至。然以今日之人民，视草昧之初，不过数千万年，道德风俗，灵魂体魄，已非昔比。若再加数千年精进改良，各科学继以昌明，所谓长寿服气，不衣不食，其进步固可按程而计也。（《经学四变记》，页七）

廖平以为“自天人之学明，儒先所称，诡怪不经之书，皆得其解”

（《经学四变记》，页七）。如《灵枢》《素问》《楚辞》《山海经》《穆天子传》中，荒唐不经之言，皆说别一世界，皆天学也。又如司马相如《大人赋》，“读之有凌云之志”，所说亦“不在本世界”也。佛经亦属天学，廖平云：

> 将来世界进化，归于众生皆佛，人人辟谷飞身，无思无虑，近人论之详矣。特未知佛即出于道，为化胡之先驱。所言即为将来实有之事，为天学之结果，一人为之则为怪，举世能之则为恒。（《经学四变记》，页十）

佛出于道，道出于孔，孔经所包，更益广矣。

经学五变

廖平之《经学五变记》，其弟子黄镕注云：“戊午（民国七年，公元1918年）改去今古名目，归之小大，专就六经分天人大小。”视前之专就《春秋》《尚书》《诗》《易》分天人大小者又不同。六经中分人学三经，天学三经。人学三经中有礼经，廖平云：

> 六艺中，先有小礼（黄注：“如《曲礼》《少仪》《内则》《容经》《弟子职》。”），小乐（黄注：“十三舞勺，成童舞象。”）。此为礼经，乃修身齐家事，为治平根本。修身为本，本此礼也。（《经学五变记笺述》卷上，成都存古书局本，页一）

小礼小乐，乃修身齐家之学；乃人学三经中之第一种。其第二种为《春秋》，乃“治国学，王伯学，为仁为义。《王制》为之传”。此乃“人学之小标本，儒墨名法家主之”。其第三种为《尚书》，乃“平天下学，皇帝学，为道为德。《周礼》为之传”。此乃“人学之大标本，道家阴阳家主之”（同上，卷上，页四至十一）。

天学三经中有乐及大礼。廖平云：

> 王伯之乐，中国略有仿佛；皇帝之乐，中国无此世局。其人未生，空存其说以待之。（同上，卷下，页十三）

所谓大礼，廖平亦无详说，或者亦“空存其说以待之”也；此乃天学三经中之第一种。其第二种为《诗》，乃“神游学”。“如仙家之婴儿炼魂，神去形留，不能白日飞升，脱此躯壳（黄注：“《易经》则能形游。”）。《诗》故专言梦境（黄注：“托之梦游，以明真理。”），鱼鸟上下（黄注：“庄子梦为鸟而戾天，梦为鱼而潜渊。”），《内经》《灵枢》《素问》《山海经》《列子》《庄子》《楚辞》、古赋、游仙诗，各书以为之传”（同上，卷下，页十五）。康有为、谭嗣同皆以为大同之治之上，尚有“天造之世”。此皆廖平所谓之天学，唯廖言之特详耳。

【注】天学三经中之第三种当为《易》，但下文未言。所见刊本，当有脱误。廖平经学五变之后，又有六变。其《经学六变记》，未见刊本，不知与五变记所说，又有何不同。

经学时代之结束

廖平所说，如上所引者，吾人若以历史或哲学视之，则可谓无价值之可言。但廖平之学，实为中国哲学史中经学时代之结束。自此方面观之，则廖平在哲学史中之地位，亦有相当重要。中国哲学史，自董仲舒以后，即在所谓经学时代中。在此时代中，诸哲学家无论有无新见，皆须依傍古代哲学家之名，大部分依傍经学之名，如以旧瓶装新酒焉。中国与西洋交通后，政治社会经济学术各方面，皆起根本的变化。此西来之新事物，其初中国人仍以之附会于经学，仍欲以此绝新之酒，装于旧瓶之内。本章所述三人，其代表也。此三人中廖平最后死。其经学之五变，始于民国七年[1]。其此后所讲之经学，可谓已将其范围扩大至于极点。其牵引比附，有许多可笑之处。牵引比附而至于可笑，是即旧瓶已扩大至极而破裂之象也。故廖平之学，实为经学最后之壁垒，就时间言，就其学之内容言，皆可以结经学时代之局者也。

历史上时代之改变，不能划定于某日某时。前时代之结束，与后时代之开始，常相交互错综。在前时代将结束之时，后时代之主流，即已发现。在廖平未死之前，即在其讲经学五变之前，撇开经学而自发表思想者，已有其人。故中国哲学史中之新时代，已在经学时代方结束之时开始。所谓“贞下起元”，此正其例也。不过此新时代之思想家，尚无卓然能自成一系统者。故此新时代之中国哲学史，尚在创造之中；而写的中国哲学史，亦只可暂以经学时代之结束终焉。

[1] 公元1918年。——编者注

万里长征，辞却了五朝宫阙，暂驻足衡山湘水，又成离别。绝徼移栽桢干质，九州遍洒黎元血。尽笳吹，弦诵在山城，情弥切。

千秋耻，终当雪。中兴业，须人杰。便一成三户，壮怀难折。多难殷忧新国运，动心忍性希前哲。待驱除仇寇，复神京，还燕碣。

西南联大进行曲（部分）

罗庸、冯友兰　作

图书在版编目（CIP）数据

西南联大哲学课 / 冯友兰等著. —成都：天地出版社，2021.1（2022年3月重印）
ISBN 978-7-5455-5837-1

Ⅰ. ①西… Ⅱ. ①冯… Ⅲ. ①哲学史－中国
Ⅳ. ①B2

中国版本图书馆CIP数据核字（2020）第132020号

XINAN LIANDA ZHEXUEKE
西南联大哲学课

出品人 杨 政
作 者 冯友兰 等
责任编辑 杨永龙 曹志杰
封面设计 今亮后声
内文排版 麦莫瑞文化
责任印制 王学锋

出版发行 天地出版社
（成都市槐树街2号 邮政编码：610014）
（北京市方庄芳群园3区3号 邮政编码：100078）
网 址 http://www.tiandiph.com
电子邮箱 tianditg@163.com
经 销 新华文轩出版传媒股份有限公司

印 刷 北京旺都印务有限公司
版 次 2021年1月第1版
印 次 2022年3月第17次印刷
开 本 880mm × 1230mm 1/32
印 张 12
字 数 265千字
定 价 58.00元
书 号 ISBN 978-7-5455-5837-1

咨询电话：（028）87734639（总编室）
购书热线：（010）67693207（营销中心）

西南联大国史课

陈寅恪 等 著

天地出版社 | TIANDI PRESS

国立西南联合大学纪念碑文

中华民国三十四季九月九日，我国家受日本之降于南京。上距二十六年七月七日卢沟桥之变，为时八季；再上距二十年九月十八日沈阳之变，为时十四年；再上距清甲午之役，为时五十一年。举凡五十年间，日本所鲸吞蚕食于我国家者，至是悉备图籍献还。全胜之局，秦汉以来所未有也。国立北京大学、国立清华大学原设北平；私立南开大学原设天津。自沈阳之变，我国家之威权逐渐南移，惟以文化力量与日本争持于平津，此三校实为其中坚。二十六年平津失守，三校奉命迁于湖南，合组为国立长沙临时大学，以三校校长蒋梦麟、梅贻琦、张伯苓为常务委员，主持校务。设法、理、工学院于长沙，文学院于南岳，于十一月一日开始上课。迨京沪失守，武汉震动，临时大学又奉命迁云南。师生徒步经贵州，于二十七年四月二十六日抵昆明。旋奉命改名为国立西南联合大学，设理、工学院于昆明，文、法学院于蒙自，于五月四日开始上课。一学期后，文、法学院亦迁昆明。二十七年，增设师范学院。二十九季，设分校于四川叙永，一学年后，并于本校。昆明本为后方名城，自日军入安南、陷缅甸，乃成后方重镇。联合大学支持其间，先后毕业学生二千余人，从军旅者八百余人。河山既复，日月重光，联合大学之战时使命既成，奉命于三十五年五月四日结束。原有三校即将返故居，复旧业。缅维八季支持之苦辛，与夫三校合作之协和，可纪念者，盖有四焉。我国家以世界之古国，居东亚之天府，本应绍汉唐之遗烈，作并世之先进。将来建国完成，必于世界历史居独特之地位。盖并世列强，虽新而不古；希腊、罗马，有古而无今。惟我国家，亘古亘今，亦新亦旧，斯所谓『周虽旧邦，其命维新』者也。

年之抗战，已开其规模，立其基础。今日之胜利，于我国家有旋乾转坤之功，而联合大学之使命与抗战相终始。此其可纪念者一也。文人相轻，自古而然，昔人所言，今有同慨。三校有不同之历史、各异之学风，八年之久，合作无间，同无妨异，异不害同，五色交辉，相得益彰；八音合奏，终和且平。此其可纪念者二也。万物并育而不相害，道并行而不相悖，小德川流，大德敦化，此天地之所以为大。斯虽先民之恒言，实为民主之真谛。联合大学以其兼容并包之精神，转移社会一时之风气，内树学术自由之规模，外来『民主堡垒』之称号，违千夫之诺诺，作一士之谔谔，此其可纪念者三也。稽之往史，我民族若不能立足于中原，偏安江表，称曰『南渡』。南渡之人，未有能北返者：晋人南渡，其例一也；宋人南渡，其例二也；明人南渡，其例三也。『风景不殊』，晋人之深悲；『还我河山』，宋人之虚愿。吾人为第四次之南渡，乃能于不十季间，收恢复之全功。庾信不哀江南，杜甫喜收蓟北。此其可纪念者四也。联合大学初定校歌，其辞始叹南迁流离之苦辛，中颂师生不屈之壮志，终寄最后胜利之期望。校以今日之成功，历历不爽，若合符契。联合大学之终始，岂非一代之盛事，旷百世而难遇者哉！爰就歌辞，勒为碑铭，铭曰：

痛南渡，辞宫阙。驻衡湘，又离别。更长征，经峣嵲。望中原，遍洒血。抵绝徼，继讲说。诗书丧，犹有舌。尽笳吹，情弥切。千秋耻，终已雪。见仇寇，如烟灭。起朔北，迄南越。视金瓯，已无缺。大一统，无倾折。中兴业，继往烈。维三校，兄弟列。为一体，如胶结。同艰难，共欢悦。联合竟，使命彻，神京复，还燕碣。以此石，象坚节，纪嘉庆，告来哲。

冯友兰　撰文

西南联大校门

抗战时期的西南联大

在西南联大图书馆刻苦学习的学生

张荫麟

雷海宗

陈寅恪

吴　晗

编者的话

西南联大只存在了八年时间，却培育了两位诺贝尔奖得主、五位中国国家最高科技奖得主、八位“两弹一星”功勋奖章得主、一百七十多位中国科学院院士和中国工程院院士。这是教育史上的传奇。传奇的缔造并非偶然，而是源于强大的师资力量和自由的教学风气。

西南联大成立之时，虽然物资短缺，没有教室、宿舍、办公楼，但是有大师云集。闻一多、朱自清、陈寅恪、张荫麟、冯友兰等大师用他们富足的精神、自由的灵魂、独特的人格魅力以及深厚的学识修养，为富有求知欲、好奇心的莘莘学子奉上了凝聚着自己心血的课程。

闻一多的唐诗课、陈寅恪的历史课、冯友兰的哲学课……无一不在民族危难的关头闪耀着智慧的光芒，照亮了求知学子前行的道路，为文化的继承保存下了一颗颗小小的种子，也为民族的复兴带来了希望。

时代远去，我们无能为力；大师远去，我们却可以把他们留下的精神和文化财富以文字的形式永久留存。这既是大师们留下的宝贵财富，也是我们应该一直继承下去的文化宝藏。

为此，编者特别策划了这套丛书，从“文学课”“哲学课”“国史课”三个方面来为读者展现西南联大的教育精神和大师风貌，以及中华民族的文化与思想特点。

本书讲“国史课”。因各位先生教学和写作风格有差异，故本书中不同先生的文章，其侧重点和表述方式也有差异。这一点，不仅体现了先生们各自强烈的写作特点，更体现了西南联大学术上的“自由”，以及教学上的“百花齐放”。

在整理文章时，编者秉持既忠实于西南联大课堂，又不拘泥于课堂的原则。有课堂讲义留存的，悉心收录；未留存有在西南联大任教时的讲义，而先生们在某一方面的研究卓有成就的亦予以收录；还有一部分文章是先生们在西南联大教授过的课程，只是内容不一定为在西南联大期间所写，如本书收录陈寅恪先生的《唐代政治史述论稿》（上篇）是在香港完成。

需要特别说明的是，《唐代政治史述论稿》原著为繁体竖排。为使全书体例一致，也为了让更多青年读者了解陈寅恪先生的著作，因此将《唐代政治史述论稿》的上篇收入本书，分为四个小节，并为每个小节拟定了新的标题。同时遵照权威底本和多方编校意见，采用简体横排的形式，对底本的标点做了调整与补充，尤其增添书名号，方便读者阅读。

在选篇上，编者为了展现张荫麟、陈寅恪、吴晗、雷海宗四位在西南联大任教过的大师不同的学术风采，所选内容均为每位先生最擅长的领域，如张荫麟先生的先秦两汉史，陈寅恪先生的隋唐研究，吴晗先生的明朝史，雷海宗先生的通史讲义。同时按照先生们所授课程涉及的年代从古至今进行排序，以便读者更方便地了解中国历史。

因时代不同，某些字词的使用与现今有所不同。同时，每个人的写作习惯以及每篇文章的体例、格式等亦有不同，为保证内容的可读性、连续性以及文字使用的规范性，我们在尊重并保持原著风格与面貌的基础上，进行了仔细编校，纠正讹误，统一体例，仅保留少数异体字。部分内文中地理史实尚有争论，如崇国，一说在今河南嵩县北，一说在今陕西西安市鄠邑区，凡类似情况，均从原著。出于对整体阅读体验的考虑，对张荫麟部分作品重拟了标题，如“楚汉之际”，改为了“楚汉之争始末”。具体如下：

1. 原文中作者自注均统一为随文注，以小字号进行区分；文中脚注均为编者所加，并以“编者注”区分。

2. 因篇幅限制，部分文章只能节选，对这些节选的内容，编者皆在标题下以“（节选）”加以说明。

3. 文中数字，皆在遵守数字用法规范的前提下，照顾了局部体例的统一。

4. 部分原著正文存在“公元前×××年”与“前×××年”两种纪年写法，为尊重作者原文，在不影响阅读的情况下编者未动，仅对随文注的公元纪年体例进行了统一，皆以“公元前×××年”或“前×××—前×××”表示。

5. 因时代语言习惯不同造成的差异，编者对引文外的文字做了统一，如“惟”字，编者均改为现今通用的“唯”字，“想像”“叫做”“摹仿”“人材”“纨袴”等词皆改为现今通用的“想象”“叫作”“模仿”“人才”“纨绔”等词。另外，编者按现今语法规范，修订了“的”“地”“得”的用法。

6. 为保障现代读者的阅读体验，本书根据2012年开始实施的《标点符号用法》，对部分原文标点符号略作改动，以统一体例，如“《诗》、《书》”，改为“《诗》《书》”。

7. 原文中难以辨认之处以“□”表示。

希望本书有助于读者们了解中国历史和几位先生在历史领域的学术风采；同时，更希望本书能够唤起读者对西南联大的兴趣，更多地去了解这所在民族危亡之际仍然坚守教育、传播优秀文化思想的大学，将西南联大对中国传统文化的坚持与希望传承下去。

目　录

/ 第一章 /

张荫麟论夏、商、周

/ 第二章 /

张荫麟论秦、汉

/ 第三章 /

雷海宗讲魏、晋、南北朝

/ 第四章 /

陈寅恪讲唐代政治制度

/ 第五章 /

张荫麟、雷海宗论宋、元

第一章 张荫麟论夏、商、周

夏商大事及以前之传说

商朝从成汤创业以后，六百年间，可考的大事，除了六次迁都，除了对鬼方的大战，除了最后直接间接和亡国有关的打击外，便是五度由盛而衰的循环。所谓盛就是君主英武，诸侯归服；所谓衰就是君主昏暗，或王室内乱，而诸侯叛离。前期第一度的盛衰牵涉到汤孙太甲（商朝第四王）和汤的开国功臣伊尹的关系。这有二说：一说太甲无道，“颠覆汤之典型”，伊尹把他放逐于桐，过了三年，伊尹见他悔过修德，又迎他复位。一说伊尹于商王仲壬死后，把法当嗣位的太甲放逐于桐，而自即王位；其后七年，太甲自桐潜出，杀伊尹。肇始商朝后期的盘庚是一中兴之主。在他以后，唯他的侄子武丁曾一度中兴。武丁以降，商朝一直衰下去。继位的君主皆生长安逸，“不知稼穑之艰难，惟耽乐之从”（这是周朝开国元勋周公追数前朝衰亡的原因的话）。他们以畋游荒宴代替了国政的烦劳。在商朝末年，一种叔世的颓废和放纵弥漫了整个商人社会。狂饮滥醉的风气普遍于君主、贵族和庶民。这是他们亡国的主因。

在叙述商朝灭亡的经过之前，让我们回溯商朝所继承的历史线索。

商朝所替换的朝代是夏。关于夏朝，我们所知，远更模糊。例如夏朝已有没有文字？有没有铜器？其农业发展到什么程度？其政治组织与商的异同如何？这些问题都无法回答。在后人关于夏朝的一切传说和追记中，我们所能抽出比较可信的事实，大要如下。

夏朝历年约莫四百，其君位是父死子继而不是兄终弟及。其国都的迁徙比商朝更为频数。最初的君主禹历都阳城、晋阳、安邑，皆不出今山西的西南角（阳城在翼城西，晋阳在临汾西，安邑在平陆东北）。禹子启始渡河而南，居今新郑、密县间。以后除启孙后相因外患失国远窜外，夏主的迁徙，不出今河南的黄河以南，汝、颍以北。当夏朝为成汤所灭时，都于斟鄩，即今巩县[1]西南。夏朝最大的事件是与外族有穷氏的斗争。有穷氏以钼（今河南滑县东）为根据地，当启子太康时，攻占了夏都（时在斟鄩），以后统治了夏境至少有六七十年。太康逃居于外，有穷氏以次立其弟仲康及仲康子后相为傀儡。后相继被窜逐追杀。后来后相的遗腹子少康收聚夏朝的残余势力，乘有穷氏的衰弱，把他灭掉，恢复旧物。有穷氏是在夏境的东北，后来灭夏的成汤则来自东南，其先世亦发祥于东北。夏朝的外患盖常在东方。

成汤的先世累代为部族长。他的先十四代祖契与禹同时，以蕃

---

[1] 巩县，今河南巩义市，1991年撤县设市。——编者注

（今河北平山附近）为根据地。契子昭明迁于砥石（今河北砥水流域），继迁于商（今河南商丘），“天邑商”及商朝之得名由此。昭明子相土是一雄才大略的君长，曾大启疆宇，以相（在今安阳西十五里）为东都。可惜他的功业的记录只剩下他的后裔的两句颂诗：

相土烈烈，海外有截。

此时的海外说不定就是辽东或朝鲜。后来商朝亡后，王弟箕子能逃入朝鲜而历世君临其地，莫不是因为商人原先在那里有些根据？相土以后两三百年间，商人的事迹无考，也许这是他们的中衰时代（传说相土发明以马驾车，又他的后裔王亥——也是成汤的先世——发明以牛驾车）。到了成汤才复把商人带领到历史上，他从商北迁于亳，继灭了北方的若干邻族，然后向夏进攻，夏主桀兵败，被他放逐于南巢（在今安徽巢县[1]东北五里）而死，夏朝于此终结。

我们若从夏朝再往上溯，则见历史的线索迷失于离奇的神话和理想化的传说中不可析辨了。凡此种种，本书自宜从略。但其中有一部分和后来历史的外表，颇有关系，应当附带叙及。

据说禹所继承的君主是舜，国号虞；舜所继承的是尧，国号唐。当尧舜之世，天下为公，而不是一家一姓所得私有的。尧怎样获得帝位，传说没有照顾到。舜本是历山（在今山东）的农夫，有一串故事（这里从略）表明他是一个理想的孝子和理想的贤兄，又有一串故事（例如他在那里耕种，那里的农人便互相让界；他在那里打鱼，那里的渔人便互相让屋；他在那里造陶器，那里的陶工便不造劣器）表明他是一个理想的领袖。

[1] 巢县于1949年撤县并入巢湖专区，属今巢湖市。——编者注

帝尧闻得他的圣明，便把他召到朝廷里来，把两个女儿同时嫁给他，试他治家的能力；并拿重要的职位去试他政治的能力。他果然家庭雍睦任事称职。尧老了，便告退，把帝位推让给他。尧的时候有一场普遍于全“中国”的大水灾。禹父鲧，因治水无功，被处死刑，禹继承了他父亲的任务终于把水患平定。禹治水的工作凡历十三年，在这期间，曾三次走过自己的家门，都没有进去，有一次并且听到新产的儿子在呱呱地哭呢。后来舜照尧的旧例，把帝位推让给禹。禹在死前，也照例选定了一位益做自己的继承者。但禹死后，百姓不拥戴益，而拥戴禹的儿子启，于是启践登了帝位（一说益和启争位，为启所杀）。旧例一破便不再回复了。这便是尧舜“禅让”的故事。

还有一位值得提到的传说中重要人物，那是黄帝。他所占故事中的时代虽在尧舜之先，他的创造却似在尧舜之后。照传说的一种系谱（《史记·五帝本纪》），他是尧的高祖，舜的八世祖，禹的高祖（舜反比禹低三辈，这很奇怪），也是商周两朝王室的远祖，并且成了后来许多向化的外族的祖先。黄帝和他左右的一班人物并且是许多文化成分的创造者，例如他发明舟、车、罗盘、阵法、占星术和许多政治的制度；他的妃嫘祖最初教人养蚕织丝；他的诸臣分别发明文字、算术、历法、甲子和种种乐器。总之，他不独是中国人的共祖，并且是中国文化的源头。他的功用是把中国古代史大大地简单化了。

周朝的兴起

现在让我们离开想象，回到事实。

当商朝最末的一百年间，在渭水的流域，兴起了一个强国，号为周。周字的古文像田中有种植之形，表示这国族是以农业见长。周王室的始祖后稷（姬姓），乃是一个著名的农师（传说与禹同时），死后被周人奉为农神的。后稷的子孙辗转迁徙于泾渭一带；至古公亶父（后来追称太王），原居于豳（今陕西邠县[1]附近），因受不了鬼方侵迫，率众迁居岐山（在今陕西岐山县境）之下。这一带地方盖特别肥沃，所以后来周人歌咏它道：

周原膴膴，堇荼如饴。

以一个擅长农业的民族，经过移民的选择，来到肥沃土地，而且饱经

[1] 邠县，即今陕西彬州。——编者注

忧患，勤奋图存，故不数十年间，便蔚为一个富强之国。到了古公子季历（后来追称王季）在位时，竟大败鬼方，俘其酋长二十人了。古公在豳，还住地穴，其时周人的文化可想而知。迁岐之后，他们开始有宫室、宗庙和城郭了。季历及其子昌（后来追称文王）皆与商朝联婚，这促进了周人对商文化的接受，也即促进了周人的开化。

至少自古公以下，周为商朝的诸侯之一，故卜辞中有“令周侯”的记录。旧载季历及昌皆受商命为“西伯”，即西方诸侯之长，当是可信。但卜辞中屡有“寇周”的记载，可见商与周的关系并不常是和谐的。旧载古公即有“翦商”的企图。盖周自强盛以来，即以东向发展为一贯之国策。古公和季历的雄图的表现，于史无考，但西伯昌的远略尚可窥见一斑。他在逝世前九年，自称接受了天命，改元纪年。此后六年之间，他至少灭掉了四个商朝的诸侯国：

一、密　今甘肃灵台县西，

二、黎　今山西黎城县东北，

三、邘　今河南怀庆[1]西北，

四、崇　今河南嵩县附近。

此外商诸侯不待征伐而归附他的当不少。又旧载西伯昌曾受商王纣命，管领江、汉、汝旁的诸侯，大约他的势力已及于这一带。后来周人说他“三分天下有其二”，若以商朝的势力范围为天下，恐怕竟去事实不远了。灭崇之后，西伯昌作新都于丰邑（在今长安县境），自岐下东迁居之。他东进的意向是够彰明的了。

---

[1] 怀庆，今属河南焦作市。——编者注

文王死后第四年的春初，他的嗣子武王发率领了若干诸侯及若干西北西南土族的选锋（中有庸、蜀、羌、髳、微、纑、彭、濮等族类，其名字不尽见于以前和以后的历史），大举伐商；他的誓师词至今犹存，即《尚书》里的《牧誓》。凭一场胜仗，武王便把商朝灭掉。战场是牧野，离商王纣的行都朝歌（今河南淇县）不远。朝歌是他的离宫别馆所在，是他娱悦晚景的胜地。这时他至少已有六七十岁了。在享尽了畋游和酒色的快乐之后，他对第一次挫败的反应是回宫自焚而死。商兵溃散，武王等长驱入殷。商朝所以亡得这样快，照后来周人的解释是文王、武王累世积德行仁，民心归向，而商纣则荒淫残暴，民心离叛；所谓“汤武革命，顺乎天而应乎人”。这固然不能说没有一些事实的影子，但事实决不如此简单。周人记载中无意泄露的关于商、周之际的消息，有两点可注意。一说“纣克东夷而陨其身”。可见商人在牧野之战以前，曾因征服东方的外族，而把国力大大损耗了；武王乃乘其疲敝而取胜的。一说“昔周饥，克殷而年丰”。可见牧野之战，也是周人掠夺粮食、竞争生存之战。武王是知道怎样利用饥饿的力量的。

殷都的陷落和商朝的覆亡，只是周人东向发展的初步成功。商朝旧诸侯的土地并不因此便为周人所有，而且许多旧诸侯并不因此就承认武王为新的宗主。此后武王、成王、康王之世，不断地把兄弟、子侄、姻戚、功臣分封于外，建立新国。这些新国大抵是取旧有的诸侯而代之，也许有的是开辟本来未开辟的土地。每一个这类新国的建立，便是周人的一次向外移殖，便是周人势力范围的一次扩展。

但当初武王攻陷殷都之后，并没有把殷都及殷王畿占据，却把纣子武庚禄父封在这里，统治商遗民，而派自己的两个兄弟管叔和蔡叔去协助并监视他们。这不是武王的仁慈宽大。这一区域是民族意识特别深刻的“殷顽民”的植根地，而且在当时交通不便的情形之下，离周人的“本部”丰岐一带很远，显然是周人所不易统治的。故此武王乐得做一个人情。但这却种下后来一场大变的原因。武王克殷后二年而死，嗣子成王年幼，王叔周公旦以开国功臣的资格摄政。管、蔡二叔心怀不平，散布流言，说“周公将不利于孺子”。并鼓动武庚禄父联结旧诸侯国奄（今山东曲阜一带）和淮水下游的外族淮夷，背叛周室。周公东征三年，才把这场大乱平定。用兵的经过不得而详，其为艰苦卓绝的事业，是可想象的。于是周公以成王命，把殷旧都及畿辅之地封给文王的少子康叔，国号卫；把商丘一带及一部分殷遗民封给纣的庶兄微子启，以存殷祀，国号宋；把奄国旧地封给周公子伯禽，国号鲁；又封功臣太公望（姜姓）的儿子于鲁之北，国号齐（都今山东临淄[1]）；封功臣召公奭（周同姓）的儿子于齐之北，国号燕（都今北平[2]附近）；都是取商朝旧有诸侯国而代之的。周公东征之后，周人的势力才达到他们的“远东”。就周人向外发展的步骤而论，周公的东征比武王的克殷还更重要。这大事业不可没有一些艺术的点缀。旧传《诗经·豳风》里《东山》一篇就是周公东征归后所作，兹录其一章如下：

我徂东山，慆慆不归。我来自东，零雨其濛。鹳鸣于垤，

[1] 临淄，今属山东淄博市。——编者注

[2] 北平，即今北京市，后不赘述。——编者注

妇叹于室。洒扫穹窒，我征聿至。有敦瓜苦，烝在栗薪，自我不见，于今三年。

假如传说不误，这位多才多艺的军事政治家，还是一个委婉的诗人呢！

先是武王克殷后，曾在丰邑以东不远，另造新都曰镐京（仍在长安县[1]境），迁居之，是为宗周。“远东”戡定后，在周人的新版图里，丰镐未免太偏处于西了。为加强周人在东方的控制力，周公在洛阳的地方建筑一个宏伟的东都，称为成周。成周既成，周公把一大部分“殷顽民”，远迁到那里。从此周人在东方可以高枕无忧了。却不料他们未来的大患乃在西方！周公对被迁到成周的殷人的训词，至今还保存着，即《尚书》里的《多士》。

武王、成王两世，共封立了七十多个新国，其中与周同姓的有五十多国；但这七十余国而外，在当时黄河下游和大江以南，旧有国族之归附新朝或为新朝威力所不届的，大大小小，还不知凡几。在这区域内，周朝新建的和旧有的国，现在可考的有一百三十多。兹于现在可考的周初新建国中，除上面已提到的宋、卫、鲁、齐、燕外，择其可以表示周人势力的分布的十八国列表如下：

[1] 长安县，2002年撤县，设立西安市长安区。——编者注

国名	姓	始祖与周之关系	国都今地
晋	姬	武王子叔虞	山西太原北
霍	姬	文王子叔处	山西霍县[1]
邢	姬	周公子	河北邢台
芮	姬		陕西大荔县南
贾	姬		陕西蒲城西南
西虢	姬	文王弟虢叔	陕西宝鸡县[2]东
滕	姬	文王子叔绣	山东滕县[3]
郕	姬	文王子叔武	山东汶上县北
郜	姬	文王子	山东城武县[4]东南
曹	姬	文王子叔振铎	山东定陶县[5]
东虢	姬	文王弟虢仲	河南汜水县[6]
蔡	姬	文王子叔度	河南上蔡县（约在公元前530年左右迁于今新蔡）
祭	姬	周公子	河南郑州东北
息	姬		河南息县
申	姜		河南南阳北
蒋	姬	周公子	河南固始县西北
随	姬		湖北随县
聃	姬	文王子季载	湖北荆门东南

[1] 霍县，今山西霍州市。——编者注

[2] 宝鸡县，今陕西宝鸡市。——编者注

[3] 滕县，今山东滕州市。——编者注

[4] 城武县，今山东成武县。——编者注

[5] 定陶县，今山东荷泽市定陶区。——编者注

[6] 汜水县，今河南荥阳市汜水镇。——编者注

本节叙述周人的东徙至周朝的创业，本自成一段落。但为以下行文的方便起见，并将成王后康、昭、穆、共、懿、孝、夷、厉八世的若干大事附记于此。这时期的记载甚为缺略，连康、昭、共、懿、孝、夷六王在位的年数亦不可考（成王在位的年数亦然）。因此厉王以前的一切史事皆不能正确地追数为距今若干年。成、康二世为周朝的全盛时代，内则诸侯辑睦，外则四夷畏慑。穆王喜出外巡游，其踪迹所及，不可确考，但有许多神话附着于他。夷王时周室始衰，诸侯多不来朝，且互相攻伐。厉王即位于公元前878年。他因为积久的暴虐，于即位第三十七年，为人民所废逐，居外十四年而死。在这期间，王位虚悬，由两位大臣共掌朝政，史家称之为共和时代。厉王死后，其子继位，是为宣王。

周代的封建社会

（节选）

封建帝国的组织

武王所肇创、周公所奠定的“封建帝国”，维持了约莫七百年（公元前11世纪初至前5世纪末）。这期间的社会概况便是本章所要描写的。自然在这期间，并非没有社会变迁，而各地域的情形也不一致。这纵横两方面的变异，虽然现在可能知道的很少，下文也将连带叙及。这个时期是我国社会史中第一个有详情可考的时期。周代的社会组织可以说是中国社会史的基础。从这散漫的封建的帝国到汉以后统一的郡县的帝国，从这阶级判分、特权固定的社会到汉以后政治上和法律上比较平等的社会，这其间的历程，是我国社会史的中心问题之一。

上面所提到“封建”一词常被滥用。严格地说，封建的社会的要素是这样：在一个王室的属下，有宝塔式的几级封君；每一个封君，虽然对于上级称臣，事实上是一个区域的世袭的统治者而兼地主；在这社会里，凡统治者皆是地主，凡地主皆是统治者，同时各级统治者属下的一切农民非农奴即佃客，他们不能私有或转卖所耕的土地。照这样说，周代的社会无疑的是封建社会。而且在中国史里只有周代的社会可以说是封建的社会。名义上这整个的帝国是“王土”，整个帝国里的人都是“王臣”，但事实上周王所直接统属的只是王畿之地。王畿是以镐京和洛邑为两个焦点，其范围现在不能确考，但可知其北不过黄河，南不到汉水流域，东不到淮水流域，西则镐京已接近边陲。王畿之地，在周人的估计中，是约莫一千里左右见方。王畿之外，周室先后至少封立了一百三十个以上（确数不可考）的诸侯国，诸侯对王室的义务不过按期纳贡朝觐，出兵助王征伐，及救济畿内的灾患而已。诸侯国的内政几乎完全自主。而王室开国初年的武威过去以后，诸侯对王室的义务也成了具文，尽不尽听凭诸侯的喜欢罢了。另一方面，周王在畿内，诸侯在国内，各把大部分的土地，分给许多小封君。每一小封君是其封区内政治上和经济上的世袭主人，人民对他纳租税，服力役和兵役，听凭他生杀予夺，不过他每年对诸侯或王室有纳贡的义务。

周朝的诸侯国，就其起源可分为四类。第一类是开国之初，王室把新征服或取得的土地，分给宗亲姻戚或功臣而建立的。前章所表列的国家皆属此类。第二类是开国许久之后，王室划分畿内的土地赐给子弟或功臣而建立，例如郑、秦。郑始祖为周厉王少子友，宣王时始封，在今陕西华县[1]。幽王之乱，郑友寄家于郐及东虢，因而占夺其地，别建新国（在今河南中部黄河以南新郑一带）。第三类是拿商朝原有的土地封给商朝后裔的，属于此类的只有宋。第四类是商代原有的诸侯国或独立国，归附于周朝的，例如陈、杞等。旧说周朝诸侯，爵分五等，即公、侯、伯、子、男。此说曾有人怀疑。但现存东周的鲁国史记里确有这五等的分别。其中所称及的诸侯公爵的只有宋，男爵的只有许（今河南许昌）；属于第一类的多数为侯，亦有为伯的；属于第二类的秦、郑皆为伯；属于第四类的大抵为子。

王畿内的小封君殆全是王族。列国的小封君原初殆亦全是“公族”（国君的同族）；但至迟在前7世纪初这种清一色的局面已打破。齐桓公（前651—前643）[2]有名的贤臣管仲和景公（前547—前490）有名的贤臣晏婴都有封地，却非公族，晏婴并且据说是个东夷。晋国自从献公（前676—前651）把公族几乎诛逐净尽，后来的贵族多属异姓，或来自别国。秦国自从它的政制有可稽考，自从穆公（前659—前621）[3]的时代，已大用“客卿”，公族始终在秦国没有抬过头。但鲁、郑和宋国，似乎终春秋之世不曾有过（至少稀有）非公族的小封君。这个差异是进取和保守的差异的背景，也是强弱的差异的背景。畿内小封君的情形，我们所知甚少，姑置不谈。列国的小封君统称为大夫。列国的大夫多数是在国君的朝廷里任职的，其辅助国君掌理一般国政的叫作卿。卿有上下或正副之别。大国的卿至多不过六位。大夫亦有上下的

[1] 华县，今陕西渭南市华州区。——编者注

[2] 公元前651年为齐桓公葵丘会盟的时间。——编者注

[3] 此段景公、献公、穆公的括注时间段为其在位的时间。——编者注

等级，但其数目没有限制。大夫的地位是世袭的，卿的地位却照例不是世袭的，虽然也有累代为卿的巨室。大夫的家族各有特殊的氏。有以开宗大夫的官职为氏的；有以封地的首邑为氏的；若开宗大夫为国君之子，则第三世以下用开宗大夫的别字为氏。下文为叙述的便利，称大夫的世袭的家业为“氏室”，以别于诸侯的“公室”和周王的“王室”（周制：列国的卿，有一两位要由王朝任命，但此制实施之时间空间范围不详）。

周王和大小的封君（包括诸侯）构成这封建社会的最上层，其次的一层是他们所禄养的官吏和武士，又其次的一层是以农民为主体的庶人，最下的一层是贵家所豢养的奴隶。

奴　隶

关于奴隶阶级的情形现在所知甚少。譬如在全国或某一地域奴隶和其他人口的比例是怎样呢？天子、诸侯或大夫所直接役属的奴隶各有多少呢？我们都不得而知。幸而当时周王和列国君主赏赐奴隶的数目常见于记录。最高的记录是晋景公（前599—前581）以“狄臣”（狄人做奴隶的）一千家赏给他一个新立战功的大夫荀林父。其次是齐灵公（前581—前554）以奴隶三百五十家赏给他的一个新受封的大夫。荀林父在这次受赐之前已做过两朝的执政，他家中原有的奴隶，至少当可以抵得过这一次的赏赐。可见是时一个大国的阔大夫所有的奴隶会在一万人以上。

这些奴隶的主要来源是战争。周初克殷和东征的大战，不用说了，此后诸夏对异族的征讨和诸侯相互的攻伐，每次在战场内外所获的俘虏，除了极小数有时被用来“衅鼓”（杀而取血涂鼓，以祓除不祥）或用作祭祀的牺牲外，大部分是做了胜利者的奴隶。殷亡国以后，殷人被俘虏的一定很多，但究有若干，现在不可确考（《逸周书》所载不可靠）。此后俘数之可知者：对外的例如成王二十五年伐鬼方之役俘一万三千八十一人，又如上说赏给荀林父的“狄臣”一千家就是当时新获的俘虏的一部分。对内的例如前484年吴国、鲁国伐齐，俘齐国甲车八百乘，甲士三千人。俘虏的利益有时竟成为侵伐的动机。诸侯对天子，或小国对大国时常有献俘的典礼。诸夏国互获的俘虏可以赎回。鲁国定规赎俘之费由国库负担。但有被赎的幸运的恐怕只是显贵的俘虏，而有时所费不赀。例如前607年，宋国向郑人赎那“睅其目、皤其腹”的华元，用兵车百乘，文马百驷（但这些礼物还未交到一半他就逃脱回来了）。奴隶的另一个来源是罪犯。犯罪的庶人和他的家属被没入贵家为奴的事虽然不见于记载，但我们知道，贵家因罪戾被废，或因互争被灭，其妻孥有被系或被俘而用作赏品的，其后裔有“降在皂隶”的。

奴隶做的是什么事？第一，自然是在贵人左右服役。这一类的奴隶包括“小臣”（即侍役）、婢妾和管宫室、管车驾的仆竖；还有照例用被刖的罪犯充当的“阍人”和用被“宫”的罪犯充当的“寺人”。但这些只占小数。大部分的奴隶是被用于生产的工作。每一个贵家，自周王的以至大夫的，是一个自足的社会。谷米不用说是从采邑里来的。此外全家穿的衣服和用的东西，自家具以至车舆、兵器、乐器、祭器，多半是家中的奴隶制造的。这时代用车战，兵车以马驾，养马和管厩又是奴隶的事。此外山林川泽是由贵家专利的。樵、苏、渔、牧和煮盐又是奴隶的事。女奴也有分配到外边做工的：采桑养蚕的叫作蚕妾，做纺织或其他女红的叫作工妾。贵家设有一官专管工人。公室的工官普通叫作工正，唯楚国的叫作工尹。王室和公室的总工官之下还有分各业的工官：例如以现在所知，周室有所谓“陶正”者，大约是管制造陶器的；鲁国有所谓“匠师”者，大约是管木工的。有专长的奴隶每被用作礼物。例如前589年，鲁国向楚国求和，赂以执斫、执针、织纴各百人。又例如前562年，郑国向晋国讲和，所赂有美女和工妾共三十人，女乐二队，每队八人。

奴隶可以抵押买卖。西周铜器铭刻中有“赎兹五夫用百寽”的话。奴隶的生命自然由贵人随意处置。例如晋献公有一回思疑肉里有毒，先拿给狗试试，狗死了；再拿给小臣试试，这不幸的小臣便与那狗同其命运了。又例如献公的儿子重耳出亡时，他的从臣们在桑下密谋把他骗离齐国，被一个蚕妾偷听了；她回去告诉重耳的新婚夫人齐姜，齐姜恐怕妨碍公子的“四方之志”，一声不响地便把那蚕妾杀了。在周代盛行的殉葬制度底下，奴隶也是必然的牺牲。平常以百计的殉葬者当中，我们不知道有多少是奴隶。他们的死太轻微了，史家是不会注意的。但也有一件奴隶殉葬的故事因为有趣而被保留。晋景公的一个小臣有一朝起来很高兴地告诉人，他夜梦背着晋侯登天，午间他果然背着景公但不是登天，而是“如厕”；景公本来病重，他跌落厕坑里死了，那小臣便恰好被用来殉葬。

奴隶是以家为单位的，一个奴隶家里不论男女老幼都是奴隶。他们的地位是世袭罔替的；除了遇着例外的解放。新俘奴隶被本国赎回也许是常见的事。此外奴隶被解放的机会似乎是很少的，历史上只保存着两个例子。其一，前655年，晋灭虞，俘了虞大夫百里奚，后来把他用作秦穆公夫人的“媵臣”（从嫁奴隶）。他从秦逃到楚，被楚人捉住。他在虞国本来以贤能知名，秦穆公想重用他，怕楚不给，于是以赎“媵臣”为名，出五张黑羊皮的很低代价，竟把他赎回了。他因此得到“五羖大夫”的绰号。其二，前550年，晋国内乱，叛臣手下的一个大力士督戎，人人听到他的名字就惧怕。公家有一个奴隶叫作斐豹，自荐给执政道，若把他的奴籍烧了，他便杀死督戎，执政答应了他，后来他果然把督戎杀了。

庶 民

我们在上文叙述奴隶的生活时，保留着一个很重要的问题，奴隶和农业的关系是怎样？换句话说，大多数农民的地位是怎样的？关于这一方面，记载很残缺，现在可得而说的多半是间接的推论。我们可以悬想，周朝开国之初，无数战胜的族长分批地率领子弟来到新殖民地里，把城邑占据了，田土瓜分了，做他们的侯伯大夫，他们于所占得的田土当中留出一小部分，直接派人去管理，收入完全归他们自己，这种田便是所谓“公田”；其余大部分的田土，仍旧给原来的农夫耕种，却责他们以粟米、布缕和力役的供奉；他们的佃耕权可以传给子孙却不能转让或出售给别人。这种田即所谓“私田”。大部分的公田当是由耕私田的农夫兼尽义务去耕种的。他们“公事毕然后敢治私事”。但也有一部分“公田”是由奴隶去耕种的。所以西周的《大克鼎》铭文里记周王赏田七区，其中有一区注明“以厥臣妾”。但由此亦可见奴隶附田的制度在西周已不很普遍了。耕私田的农夫皆是所谓“庶人”。他们的地位是比奴隶稍为高贵些；但他们的生活殊不见得比奴隶好。粟米和布缕的征收固有定额，但不会很轻；什一之税在东周末年还是可望难即的理想。除正税外遇着贵人家有婚嫁等喜事他们还有特别的供应。力役之征更是无限的。平常他们农隙的光阴大部分花在贵人的差使上。若贵人要起宫室、营台榭、修宗庙或筑城郭，随时可以把他们征调到在鞭子底下作苦工。遇着贵人要打仗，他们得供应军需，并且供献生命。遇着凶年饥馑，他们更不如奴隶的有依靠，多半是“老弱转乎沟壑，壮者散而之四方”。

西周传下来的《七月》一首民歌描写豳（今陕西邠县）地农民的生活很详细。根据这诗，可以作一个农民的起居注如下：正月把农器修理。二月开始耕种，他的妻子送饭到田里给他吃，督耕的“田畯”也笑嘻嘻地来了。同时他的女儿携着竹筐到陌上采桑。八月他开始收获，同时他的女儿忙着缫丝，缫好了，染成黑的、黄的，还有红洒洒的预备织作公子的衣裳。十月获稻，并酿制明春给贵人上寿的酒。农夫们把禾稼聚拢好，便到贵人家里做工，白天去采茅，晚上绞绳。是月酬神聚饮烹宰羔羊；大家到贵人堂上献酒，欢呼万岁。十一月出猎，寻觅狐狸，为着贵人的皮袍。十二月农夫们会同受军事训练。是月把养肥了的猪献给贵人，又把冰凿下，藏好，预备明年春夏天贵人需用。

《七月》这首歌是贵人用作乐章的，自然要合贵人的口味。诗中的农夫是怎样知足安分地过着牛马生活。但农夫和别的庶民也有不安分的时候，假如贵人太过忽略了他们的苦痛。第一章里已经说过，周朝的第十个王，厉王，就因为久积的暴虐，被民众驱逐出国都，失却王位。和厉王同命运，甚至比他更不幸的封君不断地见于记载。举例如下：前634年，当晋、楚两强交争的时候，卫君因为得罪了晋国想转而亲楚。但卫国离晋较近，亲楚便会时常招惹晋人的讨伐。在这种当儿，首先遭殃的便是人民。他们即使幸而免于战死，免于被俘，他们回到家中，会发现禾稼被敌人割了，树木被砍了，庐舍被毁了，甚至井也被塞了。因此，卫君的亲楚政策是和卫国人民的利益根本冲突的。他们听到了，便大闹起来，把卫君赶到外国去了。同类的事件有前553年蔡国的公子燮因为想背楚亲晋给民众杀了。蔡是邻近楚的。经过这些事件的教训，所以前577年，陈侯当外患紧急时只好把国人召齐来，征求他们的意见，来决定外交政策。因直接残虐人民失去地位或性命的封君，为例更多。前609年，莒君因为“多行无礼于国”被他的太子率领民众杀了。前561年，畿内的原伯，因为详情现在不知的暴行弄到民不聊生，被民众赶走了。前559年，另一位莒君因为喜欢玩剑，每铸成一把剑便拿人民来试；又因为想背叛齐国，被一位大夫率领民众赶走了。前550年，陈国的庆氏据着首都作乱，陈侯率兵来围，庆氏督着民众修城。是时，城是用土筑的，筑时用板夹土。督工的看见一两块板倒了，便把旁边的役人杀死。于是役人暴动起来把庆氏的族长通杀了。前484年，陈大夫某，因为陈侯嫁女，替向国人征收特税；征收的太多，用不了，他把剩下的为自己铸了一件钟鼎之类的“大器”。后来国人知道，便把他赶走了。他走到半路，口渴，同行的一位族人马上把稻酒、干粮和肉脯献上，他高兴到了不得，问为什么这样现成？答道：大器铸成时已经预备着。

上述厉王以后的民变，全发生在前6世纪当中和附近。这些见于记载的暴动完全是成功的，影响到贵人的地位或生命的，其他失败而不见于记载的恐怕还有不少。这时候民众已渐渐抬头，许多聪明的卿大夫已认识民众的重要，极力施恩于他们，收为己助，以强其宗，以弱公室，甚至以得君位。例如当宋昭公（前619—前611）昏聩无道的时候，他的庶弟公子鲍却对民众特别讲礼貌。有一回宋国大闹饥荒，他把自己所有的谷子都借给饥民。国中七十岁以上的人他都送给食物，有时是珍异的食物。他长得很美，连他的嫡祖母襄夫人也爱上了他，极力助他施舍。后来襄夫人把昭公谋害了，他便在国人的拥戴中继为宋君。又例如齐国当景公（前547—前490）的时候，当公室底下的人民以劳力的三分之二归入公室，而仅以三分之一自给衣食的时候，陈氏却用实惠来收买人心。齐国的量器，以四升为豆，四豆为区，四区为釜，十釜为钟。陈家特制一种新量，从升到釜皆以五进，仍以十釜为钟，借谷子给人民的时候，用新量，收还的时候，用旧量。陈家专卖的木材，在山上和在市上一样价；专卖的鱼盐蜃蛤，在海边和在市上一样价。这一来民众自然觉得陈家比公室可爱。后来陈氏毫无阻力地篡夺了齐国。此外如鲁的季氏，郑的罕氏都以同类的手段取得政权。

上文所说参加叛变和被强家利用的民众自然包括各种色的庶人。当中自然大部分是农人，其余当有少数商人和工人。庶人和奴隶的重要差别在前者可以私蓄财物，可以自由迁徙。但农人实际上很少移动，除了当饥荒的时候。虽然在前6世纪时人的记忆中，有“民不迁，农不移”的古礼。这似乎不是绝对的限制，礼到底与法禁有别。

都邑与商业

人民聚居的地方通称曰邑。邑可分为两大类，有城垣的和没有城垣的。有城垣的邑又可分为三类，一是王都和国都（直至东周时，国字还是仅指国都而言）；二是畿内和列国的小封君的首邑；三是平常的城邑。周室的西都镐京自东迁后已成为禾黍油油的废墟，其规模不见于记载。东都洛邑（今洛阳）的城据传说是九里（一千六百二十丈）见方，其面积为八十一方里，约当现在北平城之21.7%（北平城面积是今度一百九十四方里，周一里当今0.7215里，一方里当今0.52056方里）。城的外郭据传说是二十七里（四千八百六十丈）见方，其所包的面积差不多是现在北平城的两倍。列国的都城，连外郭计，以九百丈（五里）见方的为平常，其面积约为今北平城的十五分之一。一直到前3世纪初，一千丈见方的城还算是不小的。但春秋末年勃兴的吴国，其所造的都城却特别大。据后汉[1]人的记载，那箕形的大城，周围约为今度三十四里，其外郭周围约为今度五十里（今北平城周约五十四里）。卿大夫首邑的城照例比国都小，有小至五百丈至一百丈左右见方的，那简直和堡寨差不多了。这些小城的基址似乎到唐、宋时还有存在。唐人封演记当时“汤阴县北有古城，周围可三百步，其中平实。此东，顿丘、临黄诸县多有古小城，周一里或一二百步，其中皆实”。又宋人陈师道记：“齐之龙山镇有平陆故城高五丈，四方五里，附城有走马台而高半之，阔五之一，上下如之。”此二人所记很像是周人的遗迹。

王城和列国都城的人口不详。但我们知道春秋时大夫的封邑在

---

[1] 此处所指应为东汉。——编者注

一千户上下的已算很大的了。平常国都的人口就算比这多十倍也不过一万户。我们从前686年内蛇与外蛇斗于郑都南门中的故事，可知当时的国都决不是人烟稠密的地方。前660年比较细小的卫国都城被狄人攻破后，它的遗民只有男女七百三十人，加上共、滕两邑的人口，通共也只有五千人。

我们试看列国都城在地图上的分布很容易发现它们的一个共同点：它们都邻近河流；以现在所知，几无例外。一部分固然因为交通的便利，一部分也因为河谷的土壤比较肥沃，粮食供给比较可靠。城的作用在保卫，贵人的生命和财富和祖先神主的保卫。国都的主要居住者为国君的家族和他的卫士、“百工”；在朝中做官的卿大夫和他们的卫士。大多数国家的朝廷，像王室的一般，内中主要的官吏有掌军政的司马，掌司法和警察的司寇，掌赋税和徭役的司徒和掌工务（如城垣、道路、宗庙的修筑）的司空。国都里的重要建筑，有国君的宫殿、台榭、苑囿、仓廪、府库、诸祖庙、祀土神的社、祀谷神的稷，卿大夫的邸第和给外国的使臣居住的客馆。这些建筑在城的中央，外面环着民家和墟市。墟市多半在近郭门的大道旁。郭门外有护城的小池或小河，上面的桥大约是随时可以移动的。城郭的入口有可以升降的悬门。城门时常有人把守，夜间关闭，守门的“击柝”通宵。货物通过城门要纳税，这是国君的一笔大收入。

都邑也是商业的中心。至迟在春秋下半期，一些通都里已可以看见“金玉其车，文错其服”的富商。他们得到阔大夫所不能得到的珍宝，他们输纳小诸侯所不能输纳的贿赂。他们有时居然闯入贵族所包办的政治舞台。旧史保存着两个这样的例子：（1）前597年晋军大将知罃在战场被楚人俘了。一位郑国的商人，在楚国做买卖的，要把他藏在丝绵中间，偷偷地运走。这计策已定好，还没实行，楚国已把知罃放还。后来那位商人去到晋国，知罃待他只当是他救了自己一般。那商人谦逊不遑，往齐国去了。（2）前627年，秦人潜师袭郑，行到王城和郑商人弦高相遇。弦高探得他们的来意，便一方面假托郑君的名义，拿四张熟牛皮和十二只牛去犒师，一方面派人向郑国告警，秦人以为郑国已经知道防备，只好把袭郑的计划取消了。这两个故事中的商人都是郑人。如故事所示，郑商人的贸易范围至少西北到了王城和晋国，东到了齐国，南到了楚国，郑国最早的商人本是镐京的商遗民，当郑桓公始受封的时候，跟他们一同来到封地，帮他们斩芟蓬蒿藜藋，开辟土地的。郑君和他们立过这样盟誓：“尔无我叛，我无强贾，毋或匄夺。尔有利市宝贿，我勿与知。”郑当交通的中心，自东迁时便有了一群富于经验的商人，他们又有了特定的保障，故此郑国的商业特别发达。但这时期商人所贩卖的大部分只是丝麻布帛和五谷等农产品，加上些家庭的工艺品。以佣力或奴隶支持的工业还没有出现。

周人的货币，除贝以外还有铜。西周彝器铭文中每有“作宝尊彝，用贝十朋又四朋”一类的记录。也有罚罪取“金”（即铜）若干寽（字亦作锊）的记录。传说周景王（前544—前521）已开始铸大钱。但贝和“金”似乎到春秋时还不曾大宗地、普遍地作货币用，一直到春秋下半期，国际间所输大宗或小宗的贿赂还是用田土、车马、币帛、彝器或玉器，而不闻用贝或用“金”，钱更不用说了。

家 庭

庶人的家庭状况自然不会被贵人身边的史官注意到，因此现在也无可讲述。只是这时代的民歌泄露一些婚姻制度的消息：

> 艺麻如之何？横纵其亩。取妻如之何？必告父母。……析薪如之何？匪斧不克。取妻如之何？匪媒不得。

少年男女直接决定自己的终身大事的自由在这时代已经被剥夺了。在樊笼中的少女只得央告她的情人：

> 将仲子兮！无逾我里！无折我树杞！岂敢爱之？畏我父母！

甚至在悲愤中嚷着：

> 之死矢靡它！母也天只！不谅人只！

这种婚姻制度的背景应当是男女在社交上的隔离。诗人只管歌咏着城隅桑间的密会幽期，野外水边的软语雅谑，男女间的堤防至少在贵族社会当中已高高地筑起了。说一件故事为例：前506年，吴人攻入楚国都城的时候，楚王带着两个妹妹出走，半路遇盗，险些送了性命。幸运落在他的一个从臣钟建身上，他把王妹季芈救出，背起来跟着楚王一路跑。后来楚王复国，要替季芈找丈夫，她谢绝，说道：处女是亲近男子不得的，钟建已背过我了。楚王会意，便把她嫁给钟建；并且授钟建以“乐尹”的官，大约因为他是一个音乐家。

周初始有同姓不婚的礼制，但东周的贵族还没有普遍遵行，庶民遵行的程度，今不可知。

贵族家庭中的一种普遍现象是多妻。至少在周王和诸侯的婚姻里有这样的一种奇异制度：一个未来的王后或国君夫人出嫁的时候，她的姊妹甚至侄女都要有些跟了去给新郎做姬妾，同时跟去的婢女还不少，这些迟早也是有机会去沾新主人的雨露的。陪嫁的妾婢都叫作媵。更可异的，一个国君嫁女，同姓或友好的国君依礼，要送些本宗的女子去做媵。在前550年，齐国就利用这种机会把晋国的一位叛臣当作媵女的仆隶送到晋国去，兴起内乱，上文提及的斐豹的解放就是这次变乱中的事。

媵女而外，王侯还随时可以把别的心爱的女子收在宫中。他们的姬妾之多也就可想。多妻家庭里最容易发生骨肉相残的事件，在春秋时代真是史不绝书。举一例如下：卫宣公（前718—前700）和他的庶母夷姜私通，生了急子。后来急子长大，宣公给他向齐国娶了一个媳妇来，看见是很美，便收为己用，叫作宣姜。子通庶母，父夺子妻，在春秋时代并不是稀奇的事。这时代男女礼防之严和男女风纪之乱，恰成对照。宣公收了宣姜后，夷姜气愤不过，上吊死了。宣姜生了两个儿子，寿和朔。宣姜和朔在宣公面前倾陷急子，这自然是很容易成功的。宣公于是派急子出使到齐国去，同时买通一些强盗要在半路暗杀他。寿子知道这秘密，跑去告诉急子，劝他逃走。他要全孝道，执意不肯。当他起程的时候，寿子给他饯行，把他灌醉了；便取了他的旗，插在船上先行，半路被强盗杀了。急子醒来，赶上前去，对强盗说：卫君要杀的是我，干寿子甚事？他们不客气地又把他杀了。

十

有两种事情打破封建社会的沉寂，那就是祭祀和战争，所谓“国之大事，唯祀与戎”。二者同是被认为关系国家的生存的。先说战争。

周室的分封本来是一种武装殖民的事业。所有周朝新建的国家大都是以少数外来的贵族（包括国君、公子、公孙、卿大夫及其子孙）立在多数土著的被征服者之上。这些贵族的领主地位要靠坚强的武力来维持。而直至春秋时代，所有诸夏的国家若不是与戎狄蛮夷杂错而居，便是与这些外族相当的接近，致时有受其侵袭的危险。再者至迟入东周以后，国际间的武装冲突和侵略战争成了旦暮可遇的事。因为这三种原因，军事成了任何国家的政治的中心，也成了贵族生活的中心。贵族一方面是行政的首脑，一方面也是军事的首脑。农民每年于农隙讲武，每逢国家打仗都有受征调的义务。此外有一班受贵族禄养着专门替贵族打仗的人，也就是战场上斗争的主力，那叫作“士”，即武士。

到底每一国的“士”有多少呢？这不能一概而论。据说周朝的制度，王室有六军，大国三军（《齐侯镈钟》：“余命汝政于朕三军”；又“穆和三军”），中国二军，小国一军。周朝行车战，军力以乘计。大约一军有车一千乘，每乘有甲胄之“士”十人。事实自然与制度有出入。例如周室东迁后六十三年，周桓王合陈、蔡、卫的兵还打不过郑国，此时的周室决不能“张皇六师”。又例如在春秋末叶（约前562—前482），头等的大国如晋、秦、楚等其兵力总在四五千乘以上。

士字原初指执干（盾）、戈，佩弓、矢的武士，其后却渐渐变成专指读书、议论的文人。为什么同一个字其先后的意义恰恰对极地相反？懂得此中的原因，便懂得春秋以前和以后的社会一大差别。在前一个时代，所谓教育就是武士的教育，而且唯有武士是最受教育的人；在后一个时代，所谓教育就是文士的教育，而且唯有文士是最受教育的人。士字始终是指特别受教育的人，但因为教育的内容改变，它的涵义也就改变了。

“士”的主要训练是裸着臂腿习射御干戈。此外他的学科有舞乐和礼仪。音乐对于他们并不是等闲的玩艺，“士无故不彻琴瑟”。而且较射和会舞都有音乐相伴。“士”的生活可以说是浸润在音乐的空气中的。乐曲的歌词，即所谓“诗”。诗的记诵，大约是武士的唯一的文字教育。这些诗，到了春秋末叶积有三百多篇，即现存的《诗经》。内中有的是祭祀用的颂神歌，有的是诗人抒情的作品，大部分却是各国流行的民歌。较射和会舞都是兼有娱乐、交际、德育和体育作用的。较射是很隆重的典礼，由周王或国君召集卿大夫举行的叫作大射，由大夫士约集宾客举行的叫作乡射。较射的前后奏乐称觞。预射的人揖让而升，揖让而下。这是孔子所赞为“君子之争”的。会舞多半是在祭祀和宴享的时候举行（不像西方的习俗，其中没有女子参加的）。舞时协以种种的乐曲，视乎集会的性质而异。这时期中著名的乐曲，如相传为舜作的“韶”，相传为禹作的“大夏”和武王所作的“大武”等，都是舞曲。大武的舞姿，现在犹可仿佛一二，全部分为六节，每一节谓之一成。第一成象“北出”，舞者“总干（持盾）山立”；第二成象“灭商”，舞容是“发扬蹈厉”；第三成象南向出师；第四成象奠定南国；第五成象周公召公左右分治（周初曾把王畿分为两部，自陕而东周公主之，自陕而西召公主之，陕西省之得名由此），舞者分夹而进；第六成象军队集合登高，最后舞者同时坐下。六成各有相配的歌词，皆存于《诗经》中，兹引录如下：

一成	二成	三成	四成	五成	六成
昊天有成命， 二后受之。 成王不敢康， 夙夜基命宥密。 於缉熙， 单厥心， 肆其靖之。	於皇武王， 无竟维烈。 允文文王， 克开厥后。 嗣武受之， 胜殷遏刘， 耆定尔功。	於铄王师， 遵养时晦。 时纯熙矣， 是用大介。 我龙受之， 蹻蹻王之造， 载用有嗣， 实维尔公允师。	绥成邦， 屡丰年。 天命匪懈。 桓桓武王， 保有厥士。 於以四方， 克定厥家。 於昭於天， 皇以间之。	文王既勤止， 我应受之。 敷时绎思， 我徂维求定。 时周之命， 於绎思。	於皇时周， 陟其高山。 嶞山乔岳， 允犹翕河。 敷天之下， 裒时之对， 时周之命。

六成不必全用，第二成单行叫作武，第三成叫作勺，第四、五、六成各叫作象，幼童学舞，初习勺，次习象。大武是周代的国乐，是创业的纪念，垂教的典型，武威的象征，其壮烈盖非韶、夏可比。舞者必有所执，在大武中舞者执干戈，此外或执雉羽，或鹭羽，或斧钺，或弓矢。执羽的舞叫作“万”，这种舞，加上讲究的姿势和伴奏，一定是很迷人的，可以一段故事为证。楚文王（前689—前677）死后，遗下一个美丽的夫人，公子元想勾引她，却没门径，于是在她的宫室旁边，起了一所别馆，天天在那里举行万舞，希望把她引诱出来。她却哭道：“先君举行万舞原是为修武备的，现在令尹（楚国执政官名，公子元所居之职）不拿它来对付敌人，却拿它用在未亡人的身边，那可奇了！”子元听了，羞惭无地，马上带了六百乘车去打郑国。

理想的武士不仅有技，并且能忠。把荣誉看得重过安全，把责任看得重过生命；知危不避，临难不惊；甚至以藐然之身与揭地掀天的命运相抵拒。这种悲剧的、壮伟的精神，古代的武士是有的，虽然他们所效忠的多半是一姓一人。举两例如下：（一）前684年，鲁国和宋国交战，县贲父给一个将官御车。他的马忽然惊慌起来，鲁军因而败绩。鲁公也跌落车下，县贲父上前相助。鲁公说道：这是未曾占卜之故（照例打仗前选择御士须经占卜）。县贲父道：别的日子不打败，今日偏打败了，总是我没勇力。说完便冲入阵地战死。后来国人洗马发现那匹马的肉里有一枚流矢。（二）前480年卫国内乱，大臣孔悝被围禁在自己的家中。他的家臣季路（孔子的一位弟子），听到这消息，便单身匹马地跑去救应，半路遇着一位僚友劝他不必。他说，既然食着人家的饭，就得救人家的祸。到了孔家，门已关闭，他嚷着要放火。里头放出两位力士来和他斗，他脑袋上中了一戈，冠缨也断了。他说："君子死，冠不免。"把冠缨结好才死。

王公大夫的子弟至少在原则上都得受武士的教育。王室有"学宫"，王子和他的近侍在内中学射，周王和他的臣工也有时在内中比射；又别有"射庐"，周王在内中习射，作乐舞。公室也当有同类的设备。

武士的地位仅次于大夫。他们虽然没有封邑，却有食田。出战时"士"是穿着甲胄坐在车上的主要战斗力。但他们底下还有许多役徒小卒，这些多半是临时征发农民充当的。

卿大夫

封君当中，不用说以大夫占多数。他们是地主而兼统治者的阶级的主体。虽然各国在任何时期的氏室总数，无可稽考；但我们知道，在鲁国单是出自桓公的氏室已有三桓，在郑国单是出自穆公的氏室已有七穆，宋国在前609年左右至少有十二氏，晋国的一小部分在前537年左右已有十一个氏室。

氏室的领地，或以邑计，或以县计。言邑自然包括其附近的田土。县本来是田土的一种单位，但言县也自然包括其中的都邑。

一个氏室的封邑有多少？这不能一概而论。前546年，卫君拿六十邑赏给一位大夫，他辞却，说道："唯卿备百邑，臣六十邑矣。"这恐怕只能代表小国的情形。我们知道，在齐国，管仲曾"夺伯氏骈邑三百"；又现存一个春秋以前的齐国铜器（《子仲姜宝镈》），上面的刻辞记着齐侯以二百九十九邑为赏。

县的名称一直沿到现在。在春秋时似乎还只秦、晋、齐、楚等国有之。最初秦、楚两强以新灭的小国或新占领的地方为县，直属于国君，由他派官去治理。这种官吏在楚国叫作县公或县尹。他们在县里只替国君征收赋税，判断讼狱。他们即使有封邑，也在所治县之外。这种制度是后世郡县制度的萌芽。秦在前688年灭邽、冀戎，以其地为县，次年以杜、郑为县。楚国在前597年左右，至少已设有九县，每一县即旧时为一小国。晋、齐的县制较后起，它们的县不尽是取自它国的土地，也不尽属于公室。晋国在前537年左右有四十九县，其中九县有十一个氏室；直属公室的县各设县大夫去管，如楚国的县尹。前514年，晋灭祁氏和羊舌氏把他们的田邑没归公室；分祁氏的田为七县，羊舌氏的田为三县，各置县大夫。在晋国，县肥于郡。前493年，晋国伐郑，军中曾出过这样的赏格："克敌者，上大夫受县，下大夫受郡，士田十田（下田字原作万，盖误），庶人工商遂（得仕进），人臣隶圉免（免奴籍）。"齐国在春秋时有县的唯一证据乃在灵公时代一件遗器（《齐侯镈钟》）的铭文，内记灵公以三百县的土地为赏。显然齐国的县比晋、楚等国的县小得多。

县郡的区分在春秋时代还不普遍。在没有县郡的国里，公室和较大的氏室都给所属的邑设宰。邑宰的性质和县尹县大夫相同，不过邑宰所管辖的范围较小罢了。

上文有点离开叙述的干路，让我们回到列国的氏室，它们的土地原初都是受自国君。国君名义上依旧是这些土地的主人。虽然氏室属下的人民只对氏室负租税和力役的义务，氏室对于国君年中却有定额的“贡”赋，所以有“公食贡”的话。国君或执政者可以增加贡额。举一例如下：鲁国著名圣哲臧武仲有一次奉使去晋国（公元前551年），半路下雨，到一位大夫家里暂避。那位大夫正要喝酒，看见他来，说道：“圣人有什么用？我喝喝酒就够了！下雨天还要出行，做什么圣人！”这话给一位执政者听到了，以为那位大夫自己不能出使，却傲慢使人，是国家的大蠹，下令把他的贡赋加倍，以作惩罚。

大夫可以自由处分自己的土地。至少有些阔大夫把食邑的一部分拨给一个庶子，另立一个世家，叫作“侧室”或“贰宗”。别的被大夫宠幸的人也可受他赏邑或求他赏邑。例如前500年，宋公子地拿自己食邑的十一分之五赏给一个嬖人。又前486年，郑大夫某的嬖人某向他求邑，他没得给，许他往别的国里取，因此郑军围宋雍丘，结果全军覆没。大夫也可以受异国君主的赐邑，例如前656年，齐桓公会诸侯伐楚，师还，一位郑大夫献计改道，为桓公所喜，赐以郑的虎牢；又例如前657年，鲁大夫某出使晋国，晋人要联络他，给他田邑，他不受；又例如前563年晋会诸侯灭偪阳国，以与向戌，向戌也辞却。大夫又有挟其食邑，投奔外国的，例如前547年齐大夫某以廪丘奔晋；前541年，莒大夫某以大厖及常仪奔鲁；前511年邾大夫某以滥奔鲁。

大夫私属的官吏，除邑宰外以现在所知，有总管家务的家宰，这相当于王室和公室的太宰；有祝，有史，有管商业的贾正，有掌兵的司马。这些官吏都受大夫禄养。家宰在职时有食邑，去职则把邑还给大夫，或交给继任的人。氏室的官吏有其特殊的道德意识："家臣不敢知国"；"家臣而张公室罪莫大焉"。

氏室和公室的比较兵力没有一个时代可以详考。现在所知者：春秋初年郑庄公消灭国内最强的氏室，用车不过二百乘。当春秋中叶，在鲁、卫等国，"百乘之家"已算是不小的了。但大国的巨室，其兵力有时足与另一大国开战。例如前592年，晋郤克奉使齐国，受了妇人在帷后窥视窃笑的侮辱，归来请晋侯伐齐，不许，便请以私属出征。而郤克的族侄郤至则"富半公室，家半三军"。鲁国的季氏从四分公室而取其二以后，私属的甲士已在七千以上。

具有土地、人民和军队的氏室和公室名分上虽有尊卑之殊，事实上每成为对峙的势力。强横的氏室俨然一个自主的国。原则上国君的特权在（1）代表全国主祭，（2）受国内各氏室的贡赋，（3）出征时指挥全国的军队，（4）予夺封爵和任免朝廷的官吏。但至迟入东周后，在多数的国家如齐、鲁、晋、宋、卫、郑等，末两种权柄渐渐落在强大的氏室，甚至国君的废立也由大夫操纵。

封建组织的崩溃

我们对于商朝的政治组织，所知甚少，所以无法拿商、周两朝的政治组织做详细的比较。但其间有一重大的差异点是可以确知的。商朝创建之初并没有把王子分封于外，以建立诸侯国。商朝王位的继承，是以兄终弟及（不分嫡庶）为原则的。但到了无弟可传的时候，并不是由所有的伯叔兄弟以次继承（由末弟诸子抑或由其先兄诸子以次继承亦无一定）。在这种情形之下，第二世以后的王子总有许多不得为王的。这些不得为王的王子是否有的被封在外建国？这问题无法确答。但周朝的旧国当中，从没听说是商朝后裔的。而唯一奉殷祀的宋国，却是周人所建。可知王子分封的事在商朝若不是绝无，亦稀有。但在周朝，则不然了；王位是以嫡长子继承的；王的庶子，除在少数例外的情形之下（如王后无出，或嫡长子前死），都没有为王的资格；所以文王、武王的庶子都受封建国，其后周王的庶子在可能的限度内也都或被封在畿外建国，或被封在畿内立家。这商、周间的一大差异有两种重大的结果。第一，因为王族的向外分封，周朝王族的地盘，比之商朝大大的扩张了。王室的势力，至少在开国初年大大的加强了；同时王的地位也大大的提高了。周王正式的名号是“天王”，通俗的称号是“天子”，那就是说，上帝在人间的代表。第二，王族的向外分封也就是周人的向外移殖；这促进民族间的同化，也就助成“诸夏”范围的拓展。

嫡长继承制把王庶子的后裔逐渐推向社会的下层去，而助成平民（即所谓庶人）地位的提高。周王的庶子也许就都有机会去做畿外的诸侯或畿内的小封君；他的庶子的庶子也许还都有机会做畿内的封君；但他的庶子的庶子的庶子则不必然了。越往下去，他的后裔胙土受封的机会越少，而终有侪于平民的。所以至迟在前7世纪的末年畿内原邑的人民，便会以“此谁非王之亲姻”自夸。随着贵族后裔的投入平民阶级里，本来贵族所专有的教育和知识也渐渐渗入民间。

周朝诸侯和大夫的传世也是用嫡长继承制（以现在所知诸侯位之传袭曾不依此例者有吴、越、秦、楚。楚初行少子承袭制，至前630年以后，始改用嫡长承袭制；秦行兄终弟及制至前620年以后始改用嫡长承袭制；吴亡于前473年，其前半世纪还行兄终弟及制）。在嫡长继承制下，卿大夫的亲属的贵族地位最难长久维持。大夫的诸儿子当中只有一个继承他的爵位，其余的也许有一个被立为“贰宗”或“侧室”，也许有一两个被国君赏拔而成为大夫；但就久远而论，这两种机会是不多的。一个“多男子”的大夫总有些儿子得不到封邑，他的孙曾更不用说了。这些卿大夫的旁支后裔当中，和氏室的嫡系稍亲的多半做了氏室的官吏或武士，疏远的就做它属下的庶民。故一个大夫和他私家的僚属战士，每每构成一大家族：他出征的时候领着同族出征，他作乱的时候领着整族作乱。他和另一个大夫作对就是两族作对，他出走的时候或者领着整族出走，他失败的时候或者累得整族被灭。

氏室属下的庶民也许就是氏室的宗族，否则也是集族而居的。氏室上面的一层是国君和同姓卿大夫构成的大家族，更上的一层是周王和同姓诸侯构成的大家族。其天子和异姓诸侯间，或异姓诸侯彼此间，则多半有姻戚关系。这整个封建帝国的组织大体上是以家族为经，家族为纬的。

因此这个大帝国的命运也就和一个累世同居的大家庭差不多。设想一个精明强干的始祖督率着几个少子，在艰苦中协力治产，造成一个富足而亲热的、人人羡慕的家庭。等到这些儿子各各娶妻生子之后，他们对于父母，和他们彼此间，就难免形迹稍为疏隔。到了第三代，祖孙叔侄或堂兄弟之间，就会有背后的闲话。家口愈增加，良莠愈不齐。到了第四、五代，这大家庭的分子间就会有愁怨、有争夺、有倾轧，他们也许拌起嘴、打起架甚至闹起官司来。至迟在东周的初期，整个帝国里已有与此相类似的情形，充满了这时代的历史的是王室和诸侯间的冲突，诸侯彼此间的冲突，公室和氏室间的冲突，氏室彼此间的冲突。但亲者不失其为亲，宗族或姻戚间的阋争，总容易调停，总留点余地。例如前705年，周桓王带兵去打郑国，打个大败，并且被射中了肩膊。有人劝郑庄公正好乘胜追上去，庄公不答应，夜间却派一位大员去慰劳桓王，并且探问伤状。又例如前634年，齐君带兵侵入鲁境。鲁君知道不敌，只得派人去犒师，并叫使者预备好一番辞令，希望把齐师说退。齐君见了鲁使问道：鲁人怕吗？答道：小百姓怕了，但上头的人却不怕。问：

你们家里空空的，田野上没一根青草，凭什么不怕？鲁使答道：凭着先王的命令。随后他追溯从前鲁国的始祖周公和齐国的始祖姜太公怎样同心协力，辅助成王，成王怎样感谢他们，给他们立过“世世子孙无相害”的盟誓；后来齐桓公怎样复修旧职，纠合诸侯，给他们排解纷争，拯救灾难。最后鲁使作大意如下的陈说：您即位的时候，诸侯都盼望您继续桓公的事业，敝国所以不敢设防，以为难道您继桓公的位才九年，就会改变他的政策吗？这样怎对得住令先君？我们相信您一定不会的，靠着这一点，我们所以不怕。齐君听了这番话，便命退兵。又例如前554年，晋师侵齐，半路听说齐侯死了，便退还。这种顾念旧情、不为已甚的心理加上畏惧名分、虽干犯而不敢过度干犯的矛盾心理，使得周室东迁后三百年间的中国尚不致成为弱肉强食的世界；这两种心理是春秋时代之所以异于后来战国时代的地方。不错，在春秋时代灭国在六十以上；但其中大部分是以夷灭夏和以夏灭夷；诸夏国相灭只占极少数，姬姓国相灭的例尤少。而这少数的例中，晋国做侵略者的占去大半。再看列国的内部，大夫固然有时逐君弑君，却还要找一个比较合法的继承者来做傀儡。许多国的君主的权柄固然是永远落在强大的氏室，但以非公室至亲的大夫而篡夺或僭登君位的事，在前403年晋国的韩、赵、魏三家称侯以前，尚未有所闻。故此我们把这一年作为本章所述的时代的下限。

宗族和姻戚的情谊经过了世代愈多，便愈疏淡，君臣上下的名分，最初靠权力造成，名分背后的权力一消失，名分便成了纸老虎，必被戳穿，它的窟窿愈多，则威严愈减。光靠亲族的情谊和君臣的名分去维持的组织必不能长久。何况姬周帝国之外本来就有不受这两种链索拘束的势力。

楚的兴起

江水在四川、湖北间被一道长峡约束住；出峡，向东南奔放，泻成汪洋万顷的洞庭湖，然后折向东北；至武昌，汉水来汇。江水和汉水界划着一大片的沃原，这是荆楚民族的根据地。周人虽然在汉水下游的沿岸（大部分在东北岸）零星地建立了一些小国，但他们是绝不能凌迫楚国，而适足以供它蚕食的。在楚的西边，巴（在今巫山至重庆一带）、庸（在今湖北竹山县东）等族都是弱小得只能做楚的附庸；在南边，洞庭湖以外是无穷尽的荒林，只等候楚人去开辟；在东边，迄春秋末叶吴国勃兴以前，楚人亦无劲敌。从周初以来，楚国只有侵略别国别族的分，没有惧怕别国别族侵略的分。这种安全是黄河流域的诸夏国家所没有的。军事上的安全而外，因为江汉流域的土壤肥美，水旱稀少，是时的人口密度又比较低，楚人更有一种北方所仰羡不及的经济的安全。

这两种的安全使得楚人的生活充满了优游闲适的空气，和北人的严肃紧张的态度成为对照。这种差异从他们的神话可以看出。楚国王族的始祖不是胼手胝足的农神，而是飞扬缥缈的火神；楚人想象中的河神不是治水平土的工程师，而是含睇宜笑的美女。楚人神话里，没有人面虎爪、遍身白毛、手执斧钺的蓐收（上帝的刑神），而有披着荷衣、系着蕙带、张着孔雀盖和翡翠旍的司命（主持命运的神）。适宜于楚国的神祇不是牛羊犬豕的羶腥，而是蕙肴兰藉和桂酒椒浆的芳烈；不是苍髯皓首的祝史，而是采衣姣服的巫女。再从文学上看，后来战国时楚人所作的《楚辞》也以委婉的音节，缠绵的情绪，缤纷的词藻而别于朴素、质直、单调的《诗》三百篇。

楚国的语言和诸夏相差很远。例如楚人叫哺乳作谷，叫虎作於菟。直至战国时北方人还说楚人为“南蛮鴃舌之人”。但至迟在西周时楚人已使用诸夏的文字。现存有一个周宣王时代的楚钟（《夜雨楚公钟》），其铭刻的字体文体均与宗周金文一致。这时楚国的文化盖已与周人相距不远了。后来的《楚辞》也大体上是用诸夏的文言写的。

传说周成王时，楚君熊绎曾受周封。是时楚都于丹阳，在今湖北秭归之东。至昭王时，楚已与周为敌。周昭王曾屡次伐楚，有一次在汉水之滨全军覆没。后来他南巡不返，传说是给楚人害死的，周人也无可奈何。周夷王时，熊渠崛起，东向拓地至于鄂，即今武昌县[1]境。渠子红继位，即都于鄂，以后六传至熊咢不改。上文提到的楚钟即熊咢的遗器，发现于武昌与嘉鱼之间的。熊咢与宣王同时而稍后。

[1] 武昌县，即今武昌区。——编者注

当宣王之世，周楚曾起兵争，而楚锋大挫。故是时的周人遗诗有“蠢尔蛮荆，大邦为雠。方叔元老，克壮其猷”之语。咢四传为武王，其间楚国内变频仍，似无暇于外竞。武王即位于周平王三十一年，从他以后，楚国的历史转入一新阶段，亦从他以后楚国的历史才有比较详细的记录。他三次侵随；合巴师围鄾、伐郧、伐绞、伐罗，无役不胜。又灭掉权国。他的嗣子文王始都于郢（即今湖北江陵）。在文王以前，楚已把汉水沿岸的诸姬姓国家剪灭殆尽。文王更把屏藩中原的三大重镇，申国、邓国和息国灭掉（息、邓[1]皆河南今县，申即南阳），奠定了楚国经略中原的基础。中原的中枢是郑国。自从武王末年，郑人对楚已惴惴不安。文王的侵略的兵锋终于刺入郑国，但他没有得志于郑而死。他死后的二十年间楚国再接再厉地四次伐郑。但这时齐国已兴起做它北进的第一个敌手了。

[1] 邓国，在今河南邓州。——编者注

齐的兴起（附宋）

齐国原初的境土占今山东省的北部，南边以泰山山脉与鲁为界，东边除去胶东半岛。这半岛在商代已为半开化的莱夷的领域。太公初来，定都营丘（后名临淄，今仍之[1]）的时候，莱夷就给他一个迎头痛击。此后莱夷和齐国的斗争不时续起，直到前567年齐人灭莱为止。灭莱是齐国史中一大事。不独此后齐国去了一方的边患，不独此后它的境土增加了原有的一半以上，而且此后它才成为真正的海国。以前它的海疆只有莱州湾的一半而已。

但远在灭莱之前，当春秋的开始，齐已强大。前706年，郑太子忽带兵助齐抵御北戎有功，齐侯要把女儿文姜嫁给他，他便以“齐大非吾偶”的理由谢绝。原来文姜和她的大哥即后日的齐襄公，有些暧

[1] 今为淄博市临淄区。——编者注

昧的关系，她终于嫁了鲁桓公。有一次桓公跟她回娘家，居然看破并且说破了襄公与她之间的隐情。襄公老羞成怒，便命一个力士把桓公杀了。讲究周礼的鲁人，在齐国的积威之下，只能哀求襄公把罪名加给那奉命的凶手，拿来杀了，聊以遮羞。这时齐国的强横可以想见。此事发生后四年（公元前690年）襄公灭纪（在今山东寿光县[1]南，为周初所封与齐同姓国）。这是齐国兼并小国之始。襄公后来被公子无知所弑，无知僭位后，又被弑，齐国大乱。襄公有二弟：长的名纠，由管仲和召忽辅佐着；次的名小白，由鲍叔牙辅佐着。襄公即位，鲍叔看他的行为太不像样，知道国内迟早要闹乱子，便领着小白投奔莒国。乱起，管仲也领着公子纠逃往鲁国，纠的母亲原是鲁女。无知死后，鲁君便派兵护送公子纠回国，要扶立他。齐、鲁之间，本来没有好感，齐人对于鲁君的盛意十分怀疑，派兵挡驾。同时齐的巨室国、高二氏暗中差人去迎接小白。鲁君也虑及小白捷足先归，早就命管仲带兵截住莒、齐间的道路。小白后到，管仲瞄准他的心窝，一箭射去，正中目标，眼见他应弦仆倒。小白的死讯传到鲁国后，护送公子纠的军队在庆祝声中，越行越慢，及到齐境，则齐国已经有了新君，就是小白！原来管仲仅射中他的带钩，他灵机一动，装死躺下，安然归国。

小白即桓公，他胜利后，立即要求鲁人把公子纠杀了。召忽闻得公子纠死，便以身殉。管仲却依然活着。他同鲍叔本是知友，鲍叔向桓公力荐他。桓公听鲍叔的话，把国政付托给他，称他为“仲父”。此后桓公的事业全是管仲的谋画。桓公怎样灭谭、灭遂、灭

---

[1] 寿光县，即今寿光市。——编者注

项；怎样号召诸侯，开了十多次的冠裳盛会；怎样在尊王的题目下，操纵王室的内政，阻止惠王废置太子，而终于扶太子正位，这些现在都从略。他的救邢、救卫，以阻挡狄人的南侵，给诸夏造一大功德。现在单讲他霸业中的一大项目：南制荆楚。在前659年即当楚文王死后十八年，当齐国正忙着援救邢卫的时候，楚人第三次攻郑。接着两年中，他们又两次攻郑，非迫到它和楚“亲善”不休。郑人此时却依靠着齐国。桓公自然不肯示弱。前657年，他联络妥了在楚国东北边，而可以牵制齐兵的江、黄二国。次年便率领齐、鲁、宋、陈、卫、郑、曹、许的八国联军，首先讨伐附楚的蔡国。蔡人望风溃散。这浩荡的大军，乘胜侵入楚境。楚人竟不敢应战，差人向齐军说和。桓公等见楚方无隙可乘，亦将就答应，在召陵（楚境，在今河南郾城县[1]东）的地方和楚国立了一个盟约而退。盟约的内容不可考，大约是楚国从郑缩手，承认齐对郑的霸权，但其后不久，周王因为易储的问题，怨恨桓公，怂恿郑国背齐附楚，许以王室和晋国的援助，郑人从之。于是附齐的诸侯伐郑，楚伐许以援郑，因诸侯救许而退。但许君经蔡侯的劝诱和恐吓，终于在蔡侯的引领之下，面缚衔璧，并使大夫穿丧服，士抬棺材，跟随在后，以降于楚。次年齐以大军伐郑，郑人杀其君以求和于齐。其后桓公之终世，郑隶属齐的势力范围。在这期间楚不能得志于北方，转而东向，灭弦（都今湖北蕲水[2]西北），灭黄（都今河南潢川西）。齐人无如之何；继又讨伐附齐的徐戎，败之，齐

[1] 郾城县，即今漯河市郾城区。——编者注

[2] 蕲水，即今湖北浠水县，1933年改为浠水县。——编者注

与诸侯救徐，无功而退。

召陵之盟是桓公霸业的极峰。其后十二三年，管仲和桓公先后去世。管仲的功业在士大夫间留下很深的印象，他死了百余年后，孔子还赞叹道：“微管仲，吾其被发左衽（做戎狄）矣！”到了战国时代，管仲竟成了政治改革的传说的箭垛；许多政治的理论和一切富国强兵的善策、奇策、谬策，都堆在他名下，这些理论和方策的总结构成现存《管子》书的主要部分。

桓公死后，五公子争位，齐国和诸夏同时失了重心。于是宋襄公摆着霸主的架子出场。他首先会合些诸侯，带兵入齐，给它立君定乱。这一着是成功了。接着，他拘执了滕君，威服了曹国，又逼令邾人把鄫君杀了祭社，希望借此服属与鄫不睦的东夷。接着他要求楚王分给他以领导诸侯霸权，楚王是口头答应了。他便兴高采烈地大会诸侯。就在这会中，楚王的伏兵一起，他从坛站上的盟主变作阶下之囚徒。接着他的囚车追陪楚君临到宋境。幸而宋国有备，楚王姑且把他放归。从此他很可以放下霸主的架子了，可是不然。自从桓公死后，郑即附楚，郑君并且亲朝于楚。于是襄公伐郑。他的大军和楚的救兵在泓水上相遇。是时楚人涉渡未毕，宋方的大司马劝襄公正好迎击，他说不行。一会，楚人都登陆，却还没整队，大司马又劝他进击。他说，还是不行。等到楚人把阵摆好，他的良心才容许他下进攻令。结果，宋军大败；他伤了腿，后来因此致死。死前他还大发议论道：“君子临阵，不在伤上加伤，不捉头发斑白的老者；古人用兵，不靠险阻。寡人虽是亡国之余，怎能向未成列的敌人鸣鼓进攻呢？”桓公死后十年间，卫灭邢；邾灭须句；秦灭芮、梁；楚灭夔。

晋楚争霸

桓公的霸业是靠本来强盛的齐国做基础的。当他称霸的时代，晋国和秦国先后又在缔构强国的规模，晋国在准备一个接替桓公的霸主降临，秦国在给未来比霸业更宏大的事业铺路。话分两头，先讲晋国。

晋始封时都于唐（今太原县[1]北），在汾水的上游；其后至迟过了三个半世纪，已迁都绛（今翼城县），在汾水的下游。晋人开拓的路径是很明显的。不过迁绛后许久他们还未曾占有汾水流域的全部，当汾水的中游还梗着一个与晋同姓的霍国，当汾水将近入河的地方还碍着一个也与晋同姓的耿国，前745年晋君把绛都西南百多里外的曲沃，分给他的兄弟，建立了一个强宗。此后晋国实际分裂为二。曲沃越来

[1] 太原县，今属山西省太原市晋源区。——编者注

越盛，晋国越来越衰，它们间的仇隙也越来越大。这对抗的局面终结于前679年曲沃武公灭晋并且拿所得的宝器向周王买取正式的册封。老髦的武公，受封后两年，便一瞑不视，遗下新拼合的大国给他的儿子献公去粘缀、镶补。

献公即位于齐桓公十年（公元前676年），死于桓公三十五年。他二十六年的统治给晋国换一副面目。他重新修筑了绛都的城郭；把武公的一军扩充为二军。他灭霍、灭耿、灭魏、灭虞、灭虢，使晋国的境土不独包括了整个的汾水流域，并且远蹠到大河以南。但献公最重要的事业还不止此。却说武公灭晋后，自然把他的公族尽力芟锄，免遗后患。我们可以想象晋国这番复合之后，它的氏室必定灭了许多，但在曲沃一方，自从始封以来，公子公孙们新立的氏室为数也不少。献公即位不久，便设法收拾他们。他第一步挑拨其中较穷的，使与“富子”为仇，然后利用前者去打倒后者。第二步，他让残余的宗子同住一邑，好意地给他们营宫室，筑城郭；最后更好意地派大兵去保卫他们，结果，他们的性命都不保。于是晋国的公族只剩下献公的一些儿子。及献公死，诸子争立。胜利者鉴于前车，也顾不得什么父子之情，把所有长成而没有继位资格的公子都遣派到各外国居住，此后的一长期中，公子居外，沿为定例。在这种制度之下，遇着君死而太子未定，或君死而太子幼弱的当儿，君权自然失落在异姓的卿大夫手里。失落容易，收复却难。这种制度的成立便是日后“六卿专晋”“三家分晋”的预兆。话说回来，献公夷灭群宗后，晋国的力量一时集中在公室；加以他凭借“险而多马”的晋土，整军经武，兼弱攻昧，已积贮了向外争霸的潜能。可惜他晚年沉迷女色，不大振作，又废嫡立庶，酿成身后一场大乱，继他的儿孙又都是下等材料。晋国的霸业还要留待他和狄女所生的公子重耳，就是那在外漂流十九年，周历八国，备尝艰难险阻，到六十多岁才得位的晋文公。

文公即位时，宋襄公已经死了两年。宋人又与楚国“提携”起来，其他郑、鲁、卫、曹、许等国，更不用说了。当初文公漂流过宋时，仁慈的襄公曾送过他二十乘马。文公即位后，对宋国未免有情。宋人又眼见他归国两年间，内结民心，消弭反侧；外联强秦，给王室戡定叛乱，觉得他大可倚靠，便背楚从晋。楚率陈、蔡、郑、许的兵来讨，宋人向晋求救。文公和一班患难相从的文武老臣筹商了以后，便把晋国旧有的二军更扩充为三军，练兵选将，预备“报施救患，取威定霸”。他先向附楚的国曹、卫进攻，占据了他们的都城；把他们的田分给宋国；一面叫宋人赂取齐、秦的救援。虽是著名“刚而无礼”的楚帅子玉，也知道文公是不好惹的，先派人向晋军说和，情愿退出宋境，只要晋军同时也退出曹、卫。文公却一面私许恢复曹、卫，让他们宣告与楚国绝交；一面把楚国的来使拘留。这一来把子玉的怒点着了。于是前632年，即齐桓公死后十一年，楚、陈、蔡的联军与晋、宋、齐、秦的联军大战于城濮（卫地）。就在这一战中，楚人北指的兵锋初次被挫，文公成就了凌驾齐桓的威名，晋国肇始它和楚国八十多年乍断乍续的争斗。

这八十多年的国际政治史表面虽很混乱，却有它井然的条理，是一种格局的循环。起先晋楚两强，来一场大战；甲胜，则若干以前附乙的小国自动或被动地转而附甲；乙不肯干休，和它们算账；从了乙，甲又不肯干休，又和它们算账，这种账算来算去，越算越不清，终于两强作直接的总算账，又来一场大战。这可以叫作“晋、楚争霸的公式”。晋、楚争取小国的归附就是争取军事的和经济的势力范围。因为被控制的小国对于所归附的霸国大抵有两种义务：（一）是当它需要时，出定额的兵车助它征伐。此事史无明文，但我们从以下二事可以类推：（1）齐国对鲁国某次所提出的盟约道：“齐师出境而不以甲车三百乘从我者，有如此盟！”（2）其后吴国称霸，鲁对它供应军赋车六百乘，邾三百乘。（二）是以纳贡或纳币的形式对霸国作经济上的供应（贡是定期的进献，币是朝会庆吊的贽礼）。此事史亦无明文，但我们从以下三事可以推知：（1）楚人灭黄的借口是它“不归楚贡”。（2）前548年晋执政赵文子令减轻诸侯的币，而加重待诸侯的礼；他就预料兵祸可以从此稍息。（3）前530年郑往晋吊丧，带去作贽礼的币用一百辆车输运，一千人押送。后来使人不得觐见的机会，那一千人的旅费就把带去的币用光！当周室全盛时，诸侯对于天王所尽的义务也不过如上说的两事。可见霸主即是有实无名的小天王，而同时正式的天王却变成有名无实了。

在晋、楚争霸的公式的复演中，战事的频数和剧烈迥非齐桓、宋襄的时代可比，而且与日俱甚。城濮之战后三十五年，晋师救郑，与楚师遇，而有邲（郑地）之战，楚胜；又二十二年，楚师救郑，与晋师遇，而有鄢陵（郑地）之战，晋胜；又十八年，晋伐楚以报楚之侵宋（先是楚侵宋以报晋之取郑），而有湛阪（楚地）之战，晋胜。但这四次的大战只是连绵的兵祸的点逗。在这八十余年间，楚灭江、六、蓼、庸、萧（萧后入于宋）及群舒；晋灭群狄，又灭偪阳以与宋；齐灭莱；秦灭滑（滑后入于晋）；鲁灭邾；莒灭鄫（鄫后入于鲁）。在这期间，郑国为自卫，为霸主的命令，及为侵略而参加的争战在七十二次以上。宋国同项的次数在四十六以上。其他小国可以类推。兵祸的惨酷，可以从两例概见：（一）前597年，正当邲战之前，楚人在讨叛的名目下，围攻郑都。被围了十七天后，郑人不支，想求和，龟兆却不赞成；只有集众在太庙哀哭，并且每巷备定一辆车，等候迁徙，这一着却是龟兆所赞成的。当民众在太庙哀哭时，守着城头的兵士也应声大哭。楚人都被哭软了，不禁暂时解围。郑人把城修好，楚兵又来，再围了三个月，终于把城攻破，郑君只得袒着身子，牵着一只象征驯服的羊去迎接楚王。（二）过了两年，恶运轮到宋人头上。楚王派人出使齐国，故意令他经过宋国时，不向宋人假道。宋华元说：经过我国而不来假道，就是把我国看作属地，把我国看作属地就是要亡我国；若杀了楚使，楚人必来侵伐，来侵伐也是要亡我国；均之是亡，宁可保全自己的尊严。于是宋杀楚使。果然不久楚国问罪的大军来到宋都城下，晋国答应的救兵只是画饼。九个月的包围弄到城内的居民“易子而食，析骸以炊”；楚人还在城外盖起房舍，表示要久留。但宋人宁可死到净尽，不肯做耻辱的屈服。幸亏华元深夜偷入楚营，乘敌帅子反的不备，挥着利刃，迫得他立誓，把楚军撤退三十里，和宋国议和，这回恶斗才得解决。

像这类悲惨事件所构成的争霸史却怎样了结？难道它就照一定的公式永远循环下去吗？难道人类共有的恻隐心竟不能推使一个有力者，稍作超国界的打算吗？前579年，尝透了战争滋味的华元开始做和平运动。这时他同晋、楚的执政者都很要好；由他的极力拉拢，两强订立了下面的盟约：

凡晋、楚无相加戎，好恶同之，同恤菑危，备救凶患。若有害楚，则晋伐之；在晋，楚亦如之。交贽往来，道路无壅。谋其不协，而讨不庭（不来朝的）。有渝此盟，明神殛之；俾队（坠）其师，无克胙国。

这简直兼有现在所谓“互不侵犯条约”和“攻守同盟”了。但这“交浅言深”的盟约，才侥幸保证了三年的和平，楚国便一手把它撕破，向晋方的郑国用兵；次年便发生鄢陵的大战。

争霸的公式再循环了一次之后，和平运动又起。这回的主角向戌也是宋国的名大夫，也和晋、楚的执政者都有交情的。但他愿望和福气都比华元大。前546年，他在宋都召集了一个十四国的“弭兵”大会。兵要怎样弭法，向戌却是茫然的。这个会也许仅只成就一番趋跄揖让的虚文，若不是楚国的代表令尹子木提出一个踏实的办法：让本未附从晋或楚的国家以后对晋、楚尽同样的义务。用现在的话说，这就是“机会均等”“门户开放”的办法。子木的建议经过两次的小修正后到底被采纳了。第一次的修正是在晋、楚的附从国当中把齐、秦除外，因为这时亲晋的齐和亲楚的秦都不是好惹的。第二次的修正又把邾、滕除外。因为齐要把邾、宋要把滕划入自己的势力范围。四国除外，所以参加盟约的只有楚、晋、宋、鲁、郑、卫、曹、许、陈、蔡十国。

在这次盟会中晋国是大大地让步了。不独它任由楚人自居盟主；不独它任由楚人“衷甲”赴会，没一声抗议；而那盟约的本身就是楚国的胜利；因为拿去交换门户开放的，晋方有郑、卫、曹、宋、鲁五国，而楚方则只有陈、蔡、许三国。但晋国的让步还有更大的。

十二年后，楚国又践踏着这盟约，把陈国灭了（五年后又把它复立，至前478年终灭之），晋人只装作不知。弭兵之会后不久，晋人索性从争霸场中退出了。晋国的“虎头蛇尾”是有苦衷的。此会之前，晋国已交入一个蜕变的时期。在这时期中，它的主权从公室移到越来越少的氏室，直至它裂为三国才止。在这蜕变的时期中，它只有蛰伏不动。但楚国且慢高兴，当它灭陈的时候，新近暴发的吴国已蹑在它脚后了。

吴越代兴

自泰伯君吴后，十九世而至寿梦。中间吴国的历史全是空白。寿梦时，吴国起了一大变化。这变化的起源，说来很长。前617年，即城濮之战后十五年，陈国有夏徵舒之乱。徵舒的母亲夏姬有一天同陈灵公和两位大夫在家里喝酒。灵公指着徵舒对一位大夫说道："徵舒像你。"那位大夫答道："也像你。"酒后徵舒从马厩里暗箭把灵公射死。陈国大乱。楚庄王率兵入陈定乱，杀了徵舒，俘了夏姬回来，打算把她收在宫里。申公巫臣说了一大番道理把他劝阻了。有一位贵族子反想要她，巫臣又说了一大番道理把他劝阻了。后来夏姬落在连尹襄老之手。邲之战，襄老战死，他的儿子又和她有染。巫臣却遣人和她通意，要娶她，并教她借故离楚；而设法把她安顿在郑。夏姬去后不久，巫臣抓着出使齐国的机会。他行到郑国，便叫从人把所赍的"币"带回去，而自己携着夏姬投奔晋国。子反失掉夏姬，怀恨巫臣。又先时另一位贵族要求赏田，为巫臣所阻，亦怀恨他。二人联合，尽杀巫臣的家族，而瓜分他的财产。巫臣由晋致书二人，誓必使他们“疲于奔命以死”。于是向晋献联吴制楚之策。他亲自出使于吴，大为寿梦所欢迎。吴以前原是服属于楚的，他教寿梦叛楚。他从晋国带来了一队兵车，教吴人射御和车战之术。吴本江湖之国，习于水战而不习于陆战。但从水道与楚争，则楚居长江的上游而吴居其下游，在当时交通技术的限制之下，逆流而进，远不如顺流而下的利便，故吴无法胜楚。但自从吴人学得车战后，形势便大变了，他们从此可以舍舟而陆，从淮南江北间掮楚之背。从此楚的东北境无宁日。楚在这一方面先后筑了钟离、巢及州来三城（皆在今安徽境，州来在寿县，巢在庐州[1]，钟离在临淮县[2]）以御吴。吴于公元前519年取州来。其后七年间以次取巢取钟离并灭徐。前506年，即向戌弭兵之会后四十年，吴王阖闾大举伐楚，吴军由蔡人引导，从现在的寿县、历光、黄，经义阳三关，进至汉水北岸，乃收军；楚军追战至麻城（时称柏举）大溃。吴师继历五战，皆胜，遂攻入郢都。楚昭王逃奔于随。这次吴人悬军深入，饱掠之后，不能不退，但楚国却受到空前的深痛巨创了。昭王复国后，把国都北迁于都，是为鄀郢，即今湖北宜城。

像晋联吴制楚，楚亦联越制吴。

在周代的东南诸外族中，越受诸夏化最晚。直至战国时，中国

[1] 庐州，今属安徽合肥市。——编者注

[2] 临淮县，清乾隆年间废临淮县，并入凤阳县。——编者注

人在寓言中提到越人，还说他们“断发文身”，说他们“徒跣”不履；又有些学者说越“民愚疾而垢”是因为“越之水重浊而洎”。此时越人的僿野可想。越人的语言与诸夏绝不相通。现在还保存着前5世纪中叶一首用华字记音的越歌和它的华译。兹并录如下，以资比较。

越歌	华译
滥兮抃草滥予昌枑泽予昌州州𩜱州焉乎秦胥胥缦予乎昭澶秦逾渗惿随河湖（句读已佚）	今夕何夕兮，搴洲中流？今日何日兮，得与王子同舟？蒙羞被好兮，不訾诟耻。心几烦而不绝兮，知得王子。山有木兮，木有枝，心悦君兮，君不知。

越人在公元前537年以前的历史除了关于越王室起源的传说外，全是空白。是年越人开始随楚人伐吴。其后吴师入郢，越人即乘虚袭其后。入郢之后十年，吴王阖闾与越王句践战于槜李（今嘉兴）大败，受伤而死。其子夫差于继位后三年（公元前494年）大举报仇，句践败到只剩甲楯五千，退保会稽（今绍兴），使人向夫差卑辞乞和，情愿称臣归属。此时有人力劝夫差趁势灭越。夫差却许越和。大约一来他心软，二来他认定越再无能为，而急于北进与诸夏争霸，不愿再向南荒用兵了。在此后十二年间，夫差忙于伐陈伐鲁，筑城于邗（即今扬州），凿运河连接江淮，从陆路又从海道（吴以舟师从海道伐齐为我国航海事见于记载之始）伐齐，和朝会北方诸侯；而句践则一方面向夫差献殷勤，向他的亲信大臣送贿赂，一方面在国内奖励生育（令壮者不得娶老妇，老者不得娶壮妻；女子十七不嫁，男子二十不娶，其父母有罪），并给人民以

军事训练。前482年，夫差既两败齐国，大会诸侯于齐的黄池。他要学齐桓、晋文的先例，自居盟主。临到会盟的一天，晋人见他神色异常的不佳，料定他国内有变，坚持不肯屈居吴下，一直争执到天黑，结果他不得不把盟主的地位让给晋国。原来他已经秘密接到本国首都（吴原都句吴，在今无锡东南，至夫差始迁于姑苏，即今苏州）被越人攻陷的消息了。夫差自黄池扫兴而归后，与越人屡战屡败。前473年，吴亡于越，夫差自杀。句践踏着夫差的路径北进，大会诸侯于徐州（据顾栋高考，此徐州在今山东滕县，非江苏之徐州），周王亦使人来“致胙”。后又迁都于琅琊（越本都会稽，即今绍兴。至句践前一代迁诸暨），筑起一座周围七里的观台，以望东海。这时越已拓地至山东，与邾、鲁为界了。

句践死于前465年，又六十三年而晋国正式分裂为三，那是战国时代的开始。在这中间，越灭滕（后恢复），灭郯；楚则灭蔡、灭杞、灭莒（莒后入于齐），亦拓地至山东境。在转到战国时代之前，让我们补记两个和向戌先后并世的大人物：一个是郑公孙侨，字子产，即弭兵大会中郑国的代表之一；另一个是鲁孔丘，字仲尼，即后世尊称为孔子的。

秦的变法

秦的发祥地在渭水上游的秦川的东岸（今甘肃天水县[1]境），周孝王时，嬴姓的非子因替王室养马蕃息的功劳，受封在这里，建立了一个近畿的“附庸”。宣王时，秦庄公以讨伐犬戎有功受命为西垂大夫。及平王东迁，秦襄公带兵去扈卫，平王感念他的殷勤，才把他升在诸侯之列。这时畿内的丰岐一带已沦入犬戎，平王索性更做一个不用破费的人情，把这一带地方许给了秦，假如它能将犬戎驱逐。此后秦人渐渐地东向开拓，到了穆公的时代，更加猛进。穆公是春秋的霸主之一。他曾俘获了晋惠公，拿来换取晋国的河西地方；又灭梁、灭芮，都是黄河西岸与晋邻近的小国。他又潜师远出，希图灭郑，若不是郑商人弦高把噩耗发现得早，向祖国报讯得快，秦的铁手此时也许便

[1] 天水县，即今甘肃天水市。——编者注

伸入中原了。秦的东侵是晋的大忌。秦师这次由郑旋归，晋人也顾不得文公新丧，墨绖兴兵，把他们拦路截击，杀个惨败。后来穆公虽报了此仇，他东向的出路到底给晋人用全力扼住了。他只得回过头去“霸西戎”，结果，“兼国十二，开地千里”。穆公死时（公元前621年），秦人已占有渭水流域的大部分，已奠定一个头等国的基础。但此后二百多年间，秦的内部停滞不进，而晋始终保持着霸国的地位，继续把秦人东出的路堵住。

当战国开场的前后，秦在“七雄”中算是最不雄的一国。自前428年以降，四十多年间，它的政治出了常轨，大权落在乱臣。在这时期中，它有一个君主被迫自杀，一个太子被拒不得继位，另一个君主和母后一同被弑，沉尸深渊。魏人乘秦内乱，屡相侵伐，并且夺回穆公所得到的河西地方。

穆公的霸图的追续是自献公始。他即位的次年（公元前383年）便把国都从雍（今陕西凤翔县）东迁到栎阳（今陕西临潼县[1]东北）。他恢复君权，整饬军旅，两败魏师。但秦国更基本的改革，更长足的进展，还要等待继他位的少年新君孝公和一个来自卫国的贵族少年公孙鞅。

公孙鞅原先游仕在魏。传说魏相公叔痤病到要死时，魏君（即日后的惠王）请他举荐继任的人，他便以卫鞅对。魏君默然不语。公叔痤更嘱咐道：若不用这人，必得设法把他杀掉，勿令出境。魏君答应去后，公叔痤立即唤叫卫鞅前来，把刚才的谈话告诉了他，劝他快走。他不慌不忙答道：魏君不能听你的话用我，又怎能听你的话杀我

[1] 临潼县，今陕西西安市临潼区。——编者注

呢？后来闻得孝公即位，下令求贤，他才挟着李悝的《法经》，走去秦国。

前359年（孝公三年），孝公用卫鞅计颁布第一次的变法令。这令的内容包括两方面：（一）是刑法的加严加密。人民以十家或五家为一组，若一家犯法，其他同组诸家得连同告发，知情不举的腰斩；告发本组以外奸恶的与斩敌首同赏，藏匿奸人的与降敌同罚。（二）是富强的新策。凡不做耕织的游民收为公家的奴隶，努力耕织多致粟帛的人民免除徭役；家有两男以上不分居的纳加倍的人口税，私相殴斗的分轻重惩罚；非有军功的人不得受爵；服饰、居室和私有的田土奴婢的限度，按爵级区别，因此没有军功的人虽富也不得享受。这新法施行十年后，秦国家给人足，盗贼绝踪，百姓从诅咒转而歌颂。这新法的成效更表现在卫鞅的武功，前352年，他亲自领兵征魏，把魏的旧都安邑也攻破了。此役后二年，卫鞅又发动第二步的改革。把国都迁到渭水边的咸阳，在那里重新筑起宏伟的城阙和宫殿；统一全国的度量衡；把全国的城邑和村落归并为三十一县，每县设县令、丞（正副县长）；把旧日封区的疆界一概铲平，让人民自由占耕未垦辟的土地，让国家对人民直接计田征税。第二步改革完成后，卫鞅于前340年又领兵征魏，把魏将公子卬也虏了回来。于是孝公封卫鞅于商，为商君，后人因此称他为商鞅，但他的末日也快到了。先时第一次变法令公布后，人人观望怀疑。适值太子犯法。卫鞅便拿他做一个榜样，把他的师傅公子虔黥了。后来公子虔自己犯法，又给卫鞅劓了。前338年孝公死，太子继位后的第一件大事便是把商鞅族诛。但商鞅的政策却继续被采用。

秦地本是戎狄之区。西周的京畿虽建在其上，文明的透入始终不深，好比一件锦衣覆着褴褛。周室东迁后，锦衣一去，便褴褛依然。直至孝公变法时，秦人还不脱戎狄之俗，例如他们还父兄子弟和姑媳妯娌同寝一室，这大约是沿着游牧时代以一个帐幕为一家的经济办法。这种陋俗经商鞅的严禁才消灭。又例如秦国道地的音乐，直至战国晚年，还是“击瓮叩缶，弹筝搏髀，而歌呼呜呜”。没有受文明的雅化，也就没有受文明的软化。在六国中秦人是最犷野矫健的。商鞅的严刑峻法给他们养成循规蹈矩的习惯，商鞅的特殊爵赏制度使得对外战争，成了他们唯一的出路。以最强悍、最有纪律的民族，用全力向外发展，秦人遂无敌于天下。

商鞅死后约莫七八十年，赵国的大儒荀卿游秦。据他所记，这时商鞅变法的成绩还历历可见。荀卿说：

> 〔秦之〕国塞险，形势便，山林川谷美，天材之利多，是形胜也。入境观其风俗：其百姓朴，其声乐不流（淫荡）汙（猥亵），其服不挑（佻），甚畏有司而顺。……及都邑官府：其百吏肃然，莫不恭俭、敦敬、忠信。……入其国（首都），观其士大夫，……不比周，不朋党，倜然莫不明通而公也。……观其朝廷，其朝（早）间听决，百事不留，恬然如无治者。

荀卿的弟子韩非也说：

> 今……〔六国〕言赏则不与，言罚则不行。赏罚不信，故士民不死也。今秦出号令而行赏罚，有功无功，相事也。……是故秦战未尝不克，攻未尝不取，所当未尝不破。

信赏必罚正是商鞅的政术。

荀卿又曾比较齐、魏和秦的强兵政策道：

> 齐人隆技击。……得一首者则赐赎锱（八两）金，无本赏矣（本赏大约是指战胜攻取之赏）。是事小，敌毳（脆），则偷可用也；事大，敌坚，则涣然离耳。……是亡国之兵也。……魏氏之武卒，以度取之（按一定标准挑选）：衣三属（层）之甲，操十二石之弩，负服矢五十个，置戈其上，冠軸（胄）带剑，赢（背）三日之粮，日中而趋百里。中试则复其户（免除赋役），利其田宅（给以好田宅）。是数年而衰，而未可夺也（合格的武卒，几年后便衰弱不可用。但其特权却不能剥夺）。……是故地虽大，其税必寡，是危国之兵也。秦人，其生民也狭厄（给人民的生路狭隘），其使民也酷烈。……忸（狃）之以庆赏，鰌（蹭）之以刑罚，使……民所以要利于上者，非斗无由也。厄（压迫）而用之，得而后功之（胜利才算功，不但计首级），功赏相长也。……故齐之技击，不可以遇魏氏之武卒；魏氏之武卒，不可以遇秦之锐士。

所说齐、魏的兵制，不知创行于何时，所说秦国的兵制正是商鞅所创的。

/第二章/

张荫麟论秦、汉

六国混一

秦皇扫六合，虎视何雄哉！
飞剑决浮云，诸侯尽西来。
明断自天启，大略驾群才。
收兵铸金人，函谷正东开。
铭功会稽岭，骋望琅琊台。
刑徒七十万，起土骊山隈。
尚采不死药，茫然使心哀！
连弩射海鱼，长鲸正崔嵬。
额鼻像五岳，扬波喷云雷。
鬐鬣蔽青天，何由睹蓬莱？
徐市载秦女，楼船几时回？

但见三泉下，金棺葬寒灰！

（李白《古风》之一）

这首壮丽的诗是一个掀天揭地的巨灵的最好速写。这巨灵的来历，说来话长。

当长平之战前不久，有一个秦国王孙，名子楚的，被“质”在赵。他是太子安国君所生，却非嫡出，他的母亲又不得宠。因此赵人待他很冷薄，他连王孙的排场也苦于维持不住。但是阳翟（韩地）大贾吕不韦在邯郸做买卖，一看见他，便认为是“奇货可居”。

不韦见子楚，说道：“我能光大你的门庭。”子楚笑道：“你还是去光大自己的门庭罢！却来光大我的！”不韦说：“你有所不知，我的门庭要等你的来光大。”子楚明白，便和他商量两家光大门庭的办法。原来安国君最爱幸的华阳夫人没有生育的希望，安国君还没有立嗣。不韦一面献上巨款，给子楚结交宾客，沽钓声名；一面辇了巨款，亲到秦国，替他运动。不久华阳夫人便收到许多子楚孝敬的珍宝，不久她便时常听到人称赞子楚的贤能，不久她的姊姊便走来替她的前途忧虑，大意说道：“妹妹现在是得意极了。但可曾想到色衰爱弛的一天？到时有谁可倚靠！就算太子爱你到老，他百岁之后，继位的儿子，要和自己母亲吐气，你的日子就不好过。子楚对你的孝顺，却是少有的。何不趁如今在太子跟前能够说话的时候，把他提拔，将来他感恩图报，还不是同自己的儿子一般？”华阳夫人一点头，子楚的幸运便决定。

不韦回到邯郸时，子楚已成了正式的王太孙。不韦也被任为他的师傅。他们成功之后，不免用美人醇酒来庆祝一番。邯郸在战国以美女著名。不韦的爱姬，尤其是邯郸美女的上选，妙擅歌舞。有次她也出来奉酒，子楚一见倾心，便要不韦把她相让。不韦气得要死，但一想过去的破费和将来的利益，只得忍气答应。赵姬既归子楚，不到一年（正当长平之战后一年），产了一子，即是后来做秦王和秦始皇帝的嬴政。当时传说，赵姬离吕家之时，已经孕了嬴政。但看后来不韦所受嬴政的待遇，这传说多半是谣言。

嬴政于前246年即王位，才十三岁。这时不韦是食邑十万户的文信侯，位居相国；他从前的爱妾，已做了太后，并且和他私续旧欢。不韦的权势可以想象。他的政治野心不小，他招贤礼士，养客三千，打算在自己手中完成统一的大业。但嬴政却不是甘心做傀儡的。他即位第九年，太后的姘夫嫪毐在咸阳反叛，他用神速的手段戡定了乱事以后，乘机把太后的政权完全褫夺；并且株连到吕不韦，将他免职，逐归本封的洛阳，过了两年，又把他贬到蜀郡。在忧忿夹攻之下，不韦服毒自杀。

不韦以韩人而执秦政，他所客养和援用的又多三晋人，和他结交的太后又是赵女。这种“非我族类”的势力是秦人所嫉忌的。不韦罢相的一年（秦王政十年），适值“郑国渠”事件发生，更增加秦人对外客的疑惧。郑国也是韩人，为有名的水利工程师。韩廷见亡国的大祸迫在眉睫，派他往秦，劝秦廷开凿一条沟通泾水和洛水的大渠，借此消磨秦的民力，延缓它的对外侵略。这渠才凿了一半，郑国的阴谋泄露。其后嬴政虽然听了郑国的话，知道这渠也是秦国的大利，把它完成，结果溉田四万多顷，秦国更加富强；但郑国阴谋的发现，使秦宗室对于游宦的外客振振有词。嬴政于是下了有名的“逐客令”，厉行搜索，要把外籍的游士统统赶走。这命令因为李斯的劝谏而取消。但不韦自杀后，嬴政到底把所有送他丧的三晋门客驱逐出境。可见逐客令是和不韦有关的，也可见不韦的坍台是和种族之见有关的。

嬴政既打倒了吕不韦，收揽了秦国的大权，便开始图谋六国。这时，六国早已各自消失了单独抗秦的力量。不过它们的合从还足以祸秦。嬴政即位的第六年，秦国还吃了三晋和卫、楚的联军一次亏，当时大梁人尉缭也看到的，假如六国的君主稍有智慧，嬴政一不小心，会遭遇智伯、夫差和齐湣王的命运也未可知。但尉缭不见用于祖国，走到咸阳，劝嬴政道："愿大王不要爱惜财物，派人贿赂列国的大臣，来破坏他们本国的计谋，不过花三十万金，六王可以尽虏。"嬴政果然采纳了这策略。此后六国果然再不费一矢相助而静待嬴政逐个解决。

首先对秦屈服，希望以屈服代替牺牲，而首先受牺牲的是韩。秦王政十四年，韩王安为李斯所诱，对秦献玺称臣，并献南阳地。十七年秦的南阳守将举兵入新郑，虏韩王，灭其国。李斯赴韩之前，韩王派了著名的公子韩非入秦，谋纾国难，嬴政留非，想重用他。但不久听了李斯和另一位大臣的谗言，又把他下狱。口吃的韩非有冤没处诉，终于给李斯毒死在狱中。

韩亡后九年之间，嬴政以迅雷烈风的力量，一意东征，先后把其余的五国灭了。这五国的君主，连够得上说抵抗的招架也没有，鸡犬似的一一被缚到咸阳。只有侠士荆轲，曾替燕国演过一出壮烈的悲剧。

秦王政十九年，赵国既灭，他亲到邯郸，活埋了所有旧时母家的仇人；次年回到咸阳，有燕国使臣荆轲卑辞求觐，说要进献秦国逃将樊於期的首级和燕国最膏腴的地域督亢的地图。献图的意思就是要纳地。秦王大喜，穿上朝服，排起仪仗，立即传见。荆轲捧着头函，副使秦舞阳捧着地图匣以次上殿。秦舞阳忽然股栗色变，廷臣惊怪，荆轲笑瞧了舞阳，上前解释道：“北番蛮夷的鄙人，未曾见过天子，所以惶恐失措，伏望大王包容，俾得完成使事。”秦王索阅地图，荆轲取了呈上。地图展到尽处，匕首出现！荆轲左手把着秦王的袖，右手抢过匕首，就猛力刺去，但没有刺到身上，秦王已断袖走开。秦王拔剑，但剑长鞘紧，急猝拔不出，荆轲追他，两人绕柱而走。秦廷的规矩，殿上侍从的人，不许带兵器，殿下的卫士，非奉旨不许上殿。秦王忙乱中没有想到殿下的卫士，殿上的文臣哪里是荆轲的敌手。秦王失了魂似的只是绕着柱走。最后，侍臣们大声提醒了他，把剑从背后顺力拔出，砍断了荆轲的左腿。荆轲便将匕首向他掷去，不中，中铜柱。这匕首是用毒药炼过的，微伤可以致命。荆轲受了八创，已知绝望，倚柱狂笑，笑了又骂，结果被肢解了。

> 风萧萧兮易水寒，壮士一去兮不复还！

这是荆轲离开燕国之前，在易水边的别筵上，当着满座白衣冠的送客，最后唱的歌，也可以做他的挽歌。

荆轲死后六年（公元前221年）当秦王政在位的第二十六年而六国尽灭。于是秦王政以一道冠冕堂皇的诏令，收结五个半世纪的混战局面，同时宣告新帝国的成立。那诏书道：

> ……异日韩王纳地效玺，请为藩臣。寡人以为善，庶几息兵革。已而倍约，与赵、魏合从畔秦，故兴兵诛之，虏其王。赵王使其相李牧来约盟，故归其质子。已而倍盟，反我太原，故兴兵诛之，得其王。赵公子嘉乃自立为代王，故举兵击灭

之。魏王始约服入秦，已而与韩、赵谋袭秦，秦兵吏诛，遂破之。荆王献青阳以西，已而畔约，击我南郡，故发兵诛，得其王，遂定其荆地。燕王昏乱，其太子丹乃阴令荆轲为贼，兵吏诛，灭其国。齐王用后胜计，绝秦使，欲为乱，兵吏诛，虏其王，平齐地。

所有六国的罪状，除燕国的外，都是制造的。诏书继续说道：

寡人以眇眇之身，兴兵诛暴乱，赖宗庙之灵，六王咸伏其辜，天下大定。今名号不更，无以称成功，传后世。其议帝号。……

在睥睨古今、踌躇满志之余，嬴政觉得一切旧有的君主称号都不适用了。

战国以前，人主最高的尊号是王，天神最高的尊号是帝。自从诸侯称王后，王已失了最高的地位，于是把帝拉下来代替，而别以本有光大之义的“皇”字称最高的天神。但自从东西帝之议起，帝在人间，又失去最高的地位了。很自然的办法，是把皇字挪下来。秦国的神话里有天皇、地皇、泰皇，而泰皇为最贵。于是李斯等上尊号作泰皇。但嬴政不喜欢这旧套，把泰字除去，添上帝字，合成“皇帝”；又废除周代通行的谥法（于君主死后，按其行为，追加名号，有褒有贬的），自称为“始皇帝”，预定后世计数为二世皇帝，三世皇帝，“至于万世，传之无穷”。

同时始皇又接受了邹衍的学说，以为周属火德，秦代周，应当属克火的水德；因为五色中和水相配的是黑色，于是把礼服和旌旗皆用黑色；又因为四时中和水相配的是冬季，而冬季始自十月，于是改以十月为岁首。邹衍是相信政治的精神也随着五德而转移的。他的一些信徒认为与水德相配的政治应当是猛烈苛刻的政治，这正中始皇的心怀。

新帝国的经营

秦自变法以来，侵略所得的土地，大抵直隶君主，大的置郡，小的置县，郡县的长官都非世职，也无世禄。始皇沿着成例，每灭一国，便分置若干郡。而秦变法以来新设的少数封区，自从嫪毐和吕不韦的诛窜已完全消灭。既吞并了六国，秦遂成为一个纯粹郡县式的大帝国。当这帝国成立之初，丞相绾主张仿周朝的办法于燕、齐、楚等僻远的地方，分封皇子，以便镇慑，但他的提议给李斯打消了。于是始皇分全国为三十六郡，每郡置守，掌民政；置尉，掌兵事；置监御史，掌监察。这种制度是仿效中央政府的。当时朝里掌民政的最高官吏有丞相，掌兵事的最高官吏有太尉，掌监察的最高官吏有御史大夫。

这三十六郡的名称和地位是现今史家还没有完全解决的问题。大概地说，秦在开国初的境域，北边包括今辽宁的南部，河北、山西及绥远[1]、宁夏两省的南部；西边包括甘肃和四川两省的大部分，南边包括湖南、江西和福建；东以福建至辽东的海岸为界。从前臣服于燕的朝鲜，也成为秦的藩属。此外西北和西南边外的蛮夷君长称臣于秦的还不少。我们试回想姬周帝国初建时，西则邦畿之外，便是边陲，南则巴蜀、吴、楚皆属化外，沿海则有徐戎、淮夷、莱夷盘踞，北则燕、晋已与戎狄杂处；而在这范围里，除了“邦畿千里”外，至少分立了一百三十以上的小国。我们拿这种情形和三十六郡一统的嬴秦帝国比较，便知道过去八九百年间，诸夏民族地盘的扩张和政治组织的进步了。峄山的始皇纪功石刻里说：

> 追念乱世，分土建邦，以开争理。攻战日作，流血于野。自泰古始，世无万数，陁及五帝，莫能禁止。乃今皇帝，壹家天下，兵不复起。灾害灭除，黔首康定，利泽长久。

这些话一点也没有过火。

在这幅员和组织都是空前的大帝国里，怎样永久维持皇室的统治权力，这是始皇灭六国后面对着的空前大问题，且看他如何解答。

帝国成立之初，始皇令全国“大酺”来庆祝（秦法平时是禁三人以上聚饮的）。当众人还在醉梦的时候，他突然宣布没收民间一切的兵器。没收所得，运到咸阳，铸成无数大钟和十二个各重一千石以上的“金人”，放在宫廷里。接着他又把全国最豪富的家族共十二万户强迫迁到咸阳，放在中央的监视之下。没有兵器，又没有钱财，人民怎能够作得起大乱来？

[1] 绥远，旧省级行政区，1954年撤销并入内蒙古自治区。——编者注

次年，始皇开始一件空前的大工程：建筑脉通全国的“驰道”，分两条干线，皆从咸阳出来，其一东达燕、齐，其一南达吴、楚。道宽五十步，道旁每隔三丈种一株青松，路身筑得坚而且厚，遇着容易崩坏的地段，并且打下铜桩。这宏大的工程，乃是始皇的军事计划的一部分。他灭六国后防死灰复燃，当然不让各国余剩的军队留存。但偌大的疆土若把秦国原有的军队处处分派驻守，则分不胜分。而且若分得薄，一旦事变猝起，还是不够应付；若分得厚，寖假会造成外重内轻的局面。始皇不但不肯采用重兵驻防的政策，并且把旧有六国的边城，除燕、赵北边的外，统统拆毁了。他让秦国原有的军队，依旧集中在秦国的本部，少数的地方兵只是警察的性质。驰道的建筑，为的是任何地方若有叛乱，中央军可以迅速赶到去平定。历来创业之主的军事布置没有比始皇更精明的了。（1896年李鸿章聘使欧洲，过德国，问军事于俾斯麦，他的劝告有云：“练兵更有一事须知：一国的军队不必分驻，宜驻中权，扼要地，无论何时何地，有需兵力，闻令即行，但行军的道路，当首先筹及。”这正是秦始皇所采的政策。）

武力的统治不够，还要加上文化的统治；物质的缴械不够，还要加上思想的缴械。始皇三十四年（始皇即帝位后不改元，其纪年通即王位以来计），韩非的愚民政策终于实现。先是始皇的朝廷里，养了七十多个儒生和学者，叫作博士。有一次某博士奉承了始皇一篇颂赞的大文章，始皇读了甚为高兴，另一位博士却上书责备作者的阿谀，并且是古非今地对于郡县制度有所批评。始皇征问李斯的意见。李斯覆奏道：

> 古者天下散乱，莫之能一，是以诸侯并作，语皆道古以害今，饰虚言以乱实，人善其所私学，以非上之所建立。今陛下

并有天下，别白黑而定一尊。而私学乃相与非法教之制，闻令下，即各以其私学议之，入则心非，出则巷议，非主以为名，异趣以为高，率群下以造谤。如此不禁，则主势降乎上，党与成乎下。禁之便。臣请诸有文学《诗》《书》百家语者，蠲除去之。令到，满三十日弗去，黥为城旦（城旦者，旦起行治城，四岁刑），所不去者，医药、卜筮、种树之书。若有欲学，以吏为师。

始皇轻轻地在奏牍上批了一个“可”字，便造成了千古叹恨的文化浩劫。

以上讲的是始皇内防反侧的办法。现在再看他外除边患的努力。

自从战国中期以来，为燕、赵、秦三国北方边患的有两个游牧民族，东胡和匈奴——总名为胡。东胡出没于今河北的北边和辽宁、热河一带，受它寇略的是燕、赵。匈奴出没于今察哈尔[1]、绥远和山西、陕、甘的北边一带，燕、赵、秦并受它寇略。这两个民族，各包涵若干散漫的部落，还没有统一的政治组织。它们在战国中期以前的历史十分茫昧。它们和春秋时代各种名色的戎狄似是同一族类，但是否这些戎狄中某些部分的后身，否则和各种戎狄间的亲谊是怎样，现在都无从稽考了。现在所知道秦以前的胡夏的关系史只有三个攘胡的人物的活动。第一个是和楚怀王同时的赵武灵王。他首先采用胡人的特长，来制胡人；首先脱却长裙拖地的国装，而穿上短衣露袴的胡服，以便学习骑战。他领着新练的劲旅，向沿边的匈奴部落进攻，

[1] 察哈尔，旧省级行政区，1952年撤销并入山西省和河北省。——编者注

把国土向西北拓展；在新边界上，筑了一道长城，从察哈尔的蔚县东北（代）至河套的西北角外（高阙）；并且沿边设了代、雁门和云中三郡。第二个攘胡的英雄是秦舞阳（随荆轲入秦的副使）的祖父秦开。他曾被“质”在东胡，甚得胡人的信任。归燕国后，他率兵袭击东胡，把他们驱逐到一千多里外。这时大约是乐毅破齐前后。接着燕国也在新边界上筑一道长城，从察哈尔宣化[1]东北（造阳）至辽宁辽阳县北（襄平）；并且沿边设了上谷、渔阳、右北平、辽西和辽东五郡。秦开破东胡后，约莫三四十年，赵有名将李牧，戍雁门、代郡以备胡。他经了长期敛兵坚守，养精蓄锐，然后乘着匈奴的骄气，突然出战，斩了匈奴十多万骑，此后十几年间，匈奴不敢走近赵边。

当燕、赵对秦做最后挣扎时，无暇顾及塞外。始皇初并六国，忙着辑绥内部，也暂把边事抛开。因此胡人得到复兴的机会。旧时赵武灵王取自匈奴的河套一带，复归于匈奴。始皇三十二年，甚至听到“亡秦者胡”的谶语。于是始皇派蒙恬领兵三十万北征。不久把河套收复，并且进展至套外，始皇将新得的土地，设了九原郡。为谋北边的一劳永逸，始皇于三十三、四年间，又经始两件宏大的工程：其一是从河套外的九原郡治，筑了一条“直道”达到关内的云阳（今陕西淳化县西北，从此至咸阳有泾、渭可通），长一千八百里；其二是把燕、赵北界的长城，和秦国旧有的西北边城，大加修葺，并且把它们连接起来，傍山险，填溪谷，西起陇西郡的临洮（今甘肃岷县境），东迄辽东郡的碣石（在渤海岸朝鲜境），成功了有名的“万里长城”。

[1] 察哈尔宣化，即今河北省张家口市宣化区。——编者注

始皇的经营北边有一半是防守性质，但他的开辟南徼，则是纯粹的侵略。

现在的两广和安南[1]，在秦时是“百越”（越与粤通）种族所居。这些种族和浙江的於越，大约是同出一系的，但文化则较於越远为落后。他们在秦以前的历史完全是空白。在秦时，他们还过着半渔猎、半耕稼的生活；他们还仰赖中国的铜铁器，尤其是田器。他们还要从中国输入马、牛、羊，可见牧畜业在他们中间还没发达。不像北方游牧民族的犷悍，也没有胡地生活的艰难，他们绝不致成为秦帝国的边患。但始皇却不肯放过他们。灭六国后不久（二十六年？）即派尉屠睢领着五十万大军去征百越，并派监禄凿渠通湘、漓二水（漓水是珠江的上游），以便输运。秦军所向无敌，越人逃匿于深山丛林中。秦军久戍，粮食不继，士卒疲饿。越人乘机半夜出击，大败秦军，杀屠睢。但始皇续派援兵，终于在三十三年，把百越平定，将他们的土地，分置南海郡、桂林郡和象郡（南海郡略当今广东省，桂林郡略当广西省，象郡略当安南中北部）。百越置郡之后，当时中国人所知道的世界差不多完全归到始皇统治之下了。琅琊台的始皇纪功石刻里说：

> 六合之内，皇帝之土。西涉流沙，南尽北户，东有东海，北过大夏。人迹所至，无不臣者。

至是竟去事实不远了。

以上所述一切对外对内的大事业，使全国瞪眼咋舌的大事业，是始皇在十年左右完成的。

---

[1] 安南，越南的古称。——编者注

帝国的发展与民生

像始皇的励精刻苦，在历代君主中，确是罕见，国事无论大小，他都要亲自裁决。有一个时期，他每日用衡石秤出一定分量的文牍，非批阅完了不肯休息。他在帝位的十二年中，有五年巡行在外；北边去到长城的尽头——碣石，南边去到衡山和会稽岭。他觉得自己的劳碌，无非是为着百姓的康宁。他对自己的期待，不仅是一个英君，而且是一个圣主。他唯恐自己的功德给时间掩没。他二十八年东巡时，登峄山，和邹鲁的儒生商议立石刻词，给自己表扬；此后，所到的胜地，大抵置有同类的纪念物。我们从这些铭文（现存的有峄山、泰山、之罘、琅琊、碣石、会稽六处的刻石文；原石唯琅琊的存一断片）可以看见始皇的抱负，他“夙兴夜寐，建设长利，专隆教诲”。他“忧恤黔首（秦称庶民为黔首），朝夕不懈”。他“功盖五帝，泽及牛马”。而且他对于礼教，也尽了不少的力量。他明立法：“饰省宣义；有子而嫁，倍死不贞；防隔内外，禁止淫泆，男女絜诚；夫为寄豭，杀之无罪，男秉义程；妻为逃嫁，子不得母，咸化廉清；大治濯俗，天下承风，蒙被休经。”在他自己看来，人力所能做的好事，他都做了，而且他要做的事，从没有做不到的。他从没有一道命令，不成为事实。从没有一个抗逆他意旨的人，保得住首领。他唯一的缺憾就是志愿无尽，而生命有穷。但这也许有补救的办法。海上不据说有仙人所居的蓬莱、方丈、瀛洲三岛么？仙人不有长生不死的药么？他即帝位的第三年，就派方士徐福（一作市，音同）带着童男女数千人，乘着楼船，入海去探求这种仙药，可惜他们一去渺无消息（后来传说徐福到了日本，为日本人的祖先，那是不可靠的）。续派的方士回来说，海上有大鲛鱼困住船只，所以到不得蓬莱。始皇便派弓箭手跟他们入海，遇着这类可恶的动物便用连弩去射。但蓬莱还是找寻不着。

始皇只管忙着去求长生，他所“忧恤”的黔首却似乎不识好歹，只盼望他速死！始皇三十六年，东郡（河北、山东毗连的一带）落了一块陨石，就有人在上面刻了“始皇帝死而地分”七个大字。

始皇能焚去一切《诗》《书》和历史的记录，却不能焚去记忆中的六国亡国史；他能缴去六国遗民的兵器，却不能缴去六国遗民（特别是一班遗老遗少）的亡国恨；他能把一部分六国的贵族迁到辇毂之下加以严密的监视，却不能把全部的六国遗民同样处置。在旧楚国境内就流行着“楚虽三户，亡秦必楚”的谚语。当他二十九年东巡行到旧韩境的博浪沙（在今河南阳武县[1]东南）中时，就有人拿着大铁椎向他

[1] 阳武县，今属河南新乡，1949年与原武县合并，改称原阳。——编者注

狙击，中了副车，差一点儿没把他击死。他大索凶手，竟不能得。

而且始皇只管“忧恤黔首”，他的一切丰功烈绩，乃是黔首的血泪造成的！谁给他去筑“驰道”，筑“直道”，凿运渠？是不用工资去雇的黔首！谁给他去冰山雪海的北边伐匈奴，修长城，守长城？谁给他去毒瘴严暑的南荒，平百越，戍新郡？谁给他运粮转饷，供给这两方的远征军？都是被鞭扑迫促着就道的黔首！赴北边的人，据说，死的十有六七；至于赴南越的，因为不服水土，情形只有更惨，人民被征发出行不论去从军，或去输运，就好像被牵去杀头一般，有的半途不堪虐待，自缢在路边的树上。这样的死尸沿路不断地陈列着。最初征发的是犯罪的官吏、“赘婿”和商贾；后来推广到曾经做过商贾的人；最后又推广到“闾左”——居住在里闾左边的人（赘婿大概是一种自己卖身的奴隶，即汉朝的赘子。商人尽先被征发是始皇压抑商人的手段之一。战国时代，法家和儒家的荀子，都认商人为不事生产而剥削农民的大蠹，主张重农抑商，这政策为始皇采用。琅琊刻石有“上农除末”之语。“闾左”在先征之列者，盖春秋战国以来，除楚国外习俗忌左，居住在闾左的，大抵是下等人家）。征发的不仅是男子，妇女也被用去运输。有一次南越方面请求三万个“无夫家”的女子去替军士缝补，始皇就批准了一万五千。计蒙恬带去北征的有三十万人，屠睢带去南征的有五十万人，后来添派的援兵和戍卒，及前后担任运输和其他力役的工人，当在两军的总数以上。为这两方面的军事，始皇至少摧残了二百万家。

这还不够。始皇生平有一种不可多得的嗜好——建筑的欣赏。他东征以来，每灭一国，便把它的宫殿图写下来，在咸阳渭水边的北阪照样起造。后来又嫌秦国旧有的朝宫（朝会群臣的大礼堂）太过狭陋，要在渭南的上林苑里另造一所，于三十五年动工。先在阿房山上作朝宫的前殿：东西广五百步，南北长五十丈，上层可以坐一万人，下层可以树五丈的大旗。从殿前筑一条大道，达到南山的极峰，在上面树立华表，当作朝宫的阙门；从殿后又筑一条大道，渡过渭水，通到咸阳。先时始皇即王位后，便开始在骊山建筑自己的陵墓，灭六国后拨了刑徒七十余万加入工作；到这时陵墓大半完成，乃分一部分工人到阿房去。这两处工程先后共用七十余万人。此外运送工粮和材料（材料的取给远至巴蜀荆楚）的伕役还不知数。这些却多半是无罪的黔首。

这还不够。上说种种空前的兵役和工程所需的粮饷和别项用费，除了向黔首身上出，还有什么来源？据说始皇时代的赋税，要取去人民收入的三分之二。这也许言之过甚，但秦人经济负担的酷重，却是可想见的了。

这还不够。苦役重税之上，又加以严酷而且滥用的刑罚。秦的刑法，自商鞅以后，在列国当中，已是最苛的了。像连坐、夷三族等花样，已是六国的人民所受不惯的。始皇更挟着虓虎的威势，去驭下临民。且看几件他杀人的故事。有一回他从山上望见丞相李斯随从的车骑太多，不高兴。李斯得知以后便把车骑减少，始皇追究走漏消息的人不得，便把当时在跟前的人统统杀了。又东郡陨石上刻的字被发现后，始皇派御史去查办，不得罪人，便命把旁边的居民统统杀了。又一回，有两个方士不满意于始皇所为，暗地讪谤了他一顿逃去。始皇闻之大怒，又刺探得别的儒生对他也有不敬的话，便派御史去把咸阳的儒生都召来案问。他们互相指攀，希图免罪，结果牵涉了四百六十余人，始皇命统统地活埋了。这便是有名的“坑儒”事件。

始皇的执法如此，经过他的选择和范示，郡县的官吏就很少不是酷吏了。

始皇的长子扶苏，却是一个蔼然仁者，对于始皇的暴行，大不谓然。当坑儒命令下时，曾替诸儒缓颊，说他们都是诵法孔子的善士，若绳以重法，恐天下不安。始皇大怒，把他派去北边监蒙恬的军。但二世皇帝的位，始皇还是留给他的。及三十七年七月，始皇巡行至沙丘（今河北平乡县东北）病笃，便写定遗书，召他回咸阳会葬，并嗣位。书未发而始皇死。书和玺印都在宦官赵高手。而始皇的死只有赵高、李斯和别几个宦官知道。赵高和蒙恬有仇隙，而蒙恬是太子的亲信，李斯也恐怕蒙恬夺去他的相位。于是赵李合谋，秘不发丧，一面把遗书毁了，另造两封伪诏，一传位给公子胡亥（当时从行而素与赵高亲暱的），一赐扶苏、蒙恬死。后一封诏书到达时，扶苏便要自杀，蒙恬却疑心它是假的，劝扶苏再去请示一遍，然后自杀不迟。扶苏说："父亲要赐儿子死，还再请示什么？"立即自杀。

胡亥即二世皇帝位时，才二十一岁，他别的都远逊始皇，只有在残暴上是"跨灶"的。赵高以拥戴的首功最受宠信；他处处要营私，只有在残暴上是胡亥的真正助手。在始皇时代本已思乱的人民，此时便开始摩拳擦掌了。

楚汉之争始末

陈胜之起灭

二世皇帝元年七月，在旧楚境的蕲县大泽乡停留着附近被征发去防守渔阳的闾左兵九百人。适值大雨，道路不通。这队伍已无法如期达到指定的处所。照当时的法律，将校误期，要被处斩。有两位下级将校陈胜和吴广，便秘密图谋免死的办法。他们想当今的二世皇帝并不是依法当立的，当立的乃是公子扶苏，百姓多称赞他的贤惠，却不知道他已死；又从前楚国最后抗秦而死的名将项燕，亲爱士卒，很得民心，民间传说他还活着，假如冒称扶苏项燕起兵，响应的必定很多。他们去问卜，卜者猜到来意，连称大利；最后并说道："你们何不再向鬼神占卜一下？"二人会意。

不几天，兵士买鱼，忽然在鱼肚里得着一小卷绢帛，上面写着朱字道："陈胜王。"晚间兵士又忽然发现附近树林中的神祠有了火光，同时怪声从那里传来，像狐狸作人语道："大楚兴，陈胜王。"这种怪声每每把兵士们从梦中惊醒。从此他们遇到陈胜每每指目着他窃窃私语。

有一天统领官喝醉了酒，吴广在旁，出言特别不逊。统领官大怒，鞭了他一顿，又把剑拔出。吴广素来很得兵士心，在旁的兵士都替他不平。他抢过了剑，把统领官杀掉。陈胜帮着他，把另外两个将官也结果了。陈、吴号召军中，大意说道："你们因为大雨，已误了期，误了期就要处斩。即使不处斩，去戍守长城，也是十有六七要死的。大丈夫不死便了，死就要成个大名。王侯将相难道是有种的吗？"在全军喧豗应和之下，陈、吴二人以扶苏和项燕的名义树起革命的旗帜。军士袒着右臂，自号大楚。陈胜自立为将军，吴广为都尉。

旬日之间大泽乡、蕲县、陈城和附近若干县城，皆落在革命军之手。而革命军在进攻陈城之时已有车六七百乘，骑千余，步卒数万人了。陈城在战国末年曾一度为楚国都，革命军即以此为根据地。先是魏遗民大梁名士张耳、陈余为秦廷悬赏缉捕，变姓名隐居于陈。陈胜既入陈，二人进谒。是时陈中父老豪杰正议推陈胜为王。二人却劝陈胜暂勿称王，而立即领兵西进，同时派人立六国王室之后，以广树秦敌，使秦的兵力因敌多而分散，因分散而薄弱，然后乘虚入据咸阳，以号令诸侯，诸侯感再造之德，必然归服，如此则帝业可成。陈胜不听，遂受推戴为张楚王，都于陈，以吴广为"假王"（假有副贰之意）。

自陈胜发难后，素日痛恨秦吏的郡县，随着事变消息的传到，纷纷戕杀守长，起兵响应。特别是在旧楚境内，几千人成一伙的不可胜数。陈胜遣将招抚略地，分途进取。举其要者，计有六路：（1）符离人葛婴略蕲以东；（2）陈人武臣及张耳、陈余略赵地；（3）魏人周市略魏地；（4）吴广西击荥阳；（5）陈人周文（为一卜者，故项燕僚属）西进，向函谷关；（6）铚人宋留取道南阳向武关。

葛婴至东城，立襄强为楚王，后来闻得陈胜已立为张楚王，乃杀襄强，归陈覆命，陈胜诛之。

武臣到邯郸即自立为赵王，分命张耳、陈余为将相。陈胜闻讯大怒，把三人的家属拘捕，将加诛戮，继而听了谋士的劝谏，又把他们迁到宫中，而派人去给武臣等道贺，并请他们速即进兵关中。他们哪里肯听，却派韩广去略取燕地。韩广至燕，旋即自立为燕王。

周市定了魏地，东进至齐，时齐王室之后田儋已自立为齐王，以兵拒之，市军败散，还归魏，魏人推戴他为王，他不肯，却要立魏王室之后魏咎，时咎在陈胜军中，市派人迎之，往返五次，陈胜才答应放他赴魏。

武臣之立在八月，韩广、田儋之立在九月。周文军越过函谷关到达戏亦在九月。戏离咸阳不到一百里，而此时周文的军队已增加到兵卒数十万、车千余乘了。东方变乱的真情，赵高一直瞒着二世，到这时已瞒不住了。可是秦廷有什么办法呢？帝国的军队几乎尽在北边和南越，急猝间调不回来，咸阳直是一座空城，只得赦免在骊山工作的刑徒，并解放奴隶所生的男子，派章邯带去应战。周文军来势虽盛，却经不起章邯一击便败走出关，章邯追至渑池，又大破之。周文自刎死，其军瓦解，这是二世二年十一月的事（秦以十月为岁首，二年十一月在是年正月之前，下仿此）。

章邯乘胜东下。先是吴广围荥阳不下，其部将田臧等私计，秦兵早晚要到，那时前后受敌，必无幸理，不如留少数军队看守住荥阳，而用全部精兵去迎击章邯；他们认为吴广骄不知兵，不足与谋，假托陈王的命令把他杀掉，并把他的首级传送至陈。陈王拜田臧为上将，并赐以楚令尹的印信。田臧迎击章邯于敖仓，一战败死。章邯进击至陈西，陈王出监战，军败遁走，他的御者某把他杀掉，拿他的首级去投降。这是十二月的事。

陈胜，字涉，少时在田间做工。有一次放下锄头叹气痴想了许久，却对一个同伴说道："有一天我富贵了，定不会忘记你。"那位同伴笑道："你做长工，怎样富贵法？"后来陈胜做了张楚王，这位同伴便去叩阍求见，阍人几乎要把他缚起来，凭他怎样解释总不肯给他传达。他等陈胜驾出，拦路叫喊，陈胜认得他，把他载归宫里。他看见殿堂深邃，帷帐重叠，不禁嚷道："夥颐！涉大哥为王！沉沉的！"楚人叫多为夥颐。由此"夥涉为王"，传为话柄。这客人出入王宫，洋洋自得，谈起陈胜的旧事，如数家珍。有人对陈胜说：这客人无知妄言，轻损王威，陈胜便把他杀掉。由此陈胜的故旧尽皆退避。

宋留已定南阳。南阳人闻陈胜死，复叛归于秦。宋留既无法入武关，东还至新蔡与秦军遇，解甲投降，秦又把他解到咸阳，车裂示众。

章邯既破陈胜，进击魏王咎于临济，围其城。六月，齐王田儋救临济，败死。同月魏咎自杀，临济降于秦。其后儋子市继立为齐王，咎弟豹继立为魏王。

项羽与巨鹿之战

项燕的先人累世做楚将，封于项，因以项为氏，而家于下相。项燕有子名项梁，梁有侄名项籍，字羽。项羽少时学书写，不成，弃去；学剑，又不成。项梁怒责他。他说："书写只可以记姓名罢了，剑是一人敌，也不值得学，要学万人敌！"项梁于是教他兵法。他略通大意，再不深求。项梁曾因事杀人，带着项羽，逃匿于吴（今吴县[1]，秦会稽郡治），吴中名士大夫都奉他为领袖，遇着地方有大徭役或大丧事，每请项梁主办，项梁暗中用兵法部勒宾客子弟，因此他的干才为人所知。项羽长成，身材魁岸，力能扛鼎，尤为吴中子弟所敬畏。

二世元年九月，会稽郡守和项梁商议起兵响应陈涉，打算派项梁和某人为将，是时某人逃匿山泽中。项梁说，只有他的侄子知道某人所在。说完，离座外出，对项羽嘱咐了一番，又走进来，请郡守传见项羽，使召某人。项羽进见后，项梁向他使个眼色，说道："可以了！"项羽拔剑，砍下郡守的头。项梁拿着郡守的首级，佩了他的印绶。项羽连杀了好几十人，阖署慑伏听命，共奉项梁为会稽守。项梁收召徒众，得八千人。项羽为裨将，时年二十四。

二世二年二月项梁叔侄率兵渡江而西。先是广陵人召平为陈胜取广陵不下，闻陈胜败走，秦兵将到。渡江至吴，假传陈胜之命，拜项梁为上柱国。项梁一路收纳豪杰，到了下邳（今江苏邳县[2]）已有了

---

[1] 吴县，今已并入苏州市。——编者注

[2] 邳县，1992年撤县设邳州市。——编者注

六七万人。离下邳不远，在彭城之东，有秦嘉所领的一支义军，奉景驹（旧楚贵族景氏之后）为楚王。是时陈胜的下落，众尚不知。项梁声言秦嘉背叛陈王擅立景驹大逆不道，即进击之。秦嘉败死，军降，景驹走死。

既而项梁得知陈胜确实已死，乃从居巢老人范增之策，访得楚怀王之孙（名心）于牧场中，立以为王，仍号楚怀王，都于盱眙（安徽今县[1]），项梁自号武信君。这是六月的事。

自四月至八月间，项梁军叔侄与秦军转战于今苏北、鲁南及豫东一带，连获大捷。项梁由此轻视秦军，时露骄色，部下宋义劝谏他道："战胜而将骄卒惰乃是败征；现在士卒已渐形怠懈，而秦兵日增，大可忧虑。"项梁不以为意。九月章邯得到关中派来众盛的援兵之后，还击楚军，大破之于定陶，项梁战死。

章邯破项梁军，认为楚地无足忧虑，乃渡河击赵。先是赵地内乱，武臣被杀，张耳、陈余访得赵王室之后赵歇，继立为赵王，居信都。章邯入邯郸，迁其民于河内，夷其城郭。张耳与赵王走入巨鹿城，章邯使王离围之，而自军于巨鹿南。陈余北收兵于常山得数万人，军于巨鹿北。巨鹿城被围数月，粮乏兵单，危在旦夕，求援于陈余，而陈自以力薄非秦敌，按兵不肯动。

项梁死后，楚军集中于彭城附近，怀王亦移节于彭城。巨鹿围急，求救于诸侯，怀王拟派兵赴之。宋义自预言项梁之败而中，以知兵名于楚军。怀王召他来筹商，听了他的议论，大为赞赏，派他为援赵军的统帅，称上将军，以长安侯项羽为次将军，范增为末将。宋义

[1] 1955年划归江苏。——编者注

行至安阳（河南今县[1]），逗留四十六日不进，项羽主张急速渡河，与赵军内外夹击秦军。宋义却主张先让赵、秦决战；然后秦胜则乘其疲敝而击之，秦败则引兵西行，乘虚袭取咸阳。于是严申军令，禁止异动。宋义派其子某为齐相，大排筵席为其饯行。是时岁荒粮绌，又适值天寒大雨，士卒饥冻。项羽昌言军中，责备宋义但顾私图，不恤士卒，不忠楚王。一天早晨，项羽朝见宋义，就在帐中把他的头砍下，号令军中；说他通齐反楚，奉怀王令把他诛戮。诸将尽皆慑服，共推他为“假上将军”。项羽使人报告怀王，怀王就派他代为上将军。自杀了宋义之后，项羽威震楚国，名闻诸侯。

项羽既受了援赵军统帅之任，立即派二万人渡河救巨鹿，先锋连获小胜，陈余又请添兵。项羽于是率全军渡河。既渡，凿沉船只，破毁釜甑，焚烧房舍，令士卒每人只带三日粮，示以决死无归还之心。既至巨鹿，反围王离，九战秦军，绝其粮道，大破之，王离被虏，其部下要将或战死或自杀。这是二世三年十二月的事。先是诸侯援军营于巨鹿城外的，不下十几个壁垒，都不敢出战。及楚军开始进攻，诸侯军将领皆从壁上观看。楚兵无不以一当十，呐喊声动天地，诸侯军士卒无不心惊胆震。项羽既破秦军，召见诸侯军将领，他们将入辕门，个个膝行而前，不敢抬头瞧望。于是项羽成了联军的统帅，诸侯军将领皆隶他麾下。

是时章邯尚军于巨鹿南，外见迫于项羽，内受二世的责备，又见疾于赵高，陷入进退维谷之境。陈余乘机投书给他，说道：

---

[1] 今属河南安阳市。——编者注

> 白起为秦将，南征鄢郢，北阬马服（马服谓赵将马服君赵奢之子括，此指长平之战），攻城略地，不可胜计，而竟赐死。蒙恬为秦将，北逐戎人，开榆中地数千里，竟斩阳周。何者？功多，秦不能尽封，因以法诛之。今将军为秦将三岁矣，所亡失以十万数，而诸侯并起，滋益多。彼赵高素谀日久，今事急，亦恐二世诛之，故欲以法诛将军以塞责，使人更代将军，以脱其祸。夫将军居外久，多内隙，有功亦诛，无功亦诛。且天之亡秦，无愚智皆知之。今将军内不能直谏，外为亡国将，孤特独立，而欲常存，岂不哀哉！将军何不还兵，与诸侯为纵，约共攻秦，分王其地，南面称孤，此孰与身伏鈇质、妻子为戮乎？

章邯得书，心中更加狐疑，秘密派人和项羽议降。议未成，项羽连接进击章邯军，大破之。章邯遂决意投降。项羽以军中粮绌，许之。二世三年七月，章邯与项羽相会于洹水南殷墟上（即今安阳殷墟），立盟定约。章邯与项羽言及赵高事，为之泪下。

刘邦之起与关中之陷

当怀王派定了宋义等北上援赵之际，又派砀郡长武安侯刘邦西行略地，向关中进发。

刘邦，字季，泗川郡沛县（江苏今县）人。家世寒微。从少即不肯学习生产技艺。壮年做了本县的泗水亭长（秦制若干户为一里，十里为一亭，十亭为一乡）。他使酒好色，却和易近人，疏财乐施，县署的属吏，常给他嘻嘻哈哈地大开玩笑。有一次县长的旧友吕公来沛县做客，县中属吏都去拜贺，萧何替他收礼，声明贺礼不满千钱的坐在堂下。刘季骗阍人道：“贺礼万钱！”实在不名一钱。阍人领了他进来，吕公一见，看了他的相貌大为惊讶，特加敬重。萧何笑道：“刘季只会吹牛，本领有限。”刘季满不在乎地据了上位，嘲弄座客，言语之间，一点也没有屈服。酒罢，吕公暗中使眼色留他。客散之后，吕公对他说，生平喜欢看相，看过的相也不少，从未见过他这样好的相貌，望他自爱。就在这一次叙会中，吕公把女儿许嫁了给他，后来吕婆虽严重抗议也无效。

秦朝初年征各地刑徒赴骊山工作。沛县的刑徒，由泗水亭长押去。这些刑徒半路逃脱了许多。刘季预计到得骊山时，他们势必跑个精光。行至丰县西泽中，停下痛饮；半夜，把剩下的刑徒通通放了，自己也准备逃亡。刑徒中有十几个壮汉要跟随他。刘季于是领了这班人匿在芒、砀两县的山泽岩石之间。他们所以维持生活的方法似乎是不很名誉的，所以历史上没有交代。

陈胜发难后，沛县令打算响应。县吏萧何和曹参替他计议道，他以秦吏背秦，恐怕沛中子弟不服，不如把本县逃亡在外壮士召来，可得几百人，有他们相助，众人就不敢不听命了。于是派樊哙去招刘季。这樊哙是刘季的党羽，以屠狗为业。刘季率领着部下约莫一百人，跟着樊哙回来，沛令反悔，闭城不纳，并打算把萧、曹二人杀掉。二人跳城投奔刘季。刘季射书城上，劝县人诛沛令起事，否则城破之后，以屠城对付，县人遂共杀沛令，开城相迎。刘季受父老的推戴为沛公，收县中子弟得二三千人。这是二世元年九月的事。此后七个月内刘季转战于今独山湖以西苏、鲁两省相接之境，先后取沛、丰、砀[1]（皆江苏今县）做根据地。替刘季守丰的部将叛而附魏，刘季攻他不下，走去留县求助于景驹。他始终没有得景驹的帮助，却在留县遇到了张良。张良原是韩国的贵公子，其先人五世相韩，亡国后散家财谋报国仇。秦始皇在博浪沙遇刺，那凶手就是他所买的。这时他领了一百多个少年，想投景驹，遇了刘季，情投意合，便以众相从。后来楚怀王既立，张良说动了项梁，更立故韩公子韩成为韩王，只得辞别刘季，往佐韩王。

景驹败死后，刘季往见项梁，项梁给他补充五千人。他得了这援助，才于二世二年四月把丰县攻下。从此刘季归附了项梁。他和项羽似乎很相得，两人总是共领一军出战或同当一面，像是形影不离的。据说当怀王派刘季西行时项羽也请求同往，只是怀王左右的老将们极力反对，以为项羽僄悍残暴，是屠城的能手，关中人民，久苦苛政，可以德服，他一去，反失人心；唯有刘季，忠厚长者，可胜宣抚之任；怀王因此不许项羽和刘季偕行。

宋义、项羽等北上救赵之军和刘季西进之军，同于二世二年闰九月（当时称后九月）分途出发。刘季转战于今豫东豫南，取道南阳以向武关。这时秦军的主力被吸在河北，这一路的楚军并未遇着劲敌。刘季从洛阳南下，复与张良相会。先是，张良同了韩王领兵千余，西略韩地，取了数城，又被秦军夺回，只得在颍川一带做游击战。至是，领兵与刘季合，占领了韩地十余城。刘季令韩王留守阳翟，而同了张良前进，略南阳郡。郡守兵败，退守宛城。刘季便越过宛城而

[1] 1955年划归安徽。——编者注

西。张良谏道：现在虽急于入关，但关中兵尚众，且凭险相拒，若不攻下宛城，腹背受敌，这是危道。刘季便半夜隐匿旗帜，绕道回军，黎明，围宛城三匝。南阳守以城降，刘季封他为殷侯。由此西至武关，一路所经城邑纷纷迎降。二世三年八月武关陷。是月，赵高弑二世，使人来约降，刘季等以为诈，继进。九月峣关陷。刘季初欲急攻峣关。张良以为守将乃屠户之子，可以利动。于是楚军一面派人先行，预备五万人的餐食，并在山上多树旗帜为疑兵；一面派人拿重宝去说守将，守将果然变志，愿和楚军同入咸阳。刘季将要答应他，张良以为只是守将要反，怕士卒不从，不从可危，不如乘其怠懈进击。刘季依计遂破峣关。是月秦军再战于蓝田南，复大败。次月刘季入咸阳。先是赵高既弑二世，继立其侄子婴，贬去帝号，称秦王，子婴又袭杀赵高。至是，子婴以绳系颈，乘素车白马，捧着皇帝的玺印，迎接刘季于霸上（长安东十三里）的轵道旁。

秦历以九月为岁终，而秦历可说是终于二世三年九月。后此五十四个月，即四年半，刘季乃即皇帝位，汉朝乃开始。中间纪事，系年系月，甚成问题。若用公元，年次固可约略相附，但月份则尚无正确的对照。汉人以二世三年之后为汉元年；汉初沿秦历法，以十月为岁首，故以汉元年十月接秦二世三年九月。但此时尚无汉朝，何有汉年？今别无善法，只得依之。

项羽在关中

刘季到了咸阳，看着堂皇的宫殿，缛丽的帷帐和无数的美女、狗马、珍宝，便住下不肯出。奈不得樊哙和张良苦劝婉谏，才把宫中的财宝和府库封起，退驻霸上，以等待各方的领袖来共同处分。他又把父老召来，宣布废除秦朝的苛法，只约法三章："杀人者死，伤人及盗抵罪。"人民大喜，纷纷送上牛羊来犒军，刘季一概辞谢不受。

项羽既定河北，率楚军诸侯军及秦降军西向关中，行至新安，闻秦降卒有怨声，虑其为变，尽坑之。

当初怀王曾与诸将约，谁先入关中，即以其地封他为王。刘邦因此以关中的主人自居。而项羽西进之前已封了章邯为雍王（秦地古称雍州），大有否认怀王初约之意。刘季闻讯，派兵守函谷关，拒外军入境，同时征关中人民入伍，以扩充实力。

项羽至函谷关，不得入，大怒，攻破之。进驻鸿门，与刘季军相距只四十里。是时外军四十万，号百万；内军十万，号二十万。项羽大飨军士预备进攻。项羽的叔父项伯曾受张良救命之恩，半夜去给张良通消息，劝张良快跟他走。张良却替他和刘季拉拢。刘季会项伯一见如故，杯酒交欢，约为婚姻。刘季道："我入关以来，秋毫不敢有所沾染，簿籍吏民，封闭府库，以等待项将军。派人守关，只是警备盗贼。日夜盼望项将军到，哪里敢反？"恳求项伯代为解释。项伯答应，并约他次早亲到鸿门营中来。

项羽听了项伯的话，芥蒂已消，又见刘邦亲到，反而高兴起来，留他宴饮。项羽、项伯坐西，范增坐北，刘季坐南，张良坐东。范增主张剪除刘季最力，席间屡次递眼色给项羽，同时举起所佩的玉玦。项羽默然不应。范增出去，一会又入来。随后不久，项庄入来奉酒祝寿。奉毕说道："君王和沛公饮酒，军营里没有什么可以助兴的，让我来舞剑！"项羽说："好！"他便舞起剑来。项伯亦拔剑起舞。项庄屡屡逼近刘季，项伯屡屡掩护着刘季。正对舞间，张良出去，一会又入来。随后，门外喧嚷声起，一人带剑持盾闯进来，鼓起眼睛盯着项羽。项羽按剑翘身（时席地坐）问：“做什么？”张良说：“那是沛公的骖乘樊哙。”项羽说：“壮士！赏他酒！”是一大杯。樊哙拜谢了，一口喝干。项羽说：“赏他一个猪肩！”那是生的。樊哙把盾覆在地上，把猪肩放在盾上，拔剑切肉便啖。项羽问他可还能饮不，他说：“臣死也不避，何况杯酒？”接着他痛陈刘季的功劳，力数项羽的不是。项羽无话可答，只请他坐，他便挨张良坐下。自从樊哙闯入，舞剑停止。樊哙坐下不久，刘季说要如厕走开，张良跟着他。过了许久，张良单独回来，带好些玉器。张良作礼道：“沛公很抱歉，因饮酒过多，不能亲来告辞。托下臣带了白璧一对献与大王（项羽），玉斗（酒器）一对献与大将军（范增）。”项羽问沛公在哪里，张良说：“他听说大王有意责难他，已回营去了。”项羽收下白璧，放在几上。范增把玉斗放在地下，拔剑撞个粉碎。

随后项羽入咸阳，屠城，杀子婴，烧秦宫室，收财宝妇女，然后发号施令，分割天下。他尊怀王为义帝，却只给他湘江上游弹丸之地，都于郴（今县）。自立为西楚霸王，占旧楚、魏地九郡，都于彭城；此外他封立了十八个王国，列表如下：

<table>
<tr><th>王号</th><th>姓名</th><th>原来地位</th><th>国都</th><th>领地</th><th>附注</th></tr>
<tr><td>汉王</td><td>刘季</td><td></td><td>南郑</td><td>汉中、巴蜀</td><td></td></tr>
<tr><td>雍王</td><td>章邯</td><td>秦降将</td><td>废丘</td><td>咸阳以西</td><td rowspan="3">三人共分关中地，三国合称三秦。</td></tr>
<tr><td>塞王</td><td>司马欣</td><td>章邯部下长史</td><td>栎阳</td><td>咸阳以东至河</td></tr>
<tr><td>翟王</td><td>董翳</td><td>章邯部下都尉</td><td>高奴</td><td>上郡</td></tr>
</table>

续表

王号	姓名	原来地位	国都	领地	附注
西魏王	魏豹	魏王	平阳	河东	
河南王	申阳	张耳部将，先定河南	洛阳	河南郡	
韩王	韩成	韩王	阳翟	韩地若干郡	
殷王	司马卬	赵将，先定河内	朝歌	河内	
代王	赵歇	赵王		代郡	
常山王	张耳	赵相，从项羽入关	襄国	赵地大部分	
九江王	英布	项羽部将	六	九江郡一带	后降刘季，封淮南王。
衡山王	吴芮	百越君长，从入关	邾	楚地一部分	
临江王	共敖	怀王柱国	江陵	楚地一部分	死于汉三年；子尉嗣，四年十二月为汉所虏。
辽东王	韩广	燕王		辽东	后拒臧荼，为所杀。
燕王	臧荼	燕将，从项羽入关	蓟	燕地大部分	
胶东王	田市	齐王	即墨	齐地一部分	
齐王	田都	齐将	临淄	齐地大部分	
济北王	田安	齐王室后，项羽部将	博阳	齐地一部分	

我们看这表便可知道，其中哪些是不会悦服项羽的宰割的人。刘季指望割据关中而只得到僻远的汉中、巴蜀，不用说了。魏豹由魏王而缩为西魏王，赵歇由赵王而缩为代王，田市由齐王而缩为胶东王，韩广由燕王而缩为辽东王，都是受了黜降。此外项羽在瓜分天下时所树的敌人，不见于表中的还有故齐相田荣和故赵将陈余。当初田儋战死后，齐人立田假为王，田荣（田儋弟）逐田假更立儋子田市而专齐政。田假走依项梁，由此田荣与项氏有隙。项羽以齐地分王田市、田都、田安，而田荣无分。田荣怎肯甘心？陈余本与张耳为“刎颈交”。巨

鹿之围，张求援于陈，而陈竟以利害的计较，按兵不动。两人从此成仇。但两人的“革命功绩”，实不相上下。项羽因张耳相从入关以赵地的大部分封他为常山王，而仅以南皮等三县之地封陈余为侯。陈余由此深怨项羽。

楚汉之战及其结局

汉元年四月，在咸阳新受封的诸王分别就国。张良辞别刘季，往佐韩王，却送刘季到褒中，临别，劝他烧绝所过栈道，示无北还之心，刘季依计。

五月，田荣发兵拒田都，击走之。田荣留田市，不让他赴胶东。田市惧怕项羽，逃亡就国。田荣追杀之，而自立为齐王。是时昌邑人彭越（以盗贼起）聚众万余人于巨野，无所属。田荣给他将军印，使攻济北。越击杀济北王。于是田荣尽有全齐之地。彭越又进击楚军，大破之。陈余请得田荣的助兵，并尽发南皮三县兵，共袭常山，张耳败逃。二年十月陈余迎故赵王歇于代，复立为赵王。于是齐赵地尽反楚。是月义帝在就国途次，为项羽命人袭杀于江中。

刘季乘齐变于元年八月突入关中。章邯兵败，被围于废丘（二年六月废丘始陷，章邯自杀）。塞王、翟王皆降汉。先是项羽挟韩王成归彭城，不使就国，继废之为侯，继又杀之。于是张良逃就刘季于关中。刘季以故韩襄王（战国时）孙信为韩太尉，使共张良将兵取韩地。二年十一月，韩地既定，刘季立信为韩王。先是河南王申阳亦降汉。

项羽权衡西北两方敌人的轻重，决定首先击齐。二年正月，大败田荣于城阳。田荣遁逃，为人民所杀。项羽坑田荣降卒。提兵北进，一路毁城放火，掳掠妇女。齐人怨叛。荣弟田横，收散兵，得数万人，复反城阳。项羽还战，竟相持不下。刘季乘齐楚相斗之际东进，降西魏王豹，虏殷王卬，为义帝发丧，率诸侯兵五十六万伐楚，遂入彭城。项羽以精兵三万人还战，汉军大溃，被挤落谷水和泗水死的据说有十余万人。再战灵璧东，汉军又溃，被挤落睢水死的据说也有十余万人，睢水几乎被死尸填塞了。楚军围了刘季三匝。适值大风从西北起，折树发屋，飞沙走石，阴霾蔽天，白昼昏黑。楚军逆着飓风，顿时散乱，刘季才得带了几十骑遁走。但项羽一去齐，田横复定齐地，立田荣子田广为王。刘季收聚散卒，又得萧何征调关中壮丁转运关中粮食来援，固守荥阳、成皋（并在今河南成皋县[1]境，荥阳在东，成皋在西），军势复振。先是魏王豹于汉军败后，复叛归楚。汉使淮阴人韩信击之。九月，韩信俘魏王豹，定魏地。

此后战争的发展，可分为三个阶段。

第一阶段尽汉三年九月。在这一阶段，汉正面大败，而侧面猛进。在正面，汉失荥阳、成皋。刘季先后从荥阳、成皋突围先遁。其出荥阳时，将军纪信假扮着他，从东门出，以诳楚军，他才得从西门逃走，纪信因此被烧杀。在侧面，韩信取赵。先是，张耳败走，投奔汉。刘季微时曾为张耳客，因善待之。及会诸侯兵伐楚，求助于赵，陈余以汉杀张耳为条件。刘季把一个貌似张耳的人杀了，拿首级送去，陈余才派兵相助。后来陈余闻得张耳未死，便绝汉。汉使韩信击赵，杀陈余。在这阶段，还有两件大事可记。其一，楚将九江王英布

---

[1] 成皋县，今河南荥阳市汜水镇西。——编者注

先已离心，又受了汉所遣辩士的诱说，遂举九江降汉。英布旋被项羽击败，只身逃入汉，但项羽已失去一有力的臂助了。其二，项羽中了汉的反间计，对一向最得力的谋臣范增起了猜疑，范增愤而告退，归近彭城，疽发背死。

第二阶段尽汉四年九月。在这一阶段，韩信南下取齐，楚军援齐大败，韩信遂定齐地；而彭越（于田荣死后归汉）为汉守魏地，时出游兵断楚粮道，荥阳、成皋的楚军大窘；项羽抽军自领回击彭越，汉乘机收复成皋，并进围荥阳。项羽引兵还广武（在荥阳附近，荥泽与汜水之间），与汉相持数月。项羽以前方粮绌后方又受韩信的抄袭，想和汉决一死战，而汉按兵不出，只得与汉约和。约定楚汉平分天下，以鸿沟（在广武荥泽间）为界准，其东属楚，其西属汉；楚放还前所掳汉王之父及妻。约成，项羽便罢兵东归。

以下入最后阶段。初时刘季也打算罢兵西归，张良等力劝乘势灭楚。五年十月，汉追击项羽军于固陵（今河南淮阳县[1]西北），大败之。刘季约韩信、彭越会师，而二人不至。先是韩信既定齐，自请立为齐王，刘季忍怒许之；彭越只拜魏相国。至是张良献计：韩信故乡在楚，指望做楚王；彭越据魏地亦指望做魏王；若能牺牲楚、魏地的一部分，许与他们，他们必然效命。刘季依计，二人立即会师。十一月，汉遣别将渡淮围寿春，又诱降楚舒城守将，使以舒屠六。十二月，项羽至垓下（今安徽灵璧县东南），兵少食尽，汉军围之数重。项羽率八百余骑溃围而出，所当辟易：到了长江西岸的乌江（今安徽和县东

[1] 淮阳县，即今河南周口市淮阳区。——编者注

北乌江浦）只剩下二十六骑。乌江渡口单摆着一只小船。乌江亭长请他立即下渡。说道："江东虽小，也有几千里地，几十万人；现在只有这一只船，汉兵即使追来，也无法飞渡。"项羽说："我当初领江东子弟八千，渡江西去，如今无一人归还，即使江东父老怜恤我，奉我为王，我也有何面目再见他们？他们即使不说话，难道我不问心有愧？"于是把所乘的骓马赏给了亭长，令他先走。自与从人步行，持短兵接战。他连接杀了几百人，身上受了十几伤，然后拔剑自刎。

五年正月，汉王立韩信为楚王，领淮北，都下邳；立彭越为梁王，领魏地，都定陶。随后，诸侯向汉王上了一封献进书如下：

> 楚王韩信，韩王信，淮南王英布，梁王彭越，故衡山王吴芮（项羽所立，旋废之），赵王张敖（汉立张耳为赵王，先是已死，其子敖嗣），燕王臧荼昧死再拜言：大王陛下，先时秦为无道，天下诛之，大王先得秦王，定关中，于天下功最多。存亡定危，救败继绝，以安万民，功盛德厚，又加惠于诸侯王，有功者使得立社稷。地分已定，而位号比拟无上下之分，大王功德之著于后世不宣。昧死再拜上皇帝尊号。

刘季经过一番逊让之后，于二月即皇帝位于定陶附近的汜水之北。是月封吴芮为长沙王，领长沙、象郡、桂林、南海四郡；又封故粤王无诸（秦所废，后从诸侯伐秦）为闽粤王，领闽中地。初定都洛阳，五月迁都于长安。

刘季做了七年皇帝（前202—前195）而死，庙号太祖高皇帝（《广阳杂记》卷二："考得高祖起沛年四十八，崩时年六十三。"不知何据）。

纯郡县制的重建

刘邦即帝位之初，除封了七个异姓的“诸侯王”外，又陆续封了一百三十多个功臣为“列侯”，汉朝的封君，主要的就是这诸侯王和列侯两级。在汉初，这两级的差异是很大的。第一，王国的境土“多者百余城，少者乃三四十县”；这七个王国合起来就占了“天下”的一大半。但侯国却很少有大过一县的。刘邦序次功臣，以萧何为首，而萧何初受封为酂侯时，只食邑八千户；后来刘邦想起从前徭役咸阳时，萧何多送了二百钱的赆，又加封给他二千户；后来萧何做到相国，又加封五千户；合共才一万五千户。终汉之世，也绝少有超过四万户的列侯。第二，诸侯王除享受本国的租税和徭役外，又握着本国政权的大部分。王国的官制是和中央一样的。汉代的官制大抵抄袭秦朝。中央有丞相，王国也有之；中央有御史大夫，王国也有之；中央有太尉，王国则有中尉。王国的官吏，除丞相外，皆由诸侯王任免。但列侯在本“国”，只享受额定若干户的租税和徭役（譬如某列侯食五千户，而该国的民户超过此数，则余户的租税仍归中央），并没有统治权。他们有的住长安，有的在别处做官，多不在本国。侯国的“相”实际是中央所派地方官，和非封区里的县令或县长相等（汉制万户以上的县置令，万户以下的县置长）。他替列侯征收租税，却不臣属于列侯。在封君当中，朝廷所须防备的只有诸侯王，列侯在政治上是无足轻重的。

最初，诸侯王都是异姓的。异姓诸侯王的存在，并非刘邦所甘愿。不过他们在新朝成立之前都早已据地为王。假如刘邦灭项之后，不肯承认他们既得的地位，他们在自危之下，联合起来，和刘邦对抗，刘邦能否做得成皇帝，还未可知。所以当刘邦向群臣询问自己所以成功的原因，就有人答道：

> 陛下慢而侮人，项羽仁而爱人。然陛下使人攻城略地，所降下者，因以予之，与天下同利也。项羽妒贤嫉能，有功者害之，贤者疑之，战胜而不予人功，得地而不予人利，此所以失天下也。

不过刘邦在未做皇帝之前，固能“与天下同利”；做了皇帝之后，就不然了。他在帝位未坐稳之前，不能把残余的割据势力一网打尽；在帝位既坐稳之后，却可以把他们各个击破。他最初所封诸王，除了仅有众二万五千户的长沙王外，后来都被他解决了。假如刘邦有意重振前朝的纯郡县制度，他很可以把异姓诸侯王的国土陆续收归中央。此时纯郡县制度恢复的主要障碍似乎只是心理的。秦行纯郡县制十五年而亡，周行“封建”享祀八百，这个当头的历史教训，使得刘邦和他的谋臣认“封建”制为天经地义。异姓的“诸侯王”逐渐为刘邦的兄弟子侄所替代，到后来，他立誓：“非刘氏而王者天下共击之。”不过汉初的“封建”制和周代的“封建”制，名目虽同，实则大异。在周代，邦畿和藩国都包涵着无数政长而兼地主的小封君；但在汉初，邦畿和藩国已郡县化了。而且后来朝廷对藩国的控制也严得多：藩国的兵符掌在朝廷所派的丞相手，诸王侯非得他的同意不能发兵。

在高帝看来，清一色的刘家天下比之宗室和异姓杂封的周朝，应当稳固得多了。但事实却不然。他死后不到二十年，中央对诸侯王国的驾驭，已成为问题。文帝初即位的六年间，济北王和淮南王先后叛变，虽然他们旋即被灭，但拥有五十余城的吴王濞又露出不臣的形迹。他收容中央和别国的逃犯，用为爪牙；又倚恃自己镕山为钱、煮海为盐的富力，把国内的赋税免掉，以收买人心。适值吴太子入朝，和皇太子（即后日的景帝）赌博，争吵起来，给皇太子当场用博局格杀了。从此吴王濞称病不朝，一面加紧地“积金钱，修兵革，聚谷食”。文帝六年，聪明盖世的洛阳少年贾谊（时为梁王太傅）上了有名的《治安策》，认为时事有“可为痛哭者一，可为流涕者一（今本作可为流涕者二，据夏炘《贾谊政事疏考补》改），可为长太息者六。”其“可为痛哭者一”便是诸侯王的强大难制。他比喻道：“天下之势，方病大瘇，一胫之大几如腰，一指之大几如股。”他开的医方是“众建诸侯而少其力”，那就是说，分诸侯王的土地，以封他们的兄弟或子孙，这一来诸侯王的数目增多，势力却减少。后来文帝分齐国为六，淮南国为三，就是这政策一部分的实现。齐和淮南被分之前，颍川人晁错提出了一个更强硬的办法，就是把诸侯王土地的大部分削归中央。这个提议，宽仁的文帝没有理会，但他的儿子景帝继位后，便立即采用了。临到削及吴国，吴王濞便勾结胶东、胶西、济南、菑川（四国皆从齐分出）、楚、赵等，和吴共七国，举兵作反。这一反却是汉朝政制的大转机。中央军在三个月内把乱事平定。景帝乘着战胜的余威，把藩国一切官吏的任免权收归朝廷，同时把藩国的官吏大加裁减，把它的丞相改名为相。经过这次的改革后，诸侯王名虽封君，实为食禄的闲员；藩国虽名封区，实则中央直辖的郡县了。往后二千余年中，所行的“封建制”多是如此。

景帝死，武帝继位，更双管齐下地去强干弱枝。他把贾谊的分化政策，极力推行。从此诸侯王剩余的经济特权也大大减缩，他们的食邑最多不过十余城，下至蕞尔的侯国，武帝也不肯放过，每借微罪把它们废掉。汉制，皇帝以八月在宗庙举行大祭，叫作“饮酎”，届时王侯要献金助祭，叫作“酎金”。武帝一朝，列侯因为酎金成色恶劣或斤两不够而失去爵位的，就有一百多人。

景、武之际是汉代统治权集中到极的时期，也是国家的富力发展到极的时期。

秦代十五年间空前的工役和远征已弄到民穷财尽。接着八年的苦战（光算楚汉之争，就有“大战七十，小战四十”），好比在羸瘵的身上更加剜戕。这还不够。高帝还定三秦的次年，关中闹了一场大饥荒，人民相食，死去大半。及至天下平定，回顾从前的名都大邑，多已半付蒿莱。它们的户口往往什去七八。高帝即位后二年，行过曲逆，登城眺望，极赞这县的壮伟，以为在所历的都邑中，只有洛阳可与相比，但一问户数，则秦时本有三万，乱后只余五千。这时不独一般人民无蓄积可言，连将相有的也得坐牛车，皇帝也无力置备纯一色的驷马。

好在此后六七十年间，国家大部分享着不断的和平，而当权的又大都是“黄老”的信徒，守着省事息民的政策。经这长期的培养，社会又从苏复而趋于繁荣。当武帝即位的初年，据同时史家司马迁的观察，“非遇水旱之灾，民则人给家足。都鄙廪庾皆满，而府库余货财。京师之钱累巨万，贯朽而不可校（计算）。太仓之粟，陈陈相因，充溢露积于外，至腐败不可食。众庶街巷有马，阡陌之间〔马聚〕成群”。

政权集中，内患完全消灭；民力绰裕，财政又不成问题，这正是大有为之时。恰好武帝是个大有为之主。

武帝的新经济政策

武帝的开拓事业，论范围，论时间，都比秦始皇的加倍；费用自然也加倍。军需和边事有关的种种工程费，募民实边费（徙民衣食仰给县官数年，政府假与产业），犒赏和给养降胡费，使节所携和来朝蛮夷所受的遗赂——这些不用说了。光是在元朔五、六年（前124—前123）间对匈奴的两次胜利，“斩捕首虏”的酬赏就用去黄金二十余万斤。武帝又厉行水利的建设，先后在关中凿渠六系：其中重要的是从长安引渭水傍南山下至黄河，长三百余里的运渠；为郑国渠支派的“六辅渠”和连接泾渭长二百余里的白公渠。又尝凿渠通褒水和斜水，长五百余里，以联络关中和汉中；可惜渠成而水多湍石，不能供漕运之用。这些和其他不可胜述的水利工程，又是财政上一大例外的支出。加以武帝笃信幽冥，有神必祭，大礼盛典，几无虚岁。又学始皇，喜出外巡行，却比始皇使用更豪爽。元封元年第一次出巡，并登封泰山，所过赏赐，就用去帛百余万匹，钱以“巨万”计。可是武帝时代的人民，除商贾外，并不曾感觉赋税负担的重增。这真仿佛是一件奇迹。

汉朝的赋税是例外地轻的，在武帝以前只有四项。一是田租：自景帝以后确定为三十税一。二是算赋和口赋：每人从十五岁至五十六岁年纳百二十钱，商人与奴婢加倍，这叫作算赋；每人从三岁至十四岁的，年纳二十钱，这叫作口赋。三是郡国收来贡给皇帝的献费：每人年纳六十三钱。四是市租：专为工商人而设的。这些赋税当中，只有口赋武帝加增了三钱，其余的他不曾加增过分文。此外他只添了两种新税，一是舟车税：民有的轺（小车）车纳一算（百二十钱），商人加倍；船五丈以上一算。二是工商的货物税：商家的货品，抽价值的百分之六（缗钱二千而一算），工业的出品减半，这叫作“算缗钱”（货物的价值听纳税者自己报告，报不实或匿不报的，罚戍边一年，财产没收，告发的赏给没收财产的一半，这叫作“告缗”）。无论当时悭吝的商人怎样叫苦连天（据说当时中产以上的商人大抵因“告缗”破家），这两种新税总不能算什么“横征暴敛”。

那么武帝开边的巨费大部分从何而出呢？除了增税，除了鬻爵（民买爵可以免役除罪，武帝前已然。武帝更设“武功爵”，买至五级的可以补官），除了募民入财为“郎”，入奴婢免役，除了没收违犯新税法的商人的财产（据说政府因“告缗”所得，财产以亿计，奴婢以万计；田，大县数百顷，小县百多顷，宅亦如之）外，武帝的生财大道有二：新货币政策的施行和国营工商业的创立。

（1）武帝最初的货币政策，是发行成本低而定价高的新币。以白鹿皮方尺，边加绘绣，为皮币，当四十万钱，限王侯宗室朝觐聘享必须用作礼物。又创铸银锡合金的货币大小凡三种：龙文，图形，重八两三的当三千；马文，方形的当五百；龟文，椭圆形的当三百。又把钱改轻，令县官镕销“半两钱”，更铸“三铢钱”；后因三铢钱轻小易假，令更铸“五铢钱”。又由中央发行一种“赤仄钱”（赤铜做边的），以一当五，限赋税非赤仄钱不收。但银币和赤仄钱，因为抵折太甚，终于废弃。而其他的钱币，因为盗铸者众，量增价贱。于是武帝实行币制的彻底改革。一方面集中货币发行权，禁各地方政府铸钱；一方面统一法币，由中央另铸新钱，把从前各地方所造质量参差的旧钱收回镕销。因为新钱的质量均高，小规模的盗铸无利可图，盗铸之风亦息。汉朝的币制到这时才达到健全的地步。集中货币发行权和统一法币的主张是贾谊首先提出的。

（2）武帝一朝所创的国家企业可分为两类：一、国营专利的实业；二、国营非专利的商业。

国营专利的实业，包括盐铁和酒。酒的专利办法是由政府开店制造出售，这叫作“榷酤”。盐的专利办法是由“盐官”备“牢盆”等类煮盐器具，给盐商使用，而抽很重的税，同时严禁民间私造煮盐器具。铁的专利办法是由政府在各地设“铁官”主办铁矿的采冶及铁器的铸造和售卖。盐铁官多用旧日的盐铁大贾充当。

国营非专利的商业有两种：其一是行于各地方的。以前郡国每年对皇帝各要贡献若干土产。这些贡品有的因为道路遥远，还不够抵偿运费，有的半途坏损了。有人给武帝出了一条妙计：让这些贡品不要直运京师，就拿来做货本，设官经理，运去行市最高的地方卖了，得钱归公。这叫作“均输”。其二是行于京师的。武帝在长安设了一所可以叫作“国立贸易局”，网罗天下货物，“贱则买，贵则卖”。这叫作“平准”。当时许多商人之被这贸易局打倒是可想见的。

均输、平准和盐铁专利终西汉之世不变。唯榷酤罢于武帝死后六年（公元前81年）。是年郡国所举的“贤良文学”议并罢盐铁专卖。主持这些国营实业的桑弘羊和他们作了一次大辩论。这辩论的记录便是现存的《盐铁论》。

武帝开拓事业的四时期

武帝一朝对待外族的经过，可分为四期。

（一）第一期包括他初即位的六年（前141—前136），这是承袭文、景以来保境安民政策的时期。武帝即位，才十六岁，太皇太后窦氏掌握着朝政。这位老太太是一个坚决的“黄老”信徒。有她和一班持重老臣的掣肘，武帝只得把勃勃的雄心暂时按捺下去。当建元三年（公元前138年）闽越围攻东瓯（今浙江东南部），武帝就对严助说：“太尉不足与计，吾新即位，不欲出虎符发兵郡国。”结果，派严助持“节”去向会稽太守请兵，“节”并不是发兵的正式徽识，严助几乎碰了钉子。在这一期里，汉对匈奴不但继续和亲，而且馈赠格外丰富，关市的贸易也格外起劲；可是武帝报仇雪耻的计划早已决定了。他派张骞去通使西域就在即位的初二年间。

（二）第二期从建元六年窦太后之死至元狩四年大将军霍去病

之兵临瀚海，凡十六年（前135—前119），这是专力排击匈奴的时期。

窦氏之死，给汉朝历史划一新阶段。她所镇抑着的几支历史暗流，等她死后，便一齐迸涌，构成卷括时代的新潮。自她死后，在学术界里，黄老退位，儒家的正统确立；政府从率旧无为变而发奋兴作，从对人民消极放任变而为积极干涉。这些暂且按下不表。现在要注意的是汉廷的对外政策从软弱变而为强硬。她死后的次年，武帝便派重兵去屯北边；是年考试公卿荐举“贤良”，所发的问题之一，便是“周之成、康……德及鸟兽，教通四海，海外肃慎，……氐、羌徕服。……呜呼，何施而臻此欤？”次年，便向匈奴寻衅，使人诈降诱单于入塞，同时在马邑伏兵三十万骑，要把单于和他的主力一举聚歼。这阴谋没有成功，但一场狠斗从此开始。

晁错的估量是不错的。只要汉廷把决心立定，把力量集中，匈奴绝不是中国的敌手。计在这一期内，汉兵凡九次出塞挞伐匈奴，前后斩虏总在十五万人以上，只最后元狩四年（公元前119年）的一次，也是最猛烈的一次，就斩虏了八九万人。先是元狩二年（公元前121年），匈奴左地的昆邪王惨败于霍去病将军之手，单于大怒，要加诛戮，他便投降汉朝，带领去的军士号称十万，实数也有四万多。光在人口方面，匈奴在这一期内，已受了致命的打击（匈奴比不得中国，中国便遭受同数目的耗折也不算一回事。计汉初匈奴有控弦之士三十万，后来纵有增加，在此期内壮丁的耗折总在全数一半以上）。在土地方面，匈奴在这一期内所受的损失也同样的大。秦末再度沦陷于匈奴的河套一带（当时称为“河南”）给将军卫青恢复了。武帝用《诗经》中赞美周宣王征伐玁狁“出车彭彭，城彼朔方”的典故，把新得的河套地置为朔方郡；以厚酬召募人民十万，移去充实它；又扩大前时蒙恬所筑凭黄河为天险的边塞。从此畿辅才不受匈奴的威吓。后昆邪王降汉，又献上今甘肃西北的“走廊地带”（中包括月氏旧地，为匈奴国中最肥美的一片地），武帝把这片地设为武威、酒泉两郡（后来又从中分出张掖、敦煌两郡，募民充实之）。从此匈奴和氐羌（在今青海境）隔绝，从此中国和西域乃得直接交通，从此中国自北地郡以西的戍卒减去一半。后来匈奴有一首歌谣，纪念这一次的损失道（依汉人所译）：

亡我祁连山，使我六畜不蕃息！

失我焉支（燕支）山，使我妇女无颜色！

最后在元狩四年的一役，匈奴远遁至瀚海以北，汉把自朔方渡河以西至武威一带地（今宁夏南部，介于绥远和甘肃间地）也占领了，并且在这里开渠屯田，驻吏卒五六万人（唯未置为郡县），更渐渐地向北蚕食。是年武帝募民七十余万充实朔方以南一带的边境。

（三）元狩五年至太初三年，凡十七年（前118—前102）间，是武帝对外的第三期。在这一期内，匈奴既受重创，需要休息，不常来侵寇；武帝也把开拓事业转向别方：先后征服了南越、西南夷、朝鲜，皆收为郡县；从巴蜀开道通西南夷，役数万人；戡定闽越，迁其种族的一大部分于江淮之间，并且首次把国威播入西域。

西域在战国时是一神话的境地，屈原在《招魂》里描写道：

西方之害，流沙千里些！

旋入雷渊，靡散而不可止些！

幸而得脱，其外旷宇些！

赤蚁若象，玄蠭若壶些！

五谷不生，丛菅是食些！

其土烂人，求水无所得些！

一直到张骞出使之时，汉人还相信那里的昆仑山，为日月隐藏之所，其上有仙人西王母的宫殿和苑囿。对这神话的境界武帝首先做有计划的开拓。武帝在即位之初，早已留意西域。先时月氏国给匈奴灭了以后，一部分的人众逃入西域，占据了塞国（今伊犁一带），驱逐了塞王，另建一新国，是为大月氏（余众留敦煌、祁连间为匈奴役属的叫作小月氏），对于匈奴，时图报复。武帝从匈奴降者的口中得到这消息，便想联络月氏，募人去和它通使。汉中人张骞应募。这使事是一件很大的冒险。是时汉与西域间的交通孔道还是在匈奴掌握中，而西域诸国多受匈奴的命令。张骞未入西域，便为匈奴所获，拘留了十多年；他苦心保存着所持的使“节”，终于率众逃脱。这十多年中，西域起了一大变化。先前有一个游牧民族，叫作乌孙的，在故月氏国东，给月氏灭了。他们投奔匈奴，被收容着，至是，受了匈奴的资助，向新月氏国猛攻。月氏人被迫做第二次的逃亡，又找到一个富厚而文弱的国家——大夏（今阿富汗斯坦），把它鸠居雀巢地占据了；遗下塞国的旧境为乌孙所有。张骞到大夏时，月氏人已给舒服的日子软化了，再不想报仇；张骞留居年余，不得要领而返，复为匈奴所获，幸而过了年余，单于死，匈奴内乱，得间逃归。骞为人坚忍、宽大、诚信，甚为蛮夷所爱服。他出国时同行的有一百多人，去了十三年，仅他和一个胡奴堂邑父得还。这胡奴在路上给他射鸟兽充饥，否则他已经绝粮死了。

张骞自西域归还，是轰动朝野的大事。他给汉人的政治、商业和文化开了一道大门；后来印度佛教的输入，就是取道西域的。这我国史上空前的大探险，不久成了许多神话的挂钉。《张骞出关志》《海外异物记》等类夸诞的书，纷纷地堆到他名下。这些可惜现在都失传了。

张骞第二次出使是在元狩四年，匈奴新败后。这回的目的是乌孙。原来乌孙自居塞地，国势陡强，再不肯朝事匈奴，匈奴派兵讨它，不胜，从此结下仇隙。张骞向武帝献计：用厚赂诱乌孙来归旧地（敦煌、祁连间），并嫁给公主，结为同盟，以断“匈奴右臂”；乌孙既归附，则在它西边大夏（即新月氏）等国皆可收为外藩。武帝以为然，因派张骞再度出使。这回的场面比前次阔绰得多。受张骞统率的副使和将士共有三百多人，每人马二匹，带去牛羊以万数，金币价值巨万（万万）。骞至乌孙，未达目的，于元鼎二年（公元前115年）归还，过了年余便死。但乌孙也派了一行数十人跟他往汉朝报谢。这是西域人第一次来到汉朝的京都，窥见汉朝的伟大。骞死后不久，他派往别些国的副使也陆续领了报聘的夷人回来；而武帝继续派往西域的使者也相望于道，每年多的十几趟，少的也五六趟，每一行大的几百人，小的也百多人；携带的礼物也大致同张骞时一般。于是请求出使西域，或应募前往西域，成了郡国英豪或市井无赖的一条新辟的出路。西域的土产，如葡萄、苜蓿、石榴等植物；音乐如摩诃、兜勒等曲调，成了一时的风尚。乌孙的使人归去，宣传所见所闻，乌孙由此重汉；匈奴闻它通汉，要讨伐它。乌孙恐惧，乃于元封中（前110—前105）实行和汉室联婚，结为兄弟。但匈奴闻讯，也把一个女儿送来，乌孙王也不敢拒却，也就一箭贯双雕地做了两个敌国的女婿。中国在西域占优势乃是元封三年至太初三年（前108—前102）间对西域的两次用兵以后的事。第一次用兵是因为当路的楼兰、姑师两小国，受不了经过汉使的需索和骚扰，勾通匈奴，攻劫汉使；结果，楼兰王被擒，国为藩属；姑师兵败国破，虽尚崛强，其后十八年（公元前90年）终被武帝征服。第二次用兵因为大宛国隐匿着良马，不肯奉献；结果在四年苦战之后，汉兵包围大宛的都城，迫得大宛贵人把国王杀了投降。楼兰、姑师尚近汉边，大宛则深入西域的中心。大宛服，而汉的声威振撼西域，大宛以东的小国纷纷遣派子弟，随着凯旋军入汉朝贡，并留以为质。于是汉自敦煌至罗布泊之间沿路设“亭”（驿站）；又在渠犁国驻屯田兵数百人，以供给使者。

自汉结乌孙，破楼兰，降大宛，匈奴渐渐感到西顾之忧。初时东胡为匈奴所灭后，其余众分为两部：一部分退保鲜卑山，因号为鲜卑；一部分退保乌桓山，因号乌桓（二山所在，不能确指，总在辽东塞外远北之地）。汉灭朝鲜后，又招来乌桓，让它们居住在辽东、辽西、右北平、渔阳、上谷五郡的塞外。从此匈奴又有东顾之忧。元封六年（公元前105年）左右，匈奴大约因为避与乌桓冲突，向西退缩；右部从前和朝鲜、辽东相接的，变成和云中郡相当对；定襄以东，无复烽警，汉对匈奴的防线减短了一半。

武帝开拓事业，也即汉朝的开拓事业，在这第三期，已登峰造极。计在前一期和这一期里，他先后辟置了二十五新郡；此外他征服而未列郡的土地尚有闽越、西域的一部分，和朔方以西、武威以东一带的故匈奴地。最后一批的新郡，即由朝鲜所分的乐浪、临屯、玄菟、真番四郡（四郡占朝鲜半岛偏北的大部分及辽宁省的一部分。此外在半岛的南部尚有马韩、弁韩、辰韩三族谓之三韩，包涵七十八国，皆臣属于汉），置于元封三年（公元前108年）。越二年，武帝把手自扩张了一倍有余的大帝国，重加调整，除畿辅及外藩，分为十三州；每州设一个督察专员，叫作“刺史”。这是我国政治制度史上一个重要的转变。

刺史的制度，渊源于秦朝各郡的监御史。汉初，这一官废了；有时丞相遣使巡察郡国，那不是常置的职官。刺史的性质略同监御史，而所监察的区域扩大了。秦时监御史的职权不可得而详。西汉刺史的职权是以“六条”察事，举劾郡国的守相。那“六条”是：

1. 强宗豪右田宅逾制，以强凌弱，以众暴寡。

2. 二千石（即食禄“二千石”的官，指郡国的守相）不奉诏书，遵承典制，倍公向私，旁诏牟利，侵渔百姓，聚敛为奸。

3. 二千石不恤疑狱，风厉杀人，怒则任刑，喜则淫赏，烦扰刻暴，剥截黎元，为百姓所疾；山崩石裂，妖祥讹言。

4. 二千石选署不平，苟阿所爱，蔽贤宠顽。

5. 二千石子弟恃怙荣势，请托所监。

6. 二千石违公下比，阿附豪强，通行货赂，割损政令。

第一和第六条的对象都是“强宗豪右”——即横行乡曲的地主。这一流人在当时社会上的重要和武帝对他们的注意可以想见了。

（四）武帝对外的第四期——包括他最后的十五年（前101—前87）。在这一期，匈奴巨创稍愈，又来寇边。而中国经了三四十年的征战，国力已稍疲竭，屡次出师报复，屡次失利。最后，在征和三年（公元前90年）的一役，竟全军尽覆，主帅也投降了。祸不单行，是年武帝又遭家庭的惨变，太子冤死。次年，有人请求在西域轮台国添设一个屯田区，武帝在心灰意令之余，便以一道忏悔的诏书结束他一生的开拓事业，略谓：

> 前有司奏，欲益民赋三十（每口三十钱）助边用。是重困老弱孤独也。而今又请遣卒田轮台！……乃者贰师（李广利）败，军士死略离散，悲痛常在朕心。今请远田轮台，欲起亭隧，是扰劳天下，非所以优民也。今朕不忍闻。……当今务在禁苛暴，止擅赋，力本农，修马复令（马复令谓许民因养马以免徭役之令），以补缺，毋乏武备而已。

又二年，武帝死。

不过这一期中匈奴的猖獗只是“回光返照”的开始。在武帝死后三十四年内（前86—前53），匈奴天灾人祸，外患内忧，纷至沓来，弄成它向汉稽首称臣为止。其间重要的打击凡三次。第一次（公元前72年），匈奴受汉和乌孙夹攻，人畜的丧亡已到了损及元气的程度；单于怨乌孙，自将数万骑去报复，值天大雪，一日深丈余，全军几尽冻死；于是乌孙从西面，乌桓从东面，丁零又从北面，同时交侵，人民死去什三，畜产死去什五；诸属国一时瓦解。又一次（公元前68年）闹大饥荒，据说人畜死去什六七。最后一次，国内大乱，始则五单于争立，终则呼韩邪与郅支两单于对抗；两单于争着款塞纳降，为汉属国，并遣子入侍。后来郅支为汉西域都护所杀，匈奴重复统一，但终西汉之世，臣服中国不改。跟着匈奴的独立而丧失的是它在西域的一切宗主权。它的“僮仆都尉”给汉朝的西域都护替代了。都护驻乌垒国都（今新疆库车），其下有都尉分驻三十余国。

东汉的建立及其开国规模

新朝倒塌后，革命势力的分化和冲突，乘时割据者的起仆和一切大规模和小规模的屠杀、破坏，这里都不暇陈述。总之，分裂和内战，继续了丨四年，然后全中国统一丁刘秀之手。

刘秀成就帝业的经过，大致如下。他起兵初年追随其兄刘缜之后。昆阳之战后不久，刘缜为更始所杀。时秀统兵在外。闻讯立即驰往宛城，向更始谢罪，沿途有人吊唁，他只自引咎，不交一句私语。他没有为刘缜服丧，饮食言笑，一如平常。更始于是拜他为破虏大将军，封武信侯。是年，更始入驻洛阳，即派他“行大司马事”，去安抚黄河以北的州郡。当他渡河时，除了手持的麾节外，几乎什么实力也没有。他收纳了归服的州郡，利用他们的兵力去平定拒命的州郡。在两年之间，他不独成黄河以北的主人，并且把势力伸到以南。在这期间，更始定都丁长安，封他为萧工；他的势力 天天膨胀；更始丌始怀疑他，召他还京了；他开始抗拒更始的命令了，他开始向更始旗下的将帅进攻了。最后，在更始三年六月，当赤眉迫近长安，更始危在旦夕的时候，他即皇帝位于鄗南，改元建武，仍以汉为国号（史家称刘秀以后的汉朝为后汉或东汉，而别称刘秀以前的汉朝为前汉或西汉）。先是，有一位儒生从关中带交他一卷“天书”，上面写着：

刘秀发兵捕不道，四夷云集龙斗野；四七之际火为主。

是年，赤眉入长安，更始降。接着，刘秀定都于洛阳。十二月，更始为赤眉所杀。赤眉到了建武三年春完全为刘秀所平定。至是，前汉疆域未归他统治的，只相当于今甘肃、四川的全部和河北、山东、江苏的各一小部分而已。这些版图缺角的补足，是他以后十年间从容绰裕的事业。

刘秀本是一个没有多大梦想的人。他少年虽曾游学京师，稍习经典，但他公开的愿望只是：

作官当作执金吾，娶妻当娶阴丽华。

执金吾仿佛京城的警察厅长，是朝中的第三四等的官吏。阴丽华是南阳富家女，著名的美人，在刘秀起兵的次年，便成了他的妻室。他的起兵并不是抱着什么政治的理想。做了皇帝以后，心目中最大的政治问题似乎只是怎样巩固自己和子孙的权位而已。他在制度上的少数变革都是朝着这方向的。第一是中央官制的变革。在西汉初期，中央最高的官吏是辅佐君主总理庶政的丞相和掌军政的太尉、掌监察的御史大夫，共为三公。武帝废太尉设大司马，例由最高的统兵官“大将军”兼之。成帝把御史大夫改名为大司空，哀帝又把丞相改名为大司徒。在西汉末期，专政的外戚例居大司马、大将军之位，而大司徒遂形同虚设了。刘秀把大司徒、大司空的大字去掉，把大司马复称太尉，不让大将军兼领。同时他“愠数世之失权，忿强臣之窃命，矫枉过直，政不任下，虽置三公，备员而已”（东汉人仲长统语）。他把三公的主要职事移到本来替皇帝掌管文书出纳的尚书台。在官职的等级上，尚书台的地位是很低的。它的长官尚书令禄只千石，而三公禄各万石。他以为如此则有位的无权，有权的无位，可以杜绝臣下作威作福了。第二是地方官制的变革。西汉末年，把刺史改称为州牧，把他的秩禄从六百石增到二千石，但他的职权并没有改变。州牧没有一定的治所，每年周行所属郡国，年终亲赴京师陈奏。他若有所参劾，奏上之后，皇帝把案情发下三公，由三公派员去按验，然后决定黜罚。刘秀定制，州牧复称刺史，有固定治所，年终遣吏入奏，不用亲赴京师，他的参劾，不再经三公按验，而直接听候皇帝定夺。这一来三公的权减削而刺史的权提高了。第三是兵制的变革。刘秀在建武七年三月下了一道重要的诏令道：

> 今国有众军，并多精勇。宜且罢轻车、骑士、材官、楼船士……

这道诏令的意义，东汉末名儒应劭（曾任泰山太守）解释道：

> （西汉）高祖命天下郡国选能引关蹶张、材力武猛者，以为轻车、骑士、材官、楼船。常以立秋后，讲肄课试，各有员数。平地用（轻）车、骑（士），山阻用材官，水泉用楼船。……今悉罢之。

这道诏令使得此后东汉的人民虽有服兵役的义务，却没有受军事训练的机会了。应劭又论及这变革的影响道：

自郡国罢材官、骑士之后，官无警备，实启寇心。一方有难，三面救之。发兴雷震……黔首嚣然。不及讲其射御……一旦驱之以即强敌，犹鸠鹊捕鹰鹯，豚羊弋豺虎。是以每战常负。……尔乃远征三边，殊俗之兵，非我族类，忿鸷纵横，多僵良善，以为己功，财货粪土。哀夫！民氓迁流之咎，见出在兹。“不教民战，是为弃之。”迹其祸败，岂虚也哉！

末段是说因为郡国兵不中用，边疆有事，每倚靠雇佣的外籍兵即所谓胡兵；而胡兵凶暴，蹂躏边民，又需索犒赏，费用浩繁。应劭还没有说到他所及见的一事：后来推翻汉朝的董卓，就是胡兵的领袖，凭借胡兵而起的。

郡国材官、骑士等之罢，刘秀在诏书里明说的理由是中央军队已够强众，用不着他们。这显然不是真正的理由。在征兵制度之下，为国家的安全计，精强的兵士是岂会嫌多的？刘秀的变革无非以强干弱枝，预防反侧罢了。郡国练兵之可以为叛乱的资藉，他是亲自体验到的。他和刘縯当初起兵，本想借着立秋后本郡“都试”——即壮丁齐集受训的机会，以便号召，但因计谋泄露而提早发难。当他作上说的诏令时，这件故事岂能不在他心头？

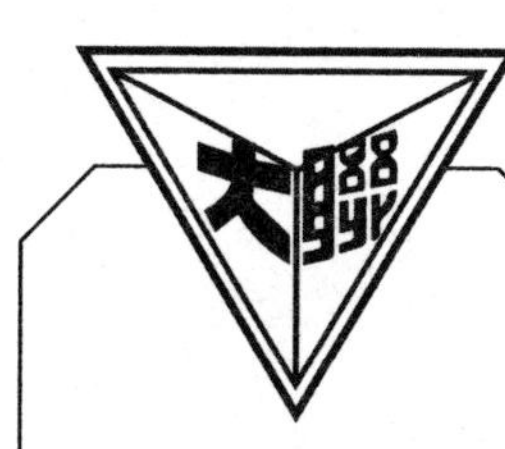

第三章 雷海宗讲魏、晋、南北朝

曹操与三国

自董卓以下，中央成为大军阀的傀儡。地方则由大小的军阀割据。董卓没有远大的计划，失败之后，曹操取代他的地位。

曹操（155—220），字孟德，沛国谯县（今安徽亳州）人。其父曹嵩是大宦官曹腾的养子，官至太尉。曹操少机警，有权术，20岁时举孝廉为郎。灵帝中平五年（公元188年）组建西园新军，他任典军校尉。董卓专权后，曹操到陈留聚兵五千人，参加讨董联军。初平三年（公元192年），青州黄巾军攻杀兖州刺史，曹操入据兖州，击败黄巾军，收降卒三十余万，男女百余万口。他改编其中精锐者，号称“青州兵”，从此势力大振。后曹操迎汉献帝入许昌，取得了“挟天子以令诸侯”的政治优势。当曹操大体上平定黄河以南时，袁绍也平定了黄河以北。建安五年（公元200年），双方决战于官渡（今河南中平[1]境内）。曹军在官渡以少胜多，歼灭袁军主力，取得了统一北方的决定性胜利。官渡战后，袁绍病死，其子袁谭、袁尚自相攻击，曹操乘机挥师北上，消灭了袁氏残余势力。此后，曹操集团成了当时势力最大、军事实力最强，同时拥有着很大政治号召力的割据势力。

割据的局面渐渐分明，形成鼎足之势，赤壁之战可说是决定三国局势的战争。曹操平定北方后，欲借胜利之余威扫荡南方，攻灭荆州、江东以统一天下。不过志满意得的曹操由于轻敌和出兵过于迅速而没有考虑到其他的复杂因素，终于被一心抗曹的孙权和刘备在赤壁击败。曹操退回北方后，刘备以荆州地区为根据地，又占领了益州、汉中等地，巩固了自己的势力。三国鼎立局面实际形成。后来曹丕篡汉，吴、蜀称尊，不过是正式宣布一件既成事实。

此后五六十年间，天下处在不断的战乱中。在这种混战中，挟持天子的曹氏实力最为雄厚，所以最后仍是魏与它的继承者晋占了胜利。长期大乱之后，社会生活又返回到原始的状态，交易方面甚至又退化到以货易货的地步。

---

[1] 河南中平，即今河南中牟县。——编者注

西晋与中原之沦丧

经过汉末的大乱与三国的扰攘之后，天下一并于晋，大局似乎又安定下来。但这只是片时的安定，不过是大崩溃前的回光返照。自殷商以下两千年来建功立业的华夏民族至此已颓废堕落到可惊的程度，无人再能真正振作，大家好似不约而同地走向自杀之路。政治腐败，目的不在治民而在吃民，贿赂公行，钱能通神。

晋武帝是开国之君，却是平庸之主，无经国远图，宽纵大臣，信用佞臣。朝中权贵结党营私，政出多门。他贪婪成性，公然卖官鬻爵，以为私财。自灭吴之后，更加志得意满，以为江山一统，天下太平，“骄奢之心，因斯而起”（《晋书·八王传序》）。他的后宫原有宫女五千，又选取吴宫女五千，终日耽于嬉戏。君主如此，臣僚更甚。西晋权贵大多是曹魏权贵的子孙，生于富贵，安于逸乐，以奢靡相高，纵情于声色。为维持奢侈的生活方式，他们千方百计地聚敛财富，广占园田土地，收受贿赂。如鬲令袁毅行贿遍朝中，以求升迁。当时求官买职成风，王沈在《释时论》中说：“京邑翼翼，群士千亿，奔走势门，求官买职”（《晋书·文苑·王沈传》）。连荆州都督杜预也不得不给朝中权贵送礼以求平安。更有甚者，石崇在荆州任上竟然派人抢劫过往的使者、客商。对此，时人鲁褒讽刺说：“凡今之人，唯钱而已”（《晋书·隐逸·鲁褒传》）。西晋统治集团腐败到这个地步，它的灭亡已经不远。

大乱之后政治破裂，豪右遂得操纵地方。这最少是晋又行“封建”制的一个原因。但封建并不足挽回颓局，反致促进崩乱的来临。地方都督，都是由皇帝任命的。建立都督制的目的也是为了巩固皇权捍卫统一。但都督坐镇一方，手握一方军政大权，可以成为维护皇权的力量，也可以成为地方割据的势力。晋因惩魏氏孤立之弊而建立的宗室诸侯王的特权，由于缺乏必要的法度和统治集团内部矛盾的发展，宗室诸侯王恰好成为分割皇权的势力。

社会的委靡与政治的腐败同时并进。有能力的人都采取及时行乐主义而癫狂般地享用。内部腐化破裂到不可收拾的时候，杂居中国边地甚至内地的夷狄就乘机喧宾夺主，人民的颠沛流离达到一个难以想象的地步。汉末以下的扰乱至此可说收到了最后的恶果。永兴元年（公元304年），匈奴族首领刘渊在离石（今属山西）起兵反晋，自称匈奴大单于，后建国号汉，改称汉王。刘渊子刘聪继立，派兵消灭西晋。其后，匈奴、羯、氐、羌、鲜卑等各族纷纷在北方建立政权，各政权之间此起彼伏、互相攻杀，昔日中原胜地，沦为炼狱，百姓或被杀，或携家带口、流离失所，在流亡的道路上，尸骨成堆、哀号满路。这就是所谓的“五胡乱华”和“永嘉之乱”。

最可怜的就是少数的明眼人，在晋武帝的盛期他们已知自己是处在衰乱的末世。但他们的大声疾呼并没有发生效力。一般的人似乎都抱着一种“日暮途远倒行逆施”的宗旨度日；人心既死，一切在理论上可行的办法都无济于事。

五胡乱华

背　景

土著开化的富裕地带对于游牧民族有不可抵御的诱惑。除非土著人民有能力把他们完全歼灭或驱逐到绝远的地方，这些逐水草而居的人终究要冲破文明区域的壁垒。中国北边及西北的民族，只有北匈奴曾被驱逐远窜，但一大半是靠南匈奴与西北羌胡的助力。至于任何异族的完全歼灭，在漫无涯际的沙漠旷野中全谈不到。中国因此感到只有容他们进到边地居住，给他们一种享受文明社会生活的机会，才能满足他们的欲望，减少他们不断扰边的麻烦。同时中国自己也相信夷狄移近内地易于监视控制。所以两汉、魏、晋数百年来中国就一贯地实行这种双方尚可满意的政策。这是中国对于外族不能捕灭、不能逐远，最多只能战胜，而往往被战败的局面之下不可避免的政策。

但中国既把夷狄迁近内地，却无通盘的计划，一任地方官摆布。地方官对他们不知牢笼，往往欺压掳掠，不只时常引起叛乱，并且使他们对中国发生恶感，时刻怨恨，因而阻止了他们华化的趋向。数十年以至数百年与中国人杂处而不同化，这是后代所绝无的例子。夷狄中最著名的被中国人欺侮的例子恐怕就是石勒。

石勒是上党武乡（今山西榆社北）人，其祖父和父亲当过部落小帅，但社会地位并不高。石勒从小在家务农，因家境贫寒，没有机会读书，目不识丁，14岁便出外谋生，曾随同族人在洛阳当小商贩，后来又当过雇工。石勒在当小贩时异常贫苦，甚至为争一块麻地与邻居李阳数次殴斗。其后并州刺史东瀛公司马腾，令将军郭阳、张隆等，虏捉诸胡，两人共锁于一枷，驱向山东（太行山以东一带）出卖。二十多岁的石勒，也在被掠卖者之中。到山东后，石勒被卖与茌平（山东茌平县[1]）人师懽家为奴。石勒的青少年时代，就是在不断被汉人豪强驱赶、贩卖中度过的。

除以上种种因缘之外，东汉建都洛阳的失策也与五胡乱华有关系。若都长安，西北或者不致大半成为羌胡的居地；由长安方面看，并州，最少并州南部，是后方内地，或者也不致由匈奴任意蔓延占据。所以建都洛阳无论本意如何，结果等于向夷狄表示退缩，把西北与正北的国防要地拱手让人。明朝永乐皇帝为防备蒙古南侵，将国都迁到离蒙古人比较近的北京，就是出于此种考虑。建都长安不见得能永久防止胡人内侵，但建都洛阳的确给外族一个内侵的莫大便利。刘

[1] 茌平县，今山东聊城市茌平区。——编者注

渊起事是中原正式沦丧的开始，但实际上中原的一部分，并且是国防上最重要的部分，早已成了胡人的势力。

上列种种原因虽很重要，但可说都是可轻可重的外因。根本讲来，五胡乱华还是由于政治瓦解、民气消沉的严重内因。

中原沦丧

由刘渊起事到元魏统一中原，中国经过一百三十六年的大乱，就是所谓五胡十六国的时代，最早发动的就是自汉宣帝以下蔓延内地的并州匈奴。所谓大晋一统的虚伪局面被立刻揭开，真正抵抗的能力全告缺乏。

怀帝永嘉三年（公元309年），刘渊派儿子刘聪两次进攻洛阳。永嘉四年（公元310年），刘渊死，刘聪继位。这时洛阳周围地区或遭破坏，或为刘聪、石勒占领，洛阳饥困日甚。掌权的东海王越，眼看洛阳难守，遂以出讨石勒为名，率领仅有的一些军队和满朝文武公卿离开洛阳，东屯项。永嘉五年（公元311年）三月，司马越病死。石勒率骑追司马越军，在苦县宁平城（今安徽鹿南郸城[1]东）大败晋兵，“从骑围而射之，将士十余万人相践如山，无一人得免者”（《资治通鉴》卷八七晋怀帝永嘉五年）。同年五月，刘聪攻陷洛阳，晋王公百官及百姓死者三万多人。怀帝被掳到平阳。

但这些外族大半都受过中国文化的影响，占领中原之后就极力汉化，甚至忌讳“胡”字。后赵王朝的建立者石勒，本是入塞的羯族

[1] 郸城，今属河南周口市，位于豫皖两省交界处。——编者注

人。他在襄国（今河北邢台）登基做皇帝后，对自己国家的人称呼羯族人为胡人大为恼火。石勒制定了一条法令：无论说话写文章，一律严禁出现“胡”字，违者问斩不赦。可见此前中国对他们的虐待是防止他们汉化的最大原因。但“非我族类”，种族间的冲突难免。外族多年的怨气至此方得任意发泄。胡人对汉人往往故意侮辱或大规模的屠杀，汉人只好忍受。史书记载羯族军队行军作战从不携带粮草，而是掳掠汉族女子作为军粮，羯族称之为“双脚羊”，意思是用两只脚走路像绵羊一样驱赶的奴隶和牲畜。

但胡人[1]最少有一次得了临时报复的机会。公元349年，羯赵皇帝石虎死后，其子十余人互相残杀。公元350年正月，冉闵杀死羯赵皇帝石鉴，同时杀死石虎的三十八个孙子，尽灭石氏。其后冉闵即皇帝位，年号永兴，国号魏，史称冉魏。冉闵建魏后，便颁下《杀胡令》：“凡内外六夷胡人，敢持兵仗者斩，汉人斩一胡人首级送凤阳门者，文官进位三等，武职悉拜东门。”冉闵亲自带兵击杀邺城周围的胡人，三日内斩首二十余万，尸横遍野，同时冉闵还扬言要六胡退出中原，“各还本土”，否则就将其统统杀绝。

汉族南迁

五胡乱华时的丧乱情形恐怕是前此内乱时所未有。许多地方的人（除一部分绝对运命论的信徒）都觉得不能再继续支持，只有另寻乐土。巧逢晋室有人见到这一层，在江东已立了新的根据地，于是中原

[1] 根据上下文，“汉人”似更符文意。——编者注

的人士就大批地渡江避乱。

当时，琅琊王司马睿为镇东大将军，都督扬、江、湘、交、广五州诸军事，驻建邺（因避愍帝司马邺讳，改称建康，今江苏南京）。因为江南比较稳定，当权的官僚们极力设法把自己的子弟、亲属安插到江南任地方官吏，以为将来自保之地。如宰相王衍就任命其弟王澄为荆州刺史，族弟王敦为扬州刺史。在永嘉南渡时，北方的许多士族、大地主携眷南逃，随同南逃的还有他们的宗族、部曲、宾客等，同乡同里的人也往往随着大户南逃。随从一户大地主南逃的往往有千余家，人口达到数万之多。有的逃到广陵（今江苏扬州），有的逃到京口（今镇江）以南。（《晋书·王导传》曰："洛阳倾覆，中州士女避乱江左者十六七。"）

当时流亡的情景，我们只能想象，不能详知。但由丧礼的成为问题就可知骨肉离散是如何的普遍。

方才过江的时候，一般的人还以为这不过是暂时的避难，并不是长久的迁移，但不久都渐渐觉得中原的故乡永无归还的希望。敌国外患似乎不是兴国的绝对良药，南渡之后政治的腐败、人心的麻木仍与先前一样。东晋孝武帝和司马道子，一君一相，耽于享受，官以贿迁。道子又好做长夜之宴，政事多阙。腐败的政治，加深了人民的痛苦。当时有人就曾上疏，指出："时谷贱人饥，流殣不绝，由百姓单贫，役调深刻。"（《晋书·简文三子·会稽王道子传》）

南北分局

汉人渡江是出于不得已，野心较大的人总希望不久能恢复中原。东晋初年，在门阀士族忙于建立江南小朝廷的时候，著名将领祖逖毅然率军北伐。他率领旧部数百人过江。他中流击楫而誓说：“祖逖不能清中原而复济者，有如大江！”其辞色壮烈，众皆慨叹。

同时统治集团内的人实际上没有真正收复失地的能力，即或收复也没有继续保持的把握，并且一般的人也没有再回中原的意志。正当祖逖抓紧练兵，准备进军河北时，朝廷反而派戴渊为都督指挥祖逖，并扼制祖逖后路。祖逖眼见北伐功亏一篑，忧愤成疾，病死军中。

同时北方外族中的野心家却希望能克服长江的天险而吞并整个中国，但这也是时势所不许。从太元三年（公元378年）起，前秦开始发动对东晋的进攻，占领了梁、益二州。尽管当时前秦国内民族矛盾仍然很严重，但苻坚企图一举统一全国。苻坚自认为兵强马壮，企图“投鞭断流”。不过，他没有充分估计到前秦内部尖锐的民族矛盾和东晋的军事实力，结果在淝水之战后换得个“风声鹤唳”的下场。苻坚退回北方后，北方重新分裂。

自此，南北分立的局面渐渐确定，在很长时段内无从打破。

江南虽未受胡蹄践踏，但两千年来以中原为政治文化重心的古典中国至此已成过去。然而在此后二百年间的南北分裂、胡华对立、梵汉合流的黑暗中，却孕育着一个新的中国。

南北朝

南北互诋

南北并立的二百余年间，双方都以正统自居。北朝的根据是地理的线索，认为中原旧地足以代表中国文化的正统，所以就呼南朝为岛夷。南朝的根据是历史的与种族的线索，认为自己是纯粹的汉人与汉人的正统政府，所以就呼北朝为索虏。

南　朝

南朝篡乱相继，二百年间政治始终未上轨道，政治社会一般的情形也非常混乱。东晋将领刘裕灭亡东晋建立刘宋，刘裕、刘义隆在位期间，刘宋尚有生气，不过刘宋末期，皇室兄弟间相互残杀，政治一度混乱。在此期间，南兖州刺史萧道成趁乱灭宋，建立齐。南齐的命运与刘宋相若，开国之主尚能控制局面，此后南齐皇室间的相互残杀更甚于宋末。

永元三年（公元501年），宗室雍州刺史萧衍自襄阳起兵攻占建康，次年称帝，建立梁朝。梁武帝萧衍在位四十八年，他统治的晚期迷信佛教，大兴寺庙，甚至以皇帝之身出家为僧，而让大臣们花巨资赎他还俗。糊涂的萧衍妄想北朝叛将侯景能够助他北伐中原，结果反被侯景乘机围困于台城活活饿死。待到陈霸先建立陈朝，南朝与北朝的差距进一步拉大，陈朝的疆域是南朝中最小的。

当时，只有商业似乎还有相当的发展。南方商业发展的一个重要表现，是非官方的草市的出现。当时，建康城除了城内官立的大市、北市、东市、宫市等以外，沿着秦淮河东北岸一线，又有备置官市征税的大市及十余所小市。这些小市也就是草市，是一种因商业发展而自然兴起的交易市场。随着商业的发展，长途贩运趋于活跃。江南江河纵横，水运也随之发达。

但南朝有它历史上的作为，就是将长江流域完全汉化。南迁侨人中的士大夫，代表一种特殊的势力，可说是南方的征服者，正如胡人是中原的征服者一样。南土虽从春秋时代以后就开始与中国同化，但这种同化的过程直到魏晋时代仍未完成。历代中原移殖的人与南土汉化的人虽已占多数，生熟的蛮人仍有他们自己的地盘，风俗习惯仍保留原始的状态。南迁的中原人士带有殖民的性质，与本地的汉人恐怕已不免冲突，与族类不同文化幼稚的蛮夷当然势不两立，蛮人因而时常暴动反抗。汉人虽然衰弱，但对付蛮人还无大的困难。到南北朝的末期，虽然江汉一带的蛮夷问题尚未完全解决，但一部分的蛮人却已汉化，蛮人的部分土地也被汉人占领。

北 朝

北朝最大的特点就是有种族的分别，最少在初期胡主汉奴的情形很明显，到末期也没有完全消灭。至于政治，虽较南朝或者略为健全，然而大致也未上轨道，如北魏前期实际上实行的是一种“胡汉杂糅”的政治制度，有“胡汉分治”的色彩。政治社会一般的情形也与南朝同样的混乱。淝水之战后，鲜卑拓跋部酋长拓跋珪重新纠集部众，于公元389年[1]恢复代国，不久，改国号魏，史称北魏。北魏比较有作为的皇帝孝文帝死后，北魏日趋衰落。朝政混乱之时，大将尔朱荣率军攻占洛阳，掌控朝政，史称河阴事变。他在河阴将北魏幼主和胡太后沉入黄河溺毙，杀死大臣两千余人。后北魏分裂为东魏、西魏，而东、西魏的命运与南朝各政权有很大相似性，经过一个个的宫廷剧变和兄弟相残，东、西魏又相继被北齐、北周等取代。但北朝对农业社会土地分配的基本问题有比较周密的计划，不似南朝的自由放任。北魏开始所实行的均田制，为北朝各代所沿袭和发展。直到隋唐，其与土地有关的制度设计都与均田制有很大关系。

胡主汉奴的北朝也有它的作为，就是使胡人汉化。当时中原——最少中原的一部分——恐怕已退化到半野蛮的状态，以致连孔子都变成巫人求福的工具。胡人汉化的初步工作就是由代北迁都洛中。中原文化退步，数百年来受胡蹄蹂躏最烈的并州边地恐怕更退化到难以

---

[1] 应为公元386年。——编者注

设想的地步。所以北朝若要完全汉化，非向南迁都不可。但保守派的旧族故老极力反对，最后迁都的计划也不得不略为缓和妥协。迁都之外，官制、姓氏、宗教典礼、婚制，也都汉化。孝文帝鼓励胡汉联婚，禁绝北语，废除胡服。孝文帝本人几乎变成一个儒生式的皇帝，而最能说明胡人汉化的就是两族的通谱连宗。

门　阀

自三国时代建立了九品中正的制度，富贵贫贱的分别渐渐形成望族寒门的阶级。乱世的流浪人多投身到富贵之家以求保护，自由平民通过投靠、赐予等途径降为大族豪强的依附民；奴隶解放，一般也不是直接解放为自由平民，而是解放为依附民，通常被称做客。依附民代替了自由平民和奴隶，成为突出的社会阶层。阶级的分别因而越发显著。到南北朝时代门阀的制度可说完全成立。门阀的一种表现就是士庶不通婚姻，并且不只南朝如此，北朝也有同样的制度。第二种表现就是望族的谱学发达。第三种表现就是风水的信仰大盛，这可说是保障士族永为士族的方法。第四种表现就是士族阶级中出现“谀墓文”的时髦。

南北消长与混一

南北对立的二百余年间，大致南朝比较衰弱，有时甚至遭北朝的轻视嘲笑。刘宋虽有所谓的“元嘉北伐”，不过换得了“仓皇北顾”的结果。梁武帝妄想借侯景之力收复失地，更是被侯景困死。北朝除称南朝为“岛夷”外，由于北朝兵力比南朝强大，因此北朝诸政权的皇帝都没有将南朝放在眼里。

北朝的劲敌却在远北的塞外。现在北朝反成了中国文化的保护者，抵抗外边的北族不使内侵。经过汉以后外族的陆续南徙与西晋以下的大批南闯，长城必已破烂不堪。长此以往，中原必将循环不已地受新外族的蹂躏，最后的结果甚至可使中原完全野蛮化。为使中原安定，容已经进来的外族一个休息与汉化的机会，北朝非重修长城不可。北魏初期，大军南下作战时，柔然的骑兵经常侵入北魏境内。为防备柔然等北方民族的入侵，太平真君七年（公元446年）六月北魏太武帝拓跋焘调发司、幽、定、冀四州十万人在东起上谷（今北京延庆），西至今山西河曲一带大规模修筑边防工程，后在北方边界成立六大边防军镇，史称“六镇”。

在二百年的南北消长中，南朝的领土大致日渐缩小。时机成熟之后，北朝把南朝吞并，天下又归一统。

新宗教之酝酿与成熟

新宗教之酝酿

南北朝二百余年间是佛教渐渐酝酿成为中国的新宗教的时期。西僧开始有系统地介绍佛经，中国僧人也开始远往印度去研究佛理，并大批地运回佛经。

来自西域的鸠摩罗什是当时闻名遐迩的高僧，影响很大。他译出约三百卷佛经，“辞义通明，至今沙门共所祖习”（《魏书·释老志》）。法显是中国僧人西行的代表。后秦时，法显从长安出发，经敦煌，渡流沙，逾葱岭，长途跋涉，终于到达天竺。他克服种种困难，学习梵语梵文，抄写佛教经律，又到师子国（今斯里兰卡）求经。历时十五年，他才从海路回到祖国，译出所获经典百余万言，并且把自己的见闻写成《佛国记》一书。

中印文化交流最盛的时期，除佛教之外，各种所谓外道也间或流传到中国。

佛教地位日高，因而时常与政治势力发生冲突。但政治的势力并不能阻止佛教的发展，释子中也不乏不顾性命而护法的人。

辩教

在佛教发展的过程中，总有一个鬼影紧紧随着它，这就是道教。道教对佛教一方面模仿，一方面攻击，它自己始终没有一个真正独立的灵魂。

这个怪现象可说是中国对外来文化势力所起的一种自然反应。佛教当初势力微弱，中国的态度几乎完全是放任的。但到南北朝时佛教已发展到一个不可侮的程度，至此传统文化方才感到威胁，因而开始反攻。反攻最厉的就是道家，同时自王充以后大盛的怀疑主义与自然主义也加入排外的阵营。

生活在魏晋时期的杨泉用他的元气说去解释人的形神关系，他说："人含气而生，精尽而死。死犹澌也，灭也。譬如火焉，薪尽而火灭，则无光矣。故灭火之余无遗炎矣，人死之后无余魂矣。"刘宋时，范晔也认为死者神灭，天下绝无佛鬼。数学家何承天针对宗炳所写的，指出"生必有死，形毙神散，犹春荣秋落，四时代换，奚有于更受形哉？"（《弘明集》卷四）

中国传统文化的势力在江南较大，因而这种冲突也比较热烈；但在北朝也有相当的接触。

佛教对一切的攻击都针锋相对地抗战，并且到南北朝末年可说已得了最后的胜利。

佛教之成熟

南北朝时中国对佛教已超过模仿盲从的阶段，少数人已能自悟新理，创造中国本位的佛教。如慧远传布佛教宣扬佛法，他的思想就和玄学家“以无为本”的思想是接近的。慧远早年曾研究过儒学和老庄玄学。他在庐山讲过儒家的经典。他讲《丧服经》，也讲《诗经》。他在讲《般若经》时，为了使听众容易听懂并接受，常引用《庄子》的话来作说明，使听众晓然。慧远讲儒家经典，用玄学比附佛经，解释佛教教义，使得佛教在上层知识界得以广泛传布。南北朝末年天台宗的成立与《大乘起信论》的产生可以象征这种新宗教的完全成熟。

/第四章/ 陈寅恪讲唐代政治制度

李唐先祖来源

《朱子语类》一三六《历代类》三云：

> 唐源流出于夷狄，故闺门失礼之事不以为异。

朱子之语颇为简略，其意未能详知。然即此简略之语句亦含有种族及文化二问题，而此二问题实李唐一代史事关键之所在，治唐史者不可忽视者也。兹请先论唐代三百年统治阶级中心皇室之氏族问题，然后再推及其他统治阶级之种族及文化问题。

若以女系母统言之，唐代创业及初期君主，如高祖之母为独孤氏，太宗之母为窦氏，即纥豆陵氏，高宗之母为长孙氏，皆是胡种，而非汉族。故李唐皇室之女系母统杂有胡族血胤，世所共知。不待阐述，兹所论者专以男系父统之氏族为范围也。

唐之皇室本有自撰之谱牒，原书今不可见。然如《册府元龟》及两唐书等唐皇室先世渊源之记载固出自李唐皇室自撰之谱牒，即唐太宗御撰之《晋书》亦唐皇室自述其氏族渊源之要籍。故兹依据此类唐室自叙其家世之著述，复取其他史料互相参证，以讨论此问题焉。

李唐世系之纪述，其见于《册府元龟》一《帝王部·帝系门》、《旧唐书》一《高祖纪》、《新唐书》一《高祖纪》、《北史》一〇〇《序传》及《晋书》八七《凉武昭王传》等书者，皆不及《新唐书》七〇上《宗室世系表》所载之详备，今即依此表与其他史料讨论之。表云：

> 〔李〕歆字士业，西凉后主。八子：勖、绍、重耳、弘之、崇明、崇产、崇庸、崇祐。重耳字景顺，以国亡奔宋，为汝南太守。后魏克豫州，以地归之，拜恒农太守，复为宋将薛安都所陷。后魏安南将军豫州刺史，生献祖宣皇帝讳熙，字孟良，后魏金门镇将（《旧唐书》一《高祖纪》云："率豪杰镇武川，因家焉。"《新唐书》一《高祖纪》同）。生懿祖光皇帝，讳天赐，字德真。三子：长曰起头，长安侯。生达摩，后周羽林监太子洗马长安县伯。次曰太祖（虎），次曰乞豆。

此表所载必出唐室自述其宗系之旧文。兹就其所纪李重耳、李熙父子事实，分析其内容，除去其为西凉李暠之正支后裔一事以外，尚有七事，条列于下：

（一）其氏为李。

（二）父为宋汝南太守。

（三）后魏克豫州，父以地归之。

（四）父为后魏恒农太守。

（五）父为宋将薛安都所陷，即所擒。

（六）父为后魏安南将军豫州刺史。

（七）子为后魏金门镇将。

考《宋书》五《文帝纪》云：

〔元嘉〕二十七年二月辛巳索虏寇汝南诸郡，陈、南顿二郡太守郑琨，汝阳、颍川二郡太守郭道隐委守走。索虏攻悬瓠城，行汝南郡事陈宪拒之。

又同书七二《南平穆王铄传》云：

索虏大帅拓拔焘南侵陈颍，遂围悬瓠城，太守陈宪保城自固。

又同书七七《柳元景传》略云：

〔元嘉〕二十七年八月〔随王〕诞遣振威将军尹显祖出赀谷，奋武将军鲁方平、建武将军薛安都、略阳太守庞法起入卢氏。（中略）。〔闰〕十月法起、安都、方平诸军入卢氏。（中略）。法起诸军进次方伯自，去弘农城五里。（中略）。诸军造攻具，进兵城下。伪弘农太守李初古拔婴城自固，法起、安都、方平诸军鼓噪以陵城。（中略）。安都军副谭金、薛系孝率众先登，生禽李初古拔父子二人。（中略）。殿中将军邓盛、幢主刘骖乱使人入荒田，招宜阳人刘宽纠，率合义徒二千余人，共攻金门坞，屠之。杀戍主李买得，古拔子也，为虏永昌王长史，勇冠戎类。永昌闻其死，若失左右手。

又同书九五《索虏传》略云：

〔元嘉〕二十七年，焘自率步骑十万寇汝南。（中略）。宣威将军陈、南顿二郡太守郑緄（《文帝纪》作琨），绥远将军汝南、颍川二郡太守郭道隐并弃城奔走。虏掠抄淮西六郡，杀戮甚多。攻围悬瓠城，城内战士不满千人。先是，汝南、新蔡二郡太守徐遵之去郡，南平王遣左军行参军陈宪行郡事，宪婴城固守。（中略）。焘遣从弟永昌王库仁真步骑万余将所略六郡口北屯汝阳。（中略）。太祖嘉宪固守，诏曰：“右军行参军行汝南、新蔡二郡军事陈宪尽力捍卫，全城摧寇，忠敢之效宜加显擢，可龙骧将军汝南、新蔡二郡太守！”

又《魏书》六一《薛安都传》云：

后自卢氏入寇弘农，执太守李拔等，遂逼陕城。时秦州刺史杜道生讨安都，仍执拔等南遁。及世祖（拓拔焘）临江，拔乃得还。

据上引史实，则父称李初古拔，子称李买得，名虽类胡名，姓则为汉姓，其氏既为李，是与上列第一条适合。李初古拔为弘农太守，弘农即恒农，后魏以避讳故改称恒农，是与第四条适合。李初古拔为宋将薛安都所擒，是与第五条适合。《宋书·柳元景传》言：“生擒李初古拔父子。”《魏书·薛安都传》言：“执李拔等，仍执拔等南遁。及世祖临江，拔乃得还。”则李初古拔当不止一子，殆买得死难，以弟或兄代领其职，今不能确知。但《册府元龟》一《帝王部·帝系门》及两唐书一《高祖纪》等书李熙率豪杰镇武川因而留居之记载，乃后来宇文泰所改造，并非事实，俟后详论之。总之，李熙为金门镇将，李买得亦为金门坞戍主，地理专名如是巧同，亦可认为与第七条适合，至于北魏诸镇设置之时代及其地望等问题则别为一事，非兹所讨论者也。又第二条李重耳为宋汝南太守一事，征诸上引史实，绝不可能。盖既言：“为宋将薛安都所陷。”其时必在元嘉二十七年。当时前后宋之汝南太守其姓名皆可考知，郭道隐则弃城走，徐遵之则去郡，陈宪则先行郡事，后以守城功擢补实官。故依据时日先后，排比推计，实无李重耳可为宋汝南太守之余地。据《宋书·柳元景传》言：“李买得为永昌王长史，永昌闻其死，若失左右手。”则李氏父子与永昌王关系密切可以推知。《宋书·索虏传》又言：“永昌王北屯汝阳。”考《资治通鉴》系永昌王屯汝阳事于元嘉二十七年三月，系李初古拔被擒事于元嘉二十七年闰十月，而汝阳县本属汝南郡，后别分为汝阳郡者，故以时日先后、地理接近及人事关系论，李初古拔殆于未被擒以前曾随永昌王屯兵豫州之境，因有汝南太守之授。然则此唐室谱牒所言之汝南太守实非宋之汝南太守，乃由魏之汝南太守所修改而成者也。第六条之安南将军豫州刺史当即与第二条有关，检《册府元龟》一《帝王部·帝系门》之文，豫州刺史之上有“赠”字，是豫州刺史乃后来追赠之官，故于此不成问题，可不讨论矣。《魏书·薛安都传》言：“〔安都〕仍执〔李〕拔等南遁。及世祖临江，拔乃得还。”是李初古拔原有自北至南复自南还北一段因缘，李唐自述先世故实，竟或因此加以修改，以傅会李重耳之由北奔南，又由南归北耶？幸赖其与他种记载符合及矛盾，留一罅隙，千载而后遂得以发其覆也。

复次，《魏书·薛安都传》之李拔即《宋书·柳元景传》李初古拔之省称及雅名。《梁书》五六《侯景传》载景之祖名周，而《南史》八〇《侯景传》作羽乙周，正与此同例。盖胡人名字原是对音，故成繁鄙，异于华夏之雅称，后代史官属文，因施删略。夫侯景称帝，七世庙讳父祖之外皆王伟追造（见《梁书》《南史》侯景传[1]），天下后世传为笑谈。岂知李唐皇室先世之名字亦有与此略相类似者乎？又据《魏书》四二《薛辩传》附《长子初古拔传》（《北史》三六《薛辩传》同）云：

> 长子初古拔，一曰车辂拔（《北史》辂作轂），本名洪祚，世祖赐名。

同书三二《高湖传》亦附载高各拔之名。然则初古拔或车辂拔乃当日通常胡名，颇疑李初古拔如其同时薛洪祚之例，亦本有汉名，特以胡名著称于史耳。

总而言之，前所列之七条，第一、第四、第五、第七四条之中，李重耳父子事实皆与李初古拔父子事实适合。第六条乃第二条之附属，无独立性质，可不别论。第二条、第三条实互相关联，第五条既言："为宋将薛安都所陷。"则元嘉二十七年南北交兵之际李氏父子必属于北，而不属于南，否则何得谓为宋将所擒？故今易原文之刘宋为后魏，则第二、第三条之事实不独不与其他诸条相反，而且与之相成。况其他诸条中涵有"元嘉二十七年"一定之时间、"李氏""薛安都"之姓名专名、"弘农""金门"之地理专名，而竟能两相符应，天地之间似无如此偶然巧值之事。故今假定李唐为李初古拔之后裔，或不至甚穿凿武断也。

抑更有可论者，据《唐会要》一"帝号"条上云：

> 献祖宣皇帝讳熙（凉武昭王暠曾孙、嗣凉王歆孙、弘农太守重耳之子

[1] 指《梁书·侯景传》和《南史·侯景传》。——编者注

也）。武德元年六月二十二日追尊为宣简公，咸亨五年八月十五日追尊宣皇帝，庙号献祖，葬建初陵〔在赵州昭庆县界，仪凤二年五（?）月一日追封为建昌陵，开元二十八年七月十八日诏改为建初陵〕。

懿祖光皇帝讳天赐（宣皇帝长子）。武德元年六月十二日追尊懿王，咸亨五年八月十五日追尊光皇帝，庙号懿祖，葬启运陵〔在赵州昭庆县界，仪凤二年三（?）月一日追封为延光陵，开元二十八年七月十八日诏改为启运陵〕。

《元和郡县图志》一七（参阅《旧唐书》三九《地理志》，及《新唐书》三九《地理志》赵州昭庆县条）：

赵州。

昭庆县，本汉广阿县，属巨鹿郡。

皇十三代祖宣皇帝建初陵。高四丈，周回八十丈。

皇十二代祖光皇帝启运陵。高四丈，周回六十步。二陵共茔，周回一百五十六步。在县西南二十里。

《册府元龟》一《帝王部·帝系门》略云：

唐高祖神尧皇帝姓李氏，陇西狄道人。其先出自李暠，是为凉武昭王，薨，子歆嗣位，为沮渠蒙逊所灭。歆子重耳奔于江南，仕宋为汝南郡守，复归于魏，拜弘农太守，赠豫州刺史。生熙，起家金门镇将。后以良家子镇于武川，都督军戎百姓之务，终于位，因家焉。生天赐，仕魏为幢主，大统时赠司空。生太祖景皇帝虎，封赵郡公，徙封陇西公；周受魏禅，录佐命功，居第一，追封唐国公。生世祖元皇帝昞，在位十七年，封汝阳县伯，袭封陇西公；周受禅，袭封唐国公。高祖即元皇帝之世子，母曰元贞皇后，七岁袭封唐国公，义宁二年受隋禅。

今河北省隆平县[1]尚存唐光业寺碑，碑文为开元十三年宣义郎前行象城县尉杨晋所撰，中央研究院历史语言研究所藏有拓本，颇残阙不可读。兹取与黄彭年等修《畿辅通志》一七四《古迹略》所载碑文相参校，而节录其最有关之数语于下：

(上略)。皇祖瀛州刺史宣简公谨追上尊号，谥宣皇帝，皇祖妣夫人张氏追上尊号，谥宣庄皇后。皇祖懿王谨追上尊号，谥光皇帝，皇祖妣妃贾氏谨追上尊号，谥光懿皇后。(中略)。词曰：维王桑梓，本际城池。(下略)。

按：李熙、天赐父子共茔而葬，即族葬之一证。光业寺碑颂词复有“维王桑梓”之语，则李氏累代所葬之地即其家世居住之地，绝无疑义，而唐皇室自称其祖留居武川之说可不攻自破矣。又据《魏书》一〇六上《地形志》南赵郡广阿县条、《隋书》三〇《地理志》赵郡大陆县条及《元和郡县图志》一七赵州昭庆县条等，知李氏父子葬地旧属巨鹿郡，与山东著姓赵郡李氏居住之旧常山郡壤地邻接，李虎之封赵郡公当即由于此也。又《汉书》二八《地理志》载中山国唐县有尧山，《魏书》一〇六上《地形志》载南赵郡广阿县即李氏父子葬地复有尧台。李虎死后，追封唐国公，盖止取义于中山、巨鹿等地所流传之放勋遗迹，并非如通常广义兼该太原而言也。至《大唐创业起居注》所云：

[1] 1947年，隆平县与尧山县合并为隆尧县。——编者注

初，帝奉诏为太原道安抚大使，帝以太原黎庶陶唐旧民，奉使安抚不逾本封，因私喜此行以为天意。

则为后来依附通常广义之解释，殊与周初追封李虎为唐国公时暗示其与赵郡相关之本旨不同也。然则李唐岂真出于赵郡耶？若果为赵郡李氏，是亦华夏名家，又何必假称出于陇西耶？考《元和郡县图志》一五云：

邢州。

尧山县，本曰柏人，春秋时晋邑，战国时属赵，秦灭赵，属巨鹿郡，后魏改“人”为“仁”，天宝元年改为尧山县。

又同书一七云：

赵州。

平棘县，本春秋时晋棘蒲邑，汉初为棘蒲，后改为平棘也，属常山郡。

李左车墓在县西南七里。

赵郡李氏旧宅在县南二十里，即后魏以来山东旧族也，亦谓之三巷李家云。东祖居巷之东，南祖居巷之南，西祖居巷之西，亦曰三祖宅巷也。三祖李氏亦有地属高邑县。

元氏县，本赵公子元之封邑，汉于此置元氏县，属常山郡，西汉常山太守皆理于元氏。

开业寺，在县西北十五里，即后魏车骑大将军陕定二州刺史尚书令司徒公赵郡李徽伯之旧宅也。

柏乡县，本春秋时晋鄗邑之地，汉以为县，属常山郡，后汉改曰高邑，属常山国，齐天保七年移高邑县于汉房子县东北界，今高邑县是也。

高邑县故城在县北二十一里，本汉鄗县地也。

高邑县，本六国时赵房子之地，汉以为县，属常山郡。

赞皇县，本汉鄗邑县之地，属常山郡。

百陵岗，在县东十里，即赵郡李氏之别业于此岗下也，岗上亦有李氏茔冢甚多。

昭庆县，本汉广阿县，属巨鹿郡。

皇十三代祖宣皇帝建初陵。

皇十二代祖光皇帝启运陵，二陵共茔，在县西南二十里。

（昭庆县条前已引及，为便于解说起见，特重出其概略于此。）

《元和郡县图志》著者李吉甫出于赵郡李氏，故关于其宗族之先茔旧宅皆详载之，若一取其分布之地域核之，则赵郡李氏其显著支派所遗留之故迹，俱不出旧常山郡之范围。据此，则赵郡李氏显著支派当时之居地可以推知也。但其衰微支派则亦有居旧巨鹿郡故疆者，考《北史》三三《李孝伯传》末附载赵郡李氏世系一节（《新唐书》七二《宰相世系表》赵郡李氏条及邓名世《古今姓氏书辨证》二一同）云：

楷避赵王伦之难，徙居常山。楷子辑，辑子慎、敦，居柏仁，子孙甚微。

按：柏仁、广阿二县，后魏时俱属南赵郡，土壤邻接，实可视为一地域。赵郡李氏子孙甚微之一支，其徙居柏仁之时代虽未能确定，然李楷避西晋赵王伦之难，下数至其孙慎及敦，仅有二代，则李慎、李敦徙居柏仁，约在江左东晋之时。李熙父子俱葬于广阿，计其生时亦约当南朝宋齐之世，故以地域邻接及时代先后二者之关系综合推论，颇疑李唐先世本为赵郡李氏柏仁一支之子孙，或者虽不与赵郡李氏之居柏仁者同族，但以同姓一姓同居一地之故，遂因缘攀附，自托于赵郡之高门，衡以南北朝庶姓冒称士族之惯例，殊为可能之事。总而言之，据可信之材料，依常识之判断，李唐先世若非赵郡李氏之“破落户”，即是赵郡李氏之“假冒牌”。至于有唐一代之官书，其纪述皇室渊源间亦保存原来真实之事迹，但其大部尽属后人讳饰夸诞之语，治史者自不应漫无辨别，遽尔全部信从也。

又《魏书》九九《私署凉王李暠传》本不载重耳南奔始末，传世之《十六国春秋纂录》六《西凉录》亦无其事。而汤球之《十六国春秋辑补》转取唐修《晋书》之《凉武昭王传》添此一段蛇足（见汤书叙例），殊为无议。今敦煌本之《十六国春秋》残卷惜未得见，不知与此有关否？至于伪本《十六国春秋》载重耳事采自唐修《晋书》更不足辨论矣。

复次，《周书》四《明帝纪》（《北史》九《明帝纪》同）云：

> 二年三月庚申诏曰：“三十六国九十九姓，自魏氏南徙，咸称河南之民。今周室既都关中，宜改称京兆人。”

《隋书》三三《经籍志》史部谱序篇序云：

> 后魏迁洛，有八氏十姓，咸出帝族；又有三十六族，则诸国之从魏者，九十二（九？）姓世为部落大人者，并为河南洛阳人。其中国士人则第其门阀，有四海大姓、郡姓、州姓、县姓；及周太祖入关，诸姓子孙有功者，并令为其宗长，仍撰谱录，纪其所承，又以关内诸州为其本望。

据上引史文，严格解释，则《隋志》之文自“后魏迁洛”至

"并为河南洛阳人"止一节，专指胡人而言，其本末见于《魏书》一一三《官氏志》等即魏孝文帝改胡姓为汉姓之事也。《周书》《北史》周明帝二年（公元558年）三月庚申诏书亦指胡人而言，明帝二年在魏孝武帝入关之年（公元534年）后二十四年，在西魏恭帝元年（公元554年）改有功诸将姓为胡姓（事见《周书》二《文帝纪》下、《北史》九《周本纪》上）后亦四年，故从入关之迁洛诸胡族其改京兆郡望当在有功诸汉将改关内郡望之后也。

又《隋志》之文自"其中国士人"至"又以关内诸州为其本望"止一节，实专指汉人而言。然则李唐之称西凉嫡裔，即所谓"并令为其宗长，仍撰谱牒，纪其所承"，其改赵郡郡望为陇西郡望，即所谓"又以关内诸州为其本望"，岂非寅恪之假说得此史文而益证实耶？所不解者，昔人于此何以未尝留意？抑别有其他较胜之说耶？此则深愿求教于博识通人也。

复次，《唐会要》三皇后条（开元十三年光业寺碑文及巴黎图书馆藏敦煌写本伯希和号第二五〇四唐代祖宗忌日表等均同）云：

> 宣皇帝（熙）皇后张氏。
>
> 光皇帝（天赐）皇后贾氏。
>
> 景皇帝（虎）皇后梁氏。
>
> 元皇帝（昞）皇后独孤氏。

据此，张、贾皆是汉姓，其为汉族，当无可疑。梁氏如梁御之例，虽有出自胡族之嫌疑（见《周书》一九、《北史》五九《梁御传》，又《魏书》一一三《官氏志》云："拔列氏后改为梁氏。"），但梁氏本为汉姓，大部分皆是汉族，未可以其中有极少数出自胡族之故，遽概括推定凡以梁为氏者皆属胡族也。故李虎妻梁氏在未能确切证明其氏族所出以前，仍目之为汉族，似较妥慎。然则李唐血统其初本是华夏，其与胡夷混杂，乃一较晚之事实也。

兹依据上述资料，做一李唐皇室血统世系表，起自李熙，迄于世民，以备参考。至李重耳则疑本无其人，或是李初古拔之化身，故不列入，以示阙疑之意。凡女统确知为汉族者，标以□符号；确知为胡族者，标以﹏符号；虽有胡族嫌疑，但在未发见确证，仍可认为汉族者，则标以……符号。

李熙	天赐	虎	昞	渊	世民
张氏	贾氏	梁氏	独孤氏	窦氏	长孙氏

兹依据上引资料及其解释，再将李唐世系先后改易之历程及胡汉文化问题加以说明。此世系改易之历程，实不限于李唐皇室一族，凡多数北朝、隋唐统治阶级之家，亦莫不如是，斯实中国中古史上一大问题，亦史学中千载待发而未发之覆也。

自鲜卑拓拔部落侵入中国统治北部之后，即开始施行汉化政策，如解散部落同于编户之类（见《北史》八〇、《魏书》八三上《外戚传·贺讷传》，《北史》九八、《魏书》一〇三《高车传》及《魏书》一一三《官氏志》等），其尤显著之例也。此汉化政策其子孙遵行不替，及魏孝文帝迁都洛阳，其汉化程度更为增高，至宣武、孝明之世，则已达顶点，而逐渐腐化矣。然同时边塞六镇之鲜卑及胡化之汉族，则仍保留其本来之胡化，而不为洛都汉化之所浸染。故中央政权所在之洛阳其汉化愈深，则边塞六镇胡化民族对于汉化之反动亦愈甚，卒酿成六镇之叛乱，尔朱部落乘机而起。至武泰元年（公元528年）四月十三日河阴之大屠杀，遂为胡人及胡化民族反对汉化之公开表示，亦中古史划分时期之重要事变也。六镇鲜卑及胡化汉族既保持胡部特性，而不渐染汉化，则为一善战之民族，自不待言。此民族以饥馑及虐政之故激成叛乱，南向迁徙，其大部分辗转移入高欢统治之下（见《北齐书》一《神武纪》上、《北史》六《齐本纪》上、《隋书》二四《食货志》）。故欢之武力遂无敌于中原，终借此以成其霸业。其他之小部分，由贺拔岳、宇文泰率领西徙，割据关陇，亦能抗衡高氏，分得中国西北部之地，成一北朝东西并峙之局，此治史者所习知也。然宇文氏只分有少数之六镇民族，复局促于关陇一隅之地，终能并吞分有多数六镇民族及雄据山东富饶区域之高齐，其故自非仅由一二君主之贤愚及诸臣材不材之所致，盖必别有一全部系统之政策，为此东西并立之二帝国即周、齐两朝胜败兴亡决定之主因，可以断言也。

关中本位政策

宇文泰率领少数西迁之胡人及胡化汉族割据关陇一隅之地，欲与财富兵强之山东高氏及神州正朔所在之江左萧氏共成一鼎峙之局，而其物质及精神二者力量之凭借，俱远不如其东南二敌，故必别觅一途径，融合其所割据关陇区域内之鲜卑六镇民族，及其他胡汉土著之人为一不可分离之集团，匪独物质上应处同一利害之环境，即精神上亦必具同出一渊源之信仰，同受一文化之薰习，始能内安反侧，外御强邻。而精神文化方面尤为融合复杂民族之要道。在此以前，秦苻坚、魏孝文皆知此意者，但秦、魏俱欲以魏、晋以来之汉化笼罩全部复杂民族，故不得不亟于南侵，非取得神州文化正统所在之江东而代之不可，其事既不能成，仅余一宇文泰之新途径而已。此新途径即就其割据之土依附古昔，称为汉化发源之地（魏孝文之迁都洛阳，意亦如此，唯不及宇文泰之彻底，故仍不忘南侵也），不复以山东江左为汉化之中心也，其详具于拙著《隋唐制度渊源略论稿》，兹不赘论。此宇文泰之新途径今姑假名之为“关中本位政策”，即凡属于兵制之府兵制及属于官制之周官皆是其事。其改易随贺拔岳等西迁有功汉将之山东郡望为关内郡望，别撰谱牒，纪其所承（见前引《隋书》三三《经籍志》谱序篇序），又以诸将功高者继塞外鲜卑部落之后（见《周书》二《文帝纪》下及《北史》九《周本纪》上西魏恭帝元年条等），亦是施行“关中本位政策”之例证，如欲解决李唐氏族问题当于此中求之也。

概括言之，宇文泰改易氏族之举，可分先后二阶段：第一阶段则改易西迁关陇汉人中之山东郡望为关内郡望，以断绝其乡土之思（初止改易汉人之山东郡望，其改易胡人之河南郡望为京兆郡望，则恐尚在其后，见前引《周书》四《明帝纪》及《北史》九《周本纪》上明帝二年三月庚申诏书），并附会其家世与六镇有关，即李熙留家武川之例，以巩固其六镇团体之情感。此阶段当在西魏恭帝元年（公元554年）复魏孝文帝所改鲜卑人之胡姓及赐诸汉将有功者以胡姓之前，凡李唐改其赵郡郡望为陇西，伪托西凉李暠之嫡裔及称家于武川等，均是此阶段中所为也。第二阶段即西魏恭帝元年诏以诸将之有功者继承鲜卑三十六大部落及九十九小部落之后，凡改胡姓诸将所统之兵卒亦从其主将之胡姓，径取鲜卑部落之制以治军，此即府兵制初期之主旨（详见拙著《隋唐制度渊源略论稿》兵制章，兹不赘论）。李唐之得赐姓大野，即在此阶段中所为也。至周末隋文帝专周政，于大象二年（公元580年）十二月癸亥回改胡姓复为汉姓，其结果只做到回复宇文氏第二阶段之所改，而多数氏族仍停留于第一阶段之中，此李唐所以虽去大野之胡姓，但仍称陇西郡望及冒托西凉嫡裔也。职是之故，北朝、隋唐史料中诸人之籍贯往往纷歧，如与李唐先世同列八大柱国之李弼一族，《周书》一五《李弼传》、《旧唐书》五三《李密传》（密为弼之曾孙）、一三〇《李泌传》（泌为弼之六代孙），及《新唐书》七二上《宰相世系表》俱以为辽东襄平人，而《北史》六〇《李弼及曾孙密传》、《文苑英华》九四八魏征撰李密墓志铭则以为陇西成纪人。盖公私著述叙及籍贯或仅据回复至第一阶段立言，或径依本来未改者为说，斯其所以彼此差异也。但隋唐两朝继承宇文氏之遗业，仍旧施行“关中本位政策”，其统治阶级自不改其歧视山东人之观念（见《旧唐书》七八、《新唐书》一〇四《张行成传》）。故隋唐皇室亦依旧自称弘农杨震、陇西李暠之嫡裔，伪冒相传，迄于今日，治史者竟无一不为其所欺，诚可叹也（据《新唐书》七一下《宰相世系表》杨氏条，隋皇室自称为弘农杨震长子牧之后。此即《隋书·经籍志》所谓“令为其宗长，仍撰谱牒，纪其所承，又以关内诸州为其本望”者。以非本篇范围，故不详论，读者可以依据有关史料类推也）。

复次，汉人与胡人之分别，在北朝时代文化较血统尤为重要。凡汉化之人即目为汉人，胡化之人即目为胡人，其血统如何，在所不论。兹举二例以证明之：

《北齐书》二四《杜弼传》（《北史》五五《杜弼传》同）云：

> 显祖（高洋）尝问弼云：“治国当用何人？”对曰：“鲜卑车马客，会须用中国人。”显祖以为讥己。

夫高齐无论其母系血统属于何种，但其自称及同时之人均以为其家世出自渤海蓨县，固当日华夏之高门也。至于其所渐染者则为胡化，而非汉化。杜弼斥鲜卑，而高洋以为讥己，是汉人之受胡化者，即自命为胡人也。

又《北史》二八《源贺传》（参考《魏书》四一《源贺传》、《北齐书》五〇《恩幸传·高阿那肱传》，至《隋书》六六《源师传》删去“汉儿”二字，殊失当时语意矣）略云：

> 源贺，西平乐都人，私署河西王秃发傉檀之子也。傉檀为乞伏炽盘所灭，贺自乐都奔魏，太武素闻其名，谓曰：“卿与朕同源，因事分姓，今可为源氏。”（寅恪按：鲜卑秃发部即拓跋部，一语异译，故拓拔焘谓之同源也。）
>
> 〔玄孙〕师仕齐为尚书左外兵郎中，又摄祠部。后属孟夏，以龙见请雩。时高阿那肱为录尚书事，谓为真龙出见，大惊喜，问龙所在，云作何颜色。师整容云：“此是龙星初见，依礼当雩祭郊坛，非谓真龙别有所降。”阿那肱忿然作色曰：“汉儿多事，强知星宿。”祭事不行。

夫源师乃鲜卑秃发氏之后裔，明是胡人无疑，而高阿那肱竟目之为汉儿，此为北朝汉人、胡人之分别，不论其血统，只视其所受之教化为汉抑为胡而定之确证，诚可谓“有教无类”矣。

又此点为治吾国中古史最要关键，若不明乎此，必致无谓之纠纷。《资治通鉴》一七一陈宣帝太建五年，亦纪此事，胡注云：

> 诸源本出于鲜卑秃发，高氏生长于鲜卑，自命为鲜卑，未尝以为讳，鲜卑遂自谓贵种，率谓华人为汉儿，率侮诟之。诸源世仕魏朝贵显，习知典礼，遂有雩祭之请，冀以取重，乃以取诟。《通鉴》详书之，又一慨也。

梅磵之说固是，又其言别有所感，然于北朝汉胡种族文化之问题似犹不免未达一间也。

李唐皇室者唐代三百年统治之中心也，自高祖、太宗创业至高宗统御之前期，其将相文武大臣大抵承西魏、北周及隋以来世业，即宇文泰“关中本位政策”下所结集团体之后裔也。自武曌主持中央政权之后，逐渐破坏传统之“关中本位政策”，以遂其创业垂统之野心。故“关中本位政策”最主要之府兵制，即于此时开始崩溃，而社会阶级亦在此际起一升降之变动。盖进士之科虽创于隋代，然当日人民致身通显之途径并不必由此。及武后柄政，大崇文章之选，破格用人，于是进士之科为全国干进者竞趋之鹄的。当时山东、江左人民之中，有虽工于为文，但以不预关中团体之故，致遭屏抑者，亦因此政治变革之际会，得以上升朝列，而西魏、北周、杨隋及唐初将相旧家之政权尊位遂不得不为此新兴阶级所攘夺替代。故武周之代李唐，不仅为政治之变迁，实亦社会之革命。若依此义言，则武周之代李唐较李唐之代杨隋其关系人群之演变，尤为重大也。

武周统治时期不久，旋复为唐，然其开始改变“关中本位政策”之趋势，仍继续进行。迄至唐玄宗之世，遂完全破坏无遗。而天宝安史乱后又别产生一新世局，与前此迥异矣。夫“关中本位政策”既不能维持，则统治之社会阶级亦必有变迁。此变迁可分中央及藩镇两方叙述。其所以须有此空间之区别者，因唐代自安史乱后，名义上虽或保持其一统之外貌，实际上则中央政府与一部分之地方藩镇，已截然划为二不同之区域，非仅政治军事不能统一，即社会文化亦完全成为互不关涉之集团，其统治阶级氏族之不同类更无待言矣。盖安史之霸业虽俱失败，而其部将及所统之民众依旧保持其势力，与中央政府相抗，以迄于唐室之灭亡，约经一百五十年之久，虽号称一朝，实成为二国。史家述此，不得不分之为二，其理由甚明也。

又《旧唐书》一四《宪宗纪》上（参考《通鉴》二三七元和二年此条胡注及《唐会要》六三《修撰》条）云：

> 元和二年十二月己卯，史官李吉甫撰《元和国计簿》，总计天下方镇凡四十八，管州府二百九十五，县一千四百五十三，户二百四十四万二百五十四，其凤翔、鄜坊、邠宁、振武、泾原、银夏、灵盐、河东、易定、魏博、镇冀、范阳、沧景、淮西、淄青十五道凡七十一州，不申户口。每岁赋入倚办止于浙江东西、宣歙、淮南、江西、鄂岳、福建、湖南等八道，合四十九州，一百四十四万户。比量天宝供税之户则四分有一，天下兵戎仰给县官者八十三万余人，比量天宝士马，则三分加一，率以两户资一兵，其他水旱所损，征科发敛又在常役之外。吉甫都纂其事，成书十卷。

同书一九下《僖宗纪》略云：

> 〔光启元年三月〕丁卯车驾〔自蜀〕至京师，时李昌符据凤翔，王重荣据蒲陕，诸葛爽据河阳、洛阳，孟方立据邢洺，李克用据太原、上党，朱全忠据汴滑，秦宗权据许蔡，时溥据徐泗，朱瑄据郓齐、曹濮，王敬武据淄青，高骈据淮南八州，秦彦据宣歙，刘汉宏据浙东，皆自擅兵赋，迭相吞噬，朝廷不能制。江淮转运路绝，两河、江淮赋不上供，但岁时献奉而已。国命所能制者，河西、山南、剑南、岭南四道数十州。大约郡将自擅，常赋殆绝，藩侯废置，不自朝廷，王业于是荡然。

寅恪按：李吉甫所撰《元和国计总簿》虽在元和初年，然自安史乱后起，迄于唐亡，其所列中央政府财赋取办之地域大致无甚殊异。唐代自安史乱后，长安政权之得以继续维持，除文化势力外，仅恃东南八道财赋之供给。至黄巢之乱既将此东南区域之经济几全加破坏，复断绝汴路、运河之交通，而奉长安文化为中心、仰东南财赋以存立之政治集团，遂不得不土崩瓦解。大唐帝国之形式及实质，均于是告终矣。

在此奉长安文化为中心、恃东南财赋以存立集团之中，其统治阶级为此集团所占据地域内之二种人：一为受高深文化之汉族，且多为武则天专政以后所提拔之新兴阶级，所谓外廷之士大夫，大抵以文词科举进身者也；一为受汉化不深之蛮夷，或蛮夷化之汉人，故其人多出自边荒区域。凡自玄宗朝迄唐亡，一百五十年间身居内廷，实握政治及禁军之权者皆属此族，即阉寺之特殊阶级是也。

自武则天专政破格用人后，外廷之显贵多为以文学特见拔擢之人。而玄宗御宇，开元为极盛之世，其名臣大抵为武后所奖用者（参考《旧唐书》一三九《陆贽传》、《新唐书》一五二《李绛传》、《陆宣公奏议》七《请许台省长官举荐状》及《李相国论事集》等）。及代宗大历时常衮当国，非以辞赋登科者莫得进用。自德宗以后，其宰相大抵皆由当日文章之士由翰林学士升任者也。请举史实以证之。

《通典》一五《选举典》三载沈既济之言略云：

> 初国家自显庆以来，高宗圣躬多不康，而武太后任事，参决大政，与天子并。太后颇涉文史，好雕虫之艺，永隆中始以文章选士。及永淳之后太后君临天下二十余年，当时公卿百辟无不以文章达，因循日久浸以成风。至于开元、天宝之中，太

平君子唯门调户选，征文射策，以取禄位，此行己立身之美者也。父教其子，兄教其弟，无所易业，大者登台阁，小者任郡县，资身奉家，各得其足，五尺童子耻不言文墨焉。其以进士为士林华选，四方观听希其风采，每岁得第之人不浃辰而周闻天下，故忠贤隽彦、韫才毓行者咸出于是。而桀奸无良者或有焉，故是非相陵，毁称相腾，或扇结钩党，私为盟歃，以取科第，而声名动天下，或钩摭隐匿，嘲为篇咏，以列于道路，迭为谈訾，无所不至焉。

据此，可知进士之科虽设于隋代，而其特见尊重，以为全国人民出仕之唯一正途，实始于唐高宗之代，即武曌专政之时。及至玄宗，其局势遂成凝定，迄于后代，因而不改。故科举制之崇重与府兵制之破坏俱起于武后，成于玄宗。其时代之符合，决非偶然也。但以事关府兵制度，兹不具论（见拙著《隋唐制度渊源略论稿》兵制章及《玉海》一三八《兵制》三所引《邺侯家传》）。至王定保以为进士之科“甲于贞观”（《唐摭言》一《述进士》上篇），及“进士科盛于贞观永徽之际”（同书同卷散序进士条），则稽之史实，有所未合。其言不及沈氏之可信，无待论也。

《旧唐书》一一九《常衮传》云：

尤排摈非辞赋登科者。

同书同卷《崔祐甫传》云：

常衮当国，非以辞赋登科者莫得进用。

同书四三《职官志》翰林院条略云；

玄宗即位，张说、张九龄等召入禁中，谓之翰林待诏。

四方进奏，中外表疏批答，或诏从中出，宸翰所挥，亦资其检讨，谓之视草。故尝简当代士人，以备顾问。至德已后，天下用兵，军国多务，深谋密诏皆从中出，尤择名士为翰林学士，得充选者，文士为荣。亦如中书舍人例置学士六人，内择年深德重者一人为承旨，所以独承密命故也。德宗好文，尤难其选，贞元已后为学士承旨者，多至宰相焉。

《元氏长庆集》五一《翰林承旨学士记》略云：

宪宗章武皇帝以永贞元年即大位，始命郑公（郑絪）为承旨学士，位在诸学士上。十七年间由郑至杜（杜元颖）十一人，而九参大政。

《白氏长庆集》五九《李留守相公（李绛）见过池上泛舟举酒话》及《翰林旧事因成四韵以献之诗》（参考《容斋续笔》二元和六学士条）云：

同时六学士，五相一渔翁。

据此，可知唐代自安史乱后，其宰相大抵为以文学进身之人。此新兴阶级之崛起，乃武则天至唐玄宗七八十年间逐渐转移消灭宇文泰以来胡汉六镇民族旧统治阶级之结果。若取《新唐书》《宰相表》及《宰相世系表》与列传所载其人之家世籍贯及出身等互相参证，于此三百年间外廷士大夫阶级废兴转移之大势尤易明了也。至此由文学科举进身之新兴阶级与魏晋、北朝以来传统旧士族之关系，则于论党派时详述之，兹不涉及焉。

藩镇与中央对立

唐代自玄宗后，政柄及君权渐渐转入阉寺之手，终至皇位之继承权归其决定，而内朝之禁军外廷之宰相，俱供其指挥，由之进退，更无论矣。其详当于论政治革命及党派分野时述之，兹仅略言其氏族所从出之一端于下：

《旧唐书》二〇下《哀帝纪》云：

天祐二年六月丙申敕：福建每年进橄榄子，此因阉竖出自闽中，牵于嗜好之间，遂成贡奉之典。虽嘉忠荩，伏恐烦劳。今后只供进蜡面茶，其进橄榄子宜停！

《新唐书》二〇七《宦者传·吐突承璀传》云：

是时诸道岁进阉儿，号私白，闽岭最多，后皆任事，当时谓闽为中官区薮。咸通中杜宣猷为观察使，每岁时遣吏致祭其先，时号“敕使墓户”。宣猷卒用群宦力，徙宣歙观察使。

《顾况古诗》（据《全唐诗》第十函）云：

囝一章。

囝哀闽也。（原注：囝音蹇。闽俗呼子为囝。父为郎罢。）

囝生闽方。闽吏得之，乃绝其阳。为臧为获，致金满屋。为髡为钳，视如草木。天道无知，我罹其毒。神道无知，彼受其福。郎罢别囝，吾悔生汝。及汝既生，人劝不举。不从人言，果获是苦。囝别郎罢，心摧血下。隔地及天，及至黄泉，不得在郎罢前。

宦寺多冒养父之姓，其籍贯史籍往往不载，然即就两唐书宦官及《宦者传》中涉及其出生地域或姓氏稀异者观之，亦可知其梗概也。

《旧唐书》一八四《宦官传》云：

杨思勖本姓苏，罗州石城人，为内官杨氏所养，以阉从事内侍省。

高力士，潘州人，本姓冯，少阉，与同类金刚二人圣历元年岭南讨击使李千里进入宫。则天嘉其黠慧，令给事左右。后因小过，挞而逐之。内官高延福收为假子，延福出自武三思家，力士遂往来三思第，岁余则天复召入禁中。

《新唐书》二〇七《宦者传》上云：

鱼朝恩，泸州泸川人也，天宝末以品官给事黄门。

刘贞亮本俱氏，名文珍，冒所养宦父姓，故改焉。

吐突承璀，闽人也，以黄门值东宫。

仇士良，循州兴宁人，顺宗时得侍东宫。

杨复光，闽人也，本乔氏，少养于内侍杨玄价家。

同书二〇八《宦者传》下云：

田令孜，蜀人也，本陈氏，咸通时历小马坊使。

据此，可知唐代阉寺多出自今之四川、广东、福建等省，在当时皆边徼蛮夷区域。其地下级人民所受汉化自甚浅薄，而宦官之姓氏又有不类汉姓者，故唐代阉寺中疑多是蛮族或蛮夷化之汉人也。

唐代中国疆土之内，自安史乱后，除拥护李氏皇室之区域，即以东南财富及汉化文化维持长安为中心之集团外，尚别有一河北藩镇独立之团体，其政治、军事、财政等与长安中央政府实际上固无隶属之关系，其民间社会亦未深受汉族文化之影响，即不以长安、洛阳之周孔名教及科举仕进为其安身立命之归宿。故论唐代河北藩镇问题必于民族及文化二端注意，方能得其真相所在也。兹先举二三显著之例，以见当时大唐帝国版图以内实有截然不同之二分域，然后再推论其种族与统治阶级之关系焉。

杜牧《樊川集》六《唐故范阳卢秀才墓志》云：

秀才卢生名霈，字子中，自天宝后三代或仕燕，或仕赵，两地皆多良田畜马，生年二十未知古有人曰周公、孔夫子者，击球饮酒，马射走兔，语言习尚无非攻守战斗之事。

《通典》四〇《职官典》末载杜佑建中时所上省用议（参《新唐书》一六六《杜佑传》）略云：

今田悦之徒并是庸璅，繁刑暴赋，唯恤军戎，衣冠仕（士）人遇如奴虏。

此可以代表河北社会通常情态，其尚攻战而不崇文教。质言之，即渐染胡化深而汉化浅也。当时汉化之中心在长安，以诗赋举进士致身卿相为社会心理群趋之鹄的。故当日在长安文化区域内有野心而不得意之人，至不得已时唯有北走河朔之一途。《昌黎集》二〇《送董召南游河北序》乃世所习诵之文，兹为阐明长安集团与河北集团政治文化对立之形势起见，仍多写之于下，并略诠释，以佐证鄙说。至韩退之不以董召南河北之行为然之意固极明显，不待解说也。其文云：

燕赵古称多感慨悲歌之士。董生举进士，连不得志于有司，怀抱利器，郁郁适兹土，吾知其必有合也。董生勉乎哉！

据此，可知在长安文化统治下之士人，若举进士不中，而欲致身功名之会者，舍北走河朔之外，则不易觅其他之途径也。

其文又云：

夫以子之不遇时，苟慕义强仁者皆爱惜焉，矧燕赵之士出乎其性哉！然吾尝闻风俗与化移易，吾恶知其今不异于古所云邪？聊以吾子之行卜之也，董生勉乎哉！

据前引杜牧之《唐故范阳卢秀才墓志》“语言习尚无非攻守战斗”之句及此序“风俗与化移易”之语，可知当日河北社会全是胡化，非复东汉、魏晋、北朝之旧。若究其所以然之故，恐不于民族迁移一事求之不得也，请俟后论之。

其文又云：

吾因子有所感矣，为我吊望诸君之墓！而观于其市，复有昔时屠狗者乎？为我谢曰：“明天子在上，可以出而仕矣！”

然则长安天子与河北镇将为对立不同之二集团首领，观此数语，即可知矣。

又《全唐诗》第五函《李益小传》（参《旧唐书》一三七、《新唐书》二〇三《文艺传》下《李益传》、《唐诗纪事》三〇、《全唐诗话》二、辛文房《唐才子传·李益传》）云：

> 李益字君虞，姑臧人，大历四年登进士第，授郑县尉，久不调，益不得意。北游河朔，幽州刘济辟为从事。尝与济诗，有怨望语。宪宗时召为秘书少监集贤殿学士，自负才地，多所凌忽，为众不容。谏官举幽州诗句，降居散秩。

考益之《献刘济诗》云：

> 草绿古燕州，莺声引独游。雁归天北畔，春尽海西头。向日花偏落，驰年水自流。感恩知有地，不上望京楼。

据此，又可知虽已登进士第之李益以不得意之故犹去京洛，而北走范阳；则董召南之游河北盖是当日社会之常情，而非变态。然于此益见大唐帝国之后半期其中含有两独立敌视之团体，而此二团体之统治阶级，其种族文化亦宜有不同之点在也。

今试检《新唐书》之《藩镇传》，并取其他有关诸传之人其活动范围在河朔或河朔以外者以相参考，则发见二点：一为其人之氏族本是胡类，而非汉族；一为其人之氏族虽为汉族，而久居河朔，渐染胡化，与胡人不异。前者属于种族，后者属于文化。质言之，唐代安史乱后之世局，凡河朔及其他藩镇与中央政府之问题，其核心实属种族文化之关系也。夫河北之地，东汉、曹魏、西晋时固为文化甚高区域，虽经胡族之乱，然北魏至隋其地之汉化仍未见甚衰减之相，何以至玄宗文治灿烂之世，转变为一胡化地域？其故殊不易解。兹就安史叛乱发源之地域及其时代先后之关系综合推计，设一假说，以俟更详确之证明。即使此假说一时难以确定成立，但安史叛乱及其后果即河朔藩镇之本质，至少亦可因此明了也。

安禄山集团的民族构成

当玄宗文治武功极盛之世，渔阳鼙鼓一鸣，而两京不守。安禄山之霸业虽不成，然其部将始终割据河朔，与中央政府抗衡，唐室亦从此不振，以至覆亡。古今论此役者止归咎于天宝政治宫廷之腐败，是固然矣；独未注意安史之徒乃自成一系统最善战之民族，在当日军事上本来无与为敌者也。考安禄山之种族在其同时人之著述及专纪其事之书中，均称为柘羯或羯胡，如：

《旧唐书》十《肃宗纪》云：

是日（天宝十五载七月甲子）御灵武南门，下制曰："乃者羯胡乱常，京阙失守。"（《旧唐书》一二〇《郭子仪传》载建中二年德宗褒恤之诏有"羯胡作祸"，《新唐书》一九二《忠义传·张巡传》亦有"拓羯千骑"之语，至杜甫《喜官军已临贼境二十韵》诗所谓"拓羯渡临洮"之拓羯，虽非指安禄山，但亦可为旁证参考也。）

又同书一〇四《封常清传》略云：

先锋至葵园，常清使骁骑与柘羯逆战，杀贼数十百人。临终时表曰："昨者与羯胡接战。"

又《颜鲁公集》六《康金吾碑目安禄山为羯胡，姚汝能安禄山事迹》一书亦多羯胡之语，若杜工部《咏怀古迹》之诗其"羯胡事主终无赖"之句，则不仅用梁侯景之古典（如《梁书》五五《武陵王纪传》云："羯胡叛涣"，即是一例），实兼取今事入之于诗也。

考玄奘《西域记》一飒秣建国（即康国）条云：

兵马强盛，多是赭羯之人，其性勇烈，视死如归。

《新唐书》二二一下《西域传·康国传》云：

本月氏人，始居祁连北昭武城，为突厥（寅恪按：突厥应作匈奴，《唐会要》九九康国条云："其人土著役属于突厥，先居祁连之北昭武城，为匈奴所破。"宋子京盖涉上文突厥之语致误也）所破，稍南依葱岭，即有其地，枝庶分王：曰安，曰曹，曰石，曰米，曰何，曰火寻，曰戊地，曰史，世谓九姓，皆氏昭武。

又同书同卷《安国传》云：

募勇健者为柘羯，柘羯犹中国言战士也（寅恪按：上引《西域记》之文有"赭羯之人"一语，然则赭羯乃种族之名，此云"犹中国言战士"，若非宋景文误会，即后来由专名引申为公名耳）。

又同书同卷《石国传》云：

石或曰柘支，曰柘折，曰赭时。

据此，可知赭羯即柘羯之异译，凡康安石等中亚月氏种人，皆以勇健善战著闻者也。《旧唐书》二〇〇上《安禄山传》云：

安禄山，营州柳城杂种胡人也。

《旧唐书》所谓杂种胡之确切界说尚待详考，但《新唐书》二二五上《逆臣传·安禄山传》云：

安禄山，营州柳城胡也，本姓康，母阿史德，少孤，随母嫁安延偃，乃冒姓安，通六蕃语，为互市郎。

寅恪按：安禄山事迹上引《郭子仪雪安思顺疏》，谓安禄山本姓康。今敦煌写本《天宝丁籍》亦有康、安、石等姓以羯为称者（见《历史与地理杂志》第三三编第四卷《天宝十载丁籍》及同书第四一编第四卷《天宝四载丁籍》），故安禄山父系之为羯胡，即中亚月氏种可无疑矣。至史思明之种族则《新唐书》二二五上《逆臣传·史思明传》云：

史思明，宁夷州突厥种，与安禄山共乡里，通六蕃译，亦为互市郎。

疑史思明非出中亚胡种者。然《旧唐书》二〇〇《安禄山传》云：

安禄山，营州柳城杂种胡人也。（前已引，兹为论述便利起见，特重及之。）

同书同卷《史思明传》云：

史思明，宁夷州突厥杂种胡人也。

又《旧唐书》一〇四《哥舒翰传》（《新唐书》一三五《哥舒翰传》同）略云：

哥舒翰，突骑施首领哥舒部落之裔也。翰母尉迟氏，于阗之族也。〔安禄山〕谓翰曰："我父是胡，母是突厥，公父是突厥，母是胡，与公族类同，何不相亲乎？"

据此类史料，初视之，似当时所谓杂种胡人者即指混合血统胡族，如哥舒翰等之例。但更详考史传，则知当时杂种胡人之称实径指昭武九姓月支种而言，如《新唐书》二一七上《回鹘传》（参《通鉴》二二六建中元年八月甲午张光晟杀突董条）云：

> 始回纥至中国，常参以九姓胡，往往留京师，至千人，居赀殖产甚厚。酋长突董翳蜜施、大小梅录等还国，装橐系道。

所言与《旧唐书》一二七《张光晟传》云：

> 建中元年回纥突董、梅录领众并杂种胡等自京师还国，舆载金帛相属于道。

者同是一事，而旧传之所谓杂种胡即九姓胡，可为确证。然则《旧唐书》之称安禄山为杂种胡人者，实指其九姓胡而言，又其目史思明为突厥杂种胡人者，殆以其父系为突厥，而母系为羯胡，故曰“突厥杂种胡人”也。观于史思明与安禄山俱以通六蕃语为互市郎，正是具有中亚胡种血统之特征。至其以史为姓者，盖从父系突厥姓阿史德或阿史那之省称，不必为母系昭武九姓之史也。

又考安史生长之地即营州，在开元之初已多中亚贾胡，如《旧唐书》一八五下《良吏传·宋庆礼传》（《新唐书》一三〇《宋庆礼传》同）略云：

> 初营州都督府置在柳城，控带奚、契丹，则天时都督赵文翙政理乖方，两蕃反叛，攻陷州城，其后移于幽州东二百里渔阳城安置。开元五年奚、契丹各款塞归附，玄宗欲复营州于旧城，乃诏庆礼等更于柳城筑营州城，俄拜庆礼御史中丞兼检校营州都督，开屯田八十余所，追拔幽州及渔阳、淄青等户，招

辑商胡，为立店肆。

此必其时营州区域之内或其近傍颇有西域贾胡，庆礼始能招辑之也。故营州一地在开元以前已多中亚胡人，可知之矣。

更试一检《新唐书·安禄山传》（参考《安禄山事迹》），如言：

> 潜遣贾胡行诸道，岁输百万。

及

> 凡降蕃夷皆接以恩，禄山通夷语，躬自尉抚，皆释俘囚为战士，故其下乐输死，所战无前。

等，则安禄山利用其中亚胡种商业语言特长之例证也。

又如言：

> 养同罗降契丹曳落河八千人为假子。

及

> 禄山已得〔阿〕布思之众，则兵雄天下。

则安禄山利用其混合血统胡人之资格，笼络诸不同之善战胡族，以增强其武力之例证也。

故据《新唐书》一一八《韦凑传》附《见素传》云：

> 明年（天宝十四载），禄山表请蕃将三十二人代汉将，帝许之。见素不悦，谓〔杨〕国忠曰："禄山反状暴天下，今又以蕃代汉，难将作矣。"未几，禄山反。

可知禄山之举兵与胡汉种族武力问题有关也。至《旧唐书》一〇六《李林甫传》（《新唐书》二二三上《奸臣传·李林甫传》同，又《大唐新语》一一《惩戒篇》及《谀佞篇》尤可参校）云：

> 国家武德、贞观已来，蕃将如阿史那社尔、契苾何力忠孝

有才略，亦不专委大将之任，多以重臣领使以制之。开元中，张嘉贞、王晙、张说、萧嵩、杜暹皆以节度使入知政事。林甫固位，志欲杜出将入相之源，尝奏曰："文士为将怯当矢石，不如用寒族蕃人。蕃人善战有勇，寒族即无党援。"帝（玄宗）以为然，乃用〔安〕思顺代林甫领〔朔方节度〕使。自是高仙芝、哥舒翰皆专任大将，林甫利其不识文字，无入相由。然而禄山竟为乱阶，由专得大将之任故也。

其寒族蕃人一语涉及唐代统治阶级全部，俟后论之。然安史叛乱之关键，实在将领之种族，则可与《新唐书》韦见素一传互相证发也。

又《旧唐书》一九九上《东夷传·高丽传》（《新唐书》一一〇《泉男生传》附《献诚传》同）云：

〔泉〕献诚授右卫大将军，兼令羽林卫上下。天授中，则天尝内出金银宝物，令宰相及南北衙文武官内择善射者五人共赌之。内史张光辅先让献诚为第一，献诚复让右玉钤卫大将军薛土摩支，摩支又让献诚。既而献诚奏曰："陛下令简能射者五人，所得者多非汉官。臣恐自此已后，无汉官工射之名。伏望停寝此射。"则天嘉而从之。

寅恪按：泉献诚、薛土摩支皆蕃将也。武则天时，蕃将之武艺已远胜于汉人，于此可见。《邺侯家传》言府兵制之破坏实始于则天时，此亦一旁证。盖宇文泰所鸠合之六镇关陇胡汉混合集团至武曌时已开始崩溃，不待玄宗朝，而汉将即此混合集团之首领，其不如蕃将之善战已如此矣。至泉献诚为盖苏文之孙，男生之子，亡国败降之余裔，其武伎精妙犹称当时第一，则高丽之以东隅小国能屡抗隋唐全盛之日倾国之师，岂无故哉！岂无故哉！

复次，《新唐书》一二七《张嘉贞传》附《弘靖传》（《旧唐书》一二九《张延赏传》附《弘靖传》同，但无“俗谓禄山、思明为二圣”之语）略云：

> 充卢龙节度使，始入幽州，俗谓禄山、思明为二圣。弘靖惩始乱，欲变其俗，乃发墓毁棺，众滋不悦。幽蓟初效顺，不能因俗制变，故范阳复乱。

寅恪按：圣人者唐俗称天子之语。如《通鉴》二二二上元二年三月条（《旧唐书》二〇〇上、《新唐书》二二五上《史思明传》附《朝义传》略同）略云：

> 〔史〕朝义泣曰：“诸君善为之，勿惊圣人！”（寅恪按：此圣人指思明言。）

胡注云：

> 当时臣子谓其君父为圣人。

盖安史俱称帝，故在其统治之下者率以圣人称之，自无足异。所可注意者，穆宗长庆初上距安史称帝时代已六七十年，河朔之地，禄山、思明犹存此尊号，中央政府官吏以不能遵循旧俗，而致变叛，则安史势力在河朔之深且久，于此可见。兹节录两唐书所载安史同时并后来河朔及其他藩镇胡化事迹于下，其种族、文化二者之关系不待解释，自然明了。至其人前后逆顺贤否虽各有不同，但非此篇所论范围，故不置言也。

其血统确有胡族分子者，如《旧唐书》二〇〇上《安禄山传》附《孙孝哲传》（《新唐书》二二五上《逆臣传》同）云：

孙孝哲，契丹人也。

《新唐书》二一〇《藩镇魏博史宪诚传》（《旧唐书》一八一《史宪诚传》同）云：

史宪诚，其先奚也，内徙灵武，为建康人，三世署魏博将。

同书二一一《藩镇镇冀李宝臣传》（《旧唐书》一四二《李宝臣传》同）云：

李宝臣本范阳内属奚也，善骑射，范阳将张锁高畜为假子，故冒其姓，名忠志，为卢龙府果毅。

同书同卷《王武俊传》（《旧唐书》一四二《王武俊传》同）云：

王武俊本出契丹怒皆部，父路俱，开元中与饶乐府都督李诗等五千帐求袭冠带。入居蓟。年十五，善骑射，与张孝忠齐名，隶李宝臣帐下为裨将。

同书同卷《王廷凑传》（《旧唐书》一四八《王廷凑传》同）云：

王廷凑本回纥阿布思之族，隶安东都护府，曾祖五哥之，为李宝臣帐下，骁果善斗，王武俊养为子，故冒姓王，世为裨将。

同书二一二《藩镇卢龙李怀仙传》（《旧唐书》一四三《李怀仙传》同）云：

李怀仙，柳城胡也，世事契丹，守营州，善骑射，智数敏给，禄山之反，以为裨将。

同书同卷《李茂勋传》（《旧唐书》一八〇《李可举传》同）云：

李茂勋本回纥阿布思之裔，张仲武时与其侯王皆降，资沈勇善驰射，仲武器之，任以将兵，常乘边，积功赐姓及名。

同书二一三《藩镇淄青李正己传》（《旧唐书》一二四《李正己传》同）云：

李正己，高丽人，为营州副将，从侯希逸入青州，希逸母即其姑。

同书一四四《侯希逸传》（《旧唐书》一二四《侯希逸传》同）云：

侯希逸，营州人，天宝末为州裨将，守保定城。禄山反，以徐归道为节度使，希逸率兵与安东都护王玄志斩之，诏拜玄志平卢节度使。玄志卒，共推希逸，有诏就拜节度使。与贼确，数有功，然孤军无援，又为奚侵略，乃拔其军二万，浮海入青州，据之，平卢遂陷，肃宗因以希逸为平盛、淄青节度使。自是淄青常以平卢冠使。

据上引《李正己传》，知侯希逸至少其母系出自高丽，虽其初不从安禄山之命，然其种族固含有胡人血脉，其部下兵众亦是胡化集团。是以自李正己袭夺其业后，淄青一镇亦与河朔同风，遂为唐代中央政府之巨患。推求其故，实由其统治者本从河朔胡化集团中分出者也。

《新唐书》一四八《张孝忠传》（《旧唐书》一四一《张孝忠传》同）云：

张孝忠本奚种，世为乙失活酋长。父谧，开元中提众纳款。孝忠始名阿劳，以勇闻。燕赵间共推张阿劳、王没诺干二人齐名。没诺干，王武俊也，天宝末以善射供奉仗内，安禄山奏为偏将。禄山、史思明陷河洛，常为贼前锋；朝义败，乃自归。

同书二二四上《叛臣传·李怀光传》（《旧唐书》一二一《李怀光传》同）云：

李怀光，渤海靺鞨人，本姓茹，父常，徙幽州，为朔方部将，以战多赐姓，更名嘉庆。怀光在军以积劳为都虞候，节度使郭子仪以纪纲委怀光。

寅恪按：李怀光乃朔方军将，属于别一系统不在河朔范围，然以其先尝居幽州，故亦附及之。至唐室中兴元勋李光弼，则《新唐书》一三六其本传（《旧唐书》一一〇《李光弼传》略同）云：

李光弼，营州柳城人，父楷洛以武后时入朝。

是亦出于东北胡族，且与安禄山同乡里，不过政治上适立于相反之地位耳。

以上诸人皆确为胡族无复疑义。又有实为汉人，或虽号汉族，而带胡种嫌疑未能决定者，兹并列之于下。其要点在无论实为汉人或有胡族之嫌疑，其人必家世或本身居住河朔，久已胡化，故亦与胡人无异者也。如《新唐书》二一〇《藩镇魏博传·田承嗣传》（《旧唐书》一四一《田承嗣传》同）云：

田承嗣，平州卢龙人也，世事卢龙军，以豪侠闻，隶安禄山麾下。

《旧唐书》一四一《田弘正传》（《新唐书》一四八《田弘正传》同）略云：

田弘正祖延恽，魏博节度使承嗣之季父也。弘正善骑射，为衙内兵马使，既受节钺，上表曰："臣家本边塞，累代唐人，驱驰戎马之乡，不睹朝廷之礼，伏自天宝已还，幽陵肇乱，山东奥壤，悉化戎墟，官封代袭，刑赏自专。"

《新唐书》二一〇《藩镇魏博何进滔传》（《旧唐书》一八一《何进滔传》同）云：

何进滔，灵武人，世为本军校，少客魏，委质军中。

寅恪按：前引《新唐书·西域传》，昭武九姓中有何姓，何进滔又从灵武徙居于魏，故疑其先世是羯胡，其本身又居魏，而当时魏地亦胡化区域也。

《旧唐书》一八一《韩允忠传》（《新唐书》二一〇《藩镇魏博韩君雄传》同）云：

韩允忠，魏州人也，父国昌，历本州右职。

同书同卷《乐彦祯传》（《新唐书》二一〇《藩镇魏博乐彦祯传》同）云：

乐彦祯，魏州人也，父少寂，历澶、博、贝三州刺史。

同书同卷《罗弘信传》（《新唐书》二一〇《藩镇魏博罗弘信传》同）云：

罗弘信，魏州贵乡人，曾祖秀，祖珍，父让，皆为本州军校。

据《北梦琐言》五中书蕃人事条，罗亦胡姓，然则罗弘信不独世居胡化之地，且有本出胡族之嫌疑矣。

《新唐书》二二五中《逆臣传·朱泚传》（《旧唐书》二〇〇下《朱泚传》同）云：

朱泚，幽州昌平人，父怀珪事安史二贼。

《旧唐书》一四三《朱滔传》（《新唐书》二一二《藩镇卢龙朱滔传》

同）云：

朱滔，贼泚之弟也。

《新唐书》二一二《藩镇卢龙朱克融传》（《旧唐书》一八〇《朱克融传》同）云：

朱克融，滔孙也。

《旧唐书》一四三《刘怦传》（《新唐书》二一二《藩镇卢龙刘怦传》同）云：

刘怦，幽州昌平人也，父贡尝为广边大斗军使，怦即朱滔姑之子。

《新唐书》二一二《藩镇卢龙李载义传》（《旧唐书》一八〇《李载义传》同）云：

李载义自称恒山愍王之后，性矜荡，好与豪杰游，力挽强搏斗，刘济在幽州高其能，引补帐下。

寅恪按：李载义之称承乾后裔，固出依托，即使其真出自承乾，亦与河朔诸汉将同为胡化之汉人也。

《新唐书》二一二《藩镇卢龙杨志诚传》（《旧唐书》一八〇《杨志诚传》同）云：

〔杨〕志诚者事〔李〕载义为牙将，载义走，因自为都兵马使，〔大和〕八年为下所逐，推部将史元忠总留后。

寅恪按：杨志诚、史元忠之氏族史传不详，无以确言，但俱为胡化之人，则无可疑者。突厥阿史那氏、阿史德氏皆省作史氏，中亚昭武九姓中有史氏，史宪诚本奚族，亦姓史氏（见前引两唐书《史宪诚传》），故史元忠殊有源出胡族之嫌疑也。

《新唐书》二一二《藩镇卢龙张仲武传》（《旧唐书》一八〇《张仲武传》同）云：

张仲武，范阳人，通《左氏春秋》，会昌初为雄武军使。〔陈〕行泰杀〔史〕元忠，而仲武遣其属吴仲舒入朝，请以本军击回鹘。〔李〕德裕因问北方事，仲舒曰："行泰（及杀行泰之张）绛皆游客，人心不附；仲武旧将张光朝子，年五十余，通书习戎事，性忠义，愿归款朝廷旧矣。"德裕入白帝，擢兵马留后，绛为军中所逐。

寅恪按：陈行泰、张绛始末不详，可不置论。张仲武受汉化较深，在河朔颇为例外，然迹其所以得军心者，以本为范阳土著，且家世旧将，而陈行泰、张绛俱是游客，故不能与之争，然非李文饶之策略，仲武亦未必遽得为镇将也。

《新唐书》二一二《藩镇卢龙张允伸传》（《旧唐书》一八〇《张公素传》同）云：

张允伸，范阳人，世为军校。

同书同卷《张公素传》（《旧唐书》一八〇《张公素传》同）云：

公素，范阳人，以列将事〔张〕允伸。

同书同卷《李全忠传》（《旧唐书》一八〇《李全忠传》同）云：

李全忠，范阳人，仕为棣州司马，罢归，事〔李〕可举为牙将，可举死，众推为留后。

同书同卷《刘仁恭传》云：

刘仁恭，深州人，父晟客范阳，为李可举新兴镇将，故仁恭事军中。

《旧唐书》一八〇《朱克融等传》末略云：

史臣曰：彼幽州者，其民刚强，近则染禄山、思明之风，二（?）百余年自相崇树，虽朝廷有时命帅，而士人多务逐君，习苦忘非，尾大不掉，非一朝一夕之故也。

《新唐书》二一三《藩镇横海程日华传》（《旧唐书》一四三《程日华传》同）云：

程日华，定州安喜人，父元皓为安禄山帐下，伪署定州刺史，故日华籍本军，为张孝忠牙将。

同书同卷《李全略传》（《旧唐书》一四三《李全略传》同）云：

李全略事〔镇州〕王武俊为偏裨。

同书二一四《藩镇彰义吴少诚传》（《旧唐书》一四五《吴少诚传》同）云：

吴少诚，幽州潞人（父为魏博节度都虞候）。

同书同卷《吴少阳传》（《旧唐书》一四五《吴少阳传》同）云：

少阳者，与〔吴〕少诚同在魏博军，相友善，少诚得淮西，多出金帛邀之，养以为弟，署右职，亲近无间。

同书同卷《藩镇泽潞刘悟传》（《旧唐书》一六一《刘悟传》同）云：

刘悟其祖正臣，平卢军节度使，袭范阳，不克，死。

寅恪按：《旧唐书》一四五《刘全谅传》（《新唐书》一五一《董晋传》附《陆长源传》同）略云：

父客奴由征行家于幽州之昌平，少有武艺，从平卢军，〔天宝〕十五载四月授客奴平卢军使，仍赐名正臣，袭范阳，为逆贼将史思明等大败之，正臣奔归，为王玄志所鸩而卒。

据此，知刘氏亦家于幽州昌平，渐染胡化者也。

《旧唐书》一二二《张献诚传》（《新唐书》一三三《张守珪传》附《献诚传》同）云：

> 张献诚，陕州平陆人，幽州大都督府长史守珪之子也，天宝末陷逆贼安禄山，受伪官，连陷史思明，为思明守汴州，统逆兵数万。

同书一二四《薛嵩传》（《新唐书》一一一《薛仁贵传》附《薛嵩传》同）云：

> 薛嵩，绛州万泉人，祖仁贵，高宗朝名将，封平阳郡公，父楚玉，为范阳平卢节度使。嵩有膂力，善骑射，不知书，自天下兵起，束身戎伍，委质逆徒。

寅恪按：张献诚、薛嵩虽俱大臣子孙，又非河朔土著，然以其父官范阳之故，少居其地，渐染胡化，竟与田承嗣之徒无别。甚哉风俗之移人若是，而河朔当日社会文化情状，亦可想见矣。

《旧唐书》一二四《令狐彰传》（《新唐书》一四八《令狐彰传》同）云：

> 令狐彰，京兆富平人也，父濞，初任范阳县尉，通幽州人女，生彰，及秩满，留彰于母氏，彰遂少长范阳，善弓矢，乃策名从军。事安禄山。

同书同卷《田神功传》（《新唐书》一四八《田神功传》同）云：

> 田神功，冀州人也，家本微贱，天宝末为县里胥，会河朔兵兴，从事幽蓟。

《新唐书》一四八《康日知传》云：

康日知，灵州人，祖植，当开元时缚康待宾，平六胡州，日知少事李惟岳，累擢赵州刺史。

寅恪按：以康日知姓氏及籍贯言之，当亦中亚胡种也。

《新唐书》一四八《牛元翼传》云：

牛元翼，赵州人，王承宗时，与傅良弼冠诸将。良弼清河人，以射冠军中。

《旧唐书》一四五《李忠臣传》（《新唐书》二二四下《叛臣传·李忠臣传》同）云：

李忠臣本姓董，名秦，平卢人也，世家于幽州蓟县。忠臣少从军，事幽州节度使薛楚玉、张守珪、安禄山等。

同书同卷《李希烈传》（《新唐书》二二五中《逆臣传·李希烈传》同）云：

李希烈，辽西人，少从平卢军，后从李忠臣浮海至河南。

综上所引诸人氏族或确是汉人，或有胡种嫌疑，或为唐室大臣子孙，或出微贱之族，其于中央政府或忠或叛，复有先后顺逆等之互异。要而言之，家世或本身曾留居河朔及长于骑射二事则大抵相类，斯实河朔地域之胡化演变所致者也。《新唐书》一四八《史孝章传》载其谏父宪诚之言曰：

天下指河朔若夷狄然。

又同书二一〇《藩镇传》序云：

遂使其人由羌狄然，讫唐亡百余年率不为王土。

故不待五代之乱，神州东北一隅如田弘正所谓“悉化戎墟”矣（见上引《田弘正传》）。尤可异者，即在李唐最盛之时即玄宗之世，东汉、魏晋、北朝文化最高之河朔地域，其胡化亦已开始，此点自昔史家鲜有解释，兹试作一假说，以待将来之确证，然私心殊未敢自信也。

依据上列史料，知神州东北一隅河朔地域之内，其人民血统属于汉种者，既若是之胡化，则其地必有胡族之迁徙无疑。凡居东北与河朔有关之胡族如高丽、东突厥（《唐会要》《旧唐书》俱谓之北突厥，盖旧称如此）、回纥、奚、契丹之类移居于与其部落邻近之地，如河朔区域，自有可能，而于事理亦易可通者也。独中国东北隅河朔之地而有多数之中亚胡人，甚为难解。若彼辈远自西北万里之外短期之内忽然迁移至东北端滨海之区，恐不可能。姑就旧史所载者考之，似有三因：其远因为隋季之丧乱，其中因为东突厥之败亡，其近因或主因为东突厥之复兴。所谓隋季之丧乱者，即《旧唐书》九三《唐休璟传》（《新唐书》一一一《唐休璟传》略同）略云：

> 授营州户曹。调露中单于突厥背叛，诱扇奚、契丹侵略州县，后奚、羯胡又与桑乾突厥同反，都督周道务遣休璟将兵击破之，超拜丰州司马。永淳中朝议欲罢丰州，休璟上疏曰："丰州自秦汉已来，列为郡县，隋季丧乱，不能坚守，乃迁徙百姓就宁庆二州，致使戎羯交侵，乃以灵夏为边界。贞观之末始募人以实之，西北一隅方得宁谧。"

寅恪按：中亚羯胡必经由中国西北，而渐至东北。在隋末中国扰乱之世最为中亚胡人逐渐转徙之良机会，两唐书《唐休璟传》或可于此事略露消息也。唯《新唐书·唐休璟传》及《通鉴》二〇二调露元年十月条俱无"奚、羯胡与桑乾突厥同反"之语，又《新唐书·唐休璟传》虽亦作“戎羯交侵”，而《通鉴》二〇三弘道元年五月条改“戎羯”为“胡虏”，固以“戎羯”为泛称（见《后汉书》四八《吴盖陈臧传》论章怀太子注），然于此恐不免疏误也。然则调露前后中国东北部已有不少羯胡，而羯胡之迁徙实由隋季侵入西北，辗转移来，此于事实颇为合理者也。所谓东突厥之败亡者，即戈本《贞观政要》九《安边篇》略云：

> 自突厥颉利破后，诸部落首领来降者皆拜将军中郎将，布列朝廷，五品已上百余人，殆与朝士相半。唯拓拔不至，又遣使招慰之，使者相望于道。凉州都督李大亮以为于事无益，徒费中国，上疏云云，太宗不纳。

寅恪按：《通典》一九七《边防典·突厥传》上与此同，盖皆源出《太宗实录》也。唯无“太宗不纳”之句，当是杜氏略去。又“拓拔”作“柘羯”，尚未经后人误改。《旧唐书》六二及《新唐书》九九《李大亮传》纪此事，俱只举酋长之名，而《通鉴》一九三贞观四年秋九月条则不著酋长之名，而以“西突厥”一语概括之，盖柘羯一种原在西突厥范围内也。又两唐书《李大亮传》俱言太宗从大亮之请，与《贞观政要》不合，鄙意《吴书》似得其实，而两唐书《李大亮传》乃后来修饰之词，故君卿于此阙疑耶？然则东突厥之败亡，必有少数柘羯因之东徙者矣。所谓东突厥之复兴者，即综考上引史料，诸胡人入居河朔或归降中国之时代大抵在武则天及唐玄宗开元之世。而此三十年间中国东北方胡族之活动其最有关大局者，莫过于东突厥之复兴，即骨咄禄、默啜兄弟武力之开拓远及中亚，竟取西突厥帝国之领部置于其管制下之事实也。关于东突厥自颉利于贞观时破灭后至骨咄禄而复兴之始末，非此所能详及，兹唯就两唐书所载东突厥复兴与西突厥关系之史料略引一二，以供推证焉。

《旧唐书》一九四上《北突厥传》（《新唐书》二一五上《突厥传》同）略云：

> 骨咄禄，颉利之疏属，自立为可汗，以其弟默啜为杀，骨咄禄天授中病卒。
>
> 骨咄禄死时子尚幼，默啜遂篡其位，自立为可汗。
>
> 默啜立其弟咄悉匐为左厢察，骨咄禄子默矩为右厢察，各主兵马二万余人，又立其子匐俱为小可汗，仍主处木昆等十姓（寅恪按：《旧唐书》一九四下《西突厥传》云："其国分为十部，每部仍令一人统之，号为十设，每设赐以一箭，故称十箭焉。又分十箭为左右厢，其左厢号为五咄陆，其右厢号为五弩失毕。五咄陆部落居于碎叶已东，五弩失毕部落居于碎叶已西，自是都号为十姓部落。其咄陆有五啜，一曰处木昆啜云云。"）兵马四万余人，又号为拓西可汗。
>
> 初默啜景云中率兵西击娑葛，破灭之。契丹及奚自神功之后常受其征役，其地东西万余里，控弦四十万，自颉利之后最为强盛，自恃兵威，虐用其众，默啜既老，部落渐多逃散。
>
> 〔开元〕四年默啜又北讨九姓拔曳固，战于独乐河，拔曳固大败，默啜负胜轻归，而不设备，遇拔曳固迸卒颉质略于柳林中，突出击默啜，斩之。

同书同卷下《西突厥阿史那弥射传》附《孙献传》（《新唐书》二一五下《西突厥传》略同）云：

长安元年充安抚招慰十姓大使，献本蕃渐为默啜及乌质勒所侵，遂不敢还国。

同书同卷《阿史那步真传》（《新唐书》二一五下《西突厥传》略同）云：

自垂拱已后十姓部落频被突厥默啜侵掠，死散殆尽。及随斛瑟罗才六七万人，徙居内地，西突厥阿史那氏遂绝。（寅恪按：《通鉴》二〇四纪此事删去“默啜”二字，盖与上文“垂拱”二字冲突之故，于此足征温公读书之精密。）

同书同卷《突骑施乌质勒传》（《新唐书》二一五下《突骑施乌质勒传》同）云：

突骑施乌质勒者，西突厥之别种也。乌质勒卒，其长子娑葛代统其众，景龙三年娑葛弟遮弩恨所分部落少于其兄，遂叛入突厥，请为乡导以讨娑葛。默啜乃留遮弩，遣兵二万人与其左右来讨娑葛，擒之而还。

综合上引诸条，可知东突厥复兴后之帝国其势力实远及中亚，此时必有中亚胡族向东北迁徙者。史言“默啜既老，部落渐多逃散”，然则中国河朔之地不独当东突厥复兴盛强之时遭其侵轶蹂躏，即在其残败衰微之后亦仍吸收其逃亡离散之诸胡部落，故民族受其影响，风俗为之转变，遂与往日之河朔迥然不同，而成为一混杂之胡化区域矣。夫此区域之民族既已脱离汉化，而又包括东北及西北之诸胡种，唐代中央政府若欲羁縻统治而求一武力与权术兼具之人才，为此复杂胡族方隅之主将，则柘羯与突厥合种之安禄山者，实为适应当时环境之唯一上选也。玄宗以东北诸镇付之禄山，虽尚有他故，而禄山之种性与河朔之情势要必为其主因，岂得仅如旧史所载，一出于李林甫固位之私谋而已耶？

更总括以上所述者论之，则知有唐一代三百年间其统治阶级之变迁升降，即是宇文泰“关中本位政策”所鸠合集团之兴衰及其分化。盖宇文泰当日融冶关陇胡汉民族之有武力才智者，以创霸业；而隋唐继其遗产，又扩充之。其皇室及佐命功臣大都西魏以来此关陇集团中人物，所谓八大柱国家即其代表也。当李唐初期此集团之力量犹未衰损，皇室与其将相大臣几全出于同一之系统及阶级，故李氏据帝位，主其轴心，其他诸族入则为相，出则为将，自无文武分途之事，而将相大臣与皇室亦为同类之人，其间更不容别一统治阶级之存在也。至于武曌，其氏族本不在西魏以来关陇集团之内，因欲消灭唐室之势力，遂开始施行破坏此传统集团之工作，如崇尚进士文词之科破格用人及渐毁府兵之制等皆是也。此关陇集团自西魏迄武曌历时既经一百五十年之久，自身本已逐渐衰腐，武氏更加以破坏，遂致分崩堕落不可救止。其后皇位虽复归李氏，至玄宗尤称李唐盛世，然其祖母开始破坏关陇集团之工事竟及其身而告完成矣。此集团既破坏后，皇室始与外朝之将相大臣即士大夫及将帅属于不同之阶级。同时阉寺党类亦因是变为一统治阶级，拥蔽皇室，而与外朝之将相大臣相对抗。假使皇室与外廷将相大臣同属于一阶级，则其间固无阉寺阶级统治国政之余地也。抑更可注意者，关陇集团本融合胡汉文武为一体，故文武不殊途，而将相可兼任；今既别产生一以科举文词进用之士大夫阶级，则宰相不能不由翰林学士中选出，边镇大帅之职舍蕃将莫能胜任，而将相文武蕃汉进用之途，遂分歧不可复合。举凡进士科举之崇重，府兵之废除，以及宦官之专擅朝政，蕃将即胡化武人之割据方隅，其事俱成于玄宗之世。斯实宇文泰所创建之关陇集团完全崩溃，及唐代统治阶级转移升降即在此时之征象。是以论唐史者必以玄宗之朝为时代画分界线，其事虽为治国史者所得略知，至其所以然之故，则非好学深思通识古今之君子，不能详切言之也。

/第五章/

张荫麟、雷海宗论宋、元

宋朝的开国和开国规模

/ 张 荫 麟 /

一

后周世宗以三十四岁的英年，抱着统一中国的雄心，而即帝位。他即位不到一个月，北汉主刘崇联合契丹入寇，他便要去亲征。做了四朝元老的长乐老冯道极力谏阻。世宗说："从前唐太宗创业，不是常常亲征的么？我怕什么？"冯道却说："唐太宗是不可轻易学的。"世宗又说："刘崇乌合之众，王师一加，便好比泰山压卵。"冯道却怀疑道："不知道陛下作得泰山么？"世宗看他的老面，不便发作，只不理睬，径自决定亲征。周军在高平（即今山西高平）遇到敌人。两军才开始交锋，周军的右翼不战而遁，左翼亦受牵动，眼见全军就要瓦解。世宗亲自骑马赶上前线督战，并且领队冲锋，周军因而复振，反把敌军击溃，杀到僵尸弃甲满填山谷。在凯旋道中，世宗齐集将校，大排筵席来庆祝，那些临阵先逃的将校也行无所事地在座。世宗突然声数他们的罪状，喝令他们跪下受刑。说着，壮士们便动手，把七十多个将校霎时斩讫，然后论功行赏。接着他率军乘胜直取太原，却无功而还。

经这一役，世宗深深感觉到他的军队的不健全。回到汴京后不久，便着手整军。这里我们应当略述后周的军制。像唐末以来一般，这时州郡兵为藩镇所私有，皇室不能轻易调遣。皇室所有的军队即所谓禁军。禁军分为两部：一，殿前军；二，侍卫亲军。两部之上，不置总帅。侍卫亲军虽名为亲，其实比较和皇帝亲近的却是殿前军。侍卫亲军分马、步两军，而殿前军则无这样的分别。大约前者是量多于后者，而后者则质优于前者。世宗一方面改编全部禁军，汰弱留强；一方面向国内各地召募豪杰，不拘良民或草寇，以充实禁军。他把应募的召集到阙下，亲自试阅，挑选武艺特别出众、身材特别魁伟的，都拨入殿前军。

世宗不独具有军事的天才，也具有政治的头脑。他奖励垦荒，均定田赋。他曾为经济的理由，废除国内大部分的寺院，并迫令大部分的僧道还俗。他以雷霆的威力推行他的政令，虽贤能有功的人也每因小过而被戮，但他并不师心自用。他在即位次年的《求言诏》中甚至有这样的反省：“自临宸极，已过周星。至于刑政取舍之间，国家措置之事，岂能尽是？须有未周。朕犹自知，人岂不察？而在位者未有一人指朕躬之过失，食禄者曾无一言论时政之是非！”他又曾令近臣二十余人，各作《为君难为臣不易论》一篇和《平边策》一篇，供他省览。“平边”是他一生的大愿。可惜他的平边事业只做到南取南唐的淮南江北之地，西取后蜀的秦、凤、阶、成四州，北从契丹收复瀛、莫二州，便赍志而殁，在位还不到六年，遗下二个七岁以下的幼儿和臣下对他威过于恩的感想。

世宗死于显德六年（公元959年）六月，在临死的一星期内，他把朝内外重要的文武职官，大加更动。更动的经过，这里不必详述，单讲他对禁军的措置。殿前军的最高长官是正副都点检，其次是都指挥使。侍卫亲军的最高长官是正副都指挥使，其次是都虞候。世宗对禁军要职的最后“人事异动”，可用表显示如下：

	职位	原任	更定	附注
殿前军	都点检	张永德	赵匡胤	
	副都点检	慕容延钊	慕容延钊	此据《旧五代史·周恭帝纪》，《宋史》本传误
	都指挥使	赵匡胤	石守信	
侍卫军	都指挥使	李重进	李重进	
	副都指挥使	未详（或缺员）	韩通	
	都虞候	韩通		

其中最可注意的是张永德的解除兵柄和赵匡胤的超擢。张永德是周太祖的驸马（世宗是周太祖的内侄兼养子），智勇善战，声望久隆，显然世宗不放心他。赵匡胤是洛阳人，与其父弘殷俱出身军校，在周太祖时，已同隶禁军。高平之役，匡胤始露头角，旋拜殿前都虞候。其后二年，以从征淮南功，始升殿前都指挥使。他虽然年纪略长于张永德（世宗死时匡胤三十四岁），勋望却远在永德之下。但他至少有以下的几件事，给世宗很深的印象。他从征淮南时，有一次驻兵某城，半夜，

他的父亲率兵来到城下，传令开城。他说："父子固然是至亲，但城门的启闭乃是王事。"一直让他的父亲等到天亮。从征淮南后，有人告他偷运了几车财宝回来，世宗派人去检查，打开箱笼，尽是书籍，一共有几千卷，此外更无他物。原来他为人沉默寡言，嗜好淡薄，只是爱书，在军中是时常手不释卷的。南唐对后周称臣讲好后，想离间世宗对他的信任，尝派人送他白银三千两，他全数缴呈内府。从殿前都点检的破格超升，可见在这"易君如置棋"的时代，世宗替他身后的七岁幼儿打算，认为在军界中再没有比赵匡胤更忠实可靠的人了。

二

世宗死后半年，在显德七年（公元960年）的元旦，朝廷忽然接到北边的奏报，说北汉又联合契丹入寇。怎样应付呢？禁军的四巨头中，李重进（侍卫都指挥使，周太祖的外甥）是时已领兵出镇扬州；绰号"韩瞠眼"的韩通（侍卫副都指挥使）虽然对皇室特别忠勤，却是一个毫无智谋的老粗，难以独当一面。宰相范质等不假思索，便决定派赵匡胤和慕容延钊（副都点检）出去御敌。

初二日，慕容延钊领前锋先行。是日，都城中突然喧传明天大军出发的时候，就要册立赵点检做天子。但有智识的人多认为这是无根的谣言。先前也有人上书给范质说赵匡胤不稳，要加提防。韩通的儿子，绰号韩橐驼的，也劝乃父及早设法把赵匡胤除掉。但是他做都点检才半年，毫无不臣的痕迹，谁能以小人之心度君子之腹呢？但这一天不知从何而来的关于他的谣言，却布遍了都城，有钱的人家纷纷搬运细软，出城躲避。他们怕什么？稍为年长的人都记得：恰恰十年前，也是北边奏报契丹入寇，也是派兵出征；约莫一个月后，出征的军队掉头回来，统兵的人就做了皇帝（即周太祖）。他给部下放了三天假，整个都城几乎被抢掠一空。现在旧戏又要重演了罢？

初三日，赵匡胤领大军出发。城中安然无事，谣言平息。

初四日上午，出发的军队竟回城了！谣言竟成事实了！据说队伍到了陈桥，当天晚上军士忽然哗变，非要赵点检做天子不可，他只得将就。但出乎大家意料之外的，这回军士却严守秩序，秋毫无犯。在整个变局中，都城里只发生过一次小小的暴行。是日早朝还未散，韩通在内廷闻变，仓皇奔跑回家，打算调兵抵抗，半路给一个军校追逐着，才到家，来不及关门便被杀死；那军校把他全家也屠杀了。都城中已没有赵匡胤的敌人了。一切仪文从略。是日傍晚，赵匡胤即皇帝位。因为他曾领过宋州节度使的职衔，定国号为宋；他便是宋太祖。

在外的后周将帅中，不附宋太祖的，唯有镇守扬州一带的李重进和镇守潞州一带的李筠。四月，李筠结合北汉（占今山西全省除东南隅及雁门关以北）首先发难。李重进闻讯，派人去和他联络，准备响应。那位使人却偷到汴京，把扬州方面的虚实告诉了宋太祖，并受了密旨，回去力劝重进不可轻举。重进听信了他，按兵不动。北汉和后周原是死对头，而李筠口口声声忠于后周，双方貌合神离。他又不肯用谋士的计策：急行乘虚西出怀孟，占领洛阳为根据，以争天下；却困守一隅，坐待挨打。结果，不到三个月，兵败城破，赴火而死。九月，李重进在进退两难的情势下勉强起兵。他求援于南唐，南唐反把他的请求报告宋朝。他还未发动，亲信已有跳城归宋的。他在狐疑中，不问皂白，把三十多个将校一时杀掉。三个月内，扬州也陷落，他举家自焚而死。

三

宋太祖既统一了后周的领土，进一步便着手统一中国。是时在中国境内割据自主的区域，除宋以外大小有八，兹按其后来归入宋朝的次序，列表如下：

区域	今地	统治者名义	入宋年
荆南	湖北江陵以西及四川峡道	宋荆南节度使	公元963年
湖南	略当湖南省	宋武平节度使	公元963年
蜀	四川省除峡道	称帝	公元965年
南汉	两广全部及湖南一部分	称帝	公元966年
南唐	苏皖的长江以南区、湖北东南部（包武昌）、江西全部及福建西部	称唐主奉宋正朔	公元975年
闽南	福建漳泉一带	唐清源节度使	公元978年
吴越	浙江全部、福建东北部及江苏苏松区	称吴越王奉宋正朔	公元978年
北汉	山西全省除东南隅及雁门关以北	称帝	公元979年

太祖的统一工作，大致上遵守着“图难于其易”的原则。荆南、湖南皆地狭兵寡，不足以抗拒北朝，过去只因中原多故，或因北朝把它们置作后图，所以暂得苟全。太祖却首先向它们下手。他乘湖南内乱，遣军假道荆南去讨伐。宋军既到了荆南，却先把它灭掉，然后下湖南，既定两湖，便西溯长江，南下阁道，两路取蜀。蜀主孟昶是一纨绔少年，他的溺器也用七宝装成。他的命运，可用他的一个爱妃（花蕊夫人）的一首诗来交代：

君王城上竖降旗，妾在深宫那得知！

十四万人齐解甲，宁无一个是男儿？

这些解甲的军士中，至少有二万七千被屠，而宋兵入蜀的只有三万。次取南汉。南汉主刘𬬮比孟昶更糟，是一变态的糊涂虫，成日家只在后宫同波斯女之类胡缠，国事委托给宦官；仅有的一二忠臣良将，因随便的几句谗言，便重则族诛，轻则赐死。他最后的办法是把珍宝和妃嫔载入巨舶，准备浮海。这些巨舶却给宦官盗走，他只得素衣白马，叩首乞降。次合吴越夹攻南唐。南唐主李煜是一绝世的艺术天才。在中国文学史中，五代是词的时代，而李煜（即李后主）的词，凄清婉丽，纯粹自然，为五代冠。读者在任何词的选本中都可以碰到他的作品。他不独爱文学，也爱音乐、书画，以及其他一切雅玩；也爱佛理，更爱女人。在一切这些爱好的沉溺中，军事、政治、俗务的照顾，只是他的余力之余了。他遇着宋太祖，正是秀才遇着兵，其命运无待龟蓍。以下是他在被俘入汴途中所作的词：

帘外雨潺潺，春意阑珊。罗衾不耐五更寒。梦里不知身是客，一晌贪欢。

独自莫凭栏！无限江山，别时容易见时难。流水落花春去也，天上人间！

和李煜的文雅相称，宋军在南唐也最文明，至少在它的都城（今南京）是如此。“曹彬下江南，不妄杀一人”，历史上传为美谈。但江州城（今九江）为李煜坚守不降，后来陷落，全城被屠，横尸三万七千。

南唐亡后次年，太祖便死，寿仅五十，遗下吴越、闽南和北汉的收拾工作给他的继承者，他的胞弟赵匡义，即宋太宗。吴越王钱俶一向以对宋的恭顺和贿赂做他的地位的保障。南唐亡后，他亲自入朝。临归太祖交给他一个黄包袱，嘱咐他，在路上拆看。及拆阅，尽是群臣请扣留他的奏章，他为之感激涕零。太宗即位后，他又来朝，适值闽南的割据者自动把土地献纳，他恐惧，上表，请除去王号和其他种种优礼，同时求归。这回却归不得了！他只得照闽南的办法，也把土地献纳。最后，宋朝可以用全副精神和全部力量图谋北汉了。北汉地域虽小，却是一个顽敌，因它背后有契丹的支持。自从太祖即位以来，它曾屡次东侵，太祖也曾屡加讨伐——有二次兵临太原（北汉都城）城下。其中一次太祖并且亲征。但太祖终于把它放过了。太祖是有意暂时放过它的。他有这样的考虑：北汉北接契丹，西接西夏；北汉本身并不怎样可怕，它存在，还可以替宋朝作西北的缓冲；它若亡，宋朝和这两大敌的接触面便大大增加，那是国防上一个难题。但这难题可暂避而不能终免。吴越归地后不到一年，太宗便大举亲征北汉。契丹照例派兵去救，前军到达白马岭（今山西盂县东北）与宋军只隔一涧。主帅主张等后军到齐，然后决战，监军却要尽先急击，主帅拗不过他，结果契丹军渡涧未半，为宋军所乘，大溃，监军及五将战死，士卒死伤无算。宋军进围太原城。在统一事业中，这是九仞为山的最后一篑之功了。军士冒犯矢石，奋勇争先地登城，甚至使太宗怕死伤过多，传令缓进。半月，城陷，北汉主出降。太宗下令毁太原城，尽迁其居民于榆次，军士放火烧城，老幼奔赴城门不及，烧死了许多。（唐、五代之太原，在今太原西南三十里，太宗毁太原城后，移其州治，即今省会太原。）

四

太祖、太宗两朝对五代制度的因革损益，兹分三项述之如下：（1）军制与国防，（2）官制与科举，（3）国计与民生。

五代是军阀的世界。在稍大的割据区域内，又分为许多小割据区，即“节度使”的管区。节度使在其管区内尽揽兵、财、刑、政的大权，读者从不久以前四川“防区”的情形，便可以推想五代的情形。太祖一方面把地方兵即所谓厢兵的精锐，尽量选送到京师，以充禁军；又令厢兵此后停止教练。这一来厢兵便有兵之名无兵之实了。厢兵的编制是每一指挥管四五百人；每大州有指挥使十余员，次六七员，又次三四员；每州有一马步军都指挥使，总领本州的厢兵，而直隶于中央的侍卫司，即侍卫亲军的统率处。在另一方面，太祖把节度使的行政权和财权，逐渐移归以文臣充任的州县官。这一来“节度使”在宋朝便成为一种荣誉的空衔了。

禁军的组织，大体上仍后周之旧，唯殿前正副都点检二职经太祖废除；殿前和侍卫的正副都指挥使在太宗时亦缺而不置，后沿为例，因此侍卫军的马、步两军无所统属而与殿前军鼎立，宋人合称之为“三衙”。禁军的数目太祖时约有二十万，太宗时增至三十六万。禁军约有一半驻屯京城及其附近；其余一半则分戍边境和内地的若干重镇（禁军外戍分布的详情是一尚待探究的问题）。其一半在内而集中，另一半在外而分散。这样，内力永远可以制外，而尾大不掉的局面便无法造成了。太祖又创“更戍法”：外戍各地的禁军，每一或二年更调一次。这一来，禁军可以常常练习行军的劳苦而免怠惰；同时镇守各地的统帅不随戍兵而更动，因此“兵无常帅，帅无常师”，军队便无法成为将官的私有了。

厢军和禁军都是雇佣的军队。为防止兵士逃走，他们脸上都刺着字。此制创自后梁，通行于五代，而宋朝因之。兵士大多数是有家室的。厢兵的饷给较薄，不够他们养家，故多营他业。禁兵的饷给较优，大抵勉强可够养家。据后来仁宗庆历间一位财政大臣（张方平）的报告，禁军的饷给“通人员长行（长行大约是伕役之类）用中等例（禁军分等级，各等级的饷类不同）：每人约料钱（每月）五百，月粮两石五斗，春、冬衣紬绢六匹，绵十二两，随衣钱三千。……准例（实发）六折”；另外每三年南郊，大赏一次，禁兵均每人可得十五千左右。除厢、禁军外，在河北、河东今山西及陕西等边地，又有由农家壮丁组成的民兵。平时农隙受军事训练，有事时以助守御，而不支官饷。

这里我们应当涉及一个和军制有关的问题，即首都位置的问题。宋都汴梁在一大平原中间，四边全无险阻可资屏蔽，这是战略上很不利的地形。太祖曾打算西迁洛阳，后来的谋臣也每以这首都的地位为虑。为什么迁都之议始终没有实行，一直到了金人第一次兵临汴梁城下之后，宋帝仍死守这地方等金人第二次到来，而束手就缚呢？我们若从宋朝军制的根本原则，从主要外敌的所在，从经济地理的形势各方面着想，便知道宋都有不能离开汴梁的理由。第一，在重内轻外的原则下，禁军的一半以上和禁军家属的大部分集中在京畿，因此军粮的供应和储蓄为一大问题。随着禁军数量的增加，后来中央政府所需要于外给的漕粮，每年增至六七百万石，而京畿的民食犹不在内。在这样情形下，并在当时运输能力的限制下，政治的重心非和现成的经济的重心合一不可。自从唐末以来，一方面因为政治势力由西而东移，一方面因为关中叠经大乱的摧毁和水利交通的失理，汉唐盛时关中盆地的经济繁荣和人口密度也移于华北平原。汴梁正是这大平原的交通枢纽，经唐、五代以来的经营，连渠四达，又有大运河以通长江。宋朝统一后，交通上的人为限制扫除，它便随着成为全国的经济中心了。第二，宋朝的主要外敌是在东北，它的边防重地是中山（今河北定县[1]）、河间、太原三镇，而在重内轻外的原则下，平时兵力只能集中在京畿，而不能集在其他任何地点。因此，都城非建筑在接近边防重镇且便于策应边防重镇的地点不可。汴梁正适合这条件。

五

中央政府的组织，大体上沿袭后周。唐代三省和御史台的躯壳仍然保存，但三省的大部分重要职权，或实际上废除，如门下省的封驳（“封”谓封还诏书，暂不行下；“驳”谓驳正台议），或移到以下几个另外添设的机关：（1）枢密院（创始于后唐）掌军政，与宰相（即“同中书门下平章事”）所主的政事堂对立，并在禁中，合称二府。院的长官（或称“枢密使”，或“知枢密院事”，或“签书枢密院事”）的地位也与宰相抗衡。（2）三司使司（创始于后唐）掌财政，三司使下辖盐铁、度支和户部三使，宋初以参知政事（即副宰相，太祖时创置）或宰相兼领，后置专使。（3）审官院（不知创于何时，后分为审官东院与流内铨）掌中下级

[1] 定县，即今河北定州市。——编者注

文官的铨选，其上级文官的铨选则归中书省。（4）三班院（不知创于何时，后分为审官西院与三班院）掌中下级武官的铨选，其上级武官的铨选则归枢密院。（5）审刑院（创始于太宗时）主覆核刑部奏上的重案。枢密院分宰相及兵部之权，三司便分户部之权，审官院分吏部之权，三班院再分兵部之权，审刑院分刑部之权。

地方行政的区域有三级，自下而上是：（1）县；（2）府、州、军、监，通称为郡；（3）路。在郡的四类中，府是经济上或军事上最重要的区域，其数目最少，其面积却最大。通常州所管辖的县数较府为少。军次之，至多只三县，少则一县。监则尽皆只占一县。设监的地方必定是矿冶工业或国家铸钱工厂等所在的地方，监的长官兼管这些工业的课税和工厂的事务。宋初在郡县制度上有两项重要的变革。一是郡设通判（大郡二员，小郡一员，不满万户的郡不设），以为郡长官的副贰；郡长官的命令须要他副署方能生效；同时他可以向皇帝上奏，报告本郡官吏的良劣和职事的修废。因为通判的权柄这样大，郡的长官就很不好做。宋人有一传为话柄的故事如下：有一杭州人，极好食蟹。他做京朝官做腻了，请求外放州官（宋朝京官得请求外放并且指明所要的郡县），有人问他要哪一州。他说我要有蟹食而没有通判的任何一州。二是县尉（县尉制始于汉朝）的恢复。在五代，每县盗贼的缉捕和有关的案件，由驻镇的军校管理，县政府无从过问。宋初把这职权归还县政府，复设县尉以司之。路的划分在宋代几经更改，这里不必详述。太宗完成统一后将全国分为十路，其后陆续于各路设一转运使，除总领本路财赋外，并得考核官吏，纠察刑狱，兴利除弊，实于一路之事无所不管。后来到真宗（太宗子）时，觉得转运使的权太大，不放心，又于每路设一提点刑狱司，将转运使纠察刑狱之权移付之。宋人称转运使司为漕司，提点刑狱司为监司。

宋在变法以前的科举制度，大体上沿袭唐朝进士科独尊以后的规模。但有以下的更革：（1）唐朝每年一举进士，每举以一二十人为常，至多不过三四十人；宋朝每四年一举进士，在太宗时每举常一二百人，后来有多至五六百人的。（2）唐朝进士考试不弥封，不糊名，考官亦不专凭试卷去取，而可以参考举子平日的声誉。因此举子在考试之前，照例把自己的诗赋或其他著作向权要投献，望他们赏识、延誉，以至推荐。宋朝自真宗（一说太宗）时，定糊名制以后，试官于举子只能凭试卷去取了。（3）唐朝进士经礼部录取后，即算及第。宋朝则礼部录取后，还要到殿庭复试，由皇帝亲自出题，这叫作“殿试”。及第与否和及第的等次，是在殿试决定的（仁宗某年以后，殿试只定等次，不关去取）。（4）唐朝进士及第后，如想出仕，还要经吏部再定期考选。“吏部之选，十不及一”，因此许多及第的进士等到头白也得不到一官。宋朝的进士，一经及第，即行授职，名次高的可以得到通判、知县或其他同等级官职。（5）宋朝特定宗室不得参与科试。

从上面所述科举制度的更革，已可以看出宋朝对士大夫的特别优待。但宋朝士大夫所受的优待还不止此。像“官户”免役、免税及中上级官吏“任子”（子孙不经“选举”，特准宦仕）的特权，固然沿自前代（汉代），但宋朝官吏“任子”的权利特别大。台省官六品以上，它官五品以上，每三年南郊大礼时，都有一次“任子”的机会，每次品级最低的荫子或孙一人；品级最高的可荫六人，不拘宗人、外戚、门客以至“医人”（家庭医生）。此外大臣致仕时有“致仕恩泽”，可荫若干人，死后有“遗表恩泽”，可荫若干人。因为科举名额之多，仕途限制之宽和恩荫之广，宋朝的闲职冗官特别多，且日增无已，到后来官俸的供给竟成为财政上的大问题了。更有一由小可以见大的优待士大夫的制度：太祖于每州创立一“公使库”，专以款待旅行中的士大夫。据一个曾受其惠的人的记录：“公使库……遇过客（自然不是寻常的过客）必馆置供馈……使人无旅寓之叹。此盖古人传食诸侯之义。下至吏卒（随从）批支口食之类，以济其乏食。承平时士大夫造朝，不赍粮，节用者犹有余以还家。归途礼数如前，但少损。”太祖还有一个远更重大的优待士大夫的立法。他在太庙藏一传诸子孙的密约：“誓不杀大臣及言事官。”规定以后每一皇帝于即位之前，在严重的仪式下，独自开阅这誓约。这誓约对宋代政治的影响，读者以后将会看到。

六

宋初财政收入的详细节目，太过烦琐，这里不能尽述，举其重要的如下：（1）“两税”（分夏、秋两季征纳的田赋和资产税）沿唐旧制，而大致仍五代加重的额数，约为唐代的六倍。其中田赋一项，通常每亩产谷十五石而抽一斗（依当时度量），但因为逃税的结果（上官册的田只占实垦田实额约十分之三），大多数豪强或显达田主实纳的田赋远较上设的比率为轻。（2）政府专卖的物品，除沿自唐季的盐、茶、酒，沿自五代的矾外，又有自外海输入的香料。此外，苛税之沿自五代的有（3）通过税（即近代的厘金），每关抽货价的百分之二（现款亦照抽）；又有（4）身丁钱，即人头税。此税只行于江淮以南，迄于闽广（四川除外），因为五代以来本是如此。这种税的负担，加上别的原因，使得这区域的贫民无法维持他们所不能不继续孳生的人口，因而盛行杀婴的习俗。宋朝大文豪苏东坡于这习俗有一段很深刻的描写。他写给一位鄂州知州的一封信道：

> 昨……王殿直天麟见过，……言鄂、岳间田野小人，例只养二男一女。过此，辄死之。尤讳养女。……辄以冷水浸杀之。其父母亦不忍，率常闭目背面，以手按之水盆中，咿嘤良久乃死。……天麟每闻其侧近有此，辄驰救之，量与衣服、饮食，全活者非一。……鄂人有秦光亨者，今已及第，为安州司法。方其在母也，其舅陈遵梦一小儿挽其衣，若有所诉。比两夕辄见之，其状甚急。遵独念其姊有娠将产，而意不乐多子。岂其应是乎？驰往省之，则儿已在水盆中矣。救之得免。

这是宋朝的黄金时代的一斑。

人民除赋税的负担外，还有差役的负担。差役有四种：一是押运官物，二是督征赋税，三是逐捕盗贼，四是在州县衙门供使唤或管杂务。民户分九等，上四等服役，下五等免役。押运（即所谓衙前）和督赋（即所谓里正），最是苦差，当者要负赔偿损失的责任，每至倾家荡产，并且坐牢。宋朝名将韩琦当知并州时，在一封论及役法的奏疏里有这样的描写：

> 州县生民之苦，无重于里正衙前。自兵兴以来，残剥尤甚，至有孀母改嫁、亲族分居。或弃田与人，以免上等。或非命求死，以就单丁。规图百端，苟脱沟壑之患。

这是宋朝的黄金时代的又一斑。

在五代，一方面军阀横行，一方面豪强的兼并也变本加厉。军阀是给太祖兄弟以和平的手段解决了，但豪强的兼并并不妨碍他们的政权，所以他们也熟视无睹。宋初豪强兼并的程度有下列几事为证：

（1）在太宗淳化四年至至道元年（993—995）间，四川成都附近发生一次贫民（也许大部分是农民）的大暴动。他们的领袖李顺的口号，据宋朝国史的记载，是“吾恨贫富不均，吾为汝均之”！他们把官吏杀掉，拿来示众。他们把富人的财产，除了足供养家的一部分外，尽数充公，拿来赈济贫困。他们竟“号令严明，所到一无所犯”，但他们终于一败涂地。

（2）同时在四川盛行着一种沿自五代的“旁户”制度。旁户是隶属于豪家的贫户，豪家所领的旁户，每有数千之多。他们向领主纳租外，并供领主役使，如奴隶一般。当李顺乱起时，有些豪家反率领旁户去响应他。后来事定，太宗想把旁户制度废除，终因怕引起更大的扰乱而止。

（3）同时在江淮以南迄于闽广（即身丁钱制施行的区域），又有一沿自五代的特殊法律：佃户非得田主的许可并给予凭证，不许迁移。这一来，佃户便成了附着于田土的农奴，如欧洲中古时代的情形。这特殊的法律到太宗的孙仁宗时始行废除。仁宗之所以为“仁”，于此可见。

北宋的外患与变法

/ 张 荫 麟 /

一

自从石晋末年（公元947年），契丹退出汴梁后，它的极盛时代已成过去。白马岭之战使太宗觉得契丹易与。太原攻下之后，他便要一劳永逸地乘胜直取燕云。这十六州的国防要区一天不收回，他的帝国一天不能算是“金瓯无缺”。但是他的部下，上自大将下至兵卒都指望太原攻下之后，可以暂息汗马之劳，同时得到一笔重赏，回家去享享太平福。太宗却不这样想。将士有了资财，哪里还肯卖力去打仗？不如等燕云收复后才给他们一起颁赏也不迟。而将士贪赏求逸的隐衷又怎能向皇帝表示？在迅速的“宸断”之下，太宗便领着充满了失望心情的军队向东北进发。一路所经，易州和涿州的契丹官将先后以城降，不到一月便抵达幽州城（今北平）下，附近的契丹官将又络绎来降。宋军围幽州城三匝，城内空虚，自分无幸。契丹主也准备放弃这重镇。独有一大将（舍利郎君），自告奋勇，请兵赴援，他领兵飨夜兼程，从间道兜到宋军的后方，席卷而北。宋军仓卒应战于今北平西直门外的高梁桥（下为高梁河）一带，立时大败，四散逃窜。幸而契丹主帅受了重伤，不能穷追。败军复集后找寻太宗不得，只当他已死。正议拥戴太祖的儿子继位间，却发现了他，只身乘驴车遁归，大腿上中了两箭。十八年后他就因这伤口的发作而死。

高梁桥之战（太平兴国四年，即公元979年）以后，宋辽边境上的冲突，断断续续地拖了二十几年，彼此都无大进展（京戏中有名的《杨家将》就是在这时代出现的）。太宗于死前三年（公元994年），正当李顺乱事未平之际，曾两次遣使往契丹议和，都为所拒绝。真宗咸平六年（公元1003年），宋殿前都虞候王继忠孤军力战，为契丹所俘。他本是真宗藩邸的亲信，骁勇著名。契丹摄政太后萧氏，很器重他，授以高官，配以贵女。他既荷新宠，又感旧恩，一心要促成宋辽的和好。萧太后和她朝中的领袖们对于边境的拉锯战也未尝不感厌倦，但怎肯平白休兵？次年，他们率领倾国的军队南下，同时由王继忠出面与宋朝通书约和，真宗用宰相寇准的定策，一面严密布置守御，并亲至澶渊（今河北濮阳县[1]西南）督师，一面遣使赴契丹议和。契丹攻瀛州城不下，而其进迫澶渊的前锋的统帅（即去年擒王继忠者）又中伏弩死。两方且战且议的结果便是所谓“澶渊之盟”。构和的条件载于两方交换的誓书内。兹将宋方的誓书录下：

[1] 濮阳县，今属河南省，1983年设立濮阳市。——编者注

维景德元年，岁次甲辰，十二月庚辰朔，七日丙戌，大宋皇帝谨致誓书于大契丹皇帝阙下：共遵成信，虔奉欢盟，以风土之宜，助军旅之费。每岁以绢二十万匹，银一十万两，更不差使臣专往北朝，只令三司差人搬送至雄州交割。沿边州军，务守疆界；两地人户，不得交侵。或有盗贼逋逃，彼此无令停匿；至于垄亩稼穑，南北勿纵惊骚。所有两朝城池，并可依旧存守，淘濠完葺，一切如常。即不得创筑城隍，开拔河道。誓书之外，各无所求。必务协同，庶存悠久。自此保安黎献，慎守封陲。质于天地神祇，告于宗庙社稷。子孙共守，传之无穷。有渝此盟，不克享国。昭昭天鉴，当共殛之！……

据说，宋方的使人临行时，真宗吩咐他道："若不得已，许与契丹的岁币，不妨添到一百万。"寇准却把使人召来，对他说："虽有御旨，若许过三十万，我便砍你的头。"其后使人定约回来，真宗正在幕内用膳，不及召见，先差太监去探问。使人在幕外，不便扬声，只把三个指头向额上一点。那太监当为三百万禀报。真宗听了道："太多，也罢，姑且了事。"

二

澶渊之盟后，宋朝边境保持了三十年完全的和平，而有西夏赵元昊之患。西夏原初的地域大略包括今陕北的无定河以西、延水之北和绥远的鄂尔多斯。这区域在唐以来为羌族所散布。唐末，这区域的守将拓跋氏（北魏之后）割据自主，传世至宋。太宗时，西夏叛而复附，附而复叛。澶渊之盟前一年，西夏攻占灵州（今宁夏灵武县[1]西南），盟后二年，又复就抚。是时西夏之于宋边，还不过是癣疥之患。至仁宗明道元年（公元1032年），赵元昊（赵是太宗时赐姓）继位，而形势大变。元昊从小就是一个异凡的人物，不独精娴武事，并且通蕃（盖指藏族）汉文字，从法律书、兵书，以至佛典，无所不读；又能绘画，能出新意创制器物。他劝其父不要臣属中国。其父说："我们三十年来，周身锦绮，都是宋朝所赐，怎好负恩？"他说："穿兽皮，勤力牧畜，是蕃人的天性。大丈夫要为王为霸，锦绮算什么？"在继位之前，他曾领兵西征回鹘，连取了甘州和西凉府（并在今甘肃省河西地）。既继位，模仿宋朝制度，改革政府组织。自创西夏字根，命人演成西夏文字，又命人拿来译《孝经》《尔雅》《论语》等书（西夏文译的佛经和其他西夏文书现在还有留存）。他有蕃汉兵十五六万，仍都兴州（今宁夏银川）；西取回鹘的沙、瓜、肃三州（并在今甘肃河西），东南寇宋。他继位之初已私自改元，第七年（公元1038年），便正式称帝，定国号为大夏。此后，宋在今陕西黄河近岸、延水流域，以迄甘肃的环县、庆阳、泾川、固原一带的边境上，和西夏展开四年的苦战。宋方的主要将帅是安阳人韩琦和苏州人范仲淹。范之参预这次军事，原是由韩的举荐，但初时二人的战略根本不同。韩主张集中兵力，深入进攻，一举击破敌主力。他也知道这是冒险的事，但他以为"大凡用兵，当置胜败于度外"。范却以为"承平岁久，无宿将精兵，一旦兴深入之谋，国之安危，未可知也"；"为今之计，

[1] 灵武县，即今灵武市。——编者注

宜严戒边城，使持久可守；实关内（即关中），使无虚可乘；若寇至边城，清野不与大战。关中稍实，〔敌〕岂敢深入？二三年间，彼自困弱”。他又主张军事与外交并用，亲自作书，劝元昊罢兵称臣，时人多以他为怯。庆历元年（公元1041年），韩琦巡边至镇戎军（今甘肃固原），派兵数万，深入敌后，窥取羊牧隆城（今甘肃隆德附近）。所遣的统领官贪利轻进，陷入敌人的大包围中，全军尽覆。兵士阵亡的，据当时边庭低折的报告，也有一万零三百人。这是宋与西夏战役中最惨的败仗，中外为之震撼。契丹乘这机会，蠢蠢欲动，次年便向宋朝提出割地的要求。宋朝只得增加岁币银十万两、绢十万匹（加原额三分之二），以为宽免割地的代价。经这一役的教训，韩琦只得接受范仲淹的清野固守政策。从此二人同心协力，作持久计。二人皆名重一时，人心归向，又皆号令严明，爱抚士卒，对近边的羌人部落，也推诚相与，恩威并用。士卒用命，羌人感畏，边境渐安。边民为之歌唱道：

军中有一韩，西贼闻之心胆寒！

军中有一范，西贼闻之惊破胆！

这两位使西贼“心胆寒”“惊破胆”的大将可都不是雄赳赳的武夫，而是温雅雍容的儒者。那羌人尊称为“龙图老子”（因为他带“龙图阁直学士”衔）的范公，并且是一代的作手，他这时在军中的歌咏，为宋人所传诵的，兹录一首如下：

塞下秋来风景异，衡阳雁去无留意。四面边声连角起，千嶂里，长烟落日孤城闭。

浊酒一杯家万里，燕然未勒归无计。羌管悠悠霜满地，人不寐，将军白发征夫泪。

宋朝虽守住了西北边境，却谈不到犁庭扫穴。因为宋取防堵的战略，需要兵力特别多。自对西夏用兵以来，禁军从四十余万增至八十余万，军队的维持费自然照这比率增加，而战时的非常支出还不算。政府虽把税收入增到无可再增（例如以较真宗景德时，商税、酒税皆增四倍余，盐税增一倍余），仍不敷甚巨，只得把太祖、太宗以来的储蓄，拿来支用。到西夏事定时，“百年之积，惟存空簿”了。朝廷对元昊自始就没有关闭和平的路，只要罢兵称臣，在相当限度内，银绢是不吝惜的。元昊见宋边无隙可乘，又适值国内发生严重的天灾，便于庆历三年（公元1043年）遣使来讲和。两方所争的只是元昊称呼，来使所持元昊的文书自称“男邦尼定国兀卒上书父大宋皇帝”。兀卒是他自取的名，意思是“我的祖宗”。继后他的文书，竟直用汉译作“吾祖”。但这不过是一种讨价的刁难，次年元昊便答应取消这个怪名，而对国内自称夏国王，对宋称臣。宋朝则答应每年“赐”他绢十万匹，银七万两，茶四万斤。和议成后四年，元昊因为占夺新娶的媳妇，为其子所杀，年四十六。

三

范仲淹自从读书应举时，便“以天下为己任”。他常说：“士当先天下之忧而忧，后天下之乐而乐。”远在仁宗天圣三年（公元1025年），即元昊僭号之前十三年，当他任大理寺丞（年三十七，登进士第后十年）时，他已看见国家隐伏的危机，上书朝廷，倡言改革。书中最精警的一段道：

> 圣人之有天下也，文经之，武纬之，此二道者，天下之

大柄也……相济而行，不可斯须而去焉。……《道经》曰：“祸兮福所倚，福兮祸所伏。”又曰：“防之于未萌，治之于未乱。”圣人当福而知祸，在治而防乱。……我国家……自真宗皇帝之初，犹有旧将旧兵，多经战敌，四夷之患，足以御防。今天下休兵余二十载，昔之战者，今已老矣。今之少者，未知战事。人不知战，国不虑危，岂圣人之意哉？而况守在四夷，不可不虑。古来和好，鲜克始终。……今自京至边，并无关险。其或恩信不守，衅端忽作，戎马一纵，信宿千里。若边少名将，则惧而不守，或守而不战，或战而无功，再扣澶渊，岂必寻好？未知果有几将，可代长城？伏望圣慈……与大臣论武于朝，以保天下。先命大臣密举忠义有谋之人，授以方略，委以边任；次命武臣密举壮勇出群之士，任以武事，迁其等差……列于边塞，足备非常。……至于尘埃之间，岂无壮士？宜复唐之武举，则英雄之辈，愿在彀中。此圣人居安虑危之备，备而无用，国家之福也。

除了国防整顿外，仲淹于官吏的选任、人才的储养、直谏之奖励、文风浮薄之救正、君德之修省，皆有所规陈。但他这封富于预言性的奏书，竟未曾发生一点实际的影响。

庆历三年（公元1043年），当元昊使来，西事大定之后，仲淹被召入朝为枢密副使，旋任参知政事，一时朝野倾心属目。他于就职的次月，上了一封“万言书”，条陈兴革事宜十项。这十项中除关于民生的两项（厚农桑，减徭役）外，其余大旨不出天圣三年的建议的范围，不过比从前更为周详、更为具体罢了。现在把其中比较最重要的六项归入四纲领，节述如下：

（一）关于国防建设的。恢复唐朝的府兵制："先于畿内并近辅州府召募强壮之人，充京畿卫士，得五万人，以助正兵，足为强盛，三时务农……一时教战。……候京畿近辅召募卫兵已成次第，然后诸道效此渐可施行。"

（二）关于民生的。（甲）厚农桑："请每岁之秋，降敕下诸路转运司，令辖下州军吏民各言农桑之间可兴之利，可去之害，或合开河渠，或筑堤堰坡塘之类，并委本州运选官计定工料，每岁于二月间兴役半月而罢，仍具功绩闻奏。"（乙）减徭役：省并户口虚少的县份，使这些县民繁重的徭役可以减轻（因人民须服役于县衙，县多户少，则役重）。

（三）关于科举制度的。"请诸路州郡有学校处奏举通经有道之士，专于教授，务在兴行。……重定外郡发解条约，须是履行无恶、艺业及等者方得解荐，更不弥封试卷。……其考较进士，以策论高、词赋次者为优等，策论平、词赋优者为次等。诸科，经旨通者为优等，墨义通者为次等。……进士、诸科，并以优等及第者放选注官，次等及第者守本科选限。"

（四）关于用人行政的。（甲）明黜陟：是时成例，"文资三年一迁，武职五年一迁，谓之磨勘。……虽愚暗鄙猥，人莫齿之，而……坐至卿监丞郎者历历皆是"。仲淹请严定考绩之法，使无功不擢，有善必赏。（乙）抑侥幸：自真宗以后，恩荫愈滥，"两省至知杂御史以上，每遇〔三〕年南郊并〔每年〕圣节（皇帝生日）各奏子充京官，少卿监奏一子充试衔……其大两省等官……复更（例外）每岁奏荐。……假有任学士以上官，经二十年者，则一家兄弟子孙出京官二十人，仍接次升朝”。仲淹请废圣节恩荫之例，其余恩荫的优待，亦大加减损。

仲淹任参知政事不满一年，便在怨谤丛集之下，不安于位而去。他所提出的改革方案中，复府兵一项，因其他大臣一致反对，谈不到实施；变科举一项，已完全实行，但他去职后不久，旧制又被恢复；其他各项，若不是未及着手，便是才开了一点端绪，便因他的去职而停息。他去职后，出巡西北边，其后历知州郡，八年而殁（公元1053年[1]），谥文正。

仲淹字希文，二岁丧父，其母携他改嫁长山（在今山东）朱氏。初从朱姓，名说。至二十九岁，始复本姓，定今名。年二十一，中“学究”科。继后读书于长山的山寺中。这时他的生活很清苦，每日煮一锅粥，划为四块，早晚取两块，加上几茎荠菜和一些盐便算一餐。年二十三，得知自己的身世，立即带着琴剑，离开朱家。其母派人追及他，他说：“十年后，等我中了第，再来迎接母亲。”他投入南京（宋以商丘为南京）的府立学舍，在学舍中更加贫乏，有时连𫗴粥也不饱，夜间被盖不够，就和衣而睡。真宗巡幸南京，学舍生徒皆往观看，他独不出。南京留守的儿子和他同学，见他的情形和留守谈及。留守命人送了他好些肴馔，他收下，却一直等到腐败也不一动。留守的儿子问故，他说：“并非不感谢厚意，可是食粥已久，安之若素，一旦享受了这嘉肴，以后吃粥还吃得下么？”年二十七，登进士第。初仕为广德军司理参军（法官），常为断狱事和郡长官争是非。长官

[1] 应为公元1052年。——编者注

每盛怒临他，他一点也不摇动，归去便把和长官往来辩论的话记在屏风上，等到满任，整副屏风都写满了。后来知开封府时，有一宦官，倚势作威，中外畏惧，他独抗疏弹劾；自知此事危险，疏上之后，嘱咐诸儿子，他若不幸，以后他们不可做官，但在他墓旁设馆，教书度日。他虽显贵，常以节约表率家人。非宴客，食不重肉。每夜就寝前，自计一日间自奉的费用和所做的事，若觉得两者可以相当，便熟睡，否则终夜不安，次日必设法做一有益于人的事以为抵补。他为次子娶妇，听说妇家以纱罗给她做帷幔，便怒道："罗绮岂是做帷幔之物？我家一向清俭，怎得乱我家法？若敢拿来我家，必把它当众烧掉。"他的起人景慕的遗闻轶事，可以写一本书，这里选择的只代表他的不移于贫贱，不淫于富贵，不屈于威武的性格，即孟子所谓"大丈夫"的性格。

仲淹死后八年，当仁宗嘉祐五年（公元1060年），王安石（时年四十）自江东提点刑狱，任满应召，赴阙也上了一封"万言书"[1]，他也觉得国家的现状非变革不可，但他认为变法的先决问题是人才的问题。照他的人才的标准，这时无论在中央或在地方，在位或在野，都缺乏人才。"今以一路数千里之间，能推行朝廷之法令，知其所缓急，而一切能使民以修其职事者甚少，而不才苟简贪鄙下人至不可胜数。……朝廷每一令下，其意虽善，在位者尤不能推行，使膏泽加于民，而吏辄缘之为奸，以扰百姓。"为什么人才这样缺乏呢？他

[1] 据今通行说法，王安石上"万言书"的时间应为嘉祐三年（公元1058年），即范仲淹死后六年，王安石时年三十八。——编者注

以为由于“教之、养之、取之、任之”不得其道。什么是“教之”之道呢？他以为国家应自都城以至乡镇，遍设学校，凡优秀的青年都取入学校，由国家供养，严选教师，教以“朝廷礼乐刑政之事”。所谓“刑政”之事，包括军事。“先王之时，士之所学者文武之道也。士之才有……大小。……至于武事则随其才之大小无有不学者也。故其大者居则为六官之卿，出则为六军之将也。其次则比、闾、族、党之师，亦皆卒两师旅之帅也。”什么是“养之”之道呢？他以为国家于取入学校和仕于政府的士人，应当“饶之以财，约之以礼（自婚、丧、祭、养、燕享，以至服食器用皆有定制），裁之以法”。什么是“取之”之道呢？他说“取人必于乡党，于庠序，使众人推其所谓贤能，书之以告于上而察之，〔试之以事〕诚贤能也，然后随其德之大小、才之高下而官使之”。至于“任之”之道，则任期要久，职责要专，并待以严格的考绩之法。简单地说：要变法，积极方面当从政治和军事教育的普及化做起；消极方面当首先废除以文辞和记诵取士的科举制度。他认为这是逼切的需要。他警告仁宗以下面一类故事：

> 昔晋武帝，趣过目前而不为子孙长远之谋。当时在位亦皆偷合苟容，而风俗荡然，弃礼义，捐法制。上下同失，莫以为非。有识者固知其将必乱矣。而其后果海内大扰，中国列于夷狄者二百余年。

但他这封书的效果和三十五年[1]前（天圣三年）范仲淹所上的那封书一样。

[1] 据前注，此处应为三十三年。——编者注

四

仁宗在位四十二年，无子，以从侄继，是为英宗。英宗在位四年，其子继，是为神宗。

神宗即位时才二十岁（以足岁计还未满十九）。他做皇子时，谦恭好学，优礼宾师，很得士林的称誉。他是感觉异常敏锐的人。他即位之初，和朝臣谈到太宗的死状，至于堕泪。他立志要兴振中国，收复燕云的失地，湔雪祖宗的耻辱。以稚年临御，承积弱之后，而发奋图强，在这一点上，他和汉武帝正相符同（他即位时比武帝长三四岁）。他一生的事业也似乎隐隐以武帝为榜样。但他的福命不如武帝：武帝寿六十九，他寿仅三十八。他所处的时代也和武帝所处的大不相同。武帝初年，当长期休息之后，公家的财力绰裕盈溢；而神宗即位时，不独府库虚竭，国计也濒于入不敷出了。武帝承景帝深文酷法、繁刑严诛的余风，其时主威赫铄，法为国是，令出必行；而宋太祖“誓不杀大臣及言事官”的家法和真、仁两朝过度的宽柔，寖假造成政治上一种变态的离心力：以敌视当权为勇敢，以反对法令为高超，以言事得罪为无上的光荣。政府每有什么出乎故常的施为，必遭受四方八面寻瑕抵隙的攻击，直至它被打消为止。范仲淹的改革就在这样的空气里失败的。英宗朝因为追尊皇帝本生父的名号的小小问题（即所谓“濮议”，英宗本生父原为濮王），笔舌的战争就闹得天翻地覆。到神宗即位时，这种政治上变态的离心力久已积重难返了。再者，汉初去春秋战国“军事中心”的时代不久，尚武之风未泯，右文之政未兴，故将才易求，斗士易得，图强易效。宋初惩五季军人恣横之弊，一意崇文抑武，三衙实际的长官爵不过四品至六品，唐朝的武举制度也废而不行，军为世贱，士耻言兵，结果良将勇士，两皆寥落。神宗朝重大的战役多委之宦者李宪，其时军事人才的缺乏可想见了。

神宗做皇子时，对王安石久已心仪神往。他即位时，安石方以前知制诰的资格，闲住在金陵。他正月即位，闰三月便命安石知江宁府，九月便命安石为翰林学士。其后三年间，安石遂历参知政事而至宰相。这王安石是江南西路临川县人。其父历知韶州及江宁府通判。他少年时代的优裕顺适和范仲淹恰成对照。据说他的“眼睛如龙”，读书过目不忘。他二十四岁便登进士第，本取第一，因赋卷中语犯忌讳改置第四。可是他一生从没有和人谈及这件得意的失意事。他的诗文在文学史上都属第一流，并且为当代文宗欧阳修深所心折。欧初识他时，赠他的诗有“翰林风月三千首，吏部文章二百年”之句，直以李白、韩愈相拟。他不独以文名，德行、政事也无不为侪辈所推服。他官知制诰时，他的夫人给他买了一个妾，那是当时达官应有的事。安石见了她，就问：“哪里来的女子？”答道：“夫人叫我来伺候舍人的。”问她的来历，原来她的丈夫是一个军校，因运米损失，家产入官，还不够赔，便把她卖掉，得价九十万钱。安石立即命人把她的丈夫找来，让他们复为夫妇。他官知制诰后，居母丧，年已四十余，却尽极哀毁，在厅堂里以槁秸席地，坐卧其上。有一天，某知府给他送一封信，那差人看了他的样子，只当他是一个老仆，叫他递入内宅。他在槁席上拿了信就拆。那差人嚷骂道：“舍人的信，院子也拆得的吗？”左右告诉差人那就是舍人！他于书卷外，一切嗜欲都异常淡薄，对衣食住都漠不关心。后来毁他的人便说他“囚首垢面而谈诗书”。他于荣禄也未曾表现过一点兴趣。宋朝的“养馆职”（“三馆”是国家的图书馆和史馆）是朝廷储才待用的机关，地位极清高，也是仕宦上进必由之路。照例进士名列前茅的，初仕任满后可以请求考试馆职，他却不去请求。再经两任（三年一任）外官之后，大臣荐他去考试馆职，他也不赴。再历一任外官之后，朝廷直接授他馆职，他也不就。再经一任外官之后，朝廷又授他以更高的馆职，他于屡辞之后，才勉强俯就。但他不是没有办事的才能。他在政治上的好处，后来的史家极力埋没，但我们于他早年的政绩还可以找得一例：他知鄞县任满后，县人就给建立生祠。这样一个德行、文章、政事的全人，他在仕途上愈懒于进取，朝野的有心人愈盼望他进取。当他给仁宗上“万言书”的时候，他久已声满天下。可是到了他由江宁知府，而翰林学士，而参知政事，而宰相，一直猛跳的时候，到了天爵和人爵极备于他一身的时候，先进和后进的同僚，包括那正人君子的领袖司马光，都不免对他侧目而视了。

五

我们读史有时可于异中见同。汉武帝初年，财政和军备都没有问题，所以他的事业的第一步是开边；到了后来因兵事的耗费，财政不足，才施行新经济政策。神宗即位时的情形正正相反，所以他的事业的第一步是经济、军事，以至教育上种种建设和改革；后来这些兴革有了相当成效，才着手开边。两人事业的程序是“易地则皆然”的。

神宗在王安石的辅导下所行的新法，现在择其重要的，分经济、军事、教育三类，每类依颁行的次序述之如下。

一、经济

（甲）青苗法［熙宁二年（公元1069年）九月颁布］。其法：各地方政府，每年二次举行放款，听人民自由请贷（第一等户每次所贷不得过钱十五贯，以下递减），半年为期，取息二分。这种贷款叫作“青苗钱”，因每年第一次散放是在苗青的时候。此法初行时，官吏邀功，每强迫富人称贷，这叫作抑配，后立法严禁。二分的利息，现在看来，似乎不轻，但在当时，因为通货稀少，民间的利息很高，以五分为常，甚至有一年倍本的。此法固然是政府的生财之道，也是感觉青黄不接之苦的农民的一大福音。以重利盘剥为业的豪强对此法的痛恨是很容易了解的，但司马光所代表的一班士大夫对此法之原则上的反对是比较不容易了解的。

（乙）农田利害条约（熙宁二年十一月颁布）。这法令原文的节略如下：

> 凡有能知土地所宜种植之法，及修复陂湖河港；或元无陂塘、圩垾、堤堰、沟洫，而可以创修；或水利可及众，而为人所擅有；或田去河港不远，为地界所隔，可以均济流通者。县有废田旷土，可纠合兴修。大川沟渎，浅塞荒秽，合行浚导。及陂塘堰埭，可以取水灌溉，若废坏可兴治者。各述所见，编为图籍，上之有司。其土田迫大川，数经水害；或地势汙下，雨潦所钟；要在修筑圩垾、堤防之类，以障水涝；或疏导沟洫、畎浍，以泄积水。县不能办，州为遣官。事关数州，具奏取旨。民修水利，许贷常平钱谷给用。

这法令的实效是：截至熙宁九年（公元1076年）止，全国兴修的水利田共三十六万余项。但反对党在这事实下注上一句道："民给役劳扰。"

（丙）募役法［熙宁三年（公元1070年）十二月颁布］。其法要点：是令本来有徭役义务的人民，输钱代替，这叫作"免役钱"；官户（即仕宦之家）、寺观、女户等等，本来没有徭役义务的也令出"助役钱"，其数比免役钱减半。免役和助役钱的征收率，按各地方政府雇役的需要和资产的等级（分五等）而定；于免役和助役钱的本项外，加征二分，叫作免役或助役宽剩钱，此款原定以备凶荒之用，后来解归国库。募役法对平民是有史以来一大解放，唯官户不免因之蒙受一点小小的损失，其遭受士大夫的反对是势有必至的。

募役法为安石经济政策中最先急的项目。安石曾对神宗说（熙宁四年二月）："今所以未举事者，凡以财不足，故臣以理财为方今先急，未暇理财而先举事，则事难济。臣固尝论天下事如弈棋，以下子先后当否为胜负，又论理财以农事为急，农以去其疾苦、抑兼并、便趣农为急，此臣所以汲汲于差役之法也。"

（丁）市易法（熙宁五年三月颁布）。此即汉武帝时的平准法的扩大。平准法只行于京师，市易法则推行于京师以外。隶属于京师市易务的分支市易务，设置于下列各处：杭州、黔川（今四川彭水县[1]）、成都、广州、郓州（今山东东平县西北）。反对党反对此法的理由是："与商贾争利。"

[1] 彭水县，今属重庆市。——编者注

二、军事

（甲）保甲法。此法实即旧有乡兵制的改良和扩大，其实行有四个重要的步骤。第一步（熙宁三年十二月）：编民户十家为一保，五保为一大保，十大保为一都保；保有保长，大保有大保长，都保有都保正和副都保正，各选本组织内才勇为众所服的主户（地主或自耕农）人丁充当；家有两丁以上的，选一人为保丁，两丁以外的余丁亦选其壮勇的充保丁。每大保每夜轮派五人警盗，同保有犯强盗、杀人、放火等重罪而知情不举的坐罪，保内有容留强盗三人以上过三日以上者，其邻舍虽不知情亦坐罪。此法先行于畿内，以次推及全国。第二步（熙宁四年）：奖励畿内保丁习武，每年于农隙分地举行会试，试骑步射法，上等的当授官职，以次至四等予赏有差。第三步（熙宁五年）：许畿内主户保丁“上番”（即赴各县巡检司服巡警之役），十日一换；月给口粮和薪菜钱。第四步［元丰二年至四年（1079—1081）］：予保甲长及保丁以严格的武艺教练，先以禁军的教头教大保长，三年艺成，乃以大保长为教头，教保丁。此法先行于畿内，次及河北、河东、陕西三路。到了熙宁四年，这三路共有受训完毕的保丁约七十万人。第四步的开始施行已在王安石去位后三年。

与保甲法约略同时实行的是募兵的裁减，但所裁减的，厢兵居多（其数不详），禁兵较少。计禁军总数在英宗末年为六十六万余，在熙宁间为五十六万余，在元丰间为六十一万余。

在安石的军事计划中，保甲法原是恢复府兵制以代替募兵制的准备。在施行保甲法第一步之前，安石已与神宗讲论府兵之制，打算以渐复行之。关于此事，安石在所撰《熙宁奏对日录》中曾有记载，此书已佚（此书百二十卷为我国历史文件中稀有之宝，佚去太可惜，幸大部分已为李焘采入《续通鉴长编》中，但经删修，本来面目已失，唯宋人陈瓘《四明尊尧集》引五十余则，可于此见其内容一斑），兹据朱熹所引，摘录如下：

余……为上言募兵之害，终不可经久。佥以为如此。

余曰："今养兵虽多，及用则患少，以民与兵为两故也。又五代祸乱之虞，终不能去；以此等皆本无赖奸猾之人故也。"

上因问府兵之制曰："何处言府兵最备？"

余曰："李邺侯传言之详备。"

上曰："府兵与租庸调法相须否？"

余曰："今上番供役，则以衣粮给之，则无贫富皆可以入卫出戍。虽未有租庸调法，亦可为也。但义勇不须刺手背。刺手背何补于制御之实？今既以良民为之，当以礼义奖养。刺手背但使其不乐，而实无补也。又择其乡间豪杰为之将校，量加奖拔，则人自悦服。今募兵为宿卫，乃有积官至刺史防团者。移此与彼，固无不可。况不至如此费官禄，已足使人乐为之。陛下审择近臣，使皆有政事之材，则他时可令分将此等军。今募兵出于无赖之人，尚可为军厢主，则近臣以上岂不可及此辈？此乃先王成法，社稷之大计也。"

上良以为然。

随后安石即奏上记载唐府兵法最详的《邺侯家传》。此奏原稿曾为朱熹所藏。朱熹说："〔予〕独爱其纸尾三行，语气凌厉，笔势低昂，尚有以见其跨越古今、斡旋宇宙之意。疑此非小故也。"又说："抑公此纸，词气激烈，笔势低昂，高视一时，下陋千古，而版本文集所载，乃更为卑顺容悦之意，是必自疑其亢厉已甚，而抑损之，其虑深矣。然论其实似不若此纸之云，发于邂逅感触之初，尤足以见其胸怀本趣之为快也。夫以荆公之得神祖，可谓千载之一时矣，顾乃低徊若此，而犹未免有郁郁之怀。君臣之际，功名之会，呜呼难哉！”

神宗到底认府兵制为不可复行，故安石罢政后，不再谈及，其旨似以保甲为防守的辅助力，而战斗的主力仍任募兵。

（乙）保马法（熙宁五年，元丰七年）。此与汉武帝时之“马复令”（许人民养官马以减免徭役）相近。其法：于畿内及京东、京西、河北、河东、陕西五路许人民领官马自养，或领官钱买马自养，每户不过两匹；养官马之家，公家给以钱帛，并免除其捐税的一部分（后来畿内不给钱帛），同时养户自然得使用所养官马。属三等以上的养户十家为一保，属四等以下的养户十家为一社；一保之内，马有死者，十家共偿其值；一社之内，马有死者，十家共偿其值之半。后来又令京东、京西两路保甲户一律养马，而免除其教阅及此外若干保甲的职责。

（丙）更戍法的废除（熙宁七年至元丰四年）。更戍法本以防止兵为将有，但结果“兵不知将，将不知兵，临事应变，精神散漫，指挥不灵”；禁军之不振，这是其原因之一。神宗和安石有鉴于此，逐渐于各路的军略要地取消更戍法，而设置固定的驻防禁军，由固定的主将，就地训练。这种驻防军的设置，当时称为“置将”。“将”是当时军队新编制中的一种单位，一将约有三千人上下，仿佛现在的一师。

三、教育

（甲）变科举。熙宁四年，罢进士以外的“诸科”（诸科是专考记诵的），令除曾应考“诸科”不第的人外，不得参加此种考试；增加进士的名额；进士试废诗赋，专用经义策论；所试群经，但取《易》《诗》《书》《周礼》《礼记》及《论语》《孟子》，而废弃旧有的《春秋》和《仪礼》（同时太学教授及经筵进讲亦废之）。

（乙）变学制，兴学校。（1）宋初的太学只是品官子弟考“取解”（取解即取得应进士试的资格，平民在本州取解）的机关，有学校之名而无肆学之实。至仁宗皇祐末，在湖州大儒胡瑗的管领下，太学才成为一真正讲学的机关，但其时学生不过二百人，胡瑗去后，又渐复原状。神宗即位，增太学生额为三百人，后又增为九百人。熙宁四年分太学为三舍，外舍生无定员，新生充之（太学生仍限品官子弟）；外舍生经考选入内舍，内舍生额三百人，内舍生经考选入上舍，上舍生额百人；上舍生考取优等的荐于中书，授以官职。元丰二年，增太学生额外舍二千，内舍三百，上舍一百；规定除月考外，每年各舍总考一次，决定外、内舍生的升舍，上舍生的等第。上舍生考上等的等于进士及第，即授官职；中等的免进士的礼部试；下等的免取解。（2）仁宗庆历四年，当范仲淹为参知政事时，曾“令州各县皆立学〔校〕，本路使者选部属官为教授，员不足，取于乡里宿学有道业者”。但当时诸州奉行的不多，其后又限旧时节度使所领州方得立学。熙宁四年，复令各路、州、府立学，每郡给田十顷以赡养学生。其后又派定诸路的州府学教授凡五十三员。（3）仁宗庆历间，胡瑗曾建议兴武学（即中央军官学校），朝议格而不行。熙宁五年始行其议。

（丙）“三经新义”的纂修和颁行。所谓三经是《周官》《书经》《诗经》，新义始修于熙宁六年，颁行于熙宁八年，主纂的人物为王安石、其子王雱和安石最得力的助手吕惠卿。“三经新义”乃安石对付敌党的思想武器，也是他所谓“一道德、同风俗”的工具。自从新法开始颁行以来，所有元老重臣和清流名士一致反对；在朝的谤议汹起，在外任的百方阻挠，使新党辩护穷于辩护，神宗谪黜穷于谪黜。反对党的最后论据，可用三朝元老文彦博的话代表。熙宁四年三月，他论新法道：“祖宗法制具在，不须更张，以失人心。”神宗问：“更张法制，士大夫诚多不悦，但于百姓何所不便？”彦博道：“为与士大夫治天下，非与百姓治天下也。”神宗和安石的坚毅到底战胜了一般士大夫的口舌，而贯彻了新法的推行。但为巩固国是的心理基础，他们不得不在经典中替新法找寻或制造理论的根据。“三经新义”便是这种工作的结果。群经中最可为新法掩护的莫如《周官》，故安石也特别推重《周官》。“新义”三种中唯独《周官》一种是安石亲自属笔的，也唯独此种流传至今。“新义”自从颁行以后，在五十余年间，除了短期的被掩蚀外，支配了整个的思想界；太学和州县学校用为主要的课本，科举考试用为绝对的准绳；“新义”以外，三经的一切其他注疏，都无人过问了。

后来宋朝贬斥王安石最力的学者，也公认“新义”富于新颖而确当的解释，不容废弃。我们现在读《周官新义》，很容易注意到的却是安石解经的特殊作风，一种奇怪的拆字法。例如他解“遂”字道：“豕八而辵则遂。”又例如他解“夫”字道：“夫之字与天皆从一从大，夫者妻之天故也；天大而无上，故一在大上；夫虽一而大，然不如天之无上，故一不得在大上。”又例如他解“卿”字道：“卿之字从卯，卯奏也；从卩，卩止也；左从卯，右从卩，知进止之意（卩卯古节奏字）；从皀，黍稷之气也；黍稷地产，有养人之道，其皀能上达；卿虽有养人之道而上达，然地类也，故其字如此。”在字形的渊源上都是毫无根据的。但安石确信这种拆字法不独可以得到造字的本意，并且可以得到一切关于人事和天道的重要真理。后来他应用这方法，著了一部二十四卷的字典，名曰《字说》。此书也曾经神宗颁行，其后来的作用和影响与“三经新义”等。此书可惜现在已佚，但从后人所引，还可以看见它的片断。撰此书时安石已罢政，但在书中还念念不忘统一思想；书中解“同”字道：“彼亦一是非也，此亦一是非也，物之所以不同；门一口，则是非同矣。”

以上分类略述神宗的新政见。此外还有一要项为这三类所不能包括的：即元丰三年新官制的颁行。这新官制的内容这里不能细述，大要是恢复唐代台省寺监的实权，而裁减宋朝在这组织外所加的上层机构。新制以尚书左右仆射同中书门下平章事为宰相，以尚书左右丞代替参知政事，枢密院仍保存。

六

神宗在熙宁七年以前对边境的经营，从是年三月间韩琦所上的一封奏疏可见大略。在这奏疏里他列举神宗所为足以引起契丹疑心的凡七事：“高丽臣属北方，久绝朝贡，乃因商舶诱之使来，契丹知之，必谓将以图我，一也；强取吐蕃之地，以建熙河，契丹闻之，必谓行将及我，二也；遍植榆柳于西山，冀其成长，以制蕃骑，三也；创团保，四也；河北诸州筑城凿池，五也；又置都作院，颁弓刀新式，大作战车，六也；置河北三十七将，七也。”

第二项所谓熙河，略当今甘肃洮河流域之地。此地东北邻接西夏，为羌族所分布，久属吐蕃。德安（江西）人王韶建议招降诸蕃部，抚有其地，以为图谋西夏的初步。先是王安石子王雱十三岁时，闻陕西边卒说洮河事，以为此可以规取，若西夏得之，则国家之患无穷。至是安石力赞王韶之说。神宗便派王韶主持开熙河事。王韶于熙宁四年到边，三年之间，剿抚兼施，并击败吐蕃军，遂定其地。有一次捷书到，神宗解所佩玉带赐安石，以赏其功。其后韶入朝，以宦者李宪继之，史（《宋史·韶传》）称韶“用兵有机略。临出师，召诸将授以指，不复更问。每战必捷。当夜卧帐中，前部遇敌，矢石已及，呼声振山谷，侍者股栗，而韶鼻息自如，人服其量”。韶因熙河功，擢枢密副使，后以与安石不协去职。

熙河抚定的次年，契丹忽然蠢动，侵入边境，并遣使来求割所据之地。上文所引韩琦的奏疏就是为此事而发的。宋与契丹往复谈判，经二年之久，至八年秋，神宗终用王安石“将欲取之必固与之”之说，割河东边地东西七百里以与契丹。

次年有交址之役。交址本先南汉节度州，南汉亡，名受宋册封，实自主。太宗时曾乘其内乱，遣军进取，无功而还。至是分三路入寇，陷邕、钦、廉等州，屠邕民五万八千。神宗命老将郭逵往讨，逵派别将收复失地，自领主力，攻其后路，进至富良江，交人以精兵乘船迎战，宋军砍树作炮机，发炮石如雨，尽坏敌船，又设伏邀击，杀敌数千并其王太子，交王恐惧乞降。而宋军八万冒暑行瘴地，也死亡过半。

神宗开边的第一个目标，原是西夏。自从庆历四年宋与西夏和议成后，西北的边境平静了二十余年。到英宗末年，西夏又开始寻衅。自此年至熙宁四年间（1066—1071），西夏三次入寇，宋二次反击，互有胜负。但其中熙宁四年西夏最后一次的攻侵是大获胜利的。元丰四年夏，西夏内变，国主为母后所囚。神宗认为这是进攻西夏的最好时机。经三个多月的布置，然后发动。这一役的意义，从他八月底给熙河路军帅李宪和鄜延路军帅种谔的诏书可以看出。前一封诏书里说："今来举动，不同凡敌，图人百年一国，甚非细事。苟非上下毕力，将士协心，曷以共济？须不惜爵赏，鼓励三军之气。……朝廷唯务灭贼，其他固无爱惜。"后一封诏书里说："朝廷昨于诸路大发师徒，本候齐集与逐路遣兵并力，择时鼓行，覆贼巢穴。"总之，神宗要一举荡平西夏，要把他十数年来富国强兵的成绩，做一次壮烈的表现。同知枢密院事孙固却不赞成此举，他以为"举兵易，解祸难"。神宗说："西夏有隙可乘，我不取，便为辽人所有，时机不可失。"其后孙固又对神宗说："现在五路进兵，却无总帅，即使成功，也怕有内乱。"神宗说："总帅确是难得合式的人。"知枢密院事吕公著道："既然没有合式的人，何不罢乎？"九月底，河东路军帅王中正（宦者）领兵六万自麟州出发；鄜延路种谔领兵九万三千自绥德城出发；环庆路高遵裕领兵八万七千自庆州出发；泾原路刘昌祚领兵三万自泾州出发；先是李宪已收复古兰州城，至是领本路及秦凤路军七军（数未详）并吐蕃兵三万自兰州出发：约定五路会师于兴、灵（兴州今宁夏省会，西夏首都；灵州今灵武县）。刘昌祚军首先到达灵州城下，高遵裕军继之，两军沿路皆有大捷。昌祚本受遵裕节制，而遵裕疾恶之，屡加凌侮。两军不协，围灵州城十八日不下，而饷道已断绝。夏人决水灌其营，乘其避水而追击之，宋军溃乱，死已无算，遂退。种谔沿无定河而进，连破银（今陕西米脂一带）、石（今地未详）、夏州（今陕西横山一带）；自夏州继进，粮饷断绝，又遇大雪，士卒死亡十之二三，溃散南奔的亦十之四五，遂退。王中正屠宥州城（今陕西靖边东），继进，粮尽，士卒死二万人，遂退。李宪东进至泾原边境，稍有斩获，时诸路已退，亦于十一月中奉诏撤归熙河。是役，西夏的战略是坚壁清野，纵敌人深入，而聚精兵保兴、灵，以轻骑抄截敌人的饷道。是役，宋军虽不能达到原来的目的，却恢复了沦陷百余年的银、夏、宥等州。这新占领区的设防是一大问题。次年秋，经边将对这问题反复讨论后，神宗决定建筑永乐城（今陕西米脂西北）。这城才建筑成，西夏便派三十万大军来攻夺。这城依山，下临无定河。城中无泉无井，给水全靠城外。既被包围，临渴掘井，得到的水只够将领之用。兵士绞马粪汁充饮，渴死大半。而援兵和馈饷皆为敌人所阻截，城遂陷。将校死数百人，兵士和伕役死二十余万人；辎重的损失，不可计算。神宗得讯，悲愤不食，临朝痛哭。他想到吕公著和孙固的话，有点后悔了。

七

我们若更把神宗和汉武帝做一对比，则永乐之役恰相当于征和三年贰师之役。后者是武帝一生事业的收场，前者是神宗一生事业的收场。贰师之役后三年而武帝死，永乐之役后也恰恰三年而神宗死。神宗死后一年余王安石亦死。

安石自熙宁三年杪进位宰相后，诋诬怨谤，矢集一身，平昔亲交，尽成政敌。似乎为减少新法的阻力计，并为劳极少休计，他于七年四月，请求解职，奏六上乃得请，归居金陵。临去，他荐吕惠卿等自代（惠卿旋擢参知政事），并答应他日可以重来。次年二月，神宗召他复位，他即兼程而至，但复位不到两年，便又坚请退休，从此不复问政。他最后告退的原因，是宋史的一个谜。据反对党的记载，那是因为他和吕惠卿起了内哄，惠卿把他的私信中有一封说过“毋使上知”的，缴呈神宗，神宗从此对他失了信任，他不得不去。安石复位后不久，便与惠卿失和，那是事实，但发私书一事，并无确据。安石与惠卿交恶的原因也是宋史的一个谜。这一段历史安石在《熙宁奏对日录》的后四十卷中原有详细的记载，但这四十卷给他的女婿蔡卞抽毁掉，不传于世。据吕惠卿家传（李焘引），二人的冲突是由于安石恶惠卿擅政，改了他所定的“三经新义”，并听信了左右的谗间。这当然只是一面之辞。至于安石引退的原因，我们在加以推测时，不可忘却此事前三个月他所受的一生最大的打击：他的独子王雱的英年（卅三）摧折。这时他已五十六岁了。他退休后隐居金陵十年而死。

自古英雄亦苦辛！行藏端欲付何人？
当时黯黮犹承误，末学纷纭更乱真。
糟粕所存非粹美，丹青难写是精神。
区区不尽高贤意，独守千秋纸上尘。

从安石这首诗看来，他身后的遭遇，自己是预料到的。

安石死迟神宗一年余是他的大不幸。神宗死后，长子（即哲宗）继位，年才十岁，太皇太后（英宗后高氏）垂帘听政。她一向是司马光的同志，认祖宗家法为神圣不可侵犯的。她一听政，便开始废除新法，旋起用司马光。一个被宫墙圈禁了五十年的老妇人（她是自幼养在宫中的）和一个被成见圈禁了二十年的老绅士，同心合力，挥着政治的锄头，期年之间，硬把神宗和安石辛苦营构的成绩芟除得根株尽绝。

宋之积弱与变法失败

/ 雷　海　宗 /

兵　制

宋代的统一只能说是长期大乱后的消极治平时代，对内对外实际都无办法。宋太祖集中兵权，似可矫正时弊。但他所召的兵太多，分子杂滥，甚至往往以召兵为救荒的方法。

赵匡胤在登上皇帝位后的第二年，免除握有重兵的慕容延钊和韩令坤的殿前都点检的职务，“罢为节度使”。禁军殿前都点检被取消，由皇帝控制禁军。同一年，在一次酒宴中，赵匡胤“劝”大将石守信等人交出兵权，说此后他们可以购置田宅，多置歌儿舞女，“日夕饮酒相欢，以终天年”。大将在利诱胁迫之下，一个个交出了兵权，这就是“杯酒释兵权”。

北宋把禁军分而为二，由“三衙”统领。其将领的名位较低，大权实际上由皇帝掌握。北宋设枢密院，枢密使有调动军队权力。而实际领兵作战的将领往往是临时委派，没有调动军队的权力，“有握兵之重，而无发兵之权”。同时，宋朝的募兵制有很强的以职业兵身份养穷苦老百姓的色彩。每一地灾荒，政府即招兵，意为常有乱民而少有乱兵。北宋一朝，很多农民军起义后迅速被招安，摇身一变成为朝廷军队，就赖宋朝养兵政策。兵权过于集中于上，导致将领临敌少有独断之权，不能权宜行事，而且，养兵政策使得军队很难形成有效的战斗力。

同时朝廷对军将过于姑息，不加督责。将既如此，兵又如彼，难怪宋代对外始终不能振作。

财政与民生

宋初集中财政，并谋增进民生。北宋初年于各路设置转运使，将地方上财赋收入，除一小部分留作“诸州度支经费”外，要全部送至京师。中央还派京官去地方上监收。但赋役的分配过于不均，以致占人口大多数的小农与贫民无法谋生。宋代建朝后，不但不抑制兼并，反而纵容功臣、大将们兼并土地。太祖要石守信等交出兵权时，便鼓励他们去购置田产。土地买卖与典卖相当普遍，土地集中的趋势加速，农民失去土地，客户的数字在增加，“富者有弥望之田，贫者无卓锥之地。有力者无田可种，有田者无力可耕”（《续资治通鉴长编》卷二十七）。

役法的不良尤其使人民感受痛苦。宋代的居民有主户和客户之分。主户分成五等，乡村上三等户为“上户”，是各类地主。四、五等户称为“下户”，有少量的土地。客户是没有土地的农民，占总户数百分之三十五左右。五等户和客户都要租种土地，地租根据具体的情况或对半分成，或四六分成，没有耕牛的佃户要把六成以上的收成交给地主。宋代名义上虽对没有土地的客户不征税，但是客户租种大户的土地，国家收税越重，则主户想方设法的盘剥手段就更多。一切负担几经辗转，又全压到了穷苦百姓的身上。

财政与民生是任何国家对内的主要问题，这个问题宋代也始终未能解决。

科　举

由唐至宋，科举制度在外表上没有多少变化。但科举的内容日益空洞，最后只余下浮华的赋论与大言不惭的经义。因而所产生的人才都是些与实际完全脱离关系、能说不能行的书生。

宋代科举考试依据的是儒家经典，但是很长一段时间内，对儒家经典注释不一，还不能达到统一思想的目的。王安石创立的“新学”派，是新兴的“宋学”中体系相对完整的学派。宋神宗对王安石说：“今谈经者人人殊，何以一道德，卿所著经，其以颁行，使学者归一。”（《续资治通鉴长编》卷十八，太平兴国二年正月）以王安石为首的改革派以“新学”派的观点撰注《诗义》《书义》《周礼义》，合称“三经新义”，于熙宁八年（公元1075年）颁布学校，作为教科书。此后，“三经新义”成为科举考试的依据，以此选拔拥护改革的官员。

绍兴末年以前，科举虽仍以“新学”学说解释经义为主。但“理学”在秦桧、赵鼎扶植下，在科举考试中也逐渐得势。高宗末孝宗初，“理学”遂与“新学”并为显学，科举中随权臣及主考官的倾向而变化，宁宗中期以后，理学派在科举中逐渐占优势，至理宗淳祐元年（公元1241年）后，理学成为统治思想，新学、蜀学在科举中遂完全被排斥。可见，宋代科举无论形式如何变化，归根结底，在于选拔听话之官吏，这与后世所诟病的明朝八股取士没有多大区别。

法制不良，犹可改善；人才缺乏，最无希望。这至少也是宋代对内对外始终无办法的一个重要原因。

缠　足

在宋代各方面的积弱之下，妇女缠足的风气也渐渐普遍。缠足除对身体的戕害之外，在心理方面也代表一种变态的审美观。男子既不能当兵，又不成人才，女子又故意地加以摧残，整个的民族不知不觉间都进入麻木昏睡的状态。

国防生命线之始终缺乏

已往中国在统一时代总有藩属，积弱不振的宋朝不只没有对外发展的能力，连中国本部的国防要地也不能占有。

东北的燕云仍为辽侵中国的根据地。燕云之地历来为农耕民族防备游牧民族南侵的重要屏障，历代长城必须依燕、云、幽等地的险峻地形方能起到金汤之作用。自石敬瑭割燕云十六州之后，辽国铁骑毫无阻挡，而中原军队北进却又难上加难。雍熙北伐宋军由胜转败，失却地利实为重要的原因。而澶州之战，辽国轻易逼近宋京，实也是因没有抵御的屏障。

西北的边地始终是西夏的势力。西北宁夏、陕北地区，是北方游牧民族南侵的又一个通道，尤其是中原王朝之政治中心在长安之时，此地比幽、云还要重要。如今此两大重要通道为辽、夏所据，则战争的主动权就掌握在了彼方手中。

并且宋须每年向两国输纳重币，方能维持和平，这也是宋代财政困难的一个原因。

王安石

王安石是宋代的非常人物。他曾于嘉祐四年（公元1059年）[1]上《言事书》，列举时政弊端及改革意见，虽未被采纳，却代表了要求改革者的共同意志，声望日益高涨。神宗即位时，王安石已经独负天下盛名多年，司马光也说大家都认为只要王安石当政，“则太平可立致，生民咸被其泽”（《司马温公文集》卷六十《与王介甫书》）。他看出中国积弱的情形，认为非改革不可，并且断定当时的基本问题就是人才问题。

王安石变法

神宗给王安石一个彻底改革的机会。新法的目的是要解决财政与民生的问题，使国家有可用的兵，使读书的人能真正明理，成为有用的人才。正如王安石所说：“修吾政刑，使将吏称职，财谷富，兵强而已。”（《宋会要辑稿》食货一之二八）熙宁二年（公元1069年）二月，

---

[1] 据前注，应为嘉祐二年（公元1058年）。——编者注

王安石任参知政事，首先创设变法改革的指导机构“制置三司条例司”，由王安石和枢密副使韩绛兼领，吕惠卿任“检详文字”，章惇为编修三司条例官，曾布任检正中书五房公事。同年七月至十一月先后颁布实行均输法、青苗法（常平法）、农田水利法，熙宁三年五月，废“制置三司条例司”，并其职权归中书（宰相府），司农寺成为推行新法的机构，吕惠卿改任判司农寺。同年十二月，王安石与韩绛同时拜相，变法一直在守旧派的攻击和变法派内部意见不一致的艰难情况下进行。熙宁七年四月，王安石在实行免行法时，受到神宗和曾布的联合抵制，辞相就任江宁知府，吕惠卿升任参知政事。八年二月王安石复相，受到吕惠卿的攻击，神宗对王安石的意见也多不从。加上爱子王雱病死，王安石精神受到重大打击，遂力请辞相。同年十月王安石第二次罢相，出任判江宁府，次年六月又辞官闲居江宁，元祐元年（公元1086年）四月去世。

新法未得尽量推行。但兵制改革之后，虽对辽、夏仍无进展，对蛮人方面却有相当的成功。王安石变法的兵制改革包括将兵法、保马法、保甲法、团教法等，其中保甲法等依靠民间乡村基层单位为兵员来源地的方法为后世所效法。

变法失败

一般以正人君子自居的人保守成性，对新法用种种正当与不正当的方法诋毁攻击，附和新法的又多是些动机不纯的人。所以人才以至人格的缺乏使新法没有一个好好试行的机会。不过，王安石过于激进，很多措施也并不符合当时的客观实际。特别是他为追求变法效果，对地方官员勒逼过紧，许多地方官疲于应付，只得弄虚作假。这种上有政策、下有对策的做法，使得王安石变法所背负的恶名越来越多。

旧党上台之后，不顾利害，在可能的范围内把新法几乎全部推翻。当时苏轼还算比较清醒，他既反对王安石的暴风骤雨式的改革，也反对司马光等人对王安石变法不分青红皂白的全盘否定，结果遭到了新旧两党的共同排挤。

王安石虽不免抱负过高，但他认为中国把千载一时的机会白白放过，并非全是一时痛愤的论调。

宋亡

/ 雷 海 宗 /

北宋灭亡

王安石失败之后，新旧党争变成夺取政权的工具。宋神宗死后，曾经和王安石一起变法的人如吕惠卿、蔡确、章惇等都遭到打击。司马光死后，朝中又展开内部的争斗。程颐等为“洛党”，苏轼、吕陶等是“蜀党”，刘挚及刘安世、梁焘等为“朔党”。在这之后，朝政日益混乱，所谓新法旧规，完全成为了一种旗号。到了宋徽宗亲政之时，再复新政。这时的变法，已经走了样，推行变法的人实际上是在争权夺利，当时蔡京、高俅等人完全凭自己的意愿划分新旧之党，稍有拂逆己意之人，便攻击其为旧党。还有人借着变法之名，行搜刮之实。政治日益腐败，以致引起严重的民变。当时就有今天我们耳熟能详的宋江等人领导的梁山泊起义。时睦州青溪（今浙江淳安）人方腊，因不满朝廷盘剥，利用摩尼教（明教）号召民众，组织起义。方腊起义军先后攻下六州五十二县之地。为镇压方腊起义，宋徽宗命童贯带领十五万大军包围起义军。方腊寡不敌众，起义失败。当时金国兴起，相约北宋一起攻辽，北宋朝中意见不一，相当一部分人认为应靠辽国牵制后起之金国。但是宋徽宗认为这是收回失地的好时机，遂命童贯带镇压方腊之兵北上攻打燕京。不过，辽军虽在金国攻势下屡战屡败，在燕京城下打击宋军却是节节胜利。童贯黔驴技穷，只得请求金国代劳，最终燕京被金军攻破。后来，金国借口宋不守盟约，大举攻宋。宋徽宗惊慌失措，慌忙让位于钦宗。但是这二人最终都在东京城破之际，被金军掳走。这就是著名的“靖康之变”。中原于是第二次陷于外族。

南　宋

自宋室南渡之后，中国政治社会的黑暗通史就成了永久固定的状态。这种情形自唐末以下渐渐明显，宋虽统一，政治社会的基础仍不健全，王安石的改革计划也大体失败。从此之后，大家都安于堕落，并不觉得有彻底改良的需要。南宋是在风雨飘摇中建立起来的，但是这个偏安江左的朝廷，仍是醉生梦死，对百姓继续进行残酷的压榨和剥削。土地兼并加剧，大批农民失去土地成为无地的客户。长江中下游的圩田多被皇室、大官僚、文臣武将所占领。

人才的缺乏与吏治的腐败是这个没落社会中最惹人注意的现象。暴政是常事，善政几乎成了梦想不到的奇迹。南宋统治者在生死存亡的关头，内部的斗争一直没有停止过。高宗时由秦桧把持朝政，打击、迫害不同意见的人。实行文化专制政策，贿赂公行。到了宁宗、理宗、度宗，一直到南宋的灭亡，政治异常黑暗。史弥远、丁大全以后又有贾似道，在这些奸相控制下，政出私门，奢侈腐化，卖官鬻爵，人民的生活更加痛苦，社会的危机更为严重。这样的社会当然没有盛强的可能。宋自认为金的属国，方得偏安江南，但最后仍不能自保，以致整个的中国亡于异族。

公元1276年，元朝军队攻破临安，南宋灭亡。1279年，张世杰、陆秀夫等拥立的南宋小朝廷被元军追击到厓山（今广东南海[1]）。经过一番挣扎后，南宋最后的一点象征随着陆秀夫背着小皇帝跳海而结束。

金

金朝盛衰的经过与汉人自创的朝代大致相同，也有朝廷草创时的励精图治，也有诸如完颜亮这样的暴君，也有金哀宗作为末世皇帝的悲伤与无奈。金朝占据中原之后，不久就完全汉化。虽也有人感到此事的危险，但这似乎是不可避免的命运。汉化的程度越深，兵力越发不振，最后甚至与宋同样没有可用之兵。最堪玩味的，就是连亡国时的可怜状态也与宋的两次亡国如出一辙。

蒙古军南下，金朝内部分裂为抵抗与投降两派。金宣宗屈辱求和，蒙古军暂自中都（今北京）撤退。宣宗弃中都迁汴（今河南开封），金朝从此走上灭亡的道路。中都北京（今内蒙古巴林左旗东南）失陷，官

[1] 广东南海，即今广东江门市新会区南。——编者注

员、地主纷纷叛金降蒙或自立。张鲸、耶律留哥、蒲鲜万奴称王，标志着各族以及女真族内部的分裂。1229年，窝阔台继汗位，继续征讨金朝。1231年，窝阔台亲自带领中路军伐金，同时命令东路军直指济南，西路军假道宋汉中，直下汉水，再进而入金境。次年三月，汴京被围，金人坚持斗争，最后粮尽援绝，金哀宗逃至归德。1233年年初，金军的守将投降，蒙古军占汴京。金哀宗又由归德逃往蔡州（今河南汝南[1]）。南宋与蒙古约定联合攻金，这是北宋联金灭辽的故技重演。这一年的七月，南宋将领孟珙出兵消灭了金人的一支重兵，与蒙古军包围了蔡州。宋理宗端平元年（公元1234年），蔡州城破，金哀宗自杀，金灭。

[1] 汝南，即今河南驻马店市。——编者注

元朝的迅速衰败

/ 雷 海 宗 /

非中国重心之欧亚大帝国

这里所讲元朝的疆域，是指元朝直辖地区，不包括后来走上独立发展道路的钦察汗国、察合台汗国、窝阔台汗国、伊利（又译伊儿）汗国。史载，元朝疆域“北逾阴山，西极流沙，东尽辽左，南越海表”（《元史·地理志一》）。史称汉唐为盛，但“幅员之广，咸不逮元”，“元东南所至不下汉唐，而西北则过之”（《元史·地理志一》）。唐朝时期边疆地区的羁縻州县，在元朝几乎都同于内地，以往由少数民族政权统治的地区，也正式划入元朝的版图。

大元是横亘欧亚的大帝国，并不以中国为重心。这是与前此外族统治中国大不相同的一点。政治中心原在上都，全在中国本部的范围之外。后来虽迁都燕京，但这是事实的问题：中国虽无意间成为大元帝国的主要部分，在蒙古人心目中他们仍是以外族入主中国，始终不肯与中国同心同德。国家用人并不限于汉族，更不限于儒生，例如元朝的著名宰相耶律楚材便是原契丹贵族。由于李璮之乱牵涉到忽必烈倚信的王文统，使忽必烈极为震动，以致他对许多藩府旧臣和汉人军阀产生很大的猜忌。平灭李璮之乱后的一系列措施，既有加强中央集权的意义，同时也是出于对汉人的防范之心。王文统被杀后，忽必烈转而重用出身回回的察必皇后宫帐侍臣阿合马，把他“超擢”为中书平章政事。凡是帝国以内甚至帝国以外的人都可擢用。所以蒙古人多不习汉文。他们不只不想汉化，甚至鼓励汉人蒙古化。汉族中为荣利心所趋使也确有不少与蒙古同化的人。

种族与阶级

因为蒙古人始终以征服者自居，所以种族间有很严的阶级分别。在官制上，总是蒙古人为长；在刑法上，蒙、汉两族的待遇也不相同。忽必烈把各地的人分成为四等，即蒙古人、色目人、汉人和南人。这种区划，便于忽必烈的分而治之，但是它加深了各民族之间的矛盾。各民族在政治和经济上的地位很不平等。在政府机构中，重大权力为蒙古和色目人的贵族所掌握，高级官员主要由蒙古和色目人担任。汉人的地位次一等。而南人在南宋灭亡后的一个时期内几乎没有在中央担任要职。地方上，也主要是蒙古人掌握大权。按规定，达鲁花赤由蒙古人担任，同知由色目人担任，汉人做总管。

元朝法律明显地反映出民族压迫的性质。蒙古人因争斗或者醉酒杀汉人者不处死刑，只是罚凶犯出征，征烧埋银。法律还规定汉人和南人不能收藏兵器。土地的占有状况同样反映了阶级压迫剥削和民族上的差异与不平等。蒙古贵族在消灭南宋的过程中，没收各种官田，占有大量的无主荒田，侵夺民产。元朝皇帝赐给皇亲、贵戚、勋臣、大将以及各种寺观田产的数量相当惊人。如忽必烈赐给撒吉思益都田达一千顷，元文宗以平江的三百顷田赐给安西王阿剌忒纳失里。

兵制与驻军

蒙古自己行征兵制，对汉人也行半征兵制，兵的数目一定很大。但元对汉人始终歧视，军机重务汉人不得参与，所以元兵的数目至今无从稽考。驻军各地，镇压汉人，以便永久维持蒙古族的统治地位；但蒙古人虽不肯汉化，却不能避免腐化，统治中国的时期比金朝尚为短促。元朝末年，天下纷乱，很多蒙古军人在镇压各地起义中，总是诛杀无辜百姓以邀功，当真正的起义军出现时，他们却又作鸟兽散。

财政与纸币

元的财政政策，目的并不在压迫人民。只因不能量入为出，结果也成了暴政之一。财政困难，于是就大规模地推行钞法，以致物价腾贵，公私的生活都受损害。至元二十二、二十三年（1285—1286），元政府发行的交钞分别高达三百万锭。这表明由于国家财政陷入崩溃，迫使政府靠多印钞票来平衡收支。后来虽想改革，也未收效，最后交钞成为废纸，社会临时又返回到以货易货的停顿状态。

至元二十四年（公元1287年）初，为挽救财政的恶化，忽必烈复置尚书省，以藏人桑哥为平章政事，主持财政。桑哥执政后，发行至元钞以救钞制之混乱，开浚会通河以利漕粮北运，增加盐茶酒醋的税额，遍行钩考追征逋负偷漏。他的理财措施在稳定国家财政方面是有收效的。桑哥时规定的总税额，此后维持数十年之久，说明没有过分超出当时社会所能承受的范围。不过到了元末，由于社会混乱，元朝的财政总崩溃，百姓于绝望之中纷纷加入起义军中反抗元朝统治。

喇嘛教

喇嘛教至少是导致元代财政困难的主因之一。蒙古诸帝，或出于政策，或由于半开化民族的宗教热忱，或兼由于两种原因，对喇嘛教极量推崇。喇嘛教，最少八思巴个人，对蒙古文化确有很大的贡献。只因宗教的热狂程度太深，喇嘛对国家财政成了一种危险的寄生虫，对人民成了一种强暴的压力。元朝在各地大肆兴建吐蕃佛教寺院，这些寺院拥有着大面积的良田，很多番僧招摇过市、欺男霸女，十分嚣张。元朝法律规定凡是与番僧斗殴者砍断手指，争吵者割断舌头。所以有一种说法叫“元之天下，半亡于僧”。

元　亡

元为整个的中国初次陷于外族，又是唯一不肯与中国同化且想同化中国的外族，所以中国人对其反抗也最烈。同时蒙古本身并不十分健全，帝位承继的问题始终未得解决，当继位的人很少得立。此种情形，加以种种有意无意的暴政，再逢严重的天灾，就很自然地引起民变。

元成宗以后，继位的是海山，即元武宗。武宗以后，是爱育黎拔力八达，也就是元仁宗。武宗是依靠爱育黎拔力八达的拥立而登上帝位的，他精通军事，而昧于政事。他一登位，立即任用亲信，遥授官职，排斥世祖忽必烈时代的旧臣，造成朝政紊乱。由于滥封滥赏和无节制地建佛寺、崇佛事，财政危机加深。武宗即位后四个月，就已开支银四百二十万锭。连年灾荒，农民破产，流离失所。武宗即位的第二年正月，绍兴、台州、庆州等六路，发生饥荒，死者甚众，饥户达四十六万。六月，山东、河南大饥，有父食其子者。第三年蝗灾遍及南北各地，黄河在归德府决口。他在位期间，灾害没有间断过。自至正二年（公元1342年）后，黄河连年泛滥成灾。脱脱复相后，贾鲁被任命治河。至正十一年（公元1351年），黄河决口。元政府修河，发动民工十五万，另外还有在庐州各地的军队两万人。命贾鲁以工部尚书充河防使，开凿新河道二百八十里引黄河汇合淮河入海。经过五个多月，“河复故道”。但由于连年的灾荒，人民流离失所，修河的官吏从中舞弊，政治上的危机加深。所以黄河开凿之日，成了大起义爆发之时。

最初起事的人一方面利用历代必有的妖言，一方面利用深入人心的排外复国的心理。颍州（今安徽阜阳）人刘福通和栾城（今河北栾城[1]西）人韩山童等以白莲教积极组织起义。他们宣传“弥勒下生”“明王出世”，同时，散布民谣：“莫道石人一只眼，此物一出天下反。”并且把凿好的一个独眼石人，埋在黄陵岗（山东曹县西南）附近黄河的河道上。民工开河道时掘出这个石人，远近的百姓都轰动了。至正十一年（公元1351年），韩山童、刘福通等于颍州的颍上（今安徽颍上）聚集三千多人，准备起义。起义者宣称韩山童是宋徽宗的八世孙，发布文告说，要“重开大宋之天”。此后，起义的烽火点燃元朝各地，最后由朱元璋创建了二百五十年来所未有的汉人自治的一统帝国。

[1] 栾城，今属河北省石家庄市栾城区。——编者注

/第六章/ 吴晗讲大明帝国

明太祖之建国与开国规模

一

蒙古人在中国所施的种族压迫政策引起了汉族的反感，发生一场战争，二十年的民族革命，终于被逐回蒙古去。这教训，明太祖是很记得的。他北征时的口号虽然是“驱逐胡虏”，但其意义只限于推翻异族的统治权，对蒙古人、色目人并不采歧视的态度。在北征檄文中并特别提出这一点说：

> 如蒙古、色目虽非华夏族类，然同生天地之间，有能知礼义，愿为臣民者，与中国之人抚养无异。（王世贞：《弇山堂别集》卷八五）

即位以后，蒙古、色目的官吏和汉人同样登用，中央官如以鞑靼指挥安童为刑部尚书，以咬住为副都御史，以忽哥赤为工部右侍郎（《明太祖实录》卷一九九），以高昌安为吏部侍郎（《明太祖实录》卷二〇二）。外官如以高昌安为河东盐运司同知，以脱因为兼州知府，以道同为番禺知县（《明史》卷一三八《周祯传》；卷一四〇《道同传》）。军官如以鞑靼酋长孛罗帖木儿为庐州卫指军佥事，仍领所部鞑官二百五十人（《明太祖实录》卷一九〇）。即亲军中亦有蒙古军队，如洪武五年（公元1372年）之置蒙古卫亲军指挥使司，以答失里为佥事（《明太祖实录》卷七一）。洪武二十二年（公元1389年）特设泰宁、朵颜、福余三卫于兀良哈之地，以居降胡（《明太祖实录》卷一九六）。时蒙古人、色目人多改为汉姓，与汉人无异，有求仕入官者，有登显要者，有为富商大贾者（《明太祖实录》卷一〇九）。洪武三年（公元1370年）曾一度下诏禁止擅改汉姓：

> 四月甲子禁蒙古、色目人更易姓氏，诏曰：朕尝诏告天下，蒙古诸色人等皆吾赤子，果有材能，一体擢用。比闻入仕之后，或多更姓名。朕虑岁久，其子孙相传，昧其本源，诚非先王致谨氏族之道。中书省其告谕之，如已更易者听其改正。（《明太祖实录》卷五〇）

但此项法令不久即自动取消：

> 永乐元年九月庚子，上谓兵部尚书刘俊曰："各卫鞑靼人多同名，无姓以别之，并宜赐姓。"于是兵部请如洪武中故事，编置勘合，给赐姓名，从之。（《明成祖实录》卷三三）

可知在洪武时代已有编置勘合、给赐姓名之举。其唯一的限制为特立一条蒙古人、色目人的婚姻法：

> 凡蒙古、色目人听其与中国人为婚姻，务要两相情愿。不

许本类自相嫁娶，违者杖八十，男女入官为奴。其中国人不愿与回回、钦察为婚姻者，听从本类自相嫁娶，不在禁例。（《明律》卷六，《户律》）

这禁例的用意一面是要同化蒙古人、色目人，一面是防止其种类之繁殖。法令虽然颁布，可是实行的程度，也许和禁改汉姓一样，实际上并不发生效力。在生活习俗方面，太祖登基后立刻下令将衣冠恢复如唐制，并禁止生活习惯之蒙古化：

洪武元年二月壬子，诏复衣冠如唐制。其辫发、椎髻、胡服（男袴褶窄袖及辫线腰褶，妇女衣窄袖短衣，下服裙裳）、胡语、胡姓，一切禁止。（《明太祖实录》卷三〇）

元制尚右，吴元年（公元1367年）十月令百官礼仪尚左（《明史》卷一，《太祖本纪》）。元人轻儒，至有九儒十丐之谣，谢枋得记：

滑稽之雄以儒为戏者曰：我大元制典，人有十等，一官二吏，先之者贵之也，贵之者，谓有益于国也。七匠八娼九儒十丐，后之者贱之也，贱之者，谓无益于国也。嗟乎卑哉！介乎娼之下丐之上者今儒也。（《叠山集》卷六，《送方伯载归三山序》）

郑思肖说：

鞑法：一官二吏三僧四道五医六工七猎八民九儒十丐。（《心史》卷下，《大义略》）

这虽都是宋末遗老的话，但元人也有同样记载，余阙《贡泰父文集序》：

至元初奸回执政，乃大恶儒者，因说当国者罢科举，摈儒士。其后公卿相师，皆以为当然，而小夫贱隶亦以儒为嗤诋。

当是时士大夫有欲进取立功名者，皆强颜色，昏旦往候于门，媚说以妾婢，始得尺寸。（《青阳文集》卷四）

可见儒者在元代之被摈斥。而明则在太祖初起时已重儒者，建国以后，大臣多用儒生，后来流弊至以科举为入官之唯一途径。反之，元人重吏：

国初有金、宋，天下之人，惟才是用，无所专主，然用儒者为居多也。自至元以下始浸用吏，虽执政大臣亦以吏为之。自是中州小民，粗识字能治文书者，得入台阁供笔札，累日积月皆可以致通显。（《青阳文集》卷四，《杨君显民诗集序》）

方孝孺《林君墓表》也说：

元之有天下，尚吏治而右文法。凡以吏仕者捷出取大官，过儒生远甚。（《逊志斋集》卷二二）

因法令极繁，案牍冗泛，故吏得恣为奸利，为弊最甚。明典即革此弊，从简、严法令下手：

吴元年十一月壬寅，上谓台省官曰：近代法令极繁，其弊滋甚。今之法令正欲得中，毋袭其弊。如元时条格极繁冗，吏得夤缘出入为奸，所以其害不胜。今立法正欲矫其旧弊，大概不过简、严下手，简则无出入之弊，严则民知畏而不敢轻犯。（《明太祖实录》卷二七）

洪武十二年（公元1379年）又立案牍减繁式颁示诸司：

初元末官府文移案牍最为繁冗，吏非积岁莫能通晓，欲习其业，必以故吏为师。凡案牍出入，惟故吏之言是听。每曹自正吏外，主之者曰主文，附之者曰帖书曰小书生，骫文繁词，多为奸利。国初犹未尽革。至是吏有以成案进者，上览而厌之曰：繁冗如此，吏焉得不为奸弊而害吾民也。命廷臣议减其繁文，著为定式，镂版颁之，俾诸司遵守。（《明太祖实录》卷一二六）

自后吏员遂为杂流，其入仕之途唯外府、外卫、盐运司首领官，中外杂职、入流未入流官，由吏员、承差等选（《明史》卷七一，《选举志》）。这是一个大变化，一面用严法重刑来肃清元代所遗留的政治污点，《明史》说：

太祖惩元纵弛之后，刑用重典。凡官吏人等犯枉法赃者不分南北，俱发北方边卫充军。

采辑官民过犯，条为《大诰》《续诰》，后又增为《三编》，诸司敢不急公而务私者，必穷搜其原而罪之。凡所列凌迟、枭示、种诛者无虑千百，弃市以下万数。《三编》稍宽容，然所记进士、监生罪名自一犯至四犯者犹三百六十四人，幸不死还职，率戴斩罪治事。郭桓之狱，直省诸官吏系死者数万人：

郭桓者户部侍郎也。帝疑北平二司官吏李彧、赵全德等与桓为奸利，自六部左、右侍郎下皆死，赃七百万，词连直省诸官吏，系死者数万人。核赃所寄借遍天下，民中人之家，大抵皆破。

空印之狱，也施行了一次官吏的大屠杀：

十五年，空印事发。每岁布政司、府州县吏诣户部核钱粮、军需诸事，以道远，预持空印文书，遇部驳即改，以为常。及是，帝疑有奸，大怒，论诸长吏死，佐贰榜百戍边。（《明史》卷九四，《刑法志》）

由此中外官吏均重足凛息以“不保首领”为惧，以生还田里为大幸（《明史》卷一三八，《杨靖传》附《严德珉传》）。

二

元的统治虽然被推翻，但是元统治机构的组织方式却大部分被保存下来，这是因为元的统治机构组织方式基本上因袭唐、宋，便于镇压人民。最明显的是官制和教育制度，一直沿用到朱元璋统治集团内部发生矛盾，展开剧烈的斗争以后才放弃了旧的机构，建立新的统治机构。

中央的官制，在洪武十三年（公元1380年）以前，大抵依据元制，行政最高机关为中书省，置左、右丞相，平章政事，左、右丞，参知政事等官，下设吏、礼、户、兵、刑、工六部为执行机关。监察最高机关则为御史台，置御史大夫、御史中丞等官。军政最高机关改元之枢密院为大都督府，置左、右都督，同知都督等官。洪武十三年胡惟庸党案发生后，更改官制，提高皇权，集中军政庶务一切权力在皇帝个人手中。废中书省不设，提高六部地位，使得单独执行政务，改御史台为都察院，分大督府为五军都督府，均直隶于皇帝。地方行政则置行中书省，设行省平章政事等官，改路为府，设知府，州设知州，县设知县。洪武九年（公元1376年）改浙江、江西、福建、北平、广西、四川、山东、河南、陕西、湖广、山西诸行省俱为承宣布政使司，后增设云南、贵州为十三布政使司（北平后改为京师，与南京称为两京，直隶中央），置布政使参政、参议诸官；司法则仍元制，置各道提刑按察司，设按察使及副使、佥事领之。军政则置都指挥使司十三

（北平、陕西、山西、浙江、江西、山东、四川、福建、湖广、广东、广西、辽东、河南），行都指挥使司三（陕西、山西、福建），后增都司三（云南、贵州、万全，北平改为大宁），行都司二（四川、湖广），置都指挥使领之，掌一方军政（《明史》卷七六，《职官志》）。

在兵制方面，元代内廷设左、右、前、后、中五卫，卫设都指挥使，下设镇抚所、千户所、百户所，以总宿卫诸军。又因各族兵设阿速、唐兀、贵赤、蒙古、西域、钦察诸卫亲军都指挥使司。外则万户之下置总管，千户之下置总把，百户之下置弹压，立枢密院以总之。军士则蒙古壮丁无众寡尽签为兵，汉人则以户出军，定入尺籍伍符，不可更易，死则役次丁，户绝别以民补之（《元史》卷九八，《兵志》；卷八六，《百官志》）。明兴后，中外皆用卫所制，亲军都尉府（后改为锦衣卫）统左、右、前、后、中五卫，其下有南、北镇抚司。又别置金吾前、后，羽林左、右，虎贲左、右，府军左、右、前、后十卫，以时番上，号亲军。外则革诸将，袭元旧制枢密、平章、元帅、总管、万户诸官号，度要害地，系一郡者设所，连郡者设卫，大率五千六百人为卫，千一百二十人为千户所，百有十二人为百户所。所设总旗二，小旗十，大小联比以成军。卫以指挥使领之，外统之都指挥使司，内则统于五军都督府。这是依元亲军制扩充的。征伐则命将充总兵官，调卫所军领之。既旋则将上所佩印，官军各回卫所，将无专兵，兵无私将。这又是模仿唐代的府兵制度（《明史》卷八九，《兵志》）。其内军之分配训练则又略近汉制，刘献廷说：

> 明初军制仿佛汉之南、北军。锦衣等十二卫卫宫禁者，南军也。京营等四十八卫巡徼京师者，北军也。而所谓春秋班

换，独取山东、河南、中都、大宁者，则又汉调三辅之意也。（《广阳杂记》卷一）

军士则行垛集令，民出一丁为军。三丁以上，垛正军一，别有贴户，正军死，贴户丁补。外又有从征，有归附，有谪发。从征者，诸将所部兵，既定其地，因为留戍。归附则是元和陈友谅、方国珍、张士诚的降兵。谪发以罪迁隶为兵者。其军皆世籍（《明史》卷九〇，《兵志》）。

在教育制度方面，元制于京师立国子学、蒙古国子学、回回国子监，教授汉、蒙、回学术。监设祭酒、监丞、博士、助教，教授生徒。地方则诸路、府、州、县皆置学，其他先儒过化之地，名贤经行之所，与好事之家出钱粟赡学者并立为书院。凡师儒之命于朝廷者曰教授，路府上中州置之。命于礼部及行省、宣慰司者曰学正、山长、学录、教谕，路州县及书院置之。又有医学及阴阳学教授专门人才。生徒皆廪饩于官，诸学皆有学田。各行省设儒学提举司，提举凡学校之事（《元史》卷八一，《选举志·学校》）。明代完全接受这制度，于京师设国子监，府、州、县、卫、所皆建儒学，生员各地皆有定额。生员考试初由地方官吏主持，后特设提举学政官以领之。士子未入学者通谓之童生，入学者谓之诸生（有廪膳生、增广生、附学生之别），三年一次考试，以诸生试之直省曰乡试，中试者为举人。次年以举人试之京师曰会试，中试者再经皇帝亲自考试曰殿试，分三甲，一甲只三人，曰状元、榜眼、探花，赐进士及第；二甲若干人，赐进士出身；三甲若干人，赐同进士出身。状元授修撰，榜眼、探花授编修，二、三甲考选庶吉士者皆为翰林官。其他或授给事、御史、主事、中书、行人、评事、太常、国子博士，或授府推官、知州、知县等官。举人、贡生不第、入监而选者，或授小京职，或授府佐及州县正官，或授教职。由此入仕必由科举，而科举则必由学校，《明史》说：

盖无地而不设之学，无人而不纳之教，庠声序音，重规叠矩，无间于下邑荒徼，山陬海涯，此明代学校之盛，唐、宋以来所不及也。（《明史》卷六九，《选举志》）

学校的教育和科举的范围，元初许衡即提议罢诗赋，重经学。皇庆二年（公元1313年）中书省臣言：

夫取士之法，经学实修己治人之道，词赋乃摛章绘句之学。自隋、唐以来，取人专尚词赋，故士习浮华。今臣等所拟，将律赋省题诗小义皆不用，专立德行明经科，以此取士，庶可得人。帝然之。（《元史》卷八一，《选举志·科目》）

由此专重经学，“四书”“五经”成为学者的宝典，入仕的津梁。至明更变本加厉，专取“四书”“五经”命题取士，又特定一种文体，略仿宋经义，然代古人语气为之，体用排偶，通谓之制义（《明史》卷七〇，《选举志》）。解述指定限于几家的疏义，不许发挥自己见解。文章有一定的格式，思想又不许自由，这是明代科举制度的特色。学校和科举打成一片，官吏的登用必由科举，而科举则必由学校，政治上一切人物均由学校产生，而训练这些未来政治人物的工具，却是过去几千年前的古老经典，这些经典又不许用自己的见解去解释去研究。选用这一些政治人物的方法，却是一种替古代人说话，替古代人设想，依样画葫芦的八股文。这个办法从元传到明，明传到清，束缚了多少人的聪明才智，造成了无量数的八股政治家，是一个消磨民族精力的最大损失。

红军之起，是要求经济的、政治的、民族的地位之平等，就政治的和民族的要求来说，目的是达到了。在经济方面，虽已推翻了蒙古人、色目人对汉族的控制特权，但就汉族和各族人民而说，地主对农民的剥削压迫却完全没有改变。

三

元末的地主是拥护旧政权的，在混乱的局面之下，他们要保存自己的地位，便用尽可能的力量组织私军来抵抗农民的袭击。等到新政权建立，事实证明能够保持地方秩序的时候，他们便毫不犹疑地参加了新政权，竭力拥护。同时一大批新兴的贵族、大臣、官吏获得了大量的田地，成为新的地主。新兴的政权和旧政权一样是为地主服务的。虽然在表面上不能不对农民做了一些让步，以便恢复和发展生产，巩固自己的统治。但在实质上，依然骑在农民的头上，吮吸农民的血汗。但是在革命的过程中，他们又不得不靠地主的财力和他们合作。在这矛盾的关系之下，产生了对地主的双重矛盾政策。他们一面仍旧和地主合作，让地主参加政治，如登用富户，《明史·选举志》：

> 俾富户耆民皆得进见，奏对称旨，辄予美官。（《明史》卷七一，《选举志》）

洪武八年（公元1375年）特下诏举富民素行端洁达时务者（《明史》卷二，《太祖本纪》）。如用地主为粮长：

> 洪武四年九月丁丑，上以郡县吏每遇征收赋税，辄侵渔于

民。乃命户部令有司科民田土，以万石为率。其中田土多者为粮长，督其乡之赋税。且谓廷臣曰：此以良民治良民，必无侵渔之患矣。（《明太祖实录》卷六八）

《明史》记：

粮长者，太祖时令田多者为之，督其乡赋税。岁七月州县委官偕诣京师勘合以行。粮万石长、副各一人，输以时至，召见语合，辄蒙擢用。（《明史》卷七八，《食货志·赋役》）

但在另一方面，则又极力排除地主势力。排除的方法第一是迁徙，如初年之徙地主于濠州：

吴元年十月乙巳，徙苏州富民实濠州。（《明太祖实录》卷二六）

建国后徙地主实京师，《明史》记：

太祖惩元末豪强侮贫弱，立法多右贫抑富。尝命户部籍浙江等九布政司、应天十八府州富民万四千三百余户，以次召见，徙其家以实京师，谓之富户。（《明史》卷七七，《食货志》）

第二是用苛刑诛灭，方孝孺《采苓子郑处士墓碣》：

妄人诬其家与权臣（胡惟庸）通财。时严党与之诛，犯者不问实不实，必死而覆其家。当是时浙东西巨室故家多以罪倾其宗。（《逊志斋集》卷二二）

不问实不实，必诛而覆其家，这是消灭地主的另一手段。

对农民方面，在开国时为了应付农民过去的要求和谋赋税之整顿，曾大规模地举行土地丈量：

元季丧乱，版籍多亡，田赋无准。明太祖即帝位，遣周

铸等百六十四人复浙西田亩，定其赋税。复命户部核实天下土田。（《明史》卷七七，《食货志》）

以后每平定一地后，即派人丈量土地，如：

洪武五年六月乙巳，命户部遣使度四川田，以蜀始平故也。（《明太祖实录》卷七四）

洪武十九年（公元1386年），又再丈量一次，方孝孺《贞义处士郑君墓表》：

洪武十九年，诏天下度田，绘疆畛为图，命太学生莅其役。（《逊志斋集》卷二二）

量度田亩方圆，次以字号，悉书主名及田之丈尺，编类为册，状如鱼鳞，号曰鱼鳞图册。另一方面则调查人口，编定黄册：

洪武十四年诏天下编赋役黄册。以一百一十户为一里，推丁粮多者十户为长，余百户为十甲，甲凡十人。岁役里长十人，甲首一人，董一里一甲之事，先后以丁粮多寡为序。

黄册以户为主，详具旧管、新收、开除、实在之数为四柱式。而鱼鳞图册以土田为主，诸原阪、坟衍、下隰、沃瘠、沙卤之别毕具。以鱼鳞图册为经，土田之讼质焉；黄册为纬，赋役之法定焉。凡买卖田土，备书税粮科则，官为籍记之，毋令产去税存，以为民害（《明史》卷七七，《食货志》；梁方仲：《明代鱼鳞图册考》，载《地政月刊》，第8期）。这法度虽然精密，可是地主舞弊的方法也随之而进步，农民仍然和过去一样，要负几重义务，生活之困苦，并不因政权之转换而稍减（吴晗：《明代之农民》，载《盖世报史学》，第12~13期）。

最后，元代滥发交钞的结果，财政破产，民生困瘁。《元史》记：

> 至正十一年置宝钞提举司，掌鼓铸至正通宝钱，印造交钞，令民间通用。行之未久，物价腾踊，价逾十倍。又值海内大乱，军储供给，掌赐犒劳，每日印造，不可数计。舟车装运，轴轳相接，交钞之散满人间者无处无之。昏软者不复行用，京师料钞十锭易斗粟不可得。既而所在郡县皆以物货相贸易，公私所积之钞，遂俱不行，人视之若弊楮，而国用由是遂乏矣。（《元史》卷九七，《食货志·钞法》）

原来在初行钞法时，钞本和钞相权印造，钞本或为丝，或为银，分存在中央和地方，所以钞和物货能维持稳定的比率，流通无阻。到末年钞本移用一空，却一味印发，用多少就印多少，自然物价愈高，钞价愈跌，导致不能行使市面了。明兴以后，仍沿其弊。洪武初年铸大中通宝钱，商贾用钞惯了，都不愿用钱。洪武七年（公元1374年）设宝钞提举司，造大明宝钞，命民间通行，分六等，曰一贯，曰五百文、四百文、三百文、二百文、一百文。每钞一贯，准钱千文，银一两，四贯准黄金一两。禁民间不得以金银物货交易，违者罪之。可是并无钞本，政府唯一的准备是允许用钞交纳赋税，初期凭政治的威力，虽然滥发，钞法尚通，后来钞价渐跌，钱重钞轻，一贯只值钱一百六十文，物价愈贵，政府虽屡次想法改进钞的价值，严禁其他货币行使，可是仍不相干。宣德初年米一石至用钞五十贯，成化时钞一贯至不值钱一文。这是蒙古人传给明代的一个最大祸害。

在这样一个局面之下，农民并没有从革命中得到什么好处，也许比从前还更糟，可是新的统治权并不因此而发生动摇。这有两个原因可以解释，第一是已经经过几十年的战争，农民已经厌倦了，不能再忍受那样的生活了，暂时能够苟安一下，虽然还是吃苦，也比在兵火之下转侧强一点。并且壮丁多已死亡，新统治者的军力超过旧政府远甚，农民只好屈服。第二是战争的结果，天然地淘汰了无数千万的人口，空出了大量无人耕种的土地，人口比过去少，土地却比过去多，农民生活暂时得到一个解决。元末残破的情形试举一例：

> 丁酉（公元1357年）十一月甲申，元帅缪大亨取扬州克之。青军元帅张明鉴降。明鉴日屠城中居民以为食，至是按籍，城中居民仅余十八家。知府李德林以旧城虚旷难守，乃截城西南隅而守之。（《明太祖实录》卷五）

这是至正十七年（公元1357年）的事，扬州是江南最繁富的地方，几年的战争，便残破如此，其他各地的情形可想而知。土地空旷的情形也举一例：

> 洪武三年（公元1370年）六月丁丑，济南府知府陈修及司农官上言：北方郡县近城之地多荒芜，宜召乡民无田者垦辟，户率十五亩，又给地二亩，与之种蔬。有余力者不限顷亩，皆免三年租税。其马驿、巡检司、急递铺应役者各于本处开垦，无牛者官给之。守御军在远者亦移近城。若王国所在，近城存留五里以备练兵牧马，余处悉令开耕。从之。（《明太祖实录》卷五三）

可是一过几十年，休养生息，人口又飞快地增加，土地又不够分配，同时政府的军力也逐渐衰敝，政治的腐化，政府和地主的苛索，又引起了接连不断的农民革命（吴晗：《明代之农民》）。

靖难之役与迁都北京

（节选）

明太祖的折中政策

自称为淮右布衣，出身于流氓而做天子的明太祖，在得了势力称王建国之后，最惹他操心的问题是怎样建立一个有力的政治中心，建立在何处。第二是用什么方法来维持他的统治权。

明太祖在初渡江克太平时（至正十五年，公元1355年），当涂学者陶安出迎：

> 太祖问曰："吾欲取金陵，何如？"安曰："金陵古帝王都，取而有之，抚形胜而临四方，何向不克？"太祖曰："善！"（《明史》卷一三六，《陶安传》）

至正十八年（公元1358年）叶兑献书论取天下规模曰：

> 今之规模，宜北绝李察罕（元将察罕帖木儿），南并张九四（吴

张士诚），抚温台，取闽越，定都建康，拓地江广。进则越两淮以北征，退则画长江而自守。夫金陵古称龙蟠虎踞，帝王之都，借其兵力资财，以攻则克，以守则固。（《明史》卷一三五，《叶兑传》）

部将中冯国用亦早主定都金陵之说：

洪武初定淮甸，得冯国用，问以天下大计。国用对曰："金陵龙蟠虎踞，真帝王之都，愿先渡江取金陵，置都于此。然后命将出师，扫除群寇，倡仁义以收人心，天下不难定也。"上曰："吾意正如此。"（孙承泽：《春明梦余录》卷一；《明史》卷一二九，《冯胜传》）

参酌诸谋士的意见，经过长期的考虑以后，以至正二十六年（公元1366年）六月拓应天城，作新宫于钟山之阳。至次年九月新宫成。这是吴王时代的都城。同月灭张士诚，十月遣徐达等北伐。十二月取温台，降方国珍，定山东诸郡县。

至正二十八年（公元1368年）正月朱元璋称帝建大明帝国。至洪武二十年（公元1387年）元纳哈出降，辽东归附，天下大定。在这二十几年中，个人的地位由王而帝，所统辖的疆域，由东南一隅而扩为全国。元人虽已北走，仍保有不可侮的实力，时刻有南下恢复的企图。同时沿海倭寇的侵轶，也成为国防上重大的问题。在这样情形之下，帝都的重建和国防的设计，是当时朝野所最瞩目的两大问题。

其于天然环境的限制，东南方面沿海数千里，时时处处有被倭寇侵犯的危险。东北方面，长城以外即是蒙古人的势力，如不在险要处屯驻重兵，则黄河以北便非我有。防边须用重兵，如以兵权付诸将，则恐尾大不掉，有形成藩镇跋扈的危险。如以重兵直隶中央，则国都必须扼驻边界，以收统辖指挥之效。东南是全国的经济中心，东北为国防关系，又必须成为全国的军事中心。国都如建设在东南，则北边空虚，无法防阻蒙古人的南侵。如建设在北边，则国用仍须仰给东南，转运劳费，极不合算。

在政治制度方面，郡县制和封建制的选择，也成为当时的难题。秦、汉、唐、宋之亡，没有强藩屏卫是许多原因中之一。周代封建藩国，则又枝强干弱，中央威令不施。这两者中的折中办法，是西汉初期的郡国制。一面设官分治，集大权于中央；一面又封建子弟，使为国家扞御。这样一来，设国都于东南财赋之区，封子弟于东北边防之地，在经济上，在军事上，在统治权的永久维持上，都得到一个完满的解决。这就是明太祖所采用的折中政策。

定都南京[1]

明太祖定都南京的重要理由，是受经济环境的限制。第一因为江浙富饶为全国冠，所谓“财赋出于东南，而金陵为其会”（丘濬：《大学衍义补·都邑之建》）。定都于此，可省转运的劳费。第二是吴王时代所奠定的宫阙，不愿轻易弃去。且若另建都邑，则又须重加一层劳费。第三从龙将相都是江淮子弟，不愿轻去乡土。洪武元年（公元

[1] 南京，古称金陵、建康、建业，元代时称集庆路，朱元璋攻克集庆后称应天。洪武二年（公元1369年）改称南京，洪武十一年（公元1378年）改称京师，朱棣迁都北京后，又称南京。本文为行文方便，除引文外，一律称南京。——编者注

1368年）四月取汴梁后，他曾亲到汴梁去视察，觉得虽然地位适中，可是四面受敌，形势还不及南京（刘辰：《国初事迹》）。而在事实上则西北未定，为转饷屯军计，不能不有一个军事上的后方重镇以便策应。于是仿成周两京之制，以应天（金陵）为南京，开封（汴梁）为北京。洪武二年（公元1369年）八月陕西平，九月以临濠（安徽凤阳）为中都。事前曾和群臣集议建都之地：

上召诸老臣问以建都之地，或言关中险固，金城天府之国。或言洛阳天地之中，四方朝贡，道里适均。汴梁亦宋之旧京。又言北平元之宫室完备，就之可省民力。上曰：所言皆善，惟时有不同耳。长安、洛阳、汴京实周、秦、汉、魏、唐、宋所建国。但平定之初，民力未苏息，朕若建都于彼，供给力役悉资江南，重劳其民。若就北平，要之宫室不能无更，亦未易也。今建业长江天堑，龙蟠虎踞，江南形胜之地，真足以立国。临濠则前江后淮，以险可恃，以水可漕，朕欲以为中都。何如？君臣称善。至是始命有司建置城池宫阙，如京师之制焉。（黄光昇：《昭代典则》）

在营建中都时，刘基曾持反对的论调，以为凤阳虽帝乡，非建都之地（《明史》卷一二八，《刘基传》）。

洪武八年（公元1375年）四月罢营中都（《明史》卷二，《太祖本纪》）。

洪武十一年（公元1378年）诏以南京为京师（《明史》卷四〇，《地理志》）。太祖对于建都问题，已经踌躇了十年，到这时才决定。可是为着要控制北边，仍时有建都的雄心。选定的地点仍是长安、洛阳和北平。当时献议都长安的有胡子祺：

> 洪武九年监察御史胡子祺上书请都关中，帝称善。遣皇太子巡视陕西，后以太子薨，不果。（《明史》卷一四七，《胡广传》）

他的理由是："天下形胜地可都者四：河东地势高，控制西北，尧尝都之，然其地苦寒。汴梁襟带河、淮，宋尝都之，然其地平旷，无险可凭。洛阳周公卜之，周、汉因之，然嵩、邙非有函、终南之阻，涧、瀍、伊、洛非有泾、渭、灞、浐之雄。夫据百二山河之胜，可以耸诸侯之望，举天下莫关中者也。"（《明史》卷一一五，《兴宗孝康皇帝传》）皇太子巡视陕西在洪武二十四年（公元1391年），则太祖在洪武十一年（公元1378年）定都南京以后，仍有都长安之意。皇太子巡视的结果，主张定都洛阳：

> 太祖以江南地薄，颇有建都之意。八月命皇太子往视关洛。皇太子志欲定都洛阳，归而献地图。明年四月以疾薨。（姜清：《姜氏秘史》卷一）

郑晓记此事始末，指出迁都的用意，在控制西北：

> 国朝定鼎金陵，本兴王之地。然江南形势终不能控制西北，故高皇时已有都汴、都关中之意，以东宫薨而中止。（郑晓：《今言》卷二七四）

《明史》记：

> 太子还，献陕西地图，遂病，病中上言经略建都事。（《明史》卷一一五，《兴宗孝康皇帝传》）

是则假使懿文不早死，也许在洪武时已经迁都到洛阳或长安了。又议建都北平：

逮平陕西，欲置都关中。后以西北重地，非自将不可。议建都于燕。以鲍频力谏而止。（孙承泽：《春明梦余录》卷一）

何孟春记鲍频谏都北平事说：

太祖平一天下，有北都意。尝御谨身殿，亲策问群臣曰："北平建都可以控制边塞，比南京何如？"修撰鲍频对曰："元主起自沙漠，立国在燕，今百年，地气天运已尽，不可因也。南京兴王之地，宫殿已完，不必改图，《传》曰在德不在险也。"（何孟春：《余冬录》卷二）

明太祖晚年之想迁都，次要的原因，是南京新宫风水不好，顾炎武记：

南京新宫吴元年作。初大内填燕尾湖为之，地势中下，南高而北卑，高皇帝后悔之。二十五年《祭光禄寺灶神文》曰：朕经营天下数十年，事事按古有绪。维宫城前昂后洼，形势不称，本欲迁都。今朕年老，精力已倦。又天下新定，不欲劳民。且兴废有数，只得听天。惟愿鉴朕此心，福其子孙。（《天下郡国利病书》卷一三，《江南一》）

由此看来，从洪武初年到洪武二十四年（公元1391年）这一时期中，明太祖虽然以南京作国都，可是为了控制北边的国防关系，仍时有迁都的企图。迁都北边最大的困难是漕运艰难，北边硗瘠，如一迁都，则人口必骤然增加，本地粮食不能自给，必须仰给东南，烦费不资。次之重新创建地池宫阙，人力和财力也耗费过多。懿文太子死后，这老皇帝失去勇气，从此就不再谈迁都了。

封建诸王

洪武二年（公元1369年）四月编《祖训》，定封建诸王之制（《明史》卷二，《太祖本纪》）。在沿边要地，均建王国：

> 明兴，高皇帝以宋为惩，内域削弱，边圉勿威，使胡人得逞中原而居闰位。于是大封诸子，连亘边陲。北平天险，为元故都，以王燕。东历渔阳、卢龙，出喜峰，包大宁，控塞葆山戎以王宁。东渡榆关，跨辽东，西并海，被朝鲜，连开原，交市东北诸夷，以王辽。西按古北口，濒于雍河，中更上谷、云中，巩居庸，蔽雁门，以王谷若代。雁门之南，太原其都会也，表里河山，以王晋。逾河而西，历延、庆、韦、灵，又逾河北，保宁夏，倚贺兰，以王庆。兼殽、陇之险，周、秦都圻之地，牧垌之野，直走金城，以王秦。西渡河，领张掖、酒泉诸郡，西扃嘉峪，护西域诸国，以王肃。此九王者，皆塞王也。莫不敷险狭，控要害，佐以元戎宿将，权崇制命，势匹抚军，肃清沙漠，垒帐相望。（何乔远：《名山藏》卷一，《分藩记》）

沿古长城线，东起辽阳，西到甘肃，建设了辽、宁、燕、谷、代、晋、庆、秦、肃九个王国，组成一条对蒙古的反包围防线。在内地则有“周、齐、楚、潭、鲁、蜀诸王，护卫精兵万六千余人，牧马数千匹，亦皆部兵耀武，并列内郡”（何乔远：《名山藏》卷一，《分藩记》）。

诸王国皆设重兵，洪武五年（公元1372年）置亲王护卫都指挥使司，每王府设三护卫（《明史》卷九〇，《兵志·卫所》）。护卫甲士少者三千人，多者至万九千人（《明史》卷一一六，《诸王传序》）。此为直属于亲王之军力，此外边地诸王国内，中央所派之守镇兵亦得归王调遣：

凡王国有守镇兵，有护卫兵。其守镇兵有常选指挥掌之，其护卫兵从王调遣。如本国是险要之地，遇有警急，其守镇兵、护卫兵并从王调遣。（《皇明祖训·兵卫条》）

中央调发守镇兵，除御宝文书外，并须得王令旨，方得发兵：

凡朝廷调兵，须有御宝文书与王，并有御宝文书与守镇官。守镇官既得御宝文书，又得王令旨方许发兵。无王令旨，不得发兵。（《皇明祖训·兵卫条》）

扼边诸王，兵力尤厚，如宁王所部至“带甲八万，革车六千，所属朵颜三卫骑兵皆骁勇善战”（《明史》卷一一七，《宁王传》）。洪武十年（公元1377年）又以羽林等卫军益秦、晋、燕三府护卫（《明史》卷二，《太祖本纪》）。时蒙古人犹图恢复，屡屡南犯。于是徐达、冯胜、傅友德诸大将数奉命往北平、山西、陕西诸地屯田、练兵，为备边之计。又诏诸王近塞者，每岁秋勒兵巡边（《明史》卷九一，《兵志·边防》）。远涉沙漠，校猎而还，谓之“肃清沙漠”（祝允明：《九朝野记》卷一）。诸王封并塞居者，都得预军务。内中晋、燕二王尤被重寄，数次奉命领兵出塞及筑城屯田，大将如宋国公冯胜、颍国公傅友德皆受节制（《明史》卷一一六，《晋恭王传》）。洪武二十六年（公元1393年）三月又诏二王军务大者始以闻（《明史》卷三，《太祖本纪》）。由此军中事皆得专决。

明太祖一面以诸王领兵守边，一面又预防后人懦弱，政权有落于权臣之手的危险，特授诸王以干涉中央政事之权。诸王有权移文中央索取奸臣：

> 若大臣行奸，不令王见天子，私下传致其罪而遭遇不幸者，到此之时，天子必是昏君。其长史司并护卫移文五军都督府索取奸臣，都督府捕奸臣奏斩之，族灭其家。（《皇明祖训·法律条》）

甚至得举兵入清君侧：

> 如朝无正臣，内有奸恶，则亲王训兵待命。天子密诏诸王统镇兵讨平之。（《皇明祖训·法律条》）

又怕后人变更他的法度，特地把天子、亲王、大臣所应做和不应做的事，都定为祖训，叫后人永远遵守。洪武二十八年（公元1395年）九月正式颁布《皇明祖训》条章于中外，并着令后世有言更祖制者，以奸臣论（《明史》卷三，《太祖本纪》）。由此诸王各拥重兵，凭据险厄，并得干涉国事，在军事上和政治上都握大权，酿成了外重内轻之势。

分封建制之害，在洪武九年（公元1376年）叶伯巨即已上书言之。他说：

> 先王之制，大都不过三国之一，上下等差，各有定分，所以强干弱枝，遏乱源而崇治本耳。今裂土分封，使诸王各有分地，盖惩宋、元孤立，宗室不竞之弊。而秦、晋、燕、齐、梁、楚、吴、蜀诸国，无不连邑数十，城郭宫室，亚于天子之都，优之以甲兵卫士之盛。臣恐数世之后，尾大不掉，然后削其地而夺之权，则必生觖望，甚者缘间而起，防之无及矣。愿

及诸王未之国之先，节其都邑之制，减其卫兵，限其疆理，亦以待封诸王之子孙。此制一定，然后诸王有贤且才者，入为辅相，其余世为藩屏，与国同休。割一时之恩，制万世之利，消天变而安社稷，莫先于此。（《明史》卷一三九，《叶伯巨传》）

书上以离间骨肉坐死。其实这时诸王只建藩号，尚未就国，有远见的人便已感到不安的预兆了。到洪武末年诸王数奉命出塞，强兵悍卒，尽属麾下。这时太祖已衰病，皇太孙幼弱，也渐渐感觉到强藩的逼胁了。有一次他们祖孙曾有如下的谈话：

先是太祖封诸王，辽、宁、燕、谷、代、晋、秦、庆、肃九国皆边虏，岁令训将练兵，有事皆得提兵专制便防御。因语太孙曰："朕以御虏付诸王，可令边尘不动，贻汝以安。"太孙曰："虏不靖，诸王御之。诸王不靖，孰御之？"太祖默然良久曰："汝意何如？"太孙曰："以德怀之，以礼制之，不可则削其地，又不可则废置其人，又其甚则举兵伐之。"太祖曰："是也，无以易此矣。"（尹守衡：《明史窃·革除记》）

太孙又和黄子澄密谋定制削藩之计：

惠帝为皇太孙时，尝坐东角门，谓子澄曰："诸王尊属，拥重兵，多不法，奈何？"对曰："诸王护卫兵才足自守，倘有变，临以六师，其谁能支。汉七国非不强，卒底亡灭，大小强弱势不同，而顺逆之理异也。"太孙是其言。（《明史》卷一四一，《黄子澄传》）

即位后高巍、韩郁先后上书请用主父偃推恩之策，在北诸王子弟分封于南，在南子弟分封于北，则藩王之权，不削而自弱。当局者都主削藩，不用其计而靖难师起（《明史》卷一四三，《高巍传》）。

靖难之役

明太祖在位三十一年（1368—1398），皇太子标早卒，皇太孙允炆继位，是为惠帝（1398—1402）。时太祖诸子第二子秦王樉、第三子晋王㭎都已先死，第四子燕王棣、第五子周王橚和齐、湘、代、岷诸王都以叔父拥重兵，多不法。朝廷孤立。诸王中燕王最雄桀，兵最强，尤为朝廷所嫉。惠帝用黄子澄、齐泰计谋削藩，讨论应该先向谁动手：

> 泰欲先图燕，子澄曰："不然。周、齐、湘、代、岷诸王在先帝时尚多不法，削之有名。今欲问罪，宜先周。周王，燕之母弟（懿文太子标、秦王樉、晋王㭎，李淑妃出。燕王棣、周王橚，碽妃出。参见吴晗：《明成祖生母考》，载《清华学报》，第10卷第2期），削周是削燕手足也。"（《明史》卷一四一，《黄子澄传》）

定计以后，第一步先收回王国所在地之统治权，下诏："王国吏民听朝廷节制，唯护卫官军听王。"（《明史》卷一四一，《齐泰传》；谷应泰：《明史纪事本末》卷一五）建文元年（公元1399年）二月又下诏诸王毋得节制文武吏士（《明史》卷四，《恭闵帝本纪》）。收回兵权及在王国之中央官吏节制权。洪武三十一年（公元1398年）八月废周王橚为庶人。建文元年（公元1399年）四月湘王柏惧罪自焚死，齐王榑、代王桂有罪，废为庶人。六月废岷王楩为庶人。

燕王棣智勇有大略，妃徐氏为开国元勋徐达女。就国后，徐达数奉命备边北平，因从学兵法。徐达死后，诸大将因胡惟庸、蓝玉两次党案诛杀殆尽。燕王遂与秦、晋二王并当北边御敌之任。洪武二十三年（公元1390年）正月与晋王率师往讨元丞相咬住、太尉乃儿不花，征虏前将军、颍国公傅友德等并听节制。三月师次迤都，咬住等降（《明史》卷三，《太祖本纪》）。获其全部而还，太祖大喜。是后屡率诸将出征，并奉命节制沿边士马，威名大震（《明史》卷四，《成祖本纪》）。洪武二十四年（公元1391年）四月督傅友德诸将出塞，败敌而还。洪武二十六年（公元1393年）三月冯胜、傅友德备边山西、北平，其属卫将校悉听晋王、燕王节制。洪武二十八年（公元1395年）正月率总兵官周兴出辽东塞，自开原追敌至甫答迷城，不及而还。洪武二十九年（公元1396年）率师巡大宁，败敌于彻彻儿山，又追败之于兀良哈秃城而退。洪武三十一年（公元1398年）率师备御开平（《明史》卷三，《太祖本纪》）。太祖死后，自以为三兄都已先死，论序当立，不肯为建文帝下。到周、湘诸王相继得罪，遂决意反，阴选将校，勾军卒，收才勇异能之士，日夜铸军器（《明史》卷一四五，《姚广孝传》）。建文元年（公元1399年）七月杀政府所置地方大吏，指齐泰、黄子澄为奸臣，援引《祖训》，入清君侧，称其师曰靖难。

兵起时建文帝正在和方孝孺、陈迪一些文士讨论周官法度，更定官制，讲求礼文。当国的齐泰、黄子澄也都是书生，不知兵事，以旧将耿秉文为大将往讨。八月耿秉文兵败于滹沱河，即刻召还，代以素不知兵的勋戚李景隆。时燕王已北袭大宁，尽得朵颜三卫彍骑而南。景隆乘虚攻北平不能克，燕王回兵大破之。建文二年（公元1400年）四月燕王又败景隆兵于白沟河、德州，进围济南，三月不克，为守将盛庸所掩击，大败解围去。九月盛庸代李景隆为大将军。十二月大败燕兵于东昌，燕大将张玉战死，精锐丧失几尽。建文三年（公元1401年）燕兵数南下，胜负相当。所攻下的城邑，兵回又为朝廷拒守。燕王所据有的地方，不过北平、保定、永平三府。恰好因建文帝待宫中宦官极严厉，宦官被黜责的逃奔燕军，告以京师虚实。十二月后复出师南下。朝廷遣大将徐辉祖（达子，燕王妃兄）据山东，与都督平安大败燕兵，燕军正预备逃回北平，建文帝又轻信谣言，以为燕兵已退，一面也不信任徐辉祖，召之还朝。前方势孤，遂接连战败。燕兵乘胜渡淮趋扬州，江防都督陈瑄以舟师迎降，速渡江围南京，谷王橞及李景隆开金川门迎降，宫中火起，建文帝不知所终。燕王入南京即帝位，是为成祖（1402—1424）（《明史》卷三，《恭闵帝纪》；卷四《成祖本纪》；卷一四四，《盛庸传》；卷一二六，《李文忠传》；卷一二五，《徐达传》；《明史纪事本末》卷一六）。

成祖入南京后做的第一件事，是对主削藩议者的报复，下令大索齐泰、黄子澄、方孝孺等五十余人，榜其姓名曰奸臣，大行屠杀，施族诛之法，族人无少长皆斩，妻女发教坊司，姻党悉戍边。方孝孺之死，宗族亲友前后坐诛者至八百七十三人（《明史纪事本末》卷一八）。万历十三年（公元1585年）释坐孝孺谪戍者后裔凡千三百余人（《明史》卷一四一，《方孝孺传》）。第二件事是尽复建文中所更改的成法和官制，表明他起兵的目的，是在拥护祖训，和建文帝擅改祖制之罪（《明史》卷四，《成祖本纪》；《燕王会旨》）。由此《祖训》成为明朝一代治国的经典，太祖时所定的法令，到后来虽然时移事变，也不许有所更改。太祖时所曾施行的制度，也成为一代的金科玉律，无论无理到什么地步，也因为是祖制而不敢轻议。内中如锦衣卫和廷杖制，最为有明一代的弊政。为成祖所创的有宦官出使、专征、监军、分镇的制度，和皇帝的侦察机关东、西厂。

迁都北京

成祖以边藩篡逆得位，深恐其他的藩王也学他的办法，再来一次靖难，即位之后，也采用建文帝的削藩政策，以次收诸藩王兵权，非唯不使干预政事，且设立种种苛禁以约束之。建文四年（公元1402年）徙谷王于长沙，永乐元年（公元1403年）徙宁王于南昌，以大宁地畀从靖难有功之朵颜、福余、泰宁三卫，以偿前劳（《明史》卷三二八，《三卫传》）。削代王、岷王护卫。永乐四年（公元1406年）削齐王护卫，废为庶人。永乐十年（公元1412年）削辽王护卫（辽王已于建文元年徙荆州）。永乐十五年（公元1417年）谷王以谋反废。永乐十八年（公元1420年）周王献三护卫。尽削诸王之权，于护卫削之又削，必使其力不足与一镇抗（万言：《管村文抄内编》卷二，《诸王世表序》）。到宣宗时汉王高煦（成祖次子，宣宗叔父，学他父亲的办法要诛奸臣，入清君侧），武宗时安化王寘镭、宁王宸濠果然援靖难之例，起兵造反。由此政府更设为厉禁，诸王行动不得自由，甚至出城省墓，亦须奏请。二王不得相见（《明史》卷一二〇，《诸王传》；卷一一九，《襄王传》）。受封后即不得入朝（《明史》卷一一九，《崇王传》）。甚至在国家危急时，出兵勤王亦所不许（《明史》卷一一八，《韩王传》；卷一一八，《唐王传》）。只能衣租食税，凭着王的位号，在地方上作威福，肆害官民（赵翼：《廿二史劄记》卷三二，《明分封宗藩之制》）。王以下的宗人，生则请名，长则请婚于朝，国家养之终身，丧葬予费（《明史》卷一一六，《诸王传序》）。仰食于官，不使之出仕，又不许其别营生计，怕亵渎了皇家的尊严，

“不农不仕，吸民膏髓”（《明史》卷二一四，《靳学颜传》）。到后来生齿日繁，皇族的口数到了七八万，国家也养不起了。世宗（1521—1566）时御史林润上疏说：

> 天下岁供京师粮四百万石，而诸府禄米至八百五十三万石。以山西言，存留百五十二万石，而宗禄二百二十二万。以河南言，存留八十四万三千石，而宗禄百九十二万。（《明史》卷八二，《食货志》）

不得已大加减削，宗藩日困。枣阳王祐楒请“除宗人禄，使以四民业自为生。贤者用射策应科第”。政府要顾面子，还是不许（《明史》卷一一九，《枣阳王传》）。万历二十二年（公元1594年）郑世子载堉再请求特许“宗室皆得儒服就试，毋论中外职，中式者视方品器使”（《明史》卷一一九，《郑王传》）。从此宗室方得出仕。国家竭天下之力来养活十几万游荡无业的贵族游民，不但国力为之疲敝不支，实际上宗室又因不许就业而陷于困穷，衣食无着，势不能不作奸犯法，扰害平民。国家费钱，宗室挨饿，平民受罪，这也是当时创立祖制的人所意想不到的。

成祖削藩的结果，宁、谷二王内徙，尽释诸王兵权，北边空虚。按照当时的形势，“四裔北边为急，倏来倏去，边备须严。若畿甸去远而委守将，则非居重取轻之道”（章潢：《图书编》卷三三，《论北龙帝都垣》）。于是有迁都北京之计，以北京为行在，屯驻重兵，皇帝亲自统率，抵御蒙古人之入侵：

> 太宗靖难之勋既集，切切焉为北顾之虑，建行都于燕，因而整戈秣马，四征弗庭，亦势所不得已也。銮舆巡幸，劳费实

繁，易世之后，不复南幸，此建都所以在燕也。（顾炎武：《读史方舆纪要·北直方舆纪要序》）

合政治与军事中心为一，以国都当敌。朱健曾为成祖迁都下一历史的地理的解释。他说：

自古建立都邑，率在北土，不止我朝，而我朝近敌为甚。且如汉袭秦旧都关中，匈奴入寇，烽火辄至甘泉。唐袭隋旧亦都关中，吐蕃入寇辄到渭桥，宋袭周旧都汴，西无灵、夏，北无燕、云，其去契丹界，直浃旬耳。景德之后，亦辄至澶渊。三治朝幅员善广矣，而定都若此者何？制敌便也。我朝定鼎燕京，东北去辽阳尚可数日，去渔阳百里耳。西北去云中尚可数日，去上谷亦仅倍渔阳耳。近敌便则常时封殖者尤勤，常时封殖则一日规画措置者尤亟，是故去敌之近，制敌之便，莫有如今日者也。（朱健：《古今治平略》）

建都北京的最大缺点是北边粮食不能自给，必须仰给东南。海运有风波之险，由内河漕运则或有时水涸，或被寇盗所阻，稍有意外，便成问题，朱健说：

今国家燕都可谓百二山河，天府之国。但其间有少不便者，漕粟仰给东南，而运河自江而淮而黄，自黄而后自汶而卫，盈盈衣带，不绝如线，河流一涸，则西北之腹尽枵矣。元时亦输粟以供上都，其后兼行海运。然当群雄干命之时，烽烟四起，运道梗绝，惟有束手就困，此京师之第一当虑者也。（朱健：《古今治平略》）

要解决这两个困难，则第一必须大治河道，第二必须仍驻重兵于南京，镇压东南。成祖初年转漕东南，水陆兼挽，仍元人之旧，参用海运。而海运多险，陆运亦劳费不赀。永乐九年（公元1411年）命宋礼开会通河。永乐十三年（公元1415年）陈瑄凿清江浦，通北京漕运，由运河直达通州，而海陆运俱废（《明史》卷八五，《河渠志》）。运粮官军十二万人，有漕运总兵及总督统之（《明史》卷七九，《食货志》）。十九年（公元1421年）迁都北京后，以南京为留都，仍设五府六部官，并设南京守备，掌一切留守防护之事，节制南京诸卫所（《明史》卷八九，《兵志》）。

永乐元年（公元1403年）以北平为北京。永乐四年（公元1406年）诏以明年五月建北京宫殿。永乐十八年（公元1420年）北京郊庙宫殿成，诏以北京为京师，不称行在（《明通鉴》卷一七）。在实际上，自永乐七年（公元1409年）以后，成祖多驻北京，以皇太子在南京监国。自丘福征本雅失里汗败死后，成祖五入漠北亲征（《明史》卷五至卷六，《成祖本纪》）。自永乐十五年（公元1417年）北巡以后，即不再南返。南京在事实上，从永乐七年（公元1409年）成祖北巡以后，即已失去政治上的地位，永乐十九年（公元1421年）始正式改为陪都。

迁都之举，当时有一部分人不了解成祖的用心，力持反对论调。《明史》记：

> 三殿灾，诏求直言。群臣多言都北京非便。帝怒，杀主事萧仪，曰：“方迁都时，与大臣密计，久而后定，非轻举也。”（《明史》卷一四九，《夏原吉传》）

仁宗（1424—1425）即位后，胡濙从经济的立场，“力言建都北京非便，请还南都，省南北转运供亿之烦”（《明史》卷一六九，《胡濙传》）。胡濙是武进人，为南方士大夫的领袖，他的意见可说是代表南方人民的舆论，政府于是又定计还都南京，洪熙元年（公元1425年）三月诏北京诸司悉称行在。五月仁宗崩，迁都之计遂又搁置不行（《明史》卷八，《仁宗本纪》）。一直到英宗正统六年（公元1441年）北京三殿两宫都已告成，才决定定都北京，诏文武诸司不称行在，仍以南京为陪都（《明史》卷一〇，《英宗前纪》）。

成祖北迁以后，北京三面临敌，边防大重。东起鸭绿，西抵嘉峪，绵亘万里，分地守御。初设辽东、宣府、大同、延绥四镇，继设宁夏、甘肃、蓟州三镇，又加上太原、固原，是为九边（《明史》卷九一，《兵志》）。每边各设重兵，统以大将，副以偏裨，监以宪臣，镇以开府，联以总督，无事则画地防守，有事则犄角为援（黄道周：《博物典汇》卷一九，《九边》）。失策的是即位后，即徙封宁王于江西，把大宁一带地（今辽宁省平泉、内蒙古自治区赤峰等地）送给从征有功的朵颜三卫，三卫的占地，大致上从古北口到山海关隶朵颜卫，自广宁前屯卫西至广宁镇白云山隶泰宁卫，自白云山以北到开原隶福余卫。从此幽燕东北之险，中国与蒙鞑共之，胡马疾驰半日可到阙下。辽东、广宁、锦、义等城从此和宣府、怀来隔断悬绝，声不相连（严从简：《殊域周咨录》卷一六，《鞑靼》）。又以东胜（今内蒙古自治区托克托县及茂明安之地）孤远难守，调左卫于永平，右卫于遵化，而墟其地（《明史》卷九一，《兵志》）。兴和（元兴和路，自今张家口以北至内蒙古苏尼特旗皆其境。洪武三年〔公元1370年〕为府，后废。洪武三十年〔公元1397年〕置兴和守御千户所。今河北省张北县治即兴和故城）为阿鲁台所攻，徙治宣府卫城而所地又虚（《明史》卷四〇，《地理志·京师》）。开平（在今内蒙古自治区多伦县地）为元故都，地处极边，西接兴和而达东胜，东西千里，最为要塞。从弃大宁后，宣府和辽东隔绝，开平失援，胡虏出没，饷道艰难，宣德五年（公元1430年）从薛禄议，弃开平，徙卫于独石（《明史》卷四〇，《地理志》；《殊域周咨录》第一七，《鞑靼》；方孔炤：《全边略记》卷三，《宣府略》）。后来“三岔河弃而辽东悚，河套弃而陕右警，西河弃而甘州危”（《博物典汇》卷一九）。国防遂不可问。初期国力尚强，对付外敌的方法，是以攻为守，太祖、成祖、宣宗三朝并大举北征，以兵力逼蒙古人远遁，使之不敢近塞。英宗以后，国力渐衰，于是只以守险为上策，坐待敌来，长城以北诸要塞尽弃不守，只靠长城来挡住胡骑，而边警由之日亟。英宗正统十四年（公元1449年）瓦剌也先入寇围北京。世宗嘉靖二十九年（公元1550年）鞑靼俺答入寇薄都城。这两次的外寇，都因都城兵力厚，不能得志，焚掠近畿而去。思宗崇祯十七年（公元1644年）流寇李自成北犯，宣府和居庸的守臣都开门揖敌，遂长驱进围北京，太监曹化淳又开门迎入，北都遂亡。由此看来，假如明成祖当时不迁都北京，自以身当敌冲，也许在前两次蒙古人入犯时，黄河以北，已不可守，宋人南渡之祸，又要重演一次了。

明初的恐怖政治

一

洪武二十八年（公元1395年）正式颁布《皇明祖训》。这一年，朱元璋已经是六十八岁的衰翁了。

在这一年之前，桀骜不驯的元功宿将杀光了，主意多端的文臣杀绝了，不顺眼的地主巨室杀得差不多了，连光会掉书袋子搬弄文字的文人也大杀特杀，杀得无人敢说话，甚至出一口大气了。杀，杀，杀！杀了一辈子两手都涂满了鲜血的白头刽子手，踌躇满志，以为从此可以高枕无忧，皇基永固，子子孙孙吃碗现成饭，不必再操心了。这年五月，特别下一道手令说："朕自起兵至今四十余年，亲理天下庶务，人情善恶真伪，无不涉历，其中奸顽刁诈之徒，情犯深重，灼然无疑者，特令法外加刑，意在使人知所警惧，不敢轻易犯法。然此特权时措置，顿挫奸顽，非守成之君所用长法。以后嗣君统理天下，止守律与大诰，并不许用黥刺剕劓阉割刑，臣下敢有奏用此刑者，文武群臣即时劾奏，处以重刑。”（《明太祖实录》卷二百三十九）

其实明初的酷刑，黥刺剕劓阉割还算是平常的，最惨的是凌迟，凡是凌迟处死的罪人，照例要杀三千三百五十七刀，每十刀一歇一吆喝，慢慢地折磨，硬要被杀的人受长时间的痛苦（邓之诚：《骨董续记》卷二十，磔条，引《张文宁年谱》；计六奇：《明季北略》，记郑鄤事）。其次有刷洗，把犯人光身子放在铁床上，浇开水，用铁刷刷去皮肉。有枭令，用铁钩钩住脊骨，横挂在竿上。有称竿，犯人缚在竿上，另一头挂石头对称。有抽肠，也是挂在竿上，用铁钩钩入谷门把肠子钩出。有剥皮，贪官污吏的皮放在衙门公座上，让新官看了发抖。此外，还有挑膝盖、锡蛇游种种名目（吕毖：《明朝小史》卷一，《国初重刑》）。也有同一罪犯，加以墨面文身，挑筋去膝盖剁指，并具五刑的（《大诰》，奸吏建言第三十三，刑余攒典盗粮第六十九；《读诰》，相验囚尸不实第四十二；《三编》，逃囚第十六）。据说在上朝时，老皇帝的脾气好坏很容易看出来，要是这一天他的玉带高高地贴在胸前，大概脾气好，杀人不会多。要是撳玉带到肚皮底下，便是暴风雨来了，满朝廷的官员都吓得脸无人色，个个发抖，准有大批人应这劫数（徐祯卿：《翦胜野闻》）。这些朝官，照规矩每天得上朝，天不亮起身梳洗穿戴，在出门以前，和妻子诀别，吩咐后事，要是居然活着回家，便大小互相庆贺，算是又多活一天了（赵翼：《廿二史劄记》卷三十二，《明祖晚年去严刑条》，引《草木子》）。

四十年中，据朱元璋自己的著作，《大诰》《大诰续编》《大诰三编》和《大诰武臣》的统计，所列凌迟枭示种诛有几千案，弃市（杀头）以下有一万多案。《三编》所定算是最宽容的了。“进士监生三百六十四人，愈见奸贪，终不从命三犯四犯而至杀身者三人，三犯而诽谤杀身者又三人，奸容戴斩、绞、徒流罪在职者三十人，一犯戴死罪徒流罪办事者三百二十八人。”（《明史》卷九十四，《刑法志》；《大诰三编》二，进士监生戴罪办事）有御史戴死罪，戴着脚镣，坐堂审案的，有挨了八十棍回衙门作官的。其中最大的案件有胡惟庸案、蓝玉案、空印案和郭桓案，前两案株连被杀的有四万人，后两案合计有七八万人（《明史》卷九十四，《刑法志》）。所杀的人，从开国元勋到列儒裨将，从部院大臣、诸司官吏到州县胥役、进士监生、经生儒士、富人地主、僧道屠沽，以至亲侄儿、亲外甥，无人不杀，无人不可杀，一个个地杀，一家家地杀，有罪的杀，无罪的也杀，“大戮官民不分臧否”（《明史》卷一三九《周敬心传》：“洪武二十五年上疏极谏：洪武四年录天下官吏，十三年连坐胡党，十九年逮官吏积年为民害者，二十三年罪妄言者，大戮官民不分臧否。”）。早在洪武七年，便有人向他控诉，说是杀得太多了，“才能之士，数年来幸存者，百无一二”（《明史》卷一三九，《茹太素传》）。到洪武九年，单是官吏犯笞以上罪，谪戍到凤阳屯田的便有一万多人（《明史》卷一三九，《韩宜可传》）。十八年九月在给萧安石子孙符上也自己承认：“朕自即位以来，法古命官，列布华夷，岂期擢用之时，并效忠贞，任用既久，具系奸贪？朕乃明以宪章，而刑责有不可恕。以至内外官僚，守职维艰，善能终是者寡，身家诛戮者多。”（《明朝小史》卷二）郭桓案发后，他又说：“其贪婪之徒，闻桓之奸，如水之趋下。半年间弊若蜂起，杀身亡家者人不计其数。出五

刑以治之，挑筋剁指足髡发文身，罪之甚者欤？”（《大诰三编》，逃回第十六）

政权的维持建立在流血屠杀、酷刑暴行的基础上，这个时代，这种政治，确确实实是名副其实的恐怖政治。

二

胡惟庸案发于洪武十三年，蓝玉案发于洪武二十六年，前后相隔十四年，主犯虽然是两个，其实是一个案子。

胡惟庸是初起兵占领和州时的帅府旧僚，和李善长同乡，又结了亲，因李善长的举荐，逐渐发达，洪武三年拜中书省参知政事，六年七月拜右丞相。

中书省综掌全国大政，丞相对一切庶务都有专决的权力，统帅百官，只对皇帝负责。这制度对一个平庸的、唯唯否否、阿附取容“三旨相公”型的人物，或者对手是一个只愿嬉游逸乐、不理国事的皇帝，也许不会引起严重的冲突。或者一个性情谦和容忍，一个刚决果断，柔刚互济倒也不致坏事，但是胡惟庸干练有为，有魄力，有野心，在中书省年代久了，大权在手，威福随心，兼之十年宰相，门下故旧僚友也隐隐结成一个庞大的力量，这个力量是靠胡惟庸作核心的。拿惯了权的人，怎么也不肯放下。朱元璋呢，赤手空拳建立的基业，苦战了几十年，拼上命得到的大权，平白被人分去了一大半，真是倒持太阿，授人以柄，想想又怎么能甘心！困难的是皇帝和丞相的职权，从来不曾有过清楚的界限，理论上丞相是辅佐皇帝治理天下的，相权是皇权的代表，两者是二而一的，不应该有冲突。事实上假如一切庶政都由丞相处分，皇帝没事做，只能签字画可，高拱无为。反之，如皇帝躬亲庶务，大小事情一概过问，那么，这个宰相除了伴食画诺以外，又有什么可做？这两个人性格相同，都刚愎，都固执，都喜欢独裁，好揽权，谁都不肯相让，许多年的争执、摩擦，相权和皇权相对立。最后，冲突表面化了。朱元璋有军队，有特务，失败的当然是文官。在胡惟庸以前，第一任丞相李善长小心怕事，徐达经常统兵在外，和朱元璋的冲突还不太明显严重，（刘基自己知道性子太刚，一定合作不了，坚决不干。）接着是汪广洋，碰了几次大钉子，末了还是赐死。中书官有权的如杨宪，也是被杀的。胡惟庸是任期最长、冲突最厉害的一个。被杀后，索性取消中书省，由皇帝兼行相权，皇权和相权合而为一。洪武二十八年（公元1395年）手令：“自古三公论道，六卿分职，自秦始置丞相，不旋踵而亡，汉、唐、宋因之，虽有贤相，然其间所用者多有小人，专权乱政。我朝罢相，设五府、六部、都察院、通政司、大理寺等衙门，分理天下庶务，彼此颉颃，不敢相压，事皆朝廷总之，所以稳当。以后嗣君并不许立丞相，臣下敢有奏请设立者，文武群臣即时劾奏，处以重刑。”（《明太祖实录》卷二三九）这里所说的“事皆朝廷总之”的朝廷，指的便是他自己。胡惟庸被杀在政治制度史上的意义，是治权的变质，也就是从官僚和皇家共治的阶段，转变为官僚成奴才，皇帝独裁的阶段。

胡惟庸之死只是这件大屠杀案的一个引子，公布的罪状是擅权枉法。以后朱元璋要杀不顺眼的文武臣僚，便拿胡案作底子，随时加进新罪状，把它放大、发展，一放为私通日本，再放为私通蒙古，日本和蒙古，“南倭北虏”是当时两大敌人，通敌当然是谋反。三放又发展为串通李善长谋逆，最后成为蓝玉谋逆案。罪状愈多，牵连的罪人也更多，由甲连到乙，乙攀到丙，转弯抹角像瓜蔓一样四处伸出去，一网打尽，名为株连。被杀的都以家族作单位，杀一人也就是杀一家。坐胡案死的著名人物有御史大夫陈宁、中丞涂节、太师韩国公李善长、延安侯唐胜宗、吉安侯陆仲亨、平凉侯费聚、南雄侯赵庸、荥阳侯郑遇春、宜春侯黄彬、河南侯陆聚、宣德侯金朝兴、靖宁侯叶升、中国公邓镇、济宁侯顾敬、临江侯陈镛、营阳侯杨璟、淮安侯华中和高级军官毛骧、季伯畏、丁玉、和宋濂的孙子宋慎。宋濂也被牵连，贬死茂州。坐蓝党死的除大将凉国公蓝玉以外，有吏部尚书詹徽、侍郎傅友文、开国公常升、景川侯曹震、鹤庆侯张翼、舳舻侯朱寿、东莞伯何荣、普定侯陈桓、宣宁侯曹泰、会宁侯张温、怀远侯曹兴、西凉侯濮兴、东平侯韩勋、全宁侯孙恪、沈阳侯察罕、徽先伯桑敬和都督黄辂、汤泉等。胡案有《昭示奸党录》，蓝案有《逆臣录》，把口供和判案都详细记录公布。让全国人都知道这些“奸党”的“罪状”（钱谦益：《太祖实录辨证》；潘柽章：《辩史考异》；吴晗：《胡惟庸党案考》，载《燕京学报》十五期）。被杀公侯中，东莞伯何荣是何真的儿子，何真死于洪武二十一年，被帐下旧校捏告生前党胡惟庸，勒索两千两银子，何家子弟到御前分析，朱元璋大怒说：“我的法，这厮把作买卖！”把旧校绑来处死。到二十三年何荣弟崇祖回广东时：“兄把袂连声：弟弟，今居官祸福顷刻，汝归难料再会日。到家达知伯叔兄弟，勿犯违法事，保护祖宗，是所愿望！”

可是，逃过了胡党，还是逃不过蓝党，何家是岭南大族，何真在元明之际保障过一方秩序，威望极高，如何放得过？据何崇祖自述：

> 洪武二十六年，族诛凉国公蓝玉，扳指公侯文武家名蓝党，无有分别，自京及天下，赤族不知几万户。长兄四兄宏维暨老幼咸丧。三月二十日夜鸡鸣时，家人彭康寿叩门，吾床中闻知祸事，出问故，云："昨晚申时，内官数员滞官军到衙，城门皆闭。是晚有公差出城，私言今夜抄提员头山何族，因此奔回。"……军来甚众，吾忙呼妻封氏各自逃生。

崇祖一房从此山居岛宿，潜形匿迹，一直三十一年新帝登极大赦，才敢回家安居（何崇祖：《庐江郡何氏家记》〔《玄览堂丛书续集》〕本）。

李善长死时已经七十七岁了，帅府元僚，开国首相，替主子办了三十九年事，儿子做驸马，本身封国公，富极贵极，到末了却落得全家诛戮。一年后，有人替他上疏喊冤说：

> 善长与陛下同心，出万死以取天下，勋臣第一，生封公，死封王，男尚公主，亲戚拜官，人臣之分极矣。藉今欲自图不轨，尚未可知。而今谓其欲佐胡惟庸者，则大谬不然。人情爱其子，必甚于兄弟之子（善长弟存义子佑是胡惟庸的从女婿），安享万全之富贵者，必不侥幸万一之富贵。善长与惟庸，犹子之亲耳，于陛下则亲子女也。使善长佐惟庸成，不过勋臣第一而已矣，太师国公封王而已矣，尚主纳妃而已矣，宁复有加于今日？且善长岂不知天下之不可幸取，当元之季，欲为此者何限，莫不身为齑粉，覆宗绝祀，能保首领者几何人哉！善长胡乃身见之，而以衰倦之年身蹈之也？凡为此者，必有深仇激变，大不得已，父子之间，或至相挟以求脱祸。今善长之

子祺，备陛下骨肉亲，无纤芥嫌，何苦而忽为此？若谓天象告变，大臣当灾，杀之以应天象，则尤不可。臣恐天下闻之，谓功如善长且如此，四方因之解体也。今善长已死，言之无益，所愿陛下作戒将来耳。

说得句句有理，字字有理，朱元璋无话可驳，也就算了（《明史》卷一百二十七，《李善长传》）。

三

二案以外，开国功臣被杀的，还有谋杀小明王的凶手德庆侯廖永忠，洪武八年以僭用龙凤不法等事赐死。永嘉侯朱亮祖父子于十三年被鞭死。临川侯胡美于十七年犯禁伏诛。江夏侯周德兴于二十五年以帷薄不修，暧昧的罪状被杀。二十七年，杀定远侯王弼、永平侯谢成、颍国公傅友德，二十八年杀宋国公冯胜。周德兴是朱元璋儿时放牛的伙伴，傅友德、冯胜功最高，突然被杀，根本不说有什么罪过，正合着古人说的“飞鸟尽，良弓藏；狡兔死，走狗烹”的话（王世贞：《史乘考误》；钱谦益：《太祖实录辨证》；潘柽章：《国史考异》）。

不但列将以次诛夷，甚至替他坚守南昌七十五日，力拒陈友谅，造成鄱阳湖大捷，奠定王业的功臣，义子亲侄朱文正也以“亲近儒生，胸怀怨望”被鞭死（刘辰：《国初事迹》；孙宜：《洞庭集》，《大明初略》三；王世贞：《史乘考误》卷一）。义子亲甥李文忠，十几岁便在军中南征北伐，立下大功，也因为左右多儒生，礼贤下士，有政治野心被毒死（王世贞：《史乘考误》卷一；钱谦益：《太祖实录辨证》卷五；潘柽章：《国史考异》卷二）。刘基是幕府智囊，运谋决策，不止有定天下的大功，并且是奠定帝国规模的主要人物，因为主意多，看得准，看得远，被猜忌最深，洪武元年便被休致回家（刘辰：《国初事迹》），又怕隔得太远会出事，硬拉回南京，终于被毒死（《明史》卷三〇八《胡惟庸传》，卷一二八《刘基传》；刘璟：《遇恩录》）。徐达为开国功臣第一，小心谨慎，也逃不过。洪武十八年病了，生背疽，据说这病最忌吃蒸鹅，病重时皇帝却特赐蒸鹅，没法办，流着眼泪当着使臣的面吃，不多日就死了（徐祯卿：《剪胜野闻》）。这两个元功的特别被注意，被防闲，满朝文武全知道，给事中陈汶辉曾经上疏公开指出："今勋旧耆德，咸思辞禄去位，如刘基、徐达之见猜，李善长、周德兴之被谤，视萧何、韩信其危疑相去几何哉！"（《明史》卷一三八，《李仕鲁传》附《陈汶辉传》）

武臣之外，文官被杀的也着实不少。有记载可考的有宋思颜、夏煜、高见贤、凌说、孔克仁，这几人都是初起事时的幕府僚属，宋思颜在幕府里的地位仅次于李善长。夏煜是诗人，和高见贤、杨宪、凌说一伙，专替朱元璋"伺察抟擊"，尽鹰犬的任务，告密栽赃，什么事全干，到末了也被人告密，先后送了命（《明史》卷一三五，《宋思颜传》）。朝官中有礼部侍郎朱同、张衡，户部尚书赵勉，吏部尚书余熂，工部尚书薛祥、秦逵，刑部尚书李质、开济，户部尚书茹太素，春官王本，祭酒许存仁，左都御史杨靖，大理寺卿李仕鲁，少卿陈汶辉，御史王朴、纪善、白信蹈等（《明史》卷一三六《朱升传》，卷一三七《刘三吾传》《宋纳传》《安然传》，卷一三八《陈修传》《周祯传》《杨靖传》《薛祥传》，卷一三九《茹太素传》《李仕鲁传》《周敬心传》）。外官有苏州知府魏观，济宁知府方克勤，番禺知县道同，训导叶伯巨，晋王府左相陶凯等（《明史》卷一四〇《魏观传》，卷二八一《方克勤传》，卷一四〇《道同传》，卷一三九《叶伯巨传》，卷一三六《陶凯传》）。茹太素是个刚性人，爱说老实话，几次为了话不投机被廷杖，降官，甚至镣足治事，一天，在便殿赐宴，朱元璋赐诗，说："金杯同汝饮，不刃不相饶。"太素磕了头，续韵吟道："丹诚图报国，不避圣心焦！"元璋听了倒也很感动。不多时还是被杀。李仕鲁是朱熹学派的学者，劝皇帝不要太尊崇和尚道士，想学韩文公辟佛，来发扬朱学。料想着朱熹和皇帝是本家，这着棋准下得不错，不料皇帝竟不买朱夫子的账，全不理会，仕鲁急了，闹起迂脾气，当面交还朝笏，要告休回家。元璋大怒，叫武士把他掼死在阶下。陶凯是御用文人，一时诏令封册歌颂碑志多出其手，做过礼部尚书，制定军礼和科举制度，只为了起一个别号叫"耐久道人"，犯了忌讳被杀。员外郎张来硕谏止取已许配的少女作官人，说"于理未当"，被碎肉而死，参议李饮冰被割乳而死（刘辰：《国初事迹》）。叶伯巨在洪武九年以星变上书，论用刑太苛说：

> 臣观历代开国之君，未有不以仁德结民心，以任刑失民心者。国祚长短，悉由于此……议者曰，宋、元中叶，专事姑息，赏罚无章，以致亡灭。主上痛惩其弊，故制不宥之刑，权神变之法，使人知惧而莫测其端也。臣又以为不然。开基之主，垂范百世，一动一静，必使子孙有所持守，况刑者，民之司命，可不慎欤！夫笞、杖、徒、流、死，今之五刑也。用此五刑，既无假贷，一出乎大公至正可也。而用刑之际，多裁自圣衷，遂使治狱之吏，务趋求意旨，深刻者多功，平反者得

罪，欲求治狱之平，岂易得哉！近者特旨，杂犯死罪，免死充军，又删定旧律诸则，减宥有差矣。然未闻有戒饬治狱者，务从平恕之条，是以法司犹循故例，虽闻宽宥之名，未见宽宥之实。所谓实者，诚在主上，不在臣下也。故必有罪疑惟轻之意，而后好生之德洽于民心，此非可以浅浅期也。何以明其然也？古之为士者以登仕为荣，以罢职为辱，今之为士者以溷迹无闻为福，以受玷不录为幸，以屯田工役为必获之罪，以鞭笞捶楚为寻常之辱。其始也，朝廷取天下之士，网罗捃摭，务无余逸，有司敦迫上道，如捕重囚，比到京师，而除官多以貌选，所学或非其所用，所用或非其所学。洎乎居官，一有差跌，苟免诛戮，则必在屯田工役之科，率是为常，不少顾惜。此岂陛下所乐为哉！诚欲人之惧而不敢犯也。窃见数年以来，诛杀亦可谓不少矣，而犯者相踵，良由激劝不明，善恶无别，议贤议能之法既废，人不自励而为善者怠也。有人于此，廉如夷、齐，智如良、平，少戾于法，上将录长弃短而用之乎？将舍其所长苛其所短而置之法乎？苟取其长而舍其短，则中庸之材争自奋于廉智；倘苛其短而弃其长，则为善之人皆曰某廉若是，某智若是，朝廷不少贷之，吾属何所容其身乎？致使朝不谋夕，弃其廉耻，或自掊克，以备屯田工役之资者，率皆是也。若是非用刑之烦者乎！汉尝徙大族于山陵矣，未闻实之以罪人也，今凤阳皇陵所在，龙兴之地，而率以罪人居之，怨嗟愁苦之声，充斥园邑，殆非所以恭承宗庙意也。

朱元璋看了气极，连声音都发抖了，连声说这小子敢如此！快逮来！

我要亲手射死他。隔了些日子，中书省官趁他高兴的时候，奏请把叶伯巨下刑部狱，不久死在狱中（《明史》卷一百三十九，《叶伯巨传》）。

照规定，每年各布政使司和府州县都得派上计吏到户部，核算钱粮军需等账目，数目琐碎畸零，必需府合省，省合部，一层层上去，一直到部里审核报销，才算手续完备。钱谷数字有分毫升合不符合，整个报销册便被驳回，得重新填造。布政使司离京师远的六七千里，近的也是三四千里，册子重造不打紧，要有衙门的印才算合法，为了盖这颗印，来回时间就得一年半载。为了免得部里挑剔，减除来回奔走的麻烦，上计吏照例都带有预先备好的空印文书，遇有部驳，随时填用。到洪武十五年，朱元璋忽然发觉这事，以为一定有弊病，大发雷霆，下令地方各衙门的长官主印者一律处死，佐贰官杖一百充军边地。其实上计吏所预备的空印文是骑缝印，不能作为别用，也不一定用得着，全国各衙门都明白这道理，连户部官员也是照例默认的，算是一条不成文法律。可是案发后，朝廷上谁也不敢说明详情，有一个不怕死的老百姓，拼着命上书把这事解释明白，也不中用，还是把地方长吏一杀而空。当时最有名的好官济宁知府方克务（建文朝大臣方孝孺的父亲）也死在这案内。上书人也被罚充军（《明史》卷九十四，《刑法志》；卷一百三十九，《郑士利传》）。

郭桓是户部侍郎，洪武十八年，有人告发北平二司官吏和郭桓通同舞弊，从六部左右侍郎以下都处死刑，追赃七百万，供词牵连到各直省官吏，死的又是几万人。追赃又牵连到全国各地，中产之家差不多全被这案子搞得倾家荡产，财破人亡。这案子激动了整个社会，也太伤了中产阶级和中下级官僚的心，大家都指斥攻击告发此案的御史和审判官，议论沸腾，情势严重，朱元璋一看不对，赶紧下手诏条列郭桓等罪状说是：

> 户部官郭桓等收受浙西秋粮，合上仓四百五十万石，其郭桓等止收六十万石上仓，钞八十万锭入库，以当时折算，可抵二百万石，余有一百九十万石未曾上仓。其桓等受要浙西等府钞五十万贯，致使府州县官黄文等通同刁顽入吏边源等作弊，各分入己。
>
> 其所盗仓粮，以军卫言之，三年所积卖空。前者榜上若欲尽写，恐民不信，但略写七百万耳。若将其余仓分并十二布政司通同盗卖见在仓粮，及接受浙西等府钞五十万张卖米一百九十万不上仓，通算诸色课程鱼盐等项，及通同承运库官范朝宗偷盗金银，广惠库富张裕妄支钞六百万张，除盗库见在金银宝钞不算外，其卖在仓税粮及未上仓该收税粮及鱼盐诸色等项，共折米算，所废者二千四百余万（石）精粮。
>
> 其应天等五府州县数十万没官田地夏秋税粮，官吏张钦等通同作弊，并无一粒上仓，与同户部官郭桓等尽行分授。

意思是追赃七百万还是圣恩宽容，认真算起来该有二千四百万。这几万人死得决不委屈。话虽如此说，到底觉得有些不妥，只好借审刑官的头来平众怒，把原审官杀了一批，再三申说，求人民的谅解（《明史》卷九十四，《刑法志》；《大诰》二十三郭桓卖放浙西秋粮，四十九郭桓盗官粮）。一年后，他又特别指出：“自开国以来，惟两浙、江西、两广、福建所设有司官，未尝任满一人，往往未及终考，自不免于赃贪。”（《大诰续篇》）可见杀这些贪官污吏是不错的，是千该万该的。不过，倒过来说，杀了二十年的贪官污吏，而贪官污吏还是那么多，沿海比较富饶区域的地方官，二十年来甚至没有一个能够做满任期，都在中途犯了赃贪得罪，由此可见专制独裁的统治，官僚政治和贪污根本分不开，单用严刑重罚，恐怖屠杀去根绝贪污，是不可能有什么效果的。

在鞭笞、苦工、剥皮、抽筋，以至抄家灭族的威胁空气中，凡是做官的，不论大官小官，近臣远官，随时随地都会有不测之祸，人人在提心吊胆，战战兢兢过日子。这日子过得太紧张了，太可怕了，有的人实在受不了，只好辞官，回家当老百姓，不料又犯了皇帝的忌讳，说是不肯帮朝廷做事："奸贪无福小人，故行诽谤，皆说朝廷官难做。"（《大诰》，奸贪诽谤第六十四）大不敬，非杀不可。没有做过官的儒士，怕极了，躲在乡间不敢出来应考做官，他又下令地方官用种种方法逼他们出来，"有司敦迫上道，如捕重囚"。还立下一条法令，说是："率土之滨，莫非王臣，寰中士大夫不为君用，是自外其教者，诛其身而没其家，不为之过。"（《大诰二编》，苏州人才第十三）贵溪儒士夏伯启叔侄各剁去左手大指，立誓不做官，被拿赴京师面审，元璋气呼呼发问："昔世乱居何处？"回说："红寇乱时，避兵于福建、江西两界间。"不料红寇这名词正刺着皇帝的痛处：

> 朕知伯启心怀忿怒，将以为朕取天下非其道也。特谓伯启曰：尔伯启言红寇乱时，意有他忿。今去指不为朕用，宜枭令籍没其家，以绝狂愚夫仿效之风。

特派法司押回原籍处决（《大诰三编》，秀才剁指第十；《明史》卷九十四，《刑法志》）。苏州人才姚润、王谈被征不肯做官，也都被处死，全家籍没（《大诰三编》，苏州人才第十三；《明史》卷九十四，《刑法志》）。

洪武朝朝臣幸免于屠杀的，只有几个例子：一个是大将信国公汤和，原是朱元璋同村子人，一块儿长大的看牛伙伴，比元璋大三岁，起兵以后，诸将地位和元璋不相上下的，都闹别扭，不听使唤，只有汤和规规矩矩，小心听话，服从命令。到晚年，徐达、李文忠死已多年，汤和宿将功高，明白老伙伴脾气，心里老大不愿意，让诸大将仍旧掌兵权，苦的是嘴里说不出。他首先告老交出兵权，元璋大喜，立刻派官给他在凤阳盖府第，赏赐稠渥，特别优厚，算是侥幸老死在床上（《明史》卷一百二十六，《汤和传》）。一个是外戚郭德成，郭宁妃的哥哥，一天他陪朱元璋在后苑喝酒，醉了爬在地上去冠磕头谢恩，露出稀稀的几根头发，元璋笑着说："醉风汉，头发秃到这样，可不是酒喝多了。"德成仰头说："这几根还嫌多呢，剃光了才痛快。"元璋不作声。德成酒醒，才知道闯了大祸，怕得要死，只好索性装疯，剃光了头，穿了和尚衣，成天念佛。元璋信以为真，告诉宁妃说："原以为你哥哥说笑话，如今真个如此，真是疯汉。"不再在意，党案起后，德成居然漏网（《明史》卷一三一，《郭光传》）。一个是御史袁凯，有一次朱元璋要杀许多人，叫袁凯把案卷送给皇太子复讯，皇太子主张从宽。袁凯回报，元璋问："我要杀人皇太子却要宽减，你看谁对？"袁凯不好说话，只好回答："陛下要杀是守法，东宫要赦免是慈心。"元璋大怒，以为袁凯两头讨好，脚踏两头船，老滑头，要不得。袁凯大惧，假装疯癫，元璋说疯子不怕痛，叫人拿木钻来刺他的皮肤，袁凯咬紧牙关，忍住不喊痛。回家后，自己拿铁链锁住脖子，蓬头垢面，满口疯话，元璋还是不放心，派使者去召他做官，袁凯瞪眼对使者唱月儿高曲，爬在篱笆边吃狗矢，使者回报果然疯了，才不追究。这一次朱元璋却受了骗，原来袁预先叫人用炒面拌砂糖，捏成段段，散在篱笆下，爬着吃了，救了一条命，朱元璋哪里会知道？（《明史》卷二百八十三，《袁凯传》；徐祯卿：《翦胜野闻》；陆深：《金台纪闻》）

吴人严德珉由御史升左佥都御史，因病辞官，犯了陈讳，被黥面充军南丹（今广西），遇赦放还，布衣徒步做老百姓，谁也不知道他曾做过官。到宣德时还很健朗，一天因事被御史所逮，跪在堂下，供说也曾在台勾当公事，颇晓三尺法度。御史问是何官，回说洪武中台长严德珉便是老夫。御史大惊谢罪，第二天去拜访，却早已挑着铺盖走了。有一个教授和他喝酒，见他脸上刺字，头戴破帽，问老人家犯什么罪过，德珉说了详情，并说先时国法极严，做官的多半保不住脑袋。说时还北面拱手，嘴里连说“国恩！国恩！”（《明史》卷一三八，《周祯传》）

元璋有一天出去私访，到一破寺，里边没有一个人，墙上画一布袋和尚，有诗一首：“大千世界浩茫茫，收拾都将一袋藏，毕竟有收还有放，放宽些子有何妨。”墨迹还新鲜，是刚画刚写的，赶紧使人去搜索，已经不见了（徐祯卿：《翦胜野闻》）。这故事不一定是真实的，不过，所代表的当时人的情绪却是真实的。

明教与大明帝国

（节选）

吴元年与明之国号

我国历史上之朝代称号，或从初起之地名，或因所封之爵邑，或追溯其所自始，要皆各有其独特之意义，清赵翼曾畅论之：

> 三代以下建国号者，多以国邑旧名：王莽建号曰新，亦以初封新都侯故也。公孙述建号成家，亦以据成都起事也。賨人李雄建号大成，盖亦袭述旧称也。金太祖始取义于金之坚固，遂不以国邑而以金为号（按《金志》太祖以国产金，且有金水源，故称大金）。然犹未用文义也。金末宣抚蒲鲜万奴据辽东，僭称天王，国号大真，始有以文义而为号者。元太祖本无国号，但称蒙古，如辽之称契丹也。世祖至元八年（公元1271年）因刘秉忠奏，姑建国号曰大元，取"大哉乾元"之意，国号取文义自此始。

其诏有曰，“诞膺景命，必有美名，唐之为言荡也，虞之为言乐也，……世降以还，事殊非古；称秦称汉者，著从初起之地名，曰隋曰唐者，即因所封之爵邑，是皆徇百姓见闻之狃习，要一时经制之权宜。今特建国号曰大元，取《易经》乾元之义”云。命世之君，创制显庸，必有以新一代之耳目，而不肯因袭前代，此其一端也。（《廿二史札记》卷二九《元建国始用文义》）

唯明太祖以至正二十七年（公元1367年）称吴元年，次年即帝位，始定国号曰大明，纪元洪武。吴非国号，亦非年号。至大明则既非初起之地名，亦非所封之爵邑，亦非如后唐后汉之追溯其所自始，如以其文义“光明”言，亦无所归属。《明实录》《明史》诸书记太祖即位诏书，仅著“定有天下之号曰大明”一语，明清两代学人著述，亦从未涉及“吴元年”及“大明”一名词之意义者。（日人和田清君曾撰《关于明之国号》一文，刊《东洋学报》，滇中无从得此书，未能论列。）

按太祖起自红军，奉宋帝小明王韩林儿正朔。宋龙凤七年（公元1361年，元至正二十一年）封吴国公（钱谦益《国初群雄事略》引俞本《皇明纪事录》，《明史·太祖纪》系称吴国公事于至正十六年），十年进爵为吴王（《国初群雄事略》引《龙凤事迹》）。军中文移布告均称“皇帝圣旨吴王令旨”（《国初群雄事略》）。十二年弑宋帝，宋亡。是所谓吴元年者，如以为吴王受封之吴，则当为吴四年，如以为国号，则先此张士诚已据吴称吴王，且太祖时方遣将伐吴，不应踵袭敌国之称号。如以为纪元之称，则有史以来，从未有一字之年号！又其时天完吴夏汉诸国，国号纪元，皆粲然备具。太祖后起，且承宋后，为红军正统，不应既无国号，又无纪元，仅称无所指属之吴元年也。太祖幕中多儒生，不应瞢忽至此！颇疑太祖于杀韩林儿后，仍称宋国，仍奉龙凤十三年正朔。其称吴元年者，开国后讳其起于红军，更讳言臣于小明王，曾奉其正朔。遂于宋明之际，追改龙凤十三年为吴元年，以示其非承宋而起也。推度当时情事，应是如此。然明初史迹经《太祖实录》之三修，已湮没不可详，姑系臆说于此。

至“大明”之国号，则私见以为出于韩氏父子之“明王”，明王出于《大小明王出世经》。《大小明王出世经》为明教经典，明之国号实出于明教。明教自唐代输入，至南宋而益盛，穷流溯源，因并及之。明教又与出自佛教之弥勒佛传说及白莲社合，文中牵连述及，仅凭史书。至二教经典则以滇中无从得书，参合比较，请俟异日。所述明教唐宋二代史迹，大部分多从沙畹（E.Chavannes）《摩尼教流行中国考》（冯承钧译，商务印书馆版）、王国维先生《摩尼教流行中国考》（《海宁王静安先生遗书》册一一）、陈垣先生《摩尼教入中国考》（北京大学《国学季刊》一卷二号）、牟润孙先生《宋代摩尼教》（辅仁大学《辅仁学志》七卷一、二期）诸文引用，他山之助，谨申谢意。

明　教

明教即摩尼教（Manichaeism），波斯人摩尼（Mani，216—277）所创。我国史籍中有称之为牟尼者，摩尼之异译也。有称之为末摩尼者，古波斯文（Pehlavi）mar mani之译文，华言摩尼主也。有称之为末尼者，末摩尼之省文也（沙畹《摩尼教流行中国考》，8～9页）。其教杂糅袄教基督教佛教而成，主要经典有《二宗三际经》，二宗者明与暗也，明暗斗争，时有轩轾，明终克暗，至安乐处。法国巴黎图书馆藏

《摩尼教残经出家仪》第六《初辩二宗》：

求出家者，须知明暗各宗，性情悬隔，若不辩识，何以修为？

三际者，过去未来现在也。同上《次明三际》：

一、初际；二、中际；三、后际。

初际者未有天地，但殊明暗，明性智慧，暗性愚痴，诸所动静，无不相背。

中际者，暗既侵明，恣情驰逐，明来入暗，委质推移，大患厌离于形体，火宅愿求于出离，劳身救性，圣教固然，即妄为真，孰闻听命？事须辩识，求解脱缘。

后际者，教化事毕，真妄归根，明既归于大明，暗亦归于积暗，二宗各复，两者交归。

初际明暗相背，中际明暗混糅，后际明暗划分。明为善，为理；暗则为恶，为欲。其神为明使，亦称明尊，即摩尼也。有净风善母二光明使。又以净气、妙风、妙明、妙水、妙火为五明使。北平图书馆藏《摩尼教残经》：

若有明使，出兴于世，教化众生，令脱诸苦。

又云：

其惠明使亦复如是，既入故城，坏惠敌已，当即分判明暗二力，不令杂乱。

又云：

《应轮经》云：若电那勿（Denavari，玄奘《西域记》译作提那跋）等身具善法，光明父子及净法风，皆于身中每常游止。其明父者即是明界无上明尊，其明子者即是日月光明，净法风者即是惠明。

经述“明”以种种方法困“暗”，“暗”后以种种方法囚“明”。“明”“暗”交争，一起一伏，最后明使为植十二明王宝树：

惠明相者，第一大王，二者智惠，三者常胜，四者欢喜，五者勤修，六者平等，七者信心，八者忍辱，九者直意，十者功德，十一者齐心一等，十二者内外俱明。如是十二光明大时，若入“相”“心”“念”“思”“意”等五种国土，一一尊遥，无量光明，各各现果，亦复无量，其菓即于清静徒众而具显现。

此明教徒之十二美德也。每一树又有五记验，如第一大王树有五记验，一者不乐久住一处，二者不悭，三者贞洁，四者近智惠，五者常乐清静徒众。每一记验又各有定义，如不悭：“所至之处，若得衬施，不私隐用，皆纳大众。”合十二树六十记验，教徒具备六十种美德，乃入光明极乐世界。明使讲经已，结云：

如是等名为十二明王宝树，我从常乐光明世界，为汝等故，持至于此。欲以此树栽于汝等清静众中，汝等上相善慧男女，当须各自于清净心中栽植此树，令更增长，犹如上好无砂卤地，种一收万，如是展转，至无量数。汝等今者欲成就无上大明清净果者，皆当庄严如宝树，令得具足。何以故？汝等善子，依此树果，得离四难，及诸有身，出离生死，究竟常胜，至安乐处。

又有《大小明王出世经》等经，释志磐《佛祖统纪》引《释门正统》：

准国朝（宋）法令，诸以《二宗经》及非《藏经》所载不根经文传习惑众者，以左道论罪。二宗者谓男女不嫁娶，互持不语，病不服药，死则裸葬等。不根经文者，谓《佛佛吐恋师》《佛说啼哭》《大小明王出世经》《开元括地变文》《齐天论五来子曲》之类。

《日光偈》《月光偈》等偈，《宋会要·刑法门二上》：

明教之人所念经文，及绘画佛像，号曰《讫思经》《证明经》《太子下生经》《父母经》《图经》《文缘经》，《七时偈》《日光偈》《月光偈》《平文》《策汉赞》《策证明赞》，《广大忏》《妙水佛帧》《先意佛帧》《夷数佛帧》《善恶帧》《太子帧》《四天王帧》。已上等经佛号，即于道释经藏并无明文该载，皆是妄诞妖怪之言，多引尔时明尊之事，与道释经文不同。至于字音又难辨认，委是狂妄之人，伪造言辞，诳愚惑众，上僭天王太子之号。

其教仪节为经典所规定者为斋食。巴黎藏《摩尼教残经·寺宇仪》第五：

私室厨库，每日斋食，俨然待施。若无施者，乞丐以充。唯使听人，勿蓄奴婢及六畜等非法之具。

且日食一餐，日晚乃食（李肇《唐国史补》，《新唐书》卷二一七上）。北平图书馆藏《摩尼教残经》：

日一受食，不以为难。

不饮乳酪（李肇《唐国史补》，《新唐书》卷二一七上）。死则裸葬。巴黎藏《残经》：

□宿死尸，若有覆藏，还同破戒。

其僧侣有拂多诞，古波斯语Fur-sta-dan之译音也，华言“知教义者”。有慕阇，亦古波斯语Mozak之译音，华言“师”也（沙畹《摩尼教流行中国考》）。

明教之传播

明教在北宋末南宋前期，流行于淮南两浙江东江西福建诸地，深入农村。农民入其教者，一因素食节用而食足；一因结党互助而事济，向之受官吏地主压迫剥削者，均得借入教而得荫庇。信仰既深，蟠结愈固，在平时安居乐业，固皆良民，一旦政府诛求过甚，揭竿而起，立成劲旅，成为农民暴动农民革命之核心力量。

宋代明教徒所领导之暴动，恰与其传教地域合，前仆后起，历久勿衰。其著者如北宋徽宋宣和二年（公元1120年）方腊吕师囊起于睦州台州（方勺《泊宅编》，《宋史·童贯传》附《方腊传》）。南宋高宗建炎四年（公元1130年）王念经（宗石）起于信州（《建炎以来系年要录》卷三二—三六）。绍兴三年（公元1133年）余五婆起事于衢州（同上书卷六三，庄季裕《鸡肋编》中）。十年东阳县“魔贼”起事（《建炎以来系年要录》卷一三八）。十四年俞一起事于泾县（同上书卷一五一），二十年信州贵溪“魔贼”起事（同上书卷一七六）。理宗绍定六年（公元1233年）陈三枪张魔王据松梓山，出没江西、广东，跨三路数州六十寨（《宋史》卷四一九《陈铧传》）。

方腊之起事，以红巾为识，《泊宅编》记：

> 腊自号圣公，改元永乐。置偏裨将，以巾色饰为别，自红巾而上凡六等。无甲胄，惟以鬼神诡秘事相扇怵。

余五婆之起事，其徒亦衣赭服，《鸡肋编》中：

> （绍兴）三年，偶邑人以私怨告众事魔，有白马洞缪罗者杀保正，怒其乞取。其弟四六辄衣赭服，传宣喧动，乃遣官兵往捕，一方被害。

明教徒以明使为白佛，故其徒白衣白冠。至宋南渡前后，又有尚红色紫色之新风气。洪迈所记三山明教徒为首者紫帽宽衫，及方腊余五婆之红巾赭服是也。此种变化，或与祆教佛教有关，以明教原系杂糅祆教佛教而成，祆教之火神色尚红，而佛教净土宗之阿弥陀佛又属红色之故也。白莲社奉阿弥陀佛，明教与白莲社之混合或早在北宋已开其端，故明教徒党又以红色为其举事之标识也（沙畹《摩尼教流行中国考》73页）。方腊之起事，其徒又佩明镜，楼钥《跋先大父（异）徽猷阁直学士诰》，记其祖楼异守处州日，方腊徒党以舟师进犯情形：

> 少随侍处州。闻其来处也，止以数舟载百余人，绛帛帕首，带镜于上，日光照耀，自龙泉山间，乱鸣钲鼓，顺流而下。（《攻媿集》卷七三）

各地起义行动虽均被政府军所镇压，然明教之流行固自若也。且其势力更进而渗入军伍。李心传记：

> 绍兴十五年（公元1145年）二月庚辰，上曰："闻军士亦有吃菜者，此曹多素食，则俸给有余，恐骄怠之心易生，可谕诸统兵官严行禁饬。"（《建炎以来系年要录》卷一五三）

军士吃菜，事至寻常，何至劳皇帝注意？因素食而俸给有余，正应奖励之不暇，何至严行禁饬？盖此吃菜实加入明教之别名，而又不欲显言其为明教，惧失军心，故隐约言之耳。越十一年而有朝绅吃菜之狱，则朝野士大夫亦有皈依明教者矣。李心传又记：

绍兴二十三年（公元1153年）十月庚申，太府寺丞兼权刑部员外郎史祺孙令吏部差监临江军新涂县酒税。时武臣孙士道等习幻怪之术，而朝士或与之游。祺孙至执弟子礼。大理正石邦哲、谢邦彦皆从之。侍御史魏师逊奏祺孙伤俗败教。上曰："士大夫学先王之道，乃从妄人习妖怪之术，以欺愚惑众，若不罢斥，无以戒后人。"乃有是命。时士道已系狱，于是邦哲、邦彦皆坐免官。（同上书卷一六五）

此记朝官史祺孙、石邦哲、谢邦彦从孙士道执弟子礼，习妖怪之术，伤俗败教。曰妄人，曰妖术，究不知其何教何术，记录不明。越三年邦哲、邦彦再被论罢，始知前后二贬，皆与明教有关，案中诸人皆明教徒也：

绍兴二十六年四月己卯，左朝请郎两浙西路提点刑狱公事谢邦彦、大理寺丞石邦哲、右通直郎提举两浙西路常平茶盐公事司马倬，并罢。先是平江土居右朝散郎曹云召邦彦、倬于其家，与之蔬食。侍御史汤鹏举论云平江大侩，以卖卜为业，交结士大夫，遂得一官。邦彦、邦哲顷与妖人交游，论列放罢，因钟世明荐于魏良臣，复得起用，尚不知自新。倬与王会、曹云为死党。今又赴云吃菜之会，闻坐间设出山佛相，邦彦为师，云为弟子，事实怪诞，臣安得不论。乃并罢之，仍移云郴

州居住。(《建炎以来系年要录》卷一七三)

至宁宗时，沈继祖弹朱熹，亦加以吃菜事魔之罪，叶绍翁记：

> 庆元三年(公元1197年)春二月癸丑，省劄："臣窃见朝奉大夫秘阁修撰提举鸿庆宫朱熹，……剽张载、程颐之余论，寓以吃菜事魔之妖术，以簧鼓后进，收召四方无行义之徒，以益其党伍，相与飧粗食淡，衣褒带博，……潜形匿影，如鬼如魅。"(《四朝见闻》丁集)

朱熹居山中，食惟脱粟饭(《宋史》卷三九四《胡纮传》)。其刻苦节约类明教徒。其所言理欲二元论又与明教之二宗说，明与暗，善与恶之斗争近。故当时抨击道学者，持以为中伤之柄。道学遭禁，朝廷欲驱斥儒者，则指为道学。明教久已遭禁，时人欲中伤异己，亦指为吃菜或事魔。林栗论熹，太常博士叶适独上《对事》辩之曰：

> 近忽创为道学之目，郑丙唱之，陈贾和之，居要路者密相付授，见士大夫有稍务洁修，粗能操守，辄以道学之名归之，殆如吃菜事魔影迹犯败之类。(《宋史》卷三九四《林栗传》)

由此可知庆元党禁正密时，明教所处之地位，以及明教与道学之关系。当时政府对明教之禁令极严，《宋会要稿·刑法门》记绍兴敕：

> 吃菜事魔，或夜聚晓散，传习妖教者绞；从者配三千里；妇人千里编管。托幻变术者减一等，皆配千里；妇人五百里编管。情涉不顺者绞。以上不以赦降原减。情重者奏裁。非传习妖教，流三千里。许人捕至死。财产备赏，有余没官。其本非徒侣而被诳诱，不曾传授他人者减二等。

明教徒因再改名称，或与他教合，以逃避法律制裁。温台等处或名白衣礼佛会及假天兵号迎神会，千百成群，夜聚晓散（《宋会要稿·刑法》二上，111页）。宁宗开禧三年（公元1207年）李谦任台州守，著戒事魔诗十首，刻石传布，以劝郡人（《嘉定赤城志》卷三七《风土门》）。至嘉定二年（公元1209年）江浙闽等地有所谓“道民”“白衣道者”“女道”，看经念佛，烧香燃灯，私置庵寮，混杂男女，亦明教也（《宋会要稿·刑法》二下，120、132、136页）。降至元代，亦被禁斥，《元史·刑法志》：

诸以白衣善友为名，聚众结社者，禁之。

然福建泉州府晋江县有祀摩尼佛之草庵，元代所建也，至万历时犹存（何乔远《闽书》七《方域志》）。

弥勒降生，明王出世

白莲社遭禁后十七年，民间又流行“弥勒降生”之传说，《元史》记：

泰定二年（公元1325年）六月，“息州民赵丑厮、郭菩萨妖言弥勒佛当有天下，有司以闻。命宗正府刑部枢密院御史台及河南行省官杂鞫之”。（《元史》卷二九《泰定帝纪》）

后赵丑厮、郭菩萨均被杀（《新元史》卷一九《泰定帝纪》）。息州今河南息县。十二年后棒胡又以弥勒为号召，起事于信阳。《元史》记：

至元三年（公元1337年）二月，“棒胡反于汝宁信阳州。棒胡本陈州人，名闰儿，以烧香惑众，妄造妖言，作乱，破归德府鹿邑，焚陈州，屯营于杏冈。命河南行省左丞庆童领兵讨之。……己丑汝宁献所获棒胡弥勒佛小旗、伪宣敕并紫金印、量天尺”。（《元史》卷三九《顺帝纪》）

信阳今河南信阳。棒胡为陈州人，盖即后梁贞明时明教徒母乙董乙之乡里。二次起事前后相距四百余年，在同一地区，此中亦不无线索可寻也。同年朱光卿等起事于广东，自拜其徒为定光佛：

> 正月癸卯，广州增城县民朱光卿反，其党石昆山、钟大明率众从之，伪称大金国，改元赤符。命指挥狗札里江西行省左丞沙的讨之。……四月……己亥惠州归善县民聂秀卿、谭景山等造军器，拜戴甲为定光佛，与朱光卿相结为乱。命江西行省左丞沙的捕之。（《元史》卷三九《顺帝纪》）

次年四月袁州（今江西宜春）民周子旺起义。据《明太祖实录》卷八：

> 庚子（至正二十年，公元1360年）闰五月“戊午……初袁州慈化寺僧彭莹玉以妖术惑众，其徒周子旺因聚众欲作乱。事觉，元江西行省发兵捕诛子旺等。莹玉走至淮西匿民家，捕不获。既而麻城人邹普胜复以其术鼓妖言，谓弥勒佛下生，当为世主，遂起兵为乱。以（徐）寿辉相貌异众，乃推以为主，举红巾为号”。

彭莹玉为袁州僧，赣、饶、信一带盖南宋初明教徒屡次发难之根据地也。莹玉为西系红军之组织者及领导者，初命周子旺举事失败，亡命十数年，卒得邹普胜、徐寿辉等为徒侣，拥之起事。时人记蕲、黄红军，多属之彭和尚，如叶子奇云：

至正壬辰、癸巳（1352—1353）间，浙江潮不波，其时彭和尚以妖术为乱，陷饶信杭徽等州。未几克复，又为张九四（士诚）所据。浙西不复再为元有。（《草木子》卷三《克谨篇》）

明陆深《平胡录》亦云：

先是浏阳人彭和尚名翼，号妖彭，能为偈颂，劝人念弥勒佛号，遇夜燃火炬名香，念偈礼拜。愚民信之，其徒遂众。

彭翼即彭莹玉。莹玉所推举领袖徐寿辉以至正十一年（公元1351年）称帝于蕲水，建天完国。至正二十年（公元1360年）为其下陈友谅所杀。友谅因寿辉之基业建汉国。寿辉之别将朋玉珍先率兵入蜀，闻天完亡，不肯臣友谅，遂于至正二十三年称帝于成都，建国号夏，下令尽去释老二教，止奉弥勒（黄标《平夏录》）。汉夏后均为东系红军朱元璋所灭。

与彭莹玉同时活动于河南北一带者为白莲教首领韩山童。山童败死，其子林儿称小明王，建国号宋，建元龙凤。林儿立十二年为其下朱元璋所杀。元璋因小明王之基业，削平群雄，建大明帝国。《元史》卷四十二《顺帝纪》：

初栾城人韩山童祖父以白莲会烧香惑众，谪徙广平永平县。至山童倡言天下大乱，弥勒佛下生，河南及江淮愚民皆翕然信之。（刘）福通与杜遵道、罗文素、盛文郁、王显忠、韩咬儿复鼓妖言，谓山童实宋徽宗八世孙，当为中国主。福通等杀白马黑牛誓告天地，欲同起兵为乱。事觉，县官捕之急，福通遂反，山童就擒。其妻杨氏其子韩林儿逃之武安。

“时天下承平已久，法度宽纵，贫富不均，多乐从乱，不旬日众殆数万人”（《草木子》卷三《克谨篇》）。时顺帝至正十一年（公元1351年）五月也。起事时以红巾为号，故号红军。以烧香礼弥勒佛，又号香军（权衡《庚申外史》）。林儿父子又倡“明王出世”之说，明代官书如《元史》及《明实录》多讳言之，清人修《明史》亦不之及。唯明代私家著述有涉及者，如高岱《鸿猷录》：

> 山童自其祖父以白莲会烧香惑众，至山童倡言：天下当大乱，弥勒佛下生，明王出世。河南江淮之人翕然信之。（《鸿猷录》卷七《宋事始末》）

何乔远《名山藏》：

> 小明王韩林儿者，徐人群盗韩山童子。自其祖父为白莲会惑众，众多从之。元末山童倡言：天下乱，弥勒佛下生，明王出。江淮之人骚然皆动。黄河南徙，元用贾鲁凿求禹故道。山童阴作石人一眼，当道埋之，镌其背曰石人一眼，天下四反。河下掘得相惊诧。于是颍人刘福通与其党杜遵道、盛文郁、罗文素等告众曰：山童，宋徽宗八世孙也，当帝天下。我刘光世后，合辅之。聚众三千人于白鹿庄，杀黑牛白马，誓告天地，约起兵，兵用红巾为志。（《名山藏》卷四三《天因记》）

以“弥勒降生”与“明王出世”并举，明其即以弥勒当明王。山童唱明王出世之说，事败死，其子继称小明王，则山童生时之必以明王或大明王自称可决也。此为韩氏父子及其徒众胥属明教徒，或至少羼入明教成分之确证。韩氏父子自号大小明王出世，另一系统据蜀之明玉珍初不姓明，亦改姓为明以实之。朱元璋承大小明王之后，因亦建国曰大明。至明人修《元史》以韩氏父子为白莲教世家，而不及其“明王出世”之说。试证以元末明初人之记载，如徐勉《保越录》、权衡《庚申外史》、叶士奇《草木子》、刘辰《国初事迹》诸书，记韩氏父子及其教徒事（包括明太祖在内）均称为红军，为红巾，为红寇，为香军。言其特征，则烧香；诵偈；奉弥勒。无一言其为白莲教者。则知《元史》所记，盖明初史官之饰辞，欲为明太祖讳，为明之国号讳，盖彰彰明甚矣。

韩山童起事后，同年（至正十一年）八月萧县李二及老彭赵君用亦起义，陷徐州。李二号芝麻李，亦以烧香聚众起事（《元史》卷四二《顺帝纪》）。时彭莹王一系已起事于蕲、黄，亦以红巾为号。与韩林儿一系成东西呼应之局面，皆称红军。除此二大系之红军外，时又有南锁红军，北锁红军，权衡《庚申外史》云：

> 至正十一年五月，颍川红军起，号为香军，盖以烧香礼弥勒佛得名也。其始出赵州栾城韩学究家。已而河东襄陕之民翕然从之。故荆汉许汝山东丰沛，以及两淮红军皆起应之。起颍上者推杜遵道为首，陷朱皋，据仓粟，从者数十万，陷汝宁光息信阳；起蕲、黄者，宗彭莹玉和尚，推徐真逸（寿辉）为首，陷德安沔阳武昌江陵江西诸郡；起湘汉者，推布三王孟海马号南锁红军，奄有均房襄阳荆门归峡；起丰沛者，推芝麻李为首，亦奄有徐州近县，及宿州五河虹县丰沛灵璧，西并安丰濠泗。

明太祖与红军

明太祖曾为僧，为明教徒，为红军小卒，超擢以至为大将，封公封王，终至于杀其所尝臣事之宋主，代之而建新朝。中间其诸将且曾一度欲奉小明王，以诸将皆濠泗丰沛子弟，夙受彭莹玉之教化，且多为宋主部曲，天完汉降将，其人又皆明教徒也。终为新进之浙东儒生地主刘基、宋濂、叶琛、章溢等所阻。儒生斥佛为异端，且基辈均与小明王父子无渊源，又皆浙东巨室豪绅，遵封建礼法，重保守传统，相率团结土著，捍地方，卫家业，与红军异趣；自成一系统，利用明太祖之雄厚军力，拥之建新朝，以保持千年来传统之秩序习惯与巨室豪绅之特殊利益：遂与出自明教红军之诸将，成地主与农民、儒生与武将相持之局，赞助明太祖以阴谋杀小明王，自为领袖。明太祖亦利用巨室豪绅之护持、儒术之粉饰，建帝王之业。自树势力，终于取宋而代之。第以其部曲多红军，为笼络宋主旧部、徐陈降将，为迎合民心，均不能放弃“明王出世”之说。建大明为国号，一以示其承小明王而起，一以宣示“明王”已出世，使后来者无所借口。儒生辈所乐于讨论者：则以“明”义为光明，分之则为日月，礼有祀“大明”“朝日”“夕月”之文；千余年来“大明”日月均列为正祀，无论列为郊祭或特祭，均为历朝所重视；且新朝自南方建国，与历史上之以北定南者异势；以阴阳五行之说，则南方为火，为祝融，北方属水，为玄冥；元建都于北平，起自更北之蒙古，以火克水，以明制暗，斯又汉以来儒生所津津喜道者：故亦力赞以明为国号。一从明教教义，一从儒家经说，并行不悖，人自以为如其所计度。凡此皆明人所讳言，明官书所不载，今据明初记载及太祖自述，以年分列太祖与红军之关系，以实吾说。《明史·太祖本纪》：

至正四年（公元1344年）旱蝗大饥疫，太祖时年十七。

是太祖生于元天历元年（公元1328年）也。先是至元三年（公元1337

年）棒胡起义于信阳，太祖时年十岁。次年周子旺起义于袁州，彭莹玉亡命淮西传教，太祖时年十一岁。《纪》又言：至正四年“入皇觉寺为僧，逾月游食合肥，……凡历光、固、汝、颍诸州，三年复还寺”。光、固、汝、颍诸州为红军杜遵道之根据地，亦即彭莹玉所曾布教之区域，太祖之接受明教教义，当为此三年内事。

至正八年（公元1348年）太祖年二十一岁。

复还皇觉寺。《御制皇陵碑》：“一浮云乎三载，年方二十而强。时乃长淮盗起，民生攘攘。于是思亲之心昭著，日遥盼乎家邦。已而既归，乃复业于觉皇。”

至正十一年（公元1351年），太祖二十四岁。

五月刘福通、徐寿辉东西二系红军兵起。

至正十二年（公元1352年），太祖二十五岁。

二月定远人郭子兴与其党孙德崖等起兵濠州。子兴烧香聚众，称亳州节制元帅（《明史》卷一《太祖纪》，俞本《皇明纪事录》）。《御制皇陵碑》：

住方三载，而又雄者跳梁，起自汝、颍，次及凤阳之南厢。未几陷城，深高城隍，拒守不去，号令彰彰。友人寄书，云及趋降。既忧且惧，无可筹详。旁有觉者，将欲声扬。当此之际，逼迫而无已，试与知者相商。乃告之曰：“果束手以待毙，亦奋臂而相戕。”知者为我画计，且默祷以阴相。如其言往卜去守之何详？神乃阴阴乎有警，其气郁郁乎洋洋，卜逃卜守则不吉，将就凶而不妨。

《皇朝本纪》：

天下兵乱，过寺，寺焚僧散。将晓，上归祝伽蓝，以珓卜吉凶。……时神意必从雄而后已，因是固守所居。未旬日友人以书从乱离中来，略言从雄大意，览毕即焚之。又旬日有人告旁有知书来者，意在觉其事，上心知之。复三日，斯人果至，与语观其辞色未见相，复礼待而归。复几旬日，又有来告，先欲觉知事者今云不忍，欲令他人来加害，乞幽察以从告。上深思之，以四境逼迫，讹言蜂起，乃决意从诸雄。（参看沈节甫《纪录汇编》本《御制纪梦》及《天潢玉牒》）

闰三月甲戌朔入濠州，《御制纪梦》："以壬辰闰三月初一日至城门，守者不由分诉，执而欲斩之，良久得释。"《御制皇陵碑》："即起趋降而附城，几被无知而创，少顷获释，身体安康，从愚朝暮，日日戎行。""子兴收为步卒，入伍既两月余为亲兵，终岁如之。"（《御制纪梦》）

至正十三年（公元1353年）太祖二十六岁。

以功升镇抚（《明史》卷一《太祖纪》）。

宋龙凤元年（元至正十五年，公元1355年），太祖二十八岁。

三月郭子兴卒。时刘福通迎立韩山童子林儿于亳（号小明王），国号宋，建元龙凤。

檄授子兴子天叙为都元帅，子兴部将张天祐为右副元帅，太祖为左副元帅（同上，参《皇朝本纪》）。"乃用其年号以令军中。"（同上）

九月都元帅郭天叙右副元帅张天祐战死，太祖独任元帅府事。（《皇明纪事录》）

宋龙凤二年（元至正十六年，公元1356年），太祖二十九岁。

三月亳都升太祖为枢密院同签，以帅府都事李士元为经历。寻升太祖为江南等处行中书省平章。以故元帅郭天叙弟天爵为右丞。经历李士元改名善长，为左右司郎中，以下诸将皆升元帅。（同上）

宋龙凤四年（元至正十八年，公元1358年），太祖三十一岁。

“五月宋将刘福通破汴梁，迎（宋帝）韩林儿都之。”十二月太祖自将克婺州，改为宁越府。“辟范祖幹、叶仪、许元等十三人，分直讲经史。”（《明史》卷一《太祖纪》）于宁越置中书分省，于省门建二旒大黄旗，上书：“山河奄有中华地，日月重开大宋天。”下揭二牌：“九天日月开黄道，宋国江山复宝图。”（《皇明纪事录》）

宋龙凤五年（元至正十九年，公元1359年），太祖三十二岁。

五月升仪同三司江南等处行中书省左丞相。（同上）

八月元察罕帖木儿复汴梁，（刘）福通以林儿（宋帝）退保安丰（今安徽寿县）。（《明史》卷一《太祖纪》）

宋龙凤六年（元至正二十年，公元1360年），太祖三十三岁。

三月戊子征刘基、宋濂、章溢、叶琛至。（同上）

宋龙凤七年（元至正二十一年，公元1361年），太祖三十四岁。

正月封吴国公。（《皇明纪事录》）

宋龙凤九年（元至正二十三年，公元1363年），太祖三十六岁。

二月张士诚将“吕珍破安丰，杀刘福通。三月辛丑，太祖自将救安丰，珍败走，以（宋帝）韩林儿归滁州”（《明史》卷一《太祖纪》）。

十四日制赠太祖曾祖父三代为司空司徒太尉等官。（钱谦益《国初群雄事略》引《龙凤事迹》）

宋龙凤十年（元至正二十四年，公元1364年），太祖三十七岁。宋帝在滁州。

春正月丙寅朔，李善良等率群臣劝进，……乃即吴王位，建百官。（《明史》卷一《太祖纪》）

初太祖以韩林儿称宋后，遥奉之。岁首中书省设御座行礼，（刘）基独不拜曰："牧竖耳，奉之何为？"因见太祖陈天命所在。（《明史》卷一二八《刘基传》，高岱《鸿猷录》二《宋事始末》："诸将议于中书省设御座奉韩林儿，刘基从后踢上所坐胡床曰：'牧竖子耳！奉之何为？'密陈天命所在。上意悟。会陈友谅来入寇，遂议征讨，不果奉。"何乔远《名山藏·天因记》："龙湾之捷〔按陈友谅龙湾之败，事在至正二十年闰五月，时宋帝在安丰〕，诸将欲奉小明王为帝，刘基怒不许，陈天命所在，然高帝用其年纪如初。"）

宋龙凤十一年（元至正二十五年，公元1365年），太祖三十八岁。宋帝在滁州。

冬十月戊戌，下令讨张士诚。（《明史》卷一《太祖纪》）

宋龙凤十二年（元至正二十六年，公元1366年），太祖三十九岁。宋帝在滁州。

五月二十一日，太祖以檄数张士诚罪状：

皇帝圣旨，吴王令旨：近睹有元之末，王居深宫，臣操威福，官以贿成，罪以情免，宪台举亲而劾仇，有司差贫而优富。庙堂不以为忧，方添冗官，又改钞法，役数千万民，湮塞黄河，死者枕藉于道，哀苦声闻于天。致使愚民，误中妖术，不解偈言之妄诞，误信弥勒之真有，冀其治世，以苏其苦，聚为烧香之党，根据汝颍，蔓延河洛。妖言既行，凶谋遂逞，焚荡城郭，杀戮士夫，荼毒生灵，无端万状。元以天下钱粮兵马大势而讨之，略无功效，愈见猖獗，终不能济世安民。是以有志之士，旁观熟虑，乘势而起，或假元氏为名，或托香军为号，或以孤军独立，皆欲自为。由是天下土崩瓦解。余本濠县之民，初列行伍，渐至提兵，灼见妖言不能成事，又度胡运难与立功，遂引兵度江。……龙凤十二年五月二十一日。（吴宽《平吴录》，祝允明《九朝野史》卷一）

十二月遣廖永忠沈宋帝小明王韩林儿于瓜步，宋亡。（朱权《通鉴博论》，钱谦益《太祖实录辨证》）

宋龙凤十三年（元至正二十七年，公元1367年），太祖四十岁。大明洪武元年（元至正二十八年，公元1368年），太祖四十一岁。

春正月乙亥，……（太祖）即皇帝位，定有天下之号曰明，建元洪武。（《明史》卷二《太祖纪》）

大明帝国与明教

太祖因明教建国，故以明为国号。然“明王出世”“弥勒降生”均含有革命意义，明暗对立，互为消长，而终克于明。弥勒则有三十次入世之说。使此说此教仍继续流传，则后来者人人可自命为明王，为弥勒，取明而代之，如明太祖之于宋小明王。以此明太祖虽以红军小卒起事，自龙凤十二年以后即讳言其为红军支系。于讨张士诚檄中，且深斥弥勒之传说，以为妄诞，以为妖言，而于“明王出世”之说则不及只字。此盖受刘基、宋濂等反红军系儒生地主之劝说，隐去旧迹，为建新朝地步也。越一年而建国。洪武元年四月甲子幸汴梁，闰七月丁未还南京，因李善长之请，诏禁白莲社及明尊教。王世贞撰《李善长传》：

高帝幸汴还。……又请禁淫祀白莲社、明尊教、白云巫觋，扶鸾祷圣书符咒水邪术。诏可。（《名卿绩纪》卷三）

遂著于律。《明律》十一《礼》一：

凡师巫假降邪神，书符咒水，扶鸾祷圣，自号端公太保师婆，及妄称弥勒佛、白莲社、明尊教、白云宗等会，一应左道乱正之术，或隐藏图像，烧香集众，夜聚晓散，佯修善事，扇惑人民，为首者绞，为从者各杖一百，流三千里。

原注：“西方弥勒佛、远公白莲社、牟尼明尊教、释氏白云宗是四样。”

牟尼即摩尼，明尊教即明教也，说见前文。

时温州仍有大明教流行。熊鼎以洪武元年任浙江按察司佥事，分部台温（《明史》卷二八九《熊鼎传》）。以大明教名犯国号禁绝之，宋濂《故岐宁卫经历熊府君墓铭》：

洪武改元。……温有邪师曰大明教，造饰殿堂甚侈，民之无业者咸归之。君以其瞽俗眩世，且名犯国号，奏毁之，官没其产，而驱其众为农。（《芝园续集》卷四）

泉州晋江县华表山亦有明教徒所立之摩尼庵；因郁新杨隆请得不毁。何乔远《闽书》卷七《方域志》：

华表山山背之麓有草庵，元时物也，祀摩尼佛。摩尼佛名末摩尼光佛，苏邻国人，又一佛也，号具智大明使。……会昌中汰僧，明教在汰中。有呼禄法师者，来入福唐，授侣三山，游方泉郡，卒葬郡北山下。至道中，怀安士人李廷裕得佛像于京城卜肆，鬻以五十千钱，而瑞相遂传闽中。真宗朝，闽士人林世长取其经以进，授守福州文学。

皇朝太祖定天下，以三教范民，又嫌其教名上逼国号，摈其徒，毁其宫。户部尚书郁新、礼部尚书杨隆奏留之。（按《明史》卷一百十一《七卿年表》，太祖朝与郁新任户部尚书同时之礼部尚书为李原名、任亨泰、门克新、郑沂、陈迪、宋礼、李至刚等，无杨隆名。《明史》卷一百五十《郁新传》，“新，临淮人”，仕迹亦未尝履闽。）

温、泉之明教均相继以“教名上逼国号”被禁断。温之明教自后遂不见于记载。闽则易名为师氏法，亦式微矣。何氏又记：

今民间习其术者，行符咒，名师氏法，不甚显云。

政府对明教之压迫虽严，而明教徒仍数数起事。洪武永乐间陕西田九成自称后明皇帝，改元龙凤，帝号与年号均直承小明王。其党则称弥勒佛四天王等。《明成祖实录》卷六十五：

永乐七年（公元1409年）七月戊戌，“妖贼王金刚奴伏诛。金刚奴陕西阶州人，自洪武初聚众作耗，称三元帅，往来劫掠，而于沔县西黑山天池平等处潜住，常以佛法惑众。后又与沔县贼首邵福等作耗。其党田九成者僭号后明皇帝，改元龙凤。高福兴称弥勒佛，金刚奴称四天王，前后攻破屯塞，杀死官军。会长兴侯耿秉文引兵剿捕，余党悉散。惟金刚奴与贼仇占儿等未获，仍逃聚黑山天池平，时出劫掠。至是潜还本州，为官军所擒，械送京师伏诛”。

永乐四年（公元1406年）蕲州有白莲社之狱。《明成祖实录》卷四十五：

九月丙子，“湖广蕲州广济县妖僧守座聚男女立白莲社，毁形断指，假神扇惑。事觉，官捕诛之”。

田九成起事于西北，即红军入西北者之余党，至蕲州则彭莹玉、徐寿辉起事之地也。至永乐七年复有李法良之起事，《明成祖实录》卷六十六：

九月“辛未，诛叛贼李法良。法良江西人，行弥勒教，流入湘潭，聚众为乱”。

江西又宋代明教之重要传教区也。至十六年又有刘化自称弥勒佛。《明成祖实录》卷一百一十：

十六年五月辛亥，“顺天府昌平县民刘化以谋叛伏诛。化初名僧保，畏避从军，逃匿保定府新城县民家，衣道人服，自称弥勒佛下世，当主天下，演说《应劫五公》诸经，鼓诱愚民百四十余人，皆信从之。已而真定容城山西洪洞等县人民皆受戒约，遂相聚为乱。事闻，悉捕诛之”。

永乐以后，类似之暴动史不绝书，姑举其著者数事，如宣宗朝转轮王出世之狱。《明宣宗实录》卷六十一：

宣德五年（公元1430年）正月戊申，“山东文登县执妖僧明本、法钟等解京师。明本等皆栖霞县太平寺僧，以化缘至成山卫，依百户朱胜。因涂改旧领敕谕度牒，为妖言惑众，诈称转轮王出世，作伪诏记湧安年号，遣法钟持诣文登，诱惑愚民。县官执之以闻，而成山卫亦执胜等械至京，……付锦衣卫穷治之”。

英宗朝“七佛祖师”之暴动。《明英宗实录》卷十二：

宣德十年（公元1435年）十二月己亥，“妖贼张普祥伏诛。普祥真定卫军，以妖书惑众，潜居井陉县，自号七佛祖师，遣其党往河南、山东、山西、直隶等处度人，约先取彰德城，以次攻夺诸城。其党李名显等百余人入磁州城，焚千户所，官军攻败之。普祥挈家属窜伏柏乡县，递运大使魏景原引官军至其党张林家土洞内获之，械送京师。上命廷臣鞫实诛之”。

宪宗朝贵州有“明王”之起事，托称为明玉珍后裔，《明史》记：

成化十一年（公元1475年），总兵官李震奏：乌罗苗人石全州妄称元末明氏子孙，僭称明王，纠众于执银等处作乱，邻洞多应之。因调官军往剿，石全州已就擒，而诸苗攻劫未已，命镇巡官设策抚捕，未几平。（《明史》卷三一六《贵州土司传·铜仁传》）

至嘉靖时李福达自称弥勒佛，与武定侯郭勋交通，至起大狱（详《明史》《明史纪事本末》《世庙识余录》）。天启二年（公元1622年）有山东白莲教徒王好贤、徐鸿儒之起事（《明史》卷二五七《赵彦传》，《明史纪事本末》）。溯其源流，又皆明教之余响也。

明代的锦衣卫和东西厂

一

在旧式的政体之下，皇帝只是代表他的家族以及外环的一特殊集团的利益，比较被统治的人民，他的地位不但孤立，而且永远是在危险的边缘，尊严的神圣宝座之下，酝酿着待爆发的火山。为了家族的威权和利益的持续，他们不得不想尽镇压的法子，公开的律例、刑章，公开的军校和法庭不够用，也不便用，他们还需要造成恐怖空气的特种组织、特种监狱和特种侦探，来监视每一个可疑的人、可疑的官吏。他们用秘密的方法侦伺、搜查、逮捕、审讯、处刑。在军队中、在学校中、在政府机关中、在民间、在茶楼酒馆、在集会场所，甚至在交通孔道、大街小巷，处处都有这类人在活动。执行这些任务的特种组织，历代都有。在汉有“诏狱”和“大谁何”，在唐有“丽景门”和“不良人”，在宋有“诏狱”和“内军巡院”，在明有“锦衣卫”和“东西厂”，在袁世凯时代则有“侦缉队”。

锦衣卫和东西厂，明人合称为厂卫。从14世纪后期一直到17世纪中叶，这两机关始终存在（中间曾经几度短期地废止，但不久即复设）。锦衣卫是内廷的侦察机关，东厂则由宦官提督，最为皇帝所亲信，即锦衣卫也受其侦察。锦衣卫初设于明太祖时，是内廷亲军，皇帝的私人卫队，不隶都督府。其下有南北镇抚司，南镇抚司掌本卫刑名，北镇抚司专治诏狱，可以直接取诏行事，不必经过外廷法司的法律手续，甚至本卫长官亦不得干预（王世贞：《锦衣卫》）。锦衣卫的正式职务，据《明史·职官志》说是“掌侍卫缉捕刑狱之事，凡盗贼奸宄街涂沟洫，密缉而时省之”。经过嘉靖初年裁汰后，缩小职权，改为“专察不轨妖言人命强盗重事”（《明史·刑法志》）。其实最主要的还是侦察“不轨妖言”，不轨指政治上的反动者或党派，妖言指宗教的集团如弥勒教、白莲教、明教等。明太祖出身于香军，深知“弥勒降生”和“明王出世”等宗教传说，对于渴望改善生活的一般农民，所发生的政治作用是如何重大。他尤其了解聚众结社对现实政权有如何重大的意义和威胁，他从这两种活动中得到政权，也已为这政权立下基础，唯一使他焦急的问题是如何才能永远子子孙孙都能不费事地继承这政权。他所感觉到的严重危机有两方面：其一是并肩起事的诸将，个个都身经百战，枭悍难制。其二是出身豪室的文臣，他们有地方的历史势力，有政治的声望，又有计谋，不容易对付。这些人在他在位的时候，固然镇压得下，但也还惴惴不安。身后的继承人呢，太子忠厚柔仁，只能守成，不能应变。到太子死后，他已是望七高年，太孙不但幼稚，而且比他儿子更不中用，成天和一批腐儒接近，景慕三王，服膺儒术，更非制驭枭雄的脚色。他为着要使自己安心，要替他儿孙斩除荆棘，便不惜用一切可能的残酷手段，大兴胡蓝党案，屠杀功臣，又用整顿吏治，治乱国用重刑的口实，把中外官吏地主豪绅也着实淘汰了一下，锦衣卫的创立和授权，便是发挥这个作用。经过几次的大屠杀以后，臣民侧足而立，觉得自己的地位已经安定了。为了缓和太过紧张的空气，洪武二十年（公元1387年）下令焚毁锦衣卫刑具，把锦衣卫所禁闭的囚徒都送刑部。再隔六年，胡党、蓝党都已杀完，不再感觉到政治上的逼胁了，于是又解除锦衣卫的典诏狱权，诏内外狱毋得上锦衣卫，大小案件都由法司治理。天下从此算太平了（《明史·刑法志》）。

不到十年，帝位发生争执，靖难兵起，以庶子出藩北平的燕王入居大位，打了几年血仗；虽然到了南京，名义上算做了皇帝，可是地位仍不稳固。因为第一，建文帝有出亡的传说，宫内自焚的遗体中不能确定建文帝是否也在内，万一建文帝未死，很有起兵复国的可能。第二，他以庶子僭位，和他地位相同的十几个亲王看着眼红，保不住也重玩一次靖难的把戏（这一点在他生前算是过虑，可是到孙子登位后，果然又闹了一次叔侄交兵）。第三，当时他的兵力所及的只是由北平到南京一条交通线，其他地方只是外表表示服从。第四，建文帝的臣下，在朝的如曹国公李景隆、驸马都尉梅殷等，在地方的如盛庸、平安、何福等都曾和他敌对作战。其他地方官吏文武臣僚也都是建文旧人，不能立地全盘更动。这使他感觉有临深履薄的恐惧。在这样的情况之下，他用得着他父亲传下的衣钵，于是锦衣卫重复活动，一直到亡国，始终做皇帝的耳目，担任猎犬和屠夫的双重任务。

锦衣卫虽然亲近，到底是外官，也许会徇情面，仍是不能放心。明成祖初起时曾利用建文帝左右的宦官探消息，即位以后，以为这些内官忠心可靠，特设一个东厂，职务是“缉访谋逆妖言大逆等”，完全和锦衣卫相同。属官有贴刑，以锦衣卫千百户充任，所不同的是用内臣提督，通常都以司礼监秉笔太监第二人或第三人派充，关系和皇帝最密切，威权也最重（《明史》，《刑法志》和《职官志》）。以后虽有时废罢，名义也有时更换为西厂或外厂，或东西厂、内外厂并设，或在东西厂之上加设内行厂，连东西厂也在伺察之下。但在实际上，厂的使命是没有什么变更的。

厂与卫成为皇帝私人的特种侦探机关，其系统是锦衣卫监察侦伺一切官民，东（西）厂侦察一切官民及锦衣卫，有时或加设一最高机构，侦探一切官民和厂卫，如刘瑾的内行厂和冯保的内厂，皇帝则直接监督一切侦缉机关。如此层层缉伺，层层作恶，人人自疑，人人自危，造成了政治恐怖。

二

厂卫同时也是最高法庭，有任意逮捕官吏平民，加以刑讯判罪和行刑的最高法律以外的权力。

卫的长官是指挥使，其下有官校，专司侦察，名为缇骑。嘉靖时陆炳官缇帅，所选用卫士缇骑皆都中大豪，善把持长短，多布耳目，所睚眦无不立碎。所召募畿辅秦晋鲁卫骈胁超乘迹射之士以千计。卫之人鲜衣怒马而仰度支者凡十五六万人（王世贞：《锦衣志》）。四出迹访：“凡缙绅之门，各有数人往来其间，而凡所缉访，止属风闻，多涉暧昧，虽有心口，无可辩白。各类计所获功次，以为升授。凭其可逞之势，而邀其必获之功，捕风捉影，每附会以仇其奸，非法拷讯，时威逼以强其认。”（傅维麟：《明书》卷七十三）结果，一般仕宦阶级都吓得提心吊胆，“常晏起早阖，毋敢偶语，旗校过门，如被大盗”（《明史·刑法志》）。抓到了人时先找一个空庙祠宇榜掠了一顿，名为打桩，“有真盗幸免，故令多攀平民以足数者，有括家囊为盗贼，而通棍恶以证其事者，有潜种图书陷人于妖言之律者，有怀挟伪批坐人以假印之科者，有姓名仿佛而荼毒连累以死者”。访拿所及，则“家资一空，甚至并同室之有而席卷以去，轻则匿于档头火长校尉之手，重则官与瓜分”。被访拿的一入狱门，便无生理，“五毒备尝，肢体不全。其最酷者曰琵琶，每上百骨尽脱，汗下如水，死而复生，如是者二三次，荼酷之下，何狱不成”（《明书》卷七十三）。

其提人则止凭驾帖，弘治元年（公元1488年）刑部尚书何乔新奏：“旧制提人，所在官司必验精微批文，与符号相合，然后发遣，近者中外提人，只凭驾帖，既不用符，真伪莫辨，奸人矫命，何以拒之？”当时虽然明令恢复批文提人的制度，可是锦衣旗校却依旧只凭驾帖拘捕（《明史·刑法志》）。正德初周玺所说：“迩者皇亲贵幸有所奏陈，陛下据其一面之词，即行差官赍驾帖拿人于数百里之外，惊骇黎庶之心，甚非新政美事。”（《垂光集》一，《论治化疏》）便是一个例子。

东厂的体制，在内廷衙门中最为隆重。凡内官奉差关防皆曰某处内官关防，唯东厂篆文为“钦差监督东厂官校办事太监关防”（刘若愚：《酌中志》十六）。《明史》记“其隶役皆取给于卫，最轻巧儇佶者乃充之。役长曰档头，帽上锐，衣青素裤褶，系小绦，白皮靴，专主伺察。其下番子数人为干事，京师亡命诓财挟仇视干事者为窟穴，得一阴事，由之以密白于档头，档头视其事大小先予之金，事曰起数，金曰买起数。既得事，帅番子至所犯家，左右坐曰打桩，番子即突入执讯之无有左证符碟，贿如数径去，少不如意，榜治之名曰乾酢酒，亦曰搬罾儿，痛楚十倍官刑，且授意使牵有力者，有力者予多金即无事，或靳不予，予不足，立闻上，下镇抚司狱，立死矣”。对于行政官吏所在，也到处派人伺察：“每月旦，厂役数百人掣签庭中，分瞰官府。”有听记坐记之别，“其视中府诸处会审大狱，北镇抚司拷讯重犯者曰听记，他官府及各城门缉访曰坐记”。所得秘密名为打事件，即时由东厂转呈皇帝，甚至深更半夜也可随时呈进，“以故事无大小，天子皆得闻之，家人米盐猥事，宫中或传为笑谑，上下惴惴，无不畏打事件者”（《明史·刑法志》）。

锦衣卫到底是比不上东厂亲近，报告要用奏疏，东厂则可以直达。以此，厂权就高于卫。

东厂的淫威，试举一例。当天启时，有四个平民半夜里偷偷在密室喝酒谈心。酒酣耳热，有一人大骂魏忠贤，余三人听了不敢出声。骂犹未了，便有番子突入，把四人都捉去，在魏忠贤面前把发话这人剥了皮，余三人赏一点钱放还，这三人吓得魂不附体，差一点变成疯子。

锦衣卫狱即世所称诏狱，由北镇抚司专领。北镇抚司本来是锦衣卫指挥使的属官，品秩极低，成化十四年（公元1478年）增铸北司印信，一切刑狱不必关白本卫，连卫所行下的公事也可直接上请皇帝裁决，卫指挥使不敢干预，因之权势日重（《明史》卷九十五）。外廷的三法司（刑部、大理寺、都察院）不敢与抗。嘉靖二年（公元1523年），刑科给事中刘济上言：“国家置三法司以理刑狱，其后乃有锦衣卫镇抚司专理诏狱，缉访于罗织之门，锻炼于诏狱之手，裁决于内降之旨，而三法司几于虚设矣。”（《明世宗实录》）其用刑之惨酷，有非人类所能想象，沈德符记：“凡厂卫所廉谋反杀逆及强盗等重辟，始下锦衣之镇抚司拷问，寻常止曰打着问，重者加好生二字，其最重大者则曰好生着实打着问，必用刑一套，凡十八种，无不试之。”（《野获编》卷二十一）用刑一套为全刑，曰械，曰镣，曰棍，曰拶，曰夹棍，五毒备具，呼号声沸然，血肉溃烂，宛转求死不得（《明史·刑法志》）。诏狱“室卑入地，墙厚数仞，即隔壁号呼，悄不闻声，每市一物入内，必经数处检查，饮食之属十不能得一，又不得自举火，虽严寒不过啖冷炙披冷衲而已。家人辈不但不得随入，亦不许相面。惟于拷问之期，得遥于堂下相见”（《野获编》）。天启五年（公元1625年）遭党祸被害的顾大章所作《狱中杂记》里说：“予入诏狱百日而奉旨暂发（刑）部者十日，有此十日之生，并前之百日皆生矣。何则，与家人相见，前之遥闻者皆亲证也。”拿诏狱和刑部狱相比，竟有天堂地狱之别。瞿式耜在他的《陈时政急著疏》中也说：“往者魏崔之世，凡属凶网，即烦缇骑，一属缇骑，即下镇抚，魂飞汤火，惨毒难言，苟得一送法司，便不啻天堂之乐矣。”（《瞿忠宣公集》卷一）被提者一入抚狱，便无申诉余地，坐受榜掠。魏大中《自记年谱》：“十三日入都羁锦衣卫东司房，二十八日许显纯崔应元奉旨严鞫，许既迎二魏（忠贤、广微）意，构汪文言招辞而急毙之以灭口。对簿时遂断断如两造之相质，一拶敲一百，穿梭一夹，敲五十板子，打四十棍，惨酷备至，而抗辨之语阒不得宣。”“六君子”被坐的罪名是受熊廷弼的贿赂，有的被刑自忖无生理，不得已承顺，希望能转刑部得生路，不料结果更坏，厂卫勒令追赃，“遂五日一比，惨毒更甚。比时累累跪阶前，诃诟百出，裸体辱之，弛杻则受梏，弛梏则受夹，弛梏与夹则仍戴杻镣以受棍，创痛未复，不再宿复加榜掠。后讯时皆不能跪起荷桎梏，平卧堂下”（《明史纪事本末》卷七十一）。终于由狱卒之手秘密处死，死者家人至不知其死法及死期，苇席裹尸出牢户，虫蛆腐体。“六君子”是杨涟、左光斗、顾大中、袁化中、周朝瑞、顾大章，都是当时的清流领袖，朝野表率，为魏忠贤所忌，天启五年（公元1625年）相继死于诏狱。

除了在狱中的非刑以外，和厂卫互相表里的一件恶政是廷杖，锦衣卫始自明太祖，东厂为明成祖所创设，廷杖却是抄袭元朝的。

在元朝以前，君臣之间的距离还不十分悬绝，三公坐而论道，和皇帝是师友，宋朝虽然臣僚在殿廷无坐处，却也还礼貌大臣，绝不加以非礼的行为，“士可杀不可辱”这一传统的观念，上下都能体会。蒙古人可不同了，他们根本不了解士的地位，也不能用理论来装饰殿廷的庄严。他们起自马上，生活在马上，政府中的臣僚也就是军队中的将校，一有过错，拉下来打一顿，打完照旧办事，不论是中央官、地方官在平时，或是在战时，臣僚挨打是家常便饭，甚至中书省的长官，也有在殿廷被杖的记载。明太祖继元而起，虽然一力“复汉官之威仪”，摒弃胡俗胡化，对于杖责大臣这一故事，却习惯地继承下来，著名的例子，被杖死的如亲侄大都督朱文正、工部尚书薛祥、永嘉侯朱亮祖父子，部曹被廷杖的如主事茹太素。从此殿陛行杖，习为祖制。正德十四年（公元1519年）以南巡廷杖舒芬等百四十六人，死者十一人。嘉靖三年（公元1523年[1]）以大礼之争廷杖丰熙等百三十四人，死者十六人。循至方面大臣多毙杖下，幸而不死，犯公过的仍须到官办事，犯私仇者再下诏狱处死（《明史·刑法志》）。至于前期和后期廷杖之不同，是去衣和不去衣，沈德符说："成化以前诸臣被杖者皆带衣裹氈，不损肤膜，然犹内伤困卧，需数旬而后起，若去衣受笞，则始于逆瑾用事，名贤多死，今遂不改。"（《野获编》卷十八）廷杖的情形，据艾穆所说，行刑的是锦衣官校，监刑的是司礼监："司礼大珰数十辈捧驾帖来，首喝曰带上犯人来，每一喝则千百人一大喊以应，声震甸服，初喝跪下，宣驾帖杖吾二人，着实打八十棍，五棍一换，总之八十棍换十六人。喝着实打，喝打阁上棍，次第凡四十六声，皆大喊应如前首喝时，喝阁上棍者阁棍在股上也。杖毕喝踩下去，校尉四人以布袱曳之而行。"（《熙亭先生文集》四，《恩谴记》）天启时万璟被杖死的情形，樊良材撰《万忠贞公传》说："初璟劾魏珰疏上，珰恚甚，矫旨廷杖一百。褫斥为民。彼一时也，缇骑甫出，群聚蜂拥，绕舍骤禽，饱恣拳棒，摘发捉肘，拖沓摧残，曳至午门，已无完肤。迨行杖时逆珰领小竖数十辈奋袂而前，执金吾（锦衣卫指挥使）止之曰留人受杖，逆珰瞋目监视，倒杖张威，施辣手而甘心焉。杖已，血肉淋漓，奄奄待尽。"

廷杖之外，还有立枷，创自刘瑾，锦衣卫常用之："其重枷头号者至三百斤，为期至二月，已无一全。而最毒者为立枷，不旬日必

[1] 应为公元1524年。——编者注

绝。偶有稍延者，命放低三数寸，则顷刻殒矣。凡枷未满期而死，则守者掊土掩之，俟期满以请，始奏闻领埋，若值炎暑，则所存仅空骸耳，故谈者谓重于大辟云。”（《野获编》卷十八）

诏狱、廷杖、立枷之下，士大夫不但可杀，而且可辱，君臣间的距离愈来愈远，“天皇圣明，臣罪当诛”，打得快死而犹美名之曰恩谴，曰赐杖，礼貌固然谈不到，连主奴间的恩意也因之而荡然无存了。

三

厂卫之弊，是当时人抗议最集中的一个问题，但是毫无效果，并且愈演愈烈。著例如商辂《请革西厂疏》说：“近日伺察太繁，法令太急，刑网太密，官校提拿职官，事皆出于风闻，暮夜搜检家财，初不见有驾帖，人心汹汹各怀疑畏，内外文武重臣，托之为股肱心膂者也，亦皆不安于位，有司庶府之官，资之以建立政事者也，举皆不安于职。商贾不安于市，行旅不安于涂，士卒不安于伍，黎民不安于业。”（《商文毅公集》卷一）在这情形下，任何人都有时时被捕的危险。反之，真是作恶多端的巨奸大憝，只要能得到宫廷的谅解，更可置身法外。《明史·刑法志》说：“英宪以后，钦恤之意微，侦伺之风炽，巨恶大憝，案如山积，而旨从中下，纵不之问。或本无死理，而片纸付诏狱，为祸尤烈。”明代二祖设立厂卫之本意，原在侦察不轨，尤其是注意官吏的行动。隆庆中刑科给事中舒化上疏只凭表面事理立论，恰中君主所忌，他说：“朝廷设立厂卫，所以捕盗防奸细，非以察百官也。驾驭百官乃天子之权，而奏劾诸司责在台谏，朝廷自有公论。今以暗访之权归诸厂卫，万一人非正直，事出冤诬，是非颠倒，殃及善良，陛下何由知之。且朝廷既凭厂卫，厂卫必委之番役，此辈贪残，何所不至！人心忧危，众目睚眦，非盛世所宜有也。”（《春明梦余录》卷六十三）至于苛扰平民，则更非宫廷所计及，杨涟劾魏忠贤二十四大罪疏中曾特别指出：“东厂原以察奸细，备非常，非扰平民也。自忠贤受事，鸡犬不宁，而且直以快恩怨，行倾陷，片语违，则驾帖立下，造谋告密，日夜未已。”（《杨忠烈公文集》二）甚至在魏忠贤失败以后，厂卫的权力仍不因之动摇，刘宗周上疏论其侵法司权限，讥为人主私刑，他说：“我国家设立三法司以治庶狱，视前代为独详，盖曰刑部所不能决者，都察院得而决之，部院所不能平者，大理寺得而平之，其寓意至深远。开国之初，高皇帝不废重典以惩巨恶，于是有锦衣之狱。至东厂缉事，亦国初定都时偶一行之于大逆大奸，事出一时权宜，后日遂相沿而不复改，得与锦衣卫比周用事，致人主有私刑。自皇上御极以后，此曹犹肆罗织之威，日以风闻事件上尘睿览，辇毂之下，人人重足。”结果是：“自厂卫司讥访而告讦之风炽，自诏狱及士绅而堂廉之等夷，自人人救过不给而欺罔之习转盛，自事事仰承独断而谄谀之风日长，自三尺法不伸于司寇而犯者日众。”（《刘子全书》十六《痛陈时艰疏》，十七《敬循职掌疏》）

厂卫威权日盛，使厂卫二字成为凶险恐怖的象征，破胆的霹雳，游民奸棍遂假为恐诈之工具，京师外郡并受荼毒，其祸较真厂卫更甚。崇祯四年（公元1631年）给事中许国荣《论厂卫疏》历举例证说：“如绸商刘文斗行货到京，奸棍赵瞎子等口称厂卫，捏指漏税，密擒于崇文门东小桥庙门，诈银二千余两。长子县教官推升县令，忽有数棍拥入其寓内，口称厂卫，指为营干得来，诈银五百两。山西解官买办黑铅照数交足，众棍窥有余剩在潞紬铺内，口称厂卫，指克官物，捉拿王铺等四家，各诈银千余两……蓟门孔道，假侦边庭，往来如织……至于散在各衙门者，借口密探，故露踪迹，纪言纪事，笔底可操祸福，书吏畏其播弄风波，不得不醵金阴饵之，遂相沿为例而莫可问。”（《春明梦余录》卷六十三）崇祯十五年（公元1642年）御史杨仁愿疏《论假番及东厂之害》说：“臣待罪南城，所阅词讼多以假番故称冤，夫假称东厂，害犹如此，况其真乎？此由积重之势然也。所谓积重之势者，功令比较事件，番役每悬价以买事件，受买者至诱人为奸盗而卖之，番役不问其从来，诱者分利去矣。挟忿首告，诬以重法，挟者志无不逞矣。伏愿宽东厂事件而后东厂之比较可缓，东厂之比较缓而番役之买事件与卖事件者俱可息，积重之势庶可稍轻。”（《明史》，《刑法志》三）抗议者的理由纵然充分到极点，也不能消除统治者孤立自危的心理。《明史》说：“然帝（思宗）倚厂卫益甚，至国亡乃已。”

晚明仕宦阶级的生活

一

晚明仕宦阶级的生活，除了少数的例外（如刘宗周之清修刻苦，黄道周之笃学正身），可以用“骄奢淫佚”四字尽之。田艺衡《留青日札》记：“严嵩孙严绍庚、严鹄等尝对人言，一年尽费二万金，尚苦多藏无可用处。于是竞相穷奢极欲。”《明史·严嵩传》记鄢懋卿之豪奢说：“鄢懋卿持严嵩之势，总理两浙两淮长芦河东盐政，其按部尝与妻偕行，制五彩舆，令十二女子舁之。”万历初名相张居正奉旨归葬时：“真定守钱普创为坐舆，前舆后室，旁有两庑，各立一童子供使令，凡用舁夫三十二人。所过牙盘上食味逾百品，犹以为无下箸处。”（《明史》卷二一三，《张居正传》）[1]这种阔阔的风气，愈来愈厉

[1] 此条引文出处似有误。——编者注

害，直到李自成、张献忠等起来，这风气和它的提倡者同归于尽。

其实，说晚明才有这样的放纵生活，也不尽然，周玺《垂光集·论治化疏》说：“中外臣僚士庶之家，靡丽奢华，彼此相尚，而借贷费用，习以为常。居室则一概雕画，首饰则滥用金宝，倡优下贱以绫缎为袴，市井光棍以锦绣缘袜，工匠役之人任意制造，殊不畏惮。虽朝廷禁止之诏屡下，而奢靡僭用之习自如。”（《垂光集》卷一。）周玺是弘正时人（？—1508），可见在16世纪初期的仕宦生活已经到这地步。风俗之侈靡，自上而下，风行草偃，渐渐地浸透了整个社会。堵允锡曾畅论其弊，他说：“冠裳之辈，怡堂成习，厝火忘危，膏粱文绣厌于口体，宫室妻妾昏于志虑，一簋之费数金，一日之供中产，声伎优乐，日缘而盛。夫缙绅者士民之表，表之不戒，尤以成风。于是有纨绔子弟，益侈豪华之志以先其父兄，温饱少年亦竞习裘马之容以破其家业，挟弹垆头，吁庐伎室，意气已骄，心神俱溃，贤者丧志，不肖倾家，此士人之蠹也。于是又有游手之辈，习谐媚以蛊良家子弟，市井之徒，咨凶谲以行无赖之事，白日思群，昏夜伏莽，不耕不织，生涯问诸傥来，非士非商，自业寄于亡命，狐面狼心，冶服盗质，此庶人之蠹也。如是而风俗不致颓坏，士民不致饥寒，盗贼不致风起者未之有也。”（《堵文忠公集·救时十二议疏》）

二

大人先生有了身份、有了钱以后，饱食终日，无所用心，自然而然会刻意去谋生活的舒适，于是营居室，乐园亭，侈饮食，备仆从，再进而养优伶，召伎女，事博弈，蓄姬妾，雅致一点的更提倡玩古董，讲版刻，组文会，究音律，这一集团人的兴趣，使文学、美术、工艺、金石学、戏曲、版本学等部门有了飞跃的进展。

八股家幸而碰上了机会，得了科第时，第一步是先娶一个姨太太（以今较昔，他们的黄脸婆还有不致被休的运气），王崇简《冬夜笔记》：“明末习尚，士人登第后，多易号娶妾。故京师谚曰：改个号，娶个小。”第二步是广营居室，做大官的邸舍之多，往往骇人听闻，田艺蘅记严嵩籍没时之家产，光是第宅房屋一项，在江西原籍共有六千七百四间，在北京共一千七百余间（《留青日札》）。陆炳当事时，营别宅至十余所，庄园遍四方（《明史》卷三〇七，《陆炳传》）。郑芝龙田园遍闽粤，在唐王偏安一隅的小朝廷下，秉政数月，增置仓庄至五百余所（林时对：《荷锸丛谈》卷四）。

士大夫园亭之盛，大概是嘉靖以后的事。陶奭龄说：“少时越中绝无园亭，近亦多有。”（《小柴桑喃喃录》下）奭龄是万历时代人，可见在嘉隆前，即素称繁庶的越中，士大夫尚未有经营园亭的风气。园亭的布置，除自己出资建置外，大抵多出于门生故吏的报效。顾公燮《消夏闲记》卷上说：“前明缙绅虽素负清名者，其华屋园亭佳城南亩，无不揽名胜，连阡陌。推原其故，皆系门生故吏代为经营，非尽出己资也。”王世贞《游金陵诸园记》记南京名园除王公贵戚所有者外，有王贡士杞园、吴孝廉园、何参知露园、卜太学味斋园、许典客长卿园、李象先茂才园、汤太守熙召园、陆文学园、张保御园等。《娄东园亭志》仅太仓一邑有田氏园、安氏园、王锡爵园、杨氏日涉园、吴氏园、季氏园、曹氏杜家桥园、王世贞弇州园、王士骐约园、琅玡离赘园、王敬美澹园等数十园。园亭既盛，张南垣至以叠石成名："三吴大家名园，皆出其手。其后东至于越，北至于燕，召之者无虚日。"（黄宗羲：《撰杖集·张南垣传》。）

对于饮食衣服尤刻意求精，互相侈尚。《小柴桑喃喃录》卷上记："近来人家酒席，专事华侈，非数日治具，水陆毕集，不敢轻易速客。汤饵肴蔌，源源而来，非惟口不给尝，兼亦目不周视，一筵之费，少亦数金。"平居则"耽耽逐逐，日为口腹谋"。张岱《陶庵梦忆》自述："越中清馋无过余者，喜啖方物。北京则苹婆果、黄巤、马牙松；山东则羊肚菜、秋白梨、文官果、甜子；福建则福橘、福橘饼、牛皮糖、红腐乳；江西则青根、丰城脯；山西则天花菜；苏州则带骨鲍螺、山查丁、山查糕、松子糖、白圆、橄榄脯；嘉兴则马交鱼脯、陶庄黄雀；南京则套樱桃、桃门枣、地栗团、窝笋团、山查糖；杭州则西瓜、鸡豆子、花下藕、韭芽、元笋、塘栖蜜橘；萧山则杨梅、莼菜、鸠鸟、青鲫、方柿；诸暨则香狸、樱桃、虎栗；嵊则蕨粉、细榧、龙游糖；临海则枕头瓜；台州则瓦楞蚶、江瑶柱；浦江则火肉；东阳财南枣；山阴则破塘笋、谢橘、独山菱、河蟹、三江屯蛏、白蛤、江鱼、鲥鱼、里河鳋。远则岁致之，近则月致之，日致之。"（张岱：《陶庵梦忆》卷四，《方物》）衣服则由布袍而为细绢，由浅色而改淡红。范濂《云间据目钞》记云间风俗，虽然只是指一个地方而言，也足以代表这种由俭朴而趋奢华的时代趋势。他说："布袍乃儒家常服，周年鄙为寒酸，贫者必用绸绢色衣，谓之薄华丽。而恶少且从典肆中觅旧段旧服翻改新起，与豪华公子列坐，亦一奇也。春元必用大红履，儒童年少者必穿浅红道袍，上海生员冬必穿绒道袍，暑必用绉巾绿伞，虽贫如思丹，亦不能免。稍富则绒衣巾，盖益加盛矣。余最贫，尚俭朴，年来亦强服色衣，乃知习俗移人，贤者不免。”明代制定士庶服饰，不许混淆，嘉靖以后，这种规定亦复不能维持，上下群趋时髦，巾履无别。范濂又记：“余始为诸生时，见朋辈戴桥梁绒线巾，春元戴金线巾，缙绅戴忠靖巾。自后以为烦俗，易高士巾素方巾，复变为唐巾晋巾汉巾褊巾。丙午（公元1606年）以来皆用不唐不晋之巾，两边玉屏花一双，而年少貌美者加犀玉奇簪贯发。”他又很愤慨地说：“所可恨者，大家奴皆用三镶宦履，与士官漫无分别，而士官亦喜奴辈穿着，此俗之最恶者也。”

三

士大夫居官则狎优纵博，退休则广蓄声伎，宣德间都御史刘观每赴人邀请，辄以妓自随。户部郎中肖翔等不理职务，日唯挟妓酣饮恣乐（《明宣宗实录》卷五六）。曾下饬禁止：“宣德四年八月丙申，上谕行在礼部尚书胡濙曰：祖宗时文武官之家不得挟妓饮宴。近闻大小官私家饮酒，辄命妓歌唱，沉酣终日，怠废政事。甚者留宿，败礼坏俗。尔礼部揭榜禁约，再犯者必罪之。”（《明宣宗实录》卷五七）妓女被禁后，一变而为小唱，沈德符说：“京师自宣德顾佐疏后，严禁官妓，缙绅无以为娱，于是小唱盛行，至今日几如西晋太康矣。”（《野获编》卷二四）实际上这项禁令也只及于京师居官者，易代之后，勾栏盛况依然。《冰华梅史》有《燕都妓品序》：“燕赵佳人，颜美如玉，盖自古艳之。矧帝都建鼎，于今为盛，而南人风致，又复袭染熏陶，其色艳宜惊天下无疑。万历丁酉庚子（1597—1600）其妖冶已极。”所定花榜借用科名条例有状元、榜眼、探花之目。称妓则曰老儿，茅元仪《暇老齐杂记》卷四：“近来士人称妓每曰老，如老一老二之类。”同时曹大章有《秦淮士女表》，《萍乡花史》有《广陵士女殿最序》。余怀《板桥杂记》记南京教坊之盛：“南曲衣裳妆束，四方取以为式。”崇祯中四方兵起，南京不受丝毫影响，依然征歌召妓：“宗室王孙，翩翩裘马，以及乌衣子弟湖海宾游，靡不挟弹吹箫，经过赵李，每开筵宴，则传呼乐籍，罗绮芬芳，行酒纠觞，留髡送客，酒阑棋罢，堕珥遗簪，真欲界之仙都，升平之乐国也！”（余怀：《板桥杂记》）

私家则多蓄声伎，穷极奢侈。万历时理学名臣张元忭后人的家伎在当时最负盛名。《陶庵梦忆》卷四《张氏声伎》条记：“我家声伎，前世无之。自大父于万历年间与范长白邹愚公黄贞父包涵所诸先生讲究此道，遂破天荒为之。有可餐班，次则武陵班……再次则梯仙班……再次则吴郡班……再次则苏小小班……再次则平子茂苑班……主人解事日精一日，而傒僮伎艺则愈出奇愈。”阮大铖是当时最负盛名的戏曲作家，他的家伎的表演最为张宗子所称道。同书卷八记：“阮元海家优讲关目，讲情理，讲筋节，与他班孟浪不同。然其所打院本又皆主人自制，笔笔勾勒，苦心尽出，与他班卤莽者又不同。故所搬演本本出色，脚脚出色，出出出色，句句出色，字字出色。”士大夫不但蓄优自娱，谱制剧曲，并能自己度曲，压倒伶工。沈德符记：“近年士大夫享太平之乐，以其聪明寄之剩技。吴中缙绅留意音律，如太仓张工部新、吴江沈吏部璟、无锡吴进士澄时俱工度曲，每广座命伎，即老优名倡俱皇遽失措，真不减江东公瑾。”（《野获编》卷二四）风气所趋，使梨园大盛，所演若《红梅》《桃花》《玉簪》

《绿袍》等记不啻百种："括共大意，则皆一女游园，一生窥见而悦之，遂约为夫妇。其后及第而归，即成好合。皆徒撰诡名，毫无古事可考，且意俱相同，毫无足喜。"乡村每演剧以祷神："谓不以戏为祷，则居民难免疾病，商贾必值风涛。"（汤来贺：《梨园说》）豪家则延致名优，陈懋仁《泉南杂志》："优伶媚趣者不吝高价，豪奢家攘而有之，婵鬓傅粉，日以为常。"使一向被贱视的伶工，一旦气焰千丈。徐树丕《识小录》记吴中在崇祯十四年（公元1641年）奇荒后的情形："辛巳奇荒之后……优人鲜衣美食，横行里中。人家做戏一台，一本费至十余金，而诸优犹恨恨嫌少。甚至有乘马者、乘舆者、在戏房索人参汤者，种种恶状。然必有乡绅主之，人家惴惴奉之，得一日无事便为厚矣。"优人服节有至千金以上者（黄宗羲：《南雷集子·刘子行状》）。男优之外，又有女戏："十余年来苏城女戏盛行，必有乡绅主之。盖以倡兼优而缙绅为之主。"（《识小录》卷二）亦有缙绅自教家姬演戏者，张岱记朱云崃女戏，"西施歌舞，对舞者五人，长袖缓带，绕身若环，曾挠摩地，扶旋猗那，弱如秋乐；女官内侍，执扇葆璇盖、金莲宝炬、纨扇宫灯二十余人，光焰荧煌，锦绣纷叠，见者错愕"（《陶庵梦忆》卷二）。刘晖吉女戏则以布景著："刘晖吉奇情幻想，欲补从来梨园之缺陷；如唐明皇游月宫，叶法善作，场上一时黑魆地暗，手起剑落，霹雳一声，黑幔忽收，露出一月，其圆如规，四下以其羊角染五色云气，中坐常仪，桂树吴刚，白兔捣药。轻纱幔之内，燃赛月明数株，光焰青黎，色如初曙，撤布成梁，遂蹑月窟，境界神奇，忘其为戏也。"（《陶庵梦忆》卷五）

四

士大夫的另一种娱乐是赌博。顾炎武《日知录》记："万历之末太平无事，士大夫无所用心，间有相从赌博者。至天启中始行马吊之戏，而今之朝士若江南、山东几于无人不为此。有如韦昭论所云穷日尽明，继以脂烛，人事旷而不修，宾旅阙而不接。"甚至有"进士有以不工赌博为耻"的情形。吴伟业又记当时有叶子戏："万历末年，民间好叶子戏，图赵宋时山东群盗姓名于牌而斗之，至崇祯时大盛。有曰闯，有曰献，有曰大顺，初不知所自起，后皆验。"（《绥寇纪略》卷一二）缙绅士大夫以纵博为风流，《列朝诗集小传》记："福清何士壁跅弛放迹，使酒纵博。""皇甫冲博综群籍，通挟凡击毬音乐博弈之戏，吴中轻侠少年咸推服之。""万历间韩上桂为诗多倚待急就，方与人纵谈大噱，呼号饮博，探题立就，斐然可观。"此风渐及民间，结果是如沈德符所说："今天下赌博盛行，其始失货财，甚则鬻田宅，又甚则为穿窬，浸成大伙劫贼，盖因本朝法轻，愚民易犯。"（《野获编补遗》卷三）

自命清雅一点的则专务搜古董，巧取豪夺："嘉靖末年海内宴安，士大夫富厚者以治园亭教歌舞之际，间及古玩。如吴中吴文恪之孙，溧阳史尚宝之子，皆世藏珍秘，不假外索。延陵则稽太史应科，云间则朱太史大韶，携李项太学，锡山安太学华户部辈不吝重资收购，名播江南。南部则姚太史汝循、胡太史汝嘉亦称好事。若辈下则此风稍逊，惟分宜严相国父子、朱成公兄弟并以将相当途，富贵盈溢，旁及雅道，于是严以势劫，朱以货贿，所蓄几及天府。张江陵当国亦有此嗜。董其昌最后起，名亦最重，人以法眼归之。”（《野获编》卷二六）年轻气盛少肯读书的则组织文社，自相标榜，以为名高。《消夏闲记》下：“文社始于天启甲子张天如等之应社……推大讫于四海。于是有广应社、复社、云间有几社，浙江有闻社，江北有南社，江西有则社，又有历亭席社，昆阳云簪社，而吴门别有羽朋社，武林有读书社，山左有大社，佥会于吴，统于复社。”以讥弹骂詈为事，黄宗羲讥为学骂，他说：“昔之学者学道者也，今之学者学骂者也。矜气节者则骂为标榜，志经世者则骂为功利，读书作文者则骂为玩物丧志，留心政事者则骂为俗吏，接庸僧数辈则骂考亭为不足学矣，读艾千子定待之尾，则骂象山阳明为禅学矣。濂溪之主静则盘桓于腔子中者也，洛下之持敬则曰是有方所之学也。逊志骂其学误主，东林骂其党亡国，相讼不决，以后息者为胜。”（《南雷文案》卷一七）老成人物则伪标讲学，内行不修。艾南英《天傭子集》曾提及江右士夫情形：“敝乡理学之盛，无过吉安，嘉隆以前，大概质行质言，以身践之。近岁自爱者多而亦不无仰愧前哲者。田土之讼，子女之争，告讦把持之风日有见闻，不肖视其人皆正襟危坐以持论相高者也。”（艾南英：《天傭子集》卷六，《复陈怡云公祖书》）

仕宦阶级有特殊地位，也自有他们的特殊风气。《小柴桑喃喃录》卷下说：“士大夫膏肓之病，只是一俗，世有稍自脱者即共命为迂为疏为腐，于是一入仕途，则相师相仿，以求入乎俗而后已。如相率而饮狂泉，亦可悲矣。”在这情形的社会，谢肇淛说得最妙：“燕云只有四种人多，奄竖多于缙绅，妇女多于男子，倡伎多于良家，乞丐多于商贾。”（《五杂俎》卷三）

/第七章/

雷海宗讲清朝盛世

清朝的统治手段

疆　土

大清帝国的疆土可与汉唐盛时相比拟。关外各地先后统一，入主中国后又向西北发展，乾隆时代清朝的领土达到最广的限度。清朝全盛时疆域十分辽阔，北起漠北和外兴安岭，南至南海、东沙、中沙、南沙、西沙诸群岛，西起巴尔喀什湖和葱岭，东至库页岛和台湾。清廷所绘制的地图明确地记载了当时中国疆域的四至。

剃　发

满人虽在关外时就受了中国文化很深的影响，但初入关后对汉族极力压迫，勉强汉人剃发改装，表示他们被征服的地位。清军初进北京，摄政王多尔衮即下令，“凡投诚官吏军民”，一律剃发，圣人之后也不能例外。剃发易服严重伤害了汉人的民族感情，直隶三河县首先发难，起而反抗，各州县随即响应。多尔衮迫于形势，只得取消剃发令。第二年，南明福王被俘，李自成也已败亡，多尔衮以为大局已定，再次降旨剃发。江南士民大愤，苏州、嘉兴、松江等已降州县纷纷击杀清朝官吏，起兵抗清。著名的江阴抗战亦起于剃发令的颁布。清军围攻江阴，遭到顽强抵抗，历时三月。城破后，清军屠城三日，“满城杀尽，然后封刀”。

同时当然也有人特别殷勤地赶先改从满俗。弘文院大学士冯铨、礼部侍郎李若琳没等剃发令下，就抢先剃发，以示效忠。有同僚攻击冯铨曾是阉宦魏忠贤党羽，冯铨便攻击对方曾归顺“反贼”李自成，一时丑态百出。

旗 地

随着八旗军民进入北京，清朝下达了圈地令。圈占的土地统称为“旗地”。旗地在理论上是明朝的官田与无主的田地，但实际民房以及茔地也往往被圈。民田被占的也不少，并且圈占的目的不见得都为耕种，很多人失去土地，流离失所，处境困苦不堪。历代被外族征服时所必有的汉奸又助桀为虐，有主的民田被占的因而更多。

满族王公贵族及八旗官兵在旗地上建立起各种屯庄，为了保证屯庄上有足够的奴仆为其耕作，在顺治初年清朝统治者还实行了逼民“投充”的政策。即允许各旗招收“贫民”以为“役使之用”，后来竟发展到“不论贫富，相率投充”的地步。而富者或害怕土地被圈，或为逃避赋役，或为寻求庇护，则携带房屋、土地投充。而汉人一旦投充，在身份上便降为奴仆，失去了人身自由。

降 臣

清朝虽在关内关外都曾得明朝降臣的助力不少，但降臣有罪必受重刑。陈名夏降清后，任吏部侍郎。顺治八年（公元1651年），张煊弹劾他“结党营私”，陈之遴奏劾他“谄事睿亲王（多尔衮）”。顺治十一年（公元1654年）因倡言“留发复衣冠，天下即太平”又被宁完我弹劾。第二天，顺治帝亲自讯问，侍臣当众宣读宁完我的劾奏，不等侍臣读毕，名夏极力辩白。帝大怒：“即使要辩解，为何不等宣读完毕？”命陈名夏跪着与宁完我对质。刑科右给事中刘余谟、御史陈秉彝替陈名夏缓颊，双方争执不下。刘余谟喋喋不休，帝为之大怒，下令将其革职，审讯继续进行。陈名夏被转押吏部，吏部主张论斩。后又改绞死。陈名夏之子陈掖臣被押到北京，杖四十，流放东北。

后来乾隆皇帝又在国史中特立《贰臣传》一项，专门去侮辱已死的降臣与降臣的子孙。《贰臣传》分甲乙两编，共收入明末清初在明清两朝为官的人物一百二十余人。如祖大寿等人，是当时清政权花了很大功夫争取过来的。他们怎么也没有想到，百年之后，会被列入《贰臣传》中。

文 人

因文人对先朝不能完全忘情，所以清初也对他们压迫得最烈。一切结社都被禁止，科场中也屡次借题威吓。顺治九年（公元1652年）三月，大学士范文程等言：“会试中式第一名举人程可则，文理荒谬，首篇尤悖戾经注。”命革中式，并治考官罪（蒋良骐《东华录》）。

世宗时，猜忌更深，文字狱愈烈。雍正六年（公元1728年）的曾静、吕留良之狱，致使早已作古的吕留良、吕葆中父子被开棺戮尸，枭首示众；吕毅中斩立决；吕留良诸孙发遣宁古塔给披甲人为奴；家产悉数收。吕留良的学生也受到株连，或斩或流放。而曾静供词及忏悔录，集成《大义觉迷录》一书，刊后颁发全国所有学校，命教官督促士子认真观览晓悉，玩忽者治罪。又命人带领曾静、张熙到各地宣讲。乾隆帝继位后，将曾静、张熙解到京师，凌迟处死，并列《大义觉迷录》为禁书。

雍正年间，翰林院庶吉士徐骏在奏章里，把“陛下”的“陛”字错写成“狴”，雍正见了，马上把徐骏革职。后来又在徐骏的诗集里找出“清风不识字，何事乱翻书”“明月有情还顾我，清风无意不留人”，于是雍正认为这是存心诽谤，照大不敬律斩立决。

后来高宗编纂《四库全书》，在消极方面可说是一个彻底澄清的大文字狱。乾隆借纂修《四库全书》之机向全国征集图书，贯彻“寓禁于征”的政策，对不利于清朝统治的书籍，分别采取全毁、抽毁和删改的办法，销毁和篡改了大批文献。

刚柔并施

专事高压，不是聪明的政策，所以清朝也用柔和的手段去牢笼汉人。文人不忘故国，圣祖康熙于是请他们修《明史》。文人好古，圣祖就大规模地搜求遗书，并使他们从事各种编辑的工作。一般人不能忘记他们是被外族统治，清室于是向明陵表示敬意，并请明室的后嗣入旗，世袭侯爵。为了收买民心，康熙、雍正年间又屡次设法减轻赋税。

明末的情形虽是一团糟乱，但张居正推行一条鞭法，最少在理论上曾把田赋丁粮简单化。清代继续推行这种政策，最后并将丁粮完全取消，“圣祖特颁恩诏，自康熙五十年以后滋生人丁永不加赋”（《清朝文献通考·户口考一》）。后来又逐渐将丁银摊入田赋征收，废除了以前的“人头税”，所以无地的农民和其他劳动者摆脱了千百年来的丁役负担；地主的赋税负担加重，也在一定程度上限制或缓和了土地兼并；而少地农民的负担则相对减轻。同时，政府也放松了对户籍的控制，农民和手工业者从而可以自由迁徙，出卖劳动力。有利于调动广大农民和其他劳动者的生产积极性，促进社会生产的进步。这在多一事必多一弊的传统中国的确是一件德政。明代野蛮政治下所强迫下贱化的臣民，以及来历不明的各种贱民，也都被正式解放。

以上种种，虽可说都是开明君主在任何情形下所当有的设施，但最少一部分的作用是在收买被征服民族的人心。

改土归流与西南夷之汉化

西南夷虽在战国时代就受了中国文化的影响，秦汉以下在政治上也大致属于中国，但一直到明朝始终没有完全汉化。

为了解决土司割据的积弊，雍正四年（公元1726年），云贵总督鄂尔泰建议取消土司世袭制度，设立府、厅、州、县，派遣有一定任期的流官进行管理。雍正帝对此甚为赞赏，令其悉心办理。六年，又命贵州按察使张广泗在黔东南推行改土归流政策。在废除土司世袭制度时，对土司本人，根据他们的态度给予不同的处理。对自动交印者，酌加赏赐，或予世职，或给现任武职。对抗拒者加以惩处，没收财产，并将其迁徙到内地省份，另给田房安排生活。在设立府县的同时，添设军事机构。清政府在改土归流地区清查户口，丈量土地，征收赋税，建城池，设学校；同时废除原来土司的赋役制度，与内地一样，按地亩征税，数额一般少于内地，土民所受的剥削稍有减轻。改土归流的地区，包括滇、黔、桂、川、湘、鄂六省。改土归流废除了土司制度，减少了叛乱因素，加强了政府对边疆的统治，有利于少数民族地区社会经济的发展。

改土归流的政策推行成功，是外族的清朝对中国的一个大贡献。这与明代闽粤人发展成熟，是民族史上同样的大事。

衰征与内乱

历史上没有一个能维持永久的朝代，清朝在入主中国的外族朝代中是寿命最长的，在中国历史上所有的一统朝代中也是能维持盛世最久的。但到乾隆、嘉庆之际，衰落的征兆渐渐明显。当初的兵制十分健全，分为八旗兵和绿营兵。八旗兵以镶黄、正黄、正白、正红、镶白、镶红、正蓝、镶蓝等八种旗帜为标志。“旗”本为满族“兵民合一”的社会组织，兼有掌管军事、政治、生产三个方面的职能。凡旗人男丁皆可为兵，平时生产，战时打仗。绿营兵是参照明朝军卫制度改编和新招的汉兵。以绿旗为标志，以营为建制单位，因而得名。绿营仅有极少数驻京师，称巡捕营，隶属八旗步军营统领。其余分屯各省，依所辖地域之大小、远近、险要和人口的多少确定兵额，列汛分营，“以慎巡守，备征调”。

但随着满人入关日久，兵制基础的旗人渐趋堕落，圈占的旗地多被变卖。同时，长期的治平之下人口大增，生活困难，各地都有邪教的宣传或暴动，连皇城也被教匪攻入。原有的旗兵绿营虽尚未到全不可用的地步，但平定内乱已需要新募乡勇的助力，曾国藩的湘军就是这种形式。

传统政治文化之总崩溃

背　景

中国虽自宋以下日趋没落，但汉武帝征服四夷后所建起的天朝观念仍然未变。

乾隆五十八年（公元1793年），英国为打开同中国的贸易，派特使马戛尔尼，以补祝乾隆帝八十寿辰为名，率七百余人的庞大使团访华。清廷仍以天朝大国接见四夷贡使的习惯思维待之。觐见乾隆前，清朝的接待官员发现英国人不肯向皇帝下跪叩头，这让他们非常头疼。要知道，其他国家的贡使和传教士以前都是下跪的。但马戛尔尼坚决不肯，他说即使在英国国王面前，他也只是行单膝下跪礼，他声称绝不对别国君主施高过自己国君的礼节。只有在上帝的面前，他才会双膝下跪。一番争执之后，乾隆帝恩准马戛尔尼只单膝下跪的要求。

接见完毕，乾隆赐英吉利王一道敕书，大意是：“回去告诉你们的国王！鉴于你们倾心于中华文化，不远万里的派遣使节前来叩祝我的万寿，我见你词意恳切恭顺，深为嘉许。但你们表奏上说要派你国人长驻天朝，照管你国买卖，这和天朝的体制不相符合，万万不行。西洋国家很多，又不是只你一国，如果大家都请求派人留居北京，如何是好？所以不能因你一国的请求，破坏天朝的制度。天朝富有四海，奇珍异宝早已司空见惯，看在你们诚心诚意、远道而来的份上，我已下令让有关部门收纳你们的贡品。天朝的恩德和武威，普及天下，任何贵重的物品，应有尽有，所以不需要你国货物，特此告知。”（刘锦藻《清朝续文献通考·四夷考·英吉利》）

清廷自恃“天朝物产丰盈，无所不有”，因循保守，闭关锁国，禁锢了中国人的思想，扼杀了中国人的进取精神，使中国贻误了走向世界的机遇，拉大了同西方的差距。

晚清时，自秦汉以下所建起的中国文化独尊观念仍为士大夫阶级所深信，同时一般国人甚至多数的士大夫实际却非常幼稚，对外人不能了解，专会捏造轻信种种的妖语浮言。例如，当时的民众将西方传教士妖魔化，认为教堂是一个吃人的地方，传教士挖人眼睛，用来做炼银的原料；又说教堂里男女共宿一室，行淫乱之事；洋人懂巫术，以物制裸体妇人，吹气得活，柔软温暖如美人（夏燮《中西纪事》）。

这样一个既傲慢又幼稚的民族绝不能对付一个政治与文化都正旺盛的西洋，各种既滑稽又悲惨的冲突很自然地继续发生。当时经常发生教案，传教士被不明真相的民众杀死。

中国政治上的无作为由宋以下的屡次失败与亡国早可看出，文化上的弱点从此也日益明显。明末清初的葡萄牙人、荷兰人与传教士不过是西洋势力的前哨，到清末西洋各国大规模向中国冲入的时候，中国无论朝廷，或士大夫，或一般人民都忙得手足无措，两千年来所种下的业缘至此要收获必然的苦果。

鸦片战争前后

清代承袭明代旧制，乾隆以下将一切通商事宜都归并于广东一地，对外人通商又有种种合乎情理与不合情理的限制，官僚的贪污与地方人民的欺诈更加重这些规例的苦痛。西洋各国在英国率领之下屡与中国交涉，要求废除苛例，并准许使臣与领事常驻中国。西洋最后的目的是要将广大的中国市场全部开放。中国方面却大半采用虚张声势与苟且拖延的政策，最后引起严重的冲突是很自然的。

在西洋人或认通商为主要的问题，但中国方面自道光初年以下感到最成问题的是鸦片毒药的大批输入与白银宝货的大量输出。所以中国与英国第一次的兵戎相见，无论西洋人或后代的历史家如何看法，在当时中国人的心目中确是一个鸦片战争。战争的结果是中国大败，所以在和约中中国所认为重要的鸦片问题并未解决，只解决了西洋人所注意的通商问题。

但和约签字后，中国仍想以不了了之的方法去拖延条约的施行，因而引起第二次中西的大冲突，一直等外兵攻到京师，中国才知道这件事不是拖延政策所能解决的，只得加设政治机关，专门应付外交通商事务。这可说是天朝观念开始动摇的征象。

传教问题与太平天国

在中西的冲突中，除通商问题外，还有基督教的传教问题。晚明、盛清的传教士大半都以输入西洋科学与在天朝当差为传教的工具，这当然是不得已的办法。鸦片战争之后，西洋在天主教的法国的策动之下，强迫中国承认传教与信教的完全自由。1844年冬，法国强迫清政府签订了不平等的《黄埔条约》。这个条约规定，允许法国天主教在通商口岸自由传教，清朝地方政府负责保护教堂的安全。从此为基督教大开方便之门。

基督教一时很惹人注意，甚至有人利用它的名义倡导内乱，图谋推翻外交失败的满族政权。1843年，洪秀全与表亲冯云山、族弟洪仁玕从基督教小册子《劝世良言》中吸取某些基督教义，后来自行洗礼，并在广东花县首创“拜上帝教”，经过两年多的发展，信众达两千多人。1851年，洪秀全在广西桂平金田村誓师，宣布起义，正号“太平天国元年”。经过两年余奋战，自广西入湖南、进湖北，顺长江而下，经江西、安徽、江苏，于咸丰三年二月（公元1853年3月）攻下江宁府城，随即将它定为国都，改名天京。太平天国声势浩大，致使大清半壁的天下临时丧失，最后还靠汉族中出来几个人把太平天国打倒。

这时清皇朝的八旗兵、绿营兵也日趋衰败。清廷先后调集大批军队前往广西、湖南镇压，结果纷纷败溃，只好寻求地方武装力量进行阻挡。当咸丰二年（公元1852年）太平军进入湖南后，清廷便命令两湖督抚等地方官员劝谕士绅，举办团练。此时，曾国藩正因母丧在原籍守制。这年十二月十三日（公元1853年1月21日），他接到湖南巡抚张亮基转来军机大臣传达咸丰帝十一月二十九日上谕，要他以在籍侍郎的身份协助张亮基“办理本省团练乡民”。曾国藩接旨后四天即前往长沙，着手筹办团练武装。

鉴于清朝原有军队已不足以维护帝国统治秩序的实际状况，曾国藩认为必须从根本上着手，建立与培训起一支有严密组织并有顽强战斗意识和实战能力的新军。为此，他拟定了他的建军原则，竭尽全力组织起一支新的地主阶级武装湘军。

曾国藩利用宗法关系作为维系湘军的纽带，使全军上下归他一人调度指挥，湘军成为以曾国藩为首领的私人武装。这是中国近代最早出现的军阀集团。湘军的骨干多是以各种宗法关系纠集在一起的中下层知识分子。他们出身于一般中小地主家庭，功名不高，或是诸生、文童，也没有显赫的政治地位。但这些人都浸透了帝制正统思想，都以坚决维护名教纲常和统治秩序为己任。这些人比腐朽的帝国官僚有才干，他们兢兢业业，有一股拼命向上爬以取得功名利禄的顽强精神和野心。曾国藩正是带领这样一批儒生们，结成“誓不相弃之死党”，而成为太平军的死敌。

甲午戊戌与庚子辛丑

英法联军以后，中国对外没有再受严重的挫折，以为大势已无问题。一直到甲午战争中，被素来所轻视的日本打败，在羞愤之下才知道自己实在衰弱不堪，非设法振作不可。

1895年4月，日本逼迫中国签订《马关条约》的消息传到北京，康有为发动在北京应试的一千三百多名举人联名上书光绪皇帝，痛陈民族危亡的严峻形势，提出拒和、迁都、练兵、变法的主张，史称“公车上书”。这次上书对清政府触动不大，却轰动了全国。“公车上书”揭开了维新变法的序幕。

在维新人士和帝党官员的积极推动下，1898年6月11日，光绪皇帝颁布《明定国是诏》，宣布变法。新政从此日开始，到9月21日慈禧太后发动政变为止，历时一百零三天，史称“百日维新”。

在此期间，光绪皇帝根据康有为等人的建议，颁布了一系列变法诏书和谕令。主要内容有：经济上，设立农工商局、路矿总局，提倡开办实业，修筑铁路，开采矿藏，组织商会，改革财政；政治上，广开言路，允许士民上书言事；军事上，裁汰绿营，编练新军；文化上，废八股，兴西学，创办京师大学堂，设译书局，派留学生，奖励科学著作和发明。这些革新政令，目的在于学习西方文化、科学技术和经营管理制度，发展资本主义，建立君主立宪政体，使国家富强。

新政措施虽未触及帝制统治的基础，但是，这些措施代表了新兴资产阶级的利益，为顽固势力所不容。清政府中的一些权贵显宦、守旧官僚对新政措施阳奉阴违，托词抗命。1898年9月21日凌晨，慈禧太后突然从颐和园赶回紫禁城，直入光绪皇帝寝宫，将光绪皇帝囚禁于中南海瀛台；然后发布训政诏书，再次临朝“训政”。9月28日，在北京菜市口将谭嗣同、杨锐、刘光第、林旭、杨深秀、康广仁六人杀害；徐致靖被处以永远监禁；张荫桓被遣戍新疆。所有新政措施，除七月开办的京师大学堂（今北京大学）外，全部都被废止。

变法失败后，一切旧制随之复辟。反动政府，不只废除新政，并且想借义和团的神力歼灭洋人，以为将中国的洋人全部杀掉，天下就可太平无事！

当初，义和团在直隶、京津地区的迅速发展，引起清廷的不安。在如何对待义和团的问题上，清廷内部多次发生激烈的争吵，有人主“剿”，有人主“抚”。最终，慈禧太后“决计不将义和团剿除”，认为“以之抵御洋人，颇为有用”。主抚派占了上风。从此，义和团在清廷的默许下大批进入北京和天津。同时适逢八国联军攻破大沽炮台，中国于是揭开假面具，正式向全世界宣战。这是历来既傲慢又幼稚的民族特征所演出的滑稽惨剧，最后为自己制造了政治上与经济上无穷的负担，清朝的命运也随着到了末路。

科举废除与帝制推翻

传统的中国，在制度方面可以帝制为象征，在文化方面可以科举为象征。经过西洋七十年的打击之后，自宋以下勉强支持的中国不能再继续挣扎，传统中国的两个古老象征也就随着清朝一并消灭。

义和团之乱平定以后，清廷就明令废除八股文。1901年后，随着清廷“新政”的推行，政治、军事、工商、法律、教育文化等方面发生一系列变革，对新式人才的需求与日俱增，废科举几乎成了全国上下的一致呼声。1902年，清廷颁布《钦定高等学校章程》，鼓励高等学堂开设算学、物理、化学、历史、地理、动植物和外文。终于，1905年9月2日，袁世凯、张之洞等一批实权大臣联合上奏，要求废除科举制，大力兴办学堂，得到了慈禧太后和光绪皇帝的批准，下诏从1906年停止所有科举考试，科举制遂寿终正寝。

科举既被废除，从此专靠新式学校培养人才。国内遍立学校之外，又派学生往东西各国留学。

早在19世纪70年代，清廷重臣曾国藩、李鸿章、左宗棠等倡导发起了“师夷长技以制夷”的洋务运动，希望利用西方的科学文化知识挽救垂死的清王朝。从1872年到1875年，清政府先后选派了一百二十名十岁至十六岁的幼童赴美留学。这是近代中国历史上的第一批官派留学生。

第一批留学生虽然派出得很早，但最大规模的官费留学还是美国退还庚子赔款以后的事。

义和团乱后，清廷在政治上仍不肯真正改革，直到日俄战争后，俄国的失败触动了他们，当时舆论大都认为这与俄国未行宪政而日本实行了宪政有着密切关系。迫于形势和舆论的压力，1905年10月，清廷派载泽、端方、戴鸿慈、李盛铎、尚其亨等五大臣分赴日本及欧美各国“考察政治”。次年，出洋考察的大臣们陆续回国，建议朝廷诏定国是，仿行宪政，以便安抚人心，稳定大局。慈禧太后经过反复考虑，采纳了他们的意见。1906年9月1日，清廷正式宣布“预备仿行宪政”。但是，清廷并无立宪的诚意，而是企图借立宪之名，实行中央集权、满族贵族集权。1908年8月27日，颁布《钦定宪法大纲》，规定大清皇帝的统治“万世一系”，是至高无上、神圣不可侵犯的，一切颁行法律、召集开闭解散议院、设官制禄、统率海陆军、宣战媾和、订立条约、宣布戒严、司法等大权，全在君主一人手中。特别是用人、军事、外交等大权，议院根本不得干预。清廷此举进一步暴露了它根本没有立宪的诚意。

1911年5月，清廷宣布成立第一届责任内阁，在内阁大臣十三人中，满族贵族占了九人，而其中皇族又占五人，被称为“皇族内阁”，军政大权进一步集中到皇族亲贵手中。这就暴露了“预备立宪”的骗局，引起了地方军阀、官员和立宪派的普遍不满，清廷变得更为孤立。立宪派认为清廷此举“不合君主立宪国公例”，要求另外组阁。清廷断然拒绝了他们的要求。各省咨议局联合会发表《宣告全国书》，痛苦地承认“希望绝矣”。立宪运动彻底破产。

庚子以后不能说清廷一事未做。但所做的事都嫌太晚，并且缺乏诚意，终致大清的政权被推翻；战国诸子所预想、秦始皇所创立、西汉所完成、曾支持中国两千年的皇帝制度，以及三千五百年来曾笼罩中国的天子理想，也都由清帝退位时轻描淡写的一纸公文宣告结束。

帝制先取消了科举，象征传统文化大崩溃的开始；然后帝制自己也被取消，象征传统政治制度大崩溃的开始。所余的是一个在政治文化各方面都失去重心的中国，只有一个外表上全新的面孔聊以自慰自娱。积弱不堪的民族文化从此要在新旧的指针一并缺乏之下盲目地改换方向，乱寻方向；前途茫茫，一切都在不可知的定数中。

万里长征，辞却了五朝宫阙，暂驻足衡山湘水，又成离别。绝徼移栽桢干质，九州遍洒黎元血。尽笳吹，弦诵在山城，情弥切。

千秋耻，终当雪。中兴业，须人杰。便一成三户，壮怀难折。多难殷忧新国运，动心忍性希前哲。待驱除仇寇，复神京，还燕碣。

西南联大进行曲（部分）

罗庸、冯友兰　作

图书在版编目（CIP）数据

西南联大国史课 / 陈寅恪等著. — 成都：天地出版社，2021.1（2022年3月重印）

ISBN 978-7-5455-5882-1

Ⅰ. ①西… Ⅱ. ①陈… Ⅲ. ①中国历史—高等学校—教材 Ⅳ. ①K20

中国版本图书馆CIP数据核字（2020）第146845号

XINAN LIANDA GUOSHIKE

西南联大国史课

出品人　杨　政
作　　者　陈寅恪　等
责任编辑　杨永龙　曹志杰
封面设计　今亮后声
内文排版　麦莫瑞文化
责任印制　王学锋

出版发行　天地出版社
（成都市槐树街2号　邮政编码：610014）
（北京市方庄芳群园3区3号　邮政编码：100078）
网　　址　http://www.tiandiph.com
电子邮箱　tianditg@163.com
经　　销　新华文轩出版传媒股份有限公司

印　　刷　北京旺都印务有限公司
版　　次　2021年1月第1版
印　　次　2022年3月第16次印刷
开　　本　880mm × 1230mm　1/32
印　　张　12
字　　数　265千字
定　　价　58.00元
书　　号　ISBN 978-7-5455-5882-1

咨询电话：（028）87734639（总编室）
购书热线：（010）67693207（营销中心）